भारतीय ज्योतिष

भारतीय ज्योतिष

डॉ. नेमिचन्द्र शास्त्री
ज्योतिषाचार्य

वाणी प्रकाशन ग्रुप
भारतीय ज्ञानपीठ
वाणी प्रकाशन : भारतीय ज्ञानपीठ की पुस्तकों के एकमात्र प्रकाशक एवं वितरक

लोकोदय ग्रन्थमाला : ग्रन्थांक 18

पहला संस्करण	:	1952
चौवालीसवाँ संस्करण	:	2008
पैंतालीसवाँ संस्करण	:	2008
छियालीसवाँ संस्करण	:	2009
अड़तालीसवाँ संस्करण	:	2011
उनचासवाँ संस्करण	:	2012
पचासवाँ संस्करण	:	2014
इक्यावनवाँ संस्करण	:	2015
बावनवाँ संस्करण	:	2015
तिरेपनवाँ संस्करण	:	2017
चौवनवाँ संस्करण	:	2018
पचपनवाँ संस्करण	:	2021
छप्पनवाँ संस्करण	:	2023
सत्तावनवाँ संस्करण	:	2024
अट्ठावनवाँ संस्करण	:	2025

वाणी प्रकाशन ग्रुप | भारतीय ज्ञानपीठ

वाणी प्रकाशन : भारतीय ज्ञानपीठ की पुस्तकों के एकमात्र प्रकाशक एवं वितरक

वाणी प्रकाशन

4695, 21-ए, दरियागंज, नयी दिल्ली-110 002

दूरभाष : 011-23273167, 23275710

ईमेल : sales@vaniprakashan.in

www.vaniprakashan.com

ISBN : 978-93-5775-078-3

मूल्य : ₹ 495

भारतीय ज्योतिष

(ज्योतिष)

डॉ. नेमिचन्द्र शास्त्री, ज्योतिषाचार्य

BHARATIYA JYOTISH

(Astrology)

by Nemichandra Shastri, Jyotishacharya

मुद्रक : आर. टेक ऑफसेट प्रिंटर्स, दिल्ली-110 032

प्रस्तुति

ज्योतिषशास्त्र भारतीय विद्या का महत्त्वपूर्ण अंग है, विशेषकर इसलिए कि एक ओर तो आचार्यों ने इसे पराविद्या की कोटि में ला दिया और दूसरी ओर इसका प्रवेश सर्वसाधारण के जीवन में इस सीमा तक व्याप्त हो गया कि शुभ घड़ी, लग्न और मुहूर्त-शोधन दैनन्दिन जीवन के अंग बन गये। पंचांग के तत्त्वों का ज्ञान चाहे सर्वसाधारण को भी न हो किन्तु ज्योतिषियों द्वारा नियोजित अनेकों पंचांग उत्तर में और दक्षिण में अपनी-अपनी पद्धति के अनुसार प्रचलित हैं, मान्य हैं। राशि-फल का तो वैज्ञानिक कहे जानेवाले आज के युग में इतनी व्यापकता से प्रसार हो गया है कि अनेक 'बौद्धिक' व्यक्ति भी पत्र-पत्रिकाओं के 'भविष्य-फल'वाले अंश को खुले तौर पर, और कुछ लोग प्रच्छन्न रूप से देख लेते हैं। विशिष्ट धातु-निर्मित और नगीनों-जड़ी मुद्रिकाओं के प्रभाव को वे लोग भी कभी-कभी मानते देखे गये हैं, जो अन्तरिक्ष में उड़ान भरते हैं। जहाँ तक प्रस्तुत ग्रन्थ 'भारतीय ज्योतिष' का प्रश्न है, इसे ज्योतिषशास्त्र के अध्ययन की दृष्टि से विद्वानों द्वारा सर्वाधिक मान्यता प्राप्त हुई, और इसका प्रमुख कारण है ग्रन्थ में सर्वसाधारण की समझ के योग्य ज्योतिष सम्बन्धी सब प्रकार की विषय सामग्री का स्पष्ट रूप से रोचक शैली में प्रस्तुतीकरण।

स्वर्गीय डॉ. नेमिचन्द्र ज्योतिषाचार्य देश के उन गिने-चुने विद्वानों में से थे जिनके ज्ञान का क्षेत्र बहुत व्यापक था। संस्कृत, प्राकृत, अपभ्रंश, अर्धमागधी आदि प्राचीन भाषाओं में प्राप्त दर्शन, साहित्य, इतिहास, पौराणिक गाथाओं का उत्स आदि अनेक विषयों के वह पारंगत विद्वान् थे। भाषाशास्त्र का उनका पाण्डित्य भी विलक्षण था।

यह ग्रन्थ ज्योतिषशास्त्र के इतिहास का दिग्दर्शन कराता है। ज्योतिष के सारे सिद्धान्तों का विवेचन करता है, प्रमुख ज्योतिर्विदों का ऐतिहासिक क्रम से परिचय प्रस्तुत करता है और विवेचन विषयक दृष्टि की व्यावहारिकता इस कौशल से साधी है कि मननपूर्वक स्वाध्याय और अभ्यास करनेवाला व्यक्ति स्वयं कुण्डलियाँ बना सकता है, भाग्यफल प्रतिपादित कर सकता है। इष्ट-अनिष्ट के मूलभूत कारणों को और उनके क्रियान्वयन की प्रक्रिया को इतनी सहजता से समझानेवाला और कोई ग्रन्थ दुर्लभ है। सारणियाँ और सारणियों का संयोजन इस ग्रन्थ की विशेषता है।

भारतीय ज्ञानपीठ के गौरव-ग्रन्थों में इसका प्रकाशन अपना विशिष्ट स्थान रखता है। डॉ. नेमिचन्द्र ज्योतिषाचार्य की स्मृति का यह एक उज्ज्वल निकष है।

— प्रकाशक

अपनी बात

(प्रथम संस्करण)

आश्विन कृष्णा प्रतिपदा की सन्ध्या थी, नगर के सभी जिनालय विद्युत्-प्रकाश से आलोकित थे। धूप-घटों से निकलनेवाले सुगन्धित धूम्र ने दिग्-दिगन्त को सुवासित कर दिया था। अगरबत्तियों की सुगन्ध ने न जाने कितनी मर्मकथाओं से मेरा मन भर दिया, जिससे प्राण-प्राण की अन्तःपीड़ा मुखरित हो उठी है।

अपार जन-समुदाय उमड़ता हुआ जिनालयों की सुषमा, मोहक सजावट और दिव्यालोक के दर्शन की लालसा से चला आ रहा था। आज पर्युषण की समाप्ति के पश्चात् जैन-धर्मानुयायियों ने अपने भीतर के समान, बाहर को भी आलोकित किया था। दीपावली से भी मनोरम दृश्य विद्यमान था। जैन मन्दिरों में फेनोज्ज्वल सौन्दर्य का प्रवाह देश और काल की सीमा से ऊपर था। सैकड़ों की नहीं, सहस्रों की टोलियाँ आ-जा रही थीं। रंग-बिरंगे झाड़-फानूसों के बीच सन्ध्या के आकुल वक्ष पर यौवन का स्वर्णकलश भरा रखा था। झालर-तोरणों से सजे जिनालय दर्शकों के मन को उलझा लेने में पूर्ण सक्षम थे। सन्ध्यानिल के मादक झोंके मन्थर गति से प्रवाहित हो अपार भीड़ को सौन्दर्य की उस प्रभा से सम्बद्ध कर आत्म-विभोर बना रहे थे। देखते-देखते उत्सव का एक पारावार उमड़ आया। चित्र-विचित्र वस्त्राभूषणों में सहस्रों ग्रामीण नर-नारियों की अपार भीड़ से वसुन्धरा चारों ओर व्याप्त हो गयी। मैं सरस्वती भवन के बाहरी बरामदे में बैठा हुआ इस अपार भीड़ को अपने में खोया हुआ देख रहा था। आँखें विद्युत्प्रकाश की ओर थीं और मन न मालूम कहाँ विचरण कर रहा था।

आज ही मध्याह्न में एक निबन्ध पढ़ा था, जिसमें लेखक ने बतलाया था कि—"लाइब्रेरियन संसार के ज्ञानियों में एक विलक्षण ज्ञानी होता है। यद्यपि विश्व में उसका सम्मान नहीं होता, पर विद्वत्ता में वह किसी से भी कम नहीं। वह लाइब्रेरियन अभागा है, जो पढ़ता और लिखता नहीं।" न मालूम मेरा मन आज क्यों उदास था और अभी तक इसी निबन्ध में उलझा हुआ था। लाइब्रेरियन हुए मुझे अभी दो ही वर्ष हुए थे, अतः अनेक महत्त्वाकांक्षाओं के मसृण स्पर्श ने मेरे मन को गुदगुदाया और मेरी हृदय-बीन के तार झनझना उठे। विचार-विभोर होने से नेत्र बन्द हो गये और मुझे मालूम हुआ कि सामने 'भवन' के सिंहद्वार से बीणाधारिणी, हंसवाहिनी, शुभ्रवसना, शान्तिदायिनी सरस्वती मुस्कराती हुई आयी और उसने मेरे मस्तक पर अपना वरदहस्त रखा। अवलम्बन पा मेरे अज्ञान-वारिद हटने लगे, विचार-वल्लरी झूमने लगी, मन-मधुकर गुनगुनाने लगा। मुझे ऐसा लगा कि चन्द्रमा और

नक्षत्रों ने कहा—अब विलम्ब क्या? दो वर्ष से निखट्टू बने बैठे हो, सावधान हो जाओ।

आँखें खोलते ही मूर्ति अदृश्य हो गयी, पर अपार भीड़ का कोलाहल ज्यों-का-त्यों था। मैंने इधर-उधर उस दिव्य सौन्दर्य को देखा, पर अब वहाँ केवल सौरभ ही था। अतः कलेजे को हाथों से थामे बहुत देर तक किंकर्तव्यविमूढ़ बना रहा। सोचता रहा कि क्या सचमुच ही मैं ज्योतिष पर लिख सकूँगा। रात के दो बजे भीड़ का ताँता बन्द हुआ, मैं 'भवन' बन्द कर घर चला आया।

प्रातःकाल जागने पर मन कुछ भारी-सा प्रतीत हुआ। रात की उलझन ऐंठती जा रही थी। रह-रहकर हृदय से असन्तोष और अतृप्ति के निःश्वास निकल रहे थे। हर्ष और विषाद की धूप-छाया ने मन को बेचैन कर दिया था। अतः भाराच्छन्न मन लिये चल पड़ा अपने अभिन्न मित्र पं. जगन्नाथ तिवारी के पास। मैंने अपने हृदय को उनके समक्ष उड़ेल दिया और रात की घटना ज्यों-की-त्यों बिना किसी नमक-मिर्च के कह सुनायी। अपने स्वाभावानुसार सुनकर वह खूब हँसे और बोले—"आखिरकार बात वही होगी, जो मैं कहा करता था। यदि इस प्रेरणा को पाकर भी तुम अड़ियल घोड़े की तरह अड़े रहे तो तुम्हारे जीवन में यह सबसे बड़ा दुर्भाग्य होगा।"

उनका मेरे लिए स्नेह का सम्बोधन था 'महाराज जी', अतः अपने इस सम्बोधन का प्रयोग करते हुए मेरी पीठ थपथपायी और आज्ञा के स्वर में बोले—"कल 'भारतीय ज्योतिष' की रूपरेखा बन जानी चाहिए और परसों से तुमको मुझे लिखकर प्रतिदिन कम-से-कम पाँच पृष्ठ देने होंगे। बस, अब महाराज जी जाइए, मैं इससे अधिक कन्सेशन करनेवाला नहीं हूँ।"

उनके इस स्नेह ने मेरा मन हलका कर दिया। घर आते ही माथापच्ची कर रूपरेखा तैयार की और लिखना आरम्भ कर दिया। अपने लिखने में पूज्या माँ श्री पण्डिता चन्दाबाई जी से भी जब-तब सलाह ले लेता था। जिस किसी तरह से दो बर्षों के कठिन परिश्रम के पश्चात् पुस्तक समाप्त हुई।

लिखने का कार्य पूर्ण होने के अनन्तर मैंने एक पत्र श्रद्धेय पं. नाथूराम प्रेमी, बम्बई को लिखा, जिसमें अपनी इस रचना के देखने का अनुरोध किया। प्रेमीजी ने उत्तर में लिखा—"मैं ज्योतिष विषय से भिज्ञ नहीं हूँ, अतः अपनी पुस्तक अवलोकनार्थ मेरे पास न भेजकर श्री हजारीप्रसाद द्विवेदी के पास भेजें। मैं पत्र-व्यवहार कर आपकी पुस्तक के अवलोकन की उनसे स्वीकृति लिये लेता हूँ। आपको उपयुक्त सुझाव उन्हीं से मिल सकेगा।"

एक सप्ताह के बाद पुनः प्रेमीजी का पत्र मिला—"श्री हजारीप्रसाद द्विवेदी ने स्वीकृति दे दी है, आप अपनी रचना शान्ति-निकेतन के पते से उन्हें भेज दें।" मैंने श्री प्रेमीजी के आदेशानुसार इस रचना को श्री हजारीप्रसाद द्विवेदी के पास भेज दिया। लगभग छह महीने के पश्चात् पुस्तक वहाँ से लौटी और साथ ही एक पत्र भी मिला, जिसमें कुछ सुझाव थे।

पुस्तक कैसी है? इस पर मुझे एक शब्द भी नहीं लिखना। पाठक स्वयं निर्णय कर सकेंगे। विश्व में अपने दही को कोई भी खट्टा नहीं बतलाता है। अपना काना-कलूटा पुत्र भी प्रिय होता है।

पुस्तक लिखने में अनेक प्राचीन और नवीन आचार्यों और लेखकों की पुस्तकों से सहायता ली है, अतः सर्वप्रथम उन सभी के प्रति कृतज्ञता ज्ञापन करना परम कर्तव्य है। जिन व्यक्तियों से पुस्तकों द्वारा या वाचनिक सम्मति द्वारा सहायता प्राप्त हुई है, उनमें सर्वश्री पं. जगन्नाथ तिवारी; श्री पं. नाथूराम प्रेमी, बम्बई; डॉ. हजारीप्रसाद द्विवेदी, बनारस; पूज्य पं. कैलाशचन्द्र जी सिद्धान्तशास्त्री, बनारस; प्रो. गो. खुशालचन्द्र जैन एम.ए. साहित्याचार्य, काशी; श्री रामनरेशलाल, श्रीराम होटल, पटना; पं. तारकेश्वर त्रिपाठी ज्योतिषाचार्य, आरा और अपनी धर्मपत्नी श्रीमती सुशीलादेवी का मैं अत्यन्त आभारी हूँ।

पुस्तक प्रकाशित करने में भारतीय ज्ञानपीठ, काशी के सुयोग्य मन्त्री पं. अयोध्याप्रसाद जी गोयलीय और लोकोदय ग्रन्थमाला के सम्पादक बाबू लक्ष्मीचन्द्र जी जैन एम.ए. का आभारी हूँ। आप दोनों महानुभावों की सत्कृपा से ही यह रचना प्रकाशित हो सकी है।

प्रूफ-संशोधन में श्री सरस्वती प्रिंटिंग वर्क्स लि. आरा के व्यवस्थापक श्री जुगल किशोर जैन बी.एस-सी. से भी पर्याप्त सहायता मिली है, अतः आपका भी आभारी हूँ।

—नेमिचन्द्र शास्त्री

अप्रैल, १९५२

विषय-सूची

द्वितीय अध्याय

चतुर्थ अध्याय

पंचम अध्याय

प्रयुक्त संकेत विवरण

ऋ. सं.	ऋग्वेद संहिता	अ.सं.	अथर्ववेद संहिता
छान्दो.	छान्दोग्योपनिषद्	ऋ.ज्यो.	ऋक्ज्योतिष
त्रि.सा.गा.	त्रिलोकसार गाथा	श्लो.	श्लोक
बृ.उ.	बृहदारण्यकोपनिषद्	सू.प्र.	सूर्य-प्रज्ञप्ति
तै.सं.	तैत्तिरीय संहिता	चं.प्र.	चन्द्र-प्रज्ञप्ति
प्र. व्या.	प्रश्न व्याकरणाङ्ग	म.आ.प.	महाभारत आदिपर्व
ऐ.ब्रा.	ऐतरेय ब्राह्मण	म.व.प.	महाभारत वनपर्व
तै. ब्रा.	तैत्तिरीय ब्राह्मण	अ.	अध्याय
श.ब्रा.	शतपथ ब्राह्मण	श.ब्रा.	शतपथ ब्राह्मण
नारा.उ.अनु.	नारायण उपनिषद् अनुच्छेद	ई.पू.	ईसा पूर्व
ठा.अ.सू.	ठाणाङ्ग, अध्याय, सूत्र	वि.सं.	विक्रमी संवत्
स.,अ.,सू.	समवायाङ्ग, अध्याय, सूत्र	राज.	राजयोगाध्याय

प्रथम अध्याय

भारतीय ज्योतिष : स्वरूप और विकास

आकाश की ओर दृष्टि डालते ही मानव-मस्तिष्क में उत्कण्ठा उत्पन्न होती है कि ये ग्रह-नक्षत्र क्या वस्तु हैं? तारे क्यों टूटकर गिरते हैं? पुच्छल तारे क्या हैं और ये कुछ दिनों में क्यों विलीन हो जाते हैं? सूर्य प्रतिदिन पूर्व दिशा में ही क्यों उदित होता है? ऋतुएँ क्रमानुसार क्यों आती हैं? आदि।

मानव-स्वभाव ही कुछ ऐसा है कि वह जानना चाहता है—क्यों? कैसे? क्या हो रहा है? और क्या होगा? यह केवल प्रत्यक्ष बातों को ही जानकर सन्तुष्ट नहीं होता, बल्कि जिन बातों से प्रत्यक्ष लाभ होने की सम्भावना नहीं है, उनको जानने के लिए भी उत्सुक रहता है। जिस बात के जानने की मानव को उत्कट इच्छा रहती है, उसके अवगत हो जाने पर उसे जो आनन्द मिलता है, जो तृप्ति होती है उससे वह निहाल हो जाता है।

मनोवैज्ञानिक दृष्टिकोण से विश्लेषण करने पर ज्ञात होगा कि मानव की उपर्युक्त जिज्ञासा ने ही उसे ज्योतिषशास्त्र के गम्भीर रहस्योद्घाटन के लिए प्रवृत्त किया है। आदिम मानव ने आकाश की प्रयोगशाला में सामने आनेवाले ग्रह, नक्षत्र और तारों प्रभृति का अपने कुशल चक्षुओं द्वारा पर्यवेक्षण करना प्रारम्भ किया और अनेक रहस्यों का पता लगाया। परन्तु आश्चर्य की बात यह है कि तब से अब तक विश्व की रहस्यमयी प्रवृत्ति के उद्घाटन करने का प्रयत्न करने पर भी यह और उलझता जा रहा है।

व्युत्पत्त्यर्थ

ज्योतिषशास्त्र की व्युत्पत्ति **'ज्योतिषां सूर्यादिग्रहाणां बोधकं शास्त्रम्'** की गयी है; अर्थात् सूर्यादि ग्रह और काल का बोध करानेवाले शास्त्र को ज्योतिषशास्त्र कहा जाता है। इसमें प्रधानतः ग्रह, नक्षत्र, धूमकेतु आदि ज्योतिःपदार्थों का स्वरूप, संचार, परिभ्रमणकाल, ग्रहण और स्थिति प्रभृति समस्त घटनाओं का निरूपण एवं ग्रह, नक्षत्रों की गति, स्थिति और संचारानुसार शुभाशुभ फलों का कथन किया जाता है। कुछ मनीषियों का अभिमत है कि नभोमण्डल में स्थित ज्योति सम्बन्धी विविधविषयक विद्या को ज्योतिर्विद्या कहते हैं; जिस शास्त्र में इस विद्या का सांगोपांग वर्णन रहता है, वह ज्योतिषशास्त्र है। इस लक्षण और पहलेवाले ज्योतिषशास्त्र के व्युत्पत्त्यर्थ में केवल इतना ही अन्तर है कि पहले में गणित और फलित दोनों प्रकार के विज्ञानों का समन्वय किया गया है, पर दूसरे में खगोल ज्ञान

पर ही दृष्टिकोण रखा गया है। विद्वानों का कथन है कि इस शास्त्र का प्रादुर्भाव कब हुआ, यह अभी अनिश्चित है। हाँ, इसका विकास, इसके शास्त्रीय नियमों में संशोधन और परिवर्द्धन प्राचीन काल से आज तक निरन्तर होते चले आये हैं।

भारतीय ज्योतिषशास्त्र की परिभाषा और उसका क्रमिक विकास

भारतीय ज्योतिष की परिभाषा के स्कन्धत्रय—होरा, सिद्धान्त और संहिता अथवा स्कन्धपंच—होरा, सिद्धान्त, संहिता, प्रश्न और शकुन—ये अंग माने गये हैं। यदि विराट् पंचस्कन्धात्मक परिभाषा का विश्लेषण किया जाये तो आज का मनोविज्ञान, जीवविज्ञान, पदार्थविज्ञान, रसायनविज्ञान, चिकित्साशास्त्र इत्यादि भी इसी के अन्तर्भूत हो जाते हैं।

इस शास्त्र की परिभाषा भारतवर्ष में समय-समय पर विभिन्न रूपों में मानी जाती रही है। सुदूर प्राचीन काल में केवल ज्योतिःपदार्थों—ग्रह, नक्षत्र, तारों आदि के स्वरूप-विज्ञान को ही ज्योतिष कहा जाता था। उस समय सैद्धान्तिक गणित का बोध इस शास्त्र से नहीं होता था क्योंकि उस काल में केवल दृष्टि-पर्यवेक्षण द्वारा नक्षत्रों का ज्ञान प्राप्त करना ही अभिप्रेत था।

भारतीयों की जब सर्वप्रथम दृष्टि सूर्य और चन्द्रमा पर पड़ी थी, उन्होंनें इनसे भयभीत होकर इन्हें दैवत्व रूप में मान लिया था। वेदों में कई जगह नक्षत्र, सूर्य एवं चन्द्रमा के स्तुतिपरक मन्त्र आये हैं। निश्चय ही प्रागैतिहासिक भारतीय मानव ने इनके रहस्य से प्रभावित होकर ही इन्हें दैवत्व रूप में माना है।

ब्राह्मण और आरण्यकों के समय में यह परिभाषा और विकसित हुई तथा उस काल में नक्षत्रों की आकृति, स्वरूप, गुण एवं प्रभाव का परिज्ञान प्राप्त करना ज्योतिष माना जाने लगा। आदिकाल[१] में नक्षत्रों के शुभाशुभ फलानुसार कार्यों का विवेचन तथा ऋतु, अयन, दिनमान, लग्न आदि के शुभाशुभानुसार विधायक कार्यों को करने का ज्ञान प्राप्त करना भी इस शास्त्र की परिभाषा में परिगणित हो गया। सूर्यप्रज्ञप्ति, ज्योतिष्करण्डक, वेदांग-ज्योतिष आदि ग्रन्थों के प्रणयन तक ज्योतिष के गणित और फलित—ये दो भेद स्पष्ट नहीं हुए थे। यह परिभाषा यहीं सीमित नहीं रही, ज्ञानोन्नति के साथ-साथ विकसित हुई राशि और ग्रहों के स्वरूप, रंग, दिशा, तत्त्व, धातु इत्यादि के विवेचन भी इसके अन्तर्गत आ गये।

आदिकाल के अन्त में ज्योतिष के गणित, सिद्धान्त और फलित ये तीनों भेद स्वतन्त्र रूप से प्रस्फुटित हो गये थे। ग्रहों की गति, स्थिति, अयनांश, पात आदि गणित ज्योतिष के अन्तर्गत तथा शुभाशुभ समय का निर्णय, विधायक, यज्ञ-यागादि कार्यों के करने के लिए समय और स्थान का निर्धारण फलित ज्योतिष का विषय माना जाता था। पूर्वमध्यकाल[२] की अन्तिम शताब्दियों में सिद्धान्त ज्योतिष के स्वरूप में भी विकास हुआ, लेकिन खगोलीय निरीक्षण और ग्रहवेध की परिपाटी के कम हो जाने से गणित के कल्पनाजाल द्वारा ही ग्रहों के स्थानों का निश्चय करना सिद्धान्त ज्योतिष के अन्तर्गत आ गया। तथा पूर्वमध्यकाल के प्रारम्भ में ज्योतिष का अर्थ स्कन्धत्रय—होरा, सिद्धान्त और संहिता के रूप में ग्रहण

---

१. ई. पू. ५००—ई. ५०० तक का समय। २. ई. ५०१—ई.१००० तक का समय

किया गया। परन्तु इस युग के मध्य में इस परिभाषा ने और भी संशोधन देखे और आगे जाकर यह पंचरूपात्मक—होरा, गणित या सिद्धान्त, संहिता, प्रश्न और शकुन रूप हो गयी।

होरा

इसका दूसरा नाम जातकशास्त्र है। इसकी उत्पत्ति 'अहोरात्र' शब्द से है। आदि शब्द 'अ' और अन्तिम शब्द 'त्र' का लोप कर देने से होरा शब्द बनता है। जन्मकालीन ग्रहों की स्थिति के अनुसार व्यक्ति के लिए फलाफल का निरूपण इसमें किया जाता है। इस शास्त्र में जन्मकुण्डली के द्वादश भावों के फल उनमें स्थित ग्रहों की अपेक्षा तथा दृष्टि रखनेवाले ग्रहों के अनुसार विस्तारपूर्वक प्रतिपादित किये जाते हैं। मानवजीवन के सुख, दुःख, इष्ट, अनिष्ट, उन्नति, अवनति, भाग्योदय आदि समस्त शुभाशुभों का वर्णन इस शास्त्र में रहता है। होरा ग्रन्थों में फल-निरूपण के दो प्रकार हैं। एक में जातक के जन्म-नक्षत्र पर से और दूसरे में जन्म-लग्नादि द्वादश भावों पर से विस्तारपूर्वक विभिन्न दृष्टिकोणों से फलकथन की प्रणाली बतायी गयी है। होराशास्त्र पर अनेक स्वतन्त्र रचनाएँ हैं। समय-समय पर इस शास्त्र में अनेक संशोधन और परिवर्तन हुए हैं। इस शास्त्र के वराहमिहिर, नारचन्द्र, सिद्धसेन, ढुण्ढिराज, केशव आदि प्रधान रचयिता हैं। आचार्य वराह ने इस शास्त्र में एक नवीन समन्वय की प्रणाली चलायी है। नारचन्द्र ने ग्रह और राशियों के स्वरूपानुसार भाव और दृष्टि के समन्वय तथा कारक, मारक आदि ग्रहों के सम्बन्धों की अपेक्षा से फल-प्रतिपादन की प्रक्रिया का प्रचलन किया है। श्रीपति एवं श्रीधर आदि ९वीं, १०वीं और ११वीं शती के होरा शास्त्रकारों ने ग्रहबल, ग्रहवर्ग, विंशोत्तरी आदि दशाओं के फलों को इस शास्त्र की परिभाषा के अन्तर्गत मान लिया है।

गणित या सिद्धान्त

इस प्रकार होराशास्त्र की परिभाषा निरन्तर विकसित होती आ रही है। इसमें त्रुटि से लेकर कल्पकाल तक की कालगणना, सौर, चान्द्र मासों का प्रतिपादन, ग्रहगतियों का निरूपण, व्यक्त-अव्यक्त गणित का प्रयोजन, विविध प्रश्नोत्तर-विधि, ग्रह, नक्षत्र की स्थिति, नाना प्रकार के तुरीय, नलिका इत्यादि यन्त्रों की निर्माण-विधि, दिक्, देश, कालज्ञान के अनन्यतम उपयोगी अंग, अक्षक्षेत्र-सम्बन्धी अक्षज्या, लम्बज्या, द्युज्या, कुज्या, तद्धृति, समशंकु इत्यादि का आनयन रहता है। प्राचीन काल में इसकी परिभाषा केवल सिद्धान्त गणित के रूप में मानी जाती थी। आदिकाल में अंकगणित द्वारा ही अहर्गण-मान साधकर ग्रहों का आनयन करना इस शास्त्र का प्रधान प्रतिपाद्य विषय था। पूर्वमध्यकाल में इसकी यह परिभाषा ज्यों की त्यों अवस्थित रही। उत्तरमध्यकाल[1] में इसने अनेक पहलुओं के पल्लों को पकड़ा और इस युग के प्रारम्भ से वासनात्मक होती हुई भी व्यक्तगणित को अपनाती रही, इसलिए इस काल में गणित के सिद्धान्त, तन्त्र व करण तीन भेद प्रकट हुए।

जिसमें सृष्ट्यादि से इष्ट दिन पर्यन्त अहर्गण बनाकर ग्रह सिद्ध किये जायें वह

---

१. ई. १००१–ई. १६०० तक का समय।

'सिद्धान्त'; जिसमें युगादि से इष्ट दिन पर्यन्त अहर्गण बनाकर ग्रहगणित किया जाये वह 'तन्त्र' और जिसमें कल्पित इष्ट वर्ष का युग मानकर उस युग के भीतर ही किसी अभीष्ट दिन का अहर्गण लाकर ग्रहानयन किया जाये उसे 'करण' कहते हैं। उत्तर-मध्यकाल के अन्त में गणित ज्योतिष की परिभाषा विस्तृत होने की अपेक्षा संकुचित दिखलाई पड़ती है; क्योंकि इस युग में क्रियात्मक ग्रहगणित को छोड़ वासनात्मक (उपपत्तिविषयक) ग्रहगणित का ही आश्रय ज्योतिषियों ने ले लिया जिससे वास्तविक ग्रहगणित का विकास कुछ रुक-सा गया। यद्यपि करण-ग्रन्थों की सारणियां तैयार की गयी थीं, किन्तु आगे आकाश-निरीक्षण और व्यक्तक्रियात्मक ग्रहगणित के अभाव में सारणियों में संशोधन न हो सके। इस प्रकार गणित ज्योतिष की परिभाषा कभी शैशव और कभी यौवन के साथ अठखेलियां करती रही।

संहिता

इसमें भूशोधन, दिक्शोधन, शल्योद्धार, मेलापक, आयाद्यानयन, गृहोपकरण, इष्टिकाद्धार, गेहारम्भ, गृहप्रवेश, जलाशय-निर्माण, मांगलिक कार्यों के मुहूर्त, उल्कापात, वृष्टि, ग्रहों के उदयास्त का फल, ग्रहचार का फल एवं ग्रहण-फल आदि बातों का निरूपण विस्तारपूर्वक किया जाता है। मध्य युग में संहिता की परिभाषा होरा, गणित और शकुन के मिश्रित रूप में मानी गयी है। ९वीं शती में क्रियाकाण्ड भी इसकी परिभाषा के अन्तर्गत आ गया है। संहिताशास्त्र का जन्म आदिकाल में हुआ और इसकी परिभाषा का क्षेत्र उत्तरोत्तर बढ़ता चला गया। कुछ जैनाचार्यों ने जीवनोपयोगी आयुर्वेद की चर्चाएँ भी संहिता के अन्तर्गत रखी हैं। १२वीं और १३वीं शती में इस शास्त्र की परिभाषा इतनी विकसित हुई है कि जीवन से सम्बद्ध सभी उपयोगी लौकिक विषय इसके अन्तर्गत आ गये हैं।

प्रश्नशास्त्र

यह तत्काल फल बतलानेवाला शास्त्र है। इसमें प्रश्नकर्ता के उच्चारित अक्षरों पर से फल का प्रतिपादन किया जाता है। ईसवी सन् की ५वीं और ६ठी शती में केवल पृच्छक के उच्चारित अक्षरों पर से फल बतलाना ही प्रश्नशास्त्र के अन्तर्गत था; लेकिन आगे जाकर इस शास्त्र में तीन सिद्धान्तों का प्रवेश हुआ—१. प्रश्नाक्षर-सिद्धान्त, २. प्रश्नलग्न-सिद्धान्त और ३. स्वरविज्ञान-सिद्धान्त। दिगम्बर जैन ग्रन्थों की अधिकतर रचनाएँ दक्षिण-भारत में होने के कारण प्रायः सभी प्रश्नग्रन्थ प्रश्नाक्षर-सिद्धान्त को लेकर निर्मित हुए हैं। अन्वेषण करने पर स्पष्ट मालूम होता है कि केवलज्ञानप्रश्नचूडामणि, चन्द्रोन्मीलन-प्रश्न, आयज्ञानतिलक, अर्हच्चूडामणि आदि ग्रन्थों के आधार पर ही आधुनिक काल में केरल प्रश्नशास्त्र की रचना हुई है।

वराहमिहिर के पुत्र पृथुयशा के समय से प्रश्नलग्नवाले सिद्धान्त का प्रचार भारत में ज़ोरों से हुआ है। ९वीं, १०वीं और ११वीं शती में इस सिद्धान्त को विकसित होने के लिए पूर्ण अवसर मिला है, जिससे अनेक स्वतन्त्र रचनाएँ भी इस विषय पर लिखी गयी हैं। इस शास्त्र की परिभाषा में उत्तर मध्यकाल तक अनेक संशोधन और परिवर्द्धन होते रहे हैं। चर्या,

चेष्टा, हाव-भाव आदि के द्वारा मनोगत भावों का वैज्ञानिक दृष्टि से विश्लेषण करना भी इस शास्त्र के अन्तर्गत आ गया है।

शकुन

इसका अन्य नाम निमित्तशास्त्र भी मिलता है। पूर्वमध्यकाल तक इसने पृथक् स्थान प्राप्त नहीं किया था, किन्तु संहिता के अन्तर्गत ही इसका विषय आता था। ईसवी सन् की १०वीं, ११वीं और १२वीं शतियों में इस विषय पर स्वतन्त्र विचार होने लग गया था, जिससे इसने अलग शास्त्र का रूप प्राप्त कर लिया। वि.सं. १०८९ में आचार्य दुर्गदेव ने अरिष्ट विषय को भी शकुनशास्त्र में मिला दिया था। आगे चलकर इस शास्त्र की परिभाषा और भी अधिक विकसित हुई और इसकी विषयसीमा में प्रत्येक कार्य के पूर्व में होनेवाले शुभाशुभों का ज्ञान प्राप्त करना भी आ गया। वसन्तराजशकुन, अद्भुतसागर जैसे शकुन-ग्रन्थों का निर्माण इसी परिभाषा को दृष्टि में रखकर किया प्रतीत होता है।

ज्योतिष का उद्भवस्थान और काल

यदि पक्षपात छोड़कर विचार किया जाये तो स्पष्ट मालूम हो जायेगा कि अन्य शास्त्रों के समान भारतीय ही इस शास्त्र के आदि आविष्कर्ता हैं। योगविज्ञान, जोकि भारतीय आचार्यों की विभूति माना जाता है, इसका पृष्ठाचार है। यहाँ के ऋषियों ने योगाभ्यास द्वारा अपनी सूक्ष्म प्रज्ञा से शरीर के भीतर ही सौर-मण्डल के दर्शन किये और अपना निरीक्षण कर आकाशीय सौर-मण्डल की व्यवस्था की।[1] अंकविद्या जो इस शास्त्र का प्राण है, उसका आरम्भ भी भारत में ही हुआ है। मध्यकालीन भारतीय संस्कृति नामक पुस्तक में श्री ओझाजी ने लिखा है—"भारत ने अन्य देशवासियों को जो अनेक बातें सिखायीं, उनमें सबसे अधिक महत्त्व अंकविद्या का है। संसार-भर में गणित, ज्योतिष, विज्ञान आदि की आज जो उन्नति पायी जाती है, उसका मूल कारण वर्तमान अंक-क्रम है, जिसमें १ से ९ तक के अंक और शून्य इन १० चिह्नों से अंकविद्या का सारा काम चल रहा है। यह क्रम भारतवासियों ने ही निकाला और उसे सारे संसार ने अपनाया।"[2]

उपर्युक्त उद्धरण से स्पष्ट है कि प्राचीनतम काल में भारतीय ऋषि खगोल और ज्योतिषशास्त्र से परिचित थे। कुछ लोग भारतीय ज्योतिष में ग्रीक शब्दों का सम्मिश्रण होने के कारण तथा प्राचीन भारतीय ज्योतिष में मेष, वृष आदि १२ राशियों एवं मंगल, बुध, गुरु इत्यादि ग्रहों के नामों का स्पष्ट उल्लेख न मिलने के कारण उसे ग्रीस से आया हुआ बतलाते हैं, परन्तु विचार करने पर वास्तविक बात ऐसी प्रतीत नहीं होगी। क्योंकि उन लोगों ने आगत शब्दों के प्रमाण में होरा (लग्न और राशि-भाग), हिबुक (जन्म-कुण्डली का चतुर्थ भाव), आपोक्लीम, द्रेष्काण (राशि का तृतीयांश), कण्टक (चतुर्थ भाव) पणफर, अनफा,

---

१. विशेष जानने के लिए 'मानव जीवन और भारतीय ज्योतिष' प्रकरण पृष्ठ २७ पर देखें।
२. मध्यकालीन भारतीय संस्कृति, पृ. १०८

सुनफा, दुरधरा (योगविशेष), तुंग (उच्च स्थान), मुसल्लह (नवमांश), मुन्था (जन्मलग्न स्थित किसी भी अभीष्ट वर्ष की राशि), इन्दुवार, इत्थशाल, ईसराफ, यमना, मणऊ (योगविशेष) को उपस्थित किया।

प्राचीन भारत में ग्रीस देश से अनेक विद्यार्थी विभिन्न शास्त्रों का अध्ययन करने के लिए आते थे और वर्षों रहकर भारतीय आचार्यों से भिन्न-भिन्न शास्त्रों का अध्ययन करते थे, जिससे उनके अत्यधिक सम्पर्क के कारण कुछ शब्द ई.पू. ३री शती में, कुछ ई. ६ठी शती में और कुछ १५वीं-१६वीं शती में ज्योतिष में मिल गये। भारत के कई ज्योतिर्विद् ईसवी सन् की ४थी और ५वीं शती में ग्रीस गये थे, इससे ५वीं शती के अन्त और ६ठी के प्रारम्भ में अनेक ग्रीक शब्द भारतीय ज्योतिष में आ गये।

डब्ल्यू. डब्ल्यू. हण्टर ने लिखा है कि "९वीं शती में अरबी विद्वानों ने भारत से ज्योतिषविद्या सीखी और भारतीय ज्योतिष सिद्धान्तों का 'सिन्द हिन्द' नाम से अरबी में अनुवाद किया।"[1] अरबी भाषा में लिखी गयी 'आइन-उल-अम्बाफितल कालूली अत्वा' नामक पुस्तक में लिखा है कि "भारतीय विद्वानों ने अरबी के अन्तर्गत बगदाद की राजसभा में जाकर ज्योतिष, चिकित्सा आदि शास्त्रों की शिक्षा दी थी। कर्क नाम के एक विद्वान् शक संवत् ६९४ में बादशाह अलमसूर के दरबार में ज्योतिष और चिकित्सा के ज्ञानदान के निमित्त गये थे।"[2]

दूसरी युक्ति जो राशि और ग्रहों के स्पष्ट नामोल्लेख न मिलने के रूप में दी गयी है, निस्सार है। क्योंकि जब प्राचीन साहित्य में सौर-जगत् के सूक्ष्म अवयव नक्षत्रों का जिक्र मिलता है तब स्थूल अवयव राशि का ज्ञान कैसे न रहा होगा?

आकाश की ओर दृष्टि डालते ही सर्वप्रथम राशियों का ही दर्शन होता है, नक्षत्रों का नहीं। नक्षत्रों का दर्शन राशि-दर्शन के पश्चात् सूक्ष्म निरीक्षण करने पर होता है। अतएव राशि ज्ञान के अभाव में नक्षत्रों का प्रतिपादन सम्भव नहीं कहा जा सकता।

ऋग्वेदसंहिता में चक्र शब्द आया है, जो राशिचक्र का बोधक है। **"द्वादशारं नहि तज्जराय"**[3] इस मन्त्र में द्वादशारं शब्द १२ राशियों का बोधक है। प्रकरणगत विशेषताओं के ऊपर ध्यान देने से इस मन्त्र में स्पष्टतया द्वादश राशियों का निर्देश मिलेगा। श्री डॉ. सम्पूर्णानन्द जी,[4] सामान्य भू.पू. मुख्यमन्त्री, उत्तरप्रदेश 'द्वादशारं' शब्द को द्वादश राशियों का बोधक होने में शंका करते हैं तथा द्वादश महीनों का द्योतक होने की सम्भावना करते हैं, परन्तु उनकी यह सम्भावना तर्कसंगत नहीं। कारण स्पष्ट है कि इस मन्त्र में आगेवाले भाग में ३६० दिन वर्ष-१२ राशियों के माने गये हैं। १३ महीनों के ३६० दिन नहीं हो सकते, क्योंकि चन्द्रमास २९॥ दिन से अधिक नहीं होता, इस हिसाब से वर्ष में ३५४ दिन होते हैं, किन्तु मन्त्र में ३६० दिन बताये गये हैं, जो कि द्वादश राशि मान लेने पर ठीक आ

---

१. हण्टर इण्डियन गजेटियर-इण्डिया, पृ. २१८।

२. ज्योतिषरत्नाकर, प्रथम भाग—भूमिका।

३. ऋक् सं., १.१६४,११।

४. क्या भारतीय ज्योतिष ग्रीस से आया है, 'साप्ताहिक संसार' ५ जुलाई, १९४५।

जाते हैं। प्रत्येक राशि में ३० अंश तथा प्रत्येक अंश का मध्यम मान एक दिन इस प्रकार ३६० दिन द्वादश राश्यात्मक चक्र में हो जाते हैं। जैन-ज्योतिष के विद्वान् गर्ग, ऋषिपुत्र और कालकाचार्य ने परम्परागत राशिचक्र का निरूपण किया है।

कुछ पाश्चात्य विद्वान् भारतीय ज्योतिष को बेबिलोन से आया हुआ बतलाते हैं। उन्होंने लिखा है कि भारतीय बेबिलोन गये और वहाँ से ज्योतिष सीखकर आये; मैक्समूलर ने इस मत की समीक्षा करते हुए लिखा है :

"The twenty seven constellations, which were chosen in India as a kind of lunar zodiac, were supposed to have come from Babylon. Now the Babylonian zodiac was solar, and inspite of repeated researches, no trace of lunar zodiac has been found, ...But supposing even that a lunar zodiac had been discovered in Babylon, no one acquainted with Vedic literature and with the ancient Vedic Ceremonial would easily allow himself to be persuaded that the Hindus had borrowed that simple division of the sky from the Babylonians. It is well known that most of the Vedic sacrifices depend on the moon, far more than on the sun."

—Vol. XIII, Lecture iv. 'Objections', pp. 126-127.

अर्थात्—प्राचीन भारतीय विद्वान् खगोल का ज्ञान प्राप्त करने के लिए बेबिलोन गये और वहाँ की भाषा सीखकर खगोल विद्या सीखी। भारत वापस आकर सूर्य को आधार मानकर आकाश के विभाग करने में कठिनाई का अनुभव किया, क्योंकि सूर्योदय होने पर अधिकांश नक्षत्र दूर-दर्शक यन्त्र से भी नहीं देखे जा सकते और इस कारण चन्द्रमा के आधार पर आकाश को २७ नक्षत्रों में बाँटा; चन्द्रमा की विभिन्न कलाओं का अध्ययन करके उसके अनुसार पक्ष, मास और वर्ष बनाये, जिन्हें आगे चलकर सौर समय से सम्बद्ध कर दिया गया। यह सब हास्यास्पद मालूम होता है। अनुकरण जहाँ भी किया जाता है, वहाँ पूर्ण रूप से और उस अनुकरण की पूरी छाप इतिहास पर लग जाती है। भारतीय खगोल के इतिहास में बेबिलोन के खगोल की छाप हमें मिलती ही नहीं है। बेबिलोन में सूर्य की गतियों को दृष्टि में रखकर नक्षत्रों का विभाजन किया गया है, पर भारत में चन्द्रमा को प्रधान मानकर आकाश का बँटवारा २८ नक्षत्रों में किया है। मैक्समूलर ने आगे बताया है :

"We must never forget that what is natural in one place is natural in other places also, and... no case has been made out in favour of a foreign origin of the elementary astronomical notions of the Hindus as found or presupposed in the Vedic hymns."

—Objections, p. 130

अर्थात्—भारतीयों की आकाश का रहस्य जानने की भावना विदेशीय प्रभाववश उद्‌भूत नहीं हुई, बल्कि स्वतन्त्र रूप से उत्पन्न हुई है। अतएव स्पष्ट है कि भारतीय ज्योतिष का

जन्मस्थान भारत है, इसके ऊपर पूर्वमध्यकाल में विदेशीय सम्पर्क के कारण कुछ प्रभाव अवश्य पड़ा है; परन्तु मूलभूत भावना भारत की ही है। मूल ज्योतिष के तत्त्व इसी पुण्यभूमि में आज से हजारों वर्ष पहले आविष्कृत हुए हैं।

ऋग्वेद और शतपथ ब्राह्मण आदि ग्रन्थों के अध्ययन से पता चलता है कि आज से कम से कम २८००० वर्ष पहले भारतीयों ने खगोल और ज्योतिषशास्त्र का मन्थन किया था। वे आकाश में चमकते हुए नक्षत्रपुंज, शशिपुंज, देवतापुंज, आकाशगंगा, नीहारिका आदि के नाम, रूप, रंग, आकृति से पूर्णतया परिचित थे।

कौन-सा नक्षत्र ज्योतिपूर्ण है, नभोमण्डल में ग्रहों के संचार से आकर्षण कैसे होता है? तथा ग्रहों के प्रकाश का प्रभाव पृथ्वी स्थित प्राणियों पर कैसे पड़ता है, इत्यादि बातों का वेदों में वर्णन है।[1]

जैनग्रन्थ सूर्यप्रज्ञप्ति, गर्गसंहिता, ज्योतिष्करण्डक इत्यादि में ज्योतिषशास्त्र की अनेक महत्त्वपूर्ण बातों का वर्णन किया गया है। इन ग्रन्थों के अवलोकन से स्पष्ट मालूम हो जाता है कि उदयकाल में भारतीय ज्योतिष कितना उन्नतिशील था। अयन, मलमास, क्षयमास नक्षत्रों की श्रेणियाँ, सौरमास, चान्द्रमास आदि का सूक्ष्म विवेचन ज्योतिष्करण्डक में सुन्दर ढंग से भारतीय ज्योतिष की प्राचीनता और मौलिकता सिद्ध कर रहा है।[2]

भारतीय ज्योतिष की प्राचीनता पर विदेशी विद्वानों के अभिमत

भारतीय ज्योतिष को प्राचीन और मौलिक केवल भारतीय विद्वान् ही सिद्ध नहीं करते हैं, बल्कि अनेक विदेशीय विद्वानों ने भी इसकी प्राचीनता स्वीकार की है। यहाँ कुछ विद्वानों के मत दिये जाते हैं :

१. अलबरूनी ने लिखा है कि "ज्योतिषशास्त्र में हिन्दू लोग संसार की सभी जातियों से बढ़कर हैं। मैंने अनेक भाषाओं के अंकों के नाम सीखे हैं, पर किसी जाति में भी हजार से आगे की संख्या के लिए मुझे कोई नाम नहीं मिला। हिन्दुओं में अठारह अंकों तक की संख्या के लिए नाम हैं, जिनमें अन्तिम संख्या का नाम परार्द्ध बताया गया है।"[3]

२. प्रो. मैक्समूलर ने स्पष्ट शब्दों में कहा है कि "भारतवासी आकाश-मण्डल और नक्षत्र-मण्डल आदि के बारे में अन्य देशों के ऋणी नहीं हैं। मूल आविष्कर्ता वे ही इन वस्तुओं के हैं।"[4]

३. फ्रान्सीसी पर्यटक फ्राक्वीस वर्नियर भी भारतीय ज्योतिष-ज्ञान की प्रशंसा करते हुए लिखते हैं कि "भारतीय अपनी गणना द्वारा चन्द्र-ग्रहण और सूर्य-ग्रहण की बिलकुल ठीक भविष्यवाणी करते हैं। इनका ज्योतिषज्ञान प्राचीन और मौलिक है।"[5]

---

1. Orion or Researches into Antiquity of Vedas, pp. 1-9; 17-38.
२. देखें—वेदांग ज्योतिष की भूमिका, पृ. १-२६ डॉ. श्यामशास्त्री।
३. अलबरूनीज इण्डिया, जिल्द १, पृ. १७४-१७७।
४. इण्डिया ह्वाट कैन इट टीच अस, पृ. ३६०-३६६।
५. ट्रावेल्स इन दी मुगल इम्पायर, पृ. ३२९।

४. फ्रान्सीसी यात्री टरवीनियर ने भी भारतीय ज्योतिष की प्राचीनता और विशालता से प्रभावित होकर कहा है कि "भारतीय ज्योतिष-ज्ञान में प्राचीन काल से ही अतीव निपुण हैं।"[१]

५. एन्साइक्लोपीडिया ऑफ ब्रिटैनिका में लिखा है कि "इसमें कोई सन्देह नहीं कि हमारे (अँगरेजी) वर्तमान अंक-क्रम की उत्पत्ति भारत से है। सम्भवतः खगोल-सम्बन्धी उन सारणियों के साथ जिनको एक भारतीय राजदूत ईसवी सन् ७७३ में बग़दाद में लाया, इन अंकों का प्रवेश अरब में हुआ। फिर ईसवी सन् की ९वीं शती के प्रारम्भिक काल में प्रसिद्ध अबुजफ़र मोहम्मद अलू खारिज्मी ने अरबी में उक्त क्रम का विवेचन किया और उसी समय से अरबों में उसका प्रचार बढ़ने लगा। यूरोप में शून्य सहित यह सम्पूर्ण अंक-क्रम ईसवी सन् की १२वीं शती में अरबों से लिया गया और इस क्रम से बना हुआ अंकगणित 'अल गोरिट्मस' नाम से प्रसिद्ध हुआ।"[२]

६. कॉण्ट ऑर्मस्टर्जन ने लिखा है कि "वेली द्वारा किये गये गणित से यह प्रतीत होता है कि ईसवी सन् से ३००० वर्ष पूर्व में ही भारतीयों ने ज्योतिषशास्त्र और भूमितिशास्त्र में अच्छी पारदर्शिता प्राप्त कर ली थी।"[३]

७. कर्नल टॉड ने अपने राजस्थान नामक ग्रन्थ में लिखा है कि "हम उन ज्योतिषियों को कहाँ पा सकते हैं, जिनका ग्रहमण्डल-सम्बन्धी ज्ञान अब भी युरॅप में आश्चर्य उत्पन्न कर रहा है।"[४]

८. मिस्टर मारिया ग्राह्म की सम्मति है कि "समस्त मानवीय परिष्कृत विज्ञानों में ज्योतिष मनुष्य को ऊँचा उठा देता है।··· इसके प्रारम्भिक विकास का इतिहास संसार की मानवता के उत्थान का इतिहास है। भारत में इसके आदिम अस्तित्व के बहुत-से प्रमाण मौजूद हैं।"[५]

९. मिस्टर सी.वी. क्लार्क एफ.जी.एफ. कहते हैं कि "अभी बहुत वर्ष पीछे तक हम सुदूर स्थानों के अक्षांश (Longitudes) के विषय में निश्चयात्मक रूप से ज्ञान नहीं रखते थे, किन्तु प्राचीन भारतीयों ने ग्रहण-ज्ञान के समय से ही इन्हें जान लिया था। इनकी यह अक्षांश, रेखांश वाली प्रणाली वैज्ञानिक ही नहीं, अचूक है।"[६]

१०. प्रो. विल्सन ने कहा है कि "भारतीय ज्योतिषियों को प्राचीन ख़लीफ़ों विशेषकर हारूँरशीद और अलमायन ने भलीभाँति प्रोत्साहित किया। वे बग़दाद आमन्त्रित किये गये और वहाँ उनके ग्रन्थों का अनुवाद हुआ।"[७]

---

१. टरवीनियरस् ट्रेविल इन इण्डिया, पृ. ४३३।
२. इन्साइक्लोपीडिया ऑफ ब्रिटैनिका, जिल्द १७ पृ. ६२६।
३. Theogony of the Hindus, p. 37.
४. टॉड राजस्थान भूमिका, पृ. ५-११।
५. Letters on India, p.100-111
६. Theogony of Hindus, p.37.
७. Ancient and Mediaeval India, Vol. 1, p. 114.

११. डॉक्टर राबर्टसन का कथन है कि "१२ राशियों का ज्ञान सबसे पहले भारतवासियों को ही हुआ था। भारत ने प्राचीन काल में ज्योतिर्विद्या में अच्छी उन्नति की थी।"[१]

१२. प्रो. कोलब्रुक और बेवर साहब ने लिखा है कि "भारत को ही सर्वप्रथम चान्द्रनक्षत्रों का ज्ञान था। चीन और अरब के ज्योतिष का विकास भारत से ही हुआ है। उनका क्रान्तिमण्डल हिन्दुओं का ही है। निस्सन्देह उन्हीं से अरबवालों ने इसे लिया था।"

१३. विख्यात चीनी विद्वान् लियाँग चिचाव के शब्दों में "वर्तमान सभ्य जातियों ने जब हाथ-पैर हिलाना भी प्रारम्भ नहीं किया था, तभी हम दोनों भाइयों ने (चीन और भारत) मानव-सम्बन्धी समस्याओं को ज्योतिष जैसे विज्ञान द्वारा सुलझाना आरम्भ कर दिया था।"[२]

१४. प्रो. वेलस महोदय ने प्लेफसर साहब की कुछ पंक्तियाँ उद्धृत की हैं, जिनका आशय है कि ज्योतिष-ज्ञान के बिना बीजगणित की रचना कठिन है। विद्वान् विल्सन कहते हैं कि "भारत ने ज्योतिष और गणित के तत्त्वों का आविष्कार अति प्राचीनकाल में किया था।"[३]

१५. डी. मार्गन ने स्वीकार किया है कि "भारतीयों का गणित और ज्योतिष यूनान के किसी भी गणित या ज्योतिष के सिद्धान्त की अपेक्षा महान् है। इनके तत्त्व प्राचीन और मौलिक हैं।"[४]

१६. डॉ. थीबो बहुत सोच-विचार और समालोचना के अनन्तर इस निष्कर्ष पर पहुँचे हैं कि "भारत ही रेखागणित के मूल सिद्धान्तों का आविष्कर्ता है। इसने नक्षत्र-विद्या में भी पुरातन काल में ही प्रवीणता प्राप्त कर ली थी, यह रेखागणित के सिद्धान्तों का उपयोग इस विद्या को जानने के लिए करता था।"

१७. वर्जेस महोदय ने सूर्यसिद्धान्त के अँगरेजी अनुवाद के परिशिष्ट में अपना मत उद्धृत करते हुए बताया है कि भारत का ज्योतिष टालमी के सिद्धान्तों पर आश्रित नहीं है, किन्तु इसने ई. सन् के बहुत पहले ही इस विषय का पर्याप्त ज्ञान प्राप्त कर लिया था।[५]

उपर्युक्त उद्धरणों से स्पष्ट है कि भारतीय ज्योतिषशास्त्र का उद्भवस्थान भारत ही है। इसने किसी देश से सीखकर यहाँ प्रचार नहीं किया है। श्री लोकमान्य तिलक ने अपनी 'ओरायन' नामक पुस्तक में बताया है कि भारत का नक्षत्र-ज्ञान, जिसका कि वेदों में वर्णन आता है, ईसवी सन् से कम से कम पाँच हजार वर्ष पहले का है। भारतीय नक्षत्रविद्या में अत्यन्त प्रवीण थे। अतएव बेबिलोन या यूनान अथवा ग्रीस से भारत में यह विद्या नहीं आयी है। ई. सन् पूर्व दूसरी शताब्दी तक इस शास्त्र में आदान-प्रदान भी नहीं हुआ, किन्तु ई. सन् २-६ शती तक विदेशियों के अत्यधिक सम्पर्क के कारण पर्याप्त आदान-प्रदान हुआ

१. भारतीय सभ्यता और उसका विश्वव्यापी प्रभाव, पृ. ११७।

२. Letters on India, p. 109-111.

३. Mill's India, Vol. II. p. 151.

४. Ancient and Mediaeval India, Vol. I, p. 374.

५. पञ्चसिद्धान्तिका की भूमिका, p. LIII-LV

है। पाश्चात्य सभ्यता के स्नेही कुछ समालोचक इसी काल के साहित्य को देखकर भारतीय ज्योतिष को यूनान या ग्रीस से आया बतलाते हैं।

बेबिलोनी भाषा के कुछ शब्द ऐसे भी हैं, जो संस्कृत में ज्यों के त्यों पाये जाते हैं, ज्योतिषशास्त्र में इन शब्दों का प्रयोग देखकर इसे बेबिलोन से आया हुआ सिद्ध करने की असफल चेष्टा कुछ समीक्षक करते हैं, किन्तु ज्योतिष के मूलबीजों और अपनी परम्परा के अवलोकन से यह स्पष्ट हो जाता है कि यह विज्ञान भारतीय ज्योतिषियों के मस्तिष्क की ही उपज है। हाँ, जैसे इस देश ने अरब आदि को इस विज्ञान की शिक्षा दी, उसी प्रकार यूनान और बेबिलोन से पुराना सम्पर्क होने के कारण कुछ ग्रहण भी किया। पर इसका अर्थ यह कदापि नहीं है कि ये देश ही इस विज्ञान के लिए भारत के गुरु हैं।

जी. आर. के. ने अपनी हिन्दू एस्ट्रॉनॉमी नामक पुस्तक में बताया है कि "भारत ने टालमी के ज्योतिषसिद्धान्त का उपयोग तो कल ही किया है, किन्तु प्राचीन यूनानी सिद्धान्तों की परम्परा का निर्वाह ही बहुत काल तक करता रहा है। इसके मूलभूत सिद्धान्त यवनों के सम्पर्क से ही प्रस्फुटित हुए हैं। राशियों की नामावली भी भारतीय नहीं है," आदि। गम्भीरता से सोचने पर तथा इस शास्त्र के इतिहास का अवलोकन करने पर यह धारणा भ्रान्त सिद्ध हो जाती है। अतः ईसवी सन् से कम से कम दस हजार वर्ष पहले भारत ने ज्योतिषविज्ञान का आविष्कार किया था।

मानव-जीवन और भारतीय ज्योतिष

मनुष्य स्वभाव से ही अन्वेषक प्राणी है। वह सृष्टि की प्रत्येक वस्तु के साथ अपने जीवन का तादात्म्य सम्बन्ध स्थापित करना चाहता है। उसकी इसी प्रवृत्ति ने ज्योतिष के साथ जीवन का सम्बन्ध स्थापित करने के लिए बाध्य किया है। फलतः वह अपने जीवन के भीतर ज्योतिष तत्त्वों का प्रत्यक्ष दर्शन करना चाहता है। इसी कारण वह शास्त्रीय एवं व्यावहारिक ज्ञान द्वारा प्राप्त अनुभव को, ज्योतिष की कसौटी पर कसकर देखना चाहता है कि ज्योतिष का जीवन में क्या स्थान है?

समस्त भारतीय ज्ञान की पृष्ठभूमि दर्शनशास्त्र है, यही कारण है कि भारत अन्य प्रकार के ज्ञान को दार्शनिक मापदण्ड द्वारा मापता है। इसी अटल सिद्धान्त के अनुसार वह ज्योतिष को भी इसी दृष्टिकोण से देखता है। भारतीय दर्शन के अनुसार आत्मा अमर है, इसका कभी नाश नहीं होता है, केवल यह कर्मों के अनादि प्रवाह के कारण पर्यायों को बदला करता है। अध्यात्मशास्त्र का कथन है कि दृश्य सृष्टि केवल नाम रूप या कर्म ही नहीं है, किन्तु इस नामरूपात्मक आवरण के लिए आधारभूत एक अरूपी, स्वतन्त्र और अविनाशी आत्मतत्त्व है तथा प्राणीमात्र के शरीर में रहनेवाला यह तत्त्व नित्य एवं चैतन्य है, केवल कर्मबन्ध के कारण वह परतन्त्र और विनाशीक दिखलाई पड़ता है। वैदिक दर्शनों में कर्म के संचित, प्रारब्ध और क्रियमाण ये तीन भेद माने गये हैं। किसी के द्वारा वर्तमान क्षण तक किया गया जो कर्म है—चाहे वह इस जन्म में किया गया हो या पूर्व जन्मों में,

वह सब संचित कहलाता है। अनेक जन्म-जन्मान्तरों के संचित कर्मों को एक साथ भोगना सम्भव नहीं है; क्योंकि इनसे मिलनेवाले परिणामस्वरूप फल परस्पर-विरोधी होते हैं, अतः इन्हें एक के बाद एक कर भोगना पड़ता है। संचित में से जितने कर्मों के फल को पहले भोगना शुरू होता है, उतने ही को प्रारब्ध कहते हैं। तात्पर्य यह है कि संचित अर्थात् समस्त जन्म-जन्मान्तर के कर्मों के संग्रह में से एक छोटे भेद को प्रारब्ध कहते हैं। यहाँ इतना स्मरण रखना होगा कि समस्त संचित का नाम प्रारब्ध नहीं, बल्कि जितने भाग का भोगना आरम्भ हो गया है, प्रारब्ध है। जो कर्म अभी हो रहा है या जो अभी किया जा रहा है, वह क्रियमाण है। इस प्रकार इन तीन तरह के कर्मों के कारण आत्मा अनेक जन्मों-पर्यायों को धारण कर संस्कार अर्जन करता चला आ रहा है।

आत्मा के साथ अनादिकालीन कर्म-प्रवाह के कारण लिंगशरीर—कार्मण शरीर और भौतिक स्थूल शरीर का सम्बन्ध है। जब एक स्थान से आत्मा इस भौतिक शरीर का त्याग करता है तो लिंगशरीर उसे अन्य स्थूल शरीर की प्राप्ति में सहायक होता है। इस स्थूल भौतिक शरीर में विशेषता यह है कि इसमें प्रवेश करते ही आत्मा जन्म-जन्मान्तरों के संस्कारों की निश्चिंत स्मृति को खो देता है। इसलिए ज्योतिर्विदों ने प्राकृतिक ज्योतिष के आधार पर कहा है कि यह आत्मा मनुष्य के वर्तमान स्थूल शरीर में रहते हुए भी एक से अधिक जगत् के साथ सम्बन्ध रखता है। मानव का भौतिक शरीर प्रधानतः ज्योतिः, मानसिक और पौद्गलिक इन तीन उपशरीरों में विभक्त है। यह ज्योतिः उपशरीर Astrals's body द्वारा नाक्षत्र जगत् से, मानसिक उपशरीर द्वारा मानसिक जगत् से और पौद्गलिक उपशरीर द्वारा भौतिक जगत् से सम्बद्ध है। अतः मानव प्रत्येक जगत् से प्रभावित होता है तथा अपने भाव, विचार और क्रिया द्वारा प्रत्येक जगत् को प्रभावित करता है। उसके वर्तमान शरीर में ज्ञान, दर्शन, सुख, वीर्य आदि अनेक शक्तियों का धारक आत्मा सर्वत्र व्यापक है तथा शरीर प्रमाण रहने पर भी अपनी चैतन्य क्रियाओं द्वारा विभिन्न जगतों में अपना कार्य करता है। मनोवैज्ञानिकों ने आत्मा की इस क्रिया की विशेषता के कारण ही मनुष्य के व्यक्तित्व को बाह्य और आन्तरिक दो भागों में विभक्त किया है।

बाह्य व्यक्तित्व—वह है जिसने इस भौतिक शरीर के रूप में अवतार लिया है। यह आत्मा की चैतन्य क्रिया की विशेषता के कारण अपने पूर्वजन्म के निश्चित प्रकार के विचार, भाव और क्रियाओं की ओर झुकाव प्राप्त करता है तथा इस जीवन के अनुभवों के द्वारा इस व्यक्तित्व के विकास में वृद्धि होती है और यह धीरे-धीरे विकसित होकर आन्तरिक व्यक्तित्व में मिलने का प्रयास करता है।

आन्तरिक व्यक्तित्व—वह है जो अनेक बाह्य व्यक्तित्वों की स्मृतियों, अनुभवों और प्रवृत्तियों का संश्लेषण अपने में रखता है।

बाह्य और आन्तरिक इन दोनों व्यक्तित्व सम्बन्धी चेतना के ज्योतिष में विचार, अनुभव और क्रिया ये तीन रूप माने गये हैं। बाह्य व्यक्तित्व के तीन रूप आन्तरिक व्यक्तित्व के इन तीनों रूपों से सम्बद्ध हैं, पर आन्तरिक व्यक्तित्व के तीन रूप अपनी निजी विशेषता और शक्ति रखते हैं, जिससे मनुष्य के भौतिक, मानसिक और आध्यात्मिक इन तीनों जगतों

का संचालन होता है। मनुष्य का अन्तःकरण इन तीनों व्यक्तित्व के उक्त तीनों रूपों को मिलाने का कार्य करता है। दूसरे दृष्टिकोण से यह कहा जा सकता है कि ये तीनों रूप एक मौलिक अवस्था में आकर्षण और विकर्षण की प्रवृत्ति द्वारा अन्तःकरण की सहायता से सन्तुलित रूप को प्राप्त होते हैं। तात्पर्य यह है कि आकर्षण की प्रवृत्ति बाह्य व्यक्तित्व को और विकर्षण की प्रवृत्ति आन्तरिक व्यक्तित्व को प्रभावित करती है और इन दोनों के बीच में रहनेवाला अन्तःकरण इन्हें सन्तुलन प्रदान करता है। मनुष्य की उन्नति और अवनति इन सन्तुलन के पलड़े पर ही निर्भर है।

मानव जीवन के बाह्य व्यक्तित्व के तीन रूप और आन्तरिक व्यक्तित्व के तीन रूप तथा एक अन्तःकरण—इन सात के प्रतीक सौर-जगत् में रहनेवाले ७ ग्रह माने गये हैं। उपर्युक्त ७ रूप सब प्राणियों के एक-से नहीं होते हैं, क्योंकि जन्म-जन्मान्तरों के संचित, प्रारब्ध कर्म विभिन्न प्रकार के हैं, अतः प्रतीक रूप ग्रह अपने-अपने प्रतिरूप्य के सम्बन्ध में विभिन्न प्रकार की बातें प्रकट करते हैं। प्रतिरूप्यों की सच्ची अवस्था बीजगणित की अव्यक्त मान कल्पना द्वारा निष्पन्न अंकों के समान प्रकट हो जाती है।

आधुनिक वैज्ञानिक प्रत्येक वस्तु की आन्तरिक रचना सौर-मण्डल से मिलती-जुलती बतलाते हैं। उन्होंने परमाणु के सम्बन्ध में अन्वेषण करते हुए बताया है कि प्रत्येक पदार्थ की सूक्ष्म रचना का आधार परमाणु हैं। अथवा यों कहें कि परमाणु की ईंटों को जोड़कर पदार्थ का विशाल भवन निष्पन्न होता है और यह परमाणु सौर-जगत् के समान आकार-प्रकारवाला है। इसके मध्य में एक धनविद्युत् का बिन्दु है जिसे केन्द्र कहते हैं। इसका व्यास एक इंच के १० लाखवें भाग का भी १० लाखवाँ भाग बताया गया है। परमाणु के जीवन का सार इसी केन्द्र में बसता है। इस केन्द्र के चारों ओर अनेक सूक्ष्मातिसूक्ष्म विद्युत्कण चक्कर लगाते रहते हैं और ये केन्द्रवाले धन-विद्युत्कण के साथ मिलने का उपक्रम करते रहते हैं। इस प्रकार के अनन्त परमाणुओं के समाहार का एकत्र स्वरूप हमारा शरीर है। भारतीय दर्शन में भी 'यथा पिण्डे तथा ब्रह्माण्डे' का सिद्धान्त प्राचीन काल से ही प्रचलित है। तात्पर्य यह है कि वास्तविक सौर-जगत् में सूर्य, चन्द्र आदि ग्रहों के भ्रमण करने में जो नियम कार्य करते हैं, वे ही नियम प्राणीमात्र के शरीर में स्थित सौर-जगत् के ग्रहों के भ्रमण करने में भी काम करते हैं। अतः आकाश स्थित ग्रह शरीर स्थित ग्रहों के प्रतीक हैं।

प्रथम कल्पनानुसार बाह्य के तीन रूप और आन्तरिक व्यक्तित्व के तीन रूप तथा एक अन्तःकरण इन सातों प्रतिरूप्यों के प्रतीक ग्रह निम्न प्रकार हैं :

१. बाह्य व्यक्तित्व के प्रथम रूप-विचार का प्रतीक बृहस्पति है। यह प्राणीमात्र के शरीर का प्रतिनिधित्व करता है और शरीर संचालन के लिए रक्त प्रदान करता है। जीवित प्राणी के रक्त में रहनेवाले कीटाणुओं की चेतना से इसका सम्बन्ध रहता है। इस प्रतीक द्वारा बाह्य व्यक्तित्व के प्रथम रूप से होनेवाले कार्यों का विश्लेषण किया जाता है। इसलिए ज्योतिषशास्त्र में प्रत्येक ग्रह से किसी भी मनुष्य के आत्मिक, अनात्मिक और शारीरिक—इन तीन प्रकार के दृष्टिकोणों से फल का विचार किया जाता है। कारण स्पष्ट है कि मनुष्य

के व्यक्तित्व के किसी भी रूप का प्रभाव शरीर, आत्मा और बाह्य जड़, चेतन पदार्थ, जो शरीर से भिन्न हैं, पड़ता है। उदाहरण के लिए बाह्य व्यक्तित्व के प्रथम रूप विचार को लिया जा सकता है; मनुष्य के विचार का प्रभाव शरीर और चेतना शक्तियाँ—स्मृति, अनुभव, प्रत्यभिज्ञा आदि तथा मनुष्य से सम्बद्ध अन्य वस्तुओं पर भी पड़ता है। इन तीनों से अलग रहकर मनुष्य कुछ नहीं कर सकेगा, उसका जीवन जड़वत् स्तम्भित हो जायेगा। अतएव प्रथम रूप के प्रतीक बृहस्पति का विवेचन निम्न प्रकार अवगत करना चाहिए।

अनात्मा—इस दृष्टिकोण से बृहस्पति व्यापार, कार्य, वे स्थान और व्यक्ति जिनका सम्बन्ध धर्म और कानून से है—मन्दिर, पुजारी, मन्त्री, न्यायालय, न्यायाधीश, शिक्षा संस्थाएँ, विश्वविद्यालय, धारासभाएँ, जनता के उत्सव, दान, सहानुभूति आदि का प्रतिनिधित्व करता है।

आत्मा—इस दृष्टिकोण से यह ग्रह विचार मनोभाव और इन दोनों का मिश्रण, उदारता, अच्छा स्वभाव, सौन्दर्य प्रेम, शक्ति, भक्ति एवं व्यवस्थाबुद्धि, ज्ञान-ज्योतिष-तन्त्र- मन्त्र-विचार शक्ति इत्यादि आत्मिक भावों का प्रतिनिधित्व करता है।

शरीर—इस दृष्टिकोण से पैर, जंघा, जिगर, पाचनक्रिया, रक्त एवं नसों का प्रतिनिधित्व करता है।

२. बाह्य व्यक्तित्व के द्वितीय रूप का प्रतीक मंगल है। यह इन्द्रियज्ञान और आनन्देच्छा का प्रतिनिधित्व करता है। जितने भी उत्तेजक और संवेदनाजन्य आवेग हैं उनका यह प्रधान केन्द्र है। बाह्य आनन्ददायक वस्तुओं के द्वारा यह क्रियाशील होता है और पूर्व की आनन्ददायक अनुभवों की स्मृतियों को जागृत करता है। वांछित वस्तु की प्राप्ति तथा उन वस्तुओं की प्राप्ति के उपायों के कारणों की क्रिया का प्रधान उद्गम है। यह प्रधान रूप से इच्छाओं का प्रतीक है।

अनात्मिक दृष्टि से—यह सैनिक, डॉक्टर, प्रोफ़ेसर, इंजीनियर, रासायनिक, नाई, बढ़ई, लुहार, मशीन का कार्य करनेवाला, मकान बनानेवाला, खेल एवं खेल के सामान आदि का प्रतिनिधित्व करता है।

आत्मिक दृष्टि से—यह साहस, बहादुरी, दृढ़ता, आत्मविश्वास, क्रोध, लड़ाकू-प्रवृत्ति एवं प्रभुत्व प्रभृति भावों और विचारों का प्रतिनिधि है।

शारीरिक दृष्टि से—यह बाहरी सिर—खोपड़ी, नाक एवं गाल का प्रतीक है। इसके द्वारा संक्रामक रोग, घाव, खरोंच, ऑपरेशन, रक्तदोष, दर्द आदि अभिव्यक्त होते हैं।

३. बाह्य व्यक्तित्व के तृतीय रूप का प्रतीक चन्द्रमा है, यह मानव पर शारीरिक प्रभाव डालता है और विभिन्न अंगों तथा उनके कार्यों में सुधार करता है। वस्तु-जगत् से सम्बन्ध रखनेवाले पिछले मस्तिष्क पर इसका प्रभाव पड़ता है। बाह्य जगत् की वस्तुओं द्वारा जो क्रियाएँ होती हैं, उनका इससे विशेष सम्बन्ध है। संक्षेप में यह कहा जा सकता है कि चन्द्रमा स्थूल शरीरगत चेतना के ऊपर प्रभाव डालता है तथा मस्तिष्क में उत्पन्न होनेवाले परिवर्तनशील भावों का प्रतिनिधि है।

अनात्मिक दृष्टि से—यह श्वेत रंग, जहाज, बन्दरगाह, मछली, जल, तरल पदार्थ, नर्स,

दासी, भोजन, रजत एवं बैंगनी रंग के पदार्थों पर प्रभाव डालता है।

आत्मिक दृष्टि से—यह संवेदन, आन्तरिक इच्छा, उतावलापन, भावना, विशेषतः घरेलू जीवन की भावना, कल्पना, सतर्कता एवं लाभेच्छा पर प्रभाव डालता है।

शारीरिक दृष्टि से—इसका पेट, पाचनशक्ति, आँतें, स्तन, गर्भाशय, योनिस्थान, आँख एवं नारी के समस्त गुप्तांगों पर प्रभाव पड़ता है।

४. आन्तरिक व्यक्तित्व के प्रथम रूप का प्रतीक शुक्र है, यह सूक्ष्म मानव चेतनाओं की विधेय क्रियाओं का प्रतिनिधित्व करता है। पूर्णबली शुक्र निःस्वार्थ प्रेम के साथ प्राणीमात्र के प्रति भ्रातृत्व-भावना का विकास करता है।

अनात्मिक दृष्टि से—इसका सुन्दर वस्तुएँ, आभूषण, आनन्ददायक चीज़ें—नाच, गान, वाद्य, सजावट की चीज़ें, कलात्मक वस्तुएँ एवं भोगोपभोग की सामग्री आदि पर प्रभाव पड़ता है।

आत्मिक दृष्टि से—स्नेह, सौन्दर्य-ज्ञान, आराम, आनन्द, विशेष प्रेम, स्वच्छता, परख-बुद्धि, कार्यक्षमता आदि पर इसका प्रभाव पड़ता है।

शारीरिक दृष्टि से—गला, गुरदा, आकृति, वर्ण, केश—जहाँ तक सौन्दर्य से सम्बन्ध है, साधारणतः शरीर-संचालित करनेवाले अंग एवं लिंग आदि पर इसका प्रभाव पड़ता है।

५. आन्तरिक व्यक्तित्व के द्वितीय रूप का प्रतिनिधि बुध है। यह प्रधान रूप से आध्यात्मिक शक्ति का प्रतीक है। इसके द्वारा आन्तरिक प्रेरणा, सहेतुक-निर्णयात्मक बुद्धि, वस्तु-परीक्षण-शक्ति, समझ और बुद्धिमानी आदि का विश्लेषण किया जाता है। इस प्रतीक में विशेषता यह रहती है कि गम्भीरतापूर्वक किये गये विचारों का विश्लेषण बड़ी खूबी से करता है।

अनात्मिक दृष्टि से—स्कूल, कॉलेज का शिक्षण, विज्ञान, वैज्ञानिक और साहित्यिक स्थान, प्रकाशन-स्थान, सम्पादक, लेखक, प्रकाशक, पोस्ट-मास्टर, व्यापारी एवं बुद्धिजीवियों पर इसका विशेष प्रभाव पड़ता है। पीले रंग और पारा धातु पर भी यह अपना प्रभाव डालता है।

आत्मिक दृष्टि से—यह समझ, स्मरण-शक्ति, खण्डन-मण्डन शक्ति, सूक्ष्म कलाओं की उत्पादन शक्ति एवं तर्कणा आदि का प्रतिनिधि है।

शारीरिक दृष्टि से—यह मस्तिष्क, स्नायु क्रिया, जिह्वा, वाणी, हाथ तथा कलापूर्ण कार्योत्पादक अंगों पर प्रभाव डालता है।

६. आन्तरिक व्यक्तित्व के तृतीय रूप का प्रतिनिधि सूर्य है। यह पूर्ण दैवत्व की चेतना का प्रतीक है, इसकी सात किरणें हैं जो कार्यरूप से भिन्न होती हुई भी इच्छा के रूप में पूर्ण होकर प्रकट होती हैं। मनुष्य के विकास में सहायक तीनों प्रकार की चेतनाओं के सन्तुलित रूप का यह प्रतीक है। यह पूर्ण इच्छा-शक्ति, ज्ञानशक्ति, सदाचार, विश्राम, शान्ति, जीवन की उन्नति एवं विकास का द्योतक है।

अनात्मिक दृष्टि से—जो व्यक्ति दूसरों पर अपना प्रभाव रखते हों ऐसे राजा, मन्त्री, सेनापति, सरदार, आविष्कारक, पुरातत्त्ववेत्ता आदि पर अपना प्रभाव डालता है।

आत्मिक दृष्टि से—यह प्रभुता, ऐश्वर्य, प्रेम, उदारता, महत्त्वाकांक्षा, आत्मविश्वास, आत्मनियन्त्रण, विचार और भावनाओं का सन्तुलन एवं सहृदयता का प्रतीक है।

शारीरिक दृष्टि से—हृदय, रक्त-संचालन, नेत्र, रक्त-वाहक छोटी नसें, दाँत, कान आदि अंगों का प्रतिनिधि है।

७. अन्तःकरण का प्रतीक शनि है। यह बाह्य चेतना और आन्तरिक चेतना को मिलाने में पुल का काम करता है। प्रत्येक नवजीवन में आन्तरिक व्यक्तित्व से जो कुछ प्राप्त होता है और जो मनुष्य के व्यक्तिगत जीवन के अनुभवों से मिलता है, उससे मनुष्य को यह वृद्धिंगत करता है। यह प्रधान रूप से 'अहं' भावना का प्रतीक होता हुआ भी व्यक्तिगत जीवन के विचार, इच्छा और कार्यों के सन्तुलन का भी प्रतीक है। विभिन्न प्रतीकों से मिलने पर यह नाना तरह से जीवन के रहस्यों को अभिव्यक्त करता है। उच्च स्थान अर्थात् तुला राशि का शनि विचार और भावों की समानता का द्योतक है।

अनात्मिक दृष्टि से—कृषक, हलवाहक, पत्रवाहक, चरवाहा, कुम्हार, माली, मठाधीश, कृपण, पुलिस अफसर, उपवास करनेवाले साधु-संन्यासी आदि व्यक्ति तथा पहाड़ी स्थान, चट्टानी प्रदेश, बंजर भूमि, गुफा, प्राचीन ध्वंस स्थान, श्मशानघाट, कब्रिस्तान एवं चौरस मैदान आदि का प्रतिनिधि है।

आत्मिक दृष्टि से—तात्त्विकज्ञान, विचार-स्वातन्त्र्य, नायकत्व, मननशीलता, कार्यपरायणता, आत्मसंयम, धैर्य, दृढ़ता, गम्भीरता, चारित्रशुद्धि, सतर्कता, विचारशीलता एवं कार्यक्षमता का प्रतीक है।

शरीरिक दृष्टि से—हड्डियाँ, नीचे के दाँत, बड़ी आँतें एवं मांसपेशियों पर प्रभाव डालता है।

उपर्युक्त विवेचन से स्पष्ट है कि सौर-जगत् के सात ग्रह मानव-जीवन के विभिन्न अवयवों के प्रतीक हैं। इन सातों की क्रिया-फल द्वारा ही जीवन का संचालन होता है। प्रधान सूर्य और चन्द्रमा बौद्धिक और शारीरिक उन्नति-अवनति के प्रतीक माने गये हैं। पूर्वोक्त जीवन के विभिन्न अवयवों के प्रतीक ग्रहों का क्रम दोनों व्यक्तित्वों के तृतीय, द्वितीय, प्रथम और अन्तःकरण के प्रतीकों के अनुसार है अर्थात् आन्तरिक व्यक्तित्व के तृतीय रूप का प्रतीक सूर्य, बाह्य व्यक्तित्व के तृतीय रूप का प्रतीक चन्द्रमा, बाह्य व्यक्तित्व के द्वितीय रूप का प्रतीक मंगल, आन्तरिक व्यक्तित्व के द्वितीय रूप का प्रतीक बुध, बाह्य व्यक्तित्व के प्रथम रूप का प्रतीक बृहस्पति, आन्तरिक व्यक्त्वि के प्रथम रूप का प्रतीक शुक्र एवं अन्तःकरण का प्रतीक शनि; इस प्रकार सूर्य, चन्द्र, मंगल, बुध, बृहस्पति, शुक्र और शनि—इन सातों ग्रहों का क्रम सिद्ध होता है। अतः स्पष्ट है कि मानव जीवन के साथ ग्रहों का अभिन्न सम्बन्ध है।

आचार्य वराहमिहिर के सिद्धान्तों को मनन करने से ज्ञात होगा कि शरीरचक्र ही ग्रह-कक्षावृत्त है। इस कक्षावृत्त के द्वादश भाग मस्तक, मुख, वक्षस्थल, हृदय, उदर, कटि, वस्ति, लिंग, जंघा, घुटना, पिण्डली और पैर क्रमशः मेष, वृष, मिथुन, कर्क, सिंह, कन्या, तुला, वृश्चिक, धनु, मकर, कुम्भ और मीन संज्ञक हैं। इन बारह राशियों में भ्रमण करनेवाले

ग्रहों में आत्मा रवि, मन चन्द्रमा, धैर्य मंगल, वाणी बुध, विवेक गुरु, वीर्य शुक्र और संवेदन शनि है। तात्पर्य यह है कि वराहमिहिराचार्य ने सात ग्रह और बारह राशियों की स्थिति देहधारी प्राणी के भीतर ही बतलायी है। इस शरीरस्थित सौरचक्र का भ्रमण आकाशस्थित सौर-मण्डल के नियमों के आधार पर ही होता है। ज्योतिषशास्त्र व्यक्त सौर-जगत् के ग्रहों की गति, स्थिति आदि के अनुसार अव्यक्त शरीर स्थित सौर-जगत् के ग्रहों की गति, स्थिति आदि को प्रकट करता है। इसीलिए इस शास्त्र द्वारा निरूपित फलों का मानव जीवन से सम्बन्ध है।

प्राचीन भारतीय आचार्यों ने प्रयोगशालाओं के अभाव में भी अपने दिव्य योगबल द्वारा आभ्यन्तर सौर-जगत् का पूर्ण दर्शन कर आकाशमण्डलीय सौर-जगत् के नियम निर्धारित किये थे, उन्होंने अपने शरीरस्थित सूर्य की गति से ही आकाशीय सूर्य की गति निश्चित की थी। इसी कारण ज्योतिष के फलाफल का विवेचन आज भी विज्ञानसम्मत माना जाता है।

भारतीय ज्योतिष का रहस्य

यद्यपि 'मानव-जीवन' और 'भारतीय ज्योतिष' इस प्रकरण से ही भारतीय ज्योतिष के रहस्य का आभास मिल जाता है, परन्तु तो भी इस विषय पर स्वतन्त्र विचार करना आवश्यक है। प्रायः समस्त भारतीय विज्ञान का लक्ष्य एकमात्र अपनी आत्मा का विकास कर उसे परमात्मा में मिला देना या तत्तुल्य बना लेना है। दर्शन या विज्ञान सभी का ध्येय विश्व की गूढ़ पहेली को सुलझाना है। ज्योतिष भी विज्ञान होने के कारण इस अखिल ब्रह्माण्ड के रहस्य को व्यक्त करने का प्रयत्न करता है।

यद्यपि आत्मा के स्वरूप का स्पष्टीकरण करना योग या दर्शन का विषय है; लेकिन ज्योतिषशास्त्र भी इस विषय से अपने को अछूता नहीं रखता। भारत की प्रमुख विशेषता आत्मा की श्रेष्ठता है। इस प्रिय वस्तु की-प्राप्ति के लिए सभी दार्शनिक या वैज्ञानिक अपने अनुभवों की थैली बिना खोले नहीं रह सकते। फलतः दर्शन के समान ज्योतिष ने भी आत्मा के श्रवण, मनन और निदिध्यासन पर गणित के प्रतीकों द्वारा ज़ोर दिया है। यों तो स्पष्ट रूप से ज्योतिष में आत्मसाक्षात्कार के उक्त साधनों का कथन नहीं मिलेगा, लेकिन प्रतीकों से उक्त विषय सहज में हृदयगम्य किये जा सकते हैं। प्रायः देखा भी जाता है कि उत्कृष्ट आत्मज्ञानी ज्योतिष रहस्य का वेत्ता अवश्य होता है। प्राचीन या अर्वाचीन युग में दर्शनशास्त्र से अपरिचित व्यक्ति ज्योतिर्विद के पद पर आसीन होने का अधिकारी नहीं माना गया है।

ज्योतिषशास्त्र का अन्य नाम ज्योतिःशास्त्र भी आता है, जिसका अर्थ प्रकाश देनेवाला या प्रकाश के सम्बन्ध में बतलानेवाला शास्त्र होता है; अर्थात् जिस शास्त्र से संसार का मर्म, जीवन-मरण का रहस्य और जीवन के सुख-दुख के सम्बन्ध में पूर्ण प्रकाश मिले वह ज्योतिषशास्त्र है। छान्दोग्य उपनिषद् में ब्रह्म का वर्णन करते हुए बताया है कि, "मनुष्य का वर्तमान जीवन उनके पूर्व-संकल्पों और कामनाओं का परिणाम है तथा इस जीवन में वह जैसा संकल्प करता है, वैसा ही यहाँ से जाने पर बन जाता है। अतएव पूर्ण प्राणमय, मनोमय, प्रकाशरूप एवं समस्त कामनाओं और विषयों के अधिष्ठानभूत ब्रह्म का ध्यान करना

चाहिए।"[1] इससे स्पष्ट है कि ज्योतिष के तत्त्वों के आधार पर वर्तमान जीवन का निर्माण कर प्रकाशरूप—ज्योतिःस्वरूप ब्रह्म का सान्निध्य प्राप्त किया जा सकता है।

स्मरण रखने की बात यह है कि मानव जीवन नियमित सरल रेखा की गति से नहीं चलता, बल्कि इस पर विश्वजनीन कार्यकलापों के घात-प्रतिघात लगा करते हैं। सरल रेखा की गति से गमन करने पर जीवन की विशेषता भी चली जायेगी; क्योंकि जब तक जगत् के व्यापारों का प्रवाह जीवन-रेखा को धक्का देकर आगे नहीं बढ़ाता अथवा पीछे लौटकर उसका ह्रास नहीं करता तब तक जीवन की दृढ़ता प्रकट नहीं हो सकती। तात्पर्य यह है कि सुख और दुख के भाव ही मानव को गतिशील बनाते हैं, इन भावों की उत्पत्ति बाह्य और आन्तरिक जगत् की संवेदनाओं से होती है। इसीलिए मानव जीवन अनेक समस्याओं का सन्दोह और उन्नति-अवनति, आत्मविकास और ह्रास के विभिन्न रहस्यों का पिटारा है। ज्योतिषशास्त्र आत्मिक, अनात्मिक भावों और रहस्यों को व्यक्त करने के साथ-साथ उपर्युक्त सन्दोह और पिटारे का प्रत्यक्षीकरण कर देता है। भारतीय ज्योतिष का रहस्य इसी कारण अतिगूढ़ हो गया है। जीवन के आलोच्य सभी विषयों का इस शास्त्र का प्रतिपाद्य विषय बनाना ही इस बात का साक्षी है कि यह जीवन का विश्लेषण करनेवाला शास्त्र है।

भारतीय ज्योतिषशास्त्र के निर्माताओं के व्यावहारिक एवं पारमार्थिक ये दो लक्ष्य रहे हैं। प्रथम दृष्टि से इस शास्त्र का रहस्य गणना करना तथा दिक्, देश एवं काल के सम्बन्ध में मानव समाज को परिज्ञान कराना कहा जा सकता है। प्राकृतिक पदार्थों के अणु-अणु का परिशीलन एवं विश्लेषण करना भी इस शास्त्र का लक्ष्य है। सांसारिक समस्त व्यापार दिक्, देश और काल इन तीन के सम्बन्ध से ही परिचालित हैं, इन तीन के ज्ञान बिना व्यावहारिक जीवन की कोई भी क्रिया सम्यक् प्रकार सम्पादित नहीं की जा सकती है। अतएव सुचारु रूप से दैनन्दिन कार्यों का संचालन करना ज्योतिष का व्यावहारिक उद्देश्य है। इस शास्त्र में काल-समय को पुरुष-ब्रह्म माना है और ग्रहों की रश्मियों के स्थितिवश इस पुरुष के उत्तम, मध्यम, उदासीन एवं अधम ये चार अंग विभाग किये हैं। त्रिगुणात्मक प्रकृति के द्वारा निर्मित समस्त जगत् सत्त्व, रज और तमोमय है। जिन ग्रहों में सत्त्वगुण अधिक रहता है उनकी किरणें अमृतमय; जिनमें रजोगुण अधिक रहता है उनकी अभयगुण मिश्रित किरणें; जिनमें तमोगुण अधिक रहता है उनकी विषमय किरणें एवं जिनमें तीनों गुणों की अल्पता रहती है उनकी गुणहीन किरणें मानी गयी हैं। ग्रहों के शुभाशुभत्व का विभाजन भी इन किरणों के गुणों से ही हुआ है। आकाश में प्रतिक्षण अमृत रश्मि सौम्य ग्रह अपनी गति से जहाँ-जहाँ जाते हैं, उनकी किरणें भूमण्डल के उन-उन प्रदेशों पर पड़कर वहाँ के निवासियों के स्वास्थ्य, बुद्धि आदि पर अपना सौम्य प्रभाव डालती हैं। विषमय किरणोंवाले क्रूर-ग्रह अपनी गति से जहाँ गमन करते हैं, वहाँ वे अपने दुष्प्रभाव से वहाँ के निवासियों के स्वास्थ्य और बुद्धि पर अपना बुरा प्रभाव डालते हैं। मिश्रित रश्मि ग्रहों के प्रभाव मिश्रित

१. मनोमयः प्राणशरीरो भारूपः सत्यसंकल्प आकाशात्मा सर्वकर्मा सर्वकामः सर्वगन्धः सर्वरसः सर्वमिदमभ्यात्तोऽवाक्यनादरः। —छान्दो. ३।१४

एवं गुणहीन रश्मियों के ग्रहों के प्रभाव अकिंचित्कर होता है।

उत्पत्ति के समय जिन-जिन रश्मिवाले ग्रहों की प्रधानता होती है, जातक का स्वभाव वैसा ही बन जाता है। प्रसिद्धि भी है :

एते ग्रहा बलिष्ठाः प्रसूतिकाले नृणां स्वमूर्तिसमम्।
कुर्युर्देहं नियतं बहवश्च समागता मिश्रम् ॥

अतएव स्पष्ट है कि संसार की प्रत्येक वस्तु आन्दोलित अवस्था में रहती है और हर वस्तु पर ग्रहों का प्रभाव पड़ता रहता है।

ब्राह्मण, क्षत्रिय, वैश्य एवं शूद्र—इन चारों वर्णों की उत्पत्ति भी ग्रहों के सम्बन्ध से ही होती है। जिन व्यक्तियों का जन्म कालपुरुष के उत्तमांग—अमृतमय रश्मियों के प्रभाव से होता है वे पूर्णबुद्धि, सत्यवादी, अप्रमादी, स्वाध्यायशील, जितेन्द्रिय, मनस्वी एवं सच्चरित्र होते हैं, अतएव ब्राह्मण; जिनका जन्मकाल पुरुष के मध्यमांग—रजोगुणाधिक्य मिश्रित रश्मियों के प्रभाव से होता है वे मध्य बुद्धि, तेजस्वी, शूरवीर, प्रतापी, निर्भय, स्वाध्यायशील, साधु-अनुग्राहक एवं दुष्टनिग्राहक होते हैं, अतएव क्षत्रिय; जिनका जन्म उदासीन अंग-गुणत्रय की अल्पतावाली ग्रह-रश्मियों के प्रभाव से होता है वे उदासीन बुद्धि, व्यवसायकुशल, पुरुषार्थी, स्वाध्यायरत एवं सम्पत्तिशाली होते हैं, अतएव वैश्य; एवं जिनका जन्म अधमांग—तमोगुणाधिक्य रश्मिवाले ग्रहों के प्रभाव से होता है, वे विवेकशून्य, दुर्बुद्धि, व्यसनी, सेवावृत्ति एवं हीनाचरणवाले होते हैं, अतएव शूद्र बताये गये हैं। ज्योतिष की यह वर्णव्यवस्था वंश-परम्परा से आगत वर्णव्यवस्था से भिन्न है, क्योंकि हीन वर्ण में भी जन्मा व्यक्ति ग्रहों की रश्मियों के प्रभाव से उच्च वर्ण का हो सकता है।

भारतीय ज्योतिर्विदों का अभिमत है कि मानव जिस नक्षत्र-ग्रह वातावरण के तत्त्व-प्रभाव विशेष में उत्पन्न एवं पोषित होता है, उसमें उसी तत्त्व की विशेषता रहती है। ग्रहों की स्थिति की विलक्षणता के कारण अन्य तत्त्वों का न्यूनाधिक प्रभाव होता है। देशकृत ग्रहों का संस्कार इस बात का द्योतक है कि स्थान-विशेष के वातावरण में उत्पन्न एवं पुष्ट होनेवाला प्राणी उस स्थान पर पड़नेवाली ग्रह-रश्मियों को अपनी निजी विशेषता के कारण अन्य स्थान पर उसी क्षण जन्मे व्यक्ति की अपेक्षा भिन्न स्वभाव, भिन्न आकृति एवं विलक्षण शरीरावयववाला होता है। ग्रह-रश्मियों का प्रभाव केवल मानव पर ही नहीं, बल्कि वन्य, स्थलज एवं उद्भिज्ज आदि पर भी अवश्य पड़ता है। ज्योतिषशास्त्र में मुहूर्त-समय-विधान की जो मर्म-प्रधान व्यवस्था है, उसका रहस्य इतना ही है कि गगनगामी ग्रह-नक्षत्रों की अमृत, विष एवं अन्य उभय गुणवाली रश्मियों का प्रभाव सदा एक-सा नहीं रहता। गति की विलक्षणता के कारण किसी समय में ऐसे नक्षत्र या ग्रहों का वातावरण रहता है, जो अपने गुण और तत्त्वों की विशेषता के कारण किसी विशेष कार्य की सिद्धि के लिए ही उपयुक्त हो सकते हैं। अतएव विभिन्न कार्यों के लिए मुहूर्तशोधन, अन्धश्रद्धा या विश्वास की चीज नहीं है, किन्तु विज्ञानसम्मत रहस्यपूर्ण है। हाँ, कुशल परीक्षक के अभाव में इन चीजों की परिणाम-विषमता दिखलाई पड़ सकती है।

ग्रहों के अनिष्ट प्रभाव को दूर करने के लिए जो रत्न धारण करने की परिपाटी ज्योतिषशास्त्र में प्रचलित है, निरर्थक नहीं है। इसके पीछे भी विज्ञान का रहस्य छिपा है। प्रायः सभी लोग इस बात से परिचित हैं कि सौरमण्डलीय वातावरण का प्रभाव पाषाणों के रंग-रूप, आकार-प्रकार एवं पृथिवी, जल, अग्नि आदि तत्त्वों में से किसी तत्त्व की प्रधानता पर पड़ता है। समगुणवाली रश्मियों के ग्रहों से पुष्ट और संचालित व्यक्ति को वैसी ही रश्मियों के वातावरण में उत्पन्न रत्न धारण कराया जाये तो वह उचित परिणाम देता है। प्रतिकूल प्रभाव के मानव को विपरीत स्वाभावोत्पन्न रत्न धारण करा दिया जाये तो वह उसके लिए विषम हो जायेगा। स्वभावानुरूप रश्मि प्रभाव परीक्षण के पश्चात् सात्त्विक साम्य हो जाने पर रत्न सहज में लाभप्रद हो सकता है।

तात्पर्य यह है कि ग्रहों के जिन तत्त्वों के प्रभाव से जो रत्न-विशेष प्रभावित है, उसका प्रयोग उस ग्रह के तत्त्व के अभाव में उत्पन्न मनुष्य पर किया जाये तो वह अवश्य ही उस व्यक्ति को उचित शक्ति देनेवाला होगा। कृष्ण पक्ष में उत्पन्न जिन व्यक्तियों को चन्द्रमा का अरिष्ट होता है अर्थात् जिन्हें चन्द्रबल या चन्द्रमा की अमृत रश्मियों की शक्ति उपलब्ध नहीं होती है; उनके शरीर में कैल्शियम-चूने की अल्पता रहती है। ऐसी अवस्था में उक्त कमी को पूरा करने के लिए चन्द्रप्रभावजन्य मौक्तिक मणि अथवा चन्द्रकान्त का प्रयोग लाभकारी होता है। ज्योतिषी चन्द्रमा के कष्ट से पीड़ित व्यक्ति को इसी कारण मुक्ता धारण करने का निर्देश करते हैं। अनुभवी ज्योतिर्विद् ग्रहों की गति से ही शारीरिक और मानसिक विकारों का अनुमान कर लेते हैं। अतः सिद्ध है कि ग्रहों की रश्मियों का प्रभाव संसार के समस्त पदार्थों पर पड़ता है; ज्योतिष शास्त्र इस प्रभाव का विश्लेषण करता है।

भारतीय ज्योतिष के लौकिक पक्ष में एक रहस्यपूर्ण बात यह है कि ग्रह फलाफल के नियामक नहीं हैं, किन्तु सूचक हैं। अर्थात् ग्रह किसी को सुख-दुख नहीं देते, बल्कि आनेवाले सुख-दुख की सूचना देते हैं। यद्यपि यह पहले कहा गया है कि ग्रहों की रश्मियों का प्रभाव पड़ता है, पर यहाँ इसका सदा स्मरण रखना होगा कि विपरीत वातावरण के होने पर रश्मियों के प्रभाव को अन्यथा भी सिद्ध किया जा सकता है। जैसे अग्नि का स्वभाव जलाने का है, पर जब चन्द्रकान्तमणि हाथ में ले ली जाती है, तो वही अग्नि जलाने के कार्य को नहीं करती, उसकी दाहक शक्ति चन्द्रकान्त के प्रभाव से क्षीण हो जाती है। इसी प्रकार ग्रहों की रश्मियों के अनुकूल और प्रतिकूल वातावरण का प्रभाव अनुकूल या प्रतिकूल रूप से अवश्य पड़ता है। आज के कृत्रिम जीवन में ग्रह-रश्मियाँ अपना प्रभाव डालने में प्रायः असमर्थ रहती हैं। भारतीय दर्शन या अध्यात्मशास्त्र का यह सिद्धान्त भी उपेक्षणीय नहीं कि अर्जित संस्कार ही प्राणी के सुख-दुख, जीवन-मरण, विकास-ह्रास, उन्नति-अवनति प्रभृति के कारण हैं। संस्कारों का अर्जन सर्वदा होता रहता है। पूर्व संचित संस्कारों को वर्तमान संचित संस्कारों से प्रभावित होना पड़ता है।

अभिप्राय यह है कि मनुष्य अपने पूर्वोपार्जित अदृष्ट के साथ-साथ वर्तमान में जो अच्छे या बुरे कार्य कर रहा है, उन कार्यों का प्रभाव उसके पूर्वोपार्जित अदृष्ट पर अवश्य पड़ता है। हाँ, कुछ कर्म ऐसे भी मजबूत हो सकते हैं जिनके ऊपर इस जन्म में किये गये

कृत्यों का प्रभाव नहीं भी पड़ता है। उदाहरण के लिए एक कोष्ठबद्धता के रोगी को लिया जा सकता है। परीक्षा के बाद इस रोगी से डॉक्टर ने कहा कि तुम्हारी कोष्ठबद्धता दस दिन के उपवास करने पर ही ठीक हो सकती है। यदि इस रोगी को उपवास न करा के विरेचन की दवा दे दी जाये तो वह दूसरे दिन ही मल के निकल जाने पर तन्दुरुस्त हो जाता है। इसी प्रकार पूर्वोपार्जित कर्मों की स्थिति और उनकी शक्ति को इस जन्म के कृत्यों के द्वारा सुधारा जा सकता है।

अतएव ज्योतिष का प्रधान उपयोग यही है कि ग्रहों के स्वभाव और गुणों द्वारा अन्वय, व्यतिरेक रूप कार्यकारणजन्य अनुमान से अपने भावी सुख-दुख प्रभृति को पहले से अवगत कर अपने कार्यों में सजग रहना चाहिए; जिससे आगामी दुख को सुखरूप में परिणत किया जा सके। यदि ग्रहों का फल अनिवार्य रूप से भोगना ही पड़े, पुरुषार्थ को व्यर्थ मानें तो फिर इस जीवन को कभी मुक्तिलाभ हो ही नहीं सकेगा। मेरी तो दृढ़ धारणा है कि जहाँ पुरुषार्थ प्रबल होता है, वहाँ अदृष्ट को टाला जा सकता है अथवा न्यून रूप में किया जा सकता है। कहीं-कहीं पुरुषार्थ अदृष्ट को पुष्ट करनेवाला भी होता है। लेकिन जहाँ अदृष्ट अत्यन्त प्रबल होता है और पुरुषार्थ न्यून रूप में किया जाता है, वहाँ अदृष्ट की अपेक्षा पुरुषार्थ हीन पड़ जाने के कारण अदृष्टजन्य फलाफल अवश्य भोगने पड़ते हैं। अतएव यह निश्चित है कि यह शास्त्र केवल आगामी शुभाशुभों की सूचना देनेवाला है; क्योंकि ग्रहों की गति के कारण उनकी विष एवं अमृत रश्मियों की सूचना मिल जाती है। इस सूचना का यदि सदुपयोग किया जाये तो फिर ग्रहों के फलों का परिवर्तन करना कैसे असम्भव माना जा सकेगा? इसलिए यह ध्रुव सत्य है कि ज्योतिष सूचक शास्त्र है, विधायक नहीं। लौकिक दृष्टि से इस शास्त्र का सबसे बड़ा यही रहस्य है।

भारतीय ज्योतिष के रहस्य को यदि एक शब्द में व्यक्त किया जाये तो यही कहा जायेगा कि चिरन्तन और जीवन से सम्बद्ध सत्य का विश्लेषण करना ही इस शास्त्र का आभ्यन्तरिक मर्म है। संसार के समस्त शास्त्र-जगत् के एक-एक अंश का निरूपण करते हैं, पर ज्योतिष आन्तरिक एवं बाह्य जगत् से सम्बद्ध समस्त ज्ञेयों का प्रतिपादन करता है। इसका सत्य दर्शन के समान जीवन और ईश्वर से ही सम्बद्ध नहीं है, किन्तु उससे आगे का भाग है। दार्शनिकों ने निरंश परमाणु को मानकर अपनी चर्चा का वहीं अन्त कर दिया, पर ज्योतिर्विदों ने इस निरंश को भी गणित द्वारा सांश सिद्ध कर अपनी सूक्ष्मता का परिचय दिया है। कमलाकर भट्ट ने दार्शनिकों द्वारा अभिमत निरंश परमाणु पद्धति का ज़ोरदार खण्डन कर सत्य को कल्पना से परे की वस्तु बतलाया है। यद्यपि ज्योतिष का सत्य जीवन और जगत् से सम्बद्ध है, किन्तु अतीन्द्रिय है।

इन्द्रियों द्वारा होनेवाला ज्ञान अपूर्ण होने के कारण कदाचित् ज्ञानान्तर से बाधित हो सकता है। कारण स्पष्ट है कि इन्द्रियज्ञान अव्यवहित ज्ञान नहीं है, इसी से इन्द्रियानुभूति में भेद का होना सम्भव है। ज्योतिष का ज्ञान आगम ज्ञान होते हुए भी अतीन्द्रिय ज्ञान के तुल्य सत्य के निकट पहुँचाने वाला है। इसके द्वारा मन की विविध प्रवृत्तियों का विश्लेषण जीवन की अनेक समस्याओं के समाधान को करता है। चित्तविश्लेषण शास्त्र फलित ज्योतिष

का एक भेद है। फलितांग जहाँ अनेक जीवन के तत्त्वों की व्याख्या करता है, वहाँ मानसिक वृत्तियों का विश्लेषण भी। यद्यपि यह विश्लेषण साहित्य और मनोविज्ञान के विश्लेषण से भिन्न होता है, पर इसके द्वारा मानव जीवन के अनेक रहस्यों एवं भेद को अवगत किया जा सकता है।

मानव के समक्ष जहाँ दर्शन नैराश्यवाद की धूमिल रेखा अंकित करता है, वहाँ ज्योतिष कर्तव्य के क्षेत्र में लाकर उपस्थित करता है। भविष्य को अवगत कर अपने कर्तव्यों द्वारा उसे अपने अनुकूल बनाने के लिए ज्योतिष प्रेरणा करता है। यही प्रेरणा प्राणियों के लिए दुःखविघातक और पुरुषार्थसाधक होती है।

पारमार्थिक दृष्टि से परिशीलन करने पर भारतीय ज्योतिष का रहस्य परम ब्रह्म को प्राप्त करना है। यद्यपि ज्योतिष तर्कशास्त्र है, इसका प्रत्येक सिद्धान्त सहेतुक बताया गया है; पर तो भी इसकी नींव पर विचार करने से ज्ञात होता है कि इसकी समस्त क्रियाएँ बिन्दु-शून्य के आधार पर चलती हैं, जो कि निर्गुण, निराकार ब्रह्म का प्रतीक है। बिन्दु दैर्घ्य और विस्तार से रहित अस्तित्ववाला माना गया है। यद्यपि परिभाषा की दृष्टि से स्थूल है, पर वास्तव में यह अत्यन्त सूक्ष्म, कल्पनातीत, निराकार वस्तु है। केवल व्यवहार चलाने के लिए हम उसे कागज या स्लेट पर अंकित कर लेते हैं। आगे चलकर यही बिन्दु गतिशील होता हुआ रेखा-रूप में परिवर्तित होता है अर्थात् जिस प्रकार ब्रह्म से 'एकोऽहं बहु स्याम' कामना रूप उपाधि के कारण माया का आविर्भाव हुआ है, उसी प्रकार बिन्दु से एक गुण—दैर्घ्यवाली रेखा उत्पन्न हुई है। अभिप्राय यह है कि भारतीय ज्योतिष में बिन्दु ब्रह्म का प्रतीक और रेखा माया का प्रतीक है। इन दोनों के संयोग से ही क्षेत्रात्मक, बीजात्मक एवं अंकात्मक गणित का निर्माण हुआ है। भारतीय ज्योतिष का प्राण यही गणितशास्त्र है।

अनेक भारतीय दार्शनिकों ने रेखागणित और बीजगणित की क्रियाओं का दार्शनिक दृष्टि से विश्लेषण किया है। बीजगणित के समीकरण सिद्धान्त में अलीकमिश्रण की व्याख्या करते हुए कहा गया है कि अध्यारोप और अपवाद विधि से ब्रह्म के स्वरूप को—अध्यारोप निष्प्रपंच ब्रह्म में जगत् का आरोप कर देना है और अपवाद विधि से आरोपित वस्तु का पृथक्-पृथक् निराकरण करना होता है, इसी से उसके स्वरूप को ज्ञात कर सकते हैं। तात्पर्य यह है कि प्रथमतः आत्मा के ऊपर शरीर का आरोप कर दिया जाता है, पश्चात् साधना द्वारा आत्मा को अन्नमय, प्राणमय, मनोमय, विज्ञानमय और आनन्दमय इन पंचकोशों एवं स्थूल और सूक्ष्म कारण शरीरों से पृथक् कर उस आत्मा का ज्ञान प्राप्त किया जा सकता है। उदाहरण—$\text{क}^{२} + \text{२क} = ३५$, यहाँ अज्ञात राशि का मूल्य निकालने के लिए दोनों में और कुछ जोड़ दिया जाये तो अज्ञात राशि का मूल्य ज्ञात हो जायेगा। अतएव यहाँ एक संख्या जोड़ दी तो—$\text{क}^{२} + \text{२क} + १ = ३५ + १ = (\text{क} + १)^{२} = (६)^{२} \therefore \text{क} + १ = ६ \therefore (\text{क} + १) - १ = ६ - १ \therefore \text{क} = ५$; इस उदाहरण में पहले जो एक जोड़ा गया था, अन्त में उसी को निकाल दिया। इसी प्रकार जिस शरीर का आत्मा के ऊपर आरोप किया था, अपवाद द्वारा उसी शरीर को पृथक् कर दिया जाता है। इसी प्रकार दर्शन के प्रकाश में बीजगणित के सारे सिद्धान्त आध्यात्मिक दिखलाई पड़ेंगे।

श्रद्धेय डॉ. भगवानदास जी[1] ने रेखागणित की प्रथम प्रतिज्ञा का विश्लेषण करते हुए कहा है कि यहाँ दो वृत्तों का आपस में जो सम्बन्ध बताया गया है, वह असीम, अनादि, अनन्त पुरुष और प्रकृति के अभेद्य सम्बन्ध का द्योतक है। लेकिन यहाँ अभेद्य सम्बन्ध ऐसा है जिससे इनका पृथक् होना भी सिद्ध है। इनके बीच रहनेवाला त्रिभुज मन, इन्द्रिय और शरीर अथवा सत्त्व, रजस् और तमोगुण से विशिष्ट प्राणी का प्रतीक है। इसी कारण डॉक्टर सा. ने लिखा है कि "मैथेमैटिक्स—गणित का सच्चा रहस्य भी तभी खुलेगा जब वह गुप्त-लुप्त अंश के प्रकाश में जाँची और जानी जायेगी।"

ज्योतिषशास्त्र में प्रधान ग्रह सूर्य और चन्द्र माने गये हैं। सूर्य को पुरुष और चन्द्रमा को स्त्री अर्थात् पुरुष और प्रकृति के रूप में इन दोनों ग्रहों को माना है। पाँच तत्त्व रूप भौम, बुध, गुरु, शुक्र एवं शनि बताये गये हैं। इन प्रकृति, पुरुष और तत्त्वों के सम्बन्ध से ही सारा ज्योतिश्चक्र भ्रमण करता है। अतएव संक्षेप में ही कहा जा सकता है कि पारिभाषिक दृष्टि से भारतीय ज्योतिषशास्त्र अध्यात्मशास्त्र है।

ज्योतिष की उपयोगिता

मनुष्य के समस्त कार्य ज्योतिष के द्वारा ही चलते हैं। व्यवहार के लिए अत्यन्त उपयोगी दिन, सप्ताह, पक्ष, मास, अयन, ऋतु, वर्ष एवं उत्सवतिथि आदि का परिज्ञान इसी शास्त्र से होता है। यदि मानव-समाज को इसका ज्ञान न हो तो धार्मिक उत्सव, सामाजिक त्यौहार, महापुरुषों के जन्मदिन, अपनी प्राचीन-गौरव-गाथा का इतिहास प्रभृति किसी भी बात का ठीक-ठीक पता न लग सकेगा और न कोई उचित कृत्य ही यथासमय सम्पन्न किया जा सकेगा। शिक्षित या सभ्य समाज की तो बात ही क्या, भारतीय अपढ़ कृषक भी व्यवहारोपयोगी ज्योतिष ज्ञान से परिचित है; वह भलीभाँति जानता है किस नक्षत्र में वर्षा अच्छी होती है, अतः कब बोना चाहिए जिससे फ़सल अच्छी हो। यदि कृषक ज्योतिषशास्त्र के उपयोगी तत्त्वों को न जानता तो उसका अधिकांश श्रम निष्फल जाता।

कुछ महानुभाव यह तर्क उपस्थित कर सकते हैं कि आज के वैज्ञानिक युग में कृषिशास्त्र के मर्मज्ञ असमय में ही आवश्यकतानुसार वर्षा का आयोजन या निवारण कर कृषि कर्म को सम्पन्न कर लेते हैं; इस दशा में कृषक के लिए ज्योतिष ज्ञान की आवश्यकता नहीं। पर उन्हें यह भूलना न चाहिए कि आज का विज्ञान भी प्राचीन ज्योतिष का एक लघु शिष्य है। ज्योतिषशास्त्र के तत्त्वों से पूर्णतया परिचित हुए बिना विज्ञान भी असमय में वर्षा का आयोजन और निवारण नहीं कर सकता है। वास्तविक बात यह है कि चन्द्रमा जिस समय जलचर राशि और जलचर नक्षत्रों पर रहता है, उसी समय वर्षा होती है। वैज्ञानिक प्रकृति के रहस्य को ज्ञात कर जब चन्द्रमा जलचर नक्षत्रों का भोग करता है, वृष्टि का आयोजन कर लेता है। वराहीसंहिता में भी कुछ ऐसे सिद्धान्त आये हैं जिनके द्वारा जलचर चान्द्र नक्षत्रों के दिनों में वर्षा का आयोजन किया जा सकता है। प्राचीन मन्त्रशास्त्र में जो

---

१. देखें, दर्शन का प्रयोजन, पृ. ७१।

वृष्टि के आयोजन और निवारण की प्रक्रिया बतायी गयी है, उसमें जलचर नक्षत्रों को आलोड़ित करने का विधान है। सारांश यह है कि वैज्ञानिक जलचर चन्द्रमा के तत्त्वों को ज्ञात कर जलचर नक्षत्रों के दिनों में उन तत्त्वों का संयोजन कर असमय में वृष्टि कार्य को कर लेता है। इसी प्रकार वृष्टि का निवारण जलचर चन्द्रमा के जलीय परमाणुओं के विघटन द्वारा सम्पन्न किया जा सकता है। प्राचीन ज्योतिष के अनन्यतम अंग संहिताशास्त्र में इस प्रकार की चर्चाएँ भी आयी हैं। भद्रबाहु संहिता के शुक्रचार अध्याय में शुक्र की गति के अध्ययन द्वारा वृष्टि का निवारण किया गया है। अतएव यह मानना पड़ेगा कि ज्योतिष तत्त्वों की जानकारी के बिना कृषिकर्म सम्यक्तया सम्पन्न करना सम्भव नहीं।

जहाज़ के कप्तान को ज्योतिष की नित्य बड़ी आवश्यकता होती है; क्योंकि वे ज्योतिष के द्वारा ही समुद्र में जहाज़ की स्थिति का पता लगाते हैं। घड़ी के अभाव में सूर्य, चन्द्र, नक्षत्रों के पिण्डों को देखकर आसानी से समय का पता लगाया जा सकता है। ज्योतिष-ज्ञान के अभाव में लम्बी यात्रा तय करना निरापद नहीं है, क्योंकि ज्योतिष-ज्ञान के द्वारा ही नये देशों और रेगिस्तानों में रास्ता निकाला जा सकता है तथा अक्षांश और देशान्तर के द्वारा उस स्थान की स्थिति और उसकी दिशा आदि का निर्णय लिया जाता है। जहाँ की सीमा पैमायश द्वारा निश्चित नहीं की जा सकती है, वहाँ ज्योतिष के द्वारा प्रतिपादित अक्षांश और देशान्तर के आधार पर सीमाएँ निश्चित की गयी हैं। भूगोल का अध्ययन तो इस शास्त्र के ज्ञान के बिना अधूरा ही समझा जायेगा।

अन्वेषण कार्य को सम्पन्न करना भी ज्योतिष-ज्ञान के बिना सम्भव नहीं। आज तक जितने भी नवीन अन्वेषक हुए हैं वे या तो स्वयं ज्योतिषी होते थे अथवा अपने साथ किसी ज्योतिषी को रखते थे। एक बार अमेरिका के एक विद्वान् ने कहा था कि ग्रह नक्षत्रों के ज्ञान के बिना नवीन देश का पता लगाना सम्भव नहीं है। जहाँ आधुनिक वैज्ञानिक यन्त्र कार्य नहीं करते, अधिक गरमी या सर्दी के कारण उनकी शक्ति क्षीण हो जाती है, वहाँ चन्द्र-सूर्यादि ग्रह-नक्षत्रों के ज्ञान द्वारा दिक्, देश का बोध सरलतापूर्वक किया जा सकता है।

किसी उच्चतम पहाड़ की ऊँचाई और अति गम्भीर नदी की गहराई का ज्ञान ज्योतिषशास्त्र के द्वारा किया जा सकता है। शायद यहाँ यह शंका की जाये कि पहाड़ की ऊँचाई और नदी की गहराई का ज्ञान रेखागणित के द्वारा किया जाता है, ज्योतिष के द्वारा नहीं; पर गम्भीरता से विचार करने पर मालूम हो जायेगा कि रेखागणित ज्योतिष का अभिन्न अंग है। प्राचीन ज्योतिर्विदों ने रेखागणित के मुख्य सिद्धान्तों का निरूपण ईसवी सन् ५वीं और ६ठी शताब्दी में ही कर दिया है।

इतिहास को भी ज्योतिष ने बड़ी सहायता पहुँचायी है। जिन बातों की तिथि का पता अन्य साधनों के द्वारा नहीं लग सकता है, ज्योतिष के द्वारा सहज में ही लगाया जा सकता है। यदि ज्योतिषशास्त्र का ज्ञान नहीं होता तो वेद की प्राचीनता कदापि सिद्ध नहीं की जा सकती थी। श्रद्धेय लोकमान्य तिलक ने वेदों में प्रतिपादित नक्षत्र, अयन और ऋतु आदि के आधार पर ही वेदों का समय निर्धारित किया है। सूर्य और चन्द्र ग्रहणों के आधार पर

अनेक प्राचीन ऐतिहासिक तिथियाँ क्रम-बद्ध की जा सकती हैं।

भूगर्भ से प्राप्त विभिन्न वस्तुओं का काल ज्योतिषशास्त्र के द्वारा जितनी सरलता और प्रामाणिकता के साथ निश्चित किया जा सकता है, उतना अन्य शास्त्रों के द्वारा नहीं। एक बार श्री गौरीशंकर हीराचन्द्र ओझा ने बताया था कि पुरातत्त्व की वस्तुओं के यथार्थ समय को जानने के लिए ज्योतिषज्ञान की आवश्यकता है।

सृष्टि के रहस्य का पता भी ज्योतिष से ही लगता है। प्राचीन काल से ही भारतवर्ष में सृष्टि के रहस्य की छान-बीन करने के लिए ज्योतिषशास्त्र का उपयोग किया जा रहा है। इसी कारण सिद्धान्त ज्योतिष के ग्रन्थों में सृष्टि का विवेचन अवश्य रहता है। प्रकृति के अणु-अणु का रहस्य ज्योतिष में बताया गया है जिससे प्रत्येक व्यक्ति सृष्टि के रहस्य को ज्ञात कर अपने कार्यों का सम्पादन कर सकता है। जड़-चेतन सभी पदार्थों की आयु, आकार-प्रकार, उपयोगिता एवं उनके भेद-प्रभेद का जितना सुन्दर विज्ञानसम्मत कथन इस शास्त्र में रहता है उतना अन्य में नहीं।

आयुर्वेद तो ज्योतिष का चचेरा भाई है। ज्योतिषविज्ञान के बिना औषधियों का निर्माण यथासमय सम्पन्न नहीं किया जा सकता। कारण स्पष्ट है कि ग्रहों के तत्त्व और स्वभाव को ज्ञात कर उन्हीं के अनुसार उसी तत्त्व और स्वभाववाली दवा का निर्माण करने से वह दवा विशेष गुणकारी होती है। जो भिषक् इस शास्त्र के ज्ञान से अपरिचित रहते हैं वे सुन्दर और अपूर्व गुणकारी दवाओं का निर्माण नहीं कर सकते।

एक अन्य बात यह है कि इस शास्त्र के ज्ञान द्वारा रोगी की चर्चा और चेष्टा को अवगत कर बहुत कुछ अंशों में रोग की मर्यादा जानी जा सकती है। संवेगरंगशाला नामक ज्योतिष ग्रन्थ में रोगी की रोग-मर्यादा जानने के अनेक नियम आये हैं। अतएव जो चिकित्सक आवश्यक ज्योतिष तत्त्वों को जानकर चिकित्सा कर्म को सम्पन्न करता है, वह अपने इस कार्य में अधिक सफल होता है।

साधारण व्यक्ति भी इस शास्त्र के सम्यक् ज्ञान से अनेक रोगों से बच सकता है; क्योंकि अधिकांश रोग सूर्य और चन्द्रमा के विशेष प्रभावों से उत्पन्न होते हैं। फायलेरिया रोग चन्द्रमा के प्रभाव के कारण ही एकादशी और अमावस्या को बढ़ता है। ज्योतिर्विदों का अनुमान है कि जिस प्रकार चन्द्रमा समुद्र के जल में उथल-पुथल मचा डालता है, उसी प्रकार शरीर के रुधिर-प्रवाह में भी अपना प्रभाव डालकर निर्बल मनुष्यों को रोगी बना डालता है। अतएव ज्योतिष द्वारा चन्द्रमा के तत्त्वों को अवगत कर एकादशी और अमावस्या को वैसे तत्त्वोंवाले पदार्थों के सेवन से बचने पर फायलेरिया रोग छूट जाता है तथा निर्बल मनुष्य रोगों के आक्रमण से अपनी रक्षा कर सकता है।

इस शास्त्र की सबसे बड़ी उपयोगिता यही है कि यह समस्त मानव-जीवन के प्रत्येक और परोक्ष रहस्यों का विवेचन करता है और प्रतीकों द्वारा समस्त जीवन को प्रत्यक्ष रूप में उस प्रकार प्रकट करता है जिस प्रकार दीपक अन्धकार में रखी हुई वस्तु को दिखलाता है। मानव का व्यावहारिक कोई भी कार्य इस शास्त्र के ज्ञान बिना नहीं चल सकता है।

भारतीय ज्योतिष का काल-वर्गीकरण

किसी भी शास्त्र या विज्ञान का सम्यक् अध्ययन करने के लिए उसका इतिहास जानना आवश्यक होता है; क्योंकि उस शास्त्र के इतिहास द्वारा तद्विषयक रहस्य समझ में आ जाता है। ज्योतिषशास्त्र सृष्टि और प्रकृति के रहस्य को व्यक्त करनेवाला है। मानव प्रकृति की पाठशाला में सदा से इस शास्त्र का अध्ययन करता चला आ रहा है, अतः इस शास्त्र के उद्‌भव स्थान और काल का निश्चित रूप से पता लगाना जरा टेढ़ी खीर है। चाहे अन्य ज्ञानों की निर्झरिणी के आदि स्रोत का पता लगाना सम्भव हो, पर प्रकृति के अनन्यतम अंग इस शास्त्र का ओर-छोर ढूँढ़ना मानव-शक्ति से परे की बात है। अथवा दूसरे शब्दों में यह भी कहा जा सकता है कि जिस दिन से मानव ने होश सँभाला, उसी दिन से उसने ज्योतिष के आवश्यक तत्त्वों का अध्ययन करना शुरू कर दिया। भले ही वह इन तत्त्वों को अभिव्यक्त करने की योग्यता के अभाव में दूसरों को न बता सका हो, पर उसका जीवन-निर्वाह इन तत्त्वों के बिना हो नहीं सकता था; फलतः मानव-जीवन के विकास के साथ-साथ ज्योतिष का भी विकास हुआ।

कालवर्गीकरण की दृष्टि से इस शास्त्र के इतिहास को निम्न युगों में विभक्त किया जा सकता है :

अन्धकारकाल—ई.पू. १०००० वर्ष के पहले का समय
उदयकाल—ई.पू. १०००१—ई.पू. ५०० तक
आदिकाल—ई.पू. ५०१—ई. ५०० तक
पूर्वमध्यकाल—ई. ५०१—ई. १००० तक
उत्तरमध्यकाल—ई. १००१—ई. १६०० तक
आधुनिक या अर्वाचीनकाल—ई. १६०१--ई. १९५१

उपर्युक्त कालों का वर्गीकरण ज्योतिषशास्त्र के विकास के आधार पर किया गया है। यों तो भारतीय संस्कृति के इतिहास को भी उपर्युक्त वर्गों में विभक्त किया जाता है, लेकिन यहाँ पर ज्योतिष को अनादिनिधन मानते हुए भी अभिव्यंजन प्रणाली के विकास पर ही मुख्य दृष्टि रखी गयी है।

अन्धकारकाल (ई.पू. १०००० वर्ष के पहले का समय)

यह पहले ही कहा जा चुका है कि ज्योतिषशास्त्र के जन्म का पता लगाना शक्तिगम्य नहीं है। यह मानव सृष्टि के समान अनादि है। ज्योतिष का सिद्धान्त है कि एक कल्पकाल में ४३२०००००० वर्ष होते हैं, सृष्टि प्रारम्भ होते ही सभी ग्रह अपनी-अपनी कक्षा में नियमित रूप से भ्रमण करने लगते हैं। मानव सुदूर प्राचीन काल में सृष्टि के अनन्तर बहुत समय तक लिपि रूप भाषा शक्ति से रहित था। वह अपना काम चलाने के लिए केवल संकेतात्मक भाषा का ही प्रयोग करता था। विकासवाद बतलाता है कि आरम्भ में मनुष्य केवल नाद कर सकता था, इसी अस्पष्ट नाद द्वारा अपने सुख-दुःख, हर्ष-पीड़ा आदि भाव

प्रदर्शित करता था। जब अनुभव और अनुमान ने परस्पर एक-दूसरे की सहायता कर मानव जाति की विकसित परम्परा क़ायम कर दी तो सम्भाषण-शक्ति का आविर्भाव हुआ। नाद को निरन्तर उच्चारित कर विभिन्न भावों, विचारों और उनके भेदों को क्रमशः प्रदर्शित करने की चेष्टा की गयी। ज्ञानाभ्युदय के साथ-साथ नाद शक्ति भी वृद्धिंगत होने लगी और धीरे-धीरे भावों के साथ इंगित, चेष्टा और व्यक्त नाद का आरम्भ हुआ। इसी बीच में अनुकरण की मात्रा ने प्रकृतिप्रदत्त भाव और विचारों के विनिमय में पर्याप्त योग दिया, जिससे मानव ने आज के समान सम्भाषण की योग्यता प्राप्त की।

यहाँ इतना और स्मरण रखना होगा कि सम्भाषण की भाषा के आविर्भूत होने पर लिपि की भाषा अभी प्राचीन मानव को अज्ञात थी। इस समय उसके सारे कार्य मौखिक ही चलते थे। वेद शब्द का अर्थ जो 'श्रुत' किया गया है वह भी इस बात का द्योतक है कि प्राचीन मानव का समस्त ज्ञान-भण्डार मुखाग्र था, उसमें उसके लिपिबद्ध करने की क्षमता नहीं थी।

मानव की स्वाभाविक प्रवृत्तियों का विश्लेषण करने पर अवगत होगा कि 'क्यों' और 'कैसे' ये दो जिज्ञासाएँ उसकी प्रधान हैं। वह प्रत्येक वस्तु के आदि कारण की खोज करता है और उसके सम्बन्ध में सभी अद्‌भुत बातों को जानने के लिए लालायित रहता है। जब तक उसकी यह ज्ञानपिपासा शान्त नहीं होती, उसे चैन नहीं पड़ता। फलतः आदि मानव के मस्तिष्क में भी यत्किंचित् विकास के अनन्तर ही समय, दिशा और स्थान जिनके बिना उसका काम चलना कठिन ही नहीं, बल्कि असम्भव था; के सम्बन्ध में क्यों और कैसे ये प्रश्न अवश्य उत्पन्न हुए होंगे तथा इन प्रश्नों के उत्तर पाने की भी चेष्टा की होगी। यह निश्चित है कि किसी भी प्रकार के ज्ञान का स्रोत समय, दिशा और स्थान के बिना प्रवाहित नहीं हो सकता है। इसलिए उक्त तीनों विषयों का ज्ञान ज्योतिष के द्वारा सम्पन्न होने पर ही अन्य विषयों का ज्ञान मानव को हुआ होगा।

भारत की अपनी निजी विशेषता आध्यात्मिक ज्ञान की है और इसका सम्पादन योग-क्रिया द्वारा प्राचीन काल से होता चला आ रहा है। इस सिद्धान्त के अनुसार महाकुण्डलिनी नाम की शक्ति समस्त सृष्टि में परिव्याप्त रहती है और व्यक्ति में यही शक्ति कुण्डलिनी के रूप में व्यक्त होती है। इसका विश्लेषण इस प्रकार समझना चाहिए कि पीठ में स्थित मेरुदण्ड सीधे जहाँ जाकर पायु और उपस्थ के मध्य भाग में लगता है, वहाँ त्रिकोण चक्र में स्वयम्भू लिंग स्थिति है। इस चक्र का अन्य नाम अग्निचक्र भी बताया गया है। इस स्वयम्भू लिंग को साढ़े तीन वलयों में लपेटे सर्प की तरह कुण्डलिनी अवस्थित है। इसके अनन्तर मूलाधार, स्वाधिष्ठान, मणिपूर, अनाहत, विशुद्धाख्य और आज्ञा ये षट्‌चक्र क्रमशः ऊपर-ऊपर स्थित हैं। इन चक्रों को भेद करने के बाद मस्तक में शून्यचक्र है, जहाँ जीवात्मा को पहुँचा देना योगी का चरम लक्ष्य होता है; इस स्थान पर सहस्रार चक्र होता है। प्राणवायु को वहन करनेवाली मेरुदण्ड से सम्बद्ध इडा, पिंगला और सुषुम्ना ये तीन नाड़ियाँ हैं। इनमें इडा और पिंगला को सूर्य और चन्द्र भी कहा गया है। सुषुम्ना के भीतर वज्रा, चित्रिणी और ब्रह्मा—ये तीन नाड़ियाँ कुण्डलिनी शक्ति का वास्तविक मार्ग हैं। साधक नाना प्रकार

की साधनाओं द्वारा कुण्डलिनी शक्ति को उद्बुद्ध कर स्फोट-नाद करता है। इस नाद से सूर्य, चन्द्र और अग्नि रूप प्रकाश होता है। इस प्रकार योगी लोग व्यक्ति के अन्दर रहनेवाली कुण्डलिनी को महाकुण्डलिनी में मिलाने का प्रयत्न करते हैं।

उपर्युक्त योग-ज्ञान केवल आध्यात्मिक ही नहीं, प्रत्युत ज्योतिषविषयक भी है। उक्त योगबल से भारतीयों ने अपने भीतर के रहनेवाले सौर-जगत् को पूर्णतया ज्ञात कर और उसकी तुलना निरीक्षण द्वारा आकाशमण्डलीय सौर-जगत् से कर अनेक ज्योतिष के सिद्धान्त निकाले, जो बहुत काल तक मौखिक रूप में अवस्थित रहे।

अनुभव भी बतलाता है कि मानव ने अपनी आवश्यकता की पूर्ति के लिए सबसे प्रथम स्थान, दिक् और काल—इन तीन के सम्बन्ध में जानकारी प्राप्त की होगी। क्योंकि किसी से भी पूछा जाये कि अमुक वस्तु कहाँ स्थित है? तो वह यही उत्तर देगा कि अमुक दिशा में है। अमुक घटना कब घटी? तो वह यही कहेगा कि अमुक समय में। अभिप्राय यह है कि अमुक स्थान से इतना पूर्व, अमुक से इतना दक्षिण, इतने बजकर इतने मिनट पर अमुक कार्य हुआ, इतना बतला देने पर उस कार्य-विषयक स्वाभाविक जिज्ञासा शान्त हो जाती है। ज्योतिष द्वारा उक्त विषयों का ज्ञान प्राप्त करना ही साध्य माना गया है। इसलिए उदयकाल में जब ज्योतिष के सिद्धान्त लिपिबद्ध किये जा रहे थे, इसकी बड़ी प्रशंसा की गयी है। स्थान एवं कालबोधक शास्त्र होने के कारण इसे जीवन का अभिन्न अंग बतलाया गया है।

यद्यपि अन्धकारयुग का ज्योतिष-विषयक साहित्य उपलब्ध नहीं है, पर तो भी इतना तो मानना ही पड़ेगा कि उस काल का मानव दिन, रात, पक्ष, मास, अयन और वर्ष आदि कालांगों से पूर्ण परिचित था। इस जानकारी के साथ-साथ ही उस काल को प्रकट करनेवाले चन्द्र, सूर्य का बोध भी अवश्य रहा होगा। लिखित प्रमाणों के अभाव में इस युग में आकाशमण्डल मानव की दृष्टि से ओझल रहा हो, यह मानने की बात नहीं है। इस पृथ्वी पर जन्म लेते ही उसने अपने चक्षुओं के द्वारा आकाश का रहस्य अवश्य ज्ञात किया होगा। प्राणिशास्त्र बतलाता है कि आदि मानव अपने योग और ज्ञान द्वारा आयुर्वेद एवं ज्योतिषशास्त्र के मौलिक तत्त्वों को ज्ञात कर भौतिक और आध्यात्मिक आवश्यकताओं की पूर्ति करता था।

अन्धकारकाल की ज्योतिष-विषयक मान्यताओं का पता उदयकाल और आदिकाल के साहित्य से भी लग जाता है। सर्वप्रथम यहाँ वैदिक मान्यता के आधार पर इस काल का समर्थन किया जायेगा।

वैदिक दर्शन में सृष्टि का सृजन और विनाश माना गया है। इसके अनुसार सृष्टि के बन जाने के अनन्तर ही मनुष्य ग्रह-नक्षत्रों का अध्ययन करना शुरू कर देता है और ज्योतिष के आवश्यक जीवनोपयोगी तत्त्वों को ज्ञात कर अपनी ज्ञानराशि की वृद्धि करता है। भाषा शक्ति भी जगन्नियन्ता द्वारा उसे प्राप्त हो जाती है तथा भाव और विचारों को अभिव्यक्त करने की क्षमता भी साधरणतया आ जाती है। परन्तु इतनी विशेषता है कि अभिव्यंजना का विकास एकाएक नहीं होता, बल्कि धीरे-धीरे विकसित हो इसी प्रणाली से साहित्य का जन्म होता है।

जब से मनुष्य ने चिन्ता करना आरम्भ किया तभी से उसकी वाक्शक्ति, कल्पना और बुद्धि उसके रहस्योद्घाटन के लिए प्रवृत्त हुई है। शास्त्रों में बताया गया है कि परिदृश्यमान विश्व एक समय प्रगाढ़ अन्धकार से आच्छादित था। उस समय की अवस्था का पता लगाना कठिन है, किसी भी लक्षण द्वारा उसका अनुमान करना सम्भव नहीं। उस समय यह तर्क और ज्ञान से अतीत होकर प्रगाढ़ निद्रा में अभिभूत था। अनन्तर स्वयम्भू अव्यक्त भगवान् महाभूतादि २४ तत्त्वों में इस संसार को प्रकट कर तमोभूत अवस्था के विध्वंसक हो प्रकट हुए। सृष्टि की कामना से इस स्वयंशरीरी भगवान् ने अपने शरीर से जल की सृष्टि की और उसमें बीज डालकर इस सुवर्ण सदृश तेजोमय एक अण्डा निकाला। उस अण्डे में भगवान् ने स्वयं पितामह ब्रह्मा के रूप में जन्म ग्रहण किया। इसके पश्चात् ब्रह्मा ने अपने ध्यानबल से इस ब्रह्माण्ड को दो खण्डों में विभक्त कर दिया। ऊर्ध्व खण्ड में स्वर्गादि लोक, अधोखण्ड में पृथिव्यादि तथा मध्यदेश में आकाश, अष्टदिक् और समुद्रों की सृष्टि की। इसके अनन्तर मानव आदि प्राणी तथा उनमें मन, विषयग्राहक इन्द्रियाँ, अनन्त कार्यक्षमता, अहंकार आदि का सृजन किया। सारांश यह कि 'अण्डे' के भीतर से जब भगवान् निकले तब उनके सहस्र सिर, सहस्र नेत्र और सहस्र भुजाएँ थीं। ये ही उस मानव-सृष्टि के रूप में प्रकट हुए जो सृष्टि असीम, अनन्त और विराट् थी। इस विश्व को भगवान् का द्वितीय रूप कहा गया है, जिसके दोनों चक्षु चन्द्र और सूर्य बताये गये हैं।

उपर्युक्त सृष्टि-निर्माण के विश्लेषण से स्पष्ट है कि मानव को जिस समय इन्द्रियाँ और मन प्राप्त हुए, उसी समय उसे सृष्टि-रहस्य को व्यक्त करनेवाले ज्योतिष-तत्त्व भी ज्ञात हो गये थे। चाहे उपर्युक्त सृष्टि-तत्त्व शास्त्र रूप में सहस्रों वर्षों के बाद आया हो, पर सृष्टि-रचना के साथ ही विश्वस्रष्टा ने उनके साथ मानव का सम्बन्ध स्थापित कर दिया था, जिससे आवश्यक ज्योतिष-विषयक सिद्धान्त उसे उसी समय ज्ञात हो चुके थे।

जैन-मान्यता की दृष्टि से विचार करने पर अन्धकारकाल के ज्योतिष-तत्त्व पर बड़ा सुन्दर प्रकाश पड़ता है। इस मान्यता के अनुसार यह संसार अनादिकाल से ऐसा ही चला आ रहा है, इसमें न कोई नवीन वस्तु उत्पन्न होती है और न किसी का विनाश ही होता है, केवल वस्तुओं की पर्यायें बदला करती हैं। इस संसार का कोई स्रष्टा नहीं है, यह स्वयंसिद्ध है। किन्तु भरत और ऐरावत क्षेत्र में अवसर्पण काल के अन्त में खण्ड प्रलय होता है जिससे कुछ पुण्यात्माओं को, जो विजयार्द्ध की गुफाओं में छिप गये थे, छोड़ शेष सभी जीव नष्ट हो जाते हैं। उत्सर्पण के दुःषमा-दुःषमा नामक प्रथम काल में जल, दूध और घी की वृष्टि से जब पृथ्वी चिकनी रहने योग्य हो जाती है तो वे बचे हुए जीव आकर बस जाते हैं और फिर उनका संसार चलने लगता है।

जैन मान्यता में बीस कोड़कोड़ी अद्धा[1] सागर का कल्पकाल बताया गया है। इस कल्पकाल के दो भेद हैं—एक अवसर्पण और दूसरा उत्सर्पण। अवसर्पणकाल के सुषम-सुषम, सुषम, सुषम-दुःषम, दुःषम-सुषम, दुःषम और दुःषम-दुःषम—ये छह भेद तथा उत्सर्पण के

१. यह अरब-खरब की संख्या से कई गुना अधिक होता है।

दुःषम-दुःषम, दुःषम, दुःषम-सुषम, सुषम-दुःषम, सुषम और सुषम-सुषम—ये छह भेद माने गये हैं। सुषम-सुषम का प्रमाण ४ कोड़ाकोड़ी सागर, सुषम का तीन कोड़ाकोड़ी सागर, सुषम-दुःषम २ कोड़ाकोड़ी सागर, दुःषम-सुषम का ४२ हज़ार वर्ष कम १ कोड़ाकोड़ी सागर, दुःषम का २१ हजार वर्ष एवं दुःषम-दुःषम का २१ हज़ार वर्ष होता है। प्रथम और द्वितीय काल में भोगभूमि[1] की रचना, तृतीय काल के आदि में भोगभूमि और अन्त में कर्मभूमि की रचना रहती है। इस तृतीय काल के अन्त में १४ कुलकर उत्पन्न होते हैं जो प्राणियों को विभिन्न प्रकार की शिक्षाएँ देते हैं।

प्रथम कुलकर प्रतिश्रुति के समय में जब मनुष्य को सूर्य और चन्द्रमा दिखलाई पड़े तो वे इनसे सशंकित हुए और अपनी शंका दूर करने के लिए उनके पास गये। इन्होंने सूर्य और चन्द्रमा सम्बन्धी ज्योतिष-विषयक ज्ञान की शिक्षा दी। जिससे इनके समय के मनुष्य इन ग्रहों के ज्ञान से परिचित होकर अपने कार्यों का संचालन करने लगे। इसके पश्चात् द्वितीय कुलकर ने नक्षत्र-विषयक शंकाओं का निराकरण कर अपने युग के व्यक्तियों को आकाश-मण्डल की समस्त बातें बतलायीं।[2]

उपर्युक्त विवेचन से स्पष्ट है कि जैन मान्यता के अनुसार इस कल्पकाल में आज से अरब-खरब वर्षों पहले ज्योतिष-तत्त्वों की शिक्षाएँ दी गयी थीं। उपलब्ध जैन-साहित्य भले ही इतना प्राचीन न हो, पर उसके तत्त्व मौखिक रूप में खरबों वर्ष पहले विद्यमान थे। आज का इतिहास भी जैनधर्म का अस्तित्व प्रागैतिहासिक काल में स्वीकार करता है। इस धर्म के सिद्धान्तों को व्यक्त करनेवाली प्राकृत भाषा ही इस बात का ज्वलन्त प्रमाण है कि यह धर्म प्राणियों का नैसर्गिक धर्म है। प्रागैतिहासिक काल के क्षत्रिय इस धर्म के आराधक थे और वे आध्यात्मिक विद्या से पूर्ण परिचित थे। छान्दोग्य उपनिषद् में एक कथा आयी है, जिसमें बताया गया है कि अरुण के पुत्र श्वेतकेतु पांचालों की परिषद् में गये और वहाँ क्षत्रिय राजा प्रवण जैबालि ने उनसे जीवन की उत्क्रान्ति, परलोक गति और जन्मान्तर के सम्बन्ध में ५ प्रश्न किये; किन्तु श्वेतकेतु उनमें से किसी प्रश्न का उत्तर नहीं दे सका। इसके पश्चात् श्वेतकेतु अपने पिता के पास आया और जैबालि द्वारा पूछे गये प्रश्नों का उत्तर उनसे चाहा, पर पिता भी उन प्रश्नों का उत्तर नहीं दे सके। अतएव दोनों मिलकर जैबालि के पास गये और उनसे प्रश्नों का उत्तर पूछा :

स ह कृच्छ्रीबभूव। तं ह चिरं वस इत्याज्ञापयांचकार। तं होवाच यथा मा त्वं गौतमावदो यथेयं न प्राक् त्वत्तः पुरा विद्या ब्राह्मणान् गच्छति।

अर्थात्—गौतम की प्रार्थना सुनकर राजा चिन्तित हुआ और उसने ऋषि से कुछ समय ठहरने

---

१. जहाँ भोजन, वस्त्र आदि समस्त आवश्यकताओं की चीजें कल्पवृक्षों से प्राप्त होती हैं, वह भोगभूमि कहलाती है। इस काल में बालक ४९ दिन में युवावस्था को प्राप्त हो जाता है और आयु अपरिमित काल की होती है। इस युग में मनुष्य को योगक्षेम के लिए किसी प्रकार का श्रम नहीं करना पड़ता है।

२. इणससितारावदविभयं दंडादिसीमचिण्हकदिं।
तुरगादिवाहणं सिसुमुहदंसणणिभव्यं वेंत्ति। —त्रि. सा. गा. ७९९

को कहा और प्रश्नों का उत्तर देना आरम्भ किया—हे गौतम ! आप मुझसे जो विद्या प्राप्त करना चाहते हैं, वह आपसे पहले किसी ब्राह्मण को प्राप्त नहीं हुई है।

बृहदारण्यक उपनिषद् के निम्न मन्त्र से भी इसका समर्थन होता है :

इयं विद्या इतः पूर्वं न कस्मिंश्चित् ब्राह्मणे उवास तां त्वहं तुभ्यं वक्ष्यामि।

—बृ.उ. ६।२।८

अतएव स्पष्ट है कि आध्यात्मिक ज्ञान की धारा के समान जैन ज्योतिष की धारा भी अन्धकारकाल में विकसित थी। इसलिए उदयकाल के जैन साहित्य में ग्रह-नक्षत्रों का अत्यन्त सुस्पष्ट कथन मिलता है।

अन्धकार युग के ज्योतिष-विषयक साहित्य के अभाव में भी इतना तो मानना ही पड़ेगा कि उस काल में ज्योतिष विकसित अवस्था में था। भारतीय ऋषियों ने दिव्य ज्ञानशक्ति द्वारा आकाश-मण्डल के समस्त तत्त्वों को ज्ञात कर लिया था और जैसे-जैसे आगे जाकर अभिव्यंजना की प्रणाली विकसित होती गयी, ज्योतिष तत्त्व साहित्य द्वारा प्रकट होने लगे। अतएव अन्धकारकाल में ज्योतिष के महत्त्वपूर्ण सिद्धान्त खूब पल्लवित और पुष्पित थे। मेरा तो अनुमान है कि दैनिक कार्यों के सम्पादनार्थ उपयोगी पाक्षिक तिथिपत्र भी उस समय काम में लाये जाते थे। उस युग के प्रत्येक व्यक्ति को ग्रह-नक्षत्रों का इतना ज्ञान था, जिससे वह केवल आकाश को देखकर ही समय और दिशा को ज्ञात कर लेता था। उदयकाल में जिन ज्योतिष सिद्धान्तों को साहित्यिक रूप प्रदान किया गया है, वे अन्धकारकाल में मौखिक रूप में वर्तमान थे।

उदयकाल (ई.पू. १०००१—ई.पू. ५०० तक)

उदयकाल में समस्त ज्ञानभण्डार एक रूप में था। इस युग में विषयों की दृष्टि से यह विभिन्न अंगों में विभक्त नहीं हुआ था। इसलिए उस काल का ज्योतिष साहित्य पृथक् नहीं मिलता है, बल्कि अन्य विषयों के साथ सन्निविष्ट है। प्राचीन मानव ज्योतिष को भी धर्म मानता था; उस युग में व्यक्ति और समाज के सारे कार्य एक ही नियम पर चलते थे, अतः धर्म, दर्शन और ज्योतिष—ये भेद साहित्य में प्रस्फुटित नहीं हुए थे तथा सब विषयों का साहित्य एक साथ ही रहता था।

कुछ लोगों का कहना है कि उदयकाल के पूर्व में आर्य लोग भारत में उत्तरी ध्रुव से आये थे और यहाँ बस जाने के पश्चात् उन्होंने वेद, वेदांग आदि साहित्य की रचना की। लेकिन विचार करने पर अवगत होगा कि अन्धकारयुग में उत्तरी ध्रुव उस स्थान पर था, जिसे आज बिहार और उड़ीसा कहते हैं। वह भारत के बाहर नहीं था। आधुनिक प्राणी-शास्त्र के ज्ञाताओं ने अनुसन्धान कर प्रमाणित किया है कि उत्तरी ध्रुव स्थिर नहीं है तथा अपने प्राचीन स्थान से पूर्व, पश्चिम और उत्तर की ओर चलते हुए वर्तमान स्थिति को प्राप्त हुआ है। अतएव यह मानने से हमें तनिक भी संकोच नहीं कि प्राचीन-आर्य उत्तरी ध्रुव स्थान में रहते थे और यह प्रदेश भारत के अन्तर्गत ही था। आर्यों ने उदयकाल में अपने गौरवपूर्ण

वैदिक साहित्य को जन्म दिया। यद्यपि वेद, आरण्यक, ब्राह्मण, द्वादशांग, प्रकीर्णक और उपनिषद् आदि धार्मिक रचनाएँ मानी जाती हैं, पर इनमें ज्योतिष, आयुर्वेद, शिल्प आदि विषयों की चर्चाएँ पर्याप्त मात्रा में मौजूद हैं। उदयकाल के साहित्य में मास, ऋतु, अयन, वर्ष, युग, ग्रह, ग्रहण, ग्रहकक्षा, नक्षत्र, विषुव, नक्षत्र-लग्न, दिन-रात का मान और उसकी वृद्धि-हानि आदि विषयों पर विचार ज्योतिष की दृष्टि से किया जाने लगा था। वेदों में प्रतिपादित ज्योतिष चर्चा की अपेक्षा शतपथ ब्राह्मण, बृहदारण्यक, तैत्तिरीय ब्राह्मण, ऐतरेय ब्राह्मण आदि ग्रन्थों में विकसित रूप से उपलब्ध है। इन ग्रन्थों में ज्योतिष के सिद्धान्तों का व्यावहारिक और शास्त्रीय इन दोनों दृष्टिकोणों से प्रतिपादन किया है। ऋग्वेद के समय में दिन को केवल कामचलाऊ समय के रूप में माना जाता था, पर ब्राह्मण और आरण्यकों के समय में उसका ज्योतिष की दृष्टि से विवेचन होने लग गया था। दिन की वृद्धि कैसे और कब होती है तथा वह कितना बड़ा होता है आदि बातों की शास्त्रीय मीमांसा होने लग गयी थी।

इस काल की ज्ञानराशि पर दृष्टिपात करने से ज्ञात होता है कि सूर्य और चन्द्रमा के अतिरिक्त भौमादि ५ ग्रह भी ज्योतिषविषयक साहित्य के विषय बन गये थे। जैन अंग-साहित्य में नवग्रहों का स्पष्ट उल्लेख भी ईसवी सन् से सहस्रों वर्ष पूर्व होने लग गया था। यद्यपि उपलब्ध द्वादशांग इतना प्राचीन नहीं है, लेकिन उसकी परम्परा अविच्छिन्न रूप से बहुत पहले से चली आ रही थी। भगवान् महावीर स्वामी के निर्वाण के अनन्तर उनके उपदेशानुसार द्वादशांग साहित्य में संशोधन और परिवर्धन किये गये थे तथा अंग-साहित्य का एक नवीन संस्करण तैयार किया गया था।

उदयकाल की ज्योतिष परम्परा में स्वतन्त्र रूप से इस विषय की रचनाएँ नहीं मिलती हैं। पर अन्य विषयों के साथ जितना इस विषय का साहित्य है, उनका संकलन किया जाये तो खासा साहित्य इस युग का तैयार हो सकता है।

इस युग में ज्योतिष के भेद-प्रभेद भी आविर्भूत नहीं हुए थे, केवल सामान्य ज्योतिष शब्द से इस शास्त्र के ग्रह-नक्षत्र के गणित और उनके फल गृहीत होते थे।

ईसवी सन् से पाँच सौ वर्ष पूर्व में रचे गये प्राचीन जैन आगम में ज्योतिषी के लिए 'जोईसंगविउ' शब्द आया है। भाष्यकारों ने इस शब्द का अर्थ ग्रह, नक्षत्र, प्रकीर्णक और ताराओं के विभिन्नविषयक ज्ञान के साथ और ग्रहों की सम्यक् स्थिति के ज्ञान को प्राप्त करना, किया है। अतएव स्पष्ट है कि उदयकाल में राशिचक्र, नक्षत्रचक्र और ग्रहचक्र का प्रचार था।

प्रत्येक काल में ज्योतिष के ऊपर देश की परिस्थिति और राजनीति का प्रभाव पड़ता रहता है। प्रस्तुत उदयकालीन ज्योतिष भी उपर्युक्त परिस्थितियों से अछूता नहीं है। उस समय की प्रजातन्त्र प्रणाली का प्रभाव ज्योतिष पर गहरा पड़ा है। फलतः फल-प्रतिपादक ग्रह और नक्षत्रों को समान रूप में स्वीकार किया गया है। जब तक भारत में कौटिल्य नीति का प्रचार नहीं हुआ तब तक मित्रत्व, शत्रुत्व, उच्चत्व और नीचत्व आदि दृष्टियों से फल प्रतिपादन की प्रणाली का प्रचलन इस शास्त्र में नहीं हुआ है। उदयकाल में केवल ग्रहों की योग्यता

की दृष्टि से फल-प्रक्रिया प्रचलित थी। इस प्रक्रिया का समर्थन विषुवकथन की प्रणाली से होता है।

अतः यह निर्विवाद सिद्ध है कि इस युग में ज्योतिष ने साहित्यरूप में जन्म ही नहीं लिया था, बल्कि वह अपने शैशवकाल के साथ अठखेलियाँ करता हुआ अपनी किशोर अवस्था को प्राप्त हो रहा था।

उदयकालीन ज्योतिष-सिद्धान्त

वैदिक साहित्य विविध विषयों का अथाह समुद्र है, इसमें धार्मिक सिद्धान्तों के साथ-साथ ज्योतिष के अनेक सिद्धान्त चामत्कारिक ढंग से बताये गये हैं। ऋग्वेद में वर्ष को १२ चन्द्रमासों में विभक्त किया है तथा प्रत्येक तीसरे वर्ष चान्द्र और सौर वर्ष का समन्वय करने के लिए एक अधिकमास—मलमास जोड़ा करते थे। एक स्थान पर ऋग्वेद में वर्ष के १२ माह, ३६० दिन और ७२० रात्रि-दिन—३६० रात्रि + ३६० दिन का वर्णन करते हुए लिखा है :

द्वादश प्रधयश्चक्रमेकं त्रीणि नभ्यानि क उ तश्चिकेत।
तस्मिन्त्साकं त्रिशता न शंकवोऽर्पिताः षष्टिर्न चलाचलासः।

—ऋ.,सं. १,१६४,४८

मास-विचार—तैत्तिरीय संहिता में १२ महीनों के नाम मधु, माधव, शुक्र, शुचि, नभस्, नभस्य, इष, ऊर्ज, सहस, सहस्य, तपस् एवं तपस्य आये हैं। इसी प्रकरण में संसर्प अधिमास का द्योतक और अहस्पति क्षयमास का द्योतक भी आया है। पद्य निम्न प्रकार है :

मधुश्च माधवश्च शुक्रश्च शुचिश्च नभश्च नभस्यश्चेषश्चोर्जश्च सहश्च
सहस्यश्च तपश्च तपस्यश्चोपयामगृहीतोऽसि स ँ सर्वोस्य ँ हस्पत्याय त्वा ॥

—तै.सं. १.४.१४

ऋग्वेद में चान्द्रमास और सौरवर्ष की चर्चा कई स्थानों पर आयी है। इससे स्पष्ट सिद्ध होता है कि चान्द्र और सौर का समन्वय करने के लिए अधिमास की कल्पना ऋग्वेद के समय में प्रचलित थी।

प्रश्नव्याकरणांग में बारह महीनों की बारह पूर्णमासी और अमावस्याओं के नाम और उनके फल निम्न प्रकार बताये हैं :

ता कहंते पुण्णमासी आहितेति वदेज्जा तत्थ खलु इमातो बारस पुण्णमासीओ बारस अमावसाओ पण्णत्ताओ तं जहा संविट्ठी, पोट्ठवती, आसोइ, कत्तिया, मगसिरा, पोसी, माही, फग्गुणी, चेत्ती, विसाही, जेट्ठामुला, असाढी ॥ —प्र.व्या. १०.६

अर्थात्—श्रावण मास की श्रविष्ठा, भाद्रपद की पौष्ठवती, आश्विन की असोई, कार्तिक की कृत्तिका, मार्गशीर्ष की मृगशिरा, पौष की पौषी, माघ की माघी, फाल्गुन की फाल्गुनी, चैत्र की चैत्री, वैशाख की विशाखी, ज्येष्ठ की मूली एवं आषाढ़ की आषाढ़ी पूर्णिमा बतायी गयी है। कहीं-कहीं पूर्णमासिया के नामों के आधार पर मासों के नाम भी आये हैं।

ऋतुविचार—उदयकाल में ऋतु-विचार किया जाता था। ई.पू. ८००० में वसन्त ऋतु ही प्रारम्भिक ऋतु मानी जाती थी, किन्तु ई.पू. ५०० में प्रारम्भिक ऋतु वर्षा ऋतु मानी जाने लगी थी। तैत्तिरीय संहिता में कहा गया है :

मधुश्च माधवश्च वासन्तिकावृतू शुक्रश्च शुचिश्च ग्रैष्मावृतू नभश्च नभस्यश्च वार्षिकावृतू इषश्चोर्जश्च शारदावृतू सहश्च सहस्यश्च हैमन्तिकावृतू तपश्च तपस्यश्च शैशिरावृतू। —तै.सं.४.४.११

अर्थात्—मधु और माधव वसन्त ऋतु, शुक्र और शुचि ग्रीष्म ऋतु, नभस् और नभस्य वर्षा ऋतु, इष और ऊर्ज शरद् ऋतु, सहस और सहस्य हेमन्त ऋतु एवं तपस और तपस्य शिशिर ऋतुवाले मास हैं।

ऋग्वेद में ऋतु शब्द कई स्थानों पर आया है पर वहाँ इस शब्द का प्रयोग वर्ष के अर्थ में हुआ है। ऐतरेय ब्राह्मण में पाँच ही ऋतु आयी हैं। उसमें हेमन्त और शिशिर इन दोनों को एक ही रूप में माना है :

द्वादशमासाः पञ्चर्तवो हेमन्तशिशिरयोः समासेन। —ऐ.ब्रा. १.१

तैत्तिरीय ब्राह्मण में ऋतुओं का उल्लेख करते हुए बताया गया है :

तस्य ते वसन्तः शिरः। ग्रीष्मो दक्षिणः पक्षः। वर्षः पुच्छम्।
शरदुत्तरः पक्षः। हेमन्तो मध्यम्। —तै.ब्रा. ३.१०.४.१

अर्थात्—वर्ष का सिर वसन्त, दाहिना पंख ग्रीष्म, बायाँ पंख शरद, पूँछ वर्षा और हेमन्त को मध्य भाग कहा गया है। तात्पर्य यह है कि तैत्तिरीय ब्राह्मण काल में वर्ष को पक्षी के रूप में माना गया है और ऋतुओं को उसका विभिन्न अंग बतलाया है।

तैत्तिरीय संहिता में ऋतु का एक पात्र रूप में वर्णन करते हुए बताया गया है कि :

उभयतो मुखमृतुपात्रं भवति को हि तद्वेदः यदृतूनां मुखम्। —तै.सं. ६.५.३

तात्पर्य यह है कि ऋतु पात्र के दोनों ओर मुख रहते हैं। लेकिन इन मुखों की दिशा का ज्ञान करना कठिन है। ऋतु की स्थिति सूर्य पर निर्भर है। एक वर्ष में सौरमास का आरम्भ चान्द्रमास के आरम्भ के साथ ही होता है। प्रथम वर्ष के सौरमास का आरम्भ शुक्लपक्ष की द्वादशी तिथि को और आगे आनेवाले तीसरे वर्ष में सौरमास का आरम्भ कृष्णपक्ष की अष्टमी को बताया गया है। सारांश यह है कि सर्वदा सौरमास और चान्द्रमास का आरम्भ एक तिथि को न होने के कारण ऋतु आरम्भ की तिथि अनियमित है। पूर्व वैदिक युग में वर्षा ऋतु का आरम्भ निरयन मृगशिर नक्षत्र के आरम्भ के कुछ पूर्व या उत्तर माना जाता था।

शतपथ ब्राह्मण में निम्न आख्यायिका आयी है, जिससे ऋतु के सम्बन्ध में सुन्दर प्रकाश मिलता है।

प्रजापतेर्ह वै प्रजाः ससृजनास्य पर्वाणि विसस्र ूँ–सुः स वै संवत्सर एव प्रजापतिस्तस्यैतानि पर्वाण्यहोरात्रयोः सन्धी पौर्णमासी चामावास्या चतुर्मुखानि ॥३५॥ स विस्रस्तैः पर्वभिः न शशाक स ूँहातुं तेमेतैर्हविर्यज्ञैर्देवा अभिषज्यन्नग्निहोत्रेणैवाहो-

रात्रयोः सन्धी तत्पर्वाभिषज्यंस्तत्समदधुः पौर्णमासेन चैवामावास्येन च पौर्णमासीं चामावास्यां च तत्पर्वाभिषज्यंस्तत्समदधुश्चातुर्मास्यैरेवर्तुमुखानि तत्पर्वाभिषज्यंस्तत्समदधुः ॥

—श.ब्रा. १.६.३

अर्थात्—प्रजा उत्पन्न करने के बाद प्रजापति के पर्व शिथिल हो गये। इस सूत्र में प्रजापति से संवत्सर अभिप्रेत है और पर्व शब्द से अहोरात्र की दोनों सन्धियाँ—पूर्णमासी, अमावास्या एवं ऋतु-आरम्भ-तिथि ग्रहण की गयी हैं तथा चातुर्मास के ज्ञान से ऋतुओं की व्यवस्था की गयी है। तात्पर्य यह है कि शतपथ ब्राह्मण के पूर्व ऋतु व्यवस्था सौर और चान्द्रमास के अनुसार एक तिथि में सिद्ध नहीं हुई थी अतः ऋतु आरम्भ की तिथि का ज्ञान करना असम्भव-सा जँचता था; इसलिए बाद के आचार्यों ने चार महीने की ऋतु मानकर ऋतु सन्धि को ज्ञात किया था तथा अग्नि, सूर्य और चन्द्रमा—ये तीन ऋतुएँ मानी गयी थीं।

यदि तर्क की कसौटी पर इस ऋतु-व्यवस्था को कसा जाये तो अवगत होगा कि इस युग में पक्षसन्धि और ऋतुसन्धि की वास्तविक व्यवस्था प्रायः अज्ञात थी। हाँ, काम चलाने के लिए ये चीज़ें प्रचलित थीं।

अयन-विचार—उदयकाल में अयन के सम्बन्ध में भी शास्त्रीय विवेचन होने लग गया था। ऋग्वेद में कई स्थानों पर अयन शब्द आया है, पर निश्चित रूप से यह नहीं कहा जा सकता है कि यह अयन शब्द सूर्य के दक्षिणायन या उत्तरायण का द्योतक है। शतपथ ब्राह्मण के निम्न पद्य से अयन के सम्बन्ध में अवगत होता है :

वसन्तो ग्रीष्मो वर्षाः। ते देवा ऋतवः शरद्धेमन्तः शिशिरस्ते पितरो···स (सूर्यः) यत्रोदगावर्तते। देवेषु तर्हि भवति···यत्र दक्षिणा वर्तते पितृषु तर्हि भवति ॥

—श.ब्रा.२.१.३

अर्थात्—शिशिर ऋतु से ग्रीष्म ऋतु पर्यन्त उत्तरायण और वर्षा ऋतु से हेमन्त ऋतु पर्यन्त दक्षिणायन होता था लेकिन उदयकाल की अन्तिम शताब्दियों में हेमन्त के मध्य में से ग्रीष्म के मध्य तक उत्तरायण माना जाने लगा था। यद्यपि उपर्युक्त मन्त्र में उत्तरायण और दक्षिणायन का स्पष्ट कथन नहीं है, पर प्रकरण के अनुसार अर्थ करने पर उक्त अर्थ सिद्ध हो जाता है।

तैत्तिरीय संहिता के **'तस्मादादित्यः षण्मासो दक्षिणेनैति षडुत्तरेण'** मन्त्र से सूर्य का छह महीने का उत्तरायण और छह महीने का दक्षिणायन सिद्ध होता है।

य···उदगयने प्रमीयते देवानामेव महिमानं गत्वादित्यस्य सायुज्यं गच्छत्यथ यो दक्षिणे प्रमीयते पितृणामेव महिमानं गत्वा चन्द्रमसः सायुज्यं—सलोकतामाप्नोति।

—नारा.उ.अनु.६०

मैत्रायणी उपनिषद् में उदग् अयन, उत्तरायण ये शब्द कई स्थानों पर आये हैं। उदक् अयन के पर्यायवाची शब्द देवयान, देवलोक और दक्षिणायन के पर्यायवाची पितृयाण, पितृलोक बताये गये हैं।

जैन ग्रन्थों में विस्तार से उत्तरायण और दक्षिणायन की व्यवस्था बतलाते हुए लिखा

है कि जम्बूद्वीप के मध्य में सुमेरु पर्वत है। सूर्य, चन्द्र आदि समस्त ज्योतिर्मण्डल इस पर्वत की परिक्रमा किया करता है। सूर्य प्रदक्षिणा की गति उत्तरायण और दक्षिणायन इन भागों में विभक्त है और इनकी वीथियाँ–गमन मार्ग १८३ हैं, जो सुमेरु की प्रदक्षिणा के रूप में गोल, किन्तु बाहर की ओर फैलते हुए हैं। इन मार्गों की चौड़ाई ४८/६१ योजन है तथा एक मार्ग से दूसरे मार्ग का अन्तर दो योजन बताया गया है। इस प्रकार कुल मार्गों की चौड़ाई और अन्तरालों का प्रमाण ५१० योजन है, जो कि ज्योतिषशास्त्र की परिभाषा में चार क्षेत्र कहलाता है। ५१० योजन में से १८० योजन चार क्षेत्र जम्बूद्वीप में और अवशेष ३३० योजन लवण समुद्र में है। सूर्य एक मार्ग को दो दिन में पूरा करता है, जिससे ३६६ दिन या एक वर्ष पूरा करने में लगते हैं।

सूर्य जब जम्बूद्वीप के अन्तिम आभ्यन्तर मार्ग से बाहर की ओर निकलता हुआ लवण-समुद्र की ओर जाता है, तब बाह्य लवण-समुद्र के अन्तिम मार्ग पर चलने तक के काल को दक्षिणायन और जब सूर्य लवण-समुद्र के अन्तिम मार्ग से भ्रमण करता हुआ आभ्यन्तर जम्बूद्वीप की ओर जाता है उसे उत्तरायण कहते हैं। अतएव स्पष्ट है कि उदयकाल की अन्तिम शताब्दियों में उत्तरायण और दक्षिणायन का ज्योतिषशास्त्र की दृष्टि से सूक्ष्म विचार होने लग गया था। भारतीय आचार्यों ने इस विषय को आगे खूब पल्लवित और पुष्पित किया।

वर्षविचार–ऋग्वेद में वर्ष के वाचक शरद् और हेमन्त शब्द आये हैं, वहाँ इन शब्दों का अर्थ ऋतु न मान संवत्सर बताया गया है। गोपथ ब्राह्मण में वर्ष के लिए हायन शब्द आया है। वाजसनेयी संहिता में वर्ष के लिए समा शब्द व्यवहृत हुआ है। वर्ष की दिन-संख्या ३५४ अथवा ३६५ मानी गयी है। शतपथ ब्राह्मण में आजकल के अर्थ में वर्ष शब्द का व्यवहार किया गया है। ऋग्वेद के १०वें मण्डल में **'समानां मास आकृतिः'** इस मन्त्र में समा शब्द के द्वारा ही वर्ष शब्द का प्रतिपादन किया गया है। वैदिक काल सायन वर्ष ग्रहण किया जाता था, यह सायन या सौर वर्ष की प्रणाली ई.पू. ५०० तक पायी जाती है। आदिकाल में निरयन वर्ष का विचार भी होने लग गया था। वर्ष या संवत्सर की व्युत्पत्ति करते हुए शतपथ ब्राह्मण में लिखा है :

ऋतुभिर्हि संवत्सरः शक्नोति स्थातुम्। –श.ब्रा.६.७.१.१८

अर्थात्–'संवसन्ति ऋतवः यत्र' की गयी है। तात्पर्य यह है कि जिसमें ऋतुएँ वास करती हों वह वर्ष या संवत्सर कहलाता है।

वर्ष का आरम्भ कब होता था, इस सम्बन्ध में ऋग्वेद में कोई स्पष्ट उल्लेख नहीं है, परन्तु यजुर्वेद में वसन्तारम्भ में वर्षारम्भ कहा गया है। उदयकाल की अन्तिम शताब्दियों में दक्षिणायन के प्रारम्भिक दिन में भी वर्षारम्भ माना जाने लगा था। यों तो वैदिक काल में वर्ष के चान्द्र और सौर ये दो भेद भी प्रकट हो गये थे। लेकिन नाक्षत्र, बार्हस्पत्य आदि विभिन्न प्रकार के वर्ष नहीं माने जाते थे। इस काल के ऋषि मधु और माधव आदि मासों को भी सौर मास के रूप में ही मानते थे, क्योंकि वर्षारम्भ सौरमासकालिक था।

वैसे तो मासों की गणना चान्द्र मास के अनुसार भी मिलती है तथा सौर और चान्द्र के समन्वय करने के लिए प्रत्येक तीसरे वर्ष एक अधिक मास भी जोड़ा जाता था। उस समय की व्यावहारिक वर्ष-प्रणाली आजकल की वर्ष-प्रणाली से भिन्न थी। युग वर्षों के क्रमानुसार प्रत्येक वर्ष का नाम भी पृथक्-पृथक् होता था।

ठाणांग और प्रश्नव्याकरणांग में सायन सौर वर्ष का कथन मिलता है। समवायांग में चान्द्र वर्ष की दिन-संख्या ३५४ से कुछ अधिक बतलायी गयी है। ६३वें समवाय में चान्द्र वर्ष की उत्पत्ति का कथन भी किया गया है। इस प्रकार उदयकाल में वर्ष के सम्बन्ध में शास्त्रीय दृष्टि से मीमांसा की गयी है।

युगविचार—ऋग्वेद में काल-मान का द्योतक युग शब्द कई स्थानों में आया है, लेकिन कल्प शब्द का प्रयोग इस अर्थ में कहीं पर भी दिखलाई नहीं पड़ता है। ऋग्वेद में युग के सम्बन्ध में कहा है :

तदूचुषे मानुषेमा युगानि कीर्तेन्यं मधवा नाम विभ्रत्।
उपप्रमंदस्युहत्याय वज्री युद्ध सूनुः श्रवसे नाम दधे ॥

—ऋ.सं.१.१०३-४

इस मन्त्र की व्याख्या करते हुए सायणाचार्य ने लिखा है :

"मनुष्याणां सम्बन्धीनि इमानि दृश्यमानानि युगानि अहोरात्रसंघनिष्पाद्यानि कृतत्रेतादीनि सूर्यात्मना निष्पादयतीति शेषः"

अर्थात्—सतयुग, त्रेतादि युग शब्द से ग्रहण किये गये हैं। इससे स्पष्ट है कि वेदों के निर्माण-काल में सतयुग, त्रेतादि का प्रचार था। ऋग्वेद के निम्न मन्त्र से युग के सम्बन्ध में एक नया प्रकाश मिलता है :

दीर्घतमा मामेतयो जुजुर्वान् दशमे युगे।
अपामर्थं यतीनां ब्रह्मा भवति सारथिः ॥ —ऋ.सं.१.१५८.६

अर्थात्—इस मन्त्र में एक आख्यायिका आयी है, उसमें कहा गया है कि ममता के पुत्र दीर्घतम नाम के महर्षि अश्विन के प्रभाव से अपने दुखों से छूटकर स्त्री-पुत्रादि कुटुम्बियों के साथ दस युग पर्यन्त सुख से जीवित रहे। यहाँ दस युग शब्द विचारणीय है। यदि पाँच वर्ष का युग माना जाये, जैसा कि आदिकाल में प्रचलित था, तो ऋषि की आयु ५० वर्ष की आती है, जो बहुत थोड़ी प्रतीत होती है और यदि दस वर्ष का युग माना जाये तो १०० वर्ष की आयु आती है। वैदिक काल के अनुसार यह आयु भी सम्भव नहीं जँचती है। दूसरी बात यह भी है कि दस वर्ष ग्रहण करना उचित नहीं। सायणाचार्य ने युग की इस समस्या को सुलझाने के लिए **"दशयुगपर्यन्तं जीवन् उक्तरूपेण पुरुषार्थसाधकोऽभवत् अथवा जीवन् उत्तररूपेण पुरुषार्थसाधकोऽभवत्।"** इस प्रकार की व्याख्या की है। इस व्याख्या से युग-प्रमाण की समस्या सरलता से सुलझ जाती है अर्थात् दीर्घतम ने अश्विन के प्रभाव से दुख से छुटकारा पाकर जीवन के अवशेष दस युग—५० वर्ष सुख से बिताये थे। अतएव इस आख्यायिका से स्पष्ट है कि उदयकाल में युग का मान पाँच वर्ष लिया जाता था। ऋग्वेद

के अन्य दो मन्त्रों से युग शब्द का अर्थ काल और अहोरात्र भी सिद्ध होता है। पाँचवें मण्डल के ७३वें सूक्त के तीसरे मन्त्र में **"नहुषा युगा मन्हारजांसि दीयथः।"** पद में युग शब्द का अर्थ—**"युगोपलक्षितान् कालान् प्रसरादिसवनान् अहोरात्रादिकालान् वा"** किया गया है। इससे स्पष्ट है कि उदयकाल में युग शब्द का अन्य अर्थ अहोरात्र विशिष्ट काल भी लिया जाता था। ऋग्वेद के छठे मण्डल के नौवें सूक्त के चौथे मन्त्र में **"युगे युगे विदथ्यं"** पद में युगे-युगे शब्द का अर्थ 'काले-काले' किया गया है। वाजसनेयी संहिता के १२वें अध्याय की ११वीं कण्डिका में **"दैव्यं मानुषा युगा"** ऐसा पद आया है। इससे सिद्ध होता है कि उस काल में देव-युग और मनुष्य-युग ये दो युग प्रचलित थे। तैत्तिरीय संहिता के **"या जाता ओ वधयो देवेभ्यस्त्रियुगं पुरा"** मन्त्र से देव-युग की सिद्धि होती है।

ठाणांग में पाँच वर्ष का एक युग बताया गया है। इसमें ज्योतिष की दृष्टि से युग की अच्छी मीमांसा की गयी है। एक स्थान पर बताया गया है कि :

पंच संवच्छरा प. तं. णक्खत्तसंवच्छरे, जुगसंवच्छरे, पमाणसंवच्छरे, लक्खणसंवच्छरे, सणिचरसंवच्छरे। जुगसंवच्छरे, पंचविहे प. तं. चंदे चंदे, अभिवड्ढिए चंदे अभिवड्ढिए चेव। पमाणसंवच्छरे पंचविहे प. तं. णक्खत्ते, चंदे, उऊ अइच्चे, अभिवड्ढिए।

—ठा.५, उ.३., सू. १०

अर्थात्—पंचसंवत्सरात्मक युग के ५ भेद हैं—नक्षत्र, युग, प्रमाण, लक्षण और शनि। युग के भी पाँच भेद बताये गये हैं—चन्द्र, चन्द्र, अभिवर्द्धित, चन्द्र और अभिवर्द्धित।

समवायांग में युग के सम्बन्ध में बहुत स्पष्ट और सुन्दर ढंग से बताया गया है :

पंच संवच्छरियस्सणं जुगस्स रिउमासेणं मिज्जमाणस्स एगसट्ठिं उऊमासा प.।

—स.६१, सू. १

अर्थात्—पंचवर्षात्मक एक युग होता है। इस युग के पाँच वर्षों के नाम चन्द्र, चन्द्र, अभिवर्द्धित, चन्द्र और अभिवर्द्धित बताये गये हैं। पंचवर्षात्मक युग में ६१ ऋतुमास होते हैं।

प्रश्न-व्याकरणांग में भी युग-प्रक्रिया का विवेचन किया गया है। इसमें एक युग के दिन और पक्षों का निरूपण किया है।

उपर्युक्त युग-प्रक्रिया के ऊपर आलोचनात्मक दृष्टि से विचार किया जाये तो अवगत होगा कि उदयकाल में युग शब्द विभिन्न अर्थों में प्रयुक्त होता था। जहाँ कालगणना अभिप्रेत थी; वहाँ पाँच वर्ष का ही युग ग्रहण किया जाता था। इस समय आदिकाल के समान पंचवर्षात्मक युग के संवत्सर, परिवत्सर, इदावत्सर, अनुवत्सर एवं इद्वत्सर ये पाँच पृथक्-पृथक् वर्ष माने जाते थे। ऋग्वेद के ७वें मण्डलान्तर्गत १०३वें सूक्त के ७वें एवं ८वें मन्त्र में संवत्सर और परिवत्सर वर्षों के नाम आये हैं तथा इन वर्षों में विधेय यज्ञों का वर्णन किया गया है। तैत्तिरीय ब्राह्मण के एक मन्त्र से ध्वनित होता है कि उस काल में संवत्सर का स्वामी अग्नि, परिवत्सर का आदित्य, इदावत्सर का चन्द्रमा, इद्वत्सर एवं अनुवत्सर का वायु होता था। वाजसनेयी संहिता और तैत्तिरीय ब्राह्मणों के मन्त्रों से यह भी निष्कर्ष निकलता है कि उदयकाल के इन वर्षों में विशेष-विशेष कृत्य निर्धारित थे। तथा वर्तमान वर्ष के स्वामी को

सन्तुष्ट करने के लिए विशेष यज्ञ किये जाते थे।

उदयकाल में कालगणना से सम्बद्ध और भी अनेक प्रकार के समय-विभाग प्रचलित थे। अन्वेषण करने से ज्ञात होता है कि सप्ताह का प्रचार इस काल में नहीं था।

जब पक्ष का विचार ऋग्वेद में वर्तमान है, तब सप्ताह का जिक्र भी होना चाहिए था, लेकिन उदयकाल की तो बात ही क्या आदिकाल और पूर्व मध्यकाल की प्रारम्भिक शताब्दियों में भी सप्ताह का प्रचलन ज्योतिष में नहीं हुआ प्रतीत होता है।

ग्रहकक्षाविचार—उदयकाल में केवल समय-विभाग ज्ञान तक ही ज्योतिष सीमित नहीं था; बल्कि ज्योतिष के मौलिक सिद्धान्त भी ज्ञात थे। ग्रहकक्षा का स्पष्ट उल्लेख तो वैदिक साहित्य में नहीं है, किन्तु तैत्तिरीय ब्राह्मण के कई मन्त्रों से सिद्ध होता है कि पृथ्वी, अन्तरिक्ष, द्यौ, सूर्य और चन्द्र ये क्रमशः ऊपर-ऊपर हैं। तैत्तिरीय संहिता के निम्न मन्त्र से ग्रहकक्षा के ऊपर पर्याप्त प्रकाश पड़ता है :

यथाग्निः पृथिव्या समनमदेवं मह्यं भद्रा, सन्नतयः सन्नमन्तु वायवे समनमदन्तरिक्षाय समनमद् यथा वायुरन्तरिक्षेण सूर्याय समनमद् दिवा समनमद् यथा सूर्यो दिवा चन्द्रमसे समनमन्नक्षेत्रभ्यः समनमद् यथा चन्द्रमा नक्षत्रैर्वरुणाय समनमत्। —तै.सं.७.५.२३

अर्थात्—सूर्य आकाश की, चन्द्रमा नक्षत्र-मण्डल की, वायु अन्तरिक्ष की परिक्रमा करते हैं और अग्निदेव पृथ्वी पर निवास करते हैं। सारांश यह है कि सूर्य, चन्द्र और नक्षत्र क्रमशः ऊपर-ऊपर कक्षावाले हैं। तैत्तिरीय ब्राह्मण के निम्न मन्त्र से विश्वव्यवस्था के सम्बन्ध में अच्छा प्रकाश मिलता है :

लोकोऽसि स्वर्गोऽसि। अनन्तस्य पारोऽसि। अक्षितोस्यक्षय्योसि। तपसः प्रतिष्ठा त्वयीदमन्तः। विश्वं यक्षं विश्वं भूतं विश्वँ सुभूतं। विश्वस्य भर्त्ता विश्वस्य जनयिता। तं त्वोपदधे कामदुधमक्षितं। प्रजापतिस्त्वासादयतु। तया देवतयांगिरस्व ध्रुवासीद्। तपोऽसि लोके श्रितं। तेजसः प्रतिष्ठा··· तेजोऽसि तपसि श्रितं। समुद्रस्य प्रतिष्ठा···। समुद्रोऽसि तेजसि श्रितः। अपां प्रतिष्ठा। अपः स्थ समुद्रे श्रिताः। पृथिव्याः प्रतिष्ठा युष्मासु। पृथिव्यस्यप्सु श्रिता। अग्नेः प्रतिष्ठा। अग्निरसि पृथिव्याँ श्रितः। अन्तरिक्षस्य प्रतिष्ठा। अन्तरिक्षमस्यग्नौ श्रितं। वायोः प्रतिष्ठा। वायुरस्यन्तरिक्षे श्रितः। दिवः प्रतिष्ठा। द्यौरसि वायौ श्रिता। आदित्यस्य प्रतिष्ठा। आदित्योऽसि दिवि श्रितः। चन्द्रमसः प्रतिष्ठाः। चन्द्रमा अस्यादित्ये श्रितः। नक्षत्राणां प्रतिष्ठा। नक्षत्राणि स्थ चन्द्रमसि श्रितानि। संवत्सरस्य प्रतिष्ठा युष्मासु। संवत्सरोऽसि नक्षत्रेषु श्रितः। ऋतूनां प्रतिष्ठा। ऋतवः स्थ संवत्सरे श्रिताः। मासानां प्रतिष्ठा युष्मासु। मासाः स्थर्तुषु श्रिताः। अर्धमासानां प्रतिष्ठा युष्मासु। अर्धमासाः स्थ मासेसु श्रिताः। अहोरात्रयोः प्रतिष्ठा युष्मासु। अहोरात्रे स्थोर्धमासेषु श्रिते। भूतस्य प्रतिष्ठे भव्यस्य प्रतिष्ठे। पौर्णमास्यष्टकामावास्या ॥···

—तै.ब्रा. ३.११.१

अर्थात्—लोक अनन्त और अपार है, इसका कभी विनाश नहीं होता। पृथ्वी के ऊपर अन्तरिक्ष, अन्तरिक्ष के ऊपर द्यौ है। इस द्यौ लोक में सूर्य भ्रमण करता है। अन्तरिक्ष में

केवल वायु गमन करता है। सूर्य के ऊपर चन्द्रमा स्थित है, इसका गमन नक्षत्रों के मध्य में होता है। मेघ, वायु, विद्युत् ये तीनों भी अन्तरिक्ष और द्यौ लोक के मध्य में हैं। सूर्य, चन्द्र एवं नक्षत्रों का स्थान भी द्यौ लोक है।

ऋग्वेद के प्रथम मण्डलान्तर्गत १६४वें सूक्त में सूर्य और लोक का वर्णन स्पष्ट आया है। मालूम होता है कि उस समय ऊर्ध्वलोक, मध्यलोक और अधोलोक की कल्पना ने ज्योतिष में स्थान प्राप्त कर लिया था।

आलोचनात्मक दृष्टिकोण से विचार करने पर ज्ञात होगा कि वर्तमान ग्रहकक्षा से भिन्न उस समय की ग्रहकक्षा थी। आजकल चन्द्रकक्षा को नीचे और सूर्यकक्षा को ऊपर मानते हैं। पर उदयकाल में चन्द्रमा की कक्षा को सूर्य की कक्षा से ऊपर माना जाता था। इस कक्षाक्रम का समर्थन समवायांग और प्रश्न-व्याकरणांग से भी होता है। इन ग्रन्थों में तारा, सूर्य, चन्द्रमा, नक्षत्र, बुध, शुक्र, मंगल, गुरु और शनि की कक्षाओं को क्रमशः ऊपर-ऊपर बताया गया है।

सामान्यतया भारतीय आचार्यों की यह प्रारम्भिक कल्पना स्वाभाविक मालूम पड़ती है; क्योंकि जब सूर्य दिखलाई पड़ता है उस समय नक्षत्र हमारे दृष्टिगोचर नहीं होते अतः सूर्य का गमन नक्षत्रकक्षा के अन्दर नहीं होता है, यह सहज कल्पना दोषयुक्त नहीं कही जा सकती है। लेकिन चन्द्रमा के सम्बन्ध में सूर्य के गमनवाला नियम काम नहीं करता है, इसलिए चन्द्रमा के गमन के समय उसके पास के नक्षत्र दिखलाई पड़ते हैं। इसका प्रधान कारण यही ज्ञात होता है कि चन्द्रमा नक्षत्रों के मध्य से गमन करता है। तात्पर्य यह है कि चन्द्रमा ऊँचा होने के कारण नक्षत्र-प्रदेशों से गुज़रता है, इसलिए उसके गमन समय में नक्षत्र दिखलाई पड़ते हैं। सूर्य नक्षत्रों से बहुत नीचे है, इसलिए उसके गमनकाल में नक्षत्र दिखलाई नहीं पड़ते हैं। इसी प्रकार बुध, शुक्र आदि की कक्षाएँ भी युक्तियुक्त प्रतीत होती हैं।

उदयकाल के साहित्य में ग्रहकक्षा के सम्बन्ध में विभिन्न प्रकार के विचार मिलते हैं। अगले साहित्य में ये ही सिद्धान्त विकसित होकर आधुनिक रूप को प्राप्त हुए हैं।

नक्षत्र-विचार—उदयकाल में भारतीयों को नक्षत्रों का पूर्ण ज्ञान था। इन्होंने अपने पर्यवेक्षण द्वारा मालूम कर लिया था कि सम्पातबिन्दु भरणी का चतुर्थ चरण है, अतएव कृत्तिका से नक्षत्रगणना की जाती थी। कुछ विद्वानों का मत है कि उदयकाल में कृत्तिका का प्रथम चरण ही सम्पातबिन्दु था, अतएव उस काल के ज्योतिर्विद् कृत्तिका से नक्षत्र-गणना करते थे। ऋग्वेद में वर्तमान प्रणाली के अनुसार नक्षत्र-चर्चा मिलती है :

अमी य ऋक्षा निहितास उच्चा नक्रन्दहश्रे कुहचिद्दवेयुः।
अदब्धानि वरुणस्य व्रतानि विचाकसश्चन्द्रमा नक्तमेति ॥

इस मन्त्र में रात्रि में नक्षत्र-प्रकाश एवं दिन में नक्षत्र-प्रकाशाभाव का निरूपण किया गया है।

वाजनावती सूर्यस्य योषा चित्रा मघा राय ईशे वसूनां। —ऋ.सं.७.७.५

इस मन्त्र में चित्रा और मघा का स्पष्ट उल्लेख किया गया है। यजुर्वेद के एक मन्त्र में २७ नक्षत्रों को गन्धर्व कहा गया है; जिससे ध्वनित होता है कि उस समय २७ नक्षत्रों का प्रचार था; पर यह जानना कठिन है कि नक्षत्रों की गणना किस प्रकार ली जाती थी। अथर्ववेद में कृत्तिकादि २८ नक्षत्रों का वर्णन करते हुए लिखा है :

चित्राणि साकं दिवि रोचनानि सरीसृपाणि भुवने जवानि।
अष्टाविंशं सुमतिमिच्छमानो अहानि गीर्भिः सपर्यामि नाकम् ॥
सुहवं मे कृत्तिका रोहिणी चास्तु भद्रं मृगशिरः शमार्द्रा।
पुनर्वसू सूनृता चारु पुष्यो भानुराश्लेषा अयनं मघा मे ॥
पुष्यं पूर्वाफाल्गुन्यौ चात्र हस्तश्चित्रा शिवा स्वातिः सुखो मे।
अनुराधो विशाखे सुहनानुराधा ज्येष्ठा सुनक्षत्रमरिष्टं मूलम् ॥
अन्नं पूर्वा रासन्तां मे आषाढा ऊर्ज ये द्युत्तर आ वहन्तु।
अभिजिन्मे रासतां पुण्यमेव श्रवणः श्रविष्ठा कुर्वतां सुपुष्टिम् ॥
आ मे महच्छतभिषग्वरीय आ मे द्वयः प्रोष्ठपदा सुशर्म।
आ रेवती चाश्वयुजौ भगं मे आ मे रयिं भरण्य आ वहन्तु ॥

अ.सं. १९.७

इसी प्रकार तैत्तिरीय श्रुति में नक्षत्रों के नाम, उनके देवता, वचन और लिंग भी बताये गये हैं। इसके अनुसार कृत्तिका का अग्नि देवता, स्त्रीलिंग और बहुवचन; रोहिणी का प्रजापति देवता, स्त्रीलिंग और एकवचन; मृगशिर का सोम देवता, नपुंसक लिंग और एकवचन; आर्द्रा का रुद्र देवता, स्त्रीलिंग और एकवचन; पुनर्वसु का आदित्य देवता, पुल्लिंग और द्विवचन; तिष्य या पुष्य का बृहस्पति देवता, पुल्लिंग और एकवचन; आश्लेषा का सर्प देवता, स्त्रीलिंग और बहुवचन; मघा का पितृ देवता, स्त्रीलिंग और बहुवचन; पूर्वाफाल्गुनी या उत्तरफाल्गुनी का भग देवता, स्त्रीलिंग और द्विवचन; हस्त का सविता देवता, पुल्लिंग और एकवचन; चित्रा का इन्द्र देवता, स्त्रीलिंग और एकवचन; स्वाति या निष्ट्या का वायु देवता, स्त्रीलिंग और एकवचन; विशाखा का इन्द्राग्नि देवता, स्त्रीलिंग और द्विवचन; अनुराधा का मित्र देवता, स्त्रीलिंग और बहुवचन; ज्येष्ठा का इन्द्र देवता, स्त्रीलिंग और एकवचन; मूल, विचृती या मूलबर्हिणी का निर्ऋति देवता, स्त्रीलिंग और एकवचन; आषाढा या पूर्वाषाढा का अप् देवता, स्त्रीलिंग और बहुवचन; आषाढा या उत्तराषाढा का विश्वेदेव देवता, स्त्रीलिंग और बहुवचन; अभिजित् का ब्रह्म देवता, नपुंसक लिंग और एकवचन; श्रवण या श्रोणा का विष्णु देवता, स्त्रीलिंग और एकवचन; श्रविष्ठा का वसु देवता, स्त्रीलिंग और बहुवचन; शतभिषक् का इन्द्र या वरुण देवता, पुल्लिंग और एकवचन; प्रौष्ठपद या पूर्वप्रोष्ठपद का अज-एकपाद देवता, पुल्लिंग और बहुवचन; प्रोष्ठपद या उत्तरप्रोष्ठपद का अहिर्बुध्न्य देवता, पुल्लिंग और बहुवचन; रेवती का पूषा देवता, स्त्रीलिंग और एकवचन; अश्वियुज् या अश्विनी का अश्विन देवता, स्त्रीलिंग और द्विवचन एवं भरणी का यम देवता, स्त्रीलिंग और बहुवचन बताया है। इसी स्थान पर नक्षत्रों के फलाफलों का सुन्दर विवेचन किया है। शतपथ ब्राह्मण और ऐतरेय

संहिता में भी यही क्रम मिलता है। उदयकाल के अन्तिम भाग में नक्षत्रों के फलाफल में पर्याप्त विकास हो गया था। अथर्ववेद में मूल नक्षत्र में उत्पन्न बालक की दोष-शान्ति के लिए अग्नि आदि देवताओं से प्रार्थनाएँ की गयी हैं :

ज्येष्ठघ्न्यां जातो विचृतोर्यमस्य मूलवर्हणात् परिपालयेनम्।
अत्येनं नेषद्दुरितानि विश्वा दीर्घायुत्वाय शतशारदाय ॥

इस मन्त्र में एक मूलसंज्ञक नक्षत्रों में जात बालक के दोष को दूर करने एवं उसके कल्याण के लिए अग्निदेव से प्रार्थना की गयी है। उदयकाल में नक्षत्रों का जितना परिज्ञान भारतीयों को था उतना अन्य देशवासियों को नहीं।

वाजसनेयी संहिता में **'प्रज्ञानाय नक्षत्रदर्शं यादसे गणकं'** सूक्ति आयी है। इसमें प्रयुक्त नक्षत्रदर्श और गणक ये दो शब्द बहुत उपयोगी हैं, इनसे प्रकट होता है कि उदयकाल में ज्योतिष की मीमांसा शास्त्रीय दृष्टि से की जाने लगी थी।

प्रश्नव्याकरणांग में नक्षत्रों के फलों का विशेष ढंग से निरूपण करने के लिए इनका कुल, उपकुल और कुलोपकुलों में विभाजन कर वर्णन किया गया है :

ता कहंते कुला उवकुला कुलावकुला आहितोति वदेज्जा?

तत्थ खलु इमा बारस कुला बारस उवकुला चत्तारि कुलावकुला पण्णता ॥ बारस कुला तं जहा—धणिट्ठाकुलं, उत्तराभद्दवयाकुलं, अस्सिणीकुलं, कत्तियाकुलं, मिगसिरकुलं, पुस्सोकुलं, महाकुलं, उत्तराफग्गुणीकुलं, चित्ताकुलं, विसाहाकुलं, मूलोकुलं, उत्तराषाढाकुलं ॥ बारस उवकुला पण्णत्ता तं जहा—सवणो उवकुलं, पुव्वभद्दवया उवकुलं, रेवतिउवकुलं, भरणिउवकुलं, रोहिणीउवकुलं, पुणावसुउवकुलं, असलेसाउवकुलं, पुव्वफग्गुणी उवकुलं, हत्थे उवकुलं, साति उवकुलं, जेट्ठाउवकुलं, पुव्वासाढाउवकुलं ॥ चत्तारि कुलावकुलं पण्णत्ता तं जहा—अभिजिति कुलावकुलं, सतभिसया कुलावकुलं, अद्दाकुलावकुलं, अणुराहा कुलावकुलं।

—प्र.व्या. १०.५

अर्थात्—बारह नक्षत्र कुल, बारह उपकुल और चार नक्षत्र कुलोपकुलसंज्ञक हैं। घनिष्ठा, उत्तराभद्रपद, अश्विनी, कृत्तिका, मृगशिर, पुष्य, मघा, उत्तराफाल्गुनी, चित्रा, विशाखा, मूल एवं उत्तराषाढ़ा ये नक्षत्र कुलसंज्ञक; श्रवण, पूर्वाभाद्रपद, रेवती, भरणी, रोहिणी, पुनर्वसु, आश्लेषा, पूर्वाफाल्गुनी, हस्त, स्वाति, ज्येष्ठा एवं पूर्वाषाढ़ा नक्षत्र उपकुलसंज्ञक और अभिजित्, शतभिषा, आर्द्रा एवं अनुराधा कुलोपकुलसंज्ञक हैं। यह कुलोपकुल का विभाजन पूर्णमासी को होनेवाले नक्षत्रों के आधार पर किया गया है। सारांश यह है कि श्रावण मास के धनिष्ठा, श्रवण और अभिजित्; भाद्रपद मास के उत्तराभाद्रपद, पूर्वाभाद्रपद और शतभिष; क्वार या आश्विन मास के अश्विनी और रेवती; कार्तिक मास के कृत्तिका और भरणी; अगहन या मार्गशीर्ष मास के मृगशिर और रोहिणी; पौषमास के पुष्य, पुनर्वसु और आर्द्रा; माघ मास के मघा और आश्लेषा; फाल्गुन मास के उत्तराफाल्गुनी और पूर्वाफाल्गुनी; चैत्र मास के चित्रा और हस्त; वैशाख मास के विशाखा और स्वाति; ज्येष्ठ मास के मूल, ज्येष्ठा और अनुराधा एवं आषाढ़ मास के उत्तराषाढ़ा और पूर्वाषाढ़ा नक्षत्र बताये गये हैं। प्रत्येक

मास की पूर्णमासी को उस मास का प्रथम नक्षत्र कुलसंज्ञक, दूसरा उपकुलसंज्ञक और तीसरा कुलोपकुलसंज्ञक होता है। अर्थात् श्रावण मास की पूर्णिमा को घनिष्ठा पड़े तो कुल, श्रवण हो तो उपकुल और अभिजित् हो तो कुलोपकुलसंज्ञा वाला होता है। इसी प्रकार आगे के मासवाले नक्षत्रों की संज्ञा का ज्ञान किया जा सकता है। इस संज्ञा का प्रयोजन उस महीने के फलादेश से बताया गया है। नक्षत्रों के दिशाद्वार का प्रतिपादन करते हुए समवायांग में बताया गया है कि :

कत्तिआइया सत्तणक्खत्ता पुव्वदारिआ। महाइआ सत्तणक्खत्ता दाहिणदारिआ। अणुराहाइआ सत्तणक्खत्ता अवरदारिआ। धणिट्ठाइआ सत्तणक्खत्ता उत्तरदारिआ।

—सं.अं.सं. ७., सू.५

अर्थ—कृत्तिका, रोहिणी, मृगशिर, आर्द्रा, पुनर्वसु, पुष्य और आश्लेषा—ये सात नक्षत्र पूर्व द्वार; मघा, पूर्वाफाल्गुनी, उत्तराफाल्गुनी, हस्त, चित्रा, स्वाति और विशाखा—ये सात नक्षत्र दक्षिण द्वार; अनुराधा, ज्येष्ठा, मूल, पूर्वाषाढ़ा, उत्तराषाढ़ा, अभिजित् और श्रवण—ये सात नक्षत्र पश्चिम द्वार एवं घनिष्ठा, शतभिषा, पूर्वाभाद्रपद, उत्तराभाद्रपद, रेवती, अश्विनी और भरणी—ये सात नक्षत्र उत्तर द्वारवाले हैं।

ठाणांग में चन्द्रमा के साथ स्पर्शयोग करनेवाले नक्षत्रों का कथन करते हुए बताया गया है कि :

अट्ठ नक्खत्ताणं चेदेण सद्धिंध पमड्ढं जोगं जीएइ तं. कत्तिया रोहिणी पुणव्वसु महा चित्ता विसाहा अणुराहा जिट्ठा।

—ठा.अं.ठा.८,सू.१००

अर्थात्—कृत्तिका, रोहिणी, पुनर्वसु, मघा, चित्रा, विशाखा, अनुराधा और ज्येष्ठा ये आठ नक्षत्र स्पर्श योग करनेवाले हैं। इस योग का फल भी तिथि के हिसाब से बताया गया है। इसी प्रकार नक्षत्रों की अन्य संज्ञाएँ तथा उत्तर, पश्चिम, दक्षिण और पूर्व दिशा की ओर से चन्द्रमा के साथ योग करनेवाले नक्षत्रों के नाम और उनके फल विस्तारपूर्वक बताये गये हैं।

उदयकाल के समग्र साहित्य पर दृष्टिपात करने से ज्ञात होता है कि इस युग में नक्षत्रज्ञान की इतनी उन्नति हुई थी जिससे नक्षत्रों की ताराएँ और उनके आकार भी विचार के विषय बन गये थे। हस्त नक्षत्र की पाँच ताराएँ हाथ के आकार की हैं, जिस प्रकार हाथ में पाँच अँगुलियाँ होती हैं उसी प्रकार हस्त की पाँच ताराएँ भी। तैत्तिरीय ब्राह्मण में नक्षत्रों की आकृति प्रजापति के रूप में मानी गयी है :

यो वै नक्षत्रियं प्रजापतिं वेद। उभयोरेनं लोकयोर्विदुः। हस्त एवास्य हस्तः। चित्रा शिरः। निष्ट्या हृदयं। ऊरू विशाखे। प्रतिष्ठानुराधाः। एष वै नक्षत्रियः प्रजापतिः।

—तै.ब्रा.१.५.२

अर्थात्—नक्षत्ररूपी प्रजापति का चित्रा सिर, हस्त हाथ, निष्ट्या—स्वाति हृदय, विशाखा जंघा एवं अनुराधा पाद हैं। इसी ग्रन्थ में एक स्थान पर आकाश को पुरुषाकार माना गया है। इस पुरुष का स्वाति हृदय बताया गया है। शतपथ ब्राह्मण और तैत्तिरीय ब्राह्मण में नक्षत्रों की आकृति का बड़ा सुन्दर विवेचन है। इन ग्रन्थों से सुस्पष्ट सिद्ध होता है कि प्राचीन

काल में नक्षत्रविद्या का भारत में अधिक विकास था। इसके प्रभाव और गुणों का वर्णन भी अथर्ववेद के कई मन्त्रों में मिलता है। शतपथ ब्राह्मण के एक मन्त्र में बतलाया गया है कि सप्तर्षि नक्षत्रपुंज जाज्वल्यमान नक्षत्रपुंज है। तैत्तिरीय ब्राह्मण के कुछ मन्त्रों में अग्याधान, विशेष यज्ञ एवं अन्य धार्मिक कृत्यों के लिए शुभाशुभ नक्षत्रों का कथन किया गया है। अतएव स्पष्ट है कि उदयकाल में नक्षत्रविद्या उन्नति की चरम सीमा पर थी, इसीलिए इस युग में ज्योतिष का अर्थ नक्षत्रविद्या किया जाता था। वाजसनेयी संहिता और सूयगडांग की ज्योतिषचर्चा से उपयुक्त कथन की पुष्टि सम्यक् प्रकार हो जाती है।

ग्रहविचार—यों तो वैदिक साहित्य में स्पष्ट रूप से ग्रहों का उल्लेख नहीं मिलता है। केवल सूर्य और चन्द्रमा का उल्लेख प्रायः सर्वत्र पाया जाता है, पर ये भी ग्रह रूप में माने गये प्रतीत नहीं होते हैं। स्थान-स्थान पर देवता के रूप में इनसे प्रार्थनाएँ की गयी हैं। ऋग्वेद के निम्न मन्त्र से ग्रहों के सम्बन्ध में पर्याप्त ज्ञान हो जाता है :

अमी ये पञ्चोक्षणो मध्ये तस्थुर्महो दिवः।
देवत्रा नु प्रावाच्यं सधीचीनानि वावृतुवित्तं मे अस्य रोदसी ॥

—ऋ.सं.१.१०५.१०

अर्थात्—ये महाप्रबल पाँच (देव) विस्तीर्ण द्युलोक के मध्य में रहते हैं, मैं उन देवों के सम्बन्ध में स्तोत्र तैयार करना चाहता हूँ। वे सब एक साथ आनेवाले थे, लेकिन आज वे सब निकल गये।

इस मन्त्र में देव शब्द प्रकट रूप से नहीं आया है। फिर भी पूर्वापर सन्दर्भ से उसका अध्याहार करना ही पड़ता है। यहाँ जो एक साथ आनेवाले इस पद का प्रयोग किया गया है, इससे भौमादि पाँच ग्रह सिद्ध होते हैं। क्योंकि भौमादि पाँच ग्रह आकाश में कभी-कभी एक साथ भी दिखलाई पड़ते हैं। यदि 'दिङ्मध्ये' पद का अर्थ दिनमध्ये किया जायेगा तो दोष आयेगा, क्योंकि दिन में सब ग्रह दिखाई नहीं देते; बल्कि अस्तंगत ग्रह को छोड़कर शेष सभी ग्रह रात्रि में दिखलाई पड़ते हैं। वेदमन्त्रों में देव शब्द का अर्थ सृष्टि-चमत्कार और प्रत्यक्ष तेज ही माना गया है; अतएव उपर्युक्त मन्त्र में देव शब्द का तात्पर्य देव-विशेष नहीं, प्रत्युत धात्वर्थ की अपेक्षा चमत्कार या प्रकाश है। अतएव सुस्पष्ट है कि प्रकाशयुक्त पाँच ग्रह भौमादि ग्रह ही हैं। इसका अन्य कारण यह भी है कि वेदों में अश्विनी आदि दो देव अथवा द्वादश देव या तैंतीस देवों का ही उल्लेख मिलता है। पाँच देव कहीं भी देवरूप में नहीं आये हैं। ऋग्वेद के १०वें मण्डल के ५५वें सूक्त में भी पाँच देवों का अर्थ पाँच ग्रह ही लिया गया है। वहाँ उन पाँच देवों का घर नक्षत्रमण्डल में बताया है, इससे सिद्ध है कि पाँच देव भौमादि पाँच ग्रहों के ही द्योतक हैं।

एक बात यह भी है कि उदयकाल में प्रकाशमान शुक्र और गुरु भारतीयों की दृष्टि से ओझल नहीं रहे होंगे। उस समय उन दोनों का साधारण ज्ञान ही नहीं होगा, किन्तु उनके सम्बन्ध में विशेष बात भी जानते होंगे। शुक्र का ज्ञान उस समय विशेष रूप से था। ऋग्वेद के कई मन्त्रों से ध्वनित होता है कि प्रति बीस मास में नौ मास शुक्र प्रातःकाल में पूर्व दिशा की ओर दिखलाई पड़ता था, जिससे ऋषिगण स्नान, पूजा आदि के समय को ज्ञात

कर अपने दैनिक कार्यों को सम्पन्न करते थे। वे उसे प्रकाशमान नक्षत्र नहीं समझते थे, बल्कि उसे ग्रह के रूप में मानते थे। वैदिक साहित्य से यह भी पता लगता है कि दो-तीन महीने तक बृहस्पति शुक्र के पास ही भ्रमण करता था। इन दो-तीन महीनों में कुछ दिन तक शुक्र के बहुत नजदीक रहता है, परन्तु शुक्र की गति तेज होने के कारण बृहस्पति पीछे रह जाता है और शुक्र पूर्व की ओर आगे बढ़ जाता है। इस गमन का फल यह होता है कि शुक्र पूर्व की ओर उदित होता है और उसी काल में बृहस्पति पश्चिम की ओर अस्त को प्राप्त होता है। इस अस्त और उदय की व्यवस्था के पूर्व इतना निश्चित है कि कुछ समय तक दोनों साथ रहते हैं। इस परिस्थिति के अध्ययन से वैदिक साहित्य में गुरु को ग्रह माना गया हो, इसमें तनिक भी सन्देह नहीं है। उदयकाल में शुक्र और गुरु ग्रह माने जाते थे, इस कल्पना पर निम्न मन्त्र से सुन्दर प्रकाश पड़ता है :

ईर्मान्यद्वपुषे वपुश्चक्रं रथस्य येमथुः।
पर्यन्या नाहुषा युगा मह्ना रजांसि दीयथः ॥ —ऋ.सं.५.७३.३

अर्थ—हे अश्विन, तुमने अपने रथ के एक तेजस्वी चक्र को सूर्य को शोभायमान करने के लिए रख दिया है और दूसरे चक्र से तुम लोक के चारों ओर घूमते हो। उपर्युक्त यन्त्र में एक तेजस्वी चक्र को सूर्य के पास रख दिया है, इससे शुक्र का ग्रहण किया गया है और दूसरे चक्र से गुरु का ग्रहण किया गया है। निरुक्त में द्युस्थानीय 'अश्विनौ' की गणना की गयी है और उनकी स्तुति का काल अर्धरात्रि के बाद का बताया गया है।

ऋग्वेद में एक स्थान पर 'अश्विनौ' का संबंध उषा से बताया गया है। निरुक्त और ऋग्वेद की चर्चा का ज्योतिर्दृष्टिकोण से विश्लेषण किया जाये तो ज्ञात होगा कि 'अश्विनौ' गुरु और शुक्र ये दो ग्रह हैं, अन्य कोई देव नहीं।

ऋग्वेद संहिता के ४थे मंडल के ५०वें सूक्त में गुरु के सम्बन्ध में स्वतन्त्र कल्पना भी मिलती है। इस कल्पना का तैत्तिरीय ब्राह्मण के निम्न मन्त्र से भी समर्थन होता है :

बृहस्पतिः प्रथमं जायमानाः। तिष्यं नक्षत्रमपि संबभूव ॥ —तै.ब्रा.३.१.१

अर्थात्—बृहस्पति प्रथम तिष्य नक्षत्र से उत्पन्न हुआ था। इसका परम शर १ अंश ३० कला था, इसलिए २७ नक्षत्रों में से इसके निकट पुष्य, मघा, विशाखा, अनुराधा, शतभिष और रेवती थे। गुरु और तिष्य—पुष्य नक्षत्र का योग इतना निकट है कि दोनों का भेद निर्धारण करना कठिन है, इसी से पुष्य नक्षत्र से गुरु की उत्पत्ति हुई, यह कल्पना प्रसूत हुई होगी। पुष्य नक्षत्र का स्वामी भी गुरु माना गया है, अतएव सिद्ध होता है कि उदयकाल में गुरु की गति का ज्ञान था, इससे उसका ग्रहत्व स्वयं सिद्ध है।

उदयकाल के अन्तिम भाग में ग्रहों के सम्बन्ध में ज्योतिषशास्त्र की दृष्टि से विभिन्न पहलुओं द्वारा विचार होने लग गया था। ठाणांग में अंगारक, व्याल, लोहिताक्ष, शनैश्चर, कनक, कनक-कनक, कनकवितान, कनकसंतानक, सोमसहित, आश्वासन, कज्जोवग, कर्वट, अयस्कर, दुन्दुमक, शंख, शंखवर्ण, इन्द्राग्नि, धूमकेतु, हरि, पिंगल, बुध, शुक्र, बृहस्पति, राहु, अगस्ति, भानवक्र, काश, स्पर्श, धुर, प्रमुख, विसन्धि, नियल, पयिल, जटिलक, अरुण, अगिल,

काल, महाकाल, स्वस्तिक, सौवस्तिक, वर्द्धमान, पुष्यमानक, अंकुश, प्रलम्ब, नित्यलोक, नित्योदयित, स्वयंप्रभ, उसम, श्रेयंकर, क्षेमंकर, आभंकर, प्रभंकर, अपराजित, अरज, अशोक, विगतशोक, विमल, विमुख, वितत, वित्रस्त, विशाल, शाल, सुव्रत, अनिवर्तक, एकजटी, द्विजटी, करकरीक, राजगल, पुष्पकेतु एवं भावकेतु आदि ८८ ग्रहों के नाम बताये हैं।[1]

समवायांग में भी उपर्युक्त ८८ ग्रहों का समर्थन मिलता है :

एगमेगस्सणं चंदिम सूरियस्स अट्ठासीइ अट्ठासीइ महग्गहा परिवारो प.।

—स.८८.१

अर्थात्—एक चन्द्र और सूर्य का परिवार ८८ महाग्रहों का है।

प्रश्नव्याकरणांग में सूर्य, चन्द्र, मंगल, बुध, गुरु, शुक्र, शनि, राहु और केतु या धूमकेतु इन नौ ग्रहों के सम्बन्ध में प्रकाश डाला गया है। अतएव उदयकाल के अन्त में ग्रहों का विचार शास्त्रीय दृष्टि से होने लग गया था।

राशिविचार—यद्यपि ऋग्वेद में राशिविचार स्पष्ट रूप में नहीं मिलता है, पर उसके निम्न मन्त्र द्वारा राशियों की कल्पना की जा सकती है :

द्वादशारं नहि तज्जराय वर्वर्त्ति चक्रं परिद्यामृतस्य।
आपुत्रा अग्ने मिथुनासो अत्र सप्त शतानि विंशतिश्च तस्थुः ॥

—ऋ.१.१६४.११

अर्थात्—इस मन्त्र में 'द्वादशार' शब्द से द्वादश राशियों का ग्रहण किया गया है। वैसे तो ऋग्वेद में और भी दो-एक जगह चक्र शब्द आया है, जो राशि चक्र का बोधक ही प्रतीत होता है।

द्वादश प्रधयश्चक्रमेकं त्रीणि नभ्यानि क उ तच्चिकेत। —ऋ १.१६४.४९

स्पष्ट आगम प्रमाण के अभाव में भी युक्ति द्वारा इतना तो मानना ही पड़ेगा कि आकाश मण्डल का राशि एक स्थूल अवयव और नक्षत्र सूक्ष्म अवयव है। जब भारतीयों ने सौर जगत् के सूक्ष्म अवयव नक्षत्रों का इतनी गम्भीरता के साथ ऊहापोह किया था, तब क्या वे स्थूलावयव राशि के बारे में कुछ भी विचार नहीं करते होंगे? साधारणतः बुद्धि द्वारा इस प्रश्न का उत्तर यही मिलेगा कि प्राचीन भारतीयों ने जहाँ सूक्ष्म अवयव नक्षत्रों को साहित्यिक मूर्तिमान् रूप प्रदान किया है, वहाँ स्थूल अवयव राशियों को भी अवश्य साहित्य का मूर्तिमान् रूप प्रदान किया होगा। एक दूसरी बात यह भी है कि आज हमारा प्राचीन साहित्य उपलब्ध भी नहीं है। सम्भवतः जिस ग्रन्थ में राशियों का विवेचन किया गया हो, वह ग्रन्थ नष्ट हो गया हो या किसी प्राचीन ग्रन्थागार में पड़ा अन्वेषकों की बाट जोह रहा हो।

कोई भी निष्पक्ष ज्योतिष का विद्वान् उदयकाल के अन्य ज्योतिष-सिद्धान्तों के विवरणों को देखकर यह मानने को तैयार नहीं होगा कि उस काल में राशियों का प्रचार नहीं था अथवा भारतीय लोग राशिज्ञान से अपरिचित थे। आदिकालीन वेदांग-ज्योतिष और

---

१. देखें, ठाणांग, पृ. ९८-१००।

ज्योतिष्करण्डक में लग्न का सुस्पष्ट वर्णन है। कुछ लोग चाहे उसे नक्षत्र-लग्न मानें या चाहे राशिलग्न, पर इतना तो मानने के लिए बाध्य होना पड़ेगा कि उदयकाल में राशियों का प्रचार था। साहित्य के अभाव में राशियों के ज्ञान के अभाव को नहीं स्वीकार किया जा सकता है।

ग्रहण-विचार—ऋग्वेद संहिता के ५वें मण्डलान्तर्गत ४०वें सूत्र में सूर्यग्रहण और चन्द्रग्रहण का वर्णन मिलता है। इस स्थान पर ग्रहणों की उपद्रव-शान्ति के लिए इन्द्र आदि देवताओं से प्रार्थनाएँ की गयी हैं। ग्रहण लगने का कारण राहु और केतु को ही माना गया है।

समवायांग के १५वें समवाय के ३रे सूत्र में राहु के दो भेद बतलाये हैं—नित्यराहु और पर्वराहु। नित्यराहु को कृष्ण पक्ष और शुक्ल पक्ष का कारण तथा पर्वराहु को चन्द्र ग्रहण का कारण माना है। केतु, जिसका ध्वजदण्ड सूर्य के ध्वजदण्ड से ऊँचा है, अतः भ्रमणवश यही केतु सूर्य ग्रहण का कारण होता है। अभिप्राय यह है कि सूर्यग्रहण और चन्द्रग्रहण की मीमांसा भी उदयकाल में साहित्य के अन्तर्गत शामिल हो गयी थी।

विषुव और दिनवृद्धि का विचार—वेदों में दिनरात्रि की समानता का द्योतक विषुव कहीं नहीं आया है। लेकिन तैत्तिरीय ब्राह्मण और ऐतरेय ब्राह्मण में विषुव का कथन किया गया है :

यथा वै पुरुष एवं विषुवांस्तस्य यथा दक्षिणोर्ध एवं पूर्वार्धो विषुवन्तो यथोत्तरोर्धो एवमुत्तरोर्धो विषुवंतस्तस्मादुत्तरे इत्याचक्षते प्रबाहुक्सतः शिर एव विषुवान्। —ऐ.ब्रा. १८.२२

अर्थात्—इस मन्त्र में विषुव की उपमा दी गयी है। जिस प्रकार पुरुष के दक्षिणांग और वामांग होते हैं इसी प्रकार विषुवान् संवत्सर का सिर है और उससे आगे-पीछे आने वाले छह-छह महीने दक्षिणांग और वामांग हैं। तैत्तिरीय ब्राह्मण में कहा है :

संतातिर्वा एते ग्रहाः। यत्परः समानः। विषुवान् दिवाकीर्त्य।
यथा शालायै पक्षसी। एवँ संवत्सरस्य पक्षसी॥ —तै.ब्रा.१.२.३

अर्थात्—संवत्सररूपी पक्षी का विषुवान् सिर है और उससे आगे-पीछे आनेवाले छह-छह महीने उसके पंख हैं। जैन आगम ग्रन्थों में भी विषुवान् के सम्बन्ध में संक्षिप्त चर्चा मिलती है।

ऋग्वेद के मन्त्र में प्रार्थना की गयी है कि जिस प्रकार सूर्य दिन की वृद्धि करता है, उसी प्रकार हे अश्विन्, आयु वृद्धि करिए। दिनवृद्धि और दिनमान की चर्चा गोपथ और शतपथ ब्राह्मणों में बीज रूप से मिलती है। उदयकाल के अन्तिम भाग की रचना समवायांग में दिन-रात की व्यवस्था पर अच्छा ऊहापोह है :

बाहिराओ उत्तराओणं कट्ठाओ सूरिए पढमं छम्मासं अयमाणे चोयालीस इमे मंडलगते अट्ठासीति एगसट्ठिभागे मुहुत्तस्स दिवसखेत्तस्स निवुड्ढेत्ता रयणिखेत्तस्स अभिनिवुड्ढेत्ता सूरिए चारं चरइ, दक्खिण कट्ठाओणं सूरिए दोच्चं छम्मासं अयमाणे चोयालीसतिमे मंडलगते अट्ठासीइ एगसट्ठिभागे मुहुत्तस्सं रयणिखेत्तस्स निवुड्ढेत्ता दिवस

खेत्तस्स अभिनिवुड्ढित्ताणं सूरिए चारं चरइ। —समवा.८८.४

अर्थात्—सूर्य जब दक्षिणायन में निषध्र पर्वत के अभ्यन्तर मण्डल से निकलता हुआ ४४वें मण्डल-गमनमार्ग में आता है उस समय ६१/८८ मुहूर्त दिन कम होकर रात बढ़ती है—इस समय २४ घटी का दिन और ३६ घटी की रात होती है। उत्तर दिशा में ४४वें मण्डल—गमन-मार्ग पर जब सूर्य आता है तब ६१/८८ मुहूर्त दिन बढ़ने लगता है और इस प्रकार जब सूर्य ९३वें मण्डल पर पहुँचता है तो दिन परमाधिक अर्थात् ३६ घटी का होता है। यह स्थिति आषाढ़ी पूर्णिमा को घटती है।

सूयगडांग में भी दिन-रात की व्यवस्था के सम्बन्ध में संक्षिप्त उल्लेख मिलता है, जो लगभग उपर्युक्त व्यवस्था से मिलता-जुलता है। इस प्रकार उदयकाल में ज्योतिष के सिद्धान्त अन्य विषयों के साथ लिपिबद्ध किये गये थे।

आदिकाल (ई.पू. ५०१—ई. ५०० तक)

सामान्य परिचय

उदयकाल में जहाँ वेद, ब्राह्मण और आरण्यकों में फुटकर रूप से ज्योतिषचर्चा पायी जाती है, आदिकाल में इस विषय के ऊपर स्वतन्त्र ग्रन्थ रचना की जाने लगी थी। इस युग में शिक्षा, कल्प, व्याकरण, निरुक्त, ज्योतिष और छन्द—ये छह भेद वेदांग के प्रकट हो गये थे। अभिव्यंजना की प्रणाली विकसित होकर ज्ञानभाण्डार का विभिन्न विषयों में वर्गीकरण करने की क्षमता रखने लग गयी थी। इस युग का मानव अपने भाव और विचारों को केवल अपने तक ही सीमित नहीं रखता था, बल्कि वह उन्हें दूसरे तक पहुँचाने के लिए कटिबद्ध था। उदयकाल में वेद, ब्राह्मणादि ग्रन्थ ज्ञान सामान्य को लेकर चले थे तथा उनके प्रतिपाद्य विषय का लक्ष्य भी एक था, लेकिन इस युग में ज्ञानभाण्डार की अभिव्यक्ति का मापदण्ड ऊँचा उठा; फलतः ज्योतिष-साहित्य का विकास भी स्वतन्त्र रूप से हुआ। यज्ञों के तिथि, मुहूर्तादि स्थिर करने में इस विद्या की नितान्त आवश्यकता पड़ती थी, इसलिए इस विषय का अध्ययन आदिकाल में व्यापक रूप से हुआ। ई.पू. १००-ई. २०० के साहित्य से ज्ञात होता है कि आदिकाल में ज्योतिष का साहित्य केवल ग्रहनक्षत्र विद्या तक ही सीमित नहीं था, प्रत्युत धार्मिक, राजनीतिक एवं सामाजिक विषय भी इस शास्त्र के आलोच्य विषय बन गये थे तथा उदयकाल में विश्रृंखलित रूप से प्रचलित ज्योतिष-मान्यताओं के संकलन वेदांग-ज्योतिष के रूप में आरम्भ हो गया था।

वेदांग-ज्योतिष के रचनाकाल के सम्बन्ध में विभिन्न मत हैं। प्रो. मैक्समूलर ने इसका रचनाकाल ई.पू. ३००, प्रो. वेबर ने ई.पू. ५००, कोलब्रुक ने ई.पू. १४१० और प्रो. ह्विटनी ने ई.पू. १३३८ बतलाया है। गणित क्रिया करने से वेदांग-ज्योतिष में प्रतिपादित अयन ई. पू. १४०८ में आता है। क्योंकि ई.पू. ५७२ में रेवती तारा सम्पाती तारा मानी गयी है। इस समय उत्तराषाढ़ा के प्रथम चरण में उत्तरायण माना गया है, लेकिन वेदांग-ज्योतिष के निर्माणकाल में धनिष्ठारम्भ में उत्तरायण माना जाता था। अर्थात् १ ३/४ नक्षत्र—२३ अंश

२० कला का अयनान्तर पड़ता है। सम्पात की गति प्रतिवर्ष ५० कला है, अतः उक्त अन्तर १६८० वर्ष में पड़ेगा। अतएव १६८० – ५७२ = ११०८। विभागात्मक धनिष्ठारम्भी ३०० वर्ष और जोड़ देने पर ११०८ + ३०० = १४०८ वर्ष हुए। इस गणना के हिसाब से वेदांग-ज्योतिष का रचनाकाल ई.पू. १४०८ हुआ। निष्पक्ष दृष्टि से विचार करने पर मानना पड़ेगा कि वेदांग-ज्योतिष में प्रतिपादित तत्त्व अवश्य प्राचीन हैं, पर भाषा आदि कुछ चीज़ें ऐसी हैं जिससे इसका संकलनकाल ई.पू. ५०० वर्ष से पहले मानना उचित नहीं जँचता।

वेदांग-ज्योतिष में ऋग्वेद, यजुर्वेद और अथर्ववेद ज्योतिष—ये तीन ग्रन्थ माने जाते हैं। प्रथम के संग्रहकर्ता लगध नाम के ऋषि हैं, इसमें ३६ कारिकाएँ हैं। यजुर्वेद ज्योतिष में ४९ कारिकाएँ हैं, जिनमें ३६ कारिकाएँ तो ऋग्वेद ज्योतिष की हैं और १३ नयी आयी हैं। अथर्व ज्योतिष में १६२ श्लोक हैं। इन तीनों ग्रन्थों में फलित की दृष्टि से अथर्व ज्योतिष महत्त्वपूर्ण है।

आलोचनात्मक दृष्टि से वेदांग-ज्योतिष में प्रतिपादित ज्योतिष मान्यताओं को देखने से ज्ञात होगा कि वे इतनी अविकसित और आदि रूप में हैं जिससे उनकी समीक्षा करना दुष्कर है। डॉ. जे. वर्गेस ने 'नोट्स ऑन हिन्दू एस्ट्रोनॉमी' नामक पुस्तक में वेदांग-ज्योतिष के अयन, नक्षत्रगणना, लग्न-साधन आदि विषयों की आलोचना करते हुए लिखा है कि ईसवी सन् से कुछ शती पूर्व प्रचलित उक्त विषयों के सिद्धान्त स्थूल हैं। आकाश-निरीक्षण की प्रणाली का आविष्कार इस समय तक हुआ प्रतीत नहीं होता है, लेकिन इस कथन के साथ इतना स्मरण और रखना होगा कि वेदांग-ज्योतिष की रचना यज्ञ-यागादि के समय-विधान के लिए ही हुई थी, ज्योतिष-तत्त्वों के प्रतिपादन के लिए नहीं।

वेदांग-ज्योतिष के आस-पास में रचे गये जैन ज्योतिष के ग्रन्थ सूर्य-प्रज्ञप्ति, चन्द्र-प्रज्ञप्ति, जम्बूद्वीपप्रज्ञप्ति और ज्योतिषकरण्डक इस विषय के स्वतन्त्र ग्रन्थ हैं, इसके अतिरिक्त कल्पसूत्र, निरुक्त, व्याकरण, स्मृतियाँ, महाभारत और जीवाभिगम सूत्र आदि ईसवी सन् से सैकड़ों वर्ष पूर्व रचित ग्रन्थों में फुटकर रूप से ज्योतिष की अनेक चर्चाएँ आयी हैं।

इस काल की वैदिक ज्योतिष मान्यता में दक्षिण और उत्तर ध्रुवों में बँधा हुआ भचक्र प्रवह वायु द्वारा भ्रमण करता हुआ स्वीकार किया गया है। लेकिन जैन मान्यता में सुमेरु को केन्द्र मान ग्रहों के भ्रमण-मार्ग को बताया है। सूर्यप्रदक्षिणा की गति उत्तरायण और दक्षिणायन—इन दो भागों में विभक्त है और इन अयनों की वीथियाँ—गमनमार्ग १८४ हैं, जो सुमेरु की प्रदक्षिणा के रूप में गोल किन्तु बाहर की ओर विस्तृत हैं। इन मार्गों की चौड़ाई $\frac{४८}{६१}$ योजन है तथा एक मार्ग से दूसरे मार्ग का अन्तराल लगभग दो योजन बताया गया है। इस प्रकार कुल मार्गों की चौड़ाई और अन्तरालों का प्रमाण ५१० से कुछ अधिक है, जोकि ज्योतिष में योजनात्मक सूर्य का भ्रमण-मार्ग कहा गया है। तात्पर्य यह कि सूर्य उत्तर-दक्षिण ५१० योजन के लगभग ही चलता है। निष्कर्ष यह है कि ई.पू. ५००-४०० में

भारतीय ज्योतिष में ग्रहभ्रमण के दो सिद्धान्त प्रचलित थे। पहला स्कूल वह था जो पृथ्वी को केन्द्र मानकर प्रवह वायु के कारण ग्रहों का भ्रमण स्वीकार करता था और दूसरा वह था जो सुमेरु को केन्द्र मानकर स्वाभाविक रूप से ग्रहों का गमन मानता था।

भारतीय ज्योतिष के ईसवी पूर्व ५वीं शती के साहित्य का सूक्ष्म दृष्टि से निरीक्षण करने पर ज्ञात होगा कि इस युग में ज्योतिष ने वेदांगों में श्रेष्ठ स्थान प्राप्त कर लिया था। वेदांग-ज्योतिष के प्रारम्भ में इस शास्त्र का प्राधान्य दिखलाते हुए कहा है :

यथा शिखा मयूराणां नागानां मणयो यथा।
तद्वद्वेदाङ्गशास्त्राणां ज्योतिषं मूर्धनि स्थितम् ॥

इस युग में ज्योतिष को ज्ञानरूपी शरीर का नेत्र कहा गया है अर्थात् नेत्रों के अभाव में जैसे शरीर अपूर्ण और व्यर्थ है उसी प्रकार ज्योतिषज्ञान के बिना अन्य विषयों का ज्ञान अपूर्ण और अनुपयोगी है। इस युग के ज्योतिषशास्त्र के ज्ञान को व्यवहारोपयोगी होने के साथ-साथ आत्मकल्याणकारी भी माना गया है। आचार्य गर्ग ने कहा है :

ज्योतिश्चक्रे तु लोकस्य सर्वस्योक्तं शुभाशुभम्।
ज्योतिर्ज्ञानं तु यो वेद स याति परमां गतिम् ॥

अर्थात्—ज्योतिश्चक्र सम्पूर्ण लोक के शुभाशुभ को व्यक्त करनेवाला है, अतः जो ज्योतिषशास्त्र का ज्ञाता है वह परम कल्याण को प्राप्त होता है।

ई. १००-३०० तक के काल में इस शास्त्र की उन्नति विशेष रूप से हुई। कृत्तिकादि नक्षत्र-गणना में राशियों का क्रम निर्धारण नहीं किया जा सकता था, इसलिए अश्विनी आदि नक्षत्र-गणना प्रचलित हुई। तथा सम्पात तारा रेवती स्वीकृत हो गयी थी। इस काल में ज्योतिष के प्रवर्तक निम्न १८ आचार्य हुए, जिन्होंने अपने दिव्यज्ञान द्वारा ज्योतिष के सिद्धान्तग्रन्थों का निर्माण किया।

सूर्यः पितामहो व्यासो वसिष्ठोऽत्रिः पराशरः।
कश्यपो नारदो गर्गो मरीचिर्मनुरङ्गिराः ॥
लोमशः पौलिशश्चैव च्यवनो यवनो भृगुः।
शौनकोऽष्टादशाश्चैते ज्योतिःशास्त्रप्रवर्त्तकाः ॥ —काश्यप

विश्वसृड्नारदो व्यासो वसिष्ठोऽत्रिः पराशरः।
लोमशो यवनः सूर्यश्च्यवनः कश्यपो भृगुः ॥
पुलस्त्यो मनुराचार्यः पौलिशः शौनकोऽङ्गिराः ॥
गर्गो मरीचिरित्येते ज्ञेया ज्योतिःप्रवर्त्तकाः ॥ —पराशर

अर्थात्—सूर्य, पितामह, व्यास, वसिष्ठ, अत्रि, पराशर, काश्यप, नारद, गर्ग, मरीचि, मनु, अंगिरा, लोमश, पुलिश, च्यवन, यवन, भृगु एवं शौनक ये १८ ज्योतिषशास्त्र के प्रवर्तक बतलाये गये हैं। पराशर ने इन १८ आचार्यों के साथ पुलस्त्य नाम के एक आचार्य को और माना है, अतः इनके मत से १९ आचार्य ज्योतिषशास्त्र के प्रवर्तक हैं। नारद ने सूर्य को छोड़ शेष १७ को ही इस शास्त्र का प्रवर्तक बतलाया है। इनमें से कुछ आचार्य संहिता

और सिद्धान्त इन दोनों के रचयिता हैं और कुछ सिर्फ एक विषय के। इनके निश्चित समय का पता लगाना कठिन है। श्री सुधाकर द्विवेदी ने वराहमिहिर विरचित पंचसिद्धान्तिका की प्रकाशिका नामक टीका के प्रारम्भ में सूर्यारुण संवाद के कई श्लोक उद्धृत किये हैं तथा उनके सम्बन्ध में बतलाया है :

"आदि वेदांग रूप ज्ञान पितामह-ब्रह्मा को प्राप्त हुआ, उन्होंने अपने पुत्र वसिष्ठ को दिया। विष्णु ने उस ज्ञान को सूर्य को दिया, वही सूर्यसिद्धान्त नाम से विख्यात हुआ। उस सिद्धान्त को मैं (सूर्य) ने मय को दिया, वही वसिष्ठ सिद्धान्त है। पुलिश ने निज निर्मित सिद्धान्त को गर्ग आदि मुनियों को बतलाया। मैं (सूर्य) ने शापग्रस्त होकर यवन जाति में जन्म पाकर रोमक को रोमकसिद्धान्त बतलाया। रोमक ने अपने नगर में उसका प्रचार किया।"

श्री रजनीकान्त शास्त्री ने सूर्यसिद्धान्त के प्रारम्भ में आयी हुई मय की कथा को रूपक बतलाया है। उनका कथन है कि मय नामक कोई यूनानी इस देश में ज्योतिष का ज्ञान प्राप्त करने के लिए आया था। जब वह इस शास्त्र का मर्मज्ञ होकर अपने यहाँ गया तो उसी ने इसका वहाँ प्रचार किया। इससे स्पष्ट है कि ई.पू. २००—ई. १०० तक के काल में ही भारतीय ज्योतिष का प्रचार विदेशों में होने लग गया था।

कौटिल्य के अर्थशास्त्र से पता चलता है कि आदिकाल के ज्योतिषी हर तरह के ज्योतिष और अन्य गणितों से पूर्ण परिचित होते थे। शरीर के फड़कने का क्या अर्थ है, स्वप्न का फल कैसा होता है, विभिन्न प्रकार के शुभकर्मों के करने का शुभ मुहूर्त कौन-सा है, युद्ध किस दिन करना चाहिए, सेनापति कौन हो, जिससे युद्ध में सफलता मिले। इस युग का ज्योतिषी केवल शुभाशुभ समय से ही परिचित नहीं होता था, बल्कि वह प्राकृतिक ज्योतिष के आधार पर हाथी, घोड़ा एवं खड्ग आदि के इंगितों से भावी शुभाशुभ फल का निर्देश करता था।

ई.पू. १००—ई. ३०० तक के ज्योतिष-विषयक साहित्य का अध्ययन करने से पता चलता है कि इस काल में आलोचनात्मक दृष्टि से ज्योतिष का अध्ययन ही नहीं होता था, बल्कि इस शास्त्र के वेत्ताओं की भी आलोचनाएँ होने लग गयी थीं। यह आलोचना का क्षेत्र सीमित नहीं हुआ, किन्तु ईसवी सन् की ५वीं शती में होनेवाले आर्यभट्ट और लल्ल-जैसे धुरन्धर ज्योतिर्विदों ने सिद्धान्तगणित से हीन ज्योतिषी की खिल्ली उड़ायी है। माण्डवी की निम्न आलोचना प्रसिद्ध है :

दशदिनकृतपापं हन्ति सिद्धान्तवेत्ता त्रिदिनजनितदोषं तन्त्रविज्ञः स एव।
करण-भगणवेत्ता हन्त्यहोरात्रदोषं जनयति बहुपापं तत्र नक्षत्रसूची ॥

अर्थात्—सिद्धान्तगणित को जाननेवाला दस दिन के किये गये पापों को, तन्त्रगणित का वेत्ता तीन दिन के किये गये पापों को एवं करण और भगण का ज्ञाता एक दिन के किये गये पाप को नष्ट करता है। पर केवल नक्षत्रों का ज्ञाता ज्योतिष के वास्तविक तत्त्वों की अनभिज्ञता के कारण अनेक प्रकार के पापों को उत्पन्न करता है। अभिप्राय यह है कि ईसवी सन् की ४थी और ५वीं सदी में सामान्य ज्योतिषियों की नक्षत्रसूची को मूर्ख तक कहकर

निन्दा की जाने लगी थी।

आदिकाल के अन्त में भारतीय ज्योतिष ने अनेक संशोधन देखे। ईसवी सन् की ५वीं सदी में होनेवाले आर्यभट्ट ने इस शास्त्र में एक नयी क्रान्ति की। उसने अपनी अप्रतिम प्रतिभा द्वारा अनेक मौलिक सिद्धान्तों के साथ-साथ ग्रहों को स्थिर और पृथ्वी को चल सिद्ध किया तथा इस आधार-स्तम्भ पर ग्रहगणित का निर्माण किया। इधर जैन मान्यता में ऋषिपुत्र, भद्रबाहु और कालकाचार्य ने ज्योतिष के अनेक महत्त्वपूर्ण सिद्धान्तों को ग्रन्थ रूप में निबद्ध किया। कालकाचार्य के सम्बन्ध में आयी हुई एक कथा से प्रकट होता है कि इन्होंने विदेशों में भ्रमण किया था और अन्य देशों के ज्योतिष-वेत्ताओं के साथ रहकर प्रश्नशास्त्र और रमलशास्त्र का परिष्कार कर भारत में प्रचार किया। आदिकाल में ज्योतिष-साहित्य का प्रणयन खूब हुआ है।

प्रमुख ग्रन्थ और ग्रन्थकारों का संक्षिप्त परिचय

ऋक् ज्योतिष—इस काल की सबसे प्रधान और प्रारम्भिक रचना वेदांग-ज्योतिष है। यद्यपि इसके रचनाकाल के सम्बन्ध में अनेक मत प्रचलित हैं, पर भाषा, शैली और विषय के परीक्षण द्वारा ई.पू. ५०० रचनाकाल मालूम पड़ता है। ऋक् ज्योतिष के प्रारम्भ में प्रतिपाद्य विषयों का जिक्र करते हुए बताया गया है :

पञ्चसंवत्सरमययुगाध्यक्षं प्रजापतिम्।
दिनर्त्वयनमासाङ्गं प्रणम्य शिरसा शुचिः ॥१॥

ज्योतिषामयनं पुण्यं प्रवक्ष्याम्यनुपूर्वशः।
सम्मतं ब्राह्मणेन्द्राणां यज्ञकालार्थसिद्धये ॥२॥ —ऋ.ज्यो.श्लो. १-२

अर्थात्—एक युगसम्बन्धी दिवस, ऋतु, अयन, मास और युगाध्यक्ष का वर्णन किया जायेगा। तात्पर्य यह है कि पंचवर्षात्मक युग के अयन-नक्षत्र, अयन-मास, अयन-तिथि, ऋतु प्रारम्भ काल, पर्वराशि, उपादेयपर्व, भांश, योग, व्यतिपात और ध्रुवयोग, मुहूर्त प्रमाण, नक्षत्र देवता, उग्र तथा क्रूर नक्षत्र, अधिमास, दिनमान, प्रत्येक नक्षत्र का भोग्यकाल, लग्नानयन, चन्द्रर्तुसंख्या, वेधोपाय एवं कलादि लक्षण का संक्षिप्त निरूपण किया गया है। इसमें माघशुक्ला प्रतिपदा को युगारम्भ और पौष कृष्णा अमावस्या को युग समाप्ति बतायी गयी है :

स्वराक्रमेते सोमार्कौ यदा साकं सवासवौ।
स्यात्तदादियुगं माघस्तपश्शुक्लोऽयनो ह्युदक् ॥६॥

अर्थात्—जब धनिष्ठा नक्षत्र के साथ सूर्य और चन्द्रमा योग को प्राप्त होते हैं, उस समय युगारम्भ होता है। यह काल माघ शुक्ल प्रतिपत् को पड़ता है। उत्तरायण और दक्षिणायन की चर्चा भी उदयकाल से भिन्न मिलती है। इस युग में आश्लेषार्ध में दक्षिणायन और धनिष्ठादि में उत्तरायण माना गया है। एक युग के नक्षत्र और तिथ्यादि इस प्रकार बताये गये हैं :

प्रथमं सप्तमं चाहुरयनाद्यं त्रयोदशम्।
चतुर्थं दशमं चैव द्विर्युग्मं बहुलेऽप्यृतौ ॥९॥
वसुस्त्वष्टा भवोऽजश्च मित्रस्सर्पोऽश्विनौ जलम्।
अर्यमार्कोऽयनाद्यास्स्युरर्धपञ्चमभास्त्वृतुः ॥१०॥

अर्थात्–युग का प्रथम अयन माघ शुक्ला प्रतिपदा को धनिष्ठा नक्षत्र में, द्वितीय अयन श्रावण शुक्ला सप्तमी को चित्रा नक्षत्र में, तृतीय अयन माघ शुक्ला त्रयोदशी को आर्द्रा नक्षत्र में, चतुर्थ अयन श्रावण कृष्णा चतुर्थी को पूर्वाभाद्रपद नक्षत्र में, पाँचवाँ अयन माघ कृष्णा दशमी को अनुराधा नक्षत्र में, छठा अयन श्रावण शुक्ला प्रतिपदा को आश्लेषा नक्षत्र में, सातवाँ अयन माघ शुक्ला सप्तमी को अश्विनी नक्षत्र में, आठवाँ अयन श्रावण शुक्ला त्रयोदशी को पूर्वाषाढ़ा नक्षत्र में, नौवाँ अयन माघ कृष्णा चतुर्थी को उत्तराफाल्गुनी नक्षत्र में और दसवाँ अयन श्रावण कृष्णा दशमी को रोहिणी नक्षत्र में माना गया है।

दिनमान का कथन करते हुए उसकी हानि-वृद्धि का प्रमाण बताया है :

धर्मवृद्धिरपां प्रस्थः क्षपाह्रास उदग्गतौ।
दक्षिणे तौ विपर्यासः षण्मुहूर्त्ययनेन तु ॥८॥

अर्थात्–उत्तरायण सूर्य में एक प्रस्थ जल निकलने के काल प्रमाण–छह मुहूर्त दिन की वृद्धि होती है और इतने ही मुहूर्त रात्रि का क्षय होता है। दक्षिणायन में विपरीत–छह मुहूर्त रात्रि की वृद्धि और इतने ही मुहूर्त दिन का ह्रास होता है। अर्थात् उत्तरायण में सबसे बड़ा दिन १८ मुहूर्त–३६ घटी का और रात १२ मुहूर्त–२४ घटी की होती है। दक्षिणायन में सबसे बड़ी रात १८ मुहूर्त और दिन १२ मुहूर्त का होता है। इस ग्रन्थ में एक चान्द्र वर्ष ३५४ दिन $\frac{५०}{६२}$ मुहूर्त का, एक नक्षत्र वर्ष ३२७$\frac{५०}{६७}$ दिन का, सावन वर्ष ३६० दिन का, सौर वर्ष ३६६ दिन का और अधिक माससहित एक चान्द्र वर्ष ३८३ दिन २१$\frac{१८}{६२}$ मुहूर्त का बताया गया है। एक युग में ६० सौर मास, ६१ सावन मास और ६७ नक्षत्र मास बताये हैं। पंचवर्षीय एक युग के दिनादि का मान इस प्रकार कहा है :

एक युग में सौर दिन	=	१८००
एक युग में चान्द्र मास	=	६२
एक युग में सावन दिन	=	१८३०
एक युग में चान्द्र दिन	=	१८६०
एक युग में क्षय दिन	=	३०
एक युग में भगण या नक्षत्रोदय	=	१८३५
एक युग में चान्द्र भगण	=	६७
एक युग में चान्द्र सावन दिन	=	१७६८
एक सौर वर्ष में नक्षत्रोदय	=	३६७
एक अयन से दूसरे अयन पर्यन्त सौर दिन	=	१८०
एक अयन से दूसरे अयन तक सावन दिन	=	१८३

ऋक् ज्योतिष में एक चान्द्र मास में २९$\frac{३२}{६२}$ दिन और एक तिथि में २९$\frac{३२}{६२}$ मुहूर्त

बताये गये हैं। इसमें नक्षत्र गणना कृत्तिका और धनिष्ठा से मिलती है। नक्षत्रों का नामकरण निम्न प्रकार है :

१. जौ—अश्विनी, २. द्रा—आर्द्रा, ३. गः—पूर्वाफाल्गुनी, ४. खे—विशाखा, ५. श्वे—उत्तराषाढ़ा, ६. हिः—पूर्वाभाद्रपद, ७. रो—रोहिणी, ८. षा—आश्लेषा, ९. चित्—चित्रा, १०. मू—मूल, ११. शक्—शतभिषक्, १२. ण्ये—भरणी, १३. सू—पुनर्वसु, १४. मा—उत्तराफाल्गुनी, १५. धा—अनुराधा, १६. न—श्रवण, १७. रे—रेवती, १८. मृ—मृगशिर, १९. घा—मघा, २०. स्वा—स्वाति, २१. पा—पूर्वाषाढ़ा, २२. अज—पूर्वाभाद्रपद, २३. कृ—कृत्तिका, २४. ष्य—पुष्य, २५. हा—हस्त, २६. जे—ज्येष्ठा, २७. ष्ठा—धनिष्ठा। इन नक्षत्रों के देवता भी इन्हीं संकेताक्षरों में बतला दिये गये हैं।

विषुवत् की पक्ष और तिथि-संख्या निकालने का नियम इस प्रकार बतलाया है :

विषुवन्तं द्विरभ्यस्य रूपोनं षड्गुणीकृतम्।
पक्षा यदर्ध पक्षाणां तिथिस्स विषुवान् स्मृतः ॥

तात्पर्य यह है कि समान दिन-रात प्रमाणवाला विषुव दिन वर्ष में दो बार आता है। यह अयन के प्रत्येक अर्ध भाग में पड़ता है। आजकल के हिसाब से सायन मेषादि और सायन तुलादि में पड़ता है, पर इसका अर्थ भी वही है जो ऋक् ज्योतिष में अयनार्ध बतलाया है, क्योंकि कर्क से लेकर धनु पर्यन्त दक्षिणायन होता है, इसमें तुला के सायन सूर्य में विषुव दिन पड़ेगा। इसी प्रकार मकर से लेकर मिथुन तक उत्तरायण होता है, इसमें भी मेष के सायन सूर्य में विषुव दिन माना गया है—अर्थात् अयन के अर्ध भाग में ही विषुव दिन पड़ता है, अतएव माघ शुक्ल के आदि से तीन सौर मास के अन्तराल में पहला विषुव दिन पड़ेगा। इसकी गणित प्रक्रिया के लिए त्रैराशि की ६० सौर मासों में १२४ चान्द्र पक्ष होते हैं तो तीन सौर मास में कितने हुए? इस प्रकार यह $\frac{१२४}{६०} \times \frac{३}{१} = \frac{३१}{५}$ शेष रखा। दूसरे विषुव में छह सौर मास होंगे, इसलिए अन्तर्गत पक्ष $\frac{३१}{५} \times \frac{६}{३} = \frac{६२}{५}$ दो विषुवों में क्षेप एक गुणा, तीन में द्विगुणा तथा चार में तिगुना, इस प्रकार इष्ट विषुव में एक कम गुणा क्षेप मानना पड़ेगा। अतः (वि—१) को पक्षों में गुणा कर देने पर अभीष्ट विषुव संख्या आ जायेगी। अतः अभीष्ट विषुव संख्या = वि— (अन्तर्गत पक्ष) — $\frac{६२}{५}$ (वि—१) = $\frac{६२}{५}$ वि. = $\frac{६२}{५}$ इसमें क्षेपक को जोड़ देने पर युगादि से विषुव संख्या आ जायेगी। आर्य ज्योतिष में भी इसी अभिप्राय का एक करणसूत्र आया है।

ऋक् ज्योतिष के रचनाकाल तक ग्रह और राशियों का स्पष्ट व्यवहार नहीं होता था। इस ग्रन्थ में नक्षत्रोदय रूप लग्न का उल्लेख अवश्य है, पर उसका फल आजकल के समान नहीं बताया गया है। यदि गणित ज्योतिष की दृष्टि से ऋक् ज्योतिष को परखा जाये तो निराश ही होना पड़ेगा, क्योंकि उसमें गणित ज्योतिष की कोई महत्त्वपूर्ण बात नहीं हैं। सिर्फ यही कहा जा सकेगा कि यज्ञ-यगादि के समय ज्ञान के लिए नक्षत्र, पर्व, अयन आदि का विधान बताया गया है।

यजु व अथर्व ज्योतिष—यजुर्वेद ज्योतिष प्रायः ऋक् ज्योतिष से मिलता-जुलता है। विषय प्रतिपादन में कोई मौलिक भेद नहीं है। अथर्व ज्योतिष में फलित ज्योतिष की अनेक महत्त्वपूर्ण बातें हैं। वास्तव में इन तीनों वेदांग-ज्योतिषों में ज्योतिष का स्वतन्त्र ग्रन्थ यही कहा जा सकता है। विषय और भाषा की दृष्टि से इसका रचनाकाल उक्त दोनों से अर्वाचीन है। इसमें तिथि, नक्षत्र, करण, योग, तारा और चन्द्रमा के बलाबल का सुन्दर निरूपण किया गया है :

तिथिरेकगुणा प्रोक्ता नक्षत्रं न चतुर्गुणम्।
वारश्चाऽष्टगुणः प्रोक्तः करणं षोडशान्वितम् ॥६०॥
द्वात्रिंशद्गुणो योगस्तारा षष्टिसमन्विता।
चन्द्रः शतगुणः प्रोक्तस्तस्माच्चन्द्रबलाबलम् ॥६१॥
समीक्ष्य चन्द्रस्य बलाबलानि ग्रहाः प्रयच्छन्ति शुभाशुभानि।

अर्थात्—तिथि का एक गुण, नक्षत्र के चार गुण, वार के आठ गुण, करण के सोलह गुण, योग के बत्तीस गुण, तारा के साठ गुण और चन्द्रमा के सौ गुण कहे गये हैं। चन्द्रमा के बलाबलानुसार ही अन्य ग्रह शुभाशुभ फल देते हैं। तात्पर्य यह है कि अथर्व ज्योतिष की रचना के समय ज्योतिषशास्त्र का विचार सूक्ष्म दृष्टि से होने लग गया था। इस समय भारतवर्ष में वारों का भी प्रचार हो गया था तथा वाराधिपति भी प्रचलित हो गये थे :

आदित्यः सोमो भौमश्च तथा बुधबृहस्पती।
भार्गवः शनैश्चरश्चैव एते सप्त दिनाधिपाः ॥६३॥

इसी प्रकार इसमें जातक के जन्म-नक्षत्र को लेकर सुन्दर ढंग से फल बतलाया है :

जन्मसंपद्विपत्क्षेम्यः प्रत्वरः साधकस्तथा।
नैधनो मित्रवर्गश्च परमो मैत्र एव च ॥१०३॥
दशमं जन्मनक्षत्रात्कर्मनक्षत्रमुच्यते।
एकोनविंशतिं चैव गर्भाधानकमुच्यते ॥१०४॥
द्वितीय मेकादशं विंशमेष संपत्करो गणः।
तृतीयमेकविंशं तु द्वादशं तु विपत्करम् ॥१०५॥
क्षेम्यं चतुर्थद्वाविंशं यथा यच्च त्रयोदशम्।
प्रत्वरं पञ्चमं विद्यात् त्रयोविंशं चतुर्दशम् ॥१०६॥
साधकं तु चतुर्विंशं षष्ठं पञ्चदशं च यत्।
नैधनं पञ्चविशं तु षोडशं सप्तमं तथा ॥१०७॥
मैत्रे सप्तदशं विद्यात्षड्विंशमिति चाष्टमम्।
सप्तविंशं परं मैत्रं नवमष्टादशं च यत् ॥१०८॥

अर्थात्—तीन-तीन नक्षत्रों का एक-एक वर्ग स्थापित कर फल बताया है :

वर्गक्रम—१. जन्म नक्षत्र	१०. कर्म नक्षत्र	१९. आधान नक्षत्र
२. संपत्कर नक्षत्र	११. संपत्कर नक्षत्र	२०. संपत्कर नक्षत्र
३. विपत्कर नक्षत्र	१२. विपत्कर नक्षत्र	२१. विपत्कर नक्षत्र
४. क्षेमकर नक्षत्र	१३. क्षेमकर नक्षत्र	२२. क्षेमकर नक्षत्र
५. प्रत्वर नक्षत्र	१४. प्रत्वर नक्षत्र	२३. प्रत्वर नक्षत्र
६. साधक नक्षत्र	१५. साधक नक्षत्र	२४. साधक नक्षत्र
७. निधन नक्षत्र	१६. निधन नक्षत्र	२५. निधन नक्षत्र
८. मित्र नक्षत्र	१७. मित्र नक्षत्र	२६. मित्र नक्षत्र
९. परममित्र नक्षत्र	१८. परममित्र नक्षत्र	२७. परममित्र नक्षत्र

उपर्युक्त नक्षत्रों का वर्गीकरण, जिसे तारा कहा जाता है, आज तक इसी प्रकार का चला आ रहा है। यों तो जातक ग्रन्थों के फलादेश में बहुत संशोधन और परिवर्धन हुए हैं; पर तारा का फलादेश जैसे का तैसा ही रह गया है। इस छोटे-से ग्रन्थ में ग्रह, उल्का, विद्युत्, भूकम्प, दिग्दाह आदि का फल भी संक्षेप में बताया है, ग्रहों के विशेष फलादेश के कथन में **'न कृष्णपक्षे शशिनः प्रभावः'** कहकर कृष्णपक्ष में चन्द्रमा को सर्वथा निर्बल बताया है और अन्य ग्रहों के बलाबलानुसार कार्यों के करने का विधान है।

सूर्यप्रज्ञप्ति—वेदांग-ज्योतिष के समान प्राचीन ज्योतिष का प्रामाणिक और मौलिक ग्रन्थ सूर्यप्रज्ञप्ति है। इस ग्रन्थ की भाषा प्राकृत है। मलयगिरि सूरि ने संस्कृत टीका लिखी है। इस ग्रन्थ में प्रधान रूप से सूर्य के गमन, आयु, परिवार संख्या का निरूपण किया गया है। इसमें जम्बूद्वीप में दो सूर्य और दो चन्द्रमा बताये हैं, तथा प्रत्येक सूर्य के अट्ठाईस-अट्ठाईस नक्षत्र अलग-अलग कहे गये हैं। इन सूर्यों का भ्रमण एकान्तर रूप से होता है, इससे दर्शकों को एक ही सूर्य दृष्टिगोचर होता है। इसमें दिन, मास, पक्ष, अयन आदि का कथन करते हुए दिनमान के सम्बन्ध में बताया है :

तस्से आदिच्चरस्स संवच्छरस्स सइंअट्ठारसमुहुत्ते दिवसे भवति। सइंअट्ठारसमुहुत्ता राती भवति। सइंदुवालिसमुहुत्ता दिवसे भवति। सइंदुबालासमुहुत्ता राती भवति। पढमे छम्मासे अत्थि अट्ठारसमुहुत्ता राती भवति। दोच्च छम्मासे अट्ठारसमुहुत्ते दिवसे णत्थि अट्ठारस मुहुत्ता राती अत्थि दुबालसमुहुत्ते दिवसे पढमे छम्मासे दोच्चे छम्मासे णत्थि।

अर्थात्—उत्तरायण में सूर्य लवणसमुद्र के बाहरी मार्ग से जम्बूद्वीप की ओर आता है और इस मार्ग के प्रारम्भ में सूर्य की चाल सिंह गति, भीतरी जम्बूद्वीप के आते-आते क्रमशः मन्द होती हुई गजगति को प्राप्त हो जाती है। इस कारण उत्तरायण के आरम्भ में बारह मुहूर्त (२४ घटी) का दिन होता है, किन्तु उत्तरायण की समाप्ति पर्यन्त गति के मन्द हो जाने से १८ मुहूर्त (३६ घटी) का दिन होने लगता है और रात १२ मुहूर्त (९ घण्टा ३६ मिनट) की होने लगती है। इसी प्रकार दक्षिणायन के प्रारम्भ में सूर्य जम्बूद्वीप के भीतरी मार्ग से बाहर की ओर—लवणसमुद्र की ओर मन्द गति से चलता हुआ शीघ्र गति को प्राप्त होता है जिससे दक्षिणायन के आरम्भ में १८ मुहूर्त (१४ घण्टा २४ मिनट) का दिन और १२ मुहूर्त की रात होती है, परन्तु दक्षिणायन के अन्त में शीघ्र गति होने के कारण सूर्य अपने रास्ते

को शीघ्र तय करता है जिससे १२ मुहूर्त का दिन और १८ मुहूर्त की रात होती है। मध्य में दिनमान लाने के लिए अनुपात से १८ – १२ = ६ मुहूर्त अं., $\frac{६}{१८६} = \frac{१}{३१}$ मुहूर्त की प्रतिदिन के दिनमान उत्तरायण में वृद्धि और दक्षिणायन में हानि होती है।

यह दिनमान सब जगह एक नहीं होगा, क्योंकि हमारा निवासरूपी पृथ्वी, जो कि जम्बूद्वीप का एक भाग है, समतल नहीं है। यद्यपि जैन मान्यता में जम्बूद्वीप को समतल माना गया है, लेकिन सूर्यप्रज्ञप्ति में बताया है कि पृथ्वी के बीच में हिमवान्, महाहिमवान्, निषध, नील, रुक्मि और शिखरिणी—इन छह पर्वतों के आ जाने से यह कहीं ऊँची और कहीं नीची हो गयी है। अतः ऊँचाई, नीचाई, अर्थात् अक्षांश, देशान्तर के कारण दिनमान में अन्तर पड़ जाता है।

इस ग्रन्थ में पंचवर्षात्मक युग के अयनों के नक्षत्र, तिथि और मास का वर्णन निम्न प्रकार मिलता है :

प्रथमा बहुलपडिवए विइया बहुलस्स तेरिसीदिवसे।
सुद्धस्स या दसमीये बहुलस्स य सत्तमीए उ ॥
सुद्धस्स चउत्थीए पवत्तये पंचमीउ आवुट्टी।
एया आवुट्टीओ सव्वाओ सावणे मासे ॥
बहुलस्स सत्तमीए पडमा सुद्धस्स तो चउत्थीए।
बहुलस्स य पडिवए बहुलस्स य तेरसीदिवसे ॥
सुद्धस्स य दसमीए पवत्तए पंचमीउ आउट्टी।
एता आउट्टीओ सव्वाओ माह मासम्मि ॥ —सू.प्र., पृ. २२२

अर्थात्—युग का पहला दक्षिणायन श्रावण कृष्णा प्रतिपदा को अभिजित् नक्षत्र में, दूसरा उत्तरायण माघ कृष्णा सप्तमी को हस्त नक्षत्र में, तीसरा दक्षिणायन श्रावण कृष्णा त्रयोदशी को मृगशिर नक्षत्र में, चौथा उत्तरायण माघ शुक्ला चतुर्थी को शतभिषा नक्षत्र में, पाँचवाँ दक्षिणायन श्रावण शुक्ला दशमी को विशाखा नक्षत्र में, छठा उत्तरायण माघ कृष्णा प्रतिपदा को पुष्य नक्षत्र में, सातवाँ दक्षिणायन श्रावण कृष्णा सप्तमी को रेवती नक्षत्र में, आठवाँ उत्तरायण माघ कृष्णा त्रयोदशी को मूल नक्षत्र में, नौवाँ दक्षिणायन श्रावण शुक्ला नवमी को पूर्वाफाल्गुनी नक्षत्र में और दसवाँ उत्तरायण माघ कृष्णा त्रयोदशी को कृत्तिका नक्षत्र में होता है।

इस ग्रन्थ में सूर्य-परिवार और भ्रमण-वृत्तों के सम्बन्ध में सुन्दर विवेचन किया गया है।

चन्द्रप्रज्ञप्ति—चन्द्रप्रज्ञप्ति का विषय प्रायः सूर्यप्रज्ञप्ति से मिलता-जुलता है। फिर भी इतना तो मानना पड़ेगा कि इसका विषय सूर्यप्रज्ञप्ति की अपेक्षा परिष्कृत है। इसमें सूर्य की प्रतिदिन की योजनात्मिका गति निकाली है तथा उत्तरायण और दक्षिणायन की वीथियों का अलग-अलग विस्तार निकालकर सूर्य और चन्द्रमा की गति निश्चित की है। इसके चतुर्थ प्राभृत में चन्द्र और सूर्य का संस्थान तथा तापक्षेत्र का संस्थान विस्तार से बताया है। ग्रन्थकर्ता ने समचतुरस्र, विषमचतुरस्र आदि विभिन्न आकारों का खण्डन कर सोलह वीथियों में चन्द्रमा का समचतुरस्र गोल आकार बताया है। इसका कारण यह है कि सुषमासुषमा काल के आदि में श्रावण कृष्णा प्रतिपदा के दिन जम्बूद्वीप का प्रथम सूर्य पूर्व-दक्षिण—अग्निकोण

में और द्वितीय सूर्य पश्चिमोत्तर-वायव्यकोण में चला। इसी प्रकार प्रथम चन्द्रमा पूर्वोत्तर-ईशानकोण में और द्वितीय चन्द्रमा पश्चिम-दक्षिण-नैर्ऋत्यकोण में चला। अतएव युगादि में सूर्य और चन्द्रमा का समचतुरस्र संस्थान था, पर उदय होते समय ये ग्रह वर्तुलाकार से निकले, अतः चन्द्र और सूर्य का आकार अर्धक पीठ—अर्धसमचतुरस्र गोल बताया है।

चन्द्रप्रज्ञप्ति में छाया साधन किया है, तथा छाया प्रमाण पर के दिनमान का भी प्रमाण निकाला है, ज्योतिष की दृष्टि से यह विषय महत्त्वपूर्ण है। २५ वस्तुओं की छाया बतायी गयी है, इनमें एक कीलकच्छाया या कीलच्छाया का भी उल्लेख आया है; मालूम पड़ता है कि यह कीलच्छाया ही आगे जाकर शंकुच्छाया के रूप में परिवर्तित हो गयी है। कीली का मध्यम मान द्वादश अंगुल माना है, जो आजकल के शंकुमान के बराबर है। कीलच्छाया का कथन सिर्फ संकेतमात्र है, विस्तृत रूप से इसके सम्बन्ध में कुछ विचार नहीं किया है। पुरुषच्छाया पर से दिनमान की साधनिका की गयी है :

ता अवड्ढ पोरिसिणं च्छाया दिवसस्स किं गए वा सेसे वा ता ति भागे गए वा ता सेसे वां पोरिसिणं छाया दिवसस्स किं गए वा सेसे वा जाव चउभाग गए वा सेसे वा, ता दिवड्ढ पोरिसिणं छाया दिवसस्स किं गए वा सेसे वा, ता पंचभाग गए वा सेसे वा एवं अवड्ढ पोरिसिणं छाया पुच्छा दिवसस्स भागं छोड्डवा गरणं जाव ता अंगुलट्ठि पोरिसिणं छाया दिवसस्स किं गए वा सेसे वा ता एकूण वीससतं भागे वा सेसे वा सातिरेग-अंगुणसट्ठि पोरिसिणं छाया दिवसस्स किं गए वा सेसे वा ताणं किं गए किंचि विगए वा सेसे वा। —चं.प्र. ९.५

अर्थात्—जब अर्ध पुरुष प्रमाण छाया हो उस समय कितना दिन व्यतीत हुआ और कितना शेष रहा? इस प्रश्न का उत्तर देते हुए कहा है कि ऐसी छाया की स्थिति में दिनमान का तृतीयांश व्यतीत हुआ समझना चाहिए। यहाँ विशेषता इतनी है कि यदि दोपहर के पहले अर्ध पुरुष प्रमाण छाया हो तो दिन का तृतीय भाग गत दो तिहाई भाग अवशेष तथा दोपहर के बाद अर्ध पुरुष प्रमाण छाया हो तो दो-तिहाई भाग प्रमाण दिन गत और एक भाग प्रमाण दिन शेष समझना चाहिए। पुरुष प्रमाण छाया होने पर दिन का चौथाई भाग गत और तीन-चौंथाई भाग शेष, डेढ़ पुरुष प्रमाण छाया होने पर दिन का पंचम भाग गत और चार पंचम—$\frac{४}{५}$ भाग अवशेष दिन समझना चाहिए। इसी प्रकार दोपहर के बाद की छाया में विपरीत दिनमान जानना चाहिए। इस ग्रन्थ में गोल, त्रिकोण, लम्बी, चौकोर वस्तुओं की छाया पर से दिनमान का ज्ञान किया गया है। यह छाया-प्रकरण ग्रहों की गति का ज्ञान करने के लिए महत्त्वपूर्ण है। इस पर से ग्रन्थकर्ता ने सूर्य के मण्डलों का ज्ञान करने के नियम भी निर्धारित किये हैं। आगे जाकर इस ग्रन्थ में नक्षत्रों की गति और चन्द्रमा के साथ योग करनेवाले नक्षत्रों का विवेचन किया है। चन्द्रमा के साथ तीस मुहूर्त तक योग करनेवाले श्रवण, धनिष्ठा, पूर्वाभाद्रपद, रेवती, अश्विनी, कृत्तिका, मृगशिर, पुष्य, मघा, पूर्वाफाल्गुनी, हस्त, चित्रा, अनुराधा, मूल और पूर्वाषाढ़ा—ये पन्द्रह नक्षत्र बताये हैं। पैंतालीस मुहूर्त तक चन्द्रमा के साथ योग करनेवाले उत्तराभाद्रपद, रोहिणी, पुनर्वसु, उत्तराफाल्गुनी, विशाखा और उत्तराषाढ़ा—ये छह नक्षत्र एवं पन्द्रह मुहूर्त तक चन्द्रमा के साथ योग करनेवाले

शतभिषा, भरणी, आर्द्रा, आश्लेषा, स्वाति और ज्येष्ठा—ये छह नक्षत्र बताये गये हैं।

चन्द्रप्रज्ञप्ति के १९वें प्राभृत में चन्द्रमा को स्वतः प्रकाशमान बतलाया तथा इसके घटने-बढ़ने का कारण भी स्पष्ट किया है। १८वें प्राभृत में चन्द्र, सूर्य, ग्रह, नक्षत्र और ताराओं की ऊँचाई का कथन किया है। इस प्रकरण के प्रारम्भ में अन्य मान्यताओं की मीमांसा की गयी है और अन्त में जैन मान्यता के अनुसार ७९० योजन से लेकर ९०० योजन की ऊँचाई के बीच में ग्रह-नक्षत्रों की स्थिति बतायी है। २०वें प्राभृत में सूर्य और चन्द्रग्रहणों का वर्णन किया गया है तथा राहु और केतु के पर्यायवाची शब्द भी गिनाये गये हैं, जो आजकल के प्रचलित पर्यायवाची शब्दों से भिन्न हैं।

ज्योतिष्करण्डक—यह प्राचीन ज्योतिष का मौलिक ग्रन्थ है। इसका विषय वेदांग-ज्योतिष के समान अविकसित अवस्था में है। इसमें भी नक्षत्र लग्न का प्रतिपादन किया गया है। भाषा एवं रचना-शैली आदि के परीक्षण से पता लगता है कि यह ग्रन्थ ई.पू. ३००-४०० का है। इसमें लग्न के सम्बन्ध में बताया गया है :

लग्गं च दक्खिणाविसुवे सुवि अस्स उत्तरं अयणे।
लग्गं साई विसुवेसु पंचसु वि दक्खिणे अयणे ॥

अर्थात्—अस्स यानी अश्विनी और साई—स्वाति ये नक्षत्र विषुव के लग्न बताये गये हैं। यहाँ विशिष्ट अवस्था की राशि के समान विशिष्ट अवस्था के नक्षत्रों को लग्न माना है।

इस ग्रन्थ में कृत्तिकादि, धनिष्ठादि, भरण्यादि, श्रवणादि एवं अभिजितादि नक्षत्र गणनाओं की समालोचना की गयी है।

कल्प, सूत्र, निरुक्त और व्याकरण में ज्योतिषचर्चा—आश्वलायन सूत्र, पारस्कर सूत्र, हिरण्यकेशी सूत्र, आपस्तम्ब सूत्र आदि सूत्रग्रन्थों में फुटकर रूप से ज्योतिषचर्चा मिलती है। आश्वलायन सूत्र में **"श्रावण्यां पौर्णमास्यां श्रावणकर्मा," "सीमन्तोन्नयनं··· यदा पुंसा नक्षत्रेण चन्द्रमा युक्तः स्यात्"** इत्यादि अनेक वाक्य विभिन्न कार्यों के विभिन्न मुहूर्तों के लिए आये हैं। पारस्कर सूत्र में विवाह के नक्षत्रों का वर्णन करते हुए लिखा है—**"त्रिषु त्रिषु उत्तरादिषु स्वाती मृगशिरसि रोहिण्याम्।"** अर्थात् उत्तराफाल्गुनी, हस्त, चित्रा, उत्तराषाढ़ा, श्रवण, धनिष्ठा, उत्तराभाद्रपद, रेवती और अश्विनी विवाह नक्षत्र बताये गये हैं। इन सूत्र ग्रन्थों में विभिन्न कार्यों के विधेय नक्षत्रों का वर्णन मिलता है। बोधायन सूत्र में—**"मीनमेषयोर्मेषवृषभयोर्वसन्तः"** इस प्रकार लिखा मिलता है। इससे सिद्ध है कि सूत्र ग्रन्थों के समय में राशियों का प्रचार भारत में हो गया था।

निरुक्त में दिन-रात्रि, शुक्ल-कृष्ण पक्ष, उत्तरायण-दक्षिणायन का कई स्थानों पर चामत्कारिक वर्णन आया है। इसमें युगपद्धति की पूर्व मध्यकालीन ज्योतिष ग्रन्थों के समान सुन्दर मीमांसा मिलती है।

पाणिनीय व्याकरण में संवत्सर, हायन, चैत्रादि मास, दिवस विभागात्मक मुहूर्त शब्द, पुष्य, श्रवण, विशाखा आदि नक्षत्रों की व्युत्पत्ति की गयी है। **"विभाषा ग्रहः"** ३।१।१४३ में ग्रह शब्द से नवग्रहों का अनुमान करना भी असंगत नहीं कहा जा सकेगा।

स्मृति एवं महाभारत की ज्योतिषचर्चा—मनुस्मृति में सैद्धान्तिक ग्रन्थों के समान

युग और कल्पना का वर्णन मिलता है। याज्ञवल्क्य स्मृति में नवग्रहों का स्पष्ट कथन है :

सूर्यः सोमो महीपुत्रः सोमपुत्रो बृहस्पतिः।
शुक्रः शनैश्चरो राहुः केतुश्चैते ग्रहाः स्मृताः ॥ —आचाराध्याय

इस श्लोक पर से सातों वारों का अनुमान भी सहज में किया जा सकता है। याज्ञवल्क्य स्मृति में क्रान्तिवृत्त के १२ भागों का भी कथन है, जिससे मेषादि १२ राशियों की सिद्धि हो जाती है। श्राद्धकाल अध्याय में वृद्धियोग का भी कथन है, इससे ज्योतिषशास्त्र के २७ योगों का समर्थन होता है। वास्तविक योग शब्द के अर्थ में व्यवहृत योग सर्वप्रथम अथर्व ज्योतिष में ही मिलता है।

याज्ञवल्क्य स्मृति के प्रायश्चित्त अध्याय में **"ग्रहसंयोगजैः फलैः"** इत्यादि वाक्यों द्वारा ग्रहों के संयोगजन्य फलों का भी कथन किया गया है। इस स्मृति में अमुक नक्षत्र में अमुक कार्य विधेय है, इसका कथन बहुत अच्छी तरह से किया है।

महाभारत में ज्योतिषशास्त्र की अनेक बातों का वर्णन मिलता है। इसमें युगपद्धति मनुस्मृति-जैसी ही है। सतयुगादि के नाम, उनमें विधेय कृत्य कई जगह आये हैं। कल्पकाल का निरूपण शान्तिपर्व के १८३वें अध्याय में विस्तार से किया गया है। पंचवर्षात्मक युग का भी कथन उपलब्ध होता है। संवत्सर, परिवत्सर, इदावत्सर, अनुवत्सर एवं इद्वत्सर इन ५ युगसम्बन्धी ५ वर्षों में क्रमशः पाण्डव उत्पन्न हुए थे :

अनुसंवत्सरं जाता अपि ते कुलसत्तमाः।
पाण्डुपुत्रा व्यराजन्त पंचसंवत्सरा इव ॥—आ.प.,अ.१२४.२४

पाण्डवों को वनवास जाने के बाद कितना समय हुआ, इसके सम्बन्ध में भीष्म दुर्योधन से कहते हैं :

तेषां कालातिरेकेण ज्योतिषां च व्यतिक्रमात्।
पञ्चमे पञ्चमे वर्षे द्वौ मासावुपजायतः ॥
एषामभयधिका मासाः पञ्च च द्वादश क्षपाः।
त्रयोदशानां वर्षाणामिति मे वर्तते मतिः ॥

—बि.प., अ. ५२.३.४

पाँच वर्ष में दो अधिमास यह वेदांग-ज्योतिष पद्धति है और अधिमास आदि की कल्पना भी वेदांग-ज्योतिष के अनुसार ही महाभारत में है।

महाभारत के अनुशासन पर्व के ६४वें अध्याय में समस्त नक्षत्रों की सूची देकर बतलाया गया है कि किस नक्षत्र में दान देने से किस प्रकार का पुण्य होता है। महाभारत काल में प्रत्येक मुहूर्त का नामकरण भी व्यवहृत होता था तथा प्रत्येक मुहूर्त का सम्बन्ध भिन्न-भिन्न धार्मिक कार्यों में शुभाशुभ के रूप में माना जाता था। २७ नक्षत्रों के देवताओं के स्वभावानुसार विधेय नक्षत्र से भावी शुभ एवं अशुभ का निर्णय किया गया है। शुभ नक्षत्रों में ही विवाह, युद्ध एवं यात्रा करने की पद्धति थी। युधिष्ठिर के जन्म-समय का वर्णन करते हुए बताया गया है कि :

ऐन्द्रे चन्द्रसमारोहे मुहूर्तेऽभिजिदष्टमे। दिवो मध्यगते सूर्ये तिथौ पूर्णेति पूजिते।।

अर्थात्—आश्विन सुदी पंचमी के दोपहर को अष्टम अभिजित् मुहूर्त में सोमवार के दिन ज्येष्ठा नक्षत्र में जन्म हुआ। महाभारत में कुछ ग्रह अधिक अनिष्टकारक बताये गये हैं, विशेषतः शनि और मंगल को अधिक दुष्ट माना है। मंगल लाल रंग का समस्त प्राणियों को अशान्ति देनेवाला और रक्तपात करनेवाला समझा जाता था। केवल गुरु ही शुभ और समस्त प्राणियों को सुख-शान्ति देनेवाला बताया गया है। ग्रहों का शुभ नक्षत्रों के साथ योग होना प्राणियों के लिए कल्याणदायक माना जाता था। उद्योग पर्व के १४३वें अध्याय के अन्त में ग्रह और नक्षत्रों के अशुभ योगों का विस्तार से वर्णन किया गया है। श्रीकृष्ण ने जब कर्ण से भेंट की, तब कर्ण ने इस प्रकार ग्रह-स्थिति का वर्णन किया है—"शनैश्चर रोहिणी नक्षत्र में मंगल को पीड़ा दे रहा है, ज्येष्ठा नक्षत्र में मंगल वक्री होकर अनुराधा नामक नक्षत्र से योग कर रहा है। महापातसंज्ञक ग्रह चित्रा नक्षत्र को पीड़ा दे रहा है। चन्द्रमा के चिह्न विपरीत दिखलाई पड़ते हैं और राहु सूर्य को ग्रसित करना चाहता है।" शल्य-वध के समय प्रातःकाल का वर्णन निम्न प्रकार किया है :

भृगुसूनुधरापुत्रौ शशिजेन समन्वितौ ॥ —श.प.,अ. ११.१८

अर्थात्—शुक्र और मंगल इन दोनों का योग बुध के साथ अत्यन्त अशुभकारक बताया गया है। आज भी बुध और शनि का योग अशुभ माना जाता है। महाभारत में १३ दिन का पक्ष अत्यन्त अशुभ बताया गया है :

चतुर्दशीं पञ्चदशीं भूतपूर्वां तु षोडशीम्।
इमां तु नाभिजानेऽहममावस्यां त्रयोदशीम् ॥
चन्द्रसूर्यावुभौ ग्रस्तावेकमासीं त्रयोदशीम् ॥

अर्थात्—व्यासजी अनिष्टकारी ग्रहों की स्थिति का वर्णन करते हुए कहते हैं कि १४, १५ एवं १६ दिनों के पक्ष होते थे, पर १३ दिनों का पक्ष इसी समय आया है तथा सबसे अधिक अनिष्टकारी तो एक ही मास में सूर्यग्रहण और चन्द्रग्रहण का होना है और यह ग्रहण योग भी त्रयोदशी के दिन पड़ रहा है, अतः समस्त प्राणियों के लिए भयोत्पादक है। महाभारत से यह भी सिद्ध होता है कि उस समय व्यक्ति के सुख-दुख जीवन-मरण आदि सभी ग्रह, नक्षत्रों की गति से सम्बद्ध माने जाते थे।

उपर्युक्त ज्योतिष-चर्चा के अतिरिक्त ई. १०० के लगभग स्वतन्त्र ज्योतिष के ग्रन्थ भी लिखे गये, जो रचयिता के नाम पर उन सिद्धान्तों के नाम से ख्यात हुए। वराहमिहिराचार्य ने अपने पंचसिद्धान्तिका नामक संग्रह ग्रन्थ में पितामह सिद्धान्त, वसिष्ठ सिद्धान्त, रोमक सिद्धान्त, पौलिश सिद्धान्त और सूर्य सिद्धान्त—इन ५ सिद्धान्तों का संग्रह किया।

पितामह सिद्धान्त—डॉक्टर थीबो साहब ने पंचसिद्धान्तिका की अँगरेज़ी भूमिका में पितामह सिद्धान्त को सूर्यप्रज्ञप्ति और ऋक्ज्योतिष के समान प्राचीन बताया है, लेकिन परीक्षण करने पर इसकी इतनी प्राचीनता मालूम नहीं पड़ती है। ब्रह्मगुप्त और भास्कराचार्य ने पितामह सिद्धान्त को ही आधार माना है। पितामह सिद्धान्त में सूर्य और चन्द्रमा के अतिरिक्त अन्य ग्रहों का गणित नहीं आया है।

वसिष्ठ सिद्धान्त—पितामह सिद्धान्त की अपेक्षा यह संशोधित और परिवर्द्धित रूप में है। इसमें सिर्फ़ १२ श्लोक हैं, सूर्य और चन्द्र के सिवा अन्य ग्रहों का गणित इसमें भी नहीं है। ब्रह्मगुप्त के कथन से ज्ञात होता है कि पंचसिद्धान्तिका में संग्रहीत वसिष्ठ सिद्धान्त के कर्ता कोई विष्णुचन्द्र नाम के व्यक्ति थे। डॉ. थीबो साहब ने बतलाया है कि विष्णुचन्द्र इसके निर्माता नहीं, बल्कि संशोधक हैं। श्री शंकर बालकृष्ण दीक्षित ने ब्रह्मगुप्त के समय में ही दो प्रकार का वासिष्ठ बतलाया है, एक मूल, दूसरा विष्णुचन्द्र का। वर्तमान में लघुवसिष्ठ सिद्धान्त नामक ग्रन्थ मिलता है जिसमें १४ श्लोक हैं। इसका गणित पंचसिद्धान्तिका के वसिष्ठ सिद्धान्त की अपेक्षा परिमार्जित और विकसित है।

रोमक सिद्धान्त—इसके व्याख्याता लाटदेव हैं। इसकी रचना-शैली से मालूम पड़ता है कि यह किसी ग्रीक सिद्धान्त के आधार पर लिखा गया है। कुछ विद्वानों का अनुमान है कि अलकजेण्ड्रिया के प्रसिद्ध ज्योतिषी टालमी के सिद्धान्तों के आधार पर संस्कृत में रोमक सिद्धान्त लिखा गया है, इसका प्रमाण वे यवनपुर के मध्याह्नकालीन सिद्ध किये गये अहर्गण को रखते हैं। ब्रह्मगुप्त, लाट, वसिष्ठ, विजयनन्दी और आर्यभट्ट के ग्रन्थों के आधार पर कुछ अन्य विद्वान् इसे श्रीषेण द्वारा लिखा गया बतलाते हैं। डॉ. थीबो साहब श्रीषेण को मूल ग्रन्थ का रचयिता नहीं मानते हैं, बल्कि उसका उसे वह संशोधक बतलाते हैं। इसका गणित पूर्व के दो सिद्धान्तों की अपेक्षा अधिक विकसित है। इसमें सैद्धान्तिक विषयों का निम्न वर्णन गणित-सहित किया है :

महायुगान्त (४३२०००० वर्षों का)		**युगान्त (२८५० वर्षों का)**
नक्षत्र भ्रम	१५८२१८५६००	१०४३८०३
रवि भ्रम	४३२००००	२८५०
सावन दिवस	१५७७८६५६४०	१०४०९५३
चन्द्र भगण	५७७५१५७८ $\frac{१८}{१९}$	३८१००
चन्द्रोच्च भगण	४८८२५८ $\frac{१३७०८}{५७५८९}$	३२२ $\frac{२२८}{३०३१}$
चन्द्रपात भगण	२३२१६५ $\frac{१०९०८५}{१६३१११}$	१५३ $\frac{२६८८९}{१६३१११}$
सौर मास	५१८४००००	३४२००
अधिमास	१५९१५७८ $\frac{१८}{१९}$	१०५०
चन्द्रमास	५३४३१५७८ $\frac{१८}{१९}$	३५२५०
तिथि	१६०२९४७३६८ $\frac{८}{१९}$	१०५७५००
तिथिक्षय	२५०८१७६८ $\frac{८}{१९}$	१६५४७

ब्रह्मगुप्त ने इस सिद्धान्त की खूब खिल्ली उड़ायी है। वास्तव में इसका गणित अत्यन्त स्थूल है। कुछ विद्वानों ने इसका रचनाकाल ई. १००-२०० के मध्य में माना है। इनके विषय को देखने से उपर्युक्त रचनाकाल युक्तियुक्त भी जँचता है।

पौलिश सिद्धान्त—इसका ग्रहगणित भी अंकों द्वारा स्थूल रीति से निकाला गया है। एलबेरूनी का मत है कि अलकजेण्ड्रियावासी पौलिश के यूनानी सिद्धान्तों के आधार पर

इसकी रचना हुई है। डॉ. कर्न साहब ने इस मत का खण्डन किया है। उनका कहना है कि प्राचीन भारतीयों को 'यवनपुर' ज्ञात था, तथा वे वहाँ के अक्षांश, देशान्तर आदि से पूर्ण परिचित थे। वर्तमान में वराह और भट्टोत्पल का पृथक्-पृथक् संग्रहीत पौलिश सिद्धान्त मिलता है, लेकिन दोनों में कोई समानता नहीं है। वराहमिहिर द्वारा संग्रहीत पौलिश सिद्धान्तों में चर निकालने के लिए निम्न श्लोक आया है :

यवनाच्चरजा नाड्यः सप्तावन्त्यास्त्रिभागसंयुक्ता।
वाराणस्यां त्रिकृतिः साधनमन्यत्र वक्ष्यामि ॥

अर्थात्—उज्जैनी में चर ७ घटी २० पल और बनारस में ९ घटी है, अन्य स्थानों के चर का साधन गणित द्वारा किया गया है। डॉ. थीबो साहब ने इस सिद्धान्त का विवेचन करते हुए बताया है कि प्राचीन पौलिश सिद्धान्त उपलब्ध नहीं है। वराह के पौलिश सिद्धान्त से मालूम पड़ता है कि इसके ग्रहगणित में अति स्थूलता है। आज जो पौलिश के नाम से सिद्धान्त उपलब्ध है, वह अपने मूल रूप में नहीं है।

सूर्य सिद्धान्त—इसके कर्ता कोई सूर्य नाम के ऋषि बतलाये जाते हैं। इसमें आयी हुई कथा के आधार पर इसका रचनाकाल त्रेता युग का प्रारम्भिक भाग बताया गया है। पर उपलब्ध सूर्य सिद्धान्त इतना प्राचीन नहीं जँचता है। कुछ लोगों का कथन है कि स्वयं सूर्य भगवान् ने मय की तपस्या से प्रसन्न होकर उस असुर को ज्योतिष ज्ञान दिया था। श्री महावीरप्रसाद श्रीवास्तव ने सूर्य सिद्धान्त की भूमिका में असुर नाम की एक भौतिकवादी जाति बतलायी हैं, शिल्प और यन्त्रविद्या में यह जाति निपुण होती थी। सूर्य नामक ऋषि ने इसी जाति को ज्योतिषशास्त्र की शिक्षा दी थी। पाश्चात्य विद्वानों ने सूर्य सिद्धान्त की स्थूलता का परीक्षण कर इसका रचनाकाल ई.पू. १८० या ई. १०० बताया है। यह ग्रन्थ ज्योतिषशास्त्र की दृष्टि से अत्यन्त महत्त्वपूर्ण है। यद्यपि वर्तमान में उपलब्ध सूर्य सिद्धान्त प्राचीन सूर्य सिद्धान्त से भिन्न है, फिर भी इतना तो मानना ही पड़ेगा कि सैद्धान्तिक ग्रन्थों में यह सबसे प्राचीन है। इसमें युगादि से अहर्गण लाकर मध्यम ग्रह सिद्ध किये गये हैं और आगे संस्कार देकर स्पष्टविधि प्रतिपादित की है। इसके प्रारम्भ में ग्रहों की गति सिद्ध करते हुए लिखा गया है :

पश्चात् व्रजन्तोऽतिजवान्नक्षत्रैः सततं ग्रहाः।
जीयमानास्तु लम्बन्ते तुल्यमेव स्वमार्गगाः ॥
प्राग्गतित्वमतस्तेषां भगणैः प्रत्यहं गतिः।
परिणाहवशाद्भिन्नः तद्वशाद्भानि भुञ्जते ॥

अर्थात्—शीघ्रगामी नक्षत्रों के साथ सदैव पश्चिम की ओर चलते हुए ग्रह अपनी-अपनी कक्षा में समान परिमाण में हारकर पीछे रह जाते हैं, इसीलिए वह पूर्व की ओर चलते हुए दिखलाई पड़ते हैं और कक्षाओं की परिधि के अनुसार उनकी दैनिक परिधि भी भिन्न दिखाई पड़ती है, इसलिए नक्षत्र चक्र को भी यह भिन्न समय में—शीघ्रगामी ग्रह थोड़े समय में और मन्दगति अधिक समय में पूरा करते हैं। तात्पर्य यह है कि आकाश में जितने तारे दिखलाई पड़ते

हैं, वे सब ग्रहों के साथ पश्चिम की ओर जाते हुए मालूम पड़ते हैं; परन्तु नक्षत्रों के बहुत शीघ्र चलने के कारण ग्रह पीछे रह जाते हैं और पूर्व को चलते हुए दिखलाई पड़ते हैं। इनकी पूर्व की ओर बढ़ने की चाल तो समान है, पर इनकी कक्षाओं का विस्तार भिन्न होने से इनकी गति भी भिन्न दीख पड़ती है। इस कथन से ग्रहों की योजनात्मिका और कलात्मिका, दोनों प्रकार की गतियाँ सिद्ध हो जाती हैं।

इस ग्रन्थ में मध्यमाधिकार, स्पष्टाधिकार, त्रिप्रश्नाधिकार, चन्द्रग्रहणाधिकार, सूर्यग्रहणाधिकार, परलेखाधिकार, ग्रहयुत्यधिकार, नक्षत्रग्रहयुत्यधिकार, उदयास्ताधिकार, शृंगोन्नत्यधिकार, पाताधिकार और भूगोलाध्याय नामक प्रकरण हैं।

उपर्युक्त पंचसिद्धान्तों के अतिरिक्त नारदसंहिता, गर्गसंहिता आदि दो-चार संहिता ग्रन्थ और भी मिलते हैं, परन्तु इनका रचनाकाल निर्धारित करना कठिन है। गर्गसंहिता के जो फुटकर प्रकरण उपलब्ध हैं, वे बड़े उपयोगी हैं, उनसे भारतीय संस्कृति के सम्बन्ध में बहुत-कुछ ज्ञात हो जाता है। युगपुराण नामक अंश से उस युग की राजनीतिक और सामाजिक दशा पर पर्याप्त प्रकाश पड़ता है। इस ग्रन्थ की भाषा प्राकृत मिश्रित संस्कृत है, भाषा की दृष्टि से यह ग्रन्थ जैन मालूम पड़ता है परन्तु निश्चित प्रमाण एक भी नहीं है। ज्योतिषशास्त्र विज्ञानमूलक होने के कारण इसमें समय-समय पर परिवर्तन होते रहते हैं। अतएव प्राचीन ग्रन्थों में अनेक संशोधन हुए हैं, इसी कारण किसी भी ग्रन्थ का सबल प्रमाणों के अभाव में रचनाकाल ज्ञात करना कठिन ही नहीं, बल्कि असम्भव है।

कौटिल्य के अर्थशास्त्र में ऐसे कई प्रकरण हैं जिनसे पता चलता है कि उस काल में ज्योतिषी हर प्रकार के ज्योतिष-गणित से पूर्ण परिचित थे तथा ज्योतिषशास्त्र का पर्यवेक्षण आलोचनात्मक ढंग से होने लग गया था। इसके एक-दो स्थल ऐसे भी हैं, जिनमें वसिष्ठ सिद्धान्त और पितामह सिद्धान्त के प्रचार का भी भान होता है। आर्यभट्ट से कुछ पूर्व ऋषिपुत्र नाम के एक ज्योतिर्विद् हुए हैं। इनकी गणितविषयक रचनाएँ तो नहीं मिलती हैं, पर संहिताशास्त्र के यह प्रथम लेखक जँचते हैं।

पराशर—नारद और वसिष्ठ के अनन्तर फलित ज्योतिष के सम्बन्ध में महर्षिपद प्राप्त करनेवाले पराशर हुए हैं। कहा जाता है कि "कलौ पाराशरः स्मृतः" अर्थात् कलियुग में पराशर के समान अन्य महर्षि नहीं हुए। उनके ग्रन्थ ज्योतिष विषय के जिज्ञासुओं के लिए बहुत उपयोगी हैं। बृहत्पाराशरहोराशास्त्र के प्रारम्भ में बताया है :

अथैकदा मुनिश्रेष्ठं त्रिकालज्ञं पराशरम्। पप्रच्छोपेत्य मैत्रेयः प्रणिपत्य कृताञ्जलिः॥

एक समय मैत्रेय जी ने महर्षि पराशर के समीप उपस्थित होकर साष्टांग प्रणाम करके हाथ जोड़कर पूछा :

भगवन् ! परमं पुण्यं गुह्यं वेदाङ्गमुत्तमम्।
त्रिस्कन्धं ज्योतिषं होरा गणितं संहितेति च॥
एतेष्वपि त्रिषु श्रेष्ठा होरेति श्रूयते मुने।
त्वत्तस्तां श्रोतुमिच्छामि कृपया वद मे प्रभो॥

हे भगवन् ! वेदांगों में श्रेष्ठ ज्योतिषशास्त्र के होरा, गणित और संहिता इस प्रकार

तीन स्कन्ध हैं। उनमें भी होराशास्त्र ही सबसे श्रेष्ठ है, वह मैं आपसे सुनना चाहता हूँ। कृपा कर मुझे बतलाइए।

पराशर का समय कौन-सा है तथा इन्होंने अपने जन्म से किस स्थान को पवित्र किया था, यह अभी तक अज्ञात है। पर इनकी रचना 'बृहत्पाराशरहोरा' के अध्ययन से इतना स्पष्ट है कि इनका समय 'वराहमिहिर' से कुछ पूर्व है। वराहमिहिर ने बृहज्जातक में ग्रहों के उच्चनीचस्थान, मूलत्रिकोण, नैसर्गिकमित्रता प्रभृति विषय बृहत्पाराशरहोरा से ग्रहण किये प्रतीत होते हैं, भाषा-शैली और विषय निरूपण वराहमिहिर से पूर्ववर्ती प्रतीत होता है। सृष्टितत्त्व का निरूपण सूर्य सिद्धान्त के समान है। पौराणिक साहित्य में भी सृष्टि का निरूपण इसी प्रकार उपलब्ध होता है। मनुस्मृति और सूर्य सिद्धान्त के सृष्टिक्रम की अपेक्षा भिन्न है। बताया है :

एकोऽव्यक्तात्मको विष्णुरनादिः प्रभुरीश्वरः।
शुद्धसत्त्वो जगत्स्वामी निर्गुणस्त्रिगुणान्वितः ॥
संस्कारकारकः श्रीमान्निमित्तात्मा प्रतापवान्।
एकांशेन जगत्सर्वं सृजत्यवति लीलया ॥ —सृष्टिक्रम, श्लो. १२-१३

स्पष्ट है कि उक्त कथन पौराणिक है अतः बृहत्पाराशरहोरा का समय ७-८वीं शती होना चाहिए।

कौटिल्य में पराशर का नाम आता है। पर यह नहीं कहा जा सकता कि ये पराशर 'बृहत्पाराशरहोराशास्त्र' के रचयिता से भिन्न हैं या वही हैं। पराशर की एक स्मृति भी उपलब्ध है। गरुडपुराण में पराशर स्मृति के ३९ श्लोकों को संक्षिप्त रूप में अपनाया है, इससे इस स्मृति की प्राचीनता सिद्ध है। कौटिल्य ने पराशर और पराशरमतों की छह बार चर्चा की है। पराशर का नाम प्राचीनकाल से ही प्रसिद्ध है। तैत्तिरीयारण्यक एवं बृहदारण्यक में क्रम से व्यास पाराशर्य एवं पाराशर्य नाम आये हैं। निरुक्त ने 'पराशर' के मूल पर लिखा है। पाणिनी ने भि. भिक्षुसूत्र नामक ग्रन्थ को पाराशर्य माना है। पराशर स्मृति की भूमिका में आया है कि ऋषि लोगों ने व्यास के पास जाकर उनसे प्रार्थना की कि वे कलियुग के मानवों के लिए आचारसम्बन्धी धर्म की बातें लिखें। व्यासजी उन्हें बदरिकाश्रम में शक्तिपुत्र अपने पिता पराशर के पास ले गये और पराशर ने उन्हें वर्णधर्म के विषय में बताया। पराशर स्मृति में अन्य १९ स्मृतियों के नाम आये हैं। पराशर स्मृति में कुछ नयी और मौलिक बातें भी पायी जाती हैं। पराशर ने मनु, उशना, बृहस्पति आदि का उल्लेख किया है। इस स्मृति में विनायक स्तुति भी पायी जाती है। पाराशर संहिता का मिताक्षरा, विश्वरूप या अपरार्क ने उद्धरण नहीं दिया हैं, किन्तु चतुर्विंशतिमत के भाष्य में भट्टोजिदीक्षित तथा दत्तकमीमांसा में नन्दपण्डित ने इससे उद्धरण लिये हैं। अतएव स्पष्ट है कि बृहत्पाराशरहोरा के रचयिता यदि स्मृतिकार पराशर ही हैं, तो इनका समय ईसवी पूर्व होना चाहिए। हमारा अनुमान है कि बृहत्पाराशरहोरा के रचयिता पराशर ईसवी सन् की ५-६ठी शती के हैं। ग्रन्थ की भाषा और शैली के साथ विषय-विवेचन भी वराहमिहिर से पूर्ववर्ती है। अतः ग्रन्थ का रचनाकाल

ई. सन् ५वीं शती और रचनास्थल पश्चिम भारत है।

बृहत्पाराशहोरा १७ अध्यायों में है। उपसंहाराध्याय में समस्त विषयों की सूची दे दी गयी है। इसमें ग्रहगुणस्वरूप, राशिस्वरूप, विशेषलग्न, षोडशवर्ग, राशिदृष्टिकथन, अरिष्टाध्याय, अरिष्टभंग, भावविवेचन, द्वादशभावों का पृथक्-पृथक् फलनिर्देश, अप्रकाशग्रहफल, ग्रहस्फुट-दृष्टिकथन, कारक, कारकांशफल, विविधयोग, रवियोग, राजयोग, दारिद्र्ययोग, आयुर्दाय, मारकयोग, दशाफल, विशेष नक्षत्र दशाफल, कालचक्र, सूर्यादि ग्रहों की अन्तदर्शाओं का फल, अष्टकवर्ग, त्रिकोणशोधन, पिण्डसाधन, रश्मिफल, नष्टजातक, स्त्रीजातक, अंगलक्षणफल, ग्रहशान्ति, अशुभजन्म-निरूपण, अनिष्टयोगशान्ति आदि विषय वर्णित हैं। संहिता और जातक दोनों ही प्रकार के विषय इस ग्रन्थ में आये हैं। यह ग्रन्थ फलित की दृष्टि से बहुत उपयोगी है। ग्रन्थ के अन्त में बताया है :

इत्थं पराशरेणोक्तं होराशास्त्रचमत्कृतम्।
नवं नवजनप्रीत्यै विविधाध्यायसंयुतम् ॥
श्रेष्ठं जगद्धितीयेदं मैत्रेयाय द्विजन्मने।
ततः प्रचरितं पृथ्व्यामादृतं सादरं जनैः ॥ —उपसंहाराध्याय, श्लो. ८-९

इस प्रकार प्राचीन होरा ग्रन्थों से विलक्षण अनेक अध्यायों से युक्त अति श्रेष्ठ इस नवीन होराशास्त्र को संसार के हित के लिए महर्षि पराशर ने मैत्रेय को बतलाया। पश्चात् समस्त जगत् में इसका प्रचार हुआ और सभी ने इसका आदर किया। उडुदाय प्रदीप (लघुपाराशरी) का प्रणयन पराशर मुनिकृत होरा ग्रन्थ का अवलोकन कर ही किया गया है।

ऋषिपुत्र—यह जैन धर्मानुयायी ज्योतिष के प्रकाण्ड विद्वान् थे। इनके वंशादि का सम्यक् परिचय नहीं मिलता है, पर Catalogus Catalogorum के अनुसार यह आचार्य गर्ग के पुत्र थे। गर्ग मुनि ज्योतिष के धुरन्धर विद्वान् थे, इसमें कोई सन्देह नहीं। इनके सम्बन्ध में लिखा मिलता है :

जैन आसीज्जगद्वन्द्यो गर्गनामा महामुनिः।
तेन स्वयं हि निर्णीतं यं सत्पाशात्रकेवली ॥
एतज्ज्ञानं महाज्ञानं जैनर्षिभिरुदाहृतम्।
प्रकाश्य शुद्धशीलाय कुलीनाय महात्मना ॥

सम्भवतः इन्हीं गर्ग के वंश में ऋषिपुत्र हुए होंगे। इनका नाम भी इस बात का साक्षी है कि यह किसी मुनि के पुत्र थे। ऋषिपुत्र का वर्तमान में एक निमित्तशास्त्र उपलब्ध है। इनके द्वारा रची गयी एक संहिता का भी मदनरत्न नामक ग्रन्थ में उल्लेख मिलता है। इन आचार्य के उद्धरण बृहत्संहिता की भट्टोत्पली टीका में भी मिलते हैं।

ऋषिपुत्र का समय वराहमिहिर के पूर्व में है। इन्होंने अपने बृहज्जातक के २६वें अध्याय के ५वें पद्य में कहा है—**"मुनिमतान्यवलोक्य सम्यग्घोरां वराहमिहिरो रुचिरां चकार।"** इसी परम्परा में ऋषिपुत्र हुए हैं। ऋषिपुत्र का प्रभाव वराहमिहिर की रचनाओं पर स्पष्ट लक्षित होता है। उदाहरण के लिए एक-दो पद्य दिये जाते हैं :

ससलोहिवण्णहोवरि संकुण इत्ति हौइ णायव्वो।
संगामं पुण घोरं खग्गं सूरो णिवेदेई ॥ —ऋषिपुत्र

शशिरुधिरनिभे भानौ नभःस्थले भवन्ति संग्रामाः। —वराहमिहिर

जे दिट्ठभुविरसण्ण जे दिट्ठा कहमेणकत्ताणं।
सदसंकुलेन दिट्ठा वऊसट्ठिय ऐण बाणधिया ॥ —ऋषिपुत्र

भौमं चिरस्थिरभवं तच्छान्तिभिराहतं शममुपैति।
नाभसमुपैति मृदुतां क्षरति न दिव्यं वदन्त्येके ॥ —वराहमिहिर

उपर्युक्त अवतरणों से ज्ञात होता है कि ऋषिपुत्र की रचनाओं का वराहमिहिर के ऊपर प्रभाव पड़ा है।

संहिता विषय की प्रारम्भिक रचना होने के कारण ऋषिपुत्र की रचनाओं में विषय की गम्भीरता नहीं है। किसी एक ही विषय पर विस्तार से नहीं लिखा है, सूत्ररूप में प्रायः संहिता के प्रतिपाद्य सभी विषयों का निरूपण कियां है। शकुनशास्त्र का निर्माण इन्होंने किया है, अपने निमित्तशास्त्र में इन्होंने पृथ्वी पर दिखाई देनेवाले, आकाश में दृष्टिगोचर होनेवाले और विभिन्न प्रकार के शब्द-श्रवण द्वारा प्रकट होनेवाले इन तीन प्रकार के निमित्तों द्वारा फलाफल का अच्छा निरूपण किया है। वर्षोत्पात, देवोत्पात, रजोत्पात, उल्कोत्पात, गन्धर्वोत्पात इत्यादि अनेक उत्पातों द्वारा शुभाशुभत्व की मीमांसा बड़े सुन्दर ढंग से इनके निमित्तशास्त्र में मिलती है।

आर्यभट्ट प्रथम—ज्योतिष का क्रमबद्ध इतिहास आर्यभट्ट के समय से मिलता है। इनका जन्म ई.सन् ४७६ में हुआ था, इन्होंने ज्योतिष का प्रसिद्ध ग्रन्थ 'आर्यभट्टीय' लिखा है। इसमें सूर्य और तारों के स्थिर होने तथा पृथ्वी के घूमने के कारण दिन और रात होने का वर्णन है। पृथ्वी की परिधि ४९६७ योजन बतायी गयी है।

आर्यभट्ट ने सूर्य और चन्द्रग्रहण के वैज्ञानिक कारणों की व्याख्या की है। बाल-क्रियापाद में युग के समान दो भाग करके पूर्व भाग का उत्सर्पिणी और उत्तर भाग का अवसर्पिणी नाम बताया है तथा प्रत्येक के सुषमासुषमा, सुषमा आदि छह-छह भेद बताये हैं :

उत्सर्पिणी युगार्द्धं पश्चादवसर्पिणी युगार्द्धं च।
मध्ये युगस्य सुषमाऽऽदावन्ते दुःषमाग्न्यंशात् ॥

कालक्रियापाद में क्षेपक विधि से ग्रहों के स्पष्टीकरण की विधि विस्तार से बतलायी है तथा बुध, शुक्र को विलक्षण संस्कार से संस्कृत कर स्पष्ट किया है। गोलपाद में मेरु की स्थिति का सुन्दर वर्णन किया है तथा अक्षक्षेत्रों के अनुपात द्वारा लम्बज्या, अक्षज्या का साधन सुगमता से किया है।

आर्यभट्ट ने १,२, ३ आदि अंक संख्या के द्योतक क, ख, ग आदि वर्ण कल्पना किये हैं अर्थात् अ, आ इत्यादि स्वर वर्ण और क, ख, ग आदि व्यंजन वर्णों का १-१ संख्यावाचक अर्थ देकर बड़ी-बड़ी संख्याओं को प्रकाशित किया है। गीतिकापाद में कहा है :

वर्गाक्षराणि वर्गेऽवर्गेऽवर्गाक्षराणि कात् ङ्मौ यः।
खद्विनवके स्वरा नववर्गेऽवर्गे नवान्त्यवर्गे वा ॥

क = १, ख = २, ग = ३, घ = ४, ङ = ५, च = ६, छ = ७, ज = ८, झ = ९, ञ = १०, ट = ११, ठ = १२, ड = १३, ढ = १४, णं = १५, त = १६, थ = १७, द = १८, ध = १९, न = २०, प = २१, फ = २२, ब = २३, भ = २४, म = २५, य = ३०, र = ४०, ल = ५०, व = ६०, श = ७०, ष = ८०, स = ९०, ह = १००।

क = १, कि = १००, कु = १००००, कृ = १००००००, क्लृ = १००००००००, के = १००००००००००, कै = १००००००००००००, को = १००००००००००००००, कौ = १००००००००००००००००, ख = २, खि = २००, खु = २००००, खृ = २००००००, खॢ = २०००००००००, खे = २००००००००००, खै = २०००००००००००००, खो = २००००००००००००००, खौ = २००००००००००००००००० इसी प्रकार आगे की अंक संख्याएँ दी गयी हैं।

कुछ पाश्चात्य विद्वान् आर्यभट्ट की इस अंक संख्या पर से अनुमान करते हैं कि उन्होंने यह संख्याक्रम ग्रीकों से लिया है। चाहे जो हो, पर इतना निश्चित है कि आर्यभट्ट ने पटना में, जिसका प्राचीन नाम कुसुमपुर था, अपने अपूर्व ग्रन्थ की रचना की है। इनकी गणितविषयक विद्वत्ता का निदर्शन यही है कि उन्होंने गणितपाद में वर्ग, वर्गमूल, घन, घनमूल एवं व्यवहार श्रेणियों के गणित का सुन्दर विवेचन किया है।

अंगविज्जा—अंगविद्या भारतवर्ष में प्राचीनकाल से प्रसिद्ध रही है। प्रस्तुत ग्रन्थ में प्राचीन अंगविद्या के नियम संकलित हैं। अष्ट प्रकार के निमित्तज्ञान में अंगनिमित्त को प्रधान और महत्त्वपूर्ण बताया है। आचार्य ने लिखा है :

जधा णदीओ सव्वाओ ओवरंति महोदधिं।
एवं अंगोदधिं सव्वे णिमित्ता ओतरंति हि ॥ —१/६, पृ. १

अर्थात्—जिस प्रकार समस्त नदियाँ समुद्र में मिल जाती हैं, उसी प्रकार स्वर, लक्षण, व्यंजन, स्वप्न, छिन्न, भौम और अन्तरिक्षनिमित्त अंगनिमित्तरूपी समुद्र में मिल जाते हैं। इस ग्रन्थ के अध्ययन से जय-पराजय, लाभ-हानि, जीवन-मरण आदि की सम्यक् जानकारी प्राप्त की जा सकती है। बताया है :

अणुरत्तो जयं पराजयं वा राजमरणं वा आरोग्गं वा आरण्णो आतंकं वा उवद्दवं वा मा पुण सहसा वियागरिज्ज णाणी। लाभाऽलाभं सुहदुक्खं जीवितं मरणं वा सुभिक्खं दुब्भिक्खं वा अणावुट्ठिं वा सुवुट्ठिं वा धणहाणिं अज्झप्पवित्तं वा कालपरिमाणं अंगहियं तत्तत्थणिच्छियमई सहसा उ ण वागरिज्ज णाणी। —पृ.७

यह ग्रन्थ साठ अध्यायों में समाप्त किया गया है। इसकी ग्रन्थसंख्या नौ हज़ार श्लोक प्रमाण है। गद्य और पद्य दोनों का प्रयोग किया गया है। यह फलादेश का विशालकाय ग्रन्थ है। इसमें हलन-चलन, रहन-सहन, चर्याचेष्टा प्रभृति मनुष्य की सहज प्रवृत्ति से निरीक्षण द्वारा

फलादेश का निरूपण किया गया है। यह प्रश्नशास्त्र का ग्रन्थ है और प्रश्नकर्ता की विभिन्न प्रवृत्तियों के आधार पर फलादेश का कथन करता है। अतएव गम्भीर अध्ययन के अभाव में वास्तविक फलादेश का निरूपण नहीं किया जा सकता है। ग्रन्थकर्ता ने अंगों के आकार-प्रकार, वर्ण, संख्या, तोल, लिंग, स्वभाव आदि की दृष्टि से उनको २७० विभागों में विभक्त किया है, विविध चेष्टाएँ, पर्यस्तिका, आमर्श, अपश्रय-आलम्बन, खड़े रहना, देखना, हँसना, प्रश्न करना, नमस्कार करना, संलाप, आगमन, रुदन, परिवेदन, क्रन्दन, पतन, अभ्युत्थान, निर्गमन, जँभाई लेना, चुम्बन, आलिंगन प्रभृति नाना चेष्टाओं का निरूपण कर फलादेश का प्रतिपादन किया गया है।

इस ग्रन्थ के नवम अध्याय में २७० विषयों का निरूपण किया है। प्रथम द्वार में शरीर-सम्बन्धी ७५ अंगों के नाम और उनका फलादेश वर्णित है। यथा :

एताणि आमसं पुच्छे अत्थलाभं जयं तधा।
पराजयं वा सत्तूणं मित्तसंपत्तिमेव य ॥ —९/८, पृ. ६०

समागमं धरावासं थाणमिस्सरियं जसं।
णिव्वुत्तिं वा पतिट्ठं वा भोगलाभं सुहाणि य ॥ —९/९, पृ. ६०

दासी-दासं जाण-जुग्गं गो-माहिसमऽयाऽविलं।
धण-धण्णं खेत्त-वत्थुं च विज्जा संपत्तिमेव य ॥ —९/१०, पृ. ६०

मस्तक, सिर, सीमन्तक, ललाट, नेत्र, कान, कपोल, ओष्ठ, दाँत, मुख, मसूड़ा, कन्धा, बाहु, मणिबन्ध, हाथ, पैर प्रभृति ७५ अंगों का एक बार स्पर्श कर प्रश्नकर्ता प्रश्न करे तो अर्थलाभ, जय, शत्रुओं के पराजय, मित्र-सम्पत्ति प्राप्ति, समागम, घर में निवास, स्थानलाभ, यशप्राप्ति, निवृत्ति, प्रतिष्ठा, भोगप्राप्ति, सुख, दासी-दास, यान-सवारी, गाय-भैंस, धन-धान्य, क्षेत्र, वास्तु, विद्या एवं सम्पत्ति आदि की प्राप्ति होती है। उक्त अंगों का एक बार से अधिक स्पर्श करे तो फल विपरीत होता है। वस्त्र और आभूषणों के स्पर्श का फलादेश भी वर्णित है। इस सन्दर्भ में विभिन्न प्रकार के मनुष्य, देवयोनि, नक्षत्र, चतुष्पद, पक्षी, मत्स्य, वृक्ष, गुल्म, पुष्प, फल, वस्त्र, आभूषण, भोजन, शयनासन, भाण्डोपकरण, धातु मणि एवं सिक्कों के नामों की सूचियाँ दी गयी हैं। वस्त्रों में पटशाटक, क्षौम, दुकूल, चीनांशुक, चीनपट्ट, प्रावार, शाटक, श्वेतशाटक, कौशेय और नाना प्रकार के कम्बलों का उल्लेख आया है। पहनने के वस्त्रों में उत्तरीय, उष्णीष, कंचुक, वारबाण, सन्नाहपट्ट, विताणक, पच्छत—पिछौरी एवं मल्लसाडक—पहलवानों के लंगोट का उल्लेख है। आभूषणों की नामावली विशेष रोचक है। किरीट और मुकुट सिर पर पहनने के आभूषण हैं। सिंहभण्डक वह सुन्दर आभूषण था जिसमें सिंह के मुख की आकृति बनी रहती थी और उस मुख में से मोतियों के झुग्गे लटकते हुए दिखाये जाते थे। गरुड़ की आकृतिवाला आभूषण गरुडक और दो मकरमुखों की आकृतियों को मिलाकर बनाया गया आभूषण मगरक कहलाता था। इसी प्रकार बैल की आकृतिवाला वृषभक, हाथी की आकृतिवाला हत्थिक और चक्रवाक मिथुन की आकृतिवाला चक्रमिथुनक कहलाता था। इन वस्त्र और आभूषणों के स्पर्श और अवलोकन से विभिन्न प्रकार के फलादेश वर्णित हैं।

५५वें अध्याय में पृथ्वी के भीतर निहित धन को जानने की प्रक्रिया वर्णित है।

"तत्थ अत्थि णिधित्तं ति पुव्वमाधारिते णिधितमट्ठविधिमादिसे। तं जधा–भिण्णसतपमाणं भिण्णसहस्सपमाणं सयसहस्सपमाणं कोडिपमाणं अपरिमियपमाणमिति। कायमंतेसु उम्मट्ठेसु अपरिमियणिहाणं बूया। तत्थं अपुण्णामेसु अब्भंतरामासे दढामासे णिद्धमासे सुद्धामासे पुण्णामासे य समं बूया। भिण्णे दसक्खे पुव्वाधारिते दो वा चत्तारि वा अट्ठ वा बूया। समे पुव्वाधारिते दसक्खे वीसं वा (चत्तालीसं वा) सट्ठिं असीतिं वा बूया।" —पृ. २१३।

स्पष्ट है कि पृथ्वी में निहित निधि का आनयन एवं तत्सम्बन्धी विभिन्न जानकारी प्रश्नों के द्वारा की जा सकती है। निधि की प्राप्ति किस देश में होगी, इसका विचार भी किया गया है। नष्ट धन के आनयन का विचार ५७वें अध्याय में किया है। सूर्य, चन्द्र, नक्षत्र, तारागण, आदि के विचार द्वारा नष्टकोण का विचार किया गया है। इस ग्रन्थ की प्रश्नप्रक्रिया एक प्रकार से शकुन और चर्या-चेष्टा पर अवलम्बित है। प्रसंगवश दी गयी विभिन्न सूचियों के आधार से संस्कृति और सभ्यता की अनेक महत्त्वपूर्ण बातें जानी जा सकती हैं। बरतन, भोजन, भक्ष्य पदार्थ, वस्त्राभूषण, सिक्के प्रभृति का विस्तारपूर्वक निर्देश किया है। इस ग्रन्थ के परिशिष्ट के रूप में 'सटीक अंगविद्याशास्त्र' दिया गया है। इसमें अंग-प्रत्यंग के स्पर्शनपूर्वक शुभाशुभ फलों का निरूपण किया है। संस्कृत में श्लोक लिखे गये हैं और टीका भी संस्कृत में निबद्ध है। ४४ पद्य हैं और टीका में अनेक महत्त्वपूर्ण बातें लिखी गयी हैं। इस छोटे-से ग्रन्थ का विषय प्राचीन है, पर भाषा-शैली प्राचीन प्रतीत नहीं होती। इसके रचयिता का भी नाम ज्ञात नहीं है, पर इतना स्पष्ट है कि अंगविद्या भारत का पुरातन ज्ञान है। ग्रन्थ के आरम्भ में टीका में बताया है :

"कालोऽन्तरात्मा सर्वदा सर्वदर्शी शुभाशुभैः फलसूचकैः सविशेषेण प्राणिनामपराङ्गेषु स्पर्श-व्यवहारेङ्गितचेष्टादिभिर्निमित्तैः फलमभिदर्शयति ॥"

अर्थात्—अंगस्पर्श, व्यवहार और चर्या-चेष्टादि के द्वारा शुभाशुभ फल का निरूपण किया गया है। इस लघुकाय ग्रन्थ में अंगों की विभिन्न संज्ञाओं के उपरान्त फलादेश निबद्ध किया गया है।

कालकाचार्य—यह निमित्त और ज्योतिष के प्रकाण्ड विद्वान् थे। इन्होंने अपनी प्रतिभा से शककुल के साहि को स्ववश किया था तथा गर्दभिल्ल को दण्ड दिया था, जैन परम्परा में ज्योतिष के प्रवर्तकों में इनका मुख्य स्थान है, यदि यह आचार्य निमित्त और संहिता का निर्माण न करते तो उत्तरवर्ती जैन लेखक ज्योतिष को पापश्रुत समझकर अछूता ही छोड़ देते।

कालक कथाओं से पता चलता है कि यह मध्य देशान्तर्गत, 'धारावास' नामक नगर के राजा वयरसिंह के पुत्र थे। इनकी माता का नाम सुरसुन्दरी और बहन का नाम सरस्वती था। एक बार यह घोड़े पर वन में घूमने गये, वहाँ इनकी जैन मुनि गुणाकर से मुलाक़ात हुई और उनका धर्मोपदेश सुनकर संसार से विरक्त हो गये और बहुत समय तक जैन शास्त्रों

का अभ्यास करते रहे तथा थोड़े समय के पश्चात् आचार्य पद को प्राप्त हुए। पाटन (उत्तर गुजरात) के एक ताड़पत्रीय पुस्तक भण्डार में ताड़पत्र पर लिखे गये एक प्रकरण में एक प्राकृत गाथा मिली है, जिसमें बताया गया है कि—"कालक सूरि ने प्रथमानुयोग में जिन, चक्रवर्ती, वासुदेव आदि के चरित्र और उनके पूर्व भवों का वर्णन किया है तथा लोकानुयोग में बहुत बड़े निमित्तशास्त्र की रचना की है।" भोजसागर गणि नामक विद्वान् ने संस्कृत भाषा में रमल विद्या-विषयक एक ग्रन्थ लिखा है, उसमें उन्होंने कालकाचार्य द्वारा यवन देश से लायी गयी इस विद्या को बताया है। इस घटना में चाहे तथ्य हो या नहीं, पर इतना स्पष्ट है कि ईसवी सन् की तीसरी शताब्दी के ज्योतिर्विदों में इनका गौरवपूर्ण स्थान था। वराहमिहिराचार्य ने बृहज्जातक में कालकसंहिता का उल्लेख किया है। इससे स्पष्ट है कि उन्होंने एक संहिता ग्रन्थ भी लिखा था, जो आज उपलब्ध नहीं है, पर निशीथचूर्णि, आवश्यकचूर्णि आदि ग्रन्थों से इनके ज्योतिषज्ञान का पता सहज में लगाया जा सकता है। ईसवी सन् की प्रथम और द्वितीय शताब्दी के मध्य में होनेवाले आचार्य उमास्वामी भी ज्योतिष के आवश्यक सिद्धान्तों से अभिज्ञ थे।

द्वितीय आर्यभट्ट—इनका सिद्धान्त 'महाआर्यभट्टीय' के नाम से प्रसिद्ध है। इसमें १८ अध्याय एवं ६२५ आर्या-उपगीति हैं; पाटीगणित, क्षेत्र-व्यवहार और बीज-गणित भी इसमें सम्मिलित हैं। पराशर सिद्धान्त से इसमें ग्रह भगण लिये हैं। इसने प्रथम आर्यभट्ट के सिद्धान्त में कई तरह से संशोधन किया है। कुछ लोग द्वितीय आर्यभट्ट का काल ब्रह्म गुप्त के बाद बतलाते हैं, पर निश्चित प्रमाण के अभाव में कुछ नहीं कहा जा सकता है। भास्कराचार्य ने अपने सिद्धान्तशिरोमणि के स्पष्टाधिकार में द्रेष्काणोदय आर्यभट्टीय का दिया है, अतः यह भास्कर के पूर्ववर्ती हैं, इतना निश्चित है। महाआर्यसिद्धान्त ज्योतिष की दृष्टि से अत्यन्त महत्त्वपूर्ण है। इसकी परम्परा पीछे के अनेक ज्योतिर्विदों ने अपनायी है। इनके जीवन-वृत्त के सम्बन्ध में निश्चित रूप से कुछ भी ज्ञात नहीं, पर इनके पाण्डित्य का अनुमान महाआर्यसिद्धान्त से किया जा सकता है।

लल्लाचार्य—इनके पिता का नाम भट्टत्रिविक्रम और पितामह का नाम शाम्ब था। लल्लाचार्य के गुरु का नाम प्रथम आर्यभट्ट बताया गया है। इनका जन्म शक सं. ४२१ में हुआ था। इन्होंने अपने 'शिष्यधीवृद्धि' नामक ज्योतिष ग्रन्थ की रचना आर्यभट्ट की परम्परा को लेकर की है :

आचार्याऽऽर्यभटोदितं सुविषमं व्योमौकसां कर्म य-
च्छिष्याणामभिधीयते तदधुना लल्लेन धीवृद्धिदम् ॥

विज्ञाय शास्त्रमलमार्यभट्टप्रणीतं तन्त्राणि यद्यपि कृतानि तदीयशिष्यैः।
कर्मक्रमो न खलु सम्यगुदीरितस्तः कर्म ब्रवीम्यहमतः क्रमशस्तु सूक्तम् ॥

लल्लाचार्य गणित, जातक और संहिता इन तीनों स्कन्धों में पूर्ण प्रवीण थे। यद्यपि यह आर्यभट्ट के सिद्धान्तों को लेकर चले हैं, पर तो भी अनेक विशेष विषय इनके ग्रन्थों में पाये जाते हैं। शिष्यधीवृद्धि में प्रधान रूप से गणिताध्याय और गोलाध्याय, ये दो प्रकरण

हैं। गणिताध्याय में मध्यमाधिकार, स्पष्टाधिकार, त्रिप्रश्नाधिकार, चन्द्रग्रहणाधिकार, सूर्यग्रहणाधिकार, पर्वसम्भवाधिकार, ग्रहयुत्यधिकार, भग्रहयुत्यधिकार, महापाताधिकार और उत्तराधिकार नामक उपप्रकरण हैं। गोलाध्याय में छेदाधिकार, गोलबन्धाधिकार, मध्यगतिवासना, भूगोलाध्याय, ग्रहभ्रमसंस्थाध्याय, भुवनकोश-मिथ्याज्ञानाध्याय, यन्त्राध्याय और प्रश्नाध्याय नामक उपप्रकरण हैं। इनका 'रत्नकोष' नामक संहिता ग्रन्थ भी मिलता है। भास्कराचार्य ने यद्यपि इनके सिद्धान्तों का खण्डन किया है, पर तो भी इनकी विद्वत्ता का लोहा उन्होंने मानने से इनकार नहीं किया है।

त्रिस्कन्धविद्याकुशलैकमल्लो लल्लोऽपि यत्राप्रतिमो बभूव।
यातेऽपि किंचिद् गणिताधिकारे पाताधिकारे गमनाधिकारः ॥

उपर्युक्त श्लोक से स्पष्ट है कि भास्कराचार्य भी लल्ल की विद्वत्ता के क़ायल थे। यदि सूक्ष्मनिरीक्षण द्वारा भास्कर की रचनाओं का परीक्षण किया जाये तो स्पष्ट ज्ञात होगा कि लल्लाचार्य की अनेक बातें ज्यों की त्यों अपना ली गयी हैं। उत्क्रमज्या द्वारा साधित ग्रहप्रणाली इनकी मौलिक विशेषता है।

पूर्वमध्यकाल (ई. ५०१–१००० तक)

सामान्य परिचय

इस युग में ज्योतिषशास्त्र उन्नति की चरम सीमा पर था। वराहमिहिर जैसे अनेक धुरन्धर ज्योतिर्विद हुए, जिन्होंने इस विज्ञान को क्रमबद्ध किया तथा अपनी अद्वितीय प्रतिभा द्वारा अनेक नवीन विषयों का समावेश किया। इस युग के प्रारम्भिक आचार्य वराहमिहिर या वराह हैं, जिन्होंने अपने पूर्वकालीन प्रचलित सिद्धान्तों का पंचसिद्धान्तिका में संग्रह किया। इस काल में ज्योतिष के सिद्धान्त, संहिता और होरा ये तीन भेद प्रस्फुटित हो गये थे। ग्रहगणित के क्षेत्र में सिद्धान्त, तन्त्र एवं करण इन तीन भेदों का प्रचार भी होने लग गया था। सिद्धान्तगणित में कल्पादि से, तन्त्र में युगादि से और करण में शकाब्द पर से अहर्गण बनाकर ग्रहादि का आनयन किया जाता है। सिद्धान्त में जीवा और चाप के गणित द्वारा ग्रहों का फल लाकर आनीत मध्यमग्रह में संस्कार कर देते हैं तथा भौमादि ग्रहों का मन्द और शीघ्रफल लाकर मन्दस्पष्ट और स्पष्ट मान सिद्ध करते हैं।

इस काल में उदयास्त, युति, शृंगोन्नति आद का गणित भी प्रचलित हो गया था। ब्रह्मपुत्र और महावीराचार्य ने गणित विषय के अनेक सिद्धान्तों को साहित्य का रूप प्रदान किया। महावीराचार्य की असीमबद्ध संख्याओं का समाधान की क्रिया बड़ी विलक्षण है। उपर्युक्त दोनों आचार्यों के बीजगणित-विषयक सिद्धान्तों पर दृष्टिपात करने से ज्ञात होगा कि इस युग में—१. ऋण राशियों के समीकरण की कल्पना, २. वर्ग समीकरण को हल करना, ३. एक वर्ग, अनेक वर्ग समीकरण कल्पना, ४. वर्ग, घन और अनेक घातसमीकरणों को हल करना, ५. अंकपाश, संख्या के एकादि भेद और कुट्टक के नियम, ६. केन्द्रफल को निकालना, ७. असीमाबद्ध समीकरण, ८. द्वितीय स्थान की राशियों का असीमाबद्ध समीकरण, ९.

अर्द्धच्छेद, त्रिकच्छेद आदि लघुरिक्थ सम्बन्धी गणित, १०. अभिन्न राशियों का भिन्न राशियों के रूप में परिवर्तन करना आदि सिद्धान्त प्रचलित थे। पूर्वमध्यकाल में अंकगणित के भी निम्न सिद्धान्त आविष्कृत हो चुके थे :

१. अभिन्न गुणन, २. भागहार, ३. वर्ग, ४. वर्गमूल, ५. घन, ६. घनमूल, ७. भिन्न-समच्छेद, ८. भागजाति, ९. प्रभागजाति, १०. भागानुबन्ध, ११. भागमातृजाति, १२. त्रैराशिक, १३. पंचराशिक, १४. सप्तराशिक, १५. नवराशिक, १६. भाण्ड-प्रतिभाण्ड, १७. मिश्रक-व्यवहार, १८. सुवर्ण गणित, १९. प्रक्षेपक गणित, २०. समक्रय-विक्रय गणित, २१. श्रेणीव्यवहार, २२. क्षेत्रव्यवहार, २३. छायाव्यवहार, २४. स्वांशानुबन्ध, २५. स्वांशापवाह, २६. इष्टकर्म, २७. द्वीष्टकर्म, २८. चितिघन, २९. घनातिघन, ३०. एकपत्रीकरण, ३१. वर्गप्रकृति आदि सिद्धान्तों का अंकगणित में प्रयोग होने लगा था।

रेखागणित के भी अनेक सिद्धान्तों का प्रयोग उस काल में व्यापक रूप से होता था। तथा इस विषय का वर्णन इस युग के प्रायः सभी ज्योतिर्विदों ने विस्तार से किया है। सिद्धान्त गणित, जिसके लिए जीवा-चाप के गणित की नितान्त आवश्यकता होती है और जिसका प्रचार आदिकाल से ही चला आ रहा था, इस युग में उसमें अनेक संशोधन किये गये। लल्लाचार्य ने उत्क्रमज्या द्वारा ही ग्रहगणित का साधन किया था, पर इस काल के आचार्यों ने यूनान और ग्रीस के सम्पर्क से क्रमज्या, कोटिज्या, कोट्युत्क्रमज्या आदि द्वारा ग्रहगणित का साधन किया। पूर्वमध्यकाल के ज्योतिष-साहित्य में रेखागणित के निम्न सिद्धान्तों का उल्लेख मिलता है :

१. समकोण त्रिभुज में कर्ण का वर्ग दोनों भुजाओं के जोड़ के बराबर होता है।
२. दिये हुए दो वर्गों का योग अथवा अन्तर के समान वर्ग बनाना।
३. आयत को वर्ग या वर्ग को आयत में बदलना।
४. करणों द्वारा राशियों का वास्तविक वर्गमूल निकालना।
५. वृत्त को वर्ग और वर्ग को वृत्तों में बदलना।
६. शंकु और वर्तुल के घनफल निकालना।
७. विषमकोण चतुर्भुज के कर्णानयन की विधि और उसके दोनों कर्णों के ज्ञान से भुज-साधन करना।
८. त्रिभुज, विषमकोण, चतुर्भुज और वृत्त का व्यास निकालना।
९. सूचीव्यास, वलयव्यास और वृत्तान्तर्गत वृत्त का व्यास निकालना।
१०. वृत्तपरिधि, वृत्तसूची और उसके घनफल को निकालना।

रेखागणित और भूमिति गणित के साथ-साथ कोणमिति के ज्योतिषत्रिविषयक गणितों का प्रचार भी ई. सन् ७००-८०० के मध्य में हुआ था तथा ब्रह्मगुप्त ने इस सम्बन्ध में अनेक सिद्धान्त निर्धारित कर त्रिकोणमिति गणित को ग्रहसाधन के लिए व्यवहृत किया था। बृहत्संहिता में दैवज्ञ की विद्वत्ता की समालोचना करते हुए लिखा है :

तत्र ग्रहगणिते पौलिशरोमकवासिष्ठसौरपैतामहेषु पञ्चस्वेतेषु सिद्धान्तेषु युगवर्षायनर्तुमासपक्षाहोरात्रयाममुहूर्तनाडीविनाडीप्राणत्रुटित्रुट्यवयवाद्यस्य कालस्य क्षेत्रस्य

च वेत्ता। चतुर्णां च मासानां सौरसावननाक्षत्रचान्द्राणामधिमासकावम् सम्भवस्य च कारणाभिज्ञः।

षष्ट्यब्दयुगवर्षमासदिनहोराधिपतीनां प्रतिपत्तिविच्छेदवित्।
सौरादीनां च मानानां सदृशासदृशयोग्यायोग्यत्वप्रतिपादनपटुः॥

सिद्धान्तभेदेऽप्ययननिवृत्तौ प्रत्यक्षं सममण्डलरेखासंप्रयोगाभ्युदितांशकानां च छायाजलयन्त्रदृग्गणितसाम्येन प्रतिपादनकुशलः। सूर्यादीनां च ग्रहाणां शीघ्रमन्द-याम्योत्तरनीचोच्चगतिकारणाभिज्ञः।...

अर्थात्—पौलिश, रोमक, वसिष्ठ, सौर, पितामह—इन पाँचों सिद्धान्त सम्बन्धी युग, वर्ष, अयन, ऋतु, मास, पक्ष, अहोरात्र, प्रहर, मुहूर्त, घटी, पल, प्राण, त्रुटि और त्रुटि के सूक्ष्म अवयव काल विभाग; कला, विकला, अंश और राशि रूप सूक्ष्म क्षेत्रविभाग; सौर, सावन, नाक्षत्र और चान्द्र मास, अधिमास तथा क्षयमास का सोपपत्तिक विवरण; सौर एवं चान्द्र दिनों का यथार्थ मान और प्रचलित मान्यताओं के परीक्षण का विवेक; सममण्डलीय छायागणित; जलयन्त्र द्वारा दृग्गणित; सूर्यादि ग्रहों की शीघ्रगति, मन्दगति, दक्षिणगति, उत्तरगति, नीच और उच्च गति तथा उनकी वासनाएँ, सूर्य और चन्द्रमा के ग्रहण में स्पर्श और मोक्षकाल; स्पर्श और मोक्ष की दिशा; ग्रहण की स्थिति, विमर्द, वर्ण और देश; ग्रहयुति, ग्रहस्थिति, ग्रहों की योजनात्मक कक्षाएँ; पृथ्वी, नक्षत्र आदि का भ्रमण; अक्षांश, लम्बांश, द्युज्या, चरखण्डकाल, राशियों के उदयमान एवं छायागणित आदि विभिन्न विषयों में पारंगत ज्योतिषी को होना आवश्यक बताया गया है।

उपर्युक्त वाराही संहिता के विवेचन से स्पष्ट है कि पूर्वमध्यकाल के प्रारम्भ में ही ग्रहगणित उन्नति की चरम सीमा पर था। ई.सन् ६०० में इस शास्त्र के साहित्य का निर्माण स्वतन्त्र आकाश-निरीक्षण के आधार पर होने लग गया था। आदिकालीन ज्योतिष के सिद्धान्तों को परिष्कृत किया जाने लगा था।

फलित ज्योतिष—पूर्वमध्यकाल में फलित ज्योतिष के संहिता और जातक अंगों का साहित्य अधिक रूप से लिखा गया है। राशि, होरा, द्रेष्काण, नवांश, द्वादशांश, त्रिंशांश, परिग्रह स्थान, कालबल, चेष्टाबल, ग्रहों के रंग, स्वभाव, धातु, द्रव्य, जाति, चेष्टा, आयुर्दाय, दशा, अन्तर्दशा, अष्टकवर्ग, राजयोग, द्विग्रहादियोग, मुहूर्तविज्ञान, अंगविज्ञान, स्वप्नविज्ञान, शकुन एवं प्रश्नविज्ञान आदि फलित के अंगों का समावेश होरा शास्त्र में होता था। संहिता में सूर्यादि ग्रहों की चाल, उनका स्वभाव, विकार, प्रमाण-वर्ण, किरण, ज्योति, संस्थान, उदय, अस्त, मार्ग, पृथक् मार्ग, वक्र, अनवक्र, नक्षत्र-विभाग और कूर्म का सब देशों में फल, अगस्त्य की चाल, सप्तर्षियों की चाल, नक्षत्र-व्यूह, ग्रह-शृंगाटक, ग्रहयुद्ध, ग्रहसमागम, परिवेष, परिध, वायु, उल्का, दिग्दाह, भूकम्प, गन्धर्वनगर, इन्द्रधनुष, वास्तुविद्या, अंगविद्या, वायसविद्या, अन्तरचक्र, मृगचक्र, अश्वचक्र, प्रासादलक्षण, प्रतिभालक्षण, प्रतिभाप्रतिष्ठा, घृतलक्षण, कम्बललक्षण, खड्गलक्षण, पट्टलक्षण, कुक्कुटलक्षण, कूर्मलक्षण, गोलक्षण, अजालक्षण, अश्वलक्षण, स्त्री-पुरुषलक्षण एवं साधारण, असाधारण सभी प्रकार के शुभाशुभों का विवेचन

अन्तर्भूत होता था। कहीं-कहीं पर तो कुछ विषय होरा के—स्वप्न और शकुन संहिता में गर्भित किये गये हैं। इस युग का फलित ज्योतिष केवल पंचांग ज्ञान तक ही सीमित नहीं था। किन्तु समस्त मानव-जीवन के विषयों की आलोचना और निरूपण करना भी इसी में शामिल था।

ईसवी सन् ५०० के लगभग ही भारतीय ज्योतिष का सम्पर्क ग्रीस, अरब और फ़ारस आदि देशों के ज्योतिष के साथ हुआ था। वराहमिहिर ने यवनों के सम्बन्ध में लिखा है कि :

म्लेच्छा हि यवनास्तेषु सम्यक् शास्त्रमिदं स्थितम्।
ऋषिवत्तेऽपि पूज्यन्ते किं पुनर्दैवविद् द्विजः ॥

अर्थात्—म्लेच्छ-कदाचारी यवनों के मध्य में ज्योतिषशास्त्र का अच्छी तरह प्रचार है, इस कारण वे भी ऋषि-तुल्य पूजनीय हैं; इस शास्त्र का जाननेवाला द्विज हो तो बात ही क्या?

इससे स्पष्ट है कि वराहमिहिर के पूर्व यवनों का सम्पर्क ज्योतिष-क्षेत्र में पर्याप्त मात्रा में विद्यमान था। ईसवी सन् ७७१ में भारत का एक जत्था बग़दाद गया था और उन्हीं में से एक विद्वान् ने 'ब्रह्मस्फुटसिद्धान्त' का व्याख्यान किया था। अरब में इस ग्रन्थ का अनुवाद 'अस सिन्द हिन्द' नाम से हुआ है। इब्राहीम इब्रहबीब अलफ़जारी ने इस ग्रन्थ के आधार पर मुसलिम चान्द्रवर्ष के स्पष्टीकरण के लिए एक सारणी बनायी थी। अरब में और भी कई विद्वान् ज्योतिष के प्रचार के लिए गये थे, जिससे वहाँ भारत के युगमान के अनुकरण पर हजारों-लाखों वर्षों की युगप्रणाली की कल्पना कर ग्रन्थ लिखे गये।

भारत का ग्रीस के साथ ईसवी सन् १०० के लगभग ही सम्पर्क हो गया था; जिससे ज्योतिषशास्त्र में परस्पर में बहुत आदान-प्रदान हुआ। भारतीय ज्योतिष में अक्षांश, देशान्तर, चरसंस्कार और उदयास्त की सूक्ष्म विवेचना मुसलिम और ग्रीक सभ्यता के सम्पर्क से इस युग में विशेष रूप से हुई। पर सिद्धान्त और संहिता इन दो अंगों को साहित्यिक रूप प्रदान करने का सौभाग्य भारत को ही है। यद्यपि जातक अंग को जन्म इस देश ने दिया था, पर लालन-पालन में विदेशी सभ्यता का रंग चढ़ने से भारत माँ की गोद में पलने पर भी कुछ संस्कार पूर्वमध्यकाल में ग्रीक लोगों के पड़ गये, जो आज तक अक्षुण्ण रूप से चले आ रहे हैं।

आज के कुछ विद्वान् ईसवी सन् ६००-७०० के लगभग भारत में प्रश्न अंग का ग्रीक और अरबों के सम्पर्क से विकास हुआ बतलाते हैं तथा इस अंग का मूलाधार भी उक्त देशों के ज्योतिष को मानते हैं, पर यह गलत मालूम पड़ता है क्योंकि जैन ज्योतिष जिसका महत्त्वपूर्ण अंग प्रश्नशास्त्र है, ईसवी सन् की चौथी और पाँचवीं शताब्दी में पूर्ण विकसित था। इस मान्यता में भद्रबाहुविरचित अर्हच्चूड़ामणिसार प्रश्नग्रन्थ प्राचीन और मौलिक माना गया है। आगे के प्रश्नग्रन्थों का विकास इसी ग्रन्थ की मूल भित्ति पर हुआ प्रतीत होता है। जैन मान्यता में प्रचलित प्रश्न-शास्त्र का विश्लेषण करने से प्रतीत होता है कि इसका बहुत कुछ अंश मनोविज्ञान के अन्तर्गत ही आता है। ग्रीकों से जिस प्रश्न-शास्त्र को भारत ने ग्रहण किया है, वह उपर्युक्त प्रश्न-शास्त्र से विलक्षण है।

ईसवी सन् की ७वीं और ८वीं सदी के मध्य में 'चन्द्रोन्मीलन' नामक प्रश्न-ग्रन्थ बहुत प्रसिद्ध था, जिसके आधार पर 'केरल प्रश्न' का आविष्कार भारत में हुआ है। अतएव यह मानना पड़ेगा कि प्रश्न अंग का जन्म भारत में हुआ और उसकी पुष्टि ईसवी सन् ७००-९०० तक के समय में विशेष रूप से हुई।

उद्योतन सूरि की कृति कुवलयमाला में ज्योतिष और सामुद्रिकविषयक पर्याप्त निर्देश पाया जाता है। इस ग्रन्थ का रचनाकाल शक संवत् ७०० में एक दिन न्यून है अर्थात् शक ६९९ चैत्र कृष्णा चतुर्दशी को समाप्त किया गया है। उद्योतन ने द्वादश राशियों में उत्पन्न नर-नारियों का भविष्य निरूपण करते हुए लिखा है :

णिच्चं जो रोगभागी णरवइ-सयणे पूइओ चक्खुलोलो,
धम्मत्थे उज्जमंतो सहियण-वलिओ ऊरुजंघो कयण्णू।
सूरो जो चंडकम्मे पुणरवि मउओ वल्लहो कामिणीणं,
जेट्ठो सो भाउयाणं जल-णिचय-महा-भीरुओ मेस-जाओ।।

—कुवलयमाला, पृ. १९

अर्थात्—मेष राशि में उत्पन्न हुआ व्यक्ति रोगी, राजा और स्वजनों से पूजित, चंचल नेत्र, धर्म और अर्थ की प्राप्ति के लिए उद्योगशील, मित्रों से विमुख, स्थूल जाँघवाला, कृतज्ञ, शूरवीर, प्रचण्ड कर्म करनेवाला, अल्पधनी, स्त्रियों का प्रिय, भाइयों में बड़ा एवं जल-समूह—नदी, समुद्र आदि से भीत रहनेवाला होता है।

अट्ठारस-पणुवीसो चुक्को सो कह वि मरइ सय-बरिसो।
अंगार-चोद्दसीए कित्तिय तह अड्ढ-रत्तम्मि।। —कुवलयमाला, पृ. १९

मेष राशि में जन्मे व्यक्ति को १८ और २५ वर्ष की अवस्था में अल्पमृत्यु का योग आता है। यदि ये दोनों अकालमरण निकल जाते हैं तो सौ वर्ष की आयु में मरणकाल आता है और कार्तिक मास की शुक्ला चतुर्दशी की मध्यरात्रि में मरण होता है।

भोगी अत्थस्स दाया पिहुल-गल-महा-गंडवासो सुमित्तो
दक्खो सच्चो सुई जो सललिय-गमणो दुट्ठ-पुत्तो कलत्तो।
तेयंसी भिच्च-जुत्तो पर-जुवइ-महाराग-रत्तो गुरूणं
गंडे खंधे व्व चिण्हं कुजण-जण-पिओ कंठ-रोगी विसम्मि।।
चुक्को चउप्पयाओ पणुवीसो मरइ सो सयं पत्तो।
मग्गसिर-पहर-सेसे बुह-रोहिणि पुण्ण-खेत्तम्मि।। —कुवलयमाला, पृ. १९

वृष राशि में उत्पन्न हुआ व्यक्ति भोगी, धन देनेवाला, स्थूल गलेवाला, बड़े-बड़े गालवाला-कपोलवाला, अच्छे मित्रवाला, दक्ष, सत्यवादी, शुचि, लीलापूर्वक गमन करनेवाला, दुष्ट, पुत्र-स्त्रीवाला, तेजस्वी, भृत्ययुक्त, परस्त्रियों का अनुरागी, कन्धे और गले पर तिल या मस्से के चिह्न से युक्त तथा लोगों के लिए प्रिय होता है। इसका चतुष्पद—पशु आदि के कारण से पच्चीस वर्ष की अवस्था में अकालमरण सम्भव होता है। यदि इस अकालमरण

से बच गया तो मार्गशीर्ष शुक्ल पक्ष में बुधवार रोहिणी नक्षत्र में सौ वर्ष की आयु में किसी पुण्य क्षेत्र में इसका मरण होता है।

इसी प्रकार अन्य राशियों में जन्मग्रहण किये हुए व्यक्तियों का फलादेश भी इस ग्रन्थ में वर्णित है। इस फलादेश की सत्यतासत्यता के सम्बन्ध में बताया है :

"जइ रासी बलिओ रासी-सामी-गहो तहेव, सव्वं सच्चं। अह एए ण बलिया कूरग्गहणिरिक्खिया य होंति ता किंचि सच्चं किंचि मिच्छं ति।"

अर्थात्—राशि और राशीश के बलवान् होने पर पूर्वोक्त सभी फल सत्य होता है। यदि राशि और राशीश बलवान् न हों और क्रूरग्रह की राशि हो या राशीश भी क्रूर हो अथवा पाप ग्रह से वह राशि और राशीश दृष्ट हो तो फलादेश कुछ सत्य और कुछ मिथ्या होता है।

सामुद्रिक शास्त्र के सम्बन्ध में बताया है :

पुव्व-कय-कम्म-रइयं सुहं च दुक्खं च जायए देहे।
तत्थ वि य लक्खणाइं तेणेमाइं णिसामेह ॥
अंगाइं उवंगाइं अंगोवंगाइं तिण्णि देहम्मि।
ताणं सुहमसुहं वा लक्खणमिणमो णिसामेहि ॥
लक्खिज्जइ जेण सुहं दुक्खं च णराण दिट्ठि-मेत्ताणं।
तं लक्खणं ति भणियं सव्वेसु वि होई जीवेसु ॥
रत्तं सिणिद्ध-मउयं पाय-तलं जस्स होइ पुरिसस्स।
ण य सेयणं ण वंकं सो राया होइ पुहईए ॥
ससि-सूर-वज्ज-चक्कंकुसे य संखं च होज्ज छत्तं वा।
अह-वुड्ढ-सिणिद्धाओ रेहाओ होंति णरवइणो ॥
भिण्णा संपुण्णा वा संखाइं देंति पच्छिमा भोगा।
अह खर-वराह-जंबुय-लक्खंका दुक्खिया होंति ॥
वट्टे पायंगुट्ठे अणुकूला होइ भारिया तस्स।
अंगुलि-पमाण-मेत्ते अंगुट्ठे मारिया दुइया ॥
जइ मज्झिमाए सरिसो कुलवुड्ढी अह अणामिया सरिसो।
सो होइ जमल-जणओ पिउणो मरणं कणिट्ठीए ॥
पिहुलंगुट्ठे पहिओ विणयग्गेणं च पावए विरहं।
भग्गेण णिच्च-दुहिओ जह भणियं लक्खणण्णूहिं ॥

—कुवलयमाला, पृ. १२९, प्रघट्टक २१६

पूर्वोपार्जित कर्मों के कारण जीवधारियों को सुख-दुःख की प्राप्ति होती है। इस सुख-दुःखादि को लक्षणों के द्वारा जाना जा सकता है। शरीर में अंग, उपांग और अंगोपांग—ये तीन होते हैं, इन तीनों के लक्षण कहे जाते हैं। जिसके द्वारा मनुष्यों के सुख-दुख अवलोकनमात्र से जाने जायें, उसे लक्षण कहते हैं। जिस मनुष्य के पैर का तलवा

लाल, स्निग्ध और मृदुल हो तथा स्वेद और वक्रता से रहित हो तो वह इस पृथ्वी का राजा होता है। पैर में चन्द्रमा, सूर्य, वज्र, चक्र, अंकुश, शंख और छत्र के चिह्न होने पर व्यक्ति राजा होता है। स्निग्ध और गहरी रेखाएँ भी नृपति के पैर के तलवे में होती हैं। शंखादि चिह्न भिन्न अपूर्ण या अस्पष्ट अथवा पूर्ण-स्पष्ट हों तो उत्तरार्द्ध अवस्था में सुख-भोगों की प्राप्ति होती है। खर-गर्दभ, वराह-शूकर, जम्बुक-शृगाल की आकृति के चिह्न हों तो व्यक्ति को कष्ट होता है। समान पदांगुष्ठों के होने पर मनोनुकूल पत्नी की प्राप्ति होती है। अँगुली के समान अंगूठे के होने पर दो पत्नियों की प्राप्ति होती है। यदि मध्यमा अँगुली के समान अँगूठा हो तो कुलवृद्धि होती है। अनामिका के समान अँगूठा के होने पर यमल सन्तान की प्राप्ति एवं कनिष्ठा के समान होने पर पिता की मृत्यु होती है। स्थूल अँगूठा होने पर पथिक—यात्रा करनेवाला होता है। आगे की ओर अँगूठा के झुका रहने पर विरह वेदना का कष्ट होता है। भग्न अँगूठा के होने पर नित्य दुःख की प्राप्ति होती है।

जिस व्यक्ति की तर्जनी अँगुली दीर्घ होती है, वह व्यक्ति महिलाओं द्वारा सर्वदा तिरस्कृत किया जाता है। वह नाटा होता है, कलहप्रिय होता है और पिता-पुत्र से रहित होता है। जिसकी मध्यमा अँगुली दीर्घ होती है, उसके धन का विनाश होता है और घर से स्त्री का भी विनाश या निर्वास होता है। अनामिका के दीर्घ होने से व्यक्ति विद्वान् होता है तथा कनिष्ठा के दीर्घ होने से नाटा होता है। हाथ की अँगुलियों की परीक्षा का विषय इस ग्रन्थ में अत्यन्त विस्तारपूर्वक दिया है। सामुद्रिक शास्त्र का ग्रन्थ न होने पर भी सामुद्रिक शास्त्र की अनेक महत्त्वपूर्ण बातें आयी हैं।

कुवलयमाला में अँगुली और अँगूठे के विचार के अनन्तर हाथ की हथेली का विचार किया है। हथेली के स्पर्श, रूप, गन्ध एवं लम्बाई-चौड़ाई का विस्तारपूर्वक विचार किया गया है। वृषण और लिंग के ह्रस्व, दीर्घ एवं विभिन्न आकृतियों का पर्याप्त विचार किया है। वक्षस्थल, जिह्वा, दाँत, ओष्ठ, कान, नाक आदि के रूप-रंग, आकृति, स्पर्श आदि के द्वारा शुभाशुभ फल वर्णित है। अंगज्ञान के सम्बन्ध में लेखक ने इस कथाग्रन्थ में पर्याप्त सामग्री संकलित कर दी है। दीर्घायु का विचार करते हुए लिखा गया है :

कण्ठं पिट्ठी लिंगं जंघे य हवंति हस्सया एए।
पिहुला हत्थ पाया दीहाऊसुत्थिओ होइ ॥
चक्खु-सिणेहे सुहओ दंतसिणेहे य भोयणं मिट्ठं।
तय-णेहेण उ सोक्खं णह-णेहे होई परम-धणं ॥

—कुवलयमाला, पृ. १३१, अनु. २१६

कण्ठ, पीठ, लिंग और जाँघ का ह्रस्व-लघु होना शुभ है। हाथ और पैर का दीर्घ होना भी शुभ फल का सूचक है। आँखों के चिकने होने से व्यक्ति सुखी, दाँतों के चिकने होने से मिष्टान्नप्रिय, त्वचा के चिकना होने से सुख एवं नाखूनों के चिकने होने से अत्यधिक धन की प्राप्ति होती है।

इस प्रकार नेत्र, नाखून, दाँत, जाँघ, पैर, हाथ आदि के रूप-रंग, स्पर्श, सन्तुलित प्रमाण-वजन एवं आकार-प्रकार के द्वारा फलादेश का निरूपण किया गया है।

प्रमुख ज्योतिर्विद् और उनके ग्रन्थों का परिचय

वराहमिहिर—यह इस युग के प्रथम धुरन्धर ज्योतिर्विद् हुए, इन्होंने इस विज्ञान को क्रमबद्ध किया तथा अपनी अप्रतिम प्रतिभा द्वारा अनेक नवीन विशेषताओं का समावेश किया। इनका जन्म ईसवी सन् ५०५ में हुआ था। बृहज्जातक में इन्होंने अपने सम्बन्ध में कहा है :

आदित्यदासतनयस्तदवाप्तबोधः काम्पिल्लके सवितृलब्धवरप्रसादः।
आवन्तिको मुनिमतान्यवलोक्य सम्यग्घोरां वराहमिहिरो रुचिरां चकार ॥

अर्थात्—काम्पिल्ल (कालपी) नगर में सूर्य से वर प्राप्त कर अपने पिता आदित्यदास से ज्योतिषशास्त्र की शिक्षा प्राप्त की, अनन्तर उज्जैनी में जाकर रहने लगे और वहीं पर बृहज्जातक की रचना की। इनकी गणना विक्रमादित्य की सभा के नवरत्नों में की गयी है। यह त्रिस्कन्ध ज्योतिषशास्त्र के रहस्यवेत्ता, नैसर्गिक कविता-लता के प्रेमाश्रय कहे गये हैं। इन्होंने ज्योतिषशास्त्र को जो कुछ दिया है, वह युग-युगों तक इनकी कीर्तिकौमुदी को भासित करता रहेगा। इन्होंने अपने पूर्वकालीन प्रचलित सिद्धान्तों का पंचसिद्धान्तिका में संग्रह किया है। इसके अतिरिक्त बृहत्संहिता, बृहज्जातक, लघुजातक, विवाह-पटल, योगयात्रा और समास-संहिता नामक ग्रन्थों की रचना की है।

वराहमिहिर के जातक ग्रन्थों का विषय सर्वसामान्य, गम्भीर और मत-मतान्तरों के विचारों से परिपूर्ण है। बृहज्जातक में मेषादि राशियों की यवन संज्ञा, अनेक पारिभाषिक शब्द एवं यवनाचार्यों का भी उल्लेख किया है। मय, शक्ति, जीवशर्मा, मणित्य, विष्णुगुप्त, देवस्वामी, सिद्धसेन और सत्याचार्य आदि के नाम आये हैं। इनकी संहिता भी अद्वितीय है, ज्योतिषशास्त्र में यों अनेक संहिताएँ हैं, पर इनकी संहिता-जैसी एक भी पुस्तक नहीं। डॉक्टर कर्न ने बृहत्संहिता की बड़ी प्रशंसा की है। वास्तविक बात तो यह है कि फलित ज्योतिष का इनके समान कोई अद्वितीय ज्ञाता नहीं हुआ है। यह निष्पक्ष ज्योतिषी और भारतीय ज्योतिष साहित्य के निर्माता माने जाते हैं। पाश्चात्य विद्वानों का कथन है कि वराहमिहिराचार्य ने भारत के ज्योतिष को केवल ग्रह-नक्षत्र ज्ञान तक ही मर्यादित न रखा, वरन् मानव-जीवन के साथ उसकी विभिन्न पहलुओं द्वारा व्यापकता बतलायी तथा जीवन के सभी आलोच्य विषयों की व्याख्याएँ कीं। सचमुच वराहमिहिराचार्य ने एक खासा साहित्य इस पर तैयार किया है।

कल्याणवर्मा—इनका समय ईसवी सन् ५७८ माना जाता है। इन्होंने यवनों के होराशास्त्र का सार संकलित कर सारावली नामक जातक ग्रन्थ की रचना की है। यह सारावली वराहमिहिर के बृहज्जातक से भी बड़ी है, जातकशास्त्र की दृष्टि से यह अत्यन्त महत्त्वपूर्ण है। भट्टोत्पल ने बृहज्जातक की टीका में सारावली के कई श्लोक उद्धृत किये हैं। कल्याणवर्मा ने स्वयं अपने सम्बन्ध में लिखा है :

देवग्रामपयःप्रपोषणबलाद् ब्रह्माण्डसत्पञ्जरं
कीर्तिः सिंहविलासिनीव सहसा यस्येह भित्त्वा गता।

होरां व्याघ्रभटेश्वरो रचयति स्पष्टां तु सारावलीं
श्रीमान् शास्त्रविचारनिर्मलमना कल्याणवर्मा कृती ॥

इससे स्पष्ट है कि वराहमिहिर के होराशास्त्र को संक्षिप्त देख यवन होराशास्त्रों का सार लेकर इन्होंने सारावली की रचना की है। इस ग्रन्थ की श्लोक-संख्या ढाई हजार से अधिक बतायी जाती है।

ब्रह्मगुप्त—यह वेधविद्या में निपुण, प्रतिष्ठित और असाधारण विद्वान् थे। इनका जन्म पंजाब के अन्तर्गत 'भिलनालका' नामक स्थान में ईसवी सन् ५९८ में हुआ था। ३० वर्ष की अवस्था में इन्होंने 'ब्रह्मस्फुट सिद्धान्त' नामक ग्रन्थ की रचना की। इसके अतिरिक्त ६७ वर्ष की अवस्था में 'खण्डखाद्यक' नामक एक करण ग्रन्थ भी इन्होंने बनाया था। कहते हैं कि इस ग्रन्थ का यह नाम अर्थात् ईख के रस से बना हुआ मधुर रखने का कारण यह बताया जाता है कि उस समय में इस देश में बौद्ध और सनातनियों में धार्मिक झगड़ा बराबर चला करता था, इससे इन दोनों में शास्त्रार्थ भी खूब होता था। सनातनियों के खण्डन के लिए बौद्ध और जैन ग्रन्थ लिखा करते थे और इन दोनों के खण्डन के लिए सनातनी। ज्योतिष में भी यह खण्डन-मण्डन की प्रथा प्रचलित थी। किसी बौद्ध पण्डित ने 'लवणमुष्टि' अर्थात् एक मुष्टि नमक नामक ग्रन्थ लिखा था; जिसका तात्पर्य यही था कि सनातनियों पर छिड़कने के लिए मुट्ठी-भर नमक। इसी के उत्तर में ब्रह्मगुप्त ने 'खण्डखाद्यक' रचा अर्थात् मुट्ठी-भर नमक के बदले इन्होंने लोगों को मधुरता दी।

ब्रह्मगुप्त ज्योतिष के प्रौढ़ विद्वान् थे। इन्होंने बीजगणित के कई नवीन नियमों का आविष्कार किया, इसी से यह गणित के प्रवर्तक कहे गये हैं। अरबवालों ने बीज-गणित ब्रह्मगुप्त से ही लिया है। इनके गणित ग्रन्थों का अनुवाद अरबी भाषा में भी हुआ सुना जाता है। 'ब्रह्मस्फुट सिद्धान्त' का 'असिन्द हिन्द' और 'खण्डखाद्यक' का 'अलर्कन्द' नाम अरबवालों ने रखा है।

इन्होंने पृथ्वी को स्थिर माना है, इसलिए आर्यभट्ट के पृथ्वी-चलन सिद्धान्त की जी-भर निन्दा की है। ब्रह्मगुप्त ने अपने पूर्व के ज्योतिषियों की ग़लती का समाधान विद्वत्ता के साथ किया है। वैसे तो यह आर्यभट्ट के निन्दक थे, पर अपना करण ग्रन्थ खण्डखाद्यक उसी के अनुकरण पर लिखा है। इस ग्रन्थ के आरम्भ के आठ अध्याय तो केवल आर्यभट्ट के अनुकरण मात्र हैं, उत्तर भाग के तीन अध्यायों में आर्यभट्ट की आलोचना है। अलबेरूनी ने ब्रह्मगुप्त के ज्योतिष ज्ञान की बहुत प्रशंसा की है।

मुंजाल—इनका बनाया हुआ 'लघुमानस' नामक करण ग्रन्थ है, जिसमें ५८४ शकाब्द का अहर्गण सिद्ध किया गया है। इस ग्रन्थ में मध्यमाधिकार, स्पष्टाधिकार, तिथ्याधिकार, त्रिप्रश्नाधिकार, ग्रहयुत्यधिकार, सूर्यग्रहणाधिकार, चन्द्रग्रहणाधिकार और शृंगोन्नत्यधिकार—ये आठ प्रकरण हैं। गणित ज्योतिष की दृष्टि से ग्रन्थ अच्छा मालूम पड़ता है। विषय-प्रतिपादन की शैली सरल और हृदयग्राह्य है। पाठक पढ़ते-पढ़ते गणित जैसे शुष्क विषय को भी रुचि और धैर्य के साथ अन्त तक पढ़ता जाता है और अन्त तक जी नहीं ऊबता है। ग्रन्थकार की यह शैली प्रशंसा के योग्य है।

महावीराचार्य—ब्रह्मगुप्त के पश्चात् जैन सम्प्रदाय में महावीराचार्य नाम के एक धुरन्धर गणितज्ञ हुए। यह राष्ट्रकूट वंश के अमोघवर्ष नृपतुंग के समय में हुए थे, इसलिए इनका समय ईसवी सन् ८५० माना जाता है। इन्होंने ज्योतिषपटल और गणितसारसंग्रह नाम के ज्योतिष ग्रन्थों की रचना की है। ये दोनों ही ग्रन्थ गणित ज्योतिष के हैं, इन ग्रन्थों से इनकी विद्वत्ता का ज्ञान सहज में ही लगाया जा सकता है। गणितसार के प्रारम्भ में गणित विषय की प्रशंसा करते हुए लिखा है :

कामतन्त्रेऽर्थशास्त्रे च गान्धर्वे नाटकेऽपि वा।
सूपशास्त्रे तथा वैद्ये वास्तुविद्यादिवस्तुषु ॥
छन्दोऽलङ्कारकाव्येषु तर्कव्याकरणादिषु।
कलागुणेषु सर्वेषु प्रस्तुतं गणितं परम् ॥
सूर्यादिग्रहचारेषु ग्रहणे ग्रहसंयुतौ।
त्रिप्रश्ने चन्द्रवृत्तौ च सर्वत्राङ्गीकृतं हि तत् ॥

इस ग्रन्थ में संज्ञाधिकार, परिकर्मव्यवहार, कलासवर्णव्यवहार, प्रकीर्णव्यवहार, त्रैराशिकव्यवहार, मिश्रकव्यवहार, क्षेत्र गणितव्यवहार, खातव्यवहार एवं छायाव्यवहार नाम के प्रकरण हैं। मिश्रकव्यवहार में समकुट्टीकरण, विषमकुट्टीकरण और मिश्रकुट्टीकरण आदि अनेक प्रकार के गणित हैं। पाटीगणित और रेखागणित की दृष्टि से इसमें अनेक विशेषताएँ हैं। इनके क्षेत्रव्यवहार प्रकरण में आयत को वर्ग और वर्ग को आयत के रूप में बदलने की प्रक्रिया बतायी है। एक स्थान पर वृत्तों को वर्ग और वर्गों को वृत्त में परिणत किया गया है। समत्रिभुज, विषमत्रिभुज, समकोण चतुर्भुज, विषमकोण चतुर्भुज, वृत्तक्षेत्र, सूचीव्यास, पंचभुजक्षेत्र एवं बहुभुजक्षेत्रों का क्षेत्रफल, घनफल निकाला है। ज्योतिषपटल में ग्रह, नक्षत्र और ताराओं के स्थान, गति, स्थिति और संख्या आदि का प्रतिपादन किया है। यद्यपि ज्योतिषपटल सम्पूर्ण उपलब्ध नहीं है, पर जितना अंश उपलब्ध है उससे ज्ञात होता है कि गणितसार का उपयोग इस ग्रन्थ के ग्रहगणित में किया गया है।

भट्टोत्पल—यह प्रसिद्ध टीकाकार हुए हैं। जिस प्रकार कालिदास के लिए मल्लिनाथ सिद्धहस्त टीकाकार माने जाते हैं, उसी प्रकार वराहमिहिर के लिए भट्टोत्पल एक अद्वितीय प्रतिभाशाली टीकाकार हैं। यदि सच कहा जाये तो मानना पड़ेगा कि इनकी टीका ने ही वराहमिहिर को इतनी ख्याति प्रदान की है। वराहमिहिर के ग्रन्थों के अतिरिक्त वराहमिहिर के पुत्र पृथुयशाकृत षट्पंचाशिका और ब्रह्मगुप्त के खण्डखाद्यक नामक ग्रन्थों पर इन्होंने विद्वत्तापूर्ण समन्वयात्मक टीकाएँ लिखी हैं। टीकाओं के अतिरिक्त प्रश्नज्ञान नामक स्वतन्त्र ग्रन्थ भी इनका रचा बताया जाता है। इस ग्रन्थ के अन्त में लिखा है :

भट्टोत्पलेन शिष्यानुकम्पयावलोक्य सर्वशास्त्राणि।
आर्यासप्तशत्येवं प्रश्नज्ञानं समासतो रचितम् ॥

इससे स्पष्ट है कि सात सौ आर्या श्लोकों में प्रश्नज्ञान नामक ग्रन्थ की रचना की है। भट्टोत्पल ने अपनी टीका में अपने से पहले के सभी आचार्यों के वचनों को उद्धृत कर

एक अच्छा तद्विषयक समन्वयात्मक संकलन किया है। इसके आधार पर से प्राचीन ज्योतिषशास्त्र का महत्त्वपूर्ण इतिहास तैयार किया जा सकता है। इनका समय ईसवी सन् ८८८ है।

चन्द्रसेन—इनका रचा गया केवलज्ञानहोरा नामक महत्त्वपूर्ण विशालकाय ग्रन्थ है। यह ग्रन्थ कल्याणवर्मा के पीछे का रचा गया प्रतीत होता है, इसके प्रकरण सारावली से मिलते-जुलते हैं, पर दक्षिण में रचना होने के कारण कर्णाटक प्रदेश के ज्योतिष का पूर्ण प्रभाव है। इन्होंने ग्रन्थ के विषय को स्पष्ट करने के लिए बीच-बीच में कन्नड़ भाषा का भी आश्रय लिया है। यह ग्रन्थ अनुमानतः तीन-चार हजार श्लोकों में पूर्ण हुआ है। ग्रन्थ के आरम्भ में कहा गया है :

होरा नाम महाविद्या वक्तव्यं च भवद्धितम्।
ज्योतिर्ज्ञानैकसारं भूषणं बुधपोषणम् ॥

इन्होंने अपनी प्रशंसा भी प्रचुर परिमाण में की है :

आगमैः सदृशो जैनः चन्द्रसेनसमो मुनिः।
केवलीसदृशी विद्या दुर्लभा सचराचरे ॥

इस ग्रन्थ में हेमप्रकरण, दाम्यप्रकरण, शिलाप्रकरण, मृत्तिकाप्रकरण, वृक्षप्रकरण, कार्पास-गुल्म-वल्कल-तृण-रोम-चर्म-पट-प्रकरण, संख्याप्रकरण, नष्टद्रव्यप्रकरण, निर्वाह-प्रकरण, अपत्यप्रकरण, लाभालाभप्रकरण, स्वरप्रकरण, स्वप्नप्रकरण, वास्तुविद्याप्रकरण, भोजनप्रकरण, देहलोहदीक्षाप्रकरण, अंजन-विद्याप्रकरण एवं विषविद्याप्रकरण आदि हैं। ग्रन्थ को आद्योपान्त देखने से ज्ञात होता है कि यह संहिता-विषयक रचना है, होरा-सम्बन्धी नहीं। होरा जैसा कि इसका नाम है, उसके सम्बन्ध में कुछ भी नहीं कहा गया है।

श्रीपति—यह अपने समय के अद्वितीय ज्योतिर्विद् थे। इनके पाटीगणित, बीजगणित और सिद्धान्तशेखर नाम के गणित, ज्योतिष के ग्रन्थ तथा श्रीपतिपद्धति, रत्नावली, रत्नसार, रत्नमाला ये फलित ज्योतिष के ग्रन्थ हैं। इनके पाटीगणित के ऊपर सिंहतिलक नामक जैनाचार्य की एक 'तिलक' नामक टीका है। इनकी विशेषता यह है कि इन्होंने ज्या खण्डों के बिना ही चापमान से ज्या का आनयन किया है :

दोःकोटिभागरहिताभिहताः खनागचन्द्रास्तदीयचरणोनशरार्कदिग्भिः।
ते व्यासखण्डगुणिता विहृताः फलं तु ज्याभिर्विनापि भवतो भुजकोटिजीवा ॥

इनकी रचनाशैली अत्यन्त सरल और उच्चकोटि की है। इन्हें केवल गणित का ही ज्ञान नहीं था, प्रत्युत ग्रहवेध क्रिया से भी यह पूर्ण परिचित थे। इन्होंने वेधक्रिया द्वारा ग्रहगणित की वास्तविकता अवगत कर उसका अलग संकलन किया था, जो सिद्धान्तशेखर के नाम से प्रसिद्ध है। ग्रह-गणित के साथ-साथ जातक और मुहूर्त विषयों के भी यह प्रकाण्ड पण्डित थे। इनका जन्म समय ईसवी सन् ९९९ बताया जाता है।

श्रीधर—यह ज्योतिषशास्त्र के मर्मज्ञ विद्वान् थे। इनका समय दसवीं सदी का अन्तिम भाग माना जाता है। इन्होंने गणितसार और ज्योतिर्ज्ञानविधि संस्कृत भाषा में तथा

जातकतिलक कन्नड़ भाषा में लिखे हैं। इनके गणितसार पर एक जैनाचार्य की टीका भी उपलब्ध है।

गणितसार में अभिन्न गुणक, भागहार, वर्ग, वर्गमूल, घन, घनमूल, भिन्न, सपच्छेद, भागजाति, प्रभागजाति-भागानुबन्ध, भागमातृजाति, त्रैराशिक, सप्तराशिक, नवराशिक, भाण्ड-प्रतिभाण्ड, मिश्रकव्यवहार, भाव्यकव्यवहारसूत्र, एकपत्रीकरणसूत्र, सुवर्णगणित, प्रक्षेपकगणित, समक्रयविक्रयसूत्र, श्रेणीव्यवहार, क्षेत्रव्यवहार, खातव्यवहार, चितिव्यवहार, काष्ठव्यवहार, राशिव्यवहार, छायाव्यवहार आदि गणितों का निरूपण किया गया है। इसमें 'व्यासवर्गाद्दशगुणात्पदं परिधिः' वाला परिधि आनयन का नियम बताया है। वृत्त क्षेत्र का क्षेत्रफल परिधि और व्यास के घात का चतुर्थांश बताया गया है, लेकिन पृष्ठ फल के सम्बन्ध में कहीं भी उल्लेख नहीं है।

ज्योतिर्ज्ञानविधि प्रारम्भिक ज्योतिष का ग्रन्थ है। इसमें व्यवहारोपयोगी मुहूर्त भी दिये गये हैं। आरम्भ में संवत्सरों के नाम, नक्षत्रनाम, योगनाम, करणनाम तथा उनके शुभाशुभत्व दिये गये हैं। इसमें मासशेष, मासाधिपतिशेष, दिनशेष, दिनाधिपतिशेष आदि अर्थगणित की अद्भुत और विलक्षण क्रियाएँ भी दी गयी हैं। यों तो मासशेष आदि का वर्णन अन्यत्र भी है, इस ग्रन्थ के विषय एक नये तरीक़े से लिखे गये हैं, तिथियों के स्वामी नन्दा, भद्रा आदि का स्वरूप तथा उनका शुभाशुभत्व विस्तार-सहित बताया गया है।

जातकतिलक की भाषा कन्नड़ है। यह ग्रन्थ भी जातकशास्त्र की दृष्टि से महत्त्वपूर्ण सुनने में आया है। दक्षिण भारत में इनके ग्रन्थ अधिक प्रामाणिक माने जाते हैं तथा सभी व्यावहारिक कार्य इन्हीं के ग्रन्थों के आधार पर वहाँ सम्पन्न किये जाते हैं।

श्रीधराचार्य कर्णाटक प्रान्त के निवासी थे। इनकी माता का नाम अव्वोका और पिता का नाम बलदेव शर्मा था। इन्होंने बचपन में अपने पिता से ही संस्कृत और कन्नड़ साहित्य का अध्ययन किया था। प्रारम्भ में यह शैव थे, किन्तु बाद में जैनधर्मानुयायी हो गये थे। अपने समय के ज्योतिर्विदों में इनकी अच्छी ख्याति थी।

भट्टवोसरि—इनके गुरु का नाम दामनन्दि आचार्य था। इन्होंने आयज्ञानतिलक नामक एक विस्तृत ग्रन्थ की रचना प्राकृत भाषा में की है। मूल गाथाओं की विवृति संक्षिप्त रूप से संस्कृत में स्वयं ग्रन्थकार ने लिखी है। ग्रन्थ के पुष्पिका वाक्य में **"इति दिगम्बराचार्यपण्डितदामनन्दिशिष्यभट्टवोसरिविरचिते सायश्रीटीकायज्ञानतिलके कालप्रकरणम्"** कहा है। इस ग्रन्थ का रचनाकाल विषय और भाषा की दृष्टि से ईसवी सन् १०वीं शताब्दी मालूम पड़ता है। जिस प्रकार मल्लिषेण ने ग्रन्थ के प्रारम्भ में सुग्रीवादि मुनीन्द्रों द्वारा प्रतिपादित आयज्ञान को कहा है, इसी प्रकार इन्होंने आय की अधिष्ठात्री देवी पुलिन्दिनी की स्तुति में—**"सुग्रीवपूर्वमुनिसूचितमन्त्रबीजैः तेषां वचांसि न कदापि मुधा भवन्ति"** कहा है। इससे स्पष्ट है कि मल्लिषेण के समय के पूर्व में ही इस ग्रन्थ की रचना हुई होगी। प्रश्नशास्त्र की दृष्टि से यह ग्रन्थ अत्यन्त महत्त्वपूर्ण है। इसमें ध्वज, धूम, सिंह, गज, खर, श्वान, वृष और ध्वांक्ष इन आठ आयों द्वारा प्रश्नों के फल का सुन्दर वर्णन किया है।

इन प्रधान ज्योतिर्विदों के अतिरिक्त भोजराज, ब्रह्मदेव आदि और भी दो-चार ज्योतिषी हुए हैं, जिन्होंने इस युग में ज्योतिष साहित्य की श्रीवृद्धि करने में पर्याप्त सहयोग प्रदान किया है। इस काल में ऐसे भी अनेक ज्योतिष के ग्रन्थ लिखे गये हैं जिनके रचयिताओं के सम्बन्ध में कुछ भी ज्ञात नहीं है।

उत्तरमध्यकाल (ई. १००१-ई. १६०० तक)

सामान्य परिचय

इस युग में ज्योतिषशास्त्र के साहित्य का बहुत विकास हुआ है। मौलिक ग्रन्थों के अतिरिक्त आलोचनात्मक ज्योतिष के अनेक ग्रन्थ लिखे गये हैं। भास्कराचार्य ने अपने पूर्ववर्ती आर्यभट्ट, ब्रह्मगुप्त, लल्ल आदि के सिद्धान्तों की आलोचना की और आकाश-निरीक्षण द्वारा ग्रहमान की स्थूलता ज्ञात कर उसे दूर करने के लिए बीजसंस्कार की व्यवस्था बतलायी। ईसवी सन् की १२वीं सदी में गोलविषय के गणित का प्रचार बहुत हुआ था, इस समय गोलविषय के गणित से अनभिज्ञ ज्योतिषी मूर्ख माना जाता था। भास्कराचार्य ने समीक्षा करते हुए बताया है :

वादी व्याकरणं विनैव विदुषां धृष्टः प्रविष्टः सभां
जल्पन्नल्पमतिः स्मयात्पटुवटुभ्रूभङ्गवक्रोक्तिभिः।
ह्रीणः सन्नुपहासमेति गणको गोलानभिज्ञस्तथा
ज्योतिर्वित्सदसि प्रगल्भगणकप्रश्नप्रपञ्चोक्तिभिः ॥

अर्थात्—जिस प्रकार तार्किक व्याकरण ज्ञान के बिना पण्डितों की सभा में लज्जा और अपमान को प्राप्त होता है, उसी प्रकार गोलविषयक गणित के ज्ञान के अभाव में ज्योतिषी ज्योतिर्विदों की सभा में गोलगणित के प्रश्नों का सम्यक् उत्तर न दे सकने के कारण लज्जा और अपमान को प्राप्त करता है।

उत्तरमध्यकाल में पृथ्वी को स्थिर और सूर्य को गतिशील स्वीकार किया गया है। भास्कर ने बताया है कि जिस प्रकार अग्नि में उष्णता, जल में शीतलता, चन्द्र में मृदुता स्वाभाविक है उसी प्रकार पृथ्वी में स्वभावतः स्थिरता है। पृथ्वी की आकर्षण शक्ति की चर्चा भी इस समय के ज्योतिषशास्त्र में होने लग गयी थी। इस युग के ज्योतिष-साहित्य में आकर्षण-शक्ति की क्रिया को साधारणतः पतन कहा गया है और बताया है कि पृथ्वी में आकर्षण-शक्ति है, इसलिए अन्य द्रव्य गिराये जाने से पृथ्वी पर आकर गिरते हैं। केन्द्राभिकर्षिणी और केन्द्रापसारिणी ये दो शक्तियाँ प्रत्येक वस्तु में मानी हुई हैं तथा यह भी स्वीकार किया गया है कि प्रत्येक पदार्थ में आकर्षण-शक्ति होने से ही उपर्युक्त दोनों प्रकार की क्रियात्मक शक्तियाँ अपने कार्य को सुचारु रूप से करती हैं।

भास्कर ने पृथ्वी का आकार कदम्ब की तरह गोल बताया है, कदम्ब के ऊपर के भाग में केशर की तरह ग्रामादि स्थित हैं। इनका कथन है कि यदि पृथ्वी को गोल न माना जाये तो शृंगोन्नति, ग्रहयुति, ग्रहण, उदयास्त एवं छाया आदि के गणित द्वारा साधित ग्रह

दृक्तुल्य सिद्ध नहीं हो सकेंगे। उदयान्तर चरान्तर और भुजान्तर संस्कारों की व्यवस्था कर ग्रहगणित में सूक्ष्मता का प्रचार भी इन्हीं के द्वारा हुआ है।

उत्तरमध्यकाल की प्रमुख विशेषता ग्रहगणित के सभी अंगों के संशोधन की है। लम्बन, नति, आयनवलन, आक्षवलन, आयनदृक्कर्म, आक्षदृक्कर्म, भूमाबिम्ब साधन, ग्रहों के स्पष्टीकरण के विभिन्न गणित और तिथ्यादि के साधन में विभिन्न प्रकार के संस्कार किये गये, जिससे गणित द्वारा साधित ग्रहों का मिलान आकाश-निरीक्षण द्वारा प्राप्त ग्रहों से हो सके।

इस युग की एक अन्य विशेषता यन्त्र-निर्माण की भी है। भास्कराचार्य और महेन्द्रसूरि ने अनेक यन्त्रों के निर्माण की विधि और यन्त्रों द्वारा ग्रहवेध की प्रणाली का निरूपण सुन्दर ढंग से किया है। यद्यपि इस काल के प्रारम्भ में ग्रहगणित का बहुत विकास हुआ, अनेक करण ग्रन्थ तथा सारणियाँ लिखी गयीं, पर ई. सन् की १५वीं शती से ही ग्रहवेध की परिपाटी का ह्रास होने लग गया है। यों तो प्राचीन ग्रन्थों को स्पष्ट करने और उनके रहस्यों को समझाने के लिए इस युग में अनेक टीकाएँ और भाष्य लिखे गये, पर आकाश-निरीक्षण की प्रथा उठ जाने से मौलिक साहित्य का निर्माण न हो सका। ग्रहलाघव, करणकुतूहल और मकरन्द-जैसे सुन्दर करण ग्रन्थों का निर्मित होना भी इस युग के लिए कम गौरव की बात नहीं है।

फलित ज्योतिष में जातक, मुहूर्त, सामुद्रिक, रमल और प्रश्न इन अंगों के साहित्य का निर्माण भी उत्तरमध्यकाल में कम नहीं हुआ है। मुसलिम संस्कृति के अति निकट सम्पर्क के कारण रमल और ताजिक इन दो अंगों का तो नया जन्म माना जायेगा। ताजिक शब्द का अर्थ ही अरबदेश से प्राप्त शास्त्र है। इस युग में इस विषय पर लगभग दो दर्जन ग्रन्थ लिखे गये हैं। इस शास्त्र में किसी व्यक्ति के नवीन वर्ष और मास में प्रवेश करने की ग्रहस्थिति पर से उसके समस्त वर्ष और मास का फल बताया जाता है। बलभद्रकृत ताजिक ग्रन्थ में कहा है :

यवनाचार्येण पारसीकभाषायां प्रणीतं ज्योतिःशास्त्रैकदेशरूपं वार्षिकादिनानाविधफलादेशफलकशास्त्रं ताजिकफलवाच्यं तदनन्तरभूतैः समरसिंहादिभिः ब्राह्मणैः तदेव शास्त्रं संस्कृतशब्दोपनिबद्धं ताजिकशब्दवाच्यम्। अत एव तैस्ता एव इक्कबालादयो यावत्यः संज्ञा उपनिबद्धाः।

अर्थात्—यवनाचार्य ने फ़ारसी भाषा में ज्योतिष शास्त्र के अंगभूत वर्ष, मास के फल को नाना प्रकार से व्यक्त करनेवाले ताजिक शास्त्र की रचना की थी। इसके पश्चात् समरसिंह आदि विद्वानों ने संस्कृत भाषा में इस शास्त्र की रचना की और इक्कबाल, इन्दुवार, इशराफ आदि यवनाचार्यों द्वारा प्रतिपादित योगों की संज्ञाएँ ज्यों की त्यों रखीं।

कुछ विद्वानों का मत है कि ईसवी सन् १३०० में तेजसिंह नाम के एक प्रकाण्ड ज्योतिषी भारत में हुए थे, उन्होंने वर्ष-प्रवेश-कालीन लग्नकुण्डली द्वारा ग्रहों का फल निकालने की एक प्रणाली निकाली थी। कुछ काल के पश्चात् इस प्रणाली का नाम आविष्कर्ता के

नाम पर ताजिक पड़ गया। ग्रन्थान्तरों में यह भी लिखा मिलता है कि :

गर्गाद्यैर्यवनैश्च रोमकमुखैः सत्यादिभिः कीर्तितम्।
शास्त्रं ताजिकसंज्ञकं.............................. ॥

अर्थात्—गर्गाचार्य, यवनाचार्य, सत्याचार्य और रोमक ने जिस फलादेश-सम्बन्धी शास्त्र का निरूपण किया था, वह ताजिक शास्त्र था। अतएव यह स्पष्ट है कि ताजिक शास्त्र का विकास स्वतन्त्र रूप से भारतीय ज्योतिषतत्त्वों के आधार पर हुआ है। हाँ, यवनों के सम्पर्क से उसमें संशोधन और परिवर्द्धन अवश्य किये गये हैं, पर तो भी उसकी भारतीयता अक्षुण्ण बनी हुई है।

प्रश्न-अंग के साहित्य का निर्माण भी इस युग में अधिक रूप से हुआ। आचार्य दुर्गदव ने सं. १०८९ में रिष्टसमुच्चय नामक ग्रन्थ में अंगुलिप्रश्न, अलक्तप्रश्न, गोरोचनप्रश्न, प्रश्नाक्षरप्रश्न, शकुनप्रश्न, अक्षरप्रश्न, होराप्रश्न और लग्नप्रश्न—इन आठ प्रकार के प्रश्नों का अच्छा प्रतिपादन किया है। इसके अतिरिक्त पद्मप्रभ सूरि ने वि.सं. १२९४ में भुवनदीपक नामक छोटा-सा ग्रन्थ १७० श्लोकों का बनाया है, जो प्रश्न-शास्त्र का उत्कृष्ट ग्रन्थ है। ज्ञानप्रदीपिका नाम का एक प्रश्न-ग्रन्थ भी निराला है, इसमें अनेक गूढ़ और मानसिक प्रश्नों के उत्तर देने की प्रक्रिया का वर्णन किया गया है। लग्न को आधार मानकर भी कई प्रश्न-ग्रन्थ लिखे गये हैं, जिनका फल प्रायः जातक-ग्रन्थों के मूलाधार पर स्थित है। ईसवी सन् की १५वीं और १६वीं शती में भी कुछ प्रश्न-ग्रन्थों का निर्माण हुआ है।

रमल—यह पहले ही लिखा जा चुका है कि रमल का प्रचार विदेशियों के संसर्ग से भारत में हुआ है। ईसवी सन् ११वीं और १२वीं शती की कुछ फ़ारसी भाषा में रची गयी रमल की मौलिक पुस्तकें खुदाबख्शखाँ लाइब्रेरी पटना में मौजूद हैं। इन पुस्तकों में कर्ताओं के नाम नहीं हैं। संस्कृत भाषा में रमल की पाँच-सात पुस्तकें प्रधान रूप से मिलती हैं। रमलनवरत्नम् नामक ग्रन्थ में पाशा बनाने की विधि का कथन करते हुए बताया है कि :

वेदतत्त्वोपरिकृतं रम्लशास्त्रं च सूरिभिः। तेषां भेदाः षोडशैव न्यूनाधिक्यं न जायते ॥

अर्थात्—अग्नि, वायु, जल और पृथ्वी इन चार तत्त्वों पर विद्वानों ने रमलशास्त्र बनाया है एवं इन चार तत्त्वों के सोलह भेद कहे हैं, अतः रमल के पाशे में १६ शकलें बतायी गयी हैं।

ई. १२४६ में सिंहासनारूढ़ होनेवाले नासिरुद्दीन के दरबार में एक रमलशास्त्र के अच्छे विद्वान् थे। जब नासिरुद्दीन की मृत्यु के बाद बलबन शासक बन बैठा था, उस समय तक वह विद्वान् उनके दरबार में रहा था। इसने फ़ारसी में रमल साहित्य का सृजन भी किया था। सन् १३१४ में सीताराम नाम के एक विद्वान् ने रमलसार नाम का एक ग्रन्थ संस्कृत में रचा था, यद्यपि इनका यह ग्रन्थ अभी तक मुद्रित हुआ मिलता नहीं है, पर इसका उल्लेख मद्रास यूनिवर्सिटी के पुस्तकालय के सूचीपत्र में है।

किंवदन्ती ऐसी भी है कि बहलोल लोदी के साथ भी एक अच्छा रमलशास्त्र का वेत्ता रहता था, यह मूक प्रश्नों का उत्तर देने में सिद्धहस्त बताया गया है। रमलनवरत्न के मंगलाचरण में पूर्व के रमलशास्त्रियों को नमस्कार किया गया है :

नत्वा श्रीरमलाचार्यान् परमाद्यसुखाभिधैः। उद्धृतं रमलाम्भोधेर्नवरत्नं सुशोभनम् ॥

अर्थात्—प्राचीन रमलाचार्यों को नमस्कार करके परमसुख नामक ग्रन्थकर्ता ने रमलशास्त्ररूपी समुद्र में से सुन्दर नवरत्न को निकाला है।

इस ग्रन्थ का रचनाकाल १७वीं शती है। अतः यह स्वयं सिद्ध है कि उत्तरमध्यकाल में रमलशास्त्र के अनेक ग्रन्थों का निर्माण हुआ है।

मुहूर्त—यों तो उदयकाल में ही मुहूर्त-सम्बन्धी साहित्य का निर्माण होने लग गया था तथा आदिकाल और पूर्वमध्यकाल में संहिताशास्त्र के अन्तर्गत ही इस विषय की रचनाएँ हुई थीं, पर उत्तरमध्यकाल में इस अंग पर स्वतन्त्र रचनाएँ दर्जनों की संख्या में हुई हैं। शक संवत् १४२० में नन्दिग्रामवासी केशवाचार्य कृत मुहूर्ततत्त्व, शक संवत् १४१३ में नारायण कृत मुहूर्त-मार्तण्ड, शक संवत् १५२२ में रामभट्ट कृत मुहूर्त-चिन्तामणि, शक संवत् १५४९ में विट्ठल दीक्षित कृत मुहूर्तकल्पद्रुम आदि मुहूर्त-सम्बन्धी रचनाएँ हुई हैं। इस युग में मानव के भी आवश्यक कार्यों के लिए शुभाशुभ समय का विचार किया गया है।

शकुनशास्त्र—इसका विकास भी स्वतन्त्र रूप से इस युग में अधिक हुआ है। वि. सं. १२३२ में अह्लिलपट्टण के नरपति नामक कवि ने परपतिजयचर्या नामक एक शुभाशुभ फल का बोध करानेवाला अपूर्व ग्रन्थ रचा है। इस ग्रन्थ में प्रधानरूप से स्वरविज्ञान द्वारा शुभाशुभ फल का निरूपण किया गया है। वसन्तराज नामक कवि ने अपने नाम पर वसन्तराज शकुन नाम का एक महत्त्वपूर्ण ग्रन्थ रचा है। इस ग्रन्थ में प्रत्येक कार्य के पूर्ण होनेवाले शुभाशुभ शकुनों का प्रतिपादन आकर्षक ढंग से किया गया है। इन ग्रन्थों के अतिरिक्त मिथिला के महाराज लक्ष्मणसेन के पुत्र बल्लालसेन ने श.सं. १०९२ में अद्भुतसागर नाम का एक संग्रह ग्रन्थ रचा है, जिसमें अपने समय के पूर्ववर्ती ज्योतिर्विदों की संहिता-सम्बन्धी रचनाओं का संग्रह किया है। कई जैन मुनियों ने शकुन के ऊपर बृहद् परिमाण में रचनाएँ लिखी हैं। यद्यपि शकुनशास्त्र के मूलतत्त्व आदिकाल के ही थे, पर इस युग में उन्हीं तत्त्वों की विस्तृत विवेचनाएँ लिखी गयी हैं।

उत्तरमध्यकाल में भारतीय ज्योतिष ने अनेक उत्थानों और पतनों को देखा है। विदेशियों के सम्पर्क से होनेवाले संशोधनों को अपने में पचाया है और प्राचीन भारतीय ज्योतिष की गणित-विषयक स्थूलताओं को दूर कर सूक्ष्मता का प्रचार किया है।

यदि संक्षेप में उत्तरमध्यकाल के ज्योतिष-साहित्य पर दृष्टिपात किया जाये तो यही कहा जा सकता है कि इस काल में गणित-ज्योतिष की अपेक्षा फलित-ज्योतिष का साहित्य अधिक फला-फूला है। गणित-ज्योतिष में भास्कर के समान अन्य दूसरा विद्वान् नहीं हुआ, जिससे विपुल परिमाण में इस विषय की सुन्दर रचनाएँ नहीं हो सकीं।

उत्तरमध्यकाल के ग्रन्थ और ग्रन्थकारों का परिचय

सिद्धान्त ज्योतिष का विकास इस काल में विशेष रूप से हुआ है। यद्यपि देश की राजनीतिक परिस्थिति साहित्य के सृजन के लिए पूर्वमध्यकाल के समान अनुकूल नहीं थी, फिर भी भास्कर आदि ने गणित-साहित्य के निर्माण में अपूर्व कौशल दिखाया है। यहाँ इस

युग के प्रमुख ज्योतिर्विदों का परिचय दिया जाता है :

भास्कराचार्य—वराहमिहिर और ब्रह्मगुप्त के बाद इनके समान प्रभावशाली, सर्वगुणसम्पन्न दूसरा ज्योतिर्विद् नहीं हुआ। इनका जन्म ईसवी सन् १११४ में विज्जडविड नामक ग्राम में हुआ था। इनके पिता का नाम महेश्वर उपाध्याय था। इन्होंने एक स्थान पर लिखा है :

आसीन्महेश्वर इति प्रथितः पृथिव्यामाचार्यवर्यपदवीं विदुषां प्रपन्नः।
लब्धावबोधकलिकां तत एव चक्रे तज्जेन बीजगणितं लघुभास्करेण॥

इससे स्पष्ट है कि महेश्वर इनके पिता और गुरु दोनों ही थे। इनके द्वारा रचित लीलावती, बीजगणित, सिद्धान्तशिरोमणि, करणकुतूहल और सर्वतोभद्र ग्रन्थ हैं।

ब्रह्मगुप्त के ब्रह्मस्फुट सिद्धान्त और पृथूदक स्वामी के भाष्य को मूल मानकर इन्होंने अपना सिद्धान्तशिरोमणि बनाया है तथा आर्यभट्ट, लल्ल, ब्रह्मगुप्त आदि के मतों की समालोचना की है। शिरोमणि में अनेक नये विषय भी आये हैं, प्राचीन आचार्यों के गणितों में संशोधन कर बीजसंस्कार निर्धारित किये। इन्होंने सिद्धान्तशिरोमणि पर वासना भाष्य भी लिखा है, जिससे इनके सरल और सरस गद्य का भी परिचय मिल जाता है। ज्योतिषी होने के साथ-साथ भास्कराचार्य ऊँचे दरजे के कवि भी थे। इनकी कविताशैली अनुप्रासयुक्त है, ऋतु वर्णन में यमक और श्लेष की सुन्दर बहार दिखलाई पड़ती है। गणित में वृत्त, पृष्ठघनफल, गुणोत्तरश्रेणी, अंकपाश, करणीवर्ग, वर्गप्रकृति, योगान्तर भावना द्वारा कनिष्ठ-ज्येष्ठानयन एवं सरल कल्पना द्वारा एक और अनेक वर्ण मानायन आदि विषय इनकी विशेषता के द्योतक है। सिद्धान्त में भगणोपपत्ति लघुज्याप्रकार से ज्यानयन, चन्द्रकलाकर्ण-साधन, भूमानयन, सूर्यग्रहण का गणित, स्पष्ट शर द्वारा स्पष्ट क्रान्ति का साधन आदि बातें इनके पूर्वाचार्यों की अपेक्षा नवीन हैं। इन्होंने फलित का कोई ग्रन्थ लिखा था, पर आज वह उपलब्ध नहीं है, कुछ उद्धरण इनके नाम से मुहूर्तचिन्तामणि की पीयूषधारा टीका में मिलते हैं।

दुर्गदेव—ये दिगम्बर जैन धर्मानुयायी थे। इनका समय ईसवी सन् १०३२ माना जाता है। ये ज्योतिष-शास्त्र के मर्मज्ञ विद्वान् थे। इन्होंने अर्धकाण्ड और रिट्ठसमुच्चय नामक दो ग्रन्थ लिखे हैं। रिट्ठसमुच्चय के अन्त में लिखा है :

रइयं बहुहसत्थत्थं उवजीवित्ता दुग्गएवेण।
रिट्ठसमुच्चयसत्थं वयणेण संजयमदेवस्स ॥

अर्थात्—इस शास्त्र की रचना दुर्गदेव ने अपने गुरु संयमदेव के वचनानुसार की है। ग्रन्थ में एक स्थान पर संयमदेव के गुरु संयमसेन और उनके गुरु माधवचन्द्र बताये गये हैं। दुर्गदेव ने रिट्ठसमुच्चय जैन शौरसेनी प्राकृत में २६१ गाथाओं का शकुन और शुभाशुभ निमित्तों के संकलन रूप में रचा है। इस ग्रन्थ की रचना कुम्भनगर अनंगा में की गयी है। लेखक ने रिट्ठों—रिष्टों के पिण्डस्थ, पदस्थ और रूपस्थ नामक तीन भेद किये हैं। प्रथम श्रेणी में अँगुलियों का टूटना, नेत्रज्योति की हीनता, रसज्ञान की न्यूनता, नेत्रों से लगातार जलप्रवाह

एवं अपनी जिह्वा को न देख सकना आदि को परिगणित किया है। द्वितीय श्रेणी में सूर्य और चन्द्रमा का अनेक रूपों में दर्शन, प्रज्वलित दीपक को शीतल अनुभव करना, चन्द्रमा को त्रिभंगी रूप में देखना, चन्द्रलांछन का दर्शन न होना इत्यादि को लिया है। तृतीय में निजच्छाया, परच्छाया तथा छायापुरुष का वर्णन है और आगे जाकर छाया का अंगविहीन दर्शन आदि विषयों पर तथा छाया का सछिद्र और टूटे-फूटे रूप में दर्शन आदि पर अनेक मत दिये हैं। अनन्तर ग्रन्थकर्ता ने स्वप्नों का कथन किया है जिन्हें उसने देवेन्द्र कथित तथा सहज इन दो रूपों में विभाजित किया है। अरिष्टों की स्वाभाविक अभिव्यक्ति करते हुए प्रश्नारिष्ट के आठ भेद—अंगुलिप्रश्न, अलक्तप्रश्न, गोरोचनाप्रश्न, प्रश्नाक्षरप्रश्न-आलिंगित, दग्ध, ज्वलित और शान्त एवं शकुनप्रश्न बताये हैं। प्रश्नाक्षरारिष्ट का अर्थ बतलाते हुए लिखा है कि मन्त्रोच्चारण के अनन्तर पृच्छक से प्रश्न कराके प्रश्नवाक्य के अक्षरों को दूना और मात्राओं को चौगुना कर योगफल में सात से भाग देना चाहिए। यदि शेष कुछ न रहे तो रोगी की मृत्यु और शेष रहने से रोगी का चंगा होना फल जानना चाहिए। संक्षेप में यह कहा जा सकता है कि इस ग्रन्थ में आचार्य ने बाह्य और आन्तरिक शकुनों के द्वारा आनेवाली मृत्यु का निश्चय किया है। ग्रन्थ का विषय रुचिकर है।

उदयप्रभदेव—इनके गुरु का नाम विजयसेन सूरि था। इनका समय ईसवी सन् १२२० बताया जाता है। इन्होंने ज्योतिष-विषयक आरम्भसिद्धि अपर नाम व्यवहारचर्या नामक ग्रन्थ की रचना की है। इस ग्रन्थ पर वि. सं. १५१४ में रत्नेश्वर सूरि के शिष्य हेमहंस गणि ने एक विस्तृत टीका लिखी है। इस टीका में इन्होंने मुहूर्त-सम्बन्धी साहित्य का अच्छा संकलन किया है। लेखक ने ग्रन्थ के प्रारम्भ में ग्रन्थोक्त अध्यायों का संक्षिप्त नामकरण निम्न प्रकार दिया है :

दैवज्ञदीपकलिकां व्यवहारचर्यामारम्भसिद्धमुदयप्रभदेव एनाम्।
शास्तिक्रमेण तिथिवारभयोगराशिगोचर्यकार्यगमवास्तुविलग्नमेभिः॥

हेमहंस गणि ने व्यवहारचर्या नाम की सार्थकता दिखलाते हुए लिखा है :

व्यवहारः शिष्टजनसमाचारः शुभतिथिवारभादिषु
शुभकार्यकरणादिरूपस्तस्य चर्या।

अर्थात्—इस ग्रन्थ में प्रत्येक कार्य के शुभाशुभ मुहूर्तों का वर्णन है। मुहूर्त अंग की दृष्टि से ग्रन्थ मुहूर्तचिन्तामणि के समान उपयोगी और महत्त्वपूर्ण है। उपर्युक्त ११ अध्यायों में सभी प्रकार के मुहूर्तों का वर्णन किया है। ग्रन्थ को आद्योपान्त देखने पर लेखक की ग्रहगणित-विषयक योग्यता भी ज्ञात हो जाती है। हेमहंस गणि ने टीका के मध्य में प्राकृत की यह गणित-विषयक गाथाएँ उद्धृत की हैं, जिनसे पता लगता है कि इनके समक्ष कोई प्राकृत का ग्रहगणित सम्बन्धी ग्रन्थ था। इस ग्रन्थ में अनेक विशेषताएँ हैं।

मल्लिषेण—यह संस्कृत और प्राकृत दोनों भाषाओं के प्रकाण्ड विद्वान् थे। इनके पिता का नाम जिनसेन सूरि था, यह दक्षिण भारत के धारवाड़ जिले के अन्तर्गत गदग तालुका नामक स्थान के रहनेवाले थे। इनका समय ईसवी सन् १०४३ माना गया है। इनका ज्योतिष

का ग्रन्थ 'आयसद्भाव' नामक है। ग्रन्थ के आदि में लिखा है :

सुग्रीवादिमुनीन्द्रैः रचितं शास्त्रं यदायसद्भावम्।
तत्संप्रत्यार्याभिर्विरच्यते मल्लिषेणेन ॥
ध्वजधूमसिंहमण्डलवृशखरगजवायसा भवन्त्यायाः।
ज्ञायन्ते ते विद्वद्भिरिहैकोत्तरगणनया चाष्टौ ॥

इन उद्धरणों से स्पष्ट है कि इनके पूर्व में भी सुग्रीव आदि जैन मुनियों द्वारा इस विषय की और रचनाएँ भी हुई थीं; उन्हीं के सारांश को लेकर इन्होंने 'आयसद्भाव' की रचना की है। इस ग्रन्थ के प्रारम्भ में आय की अधिष्ठात्री देवी पुलिन्दिनी को माना है और उसका स्मरण भी किया है। इस ग्रन्थ में कुल १९५ आर्याएँ तथा अन्त में एक गाथा, इस तरह १९६ पद्य हैं। ग्रन्थ के अन्त में ग्रन्थकर्ता ने कहा है कि इस ग्रन्थ के द्वारा भूत, भविष्यत् और वर्तमान–इन तीनों कालों का ज्ञान हो सकता है तथा अन्य को इस विद्या को न देने के लिए ज़ोर दिया है :

अन्यस्य न दातव्यं मिथ्यादृष्टिेस्तु विशेषतोऽवधेयम्।
शपथं च कारयित्वा जिनवरदेव्याः पुरः सम्यक् ॥

ग्रन्थकर्ता ने इसमें ध्वज, धूम, सिंह, मण्डल, वृष, खर, गज और वायस इन आठों आयों का स्वरूप तथा उनके फलाफल का सुन्दर विवेचन दिया है।

राजादित्य–इनके पिता का नाम श्रीपति और माता का नाम वसन्ता था। इनका जन्म कोण्डिमण्डल के 'युविंनवाग' नामक स्थान में हुआ था। इनके नामान्तर राजवर्म, भास्कर और वाचिराज बताये जाते हैं। यह विष्णुवर्धन राजा की सभा के प्रधान पण्डित थे, अतः इनका समय ईसवी सन् ११२० के लगभग है। यह कवि होने के साथ-साथ गणित-ज्योतिष के माने हुए विद्वान् थे। कर्णाटक कविचरित के लेखक का कथन है कि कन्नड़ साहित्य में गणित का ग्रन्थ लिखनेवाला यह सबसे पहला विद्वान् था। इनके द्वारा रचित व्यवहारगणित, क्षेत्रगणित, व्यवहाररत्न और जैनगणित-सूत्रटीकोदाहरण, चित्रहसुगे और लीलावती–ये गणित ग्रन्थ प्राप्य हैं। इनके ये समस्त ग्रन्थ कन्नड़ भाषा में हैं। इनके ग्रन्थों में अंकगणित के सभी विषयों के अतिरिक्त बीजगणित और रेखागणित के भी अनेक विषय आये हैं। इन सब गणितों का ग्रह-गणित में अत्यधिक उपयोग होता है। इनके गुरु का नाम शुभचन्द्रदेव बताया जाता है।

बल्लालसेन–ये मिथिला के महाराजा लक्ष्मणसेन के पुत्र थे। इन्हें ज्योतिषशास्त्र से बहुत प्रेम था। राज्याभिषेक के आठ वर्ष बाद ईसवी सन् ११६८ में संहितारूप अद्भुतसागर नामक ग्रन्थ की रचना की है। इस ग्रन्थ में गर्ग, वृद्धगर्ग, वराह, पराशर, देवल, वसन्तराज, कश्यप, यवनेश्वर, मयूरचित्र, ऋषिपुत्र, राजपुत्र, ब्रह्मगुप्त, महबलभद्र, पुलिश, सूर्यसिद्धान्त, विष्णुचन्द्र और प्रभाकर आदि के वचनों का संग्रह है। ग्रन्थ बहुत बड़ा है। लगभग ७-८ हज़ार श्लोक प्रमाण में पूरा किया गया है। सूर्य, चन्द्र, मंगल, बुध, गुरु, भृगु, शनि, केतु, राहु, ध्रुव, ग्रहयुद्ध, संवत्सर, ऋक्ष, परिवेष, इन्द्रधनुष, गन्धर्वनगर, निर्घात, दिग्दाह, छाया,

तमोधूमनीहार, उल्का, विद्युत्, वायु, मेघ, प्रवर्षण, अतिवृष्टि, कबन्ध, भूकम्प, जलाशय, देवप्रतिमा, वृक्ष, ग्रह, वस्त्रोपानहासनाद्य, गज, अश्व, विडाल आदि अनेक अद्भुत वार्ताओं का निरूपण इस ग्रन्थ में विस्तार से किया गया है। वास्तव में यह ग्रन्थ अपना यथार्थ नाम सिद्ध कर रहा है। इस ग्रन्थ की सबसे बड़ी विशेषता यह है कि ज्योतिष विद्या के अतिरिक्त इससे अनेक इतिहास की बातें भी ज्ञात की जा सकती हैं। ज्योतिष का इतिहास लिखने में इससे बहुत बड़ी सहायता मिलती है। इस ग्रन्थ में पद्यों के अतिरिक्त बीच-बीच में गद्य भी दिया गया है।

पद्मप्रभ सूरि—नागौर की तापगच्छीय पट्टावली से पता चलता है कि यह वादिदेव सूरि के शिष्य थे। इन्होंने भुवन-दीपक या ग्रहभावप्रकाश नामक ज्योतिष का ग्रन्थ लिखा है। इस ग्रन्थ पर सिंहतिलकसूरि ने, जो सफल टीकाकार और ज्योतिष के मर्मज्ञ थे, वि.सं. १३२६ में एक 'विवृति' नामक टीका लिखी है। इनकी तिलक नाम की टीका श्रीपति के पाटी गणित पर बहुत महत्त्वपूर्ण है। 'जैन साहित्यनो इतिहास' नामक ग्रन्थ में इनके गुरु का नाम विबुधप्रभ सूरि बताया है। इनके द्वारा रचित मुनिसुव्रतचरित, कुन्थुचरित और पार्श्वनाथस्तवन भी कहे जाते हैं। भुवन-दीपक का रचनाकाल वि.सं. १२९४ है। यह ग्रन्थ छोटा होते हुए भी अत्यन्त महत्त्वपूर्ण है। इसमें ३६ द्वार-प्रकरण हैं। राशिस्वामी, उच्चनीचत्व, मित्रशत्रु, राहु का गृह, केतुस्थान, ग्रहों के स्वरूप, द्वादश भावों से विचारणीय बातें, इष्टकालज्ञान, लग्न-सम्बन्धी विचार, विनष्ट-ग्रह, राजयोगों का कथन, लाभालाभ विचार, लग्नेश की स्थिति का फल, प्रश्न द्वारा गर्भ विचार, प्रश्न द्वारा प्रसवज्ञान, यमजविचार, मृत्युयोग, चौर्यज्ञान, द्रेष्काणादि के फलों का विचार विस्तार से किया है। इस ग्रन्थ में कुल १७० श्लोक हैं। इसकी भाषा संस्कृत है, ज्योतिष की ज्ञातव्य सभी बातें इस ग्रन्थ के द्वारा जानी जा सकती हैं।

नरचन्द्र उपाध्याय—यह कासद्रुहगच्छ के सिंहसूरि के शिष्य थे। इन्होंने ज्योतिषशास्त्र के अनेक ग्रन्थों की रचना की है। वर्तमान में इनके बेड़ाजातकवृत्ति, प्रश्नशतक, प्रश्नचतुर्विंशतिका, जन्मसमुद्र सटीक, लग्नविचार, ज्योतिप्रकाश उपलब्ध हैं। इनके सम्बन्ध में एक स्थान पर कहा गया है :

देवानन्दमुनीश्वरपदपङ्कजसेवकैः षट्चरणः।
ज्योतिःशास्त्रमकार्षीत् नरचन्द्राख्यो मुनिप्रवरः ॥

इस श्लोक द्वारा देवानन्द नामक मुनि इनके गुरु मालूम पड़ते हैं। दिगम्बर समुदाय में 'नारचन्द्र' नामक ज्योतिष ग्रन्थ जो उपर्युक्त ग्रन्थों से भिन्न है, नरचन्द्र द्वारा रचित माना जाता है। इनके सम्बन्ध में एक स्थान पर यह भी उल्लेख मिलता है :

श्रीकाशहृद्गणेशोद्योतन-सूरीष्टसिंहसूरिभृतः।
नरचन्द्रोपाध्यायः शास्त्रं चन्द्रेऽर्थबहुलमिदम् ॥

नरचन्द्र ने सं. १३२४ में माघ सुदी ८ रविवार को बेड़ाजातकवृत्ति की रचना १०५० श्लोक प्रमाण में की है। इनकी ज्ञानदीपिका नामक एक अन्य रचना भी ज्योतिष की बतायी

जाती है। बेड़ाजातकवृत्ति में लग्न और चन्द्रमा से ही समस्त फलों का विचार किया गया है। यह जातक ग्रन्थ अत्यन्त उपयोगी है। प्रश्नचतुर्विंशतिका के प्रारम्भ में ज्योतिष का महत्त्वपूर्ण गणित लिखा है। ग्रन्थ अत्यन्त गूढ़ और रहस्यपूर्ण है।

पञ्चवेदयासगुण्ये रविभुक्तदिनान्विते। त्रिंशद्भुक्त स्थितं यत्तत् लग्नं सूर्योदयर्क्षतः॥

उपर्युक्त श्लोक में अत्यन्त कौशल के साथ दिनमान सिद्ध किया है। ज्योतिष-प्रकाश फलित ज्योतिष का मुहूर्त और संहिता-विषयक सुन्दर ग्रन्थ है। इसके दूसरे भाग में जन्मकुण्डली के फल का बड़ी सरलता से विचार किया है। फलित ज्योतिष का आवश्यक ज्ञान केवलज्योतिषप्रकाश द्वारा प्राप्त किया जा सकता है।

अट्ठकवि या अर्हद्दास—यह जैन ब्राह्मण थे। इनका समय ईसवी सन् १३०० के लगभग माना जाता है। अर्हद्दास के पिता नागकुमार थे। यह कन्नड़ भाषा के प्रकाण्ड विद्वान् थे, इन्होंने कन्नड़ में अट्ठमत नामक ज्योतिष का एक महत्त्वपूर्ण ग्रन्थ लिखा है। शक संवत् की चौदहवीं शती में भास्कर नाम के आन्ध्रकवि ने इस ग्रन्थ का तेलुगु भाषा में अनुवाद किया है। अट्ठमत में वर्षा के चिह्न, आकस्मिक लक्षण, शकुन, वायु, चन्द्र, गोप्रवेश, भूकम्प, भूजातफल, उत्पातलक्ष्य, परिवेषलक्षण, इन्द्रधनुर्लक्षण, प्रथमगर्भलक्षण, द्रोणसंख्या, विद्युल्लक्षण, प्रतिसूर्यलक्षण, संवत्सरफल, ग्रहद्वेष, मेघों के नाम, कुल-वर्ण, ध्वनिविचार, देशवृष्टि, मासफल, राहुचक्र, नक्षत्रफल, संक्रान्तिफल आदि विषयों का प्रतिपादन किया गया है।

महेन्द्रसूरि—यह भृगुफर निवासी मदनसूरि के शिष्य फ़ीरोजशाह तुग़लक के प्रधान सभापण्डित थे। इन्होंने नाड़ीवृत्त के धरातल में गोलपृष्ठस्थ सभी वृत्तों का परिणमन करके यन्त्रराज नाम ग्रह-गणित का उपयोगी ग्रन्थ बनाया है। इनके शिष्य मलयेन्दुसूरि ने सोदाहरण टीका लिखी है। इस ग्रन्थ की प्रशंसा करते हुए स्वयं ग्रन्थकार ने लिखा है :

यथा भटः प्रौढरणोत्कटोऽपि शस्त्रैर्विमुक्तः परिभूतिमेति।
तद्वन्महाज्योतिषनिस्तुषोऽपि यन्त्रेण हीनो गणकस्तथैव ॥

इस ग्रन्थ में अनेक विशेषताएँ हैं; परमाक्रान्ति २३ अंश ३५ कला मानी गयी है। इस ग्रन्थ की रचना शक सं. ११९२ में हुई है। इसमें गणिताध्याय, यन्त्रघटनाध्याय, यन्त्ररचनाध्याय, यन्त्रशोधनाध्याय और यन्त्रविचारणाध्याय—ये पाँच अध्याय हैं। क्रमोत्क्रमज्यानयन, भुजकोटिज्या का चापसाधन, क्रान्ति-साधन, द्युज्याखण्डसाधन, द्युज्याफलानयन, सौम्य यन्त्र के विभिन्न गणितों का साधन, अक्षांश से उन्नतांश साधन, ग्रन्थ के नक्षत्र ध्रुवादि से अभीष्ट वर्ष के ध्रुवादि का साधन, नक्षत्रों के दृक्कर्मसाधन, द्वादश राशियों के विभिन्न वृत्त-सम्बन्धी गणितों का साधन, इष्टशंकु से छायाकरणसाधन, यन्त्रशोधन प्रकार और उसके अनुसार विभिन्न राशि और नक्षत्रों के गणित का साधन, द्वादश भाव और नवग्रहों के स्पष्टीकरण का गणित एवं विभिन्न यन्त्रों द्वारा सभी ग्रहों के साधन का गणित बहुत सुन्दर ढंग से इस ग्रन्थ में बताया गया है। इस पर से पंचांग बहुत सरलता से बनाया जा सकता है।

मकरन्द—इन्होंने सूर्यसिद्धान्त के अनुसार तिथ्यादि साधनरूप सारणी अपने नाम

से (मकरन्द) बनारस में शक सं. १४०० में तैयार की है। ग्रन्थ के आदि में लिखा है :

श्रीसूर्यसिद्धान्तमतेन सम्यक् विश्वोपकाराय गुरूपदेशात्।
तिथ्यादिपत्रं वितनोति काश्यां आनन्दकन्दो मकरन्दनामा ॥

मकरन्द के ऊपर दिवाकर ज्योतिषी द्वारा लिखा गया विवरण है। इनकी इस सारणी द्वारा पंचांग अनेक ज्योतिषी बनाते हैं। इस समय ग्रहलाघव सारणी और मकरन्द सारणी का खूब प्रचार है। मकरन्द सारणी का जॉन वेण्टली साहब ने अँगरेजी में भी अनुवाद किया है। यह ग्रन्थ ज्योतिषियों के लिए बड़ा उपयोगी है।

केशव—इनके पिता का नाम कमलाकर और गुरु का नाम वैद्यनाथ था। इनका जन्म पश्चिमी समुद्र के किनारे नन्दिग्राम में ईसवी सन् १४५६ में हुआ था। यह ज्योतिष शास्त्र के बड़े भारी विद्वान् थे। इन्होंने ग्रहकौतुक, वर्षग्रहसिद्धि, तिथिसिद्धि, जातकपद्धति, जातकपद्धतिविवृति, ताजिकपद्धति, सिद्धान्तवासना पाठ, मुहूर्ततत्त्व, कायस्थादि धर्म पद्धति, कुण्डाष्टकलक्षण एवं गणितदीपिका इत्यादि अनेक ग्रन्थ बनाये हैं। इनके पुत्र गणेशदैवज्ञ ने इनकी प्रशंसा करते हुए लिखा है :

सोमाय ग्रहकौतुकं खगकृतिं तच्चालनाख्यं तिथेः
सिद्धिं जातकपद्धतिं सविवृतिं तत्ताजिके पद्धतिम्।
सिद्धान्तेऽप्युपपत्तिपाठनिचयं मौहूर्त्ततत्त्वाभिधं
कायस्थादिजधर्मपद्धतिमुखं श्रीकेशवार्योऽकरोत् ॥

इससे सिद्ध होता है कि केशव ज्योतिषशास्त्र के पूर्ण पण्डित थे। ग्रहगणित और फलित इन दोनों विषयों का इन्हें अच्छा ज्ञान था।

गणेश—इनके पिता का नाम केशव और माता का नाम लक्ष्मी था। इनका जन्म ईसवी सन् १५१७ माना जाता है। यह अपूर्व प्रतिभासम्पन्न ज्योतिषी थे, इन्होंने १३ वर्ष की उम्र में ग्रहलाघव-जैसे अपूर्व करण ग्रन्थ की रचना की थी। इनके द्वारा रचित अन्य ग्रन्थों में लघुतिथिचिन्तामणि, बृहत्तिथिचिन्तामणि, सिद्धान्तशिरोमणि टीका, लीलावती टीका, विवाहवृन्दावन टीका, मुहूर्ततत्त्वटीका, श्रद्धादिनिर्णय, छन्दार्णवटीका, सुधीरंजनीतर्जनीयन्त्र, कृष्णजन्माष्टमी निर्णय, होलिका निर्णय आदि बताये जाते हैं।

ग्रहलाघव में ज्या-चाप के बिना अंकों द्वारा ही सारा ग्रहगणित किया गया है। इसमें कल्पादि से अहर्गण के तीन खण्ड कर ध्रुवक्षेप द्वारा ग्रह सिद्ध किये गये हैं। वर्तमान् में जितने करण ग्रन्थ उपलब्ध हैं, उनमें सबसे सरल और प्रामाणिक ग्रहलाघव ही माना जाता है। यद्यपि इसके ग्रहगणित में कुछ स्थूलता है, पर काम चलाने लायक यह अवश्य है।

ढुण्ढिराज—यह पार्थपुरा के रहनवाले नृसिंह दैवज्ञ के पुत्र और ज्ञानराज के शिष्य थे। इनका समय ईसवी सन् १५४१ है। इन्होंने जातकाभरण नामक फलित ज्योतिष का एक सुन्दर ग्रन्थ बनाया है जो फलित ज्योतिष में अपने ढंग का निराला है, जन्मपत्री का फलादेश सुन्दर ढंग से बताया गया है। जातकाभरण की श्लोक-संख्या दो हज़ार है, केवल इसके सम्यक् अध्ययन से फलित-ज्योतिष का अच्छा ज्ञान प्राप्त किया जा सकता है।

नीलकण्ठ—इनके पिता का नाम अनन्तदैवज्ञ और माता का नाम पद्मा था। इनका जन्म-समय ईसवी सन् १५५६ बताया जाता है। इन्होंने अरबी और फ़ारसी के ज्योतिष-ग्रन्थों के आधार पर ताजिकनीलकण्ठी नामक एक फलित-ज्योतिष का महत्त्वपूर्ण ग्रन्थ बनाया है। विदेशी भाषा के साहित्य से केवल शरीर-भर ग्रहण किया है, आत्मा भारतीय ज्योतिष की है। नीलकण्ठी में तीन तन्त्र-संज्ञातन्त्र, वर्षतन्त्र और प्रश्नतन्त्र हैं। इसमें इक्कबाल, इन्दुवार, इत्थशाल, इशराफ, नक्त, यमेया, मणऊ, कम्बूल, गैरकम्बूल, खल्लासर, रद्द, युफाली, दुत्थोत्थदवीर, तुम्बीर, कुत्थ और युरफा ये सोलह योग अरबी ज्योतिष से लिये गये प्रतीत होते हैं। इन योगों द्वारा वर्षकुण्डली में प्राणियों के शुभाशुभ का निर्णय किया जाता है।

रामदैवज्ञ—यह अनन्तदैवज्ञ के पुत्र और नीलकण्ठ के भाई थे। इनका जन्म-समय ईसवी सन् १५६५ माना जाता है। इन्होंने शक संवत् १५२२ में मुहूर्तचिन्तामणि नामक एक महत्त्वपूर्ण मुहूर्त ग्रन्थ बनाया है। इस समय सर्वत्र इसी के आधार पर विवाह, द्विरागमन, यात्रा, यज्ञोपवीत आदि संस्कारों के मुहूर्त निकाले जाते हैं। यह ग्रन्थ श्रीपति द्वारा रचित रत्नमाला का एक संस्कृत रूप है। इन्होंने अकबर की आज्ञा से शक सं. १५१२ में एक रामविनोद नाम का करण ग्रन्थ भी बनाया है। रामदैवज्ञ ने टोडरमल को प्रसन्न करने के लिए टोडरानन्द नामक एक संहिता-विषयक ज्योतिष का ग्रन्थ बनाया है, लेकिन आज यह ग्रन्थ उपलब्ध नहीं है।

मल्लारि—इनके पिता का नाम दिवाकरनन्दन और बड़े भाइयों का नाम कृष्णचन्द्र और विष्णुचन्द्र था। इन्होंने अपने पिता से ही ज्योतिषशास्त्र का अध्ययन किया था। इनकी ग्रहलाघव के ऊपर उपपत्ति सहित एक सुन्दर टीका है। इस टीका द्वारा इनकी गोल और गणित-सम्बन्धी विद्वत्ता का पता सहज में लग जाता है। वक्र केन्द्रांश निकालने के लिए की गयी समीकरण की कल्पना इनकी अत्यन्त महत्त्वपूर्ण है। बापूदेव शास्त्री ने सिद्धान्तशिरोमणि के स्पष्टाधिकार की टिप्पणी में वक्र केन्द्रांश निकालने के लिए मल्लारि की कल्पना का प्रयोग किया है।

नारायण—यह टापर ग्रामनिवासी अनन्तनन्दन के पुत्र थे। इनका समय ईसवी सन् १५७१ माना गया है। इन्होंने शक संवत् १४९३ में विवाहादि अनेक मुहूर्तों से युक्त मुहूर्तमार्तण्ड नामक मुहूर्त ग्रन्थ बनाया था। ग्रन्थ के देखने से इनकी ज्योतिष-सम्बन्धी निपुणता का पता सहज में लग जाता है। इस ग्रन्थ में अनेक विशेषताएँ हैं, इसकी रचना शार्दूलविक्रीडित छन्दों में हुई है।

इस नाम के एक दूसरे विद्वान् ईसवी सन् १५८८ में हो गये थे। इन्होंने केशवपद्धति के ऊपर टीका लिखी है तथा एक बीजगणित भी बनाया है। इसमें अवर्गरूप प्रकृति का रूप क्षेपीय कनिष्ठ-ज्येष्ठ द्वारा आसन्न मूल निकाला गया है, जिससे ग्रन्थकर्ता की गणित-विषयक योग्यता का अनुमान लगाया जा सकता है। कारण सूत्र इस प्रकार है :

मूलं ग्राह्यं यस्य च तद्रूपक्षेपजे पदे तत्र। ज्येष्ठं ह्रस्वपदेनोद्धरेद्भवेन्मूलमासन्नम् ॥

रंगनाथ—इनका जन्म काशी में ईसवी सन् १५७५ में हुआ था। इनके पिता का नाम

वल्लाल और माता का गोजि था। इन्होंने सूर्यसिद्धान्त की गूढ़ार्थ-प्रकाशिका नामक टीका लिखी है। इस टीका से इनकी ज्योतिष-विषयक विद्वत्ता का पता लग जाता है। इन्होंने उक्त टीका में अनेक नवीन बातें लिखी हैं।

इन प्रधान ज्योतिर्विदों के अतिरिक्त इस युग में शतानन्द, केशवार्क, कालिदास, महादेव, गंगाधर, भक्तिलाभ, हेमतिलक, लक्ष्मीदास, ज्ञानराज, अनन्तदैवज्ञ, दुर्लभराज, हरिभद्रसूरि, विष्णुदैवज्ञ, सूर्यदैवज्ञ, जगदेव, कृष्णदैवज्ञ, रघुनाथशर्मा, गोविन्ददैवज्ञ, विश्वनाथ, नृसिंह, विट्ठलदीक्षित, शिवदैवज्ञ, समन्तभद्र, बलभद्र मिश्र और सोमदैवज्ञ भी हुए हैं। इन्होंने स्वतन्त्र मौलिक ग्रन्थ लिखकर तथा पूर्वाचार्यों के ग्रन्थों की टीकाएँ लिखकर ज्योतिषशास्त्र को समृद्धिशाली बनाया है। गोविन्ददैवज्ञ ने मुहूर्तचिन्तामणि की पीयूषधारा टीका लिखकर इस ग्रन्थ को सदा के लिए अमर बना दिया है। यह केवल टीका ही नहीं है बल्कि मुहूर्तसम्बन्धी साहित्य का एक संग्रह है। इसी प्रकार नृसिंहदैवज्ञ ने सूर्यसिद्धान्त और सिद्धान्तशिरोमणि की सौरभाष्य और वासनावार्तिक नाम की टीकाएँ रचीं। इन टीकाओं से तद्विषयक एक नया साहित्य ही खड़ा हो गया। उत्तरमध्यकाल के अन्तिम के ज्योतिषियों में ग्रहवेध की प्रणाली उठती हुई-सी नजर आती है। नवीन ग्रह-गणित संशोधक भी इस काल में भास्कर के बाद इने-गिने ही हुए हैं। जातक और मुहूर्त-विषयक साहित्य इस काल में खूब पल्लवित हुआ है। मुहूर्त अंग पर स्वतन्त्र रूप से पूर्वमध्यकाल के ज्योतिर्विदों ने नाममात्र को लिखा था किन्तु इस काल में यह अंग खूब पुष्ट हुआ है।

आधुनिक या अर्वाचीन काल (ई. १६०१-ई. १९५१ तक)

सामान्य परिचय

अर्वाचीन काल के आरम्भ में मुसलिम संस्कृति के साथ-साथ पाश्चात्य सभ्यता का प्रचार भी भारत में हुआ। यों तो उत्तरमध्यकाल में ही ज्योतिषियों ने आकाशावलोकन त्यागकर पुस्तकों का पल्ला पकड़ लिया था और पुस्तकीय ज्ञान ही ज्योतिष माना जाने लगा था। सच बात तो यह है कि भास्कराचार्य के बाद मुसलिम राज्यों के कारण हिन्दू-धर्म, सम्पत्ति, साहित्य और ज्योतिष आदि विषयों की उन्नति पर आपत्ति के पहाड़ गिरे जिससे उक्त विषयों का विकास रुक गया। कुछ धर्मान्ध साम्प्रदायिक पक्षपाती मुसलिम बादशाहों ने सम्प्रदाय की तेज शराब के नशे से चूर होकर भारतीय ज्ञान-विज्ञान को हिन्दू समाज की बपौती समझकर नष्ट-भ्रष्ट करने में जरा भी संकोच नहीं किया। विद्वानों को राजाश्रय न मिलने से ज्योतिष के प्रसार और विकास में कुछ कम बाधाएँ नहीं आयीं। नवीन संशोधन और परिवर्द्धन तो दरकिनार रहा, पुरातन ज्योतिष ज्ञान-भण्डार का संरक्षण भी कठिन हो गया। यद्यपि कुछ हिन्दू, मुसलिम विद्वानों ने इस युग में फलित ग्रन्थों की रचनाएँ कीं, लेकिन आकाश-निरीक्षण की प्रथा उठ जाने से वास्तविक ज्योतिष तत्त्वों का विकास नहीं हो सका।

शकुन, प्रश्न, मुहूर्त, जन्मपत्र एवं वर्षपत्र के साहित्य की अवश्य वृद्धि हुई है। कमलाकर भट्ट ने सूर्यसिद्धान्त का प्रचार करने के लिए 'सिद्धान्ततत्त्वविवेक' नामक

गणित-ज्योतिष का महत्त्वपूर्ण ग्रन्थ रचा है। इस अर्वाचीन काल के प्रारम्भ में प्राचीन ग्रन्थों पर टीका-टिप्पणी बहुत लिखे गये।

ई. सन् १७८० में आमेराधिपति महाराज जयसिंह का ध्यान ज्योतिष की ओर विशेष आकृष्ट हुआ और उन्होंने काशी, जयपुर एवं दिल्ली में वेधशालाएँ बनवायीं, जिनमें पत्थरों की ऊँची और विशाल दीवारों के रूप में बड़े-बड़े यन्त्र बनवाये। स्वयं महाराज जयसिंह इस विद्या के प्रेमी थे, इन्होंने युरॅप की प्रचलित तारासूचियों में कई भूलें निकालीं तथा भारतीय ज्योतिष के आधार पर नवीन सारणियाँ तैयार करायीं।

सामन्त चन्द्रशेखर ने अपने अद्वितीय बुद्धिकौशल द्वारा ग्रहवेध कर प्राचीन गणित-ज्योतिष के ग्रन्थों में संशोधन किया तथा अपने सिद्धान्तों द्वारा ग्रहों की गतियों के विभिन्न प्रकार बतलाये।

इधर अँगरेजी सभ्यता के सम्पर्क से भारत में अँगरेज़ी भाषा का प्रचार हो गया। इस भाषा के प्रचार के साथ-साथ अँगरेज़ी आधुनिक भूगोल और गणितविषयक विभिन्न ग्रन्थों का पठन-पाठन की प्रथा भी प्रचलित हुई। सन् १८५७ के पश्चात् तो आधुनिक नवीन आविष्कृत विज्ञानों का प्रभाव भारत के ऊपर विशेष रूप से पड़ा है। फलतः अँगरेज़ी भाषा के जानकार संस्कृत के विद्वानों ने इस भाषा के नवीन गणित ग्रन्थों का अनुवाद संस्कृत में कर ज्योतिष की श्रीवृद्धि की है। बापूदेव शास्त्री और पं. सुधाकर द्विवेदी ने इस ओर विशेष प्रयत्न किया है। आप महानुभावों के प्रयास के फलस्वरूप ही रेखागणित, बीजगणित और त्रिकोणमिति के ग्रन्थों से आज का ज्योतिष धनी कहा जा सकेगा। केतक नामक विद्वान् ने केतकी ग्रह-गणित की रचना अँगरेज़ी ग्रह-गणित और भारतीय गणित-सिद्धान्तों के समन्वय के आधार पर की है। दीर्घवृत्त, परिवलय, अतिपरिवलय इत्यादि के गणित का विकास इस नवीन सभ्यता के सम्पर्क की मुख्य देन माना जायेगा।

पृथ्वी, चन्द्रमा, सूर्य, सौर-चक्र, बुध, शुक्र, मंगल, अवान्तर ग्रह, बृहस्पति, यूरेनस, नेपच्यून, नभस्तूप, आकाशगंगा और उल्का आदि का वैज्ञानिक विवेचन पश्चिमीय ज्योतिष के सम्पर्क से इधर तीस-चालीस वर्षों के बीच में विशेष रूप से हुआ है। डॉ. गोरखप्रसाद ने आधुनिक वैज्ञानिक अन्वेषणों के आधार पर इस विषय की एक विशालकाय सौरपरिवार नाम की पुस्तक लिखी है जिससे सौर-जगत् के सम्बन्ध में अनेक नवीन बातों का पता लगता है। श्री. सम्पूर्णानन्द जी ने ज्योतिर्विनोद नामक पुस्तक में कापर्निकस, जिओईनो, गैलेलिओ और केप्लर आदि पाश्चात्य ज्योतिषों के अनुसार ग्रह, उपग्रह और अवान्तर ग्रहों का स्वरूप बतलाया है। श्री महावीरप्रसाद श्रीवास्तव ने सूर्य-सिद्धान्त का आधुनिक सिद्धान्तों के आधार पर विज्ञानभाष्य लिखा है, जिससे संस्कृतज्ञ ज्योतिष के विद्वानों का बहुत उपकार हुआ है। अभिप्राय यह है कि आधुनिक युग में पाश्चात्य ज्योतिष के सम्पर्क से गणित ज्योतिष के सिद्धान्तों का वैज्ञानिक विवेचन प्रारम्भ हुआ है। यदि भारतीय ज्योतिषी आकाश-निरीक्षण को अपनाकर नवीन ज्योतिष के साथ तुलना करें तो पूर्वमध्यकाल से चली आयी ग्रह-गणित की सारणियों की स्थूलता दूर हो जाये और भारतीय ज्योतिष की महत्ता अन्य देशवासियों के समक्ष प्रकट हो जाये।

प्रमुख ज्योतिर्विदों का परिचय

मुनीश्वर—यह रंगनाथ के पुत्र थे। इनका समय ईसवी सन् १६०३ माना जाता है। इन्होंने शक संवत् १५६८ भाद्रपद शुक्ला पंचमी सोमवार के भगणादि को सिद्ध कर सिद्धान्तसार्वभौम नामक एक ज्योतिष ग्रन्थ बनाया है। इन्होंने भास्कराचार्य के सिद्धान्तशिरोमणि और लीलावती नामक ग्रन्थों पर विस्तृत टीकाएँ लिखी हैं। यह काव्य, व्याकरण, कोश और ज्योतिष आदि अनेक विषयों के प्रकाण्ड विद्वान् थे।

दिवाकर—इनके पिता का नाम नृसिंह था। इनका जन्म ईसवी सन् १६०६ में हुआ था। इन्होंने अपने चाचा शिवदैवज्ञ से ज्योतिषशास्त्र का अध्ययन किया था। यह अत्यन्त प्रसिद्ध ज्योतिषी, काव्य, व्याकरण, न्याय आदि शास्त्रों में प्रवीण और अनेक ग्रन्थों के रचयिता थे। १९ वर्ष की अवस्था में इन्होंने फलित-विषयक जातकपद्धति नामक एक महत्त्वपूर्ण ग्रन्थ लिखा है। मकरन्दविवरण, केशवीय पद्धति की प्रौढ़ मनोरमा नाम की महत्त्वपूर्ण टीका और अपने द्वारा रचित पद्धतिप्रकाश के ऊपर सोदाहरण टीका भी इन्होंने रची है।

कमलाकर भट्ट—यह दिवाकर के भाई थे। इन्होंने अपने भाई दिवाकर से ही ज्योतिषाशास्त्र का अध्ययन किया था। यह गोल और गणित दोनों ही विषयों के प्रकाण्ड विद्वान् थे। इन्होंने प्रचलित सूर्यसिद्धान्त के अनुसार 'सिद्धान्ततत्त्वविवेक' नामक ग्रन्थ शक सं. १५८० में काशी में बनाया है। सौरपक्ष की श्रेष्ठता परम्परागत मानकर अन्य ब्रह्मपक्ष आदि को इन्होंने नहीं माना, इसी कारण भास्कराचार्य का स्थान-स्थान पर खूब खण्डन किया है। इन्होंने तत्त्वविवेक आदि में लिखा है :

प्रत्यक्षागमयुक्तिशालि तदिदं शास्त्रं विहायान्मया।
यत्कुर्वन्ति नराधमास्तु तदसत् वेदोक्तिशून्या भृशम् ॥

कमलाकर ने ज्योतिष के अनेक सिद्धान्तों को तत्त्वविवेक में बड़ी कुशलता के साथ रखा है, यदि यह निष्पक्ष होकर इन सिद्धान्तों की समीक्षा करते तो वास्तव में 'सिद्धान्ततत्त्वविवेक' एक अद्वितीय ग्रन्थ होता।

नित्यानन्द—यह इन्द्रप्रस्थपुर के निवासी गौड़ ब्राह्मण थे। इनके पिता का नाम देवदत्त था। सन् १६३९ में इन्होंने सायन गणना के अनुसार 'सिद्धान्तराज' नामक महत्त्व पूर्ण ज्योतिष का ग्रन्थ बनाया। इन्होंने चन्द्रमा को स्पष्ट करने की सुन्दर रीति बतायी है। 'सिद्धान्तराज' में मीमांसाध्याय, मध्यमाधिकार, स्पष्टाधिकार, त्रिप्रश्नाधिकार, चन्द्रग्रहणाधिकार, सूर्यग्रहणाधिकार, श्रृंगोन्नत्यधिकार, भ-ग्रहयुत्यधिकार, भ-ग्रहों के उन्नतांशसाधनाधिकार, भुवनकोश, गोलबन्धाधिकार एवं यात्राधिकार हैं। ग्रहगणित की दृष्टि से यह महत्त्वपूर्ण है।

महिमोदय—इनके गुरु का नाम लब्धिविजय सूरि था और इनका समय वि. सं. १७२२ बताया गया है। यह गणित और फलित दोनों प्रकार के ज्योतिष के मर्मज्ञ विद्वान् थे। इनके द्वारा रचित ज्योतिष-रत्नाकर, गणित साठ सौ, पंचांगनयनविधि ग्रन्थ कहे जाते हैं। ज्योतिषरत्नाकर ग्रन्थ फलित का है और अवशेष दोनों गन्थ गणित के हैं। ज्योतिषरत्नाकर

में संहिता, मुहूर्त और जातक इन तीनों ही अंगों पर प्रकाश डाला गया है। छोटा होते हुए भी ग्रन्थ उपयोगी है। पंचांगनयनविधि के नाम से ही उसका विषय प्रकट हो जाता है। इस ग्रन्थ में अनेक सारणियाँ हैं, जिनसे पंचांग के गणित में पर्याप्त सहायता मिलती है। यदि सूक्ष्मता की तह में प्रवेश किया जाये तो इस गणित में संस्कार की आवश्यकता प्रतीत होगी। इसके गणित द्वारा आगत ग्रहों में दृग्गणितैक्य नहीं होगा। गणित साठ सौ गणित का ग्रन्थ है।

मेघविजयगणि—यह ज्योतिषशास्त्र के प्रकाण्ड विद्वान् थे। इनका समय वि. सं. १७३७ के आसपास माना जाता है। इनके द्वारा रचित मेघमहोदय या वर्षप्रबोध, उदयदीपिका, रमलशास्त्र और हस्तसंजीवन आदि मुख्य हैं। वर्षप्रबोध में १३ अधिकार और ३५ प्रकरण हैं। इसमें उत्पातप्रकरण, कर्पूरचक्र, पद्मिनीचक्र, मण्डलप्रकरण, सूर्य और चन्द्रग्रहण का फल, प्रत्येक महीने का वायु-विचार, संवत्सर का फल, ग्रहों के राशियों पर उदयास्त और वक्री होने का फल, अयन-मास-पक्ष-विचार, संक्रान्तिफल, वर्ण के राजा, मन्त्री, धान्येश, रसेश आदि का निरूपण, आय-व्यय-विचार, सर्वतोभद्रचक्र, शकुन आदि विषयों का सुन्दर वर्णन है। हस्तसंजीवन में तीन अधिकार हैं। प्रथम अधिकार दर्शनाधिकार है, जिसमें हाथ कैसे देखना, हाथ ही पर से मास, दिन, घटी, पल आदि का शुभाशुभ फल, रेखा और लग्नचक्र बनाकर कहना; द्वितीय अधिकार स्पर्शनाधिकार है, जिसमें हाथ को स्पर्श करने से ही समस्त शुभाशुभ फलों का निरूपण, जैसे इस वर्ष में कितनी वर्षा होगी, बिना किसी यन्त्रादिक के इस समय कितना दिन या रात गत है, इसका ज्ञान कर लेना; तृतीय विमर्शनाधिकार में रेखाओं पर से ही आयु, सन्तान, स्त्री, भाग्योदय, जीवन की प्रमुख घटनाएँ, सांसारिक सुख आदि बातों का ज्ञान गवेषणापूर्ण रीति से बतलाया गया है। इसके फलित ग्रन्थों को देखने से संहिता और सामुद्रिक शास्त्र-सम्बन्धी प्रकाण्ड विद्वत्ता का पता सहज में लग जाता है।

उभयकुशल—इनका समय वि. सं. १७३७ के लगभग माना जाता है। यह फलित ज्योतिष के ज्ञाता थे, इन्होंने विवाह-पटल और चमत्कार-चिन्तामणि नामक दो ज्योतिष ग्रन्थों की रचना की है। यह मुहूर्त और जातक दोनों अंगों के ज्ञाता थे।

लब्धिचन्द्रगणि—यह खरतरगच्छीय कल्याणनिधान के शिष्य थे। इन्होंने वि. सं. १७५१ के कार्तिक मास में ज्योतिष का जन्मपत्रीपद्धति नामक एक व्यावहारोपयोगी ग्रन्थ बनाया है। इस ग्रन्थ में इष्टकाल, भयात, भभोग, लग्न एवं नवग्रहों का स्पष्टीकरण आदि गणित के विषय भी हैं। जन्मपत्री के सामान्य फल का वर्णन भी इस ग्रन्थ में किया गया है।

बाघजी मुनि—यह पार्श्वचन्द्रगच्छीय शाखा के मुनि थे। इनका समय वि. सं. १७८३ माना जाता है। इन्होंने तिथिसारणी नामक ज्योतिष का एक महत्त्वपूर्ण ग्रन्थ लिखा है। इसके अतिरिक्त इनके दो-तीन फलित ज्योतिष के भी मुहूर्त-सम्बन्धी ग्रन्थों का पता लगता है। तिथिसारणी में पंचांग बनाने की प्रक्रिया है। यह मकरन्दसारणी के समान उपयोगी है।

यशस्वतसागर—इनका दूसरा नाम जसवन्तसागर भी बताया जाता है। यह ज्योतिष,

न्याय, व्याकरण और दर्शनशास्त्र के धुरन्धर विद्वान् थे। इन्होंने ग्रहलाघव के ऊपर वार्तिक नाम की टीका लिखी है। वि. सं. १७६२ में जन्मकुण्डली विषय को लेकर 'यशोराजपद्धति' नामक एक व्यवहारोपयोगी ग्रन्थ लिखा है। यह ग्रन्थ जन्मकुण्डली की रचना के नियमों के सम्बन्ध में विशेष प्रकाश डालता है, उत्तरार्द्ध में जातक-पद्धति के अनुसार संक्षिप्त फल बतलाया है।

जगन्नाथ सम्राट्—यह तैलंग ब्राह्मण, जयपुरनरेश जयसिंह महाराज के सभापण्डित थे। इन्होंने महाराज जयसिंह की आज्ञा से अरबी भाषा में लिखित 'इजास्ती' नामक ज्योतिष ग्रन्थ का संस्कृत में अनुवाद किया है। इसके अतिरिक्त युक्लेद के रेखागणित का भी अरबी से संस्कृत में अनुवाद किया है। इस रेखागणित में १५ अध्याय हैं। रेखागणित के अनुवाद का समय शक सं. १६४० है। कुछ लोगों का कहना है कि रेखागणित के मूल रचयिता युक्लेद नहीं थे, किन्तु मिलिटस नगर निवासी थेलस हैं। रेखागणित के पहले अध्याय में ४८, दूसरे में १४, तीसरे में ३७, चौथे में १६, पाँचवें में २५, छठे में ३३, सातवें में ३९, आठवें में २५, नौवें में ३८, दसवें में १०९, ग्यारहवें में ४१, बारहवें में १५, तेरहवें में २१, चौदहवें में १० और पन्द्रहवें में ६ क्षेत्र हैं। इसमें प्रतिज्ञा या साध्य शब्द के स्थान पर क्षेत्र शब्द का प्रयोग किया गया है।

बापूदेव शास्त्री—इनका जन्म ईसवी सन् १८२१ में पूना नगर में हुआ था। इनके पिता का नाम सीताराम था। भारतीय ज्योतिष और यूरोपियन गणित इन दोनों के यह अद्वितीय विद्वान् थे। वर्तमान में नवीन गणित की जागृति के मूल कारण शास्त्री जी हैं। इनके त्रिकोणमिति, बीजगणित और अव्यक्त गणित—ये तीन ग्रन्थ प्रसिद्ध हैं। शास्त्री जी ने अनेक वर्षों तक गवर्नमेण्ट संस्कृत कॉलेज में अध्यापकी की और सैकड़ों देश-देशान्तर के शिष्यों को विद्यादान देकर अपनी कीर्तिरूपी चन्द्रिका का विस्तार किया। सिद्धान्त-शिरोमणि के संशोधन के बाद शास्त्रीजी का नाम 'संशोधक' प्रसिद्ध हो गया। वास्तव में यह थे भी सच्चे संशोधक। गणितविषयक यूरोप के उच्च सिद्धान्तों का भारतीय सिद्धान्तों के साथ इन्होंने बहुत कुछ सामंजस्य किया है। ईसवी सन् १८९० में इनका स्वर्गवास हो गया।

नीलाम्बर झा—ईसवी सन् १९२३ में प्रतिष्ठित और विद्वान् मैथिल ब्राह्मणकुल में आपका जन्म हुआ था। यह पटना के निवासी और अलवर के राजा श्री शिवदाससिंह के आश्रित थे। इन्होंने क्षेत्रमिति के आधार पर 'गोलप्रकाश' नामक ग्रन्थ बनाया है। इस ग्रन्थ में प्राचीन सिद्धान्तों के अनेक प्रकार, उपपत्ति और बहुत-से प्रश्नों के उत्तर बड़ी उत्तमता और नवीन रीति से दिखलाये हैं। वास्तव में इस ग्रन्थ से इनकी ज्योतिष-विषयक प्रगाढ़ विद्वत्ता प्रकट होती है।

सामन्त चन्द्रशेखर—इनका जन्म उड़ीसा के अन्तर्गत कटक से २५ कोस खण्डद्वारा राज्य में सन् १८३५ में हुआ था। यह व्याकरण, स्मृति, पुराण, न्याय, काव्य और ज्योतिष के मर्मज्ञ विद्वान् थे। पन्द्रह वर्ष की अवस्था में इनको ज्योतिष गणना करने की योग्यता प्राप्त हो गयी थी। लेकिन थोड़े ही दिनों में इन्हें ज्ञात हुआ कि जिस ग्रह या नक्षत्र को गणनानुसार जिस स्थान पर होना चाहिए, वह उस स्थान पर नहीं है, अतएव इन्होंने नियमित

रूप से आकाश का अवलोकन करना आरम्भ किया। इस कार्य के लिए यन्त्रों की आवश्यकता थी, पर यन्त्र मिलना असम्भव था। इसलिए इन्होंने प्राचीन ग्रन्थों के आधार पर कुछ यन्त्र बनाये। यद्यपि ये यन्त्र अनगढ़ और स्थूल थे, किन्तु यह अपनी प्रतिभा के वल पर इनसे सूक्ष्म काम कर लेते थे। वेध द्वारा ग्रहों को निश्चित कर इन्होंने 'सिद्धान्त-दर्पण' नामक ज्योतिष का महत्त्वपूर्ण ग्रन्थ बनाया है। इस ग्रन्थ को देखकर इनके ज्योतिष ज्ञान की जितनी प्रशंसा की जाये, थोड़ी है।

सुधाकर द्विवेदी—इनका जन्म काशी में ईसवी सन् १८६० में हुआ था। यह ज्योतिष ज्ञान के सिवा अन्य विषयों के भी अद्वितीय विद्वान् थे। फ्रेंच, अँगरेज़ी, मराठी, हिन्दी आदि विभिन्न भाषाओं के साहित्य के ज्ञाता थे। वर्तमान ज्योतिषशास्त्र के ये उद्धारक हैं। इन्होंने प्राचीन जटिल गणित ज्योतिष-विषयक ग्रन्थों को भाष्य, उपपत्ति, टीका आदि लिखकर प्रकाशित किया। चलनकलन, दीर्घवृत्त, गणकतरंगिणी, प्रतिभाबोधक, पंचसिद्धान्तिका की टीका, सूर्यसिद्धान्त की सुधावर्षिणी टीका, ग्रहलाघव की उत्पत्ति, ब्रह्मस्फुट सिद्धान्तिका तिलक इत्यादि अनेक रचनाएँ इनकी मिलती हैं। बृहत्संहिता का संशोधन कर प्रामाणिक संस्करण इन्होंने प्रकाशित कराया था। इस काल में प्राचीन ज्योतिषशास्त्र का उद्धार करनेवाला सुधाकर जी जैसा अन्य नहीं हुआ है। इनकी प्रतिभा सर्वतोमुखी थी।

इन उपर्युक्त प्रसिद्ध ज्योतिर्विदों के अतिरिक्त इस युग में रंगनाथ, शंकरदैवज्ञ शिवलाल पाठक, परमानन्द पाठक, लक्ष्मीपति, बबुआ ज्योतिषी, मथुरानाथ शुक्ल, परमसुखोपाध्याय, बालकृष्ण ज्योतिषी, कृष्णदेव, शिवदैवज्ञ, दुर्गाशंकर पाठक, गोविन्दाचारी, जयराम ज्योतिषी, सेवाराम शर्मा, लज्जाशंकर शर्मा, नन्दलाल शर्मा, देवकृष्ण शर्मा, गोविन्ददेव शास्त्री, केतक, दुर्गाप्रसाद द्विवेदी, रामयत्न ओझा, मानसागर, विनयकुशल, हीराकलश, मेघराज, सूरचन्द्र, जयविजय, जयरत्न, जिनपाल, जिनदत्तसूरि, श्यामाचरण ओझा, हृषीकेश उपाध्याय आदि अन्य लब्धप्रतिष्ठ ज्योतिषी हुए हैं। इन्होंने भी अनेक प्रकार से ज्योतिषशास्त्र की अभिवृद्धि में सहायता प्रदान की है। वर्तमान ज्योतिषियों में श्रीरामव्यास पाण्डेय, सूर्यनारायण व्यास, श्रीनिवास पाठक, विन्ध्येश्वरीप्रसाद आदि उल्लेखनीय हैं। मिथिला में अनेक अच्छे ज्योतिर्विद् हुए हैं। पद्मभूषण पं. विष्णुकान्त झा ज्योतिष के अच्छे विद्वान् हैं। संस्कृत भाषा में कविता भी करते हैं। देशरत्न डॉ. राजेन्द्रप्रसाद का जीवनवृत्त संस्कृत पद्यों में लिखा है। वर्तमान में पटना में आपका ज्योतिष-कार्यालय भी है।

समीक्षा

यदि समग्र भारतीय ज्योतिष शास्त्र के इतिहास पर दृष्टिपात किया जाये तो अवगत होगा कि प्राचीन काल में भारत सभ्यता और संस्कृति में कितना आगे बढ़ा हुआ था। प्राचीन ऋषियों ने अपने दिव्यज्ञान और योगजन्य शक्ति से ग्रह और नक्षत्रों के सम्बन्ध में सब कुछ जान लिया था। वे आँखों से राशि, नक्षत्र, ताराव्यूह, चन्द्र, सूर्य और मंगलादि ग्रहों की गति, स्थिति और संचार आदि को देखकर योग के बल से अपने शरीरस्थित सौरमण्डल से तुलना कर आन्तरिक ग्रहों की गति, स्थिति तथा उसके द्वारा होनेवाले फलाफल का निरूपण करते रहे। ज्योतिष का पूर्ण ज्ञान उन्हें वैदिक काल में ही था, पर उसकी अभिव्यक्ति

साहित्य के रूप में क्रमशः हुई है। पृथ्वी की आकर्षण-शक्ति के विषय में भारतीयों ने न्यूटन और गैलेलिओ से सैकड़ों वर्ष पहले ज्ञात कर लिया था। भास्कराचार्य ने 'सिद्धान्तशिरोमणि' के गोलाध्याय में कहा है :

आकृष्टशक्तिश्च महीतया यत् स्वस्थं गुरु स्वामिमुखं स्वशक्त्या।
आकृष्यते तत्पततीति भाति समे समन्तात् क्व पतत्वियं खे ॥

अर्थात्—पृथ्वी में आकर्षण-शक्ति है; इससे वह अपने आसपास के पदार्थों को खींचा करती है। पृथ्वी के समीप में आकर्षण-शक्ति अधिक होती है और जिस प्रकार दूरी बढ़ती जाती है, वैसे ही वह घटती जाती है। भास्कराचार्य ने इसके कारण का विवेचन करते हुए लिखा है कि किसी स्थान पर भारी और हलकी वस्तु पृथ्वी पर छोड़ी जाये तो दोनों समान काल में पृथ्वी पर गिरेंगी; यह न होगा कि भारी वस्तु पहले गिरे और हल्की बाद को। अतएव ग्रह और पृथ्वी आकर्षण-शक्ति के प्रभाव से भ्रमण करते हैं।

पृथ्वी की गोलाई का कथन करते हुए प्राचीन आचार्यों ने लिखा है कि गोले की परिधि का १००वाँ भाग समतल दिखाई पड़ता है, पृथ्वी एक बहुत बड़ा गोला है तथा मनुष्य बहुत ही छोटा है, अतः उसकी पीठ पर स्थित उसे वह सम-चपटी जान पड़ती है। यह एक आश्चर्य की बात है कि भारतीय ऋषि-महर्षि दूरबीन के बिना केवल अपनी आँखों से देखकर ही आकाश की सारी स्थिति को जान गये थे। फलित-ज्योतिष का अनुभव उन्होंने अपने दिव्य ज्ञान से किया। यद्यपि बेबिलोनिया और यूनान के सम्पर्क से फलित और गणित दोनों ही प्रकार के भारतीय ज्योतिष में अनेक नयी बातों का समावेश हुआ परन्तु मूलतत्त्व ज्यों-के-त्यों अविकृत रहे। ताजिकपद्धति का श्रीगणेश यवनों के कारण ही हुआ है।

अर्वाचीन ज्योतिष में जो शिथिलता आयी है, उसका कारण दिव्य ज्ञानवाले ऋषियों की कमी है। आज हमारे देश में न तो बड़ी-बड़ी वेधशालाएँ हैं और न योगक्रिया के जानकार ऋषि-महर्षि ही। इसलिए नवीन विवृत्तियाँ ज्योतिष में नहीं हो रही हैं।

■

द्वितीय अध्याय

भारतीय ज्योतिष के सिद्धान्त

यह पहले ही लिखा जा चुका है कि भारतीय ज्योतिष का मुख्य प्रयोजन आत्मकल्याण के साथ लोक-व्यवहार का सम्पन्न करना है। लोक-व्यवहार के निर्वाह के लिए ज्योतिष के क्रियात्मक दो सिद्धान्त हैं—गणित और फलित। गणित ज्योतिष के शुद्ध गणित के अतिरिक्त करण, तन्त्र और सिद्धान्त—ये तीन भेद एवं फलित के जातक, ताजिक, मुहूर्त, प्रश्न एवं शकुन—ये पाँच भेद दिये है। यों तो भारतीय ज्योतिष के सिद्धान्तों का वर्गीकरण और भी अनेक भेद-प्रभेदों में किया जा सकता है, परन्तु मूल विभागों का उक्त वर्गीकरण ही अधिक उपयुक्त है। प्रस्तुत ग्रन्थ को अधिक लोकोपयोगी बनाने की दृष्टि से इसमें गणित-ज्योतिष के सिद्धान्तों पर कुछ न लिखकर फलित ज्योतिष के प्रत्येक अंग पर प्रकाश डालने का प्रयत्न किया जायेगा। यद्यपि भारतीय ज्योतिष के रहस्य को हृदयंगम करने के लिए गणित-ज्योतिष का ज्ञान अनिवार्य है, पर साधारण जनता के लिए आवश्यक नहीं। क्योंकि प्रामाणिक ज्योतिर्विदों द्वारा निर्मित तिथिपत्रों-पंचांगों पर से कतिपय फलित से सम्बद्ध गणित के सिद्धान्तों द्वारा अपने शुभाशुभ का ज्ञान प्राप्त किया जा सकता है। अतएव यहां पर प्रयोजनीभूत आवश्यक ज्योतिष तत्त्वों का निरूपण किया जा रहा है। हर एक व्यक्ति के लिए यह जरूरी नहीं कि वह ज्योतिषी हो, किन्तु मानव-मात्र को अपने जीवन को व्यवस्थित करने के नियमों को जानना वाजिब ही नहीं, अनिवार्य है।

फलित-ज्योतिष के ज्ञान के लिए तिथि, नक्षत्र, योग, करण और वार के सम्बन्ध में आवश्यक जानकारी प्राप्त कर लेनी चाहिए। अतएव जातक अंग पर लिखने के पूर्व उपर्युक्त पाँचों के संक्षिप्त परिचय के साथ आवश्यक परिभाषाएँ दी जाती हैं—

तिथि

चन्द्रमा की एक कला को तिथि माना गया है। इसका चन्द्र और सूर्य के अन्तरांशों पर से मान निकाला जाता है। प्रतिदिन १२ अंशों का अन्तर सूर्य और चन्द्रमा के भ्रमण में होता है, यही अन्तराश का मध्यम मान है। अमावस्या के बाद प्रतिपदा से लेकर पूर्णिमा तक की तिथियाँ शुक्लपक्ष की और पूर्णिमा के बाद प्रतिपदा से लेकर अमावस्या तक की तिथियाँ कृष्णपक्ष की होती हैं। ज्योतिषशास्त्र में तिथियों की गणना शुक्लपक्ष की प्रतिपदा से आरम्भ होती है।

तिथियों के स्वामी—प्रतिपदा का स्वामी अग्नि, द्वितीया का ब्रह्मा, तृतीया की गौरी, चतुर्थी का गणेश, पंचमी का शेषनाग, षष्ठी का कार्तिकेय, सप्तमी का सूर्य, अष्टमी का

शिव, नवमी की दुर्गा, दशमी का काल, एकादशी के विश्वदेव, द्वादशी का विष्णु, त्रयोदशी का काम, चतुर्दशी का शिव, पौर्णमासी का चन्द्रमा और अमावस्या के पितर हैं। तिथियों के शुभाशुभत्व के अवसर पर स्वामियों का विचार किया जाता है।

अमावस्या के तीन भेद हैं—सिनीवाली, दर्श और कुहू। प्रातःकाल से लेकर रात्रि तक रहनेवाली अमावस्या को सिनीवाली, चतुर्दशी से विद्ध को दर्श एवं प्रतिपदा से युक्त अमावस्या को कुहू कहते हैं।

तिथियों की संज्ञाएँ—१।६।११ नन्दा, २।७।१२ भद्रा, ३।८।१३ जया, ४।९।१४ रिक्ता और ५।१०।१५ पूर्णा तथा ४।६।८।९।१२।१४ तिथियाँ पक्षरन्ध्र संज्ञक हैं।

मासशून्य तिथियाँ—चैत्र में दोनों पक्षों की अष्टमी और नवमी, वैशाख में दोनों पक्षों की द्वादशी, जेष्ठ में कृष्णपक्ष की चतुर्दशी और शुक्लपक्ष की त्रयोदशी, आषाढ़ में कृष्णपक्ष की षष्ठी और शुक्लपक्ष की सप्तमी, श्रावण में दोनों पक्षों की द्वितीया और तृतीया, भाद्रपद में दोनों पक्षों की प्रतिपदा और द्वितीया, आश्विन में दोनों पक्षों की दशमी और एकादशी, कार्तिक में कृष्णपक्ष की पंचमी और शुक्लपक्ष की चतुर्दशी, मार्गशीर्ष में दोनों पक्षों की सप्तमी और अष्टमी, पौष में दोनों पक्षों की चतुर्थी और पंचमी, माघ में कृष्णपक्ष की पंचमी और शुक्ल पक्ष की षष्ठी एवं फाल्गुन में कृष्णपक्ष की चतुर्थी और शुक्लपक्ष की तृतीया मासशून्य संज्ञक हैं। मासशून्य तिथियों में कार्य करने से सफलता प्राप्त नहीं होती।

सिद्धा तिथियाँ—मंगलवार को ३।८।१३ बुधवार को २।७।१२, बृहस्पतिवार को ५।१०।१५, शुक्रवार को १।६।११ एवं शनिवार को ४।९।१४ तिथियाँ सिद्धि देनेवाली सिद्धासंज्ञक हैं। इन तिथियों में किया गया कार्य सिद्धिप्रदायक होता है।

दग्धा, विष और हुताशन संज्ञक तिथियाँ—रविवार को द्वादशी, सोमवार को एकादशी, मंगलवार को पंचमी, बुधवार को तृतीया, बृहस्पतिवार को षष्ठी, शुक्रवार को अष्टमी और शनिवार को नवमी दग्धा संज्ञक; रविवार को चतुर्थी, सोमवार को षष्ठी, मंगलवार को सप्तमी, बुधवार को द्वितीया, बृहस्पतिवार को अष्टमी, शुक्रवार को नवमी और शनिवार को सप्तमी विष संज्ञक एवं रविवार को द्वादशी, सोमवार को षष्ठी, मंगलवार को सप्तमी, बुधवार को अष्टमी, बृहस्पतिवार को नवमी, शुक्रवार को दशमी और शनिवार को एकादशी हुताशन संज्ञक हैं। नामानुसार इन तिथियों में काम करने से विघ्न-बाधाओं का सामना करना पड़ता है।

दग्धा-विष-हुताशनयोगसंज्ञाबोधक चक्र

वार	रविवार	सोमवार	मंगलवार	बुधवार	गुरुवार	शुक्रवार	शनिवार
दग्धा संज्ञक	१२	११	५	३	६	८	९
विष संज्ञक	४	६	७	२	८	९	७
हुताशनसंज्ञक	१२	६	७	८	९	१०	११

नक्षत्र

कई ताराओं के समुदाय को नक्षत्र कहते हैं। आकाश-मण्डल में जो असंख्यात तारिकाओं से कहीं अश्व, शकट, सर्प, हाथ आदि के आकार बन जाते हैं, वे ही नक्षत्र कहलाते हैं। जिस प्रकार लोक-व्यवहार में एक स्थान से दूसरे स्थान की दूरी मीलों या कोसों में नापी जाती है, उसी प्रकार आकाश-मण्डल की दूरी नक्षत्रों से ज्ञात की जाती है। तात्पर्य यह है कि जैसे कोई पूछे कि अमुक घटना सड़क पर कहाँ घटी, तो यही उत्तर दिया जायेगा कि अमुक स्थान से इतने कोस या मील चलने पर, उसी प्रकार अमुक ग्रह आकाश में कहाँ है, तो इस प्रश्न का भी वही उत्तर दिया जायेगा कि अमुक नक्षत्र में। समस्त आकाश-मण्डल को ज्योतिषशास्त्र ने २७ भागों में विभक्त कर प्रत्येक भाग का नाम एक-एक नक्षत्र रखा है। सूक्ष्मता से समझाने के लिए प्रत्येक नक्षत्र के भी चार भाग किये गये हैं, जो चरण कहलाते हैं। २७ नक्षत्रों के[१] नाम निम्न हैं—१. अश्विनी, २. भरणी, ३. कृत्तिका, ४. रोहिणी, ५. मृगशिरा, ६. आर्द्रा, ७. पुनर्वसु, ८. पुष्य, ९. आश्लेषा, १०. मघा, ११. पूर्वाफाल्गुनी, १२. उत्तराफाल्गुनी, १३. हस्त, १४. चित्रा, १५. स्वाति, १६. विशाखा, १७. अनुराधा, १८. ज्येष्ठा, १९. मूल, २०. पूर्वाषाढ़ा, २१. उत्तराषाढ़ा, २२. श्रवण, २३. धनिष्ठा, २४. शतभिषा, २५. पूर्वाभाद्रपद, २६. उत्तराभाद्रपद, २७. रेवती।

अभिजित् को भी २८वाँ नक्षत्र माना गया है। ज्योतिर्विदों का अभिमत है कि उत्तराषाढ़ा की आखिरी १५ घटियाँ और श्रवण के प्रारम्भ की चार घटियाँ, इस प्रकार १९ घटियों के मानवाला अभिजित् नक्षत्र होता है। यह समस्त कार्यों में शुभ माना गया है।

नक्षत्रों के स्वामी—अश्विनी का अश्विनीकुमार, भरणी का काल, कृत्तिका का अग्नि, रोहिणी का ब्रह्मा, मृगशिरा का चन्द्रमा, आर्द्रा का रुद्र, पुनर्वसु का अदिति, पुष्य का बृहस्पति, आश्लेषा का सर्प, मघा का पितर, पूर्वाफाल्गुनी का भग, उत्तराफाल्गुनी का अर्यमा, हस्त का सूर्य, चित्रा का विश्वकर्मा, स्वाति का पवन, विशाखा का शुक्राग्नि, अनुराधा का मित्र, ज्येष्ठा का इन्द्र, मूल का निर्ऋति, पूर्वाषाढ़ा का जल, उत्तराषाढ़ा का विश्वेदेव, श्रवण का विष्णु, धनिष्ठा का वसु, शतभिषा का वरुण, पूर्वाभाद्रपद का अजैकपाद, उत्तराभाद्रपद का अहिर्बुध्न्य, रेवती का पूषा एवं अभिजित् का ब्रह्मा स्वामी है। नक्षत्रों का फलादेश भी स्वामियों के स्वभाव-गुण के अनुसार जानना चाहिए।

पंचक संज्ञक—धनिष्ठा, शतभिषा, पूर्वाभाद्रपद, उत्तराभाद्रपद और रेवती—इन नक्षत्रों में पंचक दोष माना जाता है।

मूल संज्ञक—ज्येष्ठा, आश्लेषा, रेवती, मूल, मघा और अश्विनी—ये नक्षत्र मूलसंज्ञक हैं। इनमें यदि बालक उत्पन्न होता है तो २७ दिन के पश्चात् जब वही नक्षत्र आ जाता

---

१. अश्विनी भरणी चैव कृत्तिका रोहिणी मृगः। आर्द्रा पुनर्वसू पुष्यस्तथाश्लेषा मघा ततः ॥
पूर्वाफाल्गुनिका चैव उत्तराफाल्गुनी ततः। हस्तचित्रा तथा स्वाती विशाखा तदनन्तरम् ॥
अनुराधा ततो ज्येष्ठा ततो मूलं निगद्यते। पूर्वाषाढोत्तराषाढा त्वभिजिच्छ्रवणा ततः ॥
धनिष्ठा शतताराख्यं पूर्वाभाद्रपदा ततः। उत्तराभाद्रपदा चैव रेवत्येतानि भानि च ॥

है तब शान्ति करायी जाती है। इन नक्षत्रों में ज्येष्ठा और मूल गण्डान्त मूलसंज्ञक तथा आश्लेषा सर्पमूलसंज्ञक हैं।

ध्रुव संज्ञक[1]—उत्तराफाल्गुनी, उत्तराषाढ़ा, उत्तराभाद्रपद व रोहिणी ध्रुवसंज्ञक हैं।

चर संज्ञक[2]—स्वाति, पुनर्वसु, श्रवण, धनिष्ठा और शतभिषा चर या चलसंज्ञक हैं।

उग्र संज्ञक[3]—पूर्वाषाढ़ा, पूर्वाभाद्रपद, पूर्वाफाल्गुनी, मघा व भरणी उग्र संज्ञक हैं।

मिश्र संज्ञक[4]—विशाखा और कृत्तिका मिश्रसंज्ञक हैं।

लघु संज्ञक[5]—हस्त, अश्विनी, पुष्य और अभिजित् क्षिप्र या लघुसंज्ञक हैं।

मृदु संज्ञक[6]—मृगशिरा, रेवती, चित्रा और अनुराधा मृदु या मैत्रसंज्ञक हैं।

तीक्ष्ण संज्ञक[7]—मूल, ज्येष्ठा, आर्द्रा और आश्लेषा तीक्ष्ण या दारुणसंज्ञक हैं।

अधोमुख संज्ञक[8]—मूल, आश्लेषा, विशाखा, कृत्तिका, पूर्वाफाल्गुनी, पूर्वाषाढ़ा, पूर्वाभाद्रपद, भरणी और मघा अधोमुखसंज्ञक हैं। इनमें कुआँ या नींव खोदना शुभ माना जाता है।

ऊर्ध्वमुख संज्ञक—आर्द्रा, पुष्य, श्रवण, धनिष्ठा और शतभिषा ऊर्ध्वमुखसंज्ञक हैं।

तिर्यङ्मुख संज्ञक—अनुराधा, हस्त, स्वाति, पुनर्वसु, ज्येष्ठा और अश्विनी तिर्यङ्मुखसंज्ञक हैं।

दग्ध संज्ञक—रविवार को भरणी, सोमवार को चित्रा, मंगलवार को उत्तराषाढ़ा, बुधवार को धनिष्ठा, बृहस्पतिवार को उत्तराफाल्गुनी, शुक्रवार को ज्येष्ठा एवं शनिवार को रेवती दग्धसंज्ञक हैं। इन नक्षत्रों में शुभ कार्य करना वर्जित है।

मासशून्य संज्ञक—चैत्र में रोहिणी और अश्विनी; वैशाख में चित्रा और स्वाति; ज्येष्ठ में उत्तराषाढ़ा और पुष्य; आषाढ में पूर्वाफाल्गुनी और धनिष्ठा; श्रावण में उत्तराषाढ़ा और

---

१. ध्रुवसंज्ञक नक्षत्र और उनमें विधेय कार्य :

उत्तरात्रयरोहिण्यो भास्करश्च ध्रुवं स्थिरम्। तत्र स्थिरं बीजगेहशान्त्यारामादि सिद्धये ॥

—मुहूर्तचिन्तामणि, नक्षत्रप्रकरण, श्लो. २

२. चरसंज्ञक नक्षत्र और उनमें विधेय कार्य :

स्वात्यादित्ये श्रुतेस्त्रीणि चन्द्रश्चापि चरं चलम्। तस्मिन् गजादिकारोहोवाटिकागमनादिकम् ॥ श्लो. ३

३. क्रूर या उग्रसंज्ञक नक्षत्र और उनमें विधेय कार्य :

पूर्वात्रयं याम्यमघे उग्रं क्रूरं कुजस्तथा। तस्मिन् घाताग्निशाठ्यानि विषशस्त्रादि सिद्ध्यति ॥ श्लो. ४

४. मिश्रसंज्ञक नक्षत्र और उनमें विधेय कार्य :

विशाखाग्नेयभे सौम्यो मिश्रं साधारणं स्मृतम्। तत्राग्निकार्यं मिश्रं च वृषोत्सर्गादि सिद्ध्यति ॥ श्लो. ५

५. क्षिप्र या लघु संज्ञक नक्षत्र और उनमें विधेय कार्य :

हस्ताश्विपुष्याभिजितः क्षिप्रं लघुगुरुस्तथा। तस्मिन्पण्यरतिज्ञानभूषाशिल्पकलादिकम् ॥ श्लो. ६

६. मृदु या मैत्री संज्ञक नक्षत्र और उनमें विधेय कार्य :

मृगान्त्यचित्रामित्रर्क्षं मृदुमैत्रं भृगुस्तथा। तत्र गीताम्बरक्रीडामित्रकार्यं विभूषणम् ॥ श्लो. ७

७. तीक्ष्ण या दारुणसंज्ञक नक्षत्र और उनमें विधेय कार्य :

मूलेन्द्रार्द्राहिभं सौरिस्तीक्ष्णं दारुणसंज्ञकम्। तत्राभिचारघातोग्रभेदाः पशुदमादिकम् ॥ श्लो. ८

८. अधोमुखादि संज्ञक :

मूलाहिमिश्रोग्रमधोमुखं भवेदूर्ध्वास्यमार्द्रेज्यहरित्रयं ध्रुवम्।
तिर्यङ्मुखं मैत्रकरानिलादितिज्येष्ठाश्विभानीदृशकृत्यभेषु सत् ॥ श्लो. ९

श्रवण; भाद्रपद में शतभिषा और रेवती; आश्विन में पूर्वाभाद्रपद; कार्तिक में कृत्तिका और मघा; मार्गशीर्ष में चित्रा और विशाखा; पौष में आर्द्रा, अश्विनी और हस्त; माघ में श्रवण और मूल एवं फाल्गुन में भरणी और ज्येष्ठा मास शून्य नक्षत्र हैं।

कार्य की सिद्धि में नक्षत्रों की संज्ञाओं का फल प्राप्त होता है।

नक्षत्रों के चरणाक्षर—चू चे चो ला=अश्विनी, ली लू ले लो=भरणी, आ ई उ ए=कृत्तिका, ओ वा वी वू=रोहिणी, वे वो का की=मृगशिर, कू घ ङ छ=आर्द्रा, के को हा ही=पुनर्वसु, हू हे हो डा=पुष्य, डी डू डे डो=आश्लेषा, मा मी मू मे=मघा, मो टा टी टू=पूर्वाफाल्गुनी, टे टो पा पी=उत्तराफाल्गुनी, पू ष ण ठ=हस्त, पे पो रा री=चित्रा, रू रे रो ता=स्वाति, ती तू ते तो=विशाखा, ना नी नू ने=अनुराधा, नो या यी यू=ज्येष्ठा, ये यो भा भी=मूल, भू धा फा ढा=पूर्वाषाढ़ा, भे भो जा जी=उत्तराषाढ़ा, खी खू खे खो=श्रवण, गा गी गू गे=धनिष्ठा, गो सा सी सू=शतभिषा, से सों दा दी=पूर्वाभाद्रपद, दू थ झ ञ=उत्तराभाद्रपद, दे दो चा ची=रेवती।

योग

सूर्य और चन्द्रमा के स्पष्ट स्थानों को जोड़कर तथा कलाएँ बनाकर ८०० का भाग देने पर गत योगों की संख्या निकल आती है। शेष से यह अवगत किया जाता है कि वर्तमान योग की कितनी कलाएँ बीत गयी हैं। शेष को ८०० में से घटाने पर वर्तमान योग की गम्य कलाएँ आती हैं। इन गत या गम्य कलाओं को ६० से गुणा कर सूर्य और चन्द्रमा की स्पष्ट दैनिक गति के योग से भाग देने पर वर्तमान योग की गत और गम्य घटिकाएँ आती हैं। अभिप्राय यह है कि जब अश्विनी नक्षत्र के आरम्भ से सूर्य और चन्द्रमा दोनों मिलकर ८०० कलाएँ आगे चल चुकते हैं तब एक योग बीतता है, जब १६०० कलाएँ आगे चलते हैं तब दो; इसी प्रकार जब दोनों १२ राशियाँ—२१६०० कलाएँ अश्विनी से आगे चल चुकते हैं तब २७ योग बीतते हैं।

२७ योगों के[१] नाम ये हैं—१. विष्कम्भ, २. प्रीति, ३. आयुष्मान्, ४. सौभाग्य, ५. शोभन, ६. अतिगण्ड, ७. सुकर्मा, ८. धृति, ९. शूल, १०. गण्ड, ११. वृद्धि, १२. ध्रुव, १३. व्याघात,

१. विष्कम्भः प्रीतिरायुष्मान् सौभाग्यः शोभनस्तथा। अतिगण्डः सुकर्मा च धृतिः शूलस्तथैव च ॥
गण्डो वृद्धिर्ध्रुवश्चैव व्याघातो हर्षणस्तथा। वज्रः सिद्धिर्व्यतीपातो वरीयान् परिघः शिवः ॥
साध्यः सिद्धः शुभः शुक्लो ब्रह्मेन्द्रौ वैधृतिस्तथा ॥
योगों का त्याज्यकाल :
परिघस्य त्यजेदर्द्धं शुभकर्म ततः परम्। त्यजादौ पञ्च विष्कम्भे सप्त शूले च नाडिकाः ॥
गण्डव्याघातयोः षट्कं नव हर्षणवज्रयोः। वैधृतिं च व्यतीपातं समस्तं परिवर्जयेत् ॥
विष्कम्भे घटिकास्तिस्रः शूले पञ्च तथैव च। गण्डातिगण्डयोः सप्त नव व्याघातवज्रयोः ॥
परिघयोग का आधा भाग त्याज्य है, उत्तरार्ध शुभ है, विष्कम्भयोग की प्रथम पाँच घटिकाएँ, शूलयोग की प्रथम सात घटिकाएँ, गण्ड और व्याघात योग की प्रथम छह घटिकाएँ; हर्षण और वज्र योग की नौ घटिकाएँ एवं वैधृति और व्यतीपात योग समस्त परित्याज्य हैं। मतान्तर से विष्कम्भ के तीन दण्ड, शूल के पाँच दण्ड, गण्ड और अतिगण्ड के सात दण्ड एवं व्याघात और वज्र योग के नौ दण्ड शुभ कार्य करने में त्याज्य हैं।

कृत्यचिन्तामणि के अनुसार शुभ कार्यों में साध्य योग का एक दण्ड, व्याघात योग के दो दण्ड, शूलयोग के सात दण्ड, वज्रयोग के छह दण्ड एवं गण्ड और अतिगण्ड के नौ दण्ड त्याज्य हैं।

१४. हर्षण, १५. वज्र, १६ सिद्धि, १७. व्यतीपात, १८. वरीयान्, १९. परिघ, २०. शिव, २१. सिद्ध, २२. साध्य, २३. शुभ, २४. शुक्ल, २५. ब्रह्म, २६. ऐन्द्र, २७. वैधृति।

योगों के स्वामी—विष्कम्भ का स्वामी यम, प्रीति का विष्णु, आयुष्मान् का चन्द्रमा, सौभाग्य का ब्रह्मा, शोभन का बृहस्पति, अतिगण्ड का चन्द्रमा, सुकर्मा का इन्द्र, धृति का जल, शूल का सर्प, गण्ड का अग्नि, वृद्धि का सूर्य, ध्रुव का भूमि, व्याघात का वायु, हर्षण का भग, वज्र का वरुण, सिद्धि का गणेश, व्यतीपात का रुद्र, वरीयान् का कुबेर, परिघ का विश्वकर्मा, शिव का मित्र, सिद्ध का कार्तिकेय, साध्य की सावित्री, शुभ की लक्ष्मी, शुक्ल की पार्वती, ब्रह्मा का अश्विनीकुमार, ऐन्द्र का पितर एवं वैधृति की दिति है।

करण[1]

तिथि के आधे भाग को करण कहते हैं अर्थात् एक तिथि में दो करण होते हैं। ११ करणों के नाम ये हैं—१. बव, २. बालव, ३. कौलव, ४. तैतिल, ५. गर, ६. वणिज, ७. विष्टि, ८. शकुनि, ९. चतुष्पद, १० नाग, ११. किंस्तुघ्न। इन करणों में पहले के ७ करण चरसंज्ञक और अन्तिम ४ करण स्थिरसंज्ञक हैं।

करणों के स्वामी[2]—बव का इन्द्र, बालव का ब्रह्मा, कौलव का सूर्य, तैतिल का सूर्य, गर का पृथ्वी, वणिज का लक्ष्मी, विष्टि का यम, शकुनि का कलियुग, चतुष्पद का रुद्र, नाग का सर्प एवं किंस्तुघ्न का वायु है।

---

१. बवबालवकौलवतैतिलगरवणिजविष्टयः सप्त। शकुनि चतुष्पदनागकिंस्तुघ्नानि ध्रुवाणि करणानि ॥

२. करणों के स्वामी :

बवबालवकौलव-तैतिलगरवणिजविष्टिसंज्ञानाम्। पतयः स्युरिन्द्रकमलजमित्रार्यमभूश्रियः सयमाः ॥

बव, बालव, कौलव, तैतिल, गर, वणिज और विष्टि इन सात करणों के क्रमशः इन्द्र, ब्रह्म, मित्र, अर्यमा, पृथ्वी, लक्ष्मी और यम स्वामी हैं।

कृष्णचतुर्दश्यन्तार्द्धादध्रुवाणि शकुनिचतुष्पदनागाः। किंस्तुघ्नमथ च तेषां कलिवृषफणिमारुताः पतयः ॥

तिथ्यर्द्ध भोग क्रम से कृष्णा चतुर्दशी के शेषार्द्ध से आरम्भ होकर शुक्लप्रतिपदा के पूर्वार्द्ध पर्यन्त शकुनि, चतुष्पद, नाग और किंस्तुघ्न ये चार करण होते हैं। इन्हें ध्रुव कहते हैं। इनके कलि, वृक्ष, फणी और मारुत स्वामी हैं।

तृतीयादशमीशेषे तत्पञ्चम्योस्तु पूर्वतः। कृष्णे विष्टिः सिते तद्वत्तासां परतिथिष्वपि ॥

कृष्णपक्ष में विष्टि—भद्रा तृतीया और दशमी तिथि के उत्तरार्द्ध में होता है। कृष्णपक्ष की सप्तमी और चतुर्दशी तिथि के पूर्वार्द्ध में विष्टि (भद्रा) करण होता है। शुक्लपक्ष में चतुर्थी और एकादशी के परार्द्ध में तथा अष्टमी और पौर्णमासी के पूर्वार्द्ध में विष्टि (भद्रा) करण होता है। भद्रा का समय समस्त शुभ कार्यों में त्याज्य है।

मेषोक्षकौर्पमिथुने घटसिंहमीनकर्केषु चापमृगतौलिमुतासु सूर्ये।
स्वर्मर्त्यनागनगरीः क्रमशः प्रयाति विष्टिः फलान्यपि ददाति हि तत्र देशे ॥

सौर, वैशाख, जेष्ठ, मार्गशीर्ष और आषाढ़ में भद्रा का निवास स्वर्गलोक में; फाल्गुन, भाद्रपद, चैत्र और श्रावण में मृत्युलोक में एवं पौष, माघ, कार्तिक और आश्विन मास में भद्रा का निवास नागलोक में होता है।

स्वर्गे भद्रा शुभं कुर्यात्पाताले च धनागमम्। मर्त्यलोके यदा भद्रा सर्वकार्यविनाशिनी ॥

स्वर्ग में भद्रा के निवास करने से शुभफल की प्राप्ति; पाताल लोक में निवास करने से धन-संचय और मृत्युलोक में निवास करने से समस्त कार्यों का विनाश होता है।

विष्टि करण का नाम भद्रा है, प्रत्येक पंचांग में भद्रा के आरम्भ और अन्त का समय दिया रहता है। भद्रा में प्रत्येक शुभकर्म करना वर्जित है।

वार

जिस दिन की प्रथम होरा का जो ग्रह स्वामी होता है, उस दिन उसी ग्रह के नाम का वार रहता है। अभिप्राय यह है कि ज्योतिषशास्त्र में शनि, बृहस्पति, मंगल, रवि, शुक्र, बुध और चन्द्रमा—ये ग्रह एक-दूसरे से नीचे-नीचे माने गये हैं। अर्थात् सबसे ऊपर शनि, उससे नीचे बृहस्पति, उससे नीचे मंगल, मंगल के नीचे रवि इत्यादि क्रम से ग्रहों की कक्षाएँ हैं। एक दिन में २४ होराएँ होती हैं—एक-एक घण्टे की एक-एक होरा होती है। दूसरे शब्दों में यह कहा जा सकता है कि घण्टे का दूसरा नाम होरा है। प्रत्येक होरा का स्वामी अधःकक्षाक्रम से एक-एक ग्रह होता है। सृष्टि आरम्भ में सबसे पहले सूर्य दिखलाई पड़ता है, इसलिए १ली होरा का स्वामी माना जाता है। अतएव १ले वार का नाम आदित्यवार या रविवार है। इसके अनन्तर उस दिन की २री होरा का स्वामी उसके पासवाला शुक्र, ३री का बुध, ४थी का चन्द्रमा, ५वीं का शनि, ६ठी का बृहस्पति, ७वीं का मंगल, ८वीं का रवि, ९वीं का शुक्र, १०वीं का बुध, ११वीं का चन्द्रमा, १२वीं का शनि, १३वीं का बृहस्पति, १४वीं का मंगल, १५वीं का रवि, १६वीं का शुक्र, १७वीं का बुध, १८वीं का चन्द्रमा, १९वीं का शनि, २०वीं का बृहस्पति, २१वीं का मंगल, २२वीं का रवि, २३वीं का शुक्र और २४वीं का बुध स्वामी होता है। पश्चात् २रे दिन की १ली होरा का स्वामी चन्द्रमा पड़ता है, अतः दूसरा वार सोमवार या चन्द्रवार माना जाता है। इसी प्रकार ३रे दिन की १ली होरा का स्वामी मंगल, ४थे दिन की १ली होरा का स्वामी बुध, ५वें दिन की १ली होरा का स्वामी बृहस्पति, छठे दिन की १ली होरा का स्वामी शुक्र, एवं ७वें दिन की १ली होरा का स्वामी शनि होता है। इसलिए क्रमशः रवि, सोम, मंगल, बुध, बृहस्पति, शुक्र और शनि—ये वार माने जाते हैं।

वार संज्ञाएँ—बृहस्पति, चन्द्र, बुध, और शुक्र—ये वार सौम्यसंज्ञक एवं मंगल, रवि और शनि—ये वार क्रूर-संज्ञक माने गये हैं। सौम्यसंज्ञक वारों में शुभ कार्य करना अच्छा माना जाता है।

रविवार स्थिर, सोमवार चर, मंगलवार उग्र, बुधवार सम, गुरुवार लघु, शुक्रवार मृदु एवं शनिवार तीक्ष्णसंज्ञक हैं। शल्यक्रिया के लिए शनिवार उत्तम माना गया है। विद्यारम्भ के लिए गुरुवार और वाणिज्यारम्भ के लिए बुधवार प्रशस्त माना गया है।

राशियों का परिचय

आकाश में स्थित भचक्र के ३६० अंश अथवा १०८ भाग होते हैं। समस्त भचक १२ राशियों में विभक्त है, अतः ३० अंश अथवा ९ भाग की एक राशि होती है।

मेष—पुरुष जाति, चरसंज्ञक, अग्नितत्त्व, पूर्व दिशा की मालिक, मस्तक का बोध करानेवाली, पृष्ठोदय, उग्र प्रकृति, लाल-पीले वर्णवाली, कान्तिहीन, क्षत्रियवर्ण, सभी समान

अंगवाली और अल्पसन्तति है। यह पित्त प्रकृतिकारक है, इसका प्राकृतिक स्वभाव साहसी, अभिमानी और मित्रों पर कृपा रखनेवाला है।

वृष—स्त्री राशि, स्थिरसंज्ञक, भूमितत्त्व, शीतल स्वभाव, कान्ति रहित, दक्षिण दिशा की स्वामिनी, वातप्रकृति, रात्रिबली, चार चरणवाली, श्वेत वर्ण, महाशब्दकारी, विषमोदयी, मध्यम सन्तति, शुभकारक, वैश्यवर्ण और शिथिल शरीर है। यह अर्द्धजल राशि कहलाती है। इसका प्राकृतिक स्वभाव स्वार्थी, समझ-बूझकर काम करनेवाली और सांसारिक कार्यों में दक्ष होती है। इससे कण्ठ, मुख और कपोलों का विचार किया जाता है।

मिथुन—पश्चिम दिशा की स्वामिनी, वायुतत्त्व, तोते के समान हरित वर्णवाली, पुरुष राशि, द्विस्वभाव, विषमोदयी, उष्ण, शूद्रवर्ण, महाशब्दकारी, चिकनी, दिनबली, मध्यम सन्तति और शिथिल शरीर है। इसका प्राकृतिक स्वभाव विद्याध्ययनी और शिल्पी है। इससे हाथ, शरीर के कन्धों और बाहुओं का विचार किया जाता है।

कर्क—चर, स्त्री जाति, सौम्य और कफ प्रकृति, जलचारी, समोदयी, रात्रिबली, उत्तर दिशा की स्वामिनी, रक्त-धवल मिश्रितवर्ण, बहुचरण एवं सन्तानवाली है। इसका प्राकृतिक स्वभाव सांसारिक उन्नति में प्रयत्नशीलता, लज्जा, कार्यस्थैर्य और समयानुयायिता का सूचक है। इससे पेट, वक्षःस्थल और गुर्दे का विचार किया जाता है।

सिंह—पुरुष जाति, स्थिरसंज्ञक, अग्नितत्त्व, दिनबली, पित्त प्रकृति, पीत वर्ण, उष्ण स्वभाव, पूर्व दिशा की स्वामिनी, पुष्ट शरीर, क्षत्रिय वर्ण, अल्पसन्तति, भ्रमणप्रिय और निर्जल राशि है। इसका प्राकृतिक स्वरूप मेषराशि जैसा है, पर तो भी इसमें स्वातन्त्र्य प्रेम और उदारता विशेष रूप से वर्तमान है। इससे हृदय का विचार किया जाता है।

कन्या—पिंगल वर्ण, स्त्री जाति, द्विस्वभाव, दक्षिण दिशा की स्वामिनी, रात्रिबली, वायु और शीत प्रकृति, पृथ्वीतत्त्व और अल्प सन्तानवाली है। इसका प्राकृतिक स्वभाव मिथुन-जैसा है, पर विशेषता इतनी है कि अपनी उन्नति और मान पर पूर्ण ध्यान रखने की यह कोशिश करती है। इससे पेट का विचार किया जाता है।

तुला—पुरुष जाति, चरसंज्ञक, वायुतत्त्व, पश्चिमी दिशा की स्वामिनी, अल्पसन्तानवाली, श्यामवर्ण, शीर्षोदयी, शूद्रसंज्ञक, दिनबली, क्रूर स्वभाव और पाद जल राशि है। इसका प्राकृतिक स्वभाव विचारशील, ज्ञानप्रिय, कार्य-सम्पादक और राजनीतिज्ञ है। इससे नाभि के नीचे के अंगों का विचार किया जाता है।

वृश्चिक—स्थिरसंज्ञक, शुभ्रवर्ण स्त्री जाति, जलतत्त्व, उत्तर दिशा की स्वामिनी, रात्रिबली, कफ प्रकृति, बहुसन्तति, ब्राह्मण वर्ण और अर्द्ध जल राशि है। इसका प्राकृतिक स्वभाव दम्भी, हठी, दृढ़प्रतिज्ञ, स्पष्टवादी और निर्मल है। इससे शरीर के क़द एवं जननेन्द्रिय का विचार किया जाता है।

धनु—पुरुष जाति, कांचन वर्ण, द्विस्वभाव, क्रूरसंज्ञक, पित्त प्रकृति, दिनबली, पूर्व दिशा की स्वामिनी, दृढ़ शरीर, अग्नितत्त्व, क्षत्रिय वर्ण, अल्प सन्तति एवं अर्द्धजल राशि है। इसका

प्राकृतिक स्वभाव अधिकारप्रिय, करुणामय और मर्यादा का इच्छुक है। इससे पैरों की सन्धि तथा जंघाओं का विचार किया जाता है।

मकर—चरसंज्ञक, स्त्री जाति, पृथ्वीतत्त्व, वात प्रकृति पिंगल वर्ण, रात्रिबली, वैश्यवर्ण, शिथिल शरीर और दक्षिण दिशा की स्वामिनी है। इसका प्राकृतिक स्वभाव उच्च दशाभिलाषी है। इससे घुटनों का विचार किया जाता है।

कुम्भ—पुरुष जाति, स्थिरसंज्ञक, वायुतत्त्व, विचित्र वर्ण शीर्षोदय, अर्द्धजल, त्रिदोष प्रकृति, दिनबली, पश्चिम दिशा की स्वामिनी, उष्ण स्वभाव, शूद्र वर्ण, क्रूर एवं मध्यम सन्तानवाली है। इसका प्राकृतिक स्वभाव विचारशील, शान्तचित्त, धर्मवीर और नवीन बातों का आविष्कारक है। इससे पेट के भीतरी भागों का विचार किया जाता है।

मीन—द्विस्वभाव, स्त्री जाति, कफ प्रकृति, जलतत्त्व, रात्रिबली, विप्रवर्ण, उत्तर दिशा की स्वामिनी और पिंगल रंग है। इसका प्राकृतिक स्वभाव उत्तम, दयालु और दानशील है। यह सम्पूर्ण जलराशि है। इससे पैरों का विचार किया जाता है।

अक्षरानुसार राशिज्ञान

१	मेष	= चू चे चो ला ली लू ले लो आ	आ ला
२	वृष	= ई उ ए ओ वा वी वू वे वो	उ वा
३	मिथुन	= का की कू घ ङ छ के को हा	का छा
४	कर्क	= ही हू हे हो डा डी डू डे डो	डा हा
५	सिंह	= मा मी मू मे मो टा टी टू टे	मा टा
६	कन्या	= टो पा पी पू ष ण ठ पे पो	पा ठा
७	तुला	= रा री रू रे रो ता ती तू ते	रा ता
८	वृश्चिक	= तो ना नी नू ने नो या यी यू	नो या
९	धनु	= ये यो भा भी भू धा फा ढा भे	भू धा फा ढा
१०	मकर	= भो जा जी खी खू खे खो गा गी	खा जा
११	कुम्भ	= गू गे गो सा सी सू से सो दा	गो सा
१२	मीन	= दी दू थ झ ञ दे दो चा ची	दा चा

(राशिज्ञान करने की संक्षिप्त अक्षरविधि उपर्युक्त है)

राशि स्वरूप का प्रयोजन—उपर्युक्त बारह राशियों का जैसा स्वरूप बतलाया है, इन राशियों में उत्पन्न पुरुष और स्त्रियों का स्वभाव भी प्रायः वैसा ही होता है। जन्मकुण्डली में राशि और ग्रहों के स्वरूप के समन्वय पर से ही फलाफल का विचार किया जाता है। दो व्यक्तियों की या वर-कन्या की शत्रुता और मित्रता अथवा पारस्परिक स्वभाव मेल के लिए भी राशि स्वरूप उपयोगी है।

शत्रुता और मित्रता की विधि—पृथ्वीतत्त्व और जलतत्त्ववाली राशियों के व्यक्तियों में तथा अग्नितत्त्व और वायुतत्त्ववाली राशियों के व्यक्तियों में परस्पर मित्रता रहती है। पृथ्वी

और अग्नितत्त्व, जल और अग्नितत्त्व एवं जल और वायुतत्त्व वाली राशियों के व्यक्तियों में शत्रुता रहती है।

राशियों के स्वामी—मेष और वृश्चिक का मंगल, वृष और तुला का शुक्र, कन्या और मिथुन का बुध, कर्क का चन्द्रमा, सिंह का सूर्य, मीन और धनु का बृहस्पति, मगर और कुम्भ का शनि, कन्या का राहु एवं मिथुन का केतु है।

शून्यसंज्ञक राशियाँ—चैत्र में कुम्भ, वैशाख में मीन, ज्येष्ठ में वृष, आषाढ़ में मिथुन, श्रावण में मेष, भाद्रपद में कन्या आश्विन में वृश्चिक, कार्तिक में तुला, मार्गशीर्ष में धनु, पौष में कर्क, माघ में मकर एवं फाल्गुन में सिंह शून्यसंज्ञक हैं।

राशियों का अंग-विभाग—द्वादश राशियाँ काल-पुरुष का अंग मानी गयी हैं। मेष को सिर में, वृष को मुख में, मिथुन को स्तनमध्य में, कर्क को हृदय में, सिंह को उदर में, कन्या को कमर में, तुला को पेड़ू में, वृश्चिक को लिंग में, धनु को जंघा में, मकर को दोनों घुटनों में, कुम्भ को दोनों जाँघों में एवं मीन को दोनों पैरों में माना है।

आवश्यक परिभाषाएँ

६० प्रतिपल	=	१ विपल	६० प्रतिविकला	=	१ विकला
६० विपल	=	१ पल	६० विकला	=	१ कला
६० पल	=	१ घटी या दण्ड	६० कला	=	१ अंश
२४ मिनट	=	१ घटी	३० अंश	=	१ राशि
२ $\frac{१}{२}$ पल	=	१ मिनट	१२ राशि	=	१ भगण
२ $\frac{१}{२}$ विपल	=	१ सेकेण्ड	८ यव	=	१ अंगुल
२ $\frac{१}{२}$ घटी	=	१ घण्टा	२४ अंगुल	=	१ हाथ
६० घटी	=	एक अहोरात्र	४ हाथ	=	१ दण्ड या बाँस
			२००० बाँस	=	१ कोश

जातक

जातक अंग में प्रधान रूप से जन्मपत्री के निर्माण द्वारा व्यक्ति की उत्पत्ति के समय में ग्रह-नक्षत्रों की स्थिति पर से जीवन का फलाफल निकाला जाता है।

जन्मकुण्डली का गणित प्रधान रूप से इष्टकाल पर आश्रित है। इष्टकाल जितना सूक्ष्म और शुद्ध होगा, जन्मपत्री का फलादेश भी उतना ही प्रामाणिक निकलेगा।

इष्टकाल—सूर्योदय से लेकर जन्म समय या अभीष्ट समय तक के काल को इष्टकाल कहते हैं। जहाँ का इष्टकाल बनाना हो उस स्थान पर सूर्योदय बनाकर, प्रचलित स्टैण्डर्ड टाइम को इष्ट स्थानीय (लोकल) सूर्य घड़ी का टाइम बना लें।

स्थानीय सूर्योदय निकालने की विधि—पंचांग में प्रतिदिन की सूर्यक्रान्ति लिखी रहती है। जिस दिन का सूर्योदय बनाना हो उस दिन की क्रान्ति और इष्ट स्थानीय अक्षांश का फल आगेवाली **'चरसारणी'** में देखकर निकाल लेना चाहिए और जो मिनट सेकेण्ड रूप फल

आये उसे उत्तरा क्रान्ति होने पर ६ घण्टे में जोड़ देने और दक्षिणा क्रान्ति में ६ घण्टे में से घटा देने पर सूर्यास्त का समय निकलता है। इसे १२ घण्टे में से घटाने पर सूर्योदय होता है; सूर्यास्तकाल को ५ से गुणा कर देने पर घट्यादि दिनमान होता है। और इसे ६० में से घटाने पर रात्रिमान होता है।

उदाहरण–वि.सं.२००१ वैशाख शुक्ल द्वितीया (२४ अप्रैल) के दिन विश्व-पंचांग में सूर्य की उत्तरा क्रान्ति १२ अंश ५४ कला है। आरा में इस दिन का सूर्यास्त, सूर्योदय एवं दिनमान और रात्रिमान निकालना है।

आगे दी गयी **'अक्षांश और देशान्तर बोधक सारणी'** में आरा का अक्षांश २५°। ३०′ दिया गया है। अतः इसका चरसारणी के अनुसार मिनट, सेकेण्ड रूप फल निम्न प्रकार निकाला :

सारणी में २५ अंश अक्षांश का १२ अंश के क्रान्तिवाले कोठे में २२ मिनट ४५ सेकेण्ड फल दिया है, यहाँ अभीष्ट अक्षांश २५°। ३०′ है अतः २५ और २६ अंश अक्षांशवाले १२ अंश के क्रान्ति के कोठों का अन्तर किया :

२३।४८–२६ अंश अक्षांश का फल

२२।४५–२५ अंश अक्षांश का फल

१।०३ इस मिनटादि अन्तर के सेकेण्ड बनाये $१ \times ६० = ६० + ३ = ६३$ सेकेण्ड यह अनुपात किया कि ६० कला का फल ६३ सेकेण्ड है तो ३० कला का कितना?

$\therefore \frac{६३ \times ३०}{६०} = \frac{६३}{२} = ३१\frac{१}{२}$ सेकेण्ड इसे २५ अंश अक्षांश के फल में जोड़ा तो :

२२।४५ + ०।३१$\frac{१}{२}$ = २३।१६$\frac{१}{२}$। यहाँ २३।१६$\frac{१}{२}$ फल १२ अंश क्रान्ति का आया है; किन्तु १२।५४ का निकालने के लिए क्रिया की :

२४।४३–१३ अंश क्रान्ति के कोठे का फल

२२।४५–१२ अंश क्रान्ति के कोठे का फल

१।५८ मिनटादि फल एक अंश का = $१ \times ६० = ६० + ५८ = ११८$ सेकेण्ड अनुपात किया कि ६० कला का फल ११८ सेकेण्ड है तो ५४ कला का कितना?

$\therefore \frac{११८ \times ५४}{६०} = \frac{५३१}{५} = १०६\frac{१}{५}$ सेकेण्ड = १ मिनट ४६$\frac{१}{५}$ सेकेण्ड।

इसे पहलेवाले फल में जोड़ा तो २३।१६$\frac{१}{२}$+ १।४६$\frac{१}{५}$= २५।२$\frac{७}{१०}$= २५ मिनट २$\frac{७}{१०}$ सेकेण्ड। इसको उत्तरा क्रान्ति होने के कारण ६ घण्टे में जोड़ा तो–६।०।० + ०।२५।२।$\frac{७}{१०}$ = ६।२५।२$\frac{७}{१०}$–सूर्यास्त का समय अर्थात् ६ बजकर २५ मिनट २ सेकेण्ड पर आरा में सूर्यास्त होगा। इसे १२ घण्टे में से घटाया–१२।०।० – ६।२५।०२ = ५।३४।५८ सूर्योदय का समय हुआ।

६।२५।२ सूर्यास्त काल × ५ = ३२ घटी ५ पल १० विपल दिनमान आरा नगर का हुआ। ६०।०।०–३२।५।१० = २७।५४।५० रात्रिमान आरा का हुआ।

स्टैण्डर्ड टाइम को लोकल टाइम बनाने की विधि–स्टैण्डर्ड टाइम (Standard time) प्रायः समस्त भारत में एक ही होता है। क्योंकि ये प्रचलित घड़ियाँ एक ही साथ

मिलायी जाती हैं, इनमें हर जगह एक ही साथ १२ बजते हैं और एक ही साथ दो। लेकिन धूपघड़ी का समय प्रत्येक स्थान का भिन्न-भिन्न होता है। आरा में धूपघड़ी के अनुसार जिस समय १२ बजते हैं उस समय आगरा में ११ बजकर ३५ मिनट ही समय होता है। इस अन्तर को दूर करने के लिए ज्योतिष में दो संस्कारों की व्यवस्था की गयी है। एक वेलान्तर और दूसरा देशान्तर।

जब स्थानीय धूपघड़ी में १२ बजते हैं। तब मध्याह्न काल में सूर्य ठीक सिर के ऊपर नहीं रहेगा, कुछ पूर्व या पश्चिम की ओर रहेगा। वर्ष में केवल चार बार ही सूर्यघड़ी में १२ बजने पर सूर्य सिर के ऊपर आवेगा, अवशेष दिनों में मध्यम मध्याह्न और स्पष्ट मध्याह्न का अन्तर जानने के लिए वेलान्तर संस्कार किया जाता है।

स्टैण्डर्ड टाइम के लोकल टाइम (स्थानीय समय) ज्ञात करने के लिए देशान्तर संस्कार करना पड़ता है। स्टैण्डर्ड टाइम भारतवर्ष में ८२°। ३०′ रेखांश (तूलांश) का है। इससे अधिक (Longitude) में एक अंश अन्तर में ४ मिनट के हिसाब के स्टैण्डर्ड टाइम में धन अथवा ऋण—स्टैण्डर्ड टाइम के रेखांश से इष्ट स्थान का रेखांश अधिक हो तो धन और कम हो तो ऋण कर देने से इष्ट स्थानीय समय आ जाता है। लेकिन यहाँ वेलान्तर संस्कार करना भी आवश्यक है।

नवम्बर मास में मध्यम मध्याह्न और स्पष्ट मध्याह्न का अन्तर १६ मिनट के लगभग हो जाता है। यदि ज्योतिषी इष्टकाल में इन दोनों संस्कारों को न करे तो बड़ी भारी भूल रह जायेगी। आगे दी गयी **'वेलान्तर सारणी'** में जहाँ धन (+) हो वहाँ उन महीनों की उन तारीखों में जोड़ना और जहाँ ऋण (–) हो, वहाँ घटाना चाहिए।

उदाहरण— वि. सं. २००१ वैशाख शुक्ला द्वितीया २४ अप्रैल सोमवार को दिन के २ बजकर २५ मिनट पर आरा में किसी बालक का जन्म हुआ है। इस स्टैण्डर्ड टाइम का आरा की धूपघड़ी के अनुसार ममय निकालना है।

आरा का रेखांश (Longitude) आगेवाली अक्षांश-देशान्तर बोधक सारणी में ८४°।४०′ दिया है और स्टैण्डर्ड टाइम का रेखांश ८२°।३०′ है, दोनों का अन्तर किया— ८४°।४०′— ८२°।३०′ = २°।१०′ अन्तर हुआ। इसे ४ मिनट प्रति अंश के हिसाब से गुणा किया तो ८ मिनट ४० सेकेण्ड हुआ।

स्टैण्डर्ड टाइम के रेखांश से आरा का रेखांश अधिक है, अतएव स्टैण्डर्ड टाइम में इस आगत फल को जोड़ना चाहिए। जोड़ने पर २।२५।० + ०।८।४० = २।३३।४० हुआ। वेलान्तर संस्कार करने के लिए आगे दी गयी वेलान्तर सारणी में जन्मदिन—२४ अप्रैल का फल देखा तो २ मिनट धन फल मिला; इस फल को भी इस संस्कृत समय में जोड़ दिया तो—२।३३।४० + ०।२।० = २।३५।४० अर्थात् २ बजकर ३५ मिनट ४० सेकेण्ड बालक का आरा का जन्म-समय हुआ। इष्टकाल बनाने के लिए इसी समय को वास्तविक जन्म-समय मानेंगे।

चरसारणी—मिनट, सेकेण्ड रूप ल

क्रान्त्यंश

अक्षांश	१	२	३	४	५	६	७	८	९	१०	११	१२	१३	१४	१५	१६	१७	१८	१९	२०	२१	२२	२३	२४
१	०	०	०	०	०	०	०	०	०	०	०	०	०	१	१	१	१	१	१	१	१	१	१	१
	४	८	१३	१७	२१	२५	३०	३४	३८	४२	४६	५१	५५	०	४	९	१३	१८	२२	२७	३२	३७	४२	४७
२	०	०	०	०	०	०	०	१	१	१	१	१	१	२	२	२	२	२	२	२	३	३	३	३
	८	१७	२५	३४	४२	५०	५९	८	१६	२४	३३	४२	५१	०	८	१७	२६	३६	४५	५५	४	१४	२४	३४
३	०	०	०	०	१	१	१	१	१	२	२	२	२	३	३	३	३	३	४	४	४	४	५	५
	१३	२५	३८	५०	३	१६	२८	४१	५४	७	२०	३३	४६	०	१३	२६	४०	५४	८	२२	३७	५१	६	२०
४	०	०	०	१	१	१	१	२	२	२	३	३	३	४	४	४	४	५	५	५	६	६	६	७
	१७	३४	५०	७	२४	४१	५८	१५	३२	५०	७	२४	४२	०	१८	३६	५४	१२	३१	५०	९	२८	४८	८
५	०	०	१	१	१	२	२	२	३	३	३	४	४	५	५	५	६	६	६	७	७	८	८	८
	२१	४२	३	२४	४५	६	२८	४९	१०	३२	५४	१६	३८	०	२२	४४	७	३०	५४	१८	४२	६	३१	५६
६	०	०	१	१	२	२	२	३	३	४	४	५	५	६	६	६	७	७	८	८	९	९	१०	१०
	२५	५०	१६	४१	६	३२	५८	२३	४९	१४	४१	७	३४	०	२७	५४	२२	४९	१८	४६	१५	४४	१४	४४
७	०	०	१	१	२	२	३	३	४	४	५	५	६	७	७	८	८	९	९	१०	१०	११	११	१२
	२९	५७	२८	५८	२८	५८	२७	५७	२७	५८	२८	५९	३०	१	३२	४	३६	९	४२	१५	४८	२१	५३	२६
८	०	१	१	२	२	३	३	४	५	५	६	६	७	८	८	९	९	१०	११	११	१२	१३	१३	१४
	३४	८	४१	१५	४९	२३	५७	३२	६	४१	१६	५१	२६	२	३८	१४	५१	२८	६	४४	२२	१	४१	२१
९	०	१	१	२	३	३	४	५	५	६	७	७	८	९	९	१०	११	११	१२	१३	१३	१४	१५	१६
	३८	१६	५४	३२	१०	४९	२७	६	४५	२४	३	४३	२३	३	४४	२४	६	४८	३०	१३	५६	४०	२५	१०
१०	०	१	२	२	३	४	४	५	६	७	७	८	९	१०	१०	११	१२	१३	१३	१४	१५	१६	१७	१८
	४२	२४	७	५०	३१	१४	५८	४१	२४	८	५१	३६	२०	५	५०	३६	२२	८	५५	४३	३२	२०	१०	०
११	०	१	२	३	३	४	५	६	७	७	८	९	१०	११	११	१२	१३	१४	१५	१६	१७	१८	१८	१९
	४६	३३	२०	७	५४	४१	२८	१६	३	५१	४०	२८	१७	७	५६	४७	३८	२९	२१	१४	७	१	५६	५२
१२	०	१	२	३	४	५	५	६	७	८	९	१०	११	१२	१३	१३	१४	१५	१६	१७	१८	१९	२०	२१
	५१	४२	३३	२४	१६	७	५९	५१	४३	३६	२८	२१	१५	९	४	५८	५४	५०	४६	४५	४३	४२	४२	४३
१३	०	१	२	३	४	५	६	७	८	९	१०	११	१२	१३	१४	१५	१६	१७	१८	१९	२०	२१	२२	२३
	५५	५१	४६	४२	३८	३४	३०	२७	२३	२०	१७	१५	१३	१२	११	११	१२	१४	१७	२०	२४	३०	३७	४६
१४	१	२	३	४	५	६	७	८	९	१०	११	१२	१३	१४	१५	१६	१७	१८	१९	२०	२१	२३	२४	२५
	०	०	०	०	०	०	१	२	३	५	७	९	१२	१५	१९	२३	२९	३५	४१	४७	५७	८	१८	३०
१५	१	२	३	४	५	६	७	८	९	१०	११	१३	१४	१५	१६	१७	१८	१९	२१	२२	२३	२४	२६	२७
	४	८	१३	१८	२२	२७	३२	३८	४४	५०	५६	४	११	१९	२८	३८	४७	५८	१०	२२	३६	५२	७	२४
१६	१	२	३	४	५	६	८	९	१०	११	१२	१३	१५	१६	१७	१८	२०	२१	२२	२३	२५	२६	२७	२९
	९	१८	२६	३६	४५	५४	४	१४	२५	३६	४७	५९	११	२४	३८	५२	७	२३	४०	५८	१६	३७	५८	२०
१७	१	२	३	४	६	७	८	९	११	१२	१३	१४	१६	१७	१८	२०	२१	२२	२४	२५	२६	२८	२९	३१
	१३	२७	४०	५४	८	२२	३६	५१	६	२२	३८	५४	१२	२९	४८	७	२७	४८	११	३४	५७	२३	५०	१९
१८	१	२	३	५	६	७	९	१०	११	१३	१४	१५	१७	१८	१९	२१	२२	२४	२५	२७	२८	३०	३१	३३
	१८	३६	५४	१२	३१	५०	९	२८	४८	८	३०	५०	१२	३५	५९	२३	४८	१४	४२	८	३७	१०	४२	२०
१९	१	२	४	५	६	८	९	११	१२	१३	१५	१६	१८	१९	२१	२२	२४	२५	२७	२८	३०	३१	३३	३५
	२३	४५	८	३१	५४	१८	४२	६	३०	५५	२१	४६	१४	४१	१०	३९	९	४१	१४	४८	२४	५८	३७	१६
२०	१	२	४	५	७	८	१०	११	१३	१४	१६	१७	१९	२०	२२	२३	२५	२७	२८	३०	३२	३३	३५	३७
	२७	५५	२२	५०	१८	४६	१५	४४	१३	४३	१४	४५	१८	५०	२३	५५	३०	८	४७	२७	८	५०	३३	१८

सारणी चरसारणी—मिनट, सेकेण्ड रूप फल

क्रान्त्यंश

अक्षांश	१	२	३	४	५	६	७	८	९	१०	११	१२	१३	१४	१५	१६	१७	१८	१९	२०	२१	२२	२३	२४
२१	१	३	४	६	७	९	१०	१२	१३	१५	१७	१८	२०	२१	२३	२५	२६	२८	३०	३२	३३	३५	३७	३९
	३२	४	३७	९	४२	१५	८	२२	५८	३२	७	४३	२०	५८	३६	१६	५६	३७	१९	२	५०	४१	३०	२२
२२	१	३	४	६	८	९	११	१३	१४	१६	१८	१९	२१	२३	२४	२६	२८	३०	३१	३३	३५	३७	३९	४१
	३७	१४	५१	२८	६	४४	२३	१	४०	२०	१	४२	२४	८	५२	३७	२३	१०	५८	५०	४१	३५	३०	२७
२३	१	३	५	६	८	१०	११	१३	१५	१७	१८	२०	२२	२४	२६	२७	२९	३१	३३	३५	३७	३९	४१	४३
	४२	२४	६	४८	३१	१४	५७	४१	२५	१०	५६	४२	३०	१८	७	५८	४९	४२	३७	३३	३०	२७	३५	३५
२४	१	३	५	७	८	१०	१२	१४	१६	१८	१९	२१	२३	२५	२७	२९	३१	३३	३५	३७	३९	४१	४३	४५
	४७	३४	२१	८	५६	४४	३२	२१	१०	०	५२	४३	३६	३०	२४	२०	१९	२०	२१	२३	२५	२९	३४	४०
२५	१	३	५	७	९	११	१३	१५	१६	१८	२०	२२	२४	२६	२८	३०	३२	३४	३६	३९	४१	४३	४५	४७
	५२	४४	३६	२८	२१	१४	८	२	५६	५२	४८	४५	४३	४२	४३	४४	४७	५१	५८	५	१५	२६	४०	५३
२६	१	३	५	७	९	११	१३	१५	१७	१९	२१	२३	२५	२७	३०	३२	३४	३६	३८	४०	४३	४५	४७	५०
	५७	५४	५२	४९	४७	४५	४३	४३	४३	४४	४६	४८	५२	५६	२	६	१८	२८	४०	५४	१०	२८	४८	१०
२७	२	४	६	८	१०	१२	१४	१६	१८	२०	२२	२४	२७	२९	३१	३३	३५	३८	४०	४२	४५	४७	४९	५२
	२	५	७	१०	१३	१७	२१	२६	३१	३७	४४	५२	१	१२	२३	३६	५०	७	२५	४५	७	३२	५८	२७
२८	२	४	६	८	१०	१२	१४	१७	१९	२१	२३	२५	२८	३०	३२	३५	३७	३९	४२	४४	४७	४९	५२	५४
	७	१५	२३	३१	४०	४९	५८	८	१९	३१	४४	५७	१२	२८	४६	४	२५	४९	१२	३६	२	३०	४	३८
२९	२	४	६	८	११	१३	१५	१७	२०	२२	२४	२७	२९	३१	३४	३६	३९	४१	४४	४६	४९	५१	५४	५७
	१३	२६	४०	५३	७	२२	३६	५२	९	२६	४४	४	२४	४६	१०	३५	१	३०	०	३२	८	४६	२६	९
३०	२	४	६	९	११	१३	१६	१८	२०	२३	२५	२८	३०	३३	३५	३८	४०	४३	४५	४८	५१	५३	५६	५९
	१८	३७	५६	१५	३५	५५	१६	३७	५९	२२	४६	१२	३८	५	३४	७	४०	१५	५२	३१	१३	५८	४६	३५
३१	२	४	७	९	१२	१४	१६	१९	२१	२४	२६	२९	३१	३४	३७	३९	४२	४५	४७	५०	५३	५६	५९	६२
	२४	४८	१३	३८	३	२९	५६	२२	५०	२०	५०	२१	५४	२८	४	४१	२०	२	४६	३२	२०	१२	६	२
३२	२	५	७	१०	१२	१५	१७	२०	२२	२५	२७	३०	३३	३५	३८	४१	४४	४६	४९	५२	५५	५८	६१	६४
	३०	०	३०	१	३२	४	३६	९	४३	१८	५४	३२	११	५२	३३	१७	३	५२	४२	३५	३१	३०	३३	३७
३३	२	५	७	१०	१३	१५	१८	२०	२३	२६	२९	३१	३४	३७	४०	४२	४५	४८	५१	५४	५७	६०	६३	६७
	३६	१२	४८	२४	१	३९	१८	५७	३८	१८	०	४४	३०	१६	५	५६	४९	४४	४१	४१	४४	४९	५४	४
३४	२	५	८	१०	१३	१६	१९	२१	२४	२७	३०	३२	३५	३८	४१	४४	४७	५०	५३	५६	६०	६३	६६	६९
	४२	२४	६	४९	३२	१२	०	४६	३१	१९	८	५८	५०	४४	३९	३६	३६	३८	४३	५१	१	१५	३३	५४
३५	२	५	८	११	१४	१६	१९	२२	२५	२८	३१	३४	३७	४०	४३	४६	४९	५२	५५	५९	६२	६५	६९	७२
	४८	३६	२५	१४	३	५३	४४	३५	२८	२२	१७	१३	१३	१३	१५	२०	२७	३६	४७	०	२२	४४	१०	४०
३६	२	५	८	११	१४	१७	२०	२३	२६	२९	३२	३५	३८	४१	४४	४८	५१	५४	५७	६१	६४	६८	७१	७५
	५४	४९	४४	३९	३४	३१	२८	२६	२६	२७	२८	३२	३८	४४	५४	६	२०	३७	५७	२०	४६	१७	५१	३०
३७	३	६	९	१२	१५	१८	२१	२५	२७	३०	३३	३६	४०	४३	४६	४९	५३	५६	६०	६३	६७	७०	७४	७८
	१	२	३	५	७	१०	१४	१९	२५	३२	४६	५२	४	१९	३६	५५	१७	४१	९	४०	५१	५४	३७	२५
३८	३	६	९	१२	१५	१८	२२	२५	२८	३१	३४	३८	४१	४४	४८	५१	५५	५८	६२	६६	६९	७३	७७	८१
	८	१५	२३	३२	४१	५०	१	१३	२६	४०	५६	१४	३४	५५	२०	४७	१७	४९	२५	४	४८	३६	२८	२५
३९	३	६	९	१२	१६	१९	२२	२६	२९	३२	३६	३९	४३	४६	५०	५३	५७	६१	६४	६८	७२	७६	८०	८४
	४१	२८	४४	५९	१५	३०	५२	८	२८	५०	१४	३९	५	३६	८	४२	२०	१	४६	३४	३०	२३	२५	३२
४०	३	६	१०	१३	१६	२०	२३	२७	३०	३४	३७	४१	४४	४८	५१	५५	५९	६३	६७	७१	७५	७९	८३	८७
	२१	४३	५	२७	५०	१०	३९	५	३३	२	३३	६	४१	१८	५८	४१	२८	१७	१०	८	२०	१६	२१	४५

वेलान्तर सारणी

तारीख	जनवरी मि.	फरवरी मि.	मार्च मि.	अप्रैल मि.	मई मि.	जून मि.	जुलाई मि.	अगस्त मि.	सित. मि.	अक्तू. मि.	नव. मि.	दिस. मि.
१	–४	–१४	–१२	–४	+३	+२	–४	–६	+०	+१०	+१६	+११
२	–४	–१४	–१२	–४	+३	+२	–४	–६	+०	+११	+१६	+१०
३	–५	–१४	–१२	–३	+३	+२	–४	–६	+१	+११	+१६	+१०
४	–५	–१४	–१२	–३	+३	+२	–४	–६	+१	+११	+१६	+१०
५	–६	–१४	–१२	–३	+४	+२	–४	–६	+१	+१२	+१६	+९
६	–६	–१४	–११	–२	+४	+२	–४	–६	+२	+१२	+१६	+९
७	–७	–१४	–११	–२	+४	+१	–५	–६	+२	+१२	+१६	+८
८	–७	–१४	–११	–२	+४	+१	–५	–५	+२	+१२	+१६	+८
९	–७	–१४	–११	–२	+४	+१	–५	–५	+३	+१३	+१६	+७
१०	–८	–१४	–१०	–१	+४	+१	–५	–५	+३	+१३	+१६	+७
११	–८	–१४	–१०	–१	+४	+१	–५	–५	+३	+१३	+१६	+६
१२	–९	–१४	–१०	–१	+४	+०	–५	–५	+४	+१४	+१६	+६
१३	–९	–१४	–१०	–०	+४	+०	–५	–५	+४	+१४	+१६	+६
१४	–९	–१४	–९	–०	+४	–०	–६	–४	+५	+१४	+१५	+५
१५	–१०	–१४	–९	+०	+४	–०	–६	–४	+५	+१४	+१५	+५
१६	–१०	–१४	–९	+०	+४	–०	–६	–४	+५	+१४	+१५	+४
१७	–१०	–१४	–८	+१	+४	–१	–६	–४	+६	+१५	+१५	+४
१८	–११	–१४	–८	+१	+४	–१	–६	–४	+६	+१५	+१५	+३
१९	–११	–१४	–८	+१	+४	–१	–६	–३	+६	+१५	+१४	+३
२०	–११	–१४	–८	+१	+४	–१	–६	–३	+७	+१५	+१४	+२
२१	–१२	–१४	–७	+१	+४	–२	–६	–३	+७	+१५	+१४	+२
२२	–१२	–१४	–७	+२	+४	–२	–६	–३	+७	+१५	+१४	+१
२३	–१२	–१४	–७	+२	+३	–२	–६	–२	+८	+१६	+१३	+१
२४	–१२	–१३	–६	+२	+३	–२	–६	–२	+८	+१६	+१३	+०
२५	–१३	–१३	–६	+२	+३	–२	–६	–२	+८	+१६	+१३	+०
२६	–१३	–१३	–६	+२	+३	–३	–६	–२	+९	+१६	+१२	–१
२७	–१३	–१३	–५	+२	+३	–३	–६	–१	+९	+१६	+१२	–१
२८	–१३	–१३	–५	+३	+३	–३	–६	–१	+९	+१६	+१२	–२
२९	–१३	–१२	–५	+३	+३	–३	–६	–१	+१०	+१६	+११	–२
३०	–१४	—	–४	+३	+३	–३	–६	–०	+१०	+१६	+११	–३
३१	–१४	—	–४	—	+३	—	–६	–०	—	+१६	—	–३

अक्षांश और देशान्तर बोधक सारणी

नाम नगर	प्रान्त	अक्षांश	रेखांश	नाम नगर	प्रान्त	अक्षांश	रेखांश
अंकलेश्वर	गुजरात	२१.३८	७३.३०	अहमदनगर	महाराष्ट्र	१९.५	७४.४५
अकालकोट	महाराष्ट्र	१७.३१	७६.१५	अहमदाबाद	गुजरात	२३.३	७२.३८
अकोला	महाराष्ट्र	२०.३२	७७.५	अहमादपुर	पंजाब	२९.६	७१.१६
अगरतल्ला	त्रिपुरा	२३.५०	९१.३२	आगरा	उ. प्र.	२७.७	७८.५
अछनेरा	उ. प्र.	२७.१२	७२.४५	आजमगढ़	उ. प्र.	२६.०	८३.२०
अजन्ता	महाराष्ट्र	२०.३०	७५.५०	आन्ध्र प्रदेश	भारत	१६.००	८०.००
अजमेर	राजस्थान	२६.२२	७४.४०	आरकट	तमिलनाडु	१२.५४	७९.१६
अजयगढ़	म. प्र.	२४.५३	८०.१३	आरनी	तमिलनाडु	१२.३५	७९.२०
अटक	पंजाब	३३.५३	७२.१७	आरा	बिहार	२५.३०	८४.४०
अण्डमान	अण्डमान	१२.०	६२.३०	आसनसोल	प. बंगाल	२३.४०	८७.५
अनन्तपुर	आन्ध्र	१४.५	७५.१७	इटारसी	म. प्र.	२२.३५	७६.५०
अनूपगढ़	पंजाब	२९.१०	७३.५	इन्द्रवती	तमिलनाडु	१९.०	८१.०
अमरावती	महाराष्ट्र	२०.५६	७७.५५	इन्दौर	म. प्र.	२२.४४	७५.५२
अम्बर	राजस्थान	२६.५९	७५.५३	इम्फाल	मणिपुर	२४.४५	९४.०
अम्बाला	हरियाणा	३०.२०	७६.५५	इलाहाबाद	उ. प्र.	२५.२२	८१.५२
अम्बिकापुर	म. प्र.	२३.१०	८२.५	उड़ीसा	भारत	२१.१७	८५.३०
अमरोहा	उ. प्र.	२८.५०	७८.३३	उज्जैन	म. प्र.	२३.१६	७५.५५
अमृतसर	पंजाब	३१.३७	७४.४८	उटकमण्ड	तमिलनाडु	११.२४	७६.४४
अयोध्या	उ. प्र.	२६.४४	८२.१७	उदयपुर	राजस्थान	२४.३२	७३.४५
अरान्तक	तमिलनाडु	१०.१०	७९.२	उन्नाव	उ. प्र.	२६.३५	८०.३५
अरावली	राजस्थान	२५.३०	७३.१०	उरई	उ. प्र.	२५.५९	७९.३०
अलमोड़ा	उ.प्र.	२९.४०	७९.४०	एटा	उ. प्र.	२७.३५	७८.४०
अलवर	राजस्थान	२७.३०	७६.३८	एलौरा	महाराष्ट्र	१६.४८	८१.८
अलीगढ़	उ. प्र.	२७.४७	७८.१०	ओस्मानाबाद	महाराष्ट्र	१८.३	७६.६
अलीपुर	प. बंगाल	२२.३२	८४.२४	औरंगाबाद	महाराष्ट्र	१९.५२	७५.२१
अलीबाग	महाराष्ट्र	१८.३५	७३.०	कच्छ	गुजरात	२३.२०	६९.३०
अलीराजपुर	म. प्र.	२२.२०	७४.३०	कटक	उड़ीसा	२०.२४	८५.५०
अल्लूर	आन्ध्र	१६.४३	८१.९	कटनी	म. प्र.	२२.४०	८०.२५
अवध	उ. प्र.	२६.४५	८२.०	कटिहार	बिहार	२५.३०	८७.४०
अवर	राजस्थान	२४.३६	७२.४५	काठियावाड़	गुजरात	२१.५५	७१.०
अवोर	असम	२८.२०	९५.०	कन्नौज	उ. प्र.	२७.०	७९.५५
असय्य	हैदराबाद	२०.१५	७५.५८	करनाल	हरियाणा	२९.४०	७७.५

कर्नूल	आन्ध्र	१५.५०	७८.५०	कुर्ग	द. भारत	१२.२०	७५.४०
कर्नाटक	भारत	१२.०	७९.०	कृष्णराजधाम	द. भारत	१२.२०	७६.३२
कराँची	पाकिस्तान	२४.५२	६७.०	केनेनर	आन्ध्र	११.५२	७५.२५
करीमनगर	हैदराबाद	१८.२८	७९.१०	केरल	भारत	१०.०	७६.२५
करूर	तमिलनाडु	१०.५८	७८.७	कोकिनाडा	आन्ध्र	१६.५७	८२.१५
करौली	राजस्थान	२६.३०	७७.४	कोचीन	केरल	१०.३०	७६.२०
कल्याण	महाराष्ट्र	१९.१४	७३.१०	कोटा	राजस्थान	२५.१०	७५.५२
कलकत्ता	प. बंगाल	२२.३२	८८.३०	कोटद्वार	उ. प्र.	२९.४३	७८.३३
कलिंगपट्टम	तमिलनाडु	१८.२०	८४.१०	कोडिकनाल	तमिलनाडु	१०.१३	७६.३२
कसौली	पंजाब	१८.२०	८४.१०	कोलार	द. भारत	१३.८	७८.१०
कांगड़ा	हि. प्र.	३२.५	७५.८	कोलूर	तमिलनाडु	१३.५३	७४.५३
कांजीवरम्	तमिलनाडु	१२.५०	७६.४५	कोल्हापुर	महाराष्ट्र	१६.४०	७४.१८
काथर	बिहार	२५.३०	८७.४०	कोहिमा	नागालैंड	२५.४०	९४.५
कादिरी	तमिलनाडु	१४.७	७८.१२	क्वामटोर	तमिलनाडु	११.०	७७.०
कांधला	उ. प्र.	२३.०	७०.१०	खण्डवा	म. प्र.	२१.१३	७६.२४
कानपुर	उ. प्र.	२६.२४	८०.२४	खदरो	पाकिस्तान	२६.१५	६८.४५
कामबेलपुर	पंजाब	३३.४७	७२.२३	खनियाधाना	म. प्र.	२५.१	७८.७
काम्बे	महाराष्ट्र	२२.२२	७२.३८	खुरजा	उ. प्र.	२८.८	७८.०
कारकल	तमिलनाडु	१०.३४	७९.४०	खुलना	बंगाल	२२.५०	८९.४५
कालका	पंजाब	३०.४०	७५.५५	खेरकी	महाराष्ट्र	११.३३	७३.५४
कालाबाघ	पंजाब	३२.५८	७१.३६	खेरलू	गुजरात	२३.५४	७२.४०
कश्मीर	भारत	३४.३०	७६.३०	खैरपुर	पंजाब	२७.२३	६८.४५
कावली	तमिलनाडु	१४.५५	८०.३	गढ़वाल	उ. प्र.	३०.४८	७८.३०
कालीकट	केरल	११.१५	७४.४५	गया	बिहार	२४.४५	८५.५
कालेमियर	केरल	१०.१८	७९.५२	ग्वालियर	म. प्र.	२६.१६	७८.१३
किसनगंज	बिहार	२६.५	८८.५	गाजियाबाद	उ. प्र.	२८.४०	७७.३५
किसनगढ़	राजस्थान	२६.३०	७४.५५	गाजीपुर	उ. प्र.	२५.३२	८३.४०
कुन्दापुर	तमिलनाडु	१३.४५	७४.४५	गारो	असम	३५.३०	९०.३०
कुद्दप्पा	आन्ध्र	१४.३०	७८.४५	गुजरात	भारत	२२.५५	७२.३०
कुडुलोर	तमिलनाडु	१४.२९	७९.४५	गुजरानवाला	पंजाब	३२.१२	७४.१२
कुन्नूर	तमिलनाडु	११.२०	७६.५०	गुटकुल	आन्ध्र	१५.११	७७.२५
कुमता	महाराष्ट्र	१४.२६	७४.२७	गुड़गाँव	हरियाणा	२८.३७	७७.४०
कुमिल्ला	बंगाल	२३.२७	९१.२०	गुना	म. प्र.	२४.४०	७७.२०
कुरनूल	तमिलनाडु	१५.५०	७८.५	गुन्तूर	आन्ध्र	१६.२५	८०.२७

गुरदासपुर	पंजाब	३२.५	७५.३५	छोटानागपुर	बिहार	२३.००	८५.००
गोआ	भारत	१५.२७	७४.२	जगन्नाथगंज	बंगाल	२४.३९	८९.५०
गोंडा	उ. प्र.	२७.१०	८२.५	जगदलपुर	म. प्र.	१९.००	८२.००
गोरखपुर	उ. प्र.	२६.४२	८३.३०	जनकपुर	बिहार	२३.४३	८१.५०
गोलका	बंगाल	२३.५०	८९.४६	जबलपुर	म. प्र.	२३.१०	८०.००
गोलपारा	असम	२६.११	९०.४१	जमशेदपुर	बिहार	२२.५०	८६.१०
गोलकुण्डा	हैदराबाद	१७.२७	७८.२३	जमालपुर	बिहार	२५.१९	८६.३२
गोहाटी	असम	२६.४	९१.५५	जलगाँव	महाराष्ट्र	२१.००	७५.४०
गंगानगर	राजस्थान	२९.४९	७३.५०	जलपाइगुड़ी	प. बंगाल	२६.३०	८८.५०
गंजाम	उड़ीसा	१९.२७	८५.८	जलियानवाला	पंजाब	३२.४०	७३.३९
चकराता	उ. प्र.	३०.४०	७६.५५	जयनगर	बिहार	२६.४०	८६.२०
चटगाँव	बँगलादेश	२२.२५	६१.५८	जागरौन	पंजाब	३०.४०	७५.४०
चण्डीगढ़	पंजाब	३०.४२	७६.५४	जामपुर (जम्बू)	पंजाब	२९.४०	७०.४५
चतरापुर	तमिलनाडु	१९.३०	८५.०	जामनगर	गुजरात	२२.३१	७०.९
चन्दौसी	उ. प्र.	२८.२३	७८.५०	जम्मू	कश्मीर	३२.४६	७४.५०
चन्द्रनगर	बंगाल	२२.५०	८८.२८	जालन	हैदराबाद	१९.५१	७५.५६
चाईबासा	बिहार	२२.३३	८५.५१	जालन्धर	पंजाब	३१.१८	७५.४०
चाँदपुर	प. बंगाल	२३.१०	९०.४०	जालौन	उ. प्र.	२६.१०	७९.३०
चाँदवाड़ी	बिहार	२२.४६	८६.४८	जूनागढ़	गुजरात	२१.२२	७०.३०
चाँदा	म. प्र.	१९.५७	७९.२८	जैकोबाबाद	पाकिस्तान	२८.१७	६८.२९
चाँदोद	महाराष्ट्र	२०.२०	७४.१९	जैपुर	राजस्थान	२६.५८	७५.४७
चिकमागालूर	कर्नाटक	१३.१८	७५.४९	जैसलमेर	राजस्थान	३४.२६	७०.२८
चिकाकोल	तमिलनाडु	१८.१७	८३.५७	जैसूर	बंगलादेश	२३.६	८९.१७
चित्तरंजन	बिहार	२३.५२	८६.३९	जोधपुर	राजस्थान	२६.१८	७३.४
चित्तूर	केरल	१०.४३	७६.४७	जौनपुर	उ. प्र.	२५.४६	८२.४६
चित्तौड़	राजस्थान	२४.५५	७४.४८	जौरा	म. प्र.	२३.२४	७५.५
चित्रदुर्ग	कर्नाटक	१४.१४	७६.२६	झालरापाटन	गुजरात	२४.४०	७५.१०
चिदम्बरम्	तमिलनाडु	११.२४	७९.४४	झालावार	राजस्थान	२४.३५	७६.१०
चिलारू	कश्मीर	३५.२५	७४.१०	झाँसी	उ. प्र.	२५.२५	७८.३६
चुनार	उ. प्र	२५.००	८३.००	टाटानगर	बिहार	२५.५०	८६.१०
चेरापूँजी	असम	२५.१७	९१.४७	टीकमगढ़	म. प्र.	२४.४५	७८.५३
छपरा	बिहार	२५.४६	८४.४९	टौंक	राजस्थान	२६.११	७५.५०
छतरपुर	म. प्र.	२४.५५	७९.४०	ट्रावंकोर	द. भारत	९.००	७७.००
छिंदवाड़ा	म. प्र.	२२.००	७९.००	डलहौजी	पंजाब	३२.३२	७६.००

डालटेनगंज	बिहार	२४.५	८३.५२	नरसिंहपुर	म. प्र.	२३.०	७९.२०
डिबरूगढ़	असम	२७.२९	९५.००	नारायणगंज	बंगाल	२३.३५	९०.३५
डीमापुर	असम	२५.५१	९३.४८	नासिक	महाराष्ट्र	२०.०	७३.५०
डेराइसमाईलखाँ	पंजाब	३१.५२	७०.५२	नीमच	म. प्र.	२४.२८	७४.०
डेरागाजीखाँ	पंजाब	३०.५	७०.४६	नेरौल	तमिलनाडु	१४.२७	८३.२
ढाका	बँगलादेश	२३.४६	९०.३०	नैनीताल	उ. प्र.	२९.२०	७९.३२
तिरुपति	तमिलनाडु	१३.४०	७९.२७	पंचमढ़ी	म. प्र.	२२.३०	७८.२२
त्रिचनापल्ली	तमिलनाडु	१०.५०	७८.४५	पटना	बिहार	२५.३०	८५.१६
त्रिपुरा	भारत	२३.००	९२.००	पटियाला	पंजाब	३०.१८	७६.२९
तेंजौर	तमिलनाडु	१०.४५	७९.१७	पलामू	बिहार	२३.४५	८४.२०
दतिया	म. प्र.	२५.३७	७८.३८	पाटन	गुजरात	२३.५४	७२.१४
दरभंगा	बिहार	२६.११	८६.००	पालघाट	तमिलनाडु	१०.४६	७६.४२
दानापुर	बिहार	२५.४०	८५.५	पाण्डिचेरी	तमिलनाडु	११.५६	७९.५३
दार्जिलिंग	प. बंगाल	२७.३	८८.१८	पानीपत	हरियाणा	२९.२०	७७.६
दिनाजपुर	प. बंगाल	२५.३०	८८.५०	पारसनाथ	बिहार	२४.०	८६.११
दिल्ली	भारत	२८.३५	७७.१८	पालामऊ	बिहार	२३.४५	८४.२०
दुर्ग	म. प्र.	२२.१५	८१.१७	पीलीभीत	उ. प्र.	२८.३५	७९.५२
दुमका	बिहार	२४.२०	८७.२५	पुर्लिया	बिहार	२३.२०	८६.३०
दुमदुम	बांगलादेश	२२.३५	८८.३५	पुरी	उ. प्र.	३०.९	७८.४९
देमन	महाराष्ट्र	२२.२५	७२.५३	पुरी	उड़ीसा	१९.१७	८५.५०
देवघर	बिहार	२४.२८	८६.५५	पुडुकोट्टे	तमिलनाडु	१०.२३	७८.५२
देहरादून	उ. प्र.	३०.२०	७८.८	पूर्णिया	बिहार	२५.४५	८७.४०
दोहद	म. प्र.	२२.२८	७५.५	पूना	महाराष्ट्र	१८.३०	७३.५९
दौलताबाद	हैदराबाद	१९.५८	७५.१५	पेशावर	पाकिस्तान	२४.८	७१.३२
धनबाद	बिहार	२३.४७	८६.३०	प्रतापगढ़	राजस्थान	२४.२	७४.४०
धर्मपुरी	तमिलनाडु	१२.१०	७८.५	फ़तेहगढ़	उ. प्र.	२७.२०	७९.४०
धार	म. प्र.	२२.४०	७५.५	फ़तेहपुर	राजस्थान	२८.०	७५.३
धारनपुर	महाराष्ट्र	२०.३२	७३.१३	फ़तेहपुर सीकरी	उ. प्र.	२७.६	७७.४२
धारवाड़	कर्नाटक	१५.२९	७५.५	फ़रीदकोट	पंजाब	३०.४४	७४.४२
धूलिया	महाराष्ट्र	२०.५३	७४.५०	फ़रीदपुर	बंगाल	२३.३०	८९.५८
धूबरी	असम	२६.०	९०.०	फ़रूखाबाद	उ. प्र.	२७.२०	७९.३८
धेनकानल	उड़ीसा	२०.३५	८५.३०	फलटन	महाराष्ट्र	१८.०	७४.२९
धौलपुर	राजस्थान	२६.४५	७७.५८	फ़िरोज़पुर	पंजाब	३०.५२	७४.३८
नागपुर	महाराष्ट्र	२१.४	७९.१३	फ़ैजाबाद	उ. प्र.	२६.४७	८२.१२

बक्सर	बिहार	२५.३०	८४.२	बिजनौर	उ. प्र.	२८.२०	७८.३०
बखसार	राजस्थान	२४.४३	७१.९	बिमलीपट्टम्	तमिलनाडु	१७.५५	८८.३०
बघेलखण्ड	म. प्र.	२४.१०	८२.०	बिलासपुर	म. प्र.	२२.०	८२.१५
बड़ौच	गुजरात	२१.४५	७३.०	बिलोचिस्तान	पकिस्तान	२८.०	६५.०
बड़ौदा	गुजरात	२२.२०	७३.१४	बीकानेर	राजस्थान	२८.२	७३.२२
बद्रीनाथ	उ. प्र.	३०.४५	७९.२५	बीजापुर	महाराष्ट्र	१६.५३	७५.५०
बनारस	उ. प्र.	२५.१८	८३.०	बुकुर	महाराष्ट्र	२७.४०	६८.५६
बम्बई	महाराष्ट्र	१६.०	७२.५५	बुन्देलखण्ड	उ. प्र.	२४.३०	७९.३०
बर्दवान	प. बंगाल	३२.१०	८८.०	बुरहानपुर	म. प्र.	२१.२०	७६.२०
बर्धा	म. प्र.	२४.४५	७८.३९	बुलसार	गुजरात	२०.३६	७२.५९
बरहमपुर	प. बंगाल	२३.५०	८८.२२	बूँदी	राजस्थान	२५.२७	७५.४१
बरहमपुर	उड़ीसा	१९.१८	८४.५०	बेतिया	बिहार	२६.४५	८४.३७
बरार	म. प्र.	२०.३०	७७.३०	बेरहमपुर	प. बंगाल	२३.५०	८८.२२
बरौदा	म. प्र.	२२.०	७३.१४	बेल्लरे	तमिलनाडु	१५.१६	७६.५५
बरेली	उ. प्र.	२८.२०	७९.३०	बेलगाँव	महाराष्ट्र	१५.५५	७४.३३
वलिया	उ. प्र.	२५.५०	८४.१०	बेंगलोर	कर्नाटक	१२.५८	७७.३०
बलैरी	तमिलनाडु	१५.४५	७४.३०	बोगरा	प. बंगाल	२४.५०	८९.३०
वस्तर	म. प्र.	१९.२०	८१.३०	बेलोनिया	त्रिपुरा	२३.१५	९१.२५
बस्ती	उ. प्र.	२६.४५	८२.५८	बौनीगढ़	बिहार	२१.४५	८५.०
बहराइच	उ. प्र.	२७.३२	८१.४२	बौब्बली	तमिलनाडु	१८.३४	८३.४५
वाकरगंज	बंगाल	२२.२९	९०.१८	ब्रह्मनी राज्य	भारत	२०.५२	८५.४०
बारकपुर	बंगाल	२२.४५	८८.३०	भटिण्डा	पंजाब	३०.१३	७४.१५
बारमेर	राजस्थान	२५.४०	७१.२०	भण्डारा	म. प्र.	२१.८	७९.४०
बारन	मध्यभारत	२५.१०	७६.४०	भदौरा	म. प्र.	२४.४८	७०.२६
बारपेटा	असम	२६.२०	९१.५	भद्रक	उड़ीसा	२१.०	८५.३३
बारमूला	कश्मीर	३४.१५	७४.२५	भरतपुर	राजस्थान	२७.११	७७.३५
बारसी	महाराष्ट्र	१८.१३	७५.४४	भमरगढ़	राजस्थान	१९.३०	८०.३०
बारौनी	म. प्र.	२२.३	७४.२७	भागलपुर	बिहार	२५.१२	८७.५
बालासोर	उड़ीसा	२१.३१	८६.५८	भावनगर	गुजरात	२१.४७	७२.१४
बालाघाट	म. प्र.	१८.३०	७६.०	भीमा	आन्ध्र	१८.४०	७५.१५
बालंगिर	उड़ीसा	२०.५०	८३.२५	भुज	कच्छ	२३.१८	६९.४३
बालीचा	राजस्थान	२५.५५	७२.२०	भुवनेश्वर	उड़ीसा	२०.१०	८५.५०
बासवा	तमिलनाडु	१८.५३	८४.३८	भुसावल	महाराष्ट्र	२१.०	७५.१५
बासिईम	बरार	२०.१०	७६.१०	भेलसा	म. प्र.	२३.३२	७७.५०

भोपाल	म. प्र.	२३.१५	७७.२८	मेरठ	उ. प्र.	२९.१	७७.४५
मंसूरी	उ. प्र.	३०.२३	७८.१०	मेवाड़	राजस्थान	२५.४०	७३.३०
मऊ	उ. प्र.	२५.१५	७९.११	मेंगलूर	केरल	१२.५८	७५.०
मन्दसौर	म. प्र.	२४.१५	७५.५	मैनपुरी	उ. प्र.	२७.१४	७९.३
मछलीपट्टम्	तमिलनाडु	१६.१७	८१.१७	मैसूर	द. भारत	१२.१५	७६.४०
मथुरा	उ. प्र.	२७.३९	७७.४८	मोतिहारी	बिहार	२६.४५	८५.०
मण्डला	म.प्र.	२२.४५	८०.२६	रतलाम	म. प्र.	२३.१२	७५.०
मदारीपुर	प. बंगाल	२३.७	९०.१५	राजकोट	गुजरात	२२.१७	७०.५०
मद्रास	तमिलनाडु	१३.७	७९.०	राजनादगाँव	म. प्र.	२१.५	८१.००
मदुरा	तमिलनाडु	९.५०	७८.५०	रानीगंज	प. बंगाल	२३.३०	८७.१५
मधुपुर	बिहार	२४.१८	८६.३७	रामगढ़	राजस्थान	२७.२५	७०.२०
मधुवनी	बिहार	२६.२५	८६.१५	रामगढ़	बिहार	२३.२३	८५.३०
मनीपुर	असम	२४.४५	९४.०	रामटेक	महाराष्ट्र	२१.२०	७९.१५
मलाबार	महाराष्ट्र	१२.०	७५.२५	रामपुर	उ. प्र.	२८.४६	७९.१८
महाबलेश्वर	महाराष्ट्र	१७.५५	७३.४४	रायगढ़	म. प्र.	२१.५०	८३.३०
महोबा	उ. प्र.	२५.१८	७९.५५	रायपुर	म. प्र.	२१.१५	८१.४५
महबूबनगर	द. भारत	१६.४०	७८.०	रायबरेली	उ. प्र.	२६.१४	८१.१६
मानिकपुर	उ. प्र.	२५.०	८१.१०	रावलपिण्डी	पाकिस्तान	३३.४२	७३.५
मालिकपुर	बरार	२०.५३	७६.१७	राँची	बिहार	२३.१७	८५.२४
मालवा	म. प्र.	२३.४०	७५.३०	रुड़की	उ. प्र.	२९.५०	७८.००
मालखान	द. भारत	१६.०	७३.५०	रुहेलखण्ड	उ. प्र.	२८.६	७९.३०
मिर्जापुर	उ. प्र.	२५.५	८२.३८	लखनऊ	उ. प्र.	२६.४७	८०.५९
मुकामा	बिहार	२५.२०	८६.०	ललितपुर	उ. प्र.	२४.३३	७८.३०
मुग़लपुरा	पंजाब	३१.३१	७४.२४	लश्कर	म. प्र.	२६.१०	७८.१३
मुंगेर	बिहार	२५.१८	८६.३५	लारकन	महाराष्ट्र	२७.४५	६८.८
मुज़फ़्फ़रगढ़	पंजाब	३०.२	७१.१०	लाहौर	पाकिस्तान	३१.३१	७४.२२
मुज़फ़्फ़रनगर	उ. प्र.	२९.२२	७७.४८	लुधियाना	पंजाब	३०.५५	७५.५१
मुज़फ़्फ़रपुर	बिहार	२६.३	८५.३०	लोदराना	पंजाब	२९.३०	७१.३०
मुर्शिदाबाद	प. बंगाल	२४.१७	८८.१५	विजगापट्टम्	तमिलनाडु	१७.४०	८३.२३
मुरादाबाद	उ. प्र.	२८.४७	७८.५८	विजयनगरम्	तमिलनाडु	१५.१५	७६.५७
मुरार	म. प्र.	२६.१३	७८.११	ब्यावर	राजस्थान	२६.६	७४.२१
मुलतान	पाकिस्तान	३०.१४	७१.३८	शाहजहाँपुर	उ. प्र.	७०.५४	७९.२७
मुसलीपट्टम्	आन्ध्र	१६.१२	८१.१२	शिमला	हिमा. प्र.	३१.१	७७.१५
मेदनीपुर	प. बंगाल	२२.२५	८७.२१	शिवपुरी	म. प्र.	२५.४०	७७.४४

शोलापुर	महाराष्ट्र	१७.४०	७५.५५	सीतामढ़ी	बिहार	२६.३५	८५.३२
श्रीनगर	कश्मीर	३४.१२	७४.५०	सुन्दरवन	प. बंगाल	२२.००	८९.३०
सतारा	महाराष्ट्र	१७.४०	७४.३	सुलतानपुर	उ. प्र.	२६.१५	८२.१०
ससराम	बिहार	२४.५५	८४.२	सूरत	गुजरात	२१.१२	७२.५५
सहारनपुर	उ. प्र.	२९.५८	७७.४०	सोमनाथ	गुजरात	२०.५५	७०.३५
सागर	म. प्र.	१६.३०	७६.५०	हरदोई	उ. प्र.	२७.२५	८०.१५
साँगली	महाराष्ट्र	१५.५२	७४.३६	हरद्वार	उ. प्र.	२९.५८	७८.१६
स्यालकोट	पंजाब	३२.३१	७४.३०	हापुड़	उ. प्र.	२८.४५	७७.४०
सिरोही	राजस्थान	२४.५०	७२.५७	हांसी	हरियाणा	२९.५	७५.५५
सिलहट	असम	२४.५३	९१.५४	हिम्मतनगर	गुजरात	२३.३७	७२.५७
सिलीगुड़ी	प. बंगाल	२६.४२	८८.२५	हिमाचल प्र.	भारत	३१.३०	७७.००
सिवान	बिहार	२६.२	८४.७	हुब्बली	कर्नाटक	१५.२०	७२.१२
सिवनी	म. प्र.	२२.६	७९.३५	हैदराबाद	आन्ध्र	१७.२०	७८.३०
सीतापुर	उ. प्र.	२७.३०	८०.४५	होशंगाबाद	म. प्र.	२३.४०	७६.००

नोट—यहाँ २२.६ का अर्थ २२ अंश ६ कला तथा ७९.२५ का अर्थ ७९ अंश २५ कला है। अर्थात् जो नगरों के अक्षांश और रेखांशों के अंक दिये गये हैं, वे अंश और कला हैं।

इष्टकाल बनाने के नियम—स्थानीय सूर्योदय, सूर्यास्त और दिनमान बनाने के पश्चात् जन्मसमय को स्थानीय धूपघड़ी के अनुसार बना लेना चाहिए। अनन्तर निम्न पाँच नियमों में से जहाँ जिसका उपयोग हो, उसके अनुसार घट्यादि रूप इष्टकाल निकाल लेना चाहिए।

१. सूर्योदय से लेकर १२ बजे दिन के भीतर का जन्म हो तो जन्मसमय और सूर्योदयकाल का अन्तर कर शेष को ढाई गुना ($२\frac{१}{२}$) करने से घट्यादि इष्टकाल होता है।

उदाहरण—आरा नगर में वि. सं. २००१ वैशाख शुक्ला द्वितीया सोमवार को प्रातःकाल ८ बजकर १५ मिनट पर किसी का जन्म हुआ है। पहले इस स्टैण्डर्ड टाइम को स्थानीय समय बनाना है। अतः आरा के रेखांश और स्टैण्डर्ड टाइम के रेखांश का अन्तर कर लिया तो—(८४।४०)—(८२।३०) = २।१० आया। इसे ४ मिनट से गुणा किया तो ८ मिनट ४० सेकेण्ड आया। स्टैण्डर्ड टाइम के रेखांश से आरा का रेखांश अधिक है, इसलिए इस फल को स्टैण्डर्ड टाइम में जोड़ा :

८।१५।० + ०।८।४० = ८।२३।४० देशान्तर संस्कृत समय

वैशाख शुक्ला द्वितीया अर्थात् २४ अप्रैल को वेलान्तर सारणी में दो मिनट धन संस्कार लिखा है, अतः उसे जोड़ा तो—(८।२३।४०) + (०।२।०) = ८।२५।४० आरा का समय हुआ; यही बालक का जन्म समय माना जायेगा। उपर्युक्त नियम के अनुसार इष्टकाल बनाने के

लिए आरा का सूर्योदय इस जन्मदिन का निकालना है; पृष्ठ १२८ पर दिये गये उदाहरण में इस दिन का सूर्योदय ५।३४।५८ बजे आया है। अतएव ८।२५।४० जन्मसमय में से ५।३४।५८ सूर्योदय को घटाया = २।५०।५२ इसे ढाई गुना किया—२।५०।५२ × $\frac{५}{२}$ = ७।७।१० घट्यादि इष्टकाल हुआ।

२. यदि १२ बजे दिन से सूर्यास्त के अन्दर का जन्म हो तो जन्मसमय और सूर्यास्तकाल का अन्तर कर शेष को ढाई गुना कर दिनमान में से घटाने पर इष्टकाल होता है।

उदाहरण—वि. सं. २००१ वैशाख शुक्ला द्वितीया सोमवार को २ बजकर २५ मिनट पर आरा में जन्म हुआ है। समय शुद्ध के लिए देशान्तर और वेलान्तर दोनों संस्कार किये—(२।२५।०) + (०।८।४० देशान्तर) + (०।२।० वेलान्तर) = २।३५।४० आरा का जन्मसमय। पृष्ठ १२८ पर दिये गये उदाहरण में सूर्यास्त ६।२५।०२ और दिनमान ३२ घटी ५ पल १० विपल निकाला गया है अतः ६।२५।०२ सूर्यास्त में से २।३५।४० जन्मसमय को घटाया = ३।४९।२२ इसे ढाई गुना किया। (३।४९।२२) × $\frac{५}{२}$ = ९।३३।२५ फल आया, इसे दिनमान में से घटाया :

३२।०५।१० दिनमान में से ९।३३।२५ घटाया = २२।३१।४५ घट्यादि इष्टकाल हुआ।

३. सूर्यास्त से १२ बजे रात्रि के भीतर का जन्म हो तो जन्मसमय और सूर्यास्त काल का अन्तर कर शेष को ढाई गुना कर दिनमान में जोड़ देने से इष्टकाल होता है।

उदाहरण—वि. सं. २००१ वैशाख शुक्ला द्वितीया सोमवार को रात के १० बजकर ४५ मिनट पर आरा नगर में किसी बच्चे का जन्म हुआ है। पूर्ववत् यहाँ पर भी देशान्तर और वेलान्तर संस्कार किये—(१०।४५।०) + (०।८।४० देशान्तर) + (०।२।० वेलान्तर) = १०।५५।४० आरा का जन्मसमय। जन्मसमय १०।५५।४० में से ६।२५।०२ सूर्यास्तकाल को घटाया = ४।३०।३८। इसे ढाई गुना किया ४।३०।३८ × $\frac{५}{२}$ = ११।१६।३५ फल आया। इसे दिनमान में जोड़ा—३२।५।१० दिनमान + ११।१६।३५ = ४३।२१।४५ घट्यादि इष्टकाल हुआ।

४. यदि रात के १२ बजे के पश्चात् और सूर्योदय के पहले का जन्म हो तो सूर्योदयकाल और जन्मसमय का अन्तर कर शेष को ढाई गुना कर ६० घटी में से घटाने पर इष्टकाल होता है।

उदाहरण—वि. सं. २००१ वैशाख शुक्ला द्वितीया सोमवार को रात के ४ बजकर १५ मिनट पर जन्म हुआ है। अतएव (४।१५।०) + (०।८।४० देशान्तर) + (०।२।० वेलान्तर) = ४।२५।४० संस्कृत जन्मसमय हुआ। इस तिथि के सूर्योदय ५।३४।५८ में से ४।२५।४० जन्मसमय को घटाया = १।९।१८ इसे ढाई गुना किया × $\frac{५}{२}$ = २।५३।१५ फल। इसे ६०।०।० में से घटाया—२।५३।१५ = ५७।६।४५ घट्यादि इष्टकाल हुआ।

५. सूर्योदय से लेकर जन्मसमय तक जितने घण्टा, मिनट और सेकेण्ड हों; उन्हें ढाई गुना कर देने से घट्यादि इष्टकाल होता है।

उदाहरण—वैशाख शुक्ला द्वितीया सोमवार को दिन के ४ बजकर १५ मिनट पर आरा में जन्म हुआ है। अतएव (४।१५।०) + (०।८।४० देशान्तर) + (०।२।० वेलान्तर) = ४।२५।४० जन्मसमय। इस तिथि को सूर्योदय ५।३४।५८ पर होता है, इसलिए गणना करने पर सूर्योदय से लेकर जन्मसमय तक १० घण्टे ५० मिनट ४२ सेकेण्ड हुए। इनको ढाई गुना किया—(१०।५०।४२) × $\frac{५}{२}$ = २७।६।४५ घट्यादि इष्टकाल हुआ।

भयात[1] और भभोग साधन—यदि पंचांग अपने यहाँ का नहीं हो तो पंचांग के तिथि, नक्षत्र, योग और करण के घटी, पलों में देशान्तर संस्कार करके अपने स्थान—जहाँ की जन्मपत्री बनानी हो, वहाँ के नक्षत्र का मान निकाल लेना चाहिए।

यदि इष्टकाल से जन्मनक्षत्र के घटी, पल कम हों तो वह नक्षत्र गत और आगामी नक्षत्र जन्मनक्षत्र कहलाता है तथा जन्मनक्षत्र के घटी, पल इष्टकाल के घटी, पलों से अधिक हों तो जन्मनक्षत्र के पहले का नक्षत्र गत और वर्तमान नक्षत्र जन्मनक्षत्र कहलाता है। गत नक्षत्र के घटी, पलों को ६० में से घटाने पर जो शेष आवे, उसे दो जगह रखना चाहिए तथा एक स्थान पर इष्टकाल को जोड़ देने से भयात् और दूसरे स्थान पर जन्मनक्षत्र जोड़ देने पर भभोग होता है।

उदाहरण—वि. सं. २००१ वैशाख शुक्ला द्वितीया को आरा में दिन के २ बजकर २५ मिनट पर किसी बच्चे का जन्म हुआ है। इस समय का पृष्ठ १४० के उदाहरण के अनुसार इष्टकाल २२।३१।४५ है। इस दिन भरणी नक्षत्र का मान बनारस के विश्वपंचांग में ६।२७ लिखा है। पहले इस नक्षत्रमान को आरा का बना लेना है।

८४।४० आरा रेखांश में से ८३।० बनारस का रेखांश घटाया = १।४०। इस १।४० को ४ मिनट से गुणा किया अर्थात् अंशों को गुणा करने पर मिनट और कलाओं को गुणा करने पर सेकेण्ड होते हैं। १।४० × ४ = ६।४० यह मिनटादि है, इसे घट्यादि बनाने की विधि यह है कि मिनटों को २$\frac{१}{२}$ से गुणा करने पर पल और सेकेण्डों को २$\frac{१}{२}$ से गुणा करने पर विपल होते हैं। अतएव—(६।४०) × $\frac{५}{२}$ = १६।४० पलादिमान। यह बनारस से आरा का देशान्तर संस्कार धनात्मक हुआ। क्योंकि बनारस के रेखांश से आरा का रेखांश अधिक है। इसलिए इस संस्कार द्वारा तिथि, नक्षत्र, योग आदि का मान आरा में निकाला जायेगा :

६।२७। ०	बनारस में भरणी का मान
१६।४०	देशान्तर संस्कार
६।४३।४०	भरणी नक्षत्र आरा में हुआ।

प्रस्तुत उदाहरण में इष्टकाल २२।३१।४५ है। इसके घटी, पल जन्मनक्षत्र भरणी के घटी, पलों से अधिक हैं, अतएव भरणीगत नक्षत्र और कृत्तिका जन्मनक्षत्र माना जायेगा।

---

१. गतर्क्षघट्यो गगनाङ्गशुद्धाः द्विष्ठाः क्रमादिष्टघटीप्रयुक्ताः।
इष्टर्क्षनाडीसहिताश्च कार्या भयातभोगौ भवतः क्रमेण। —दशामञ्जरी, नि.ब. १९२२ ई., श्लो. २

६०।०।० में से	५।११। ० बनारस में कृत्तिका का मान
६।४३।४० भरणी के मान को घटाया।	१६।४० देशान्तर को जोड़ा
५३ ।१६।२०—इसे दो स्थानों में रखा।	५।२७।४० आरा में कृत्तिका नक्षत्र का मान
५३।१६।२० में	५३।१६।२० में
२२।३१।४५ इष्टकाल जोड़ा	५।२७।४० जन्मनक्षत्र कृत्तिका का जोड़ा
१५।४८।५ भयात	५८।४४।० भभोग[1]

लग्न निकालने की प्रक्रिया—जन्मसमय में क्रान्तिवृत्त का जो प्रदेश-स्थान क्षितिजवृत्त में लगता है, वही लग्न कहलाता है। दूसरे शब्दों में यह भी कहा जा सकता है कि दिन का उतना अंश जितने में किसी एक राशि का उदय होता है, लग्न कहलाता है। अहोरात्र में बारह राशियों का उदय होता है, इसीलिए एक दिन-रात में बारह लग्नों की कल्पना की गयी है। 'फलदीपिका' में 'राशीनामुदयो लग्नं' अर्थात् एक राशि के उदयकाल को लग्न बतलाया है। लग्न-साधन के लिए अपने स्थान का उदयमान जानना आवश्यक है। अतः चरखण्डों का साधन निम्न प्रकार करना चाहिए।

सायन मेष संक्रान्ति या सायन तुला संक्रान्ति के दिन मध्याह्नकाल में १२ अंगुल शंकु की छाया जितनी हो, उतना ही अपने स्थान की पलभा का प्रमाण समझना चाहिए। इस पलभा को तीन स्थानों में रखकर प्रथम स्थान में १० से, दूसरे में ८ से और तीसरे स्थान में $\frac{१०}{३}$ से गुणा करने पर तीन राशियों के चरखण्ड होते हैं। इनको मेषादि तीन राशियों में ऋण, कर्कादि तीन राशियों में धन, तुलादि तीन राशियों में धन एवं मकरादि तीन राशियों में ऋण करने से उदयमान आता है।

आरा की पलभा ५ अंगुल ४३ प्रत्यंगुल है। इसे तीन स्थानों में रख क्रिया की तो :

$(५।४३) \times १० = ५७।१०$

$(५।४३) \times ८ = ४५।४४$

$(५।४३) \times \frac{१०}{३} = १९।३$

इन चरखण्डों का वेधोपलब्ध पलात्मक राशि-मान में संस्कार किया तो आरा का **'उदयमान'** आया :

मेष[2]	२७८ − ५७।१०	=	२२०।५०	=	मीन
वृष	२९९ − ४५।४४	=	२५३।१६	=	कुम्भ
मिथुन	३२३ − १९।३	=	३०३।५७	=	मकर
कर्क	३२३ + १९।३	=	३४२।३	=	धनु
सिंह	२९९ + ४५।४४	=	३४४।४४	=	वृश्चिक
कन्या	२७८ + ५७।१०	=	३३५।१०	=	तुला

१. भभोग का मान ६७ घटी तक हो सकता है। ६७ घटी से अधिक होने पर ही इसमें ६० का भाग देना चाहिए। भयात सदा भभोग से कम आता है।

२. लङ्कोदयादिघटिका गजभानि २७८ गोङ्कदस्रा २९९ स्त्रिपक्षदहनाः ३२३ क्रमगोत्क्रमस्थाः।
हीनान्विताश्चरदलैः क्रमगोत्क्रमस्थैमेषादितो घटत उत्क्रमगास्त्विमे स्युः॥

—ग्रहलाघव त्रि. प्र. श्लो. १

प्रत्येक नगर की पलभा अपने स्थान के अक्षांशों पर से नीचे दी गयी सारणी पर से ज्ञात की जा सकती है :

पलभा ज्ञान सारणी

अक्षांश	पलभा (अंगुलात्मक)	अक्षांश	पलभा (अंगुलात्मक)	अक्षांश	पलभा (अंगुलात्मक)
५	१।३।०	१७	३।४०।५	२९	६।३९।४
६	१।१५।४४	१८	३।५३।५६	३०	६।५५।४१
७	१।२८।२३	१९	४।७।५५	३१	७।१२।३६
८	१।४१।१०	२०	४।२२।१	३२	७।२९।५३
९	१।५४।०	२१	४।३६।२२	३३	७।४७।३१
१०	२।६।५४	२२	४।५०।५२	३४	८।५।३८
११	२।१९।५५	२३	५।५।३८	३५	८।२४।७
१२	२।३३।०	२४	५।२०।३१	३६	८।४३।५
१३	२।४६।१२	२५	५।३५।४२	३७	९।२।३५
१४	२।५९।२८	२६	५।५१।७	३८	९।२२।३०
१५	३।१२।५४	२७	६।६।५०	३९	९।४३।१
१६	३।२६।२४	२८	६।२२।४८	४०	१०।४।९

उदाहरण—आरा का अक्षांश २५।३० है, पलभा सारणी में २५ अक्षांश की पलभा ५।३५।४२ लिखी है। ३० कला की पलभा निकालने के लिए २५ अंश और २६ अंश के पलभा कोष्ठकों का अन्तर कर अनुपात द्वारा ३० कला की पलभा निकालकर २५ अक्षांश की पलभा में जोड़ देने से आरा की पलभा आ जायेगी।

५।५१।७—२६ अंश की पलभा में से ५।३५।४२—२५ अंश की पलभा को घटाया = १५।२५—यह एक अंश अर्थात् ६० कला की पलभा हुई, इसे ३० से गुणा कर ६० का भाग देने पर ३० कला की पलभा आ जायेगी।

१५।२५ × ३० = ४५०।७५० ÷ ६० = ७।४२

५।३५।४२—२५ अंश की पलभा में ७।४२—३० अंश कला की पलभा जोड़ी = ५।४३।२४ आरा की पलभा हुई।

अयनांश निकालने की विधि—अयनांश निकालने की कई विधियाँ प्रचलित हैं। वर्तमान में साधारणतया ज्योतिर्विद् ग्रहलाघव, मकरन्द और सूर्यसिद्धान्त इन तीन ग्रन्थों के आधार पर से निकालते हैं। किन्तु मुझे ग्रहलाघव द्वारा निकाला गया अयनांश ठीक जँचता है। वेध क्रिया द्वारा भी लगभग इतना ही अयनांश आता है। ग्रहलाघव की विधि निम्न प्रकार है :

इष्ट[1] शक वर्ष, जो पंचांग में लिखा रहता है, उसमें से ४४४ घटाकर शेष में से ६० का भाग देने से अयनांश होता है।

उदाहरण–शक सं. १८६६–४४४ = १४२२ ÷ ६० =२३।४२ अयनांश।

मकरन्द-विधि–इष्ट शक वर्ष में से ४२१ घटाकर शेष को दो स्थानों में रखे; एक स्थान में १० से भाग देकर लब्धि को द्वितीय स्थान में से घटावे। जो शेष आवे उसमें ६० का भाग देने से अयनांश आता है।

उदाहरण–शक सं. १८६६–४२१ = १४४५

१४४५÷१० = १४४।३० लब्धि।

१४४५। ० में से।
१४४।३० लब्धि को घटाया
१३००।३० शेष रहा,
१३००।३० ÷ ६० = २१।४०अयनांश।

अब जिस समय का लग्न बनाना हो उस समय के स्पष्ट सूर्य में तात्कालिक स्पष्ट अयनांश जोड़ देने से तात्कालिक सायन सूर्य होता है। इस तात्कालिक सायन सूर्य के भुक्त या भोग्य-अंशादि को स्वदेशीय उदयमान से गुणा करके ३० का भाग देने पर लब्ध पलादि भुक्त या भोग्यकाल होता है--भुक्तांश को स्वोदय से गुणा कर ३० का भाग देने पर भुक्तकाल और भोग्यांश को स्वोदय से गुणा कर ३० का भाग देने पर भोग्यकाल आता है। इस भुक्त या भोग्यकाल को इष्ट घटी-पलों में घटाने से जो शेष रहे उसमें भुक्त या भोग्य राशियों के उदयमानों को जहाँ तक घटा सकें, घटाना चाहिए। शेष को ३० से गुणा कर अशुद्धोदयमान (जो राशि घटी नहीं है उसके उदयमान) से भाग देने पर जो अंशादि लब्ध आयें, उनको क्रम से अशुद्ध[2] राशि में घटाने और शुद्धि राशि में जोड़ने से सायन स्पष्ट लग्न होता है। इसमें से अयनांश घटाने पर स्पष्ट लग्न आता है। सूर्यस्पष्ट प्रायः पंचांगों में प्रतिदिन दिया रहता है। यद्यपि यह सूर्यस्पष्ट जन्म-समय के इष्टकाल का नहीं होता है, लेकिन लग्न बनाने का काम साधारणतया इससे चलाया जा सकता है। यहाँ सिर्फ विचार इतना ही करना है कि यदि दिन का जन्म हो तो पहले दिन का सूर्य-स्पष्ट और रात का जन्म हो तो उसी दिन का सूर्यस्पष्ट काम में लाना चाहिए। इस सूर्यस्पष्ट में अयनांश जोड़ कर सायन सूर्य बना लेना चाहिए, तब पूर्वोक्त नियमानुसार क्रिया करनी चाहिए।

उदाहरण–वि. सं. २००१ वैशाख शुक्ला द्वितीया सोमवार को आरा में २३ घटी २२ पल इष्टकाल बालक का जन्म हुआ। इस इष्टकाल का लग्न निकालने के लिए इस दिन का सूर्यस्पष्ट ०।१०।२८।५७ लिया। इसमें अयनांश अर्थात् २३ अंश ४६ कला जोड़ा तो–

---

१. शके वेदाब्धिवेदोनः ४४४ षष्टिभक्तोऽयनांशकाः।
अथवा वेदाब्ध्यवध्यूनः खरसहृतः शकोऽयनांशाः। —ग्रहलाघव रविचन्द्र, श्लो. ७

२. जो राशि घट न सके उसे अशुद्ध और जिस राशि तक के उदयमान इष्टकाल के पलों में घट जायें वह शुद्ध राशि कहलाती है।

०।१०।२८।५७ सूर्यस्पष्ट में
२३।४६। ० अयनांश जोड़ा
१। ४।१४।५७ सायन सूर्य

यहाँ वृषराशि के सूर्य का भुक्तांश ४।१४।५७ है और भोग्यांश :

= १।०।०।०—एक राशि में से
०।४।१४।५७—भुक्तांश घटाया
२५।४५।३ भोग्यांश

वृषराशि का भोग्यांश होने से, आरा के वृषराशि के उदयमान से गुणा किया :

२५।४५।३ × २५४ = ६५४०।४२।४२ इस संख्या की प्रथम अंक राशि में ३० से भाग दिया तो २१८ भोग्य पल आये। यहाँ पहली अंकाराशि पल है, आगेवाली राशियाँ विपलादि हैं। गणित क्रिया में केवल पलों का उपयोग होता है इसलिए और राशियों का त्याग कर दिया तो २१८ ही राशि ली गयी।

इष्टकाल २३।२२ के पल बनाये—× ६०
१३८०
२२
१४०२ पल हुए, इनमें से
२१८ भोग्य पल घटाये
११८४
३०४ मिथुन
८८०
३४२ कर्क
५३८
३४५ सिंह
१९३

{यहाँ वृषराशि के उदयमान से गुणा कर फल निकाला गया था, अतः उसमें आगे वाली राशियों के उदयमान घटाये हैं।

{यहाँ सिंह तक राशियों के उदयमान इष्टकाल के पलों में से घट गये हैं, अतः सिंह शुद्ध और कन्या अशुद्ध कहलायेगी।

१९३ × ३० = ५७९०, इसमें अशुद्ध राशि के उदयमान से भाग दिया—

३३५)५७९०(१७ अंश
३३५
२४४०
२३४५
९५ × ६० =

३३५) ५७०० (१७ कला
३३५
२३५०
२३४५
५

५।१७।१७।० सायन लग्न में से
२३।४६। ० अयनांश घटाया
४।२३।३१। ० यह स्पष्ट लग्न है।

{सिंह राशि घट गयी थी, अतएव लग्न के राशि स्थान में ५ माना जायेगा।

लग्न सारणी

अंश	०	१	२	३	४	५	६	७	८	९	१०	११	१२	१३	१४	१५	१६	१७	१८	१९	२०	२१	२२	२३	२४	२५	२६	२७	२८	२९
	२	२	३	३	३	३	३	३	३	३	४	४	४	४	४	४	४	५	५	५	५	५	५	५	६	६	६	६	६	६
मे. ०	५०	५७	५	१३	२०	२८	३६	४४	५२	५९	७	१५	२३	३१	३९	४७	५५	४	१२	२०	२९	३७	४५	५४	२	११	१९	२८	३७	४६
	९	४७	२५	५	४८	३२	१८	६	०	४८	४२	३९	४७	३९	४१	४९	५७	९	२३	३९	१	२१	५८	३५	४६	२०	५८	३८	२२	९
	६	७	७	७	७	७	७	७	८	८	८	८	८	८	९	९	९	९	९	९	१०	१०	१०	१०	१०	१०	११	११	११	११
वृ. १	५४	३	१२	२१	३०	३९	४९	५८	७	१७	२६	३५	४५	५४	४	१४	२४	३३	४३	५३	३	१३	२३	३४	४४	५४	४	१५	२५	३६
	५९	५२	४९	४७	५२	५९	११	२४	४०	१	२५	४३	२४	५९	३७	१९	४	५३	४६	४२	४३	४५	५१	०	१४	३०	४९	१३	३९	९
	११	११	१२	१२	१२	१२	१२	१३	१३	१३	१३	१३	१३	१४	१४	१४	१४	१४	१५	१५	१५	१५	१५	१६	१६	१६	१६	१६	१६	१७
मि. २	४६	५७	७	१८	२९	४०	५१	१	१२	२३	३४	४५	५६	८	१९	३०	४१	५२	४	१५	२६	३८	४९	०	१२	२३	३५	४६	५८	९
	४१	१६	५५	३७	४२	९	१९	५१	४७	४५	४५	४८	५२	०	९	२०	३२	४९	५	२४	४४	६	२९	५३	१७	४५	१३	४२	११	४२
	१७	१७	१७	१७	१८	१८	१८	१८	१८	१९	१९	१९	१९	१९	२०	२०	२०	२०	२०	२१	२१	२१	२१	२१	२१	२२	२२	२२	२२	२२
क. ३	२१	३२	४४	५५	७	१८	३०	४२	५३	५	१६	२८	३९	५१	२	१४	२६	३७	४९	०	१२	२३	३५	४६	५८	९	२०	३२	४३	५५
	१३	४४	१६	४९	२२	५५	२९	३	३८	११	४४	२०	५२	२५	५८	३०	३	३७	६	३७	८	३७	१७	३५	४	३०	५६	२२	४७	११
	२३	२३	२३	२३	२३	२४	२४	२४	२४	२४	२४	२५	२५	२५	२५	२५	२६	२६	२६	२६	२६	२७	२७	२७	२७	२७	२७	२८	२८	२८
सिं. ४	६	१७	२९	४०	५१	३	१४	२५	३७	४८	५९	१०	२२	३३	४४	५५	७	१८	२९	४०	५१	२	१३	२४	३६	४७	५८	९	२०	३१
	३४	५७	२७	३९	५९	१९	३९	५५	१२	२८	४४	५८	१२	२५	३८	४९	०	१०	२५	३६	४९	५१	५३	५९	६	१२	१७	२२	२७	३२
	२८	२८	२९	२९	२९	२९	२९	३०	३०	३०	३०	३०	३०	३१	३१	३१	३१	३१	३२	३२	३२	३२	३२	३२	३३	३३	३३	३३	३३	३४
क. ५	४२	५३	४	१५	२६	३७	४८	०	११	२२	३३	४४	५५	६	१७	२८	३९	५०	१	१२	२३	३५	४६	५७	९	१९	३०	४१	५२	४
	३६	४०	४६	४७	५०	५९	५७	०	५३	१	८	१३	४	२०	२४	२८	३३	३७	४३	४८	५४	०	७	१९	१०	२६	३५	४९	५९	११

लग्न सारणी

अंश	०	१	२	३	४	५	६	७	८	९	१०	११	१२	१३	१४	१५	१६	१७	१८	१९	२०	२१	२२	२३	२४	२५	२६	२७	२८	२९
तु. ६	३४	३४	३४	३४	३५	३५	३५	३५	३५	३५	३६	३६	३६	३६	३६	३७	३७	३७	३७	३७	३८	३८	३८	३८	३८	३८	३९	३९	३९	३९
	१५	२६	३७	४९	०	११	२२	३४	४५	५६	८	१९	३०	४२	५३	४	१६	२७	३९	५०	१	१३	२४	३६	४७	५९	१०	२२	३३	४५
	२२	३४	४८	२	१६	३१	४६	५	२१	४१	६	२०	३३	३	२५	४९	१३	३८	३	३०	५६	२५	४३	२३	५२	२३	५४	२५	५७	२९
वृ. ७	३९	४०	४०	४०	४०	४०	४१	४१	४१	४१	४१	४२	४२	४२	४२	४२	४३	४३	४३	४३	४३	४३	४४	४४	४४	४४	४४	४५	४५	४५
	५७	८	२०	३१	४३	५४	६	१७	२९	४१	५२	४	१५	२७	३८	५०	१	१३	२४	३६	४७	५९	१०	२१	३३	४४	५५	७	१८	२९
	२	३५	८	४०	१६	४९	२२	५६	३१	४	३८	११	४३	१६	४७	१८	४९	१८	४७	१५	४३	७	३१	५४	१६	३६	५४	१३	३६	३९
ध. ८	४५	४५	४६	४६	४६	४६	४६	४६	४७	४७	४७	४७	४७	४८	४८	४८	४८	४८	४८	४९	४९	४९	४९	४९	४९	५०	५०	५०	५०	५०
	४०	५२	३	१४	२५	३६	४७	५८	८	१९	३०	४१	५२	२	१३	२३	३४	४४	५५	५	१५	२५	३६	४६	५६	६	१६	२६	३५	४५
	५१	०	७	१२	१५	१५	१३	८	४१	५१	१८	२३	४	४४	१९	५१	२१	४७	१०	२९	४६	५९	९	१५	१७	१८	१४	६	५५	४१
म. ९	५०	५१	५१	५१	५१	५१	५१	५२	५२	५२	५२	५२	५२	५२	५३	५३	५३	५३	५३	५३	५३	५४	५४	५४	५४	५४	५४	५४	५५	५५
	५५	५	१४	२४	३३	४२	५२	१	१०	२०	२९	३८	४७	५६	५	१३	२२	३१	४०	४८	५७	५	१४	२२	३०	३९	४७	५५	४	१२
	२२	१	३६	१७	३५	५९	१९	३६	४९	१	८	१३	११	८	१	५१	३८	२२	२	३९	१४	४५	२	३८	५९	२०	३७	५१	३	५१
कु.१०	५५	५५	५५	५५	५५	५६	५६	५६	५६	५६	५६	५६	५६	५७	५७	५७	५७	५७	५७	५७	५७	५८	५८	५८	५८	५८	५८	५८	५८	५९
	२०	२८	३६	४४	५२	०	७	१५	२३	३१	३९	४६	५४	२	९	१७	२४	३२	३९	४८	५५	२	९	१७	२४	३२	३९	४६	५४	१
	१७	२१	१३	२१	१८	१२	५३	५४	४२	२८	१२	५४	३४	१३	५०	१७	५३	३२	५८	२८	४९	३३	५४	१९	४४	७	२४	५१	२	३२
मी.११	५९	५९	५९	५९	५९	५९	५९	०	०	०	०	०	०	०	०	०	१	१	१	१	१	१	१	१	२	२	२	२	२	२
	८	१६	२३	३०	३८	४५	५२	०	७	१४	२१	२९	३६	४३	५१	५८	५	१३	२०	२७	३५	४२	५०	५७	४	११	२०	२७	३५	४२
	५२	११	१७	४८	६	१६	४२	०	१८	४०	५४	१२	४३	४९	८	२८	५८	९	३१	५३	१६	४०	५	२७	११	३२	२	२८	०	३४

लग्न निकालने की सुगम विधि—जिस दिन का लग्न बनाना हो, उस दिन के सूर्य के राशि और अंश पंचांग में देखकर लिख लेना चाहिए। पृष्ठ १४६-१४७ पर दी गयी 'लग्न-सारणी' में राशि का कोष्ठक बायीं ओर और अंश का कोष्ठक ऊपरी भाग में है। सूर्य के जो राशि, अंक लिखे हैं उनका फल लग्न-सारणी में अर्थात् सूर्य की राशि के सामने और अंश के नीचे जो अंक संख्या मिले उसे इष्टकाल के घटी, पलों में जोड़ दे, वही योग या उसके लगभग जिस कोष्ठक में मिले, उसके बायीं ओर राशि का अंश और ऊपरी अंश का अंक होगा, यही राश्यादि लग्न मान होगा। त्रैराशिक द्वारा कला-विकला का प्रमाण भी निकाल लेना चाहिए।

उदाहरण—वि.सं. २००१ वैशाख शुक्ला २ सोमवार को २३ घटी २२ पल इष्टकाल का लग्न बनता है। इस दिन पंचांग में सूर्य ०।१०।२८।५७ लिखा है। इसको एक स्थान पर लिख लिया। लग्न-सारणी में शून्य राशि अर्थात् मेष राशि के सामने और १० अंश के नीचे ४।७।४२ संख्या लिखी है, इसे इष्टकाल में जोड़ा :

२३।२२।० इष्टकाल में
४।७।४२ फल को जोड़ा
२७।२९।४२ योगफल

इस योग को पुनः लग्न सारणी में देखा पर २७।२९।४२ तो कहीं नहीं मिले; किन्तु सिंह राशि के २३वें अंश के कोष्ठक में २७।२४।५९ संख्या मिली। इस राशि के २४वें अंश के कोष्ठक में २७।३६।६ अंकसंख्या है, यह अंकसंख्या अभीष्ट योग की अंकसंख्या से अधिक है, अतः २३ अंक सिंह राशि के ग्रहण करना चाहिए। अतएव लग्न का मान ४।२३ राश्यादि हुआ। कला, विकला, निकालने के लिए २३वें और २४वें कोष्ठक के अंकों का एवं पूर्वोक्त योगफल और २३वें अंश के कोष्ठक के अंशों का अन्तर कर लेना चाहिए। द्वितीय अन्तर की संख्यां को ६० से गुणा कर गुणनफल में प्रथम अन्तर-संख्या का भाग देने पर कलाएँ आयेंगी; शेष को पुनः ६० से गुणा कर उसी संख्या का भाग देने से विकला आयेंगी। प्रस्तुत उदाहरण में :

२७|३६| ६ —२४ अंश की संख्या में से
२७|२४|५९ —२३ अंश की संख्या को घटाया
= ११| ७ इसे एकजातीय किया

११|७ × ६० = ६६० + ७ = ६६७

२७|२९|४२ योगफल में से
२७|२४|५९—२३ अंश की संख्या को घटाया।
= ४|४३ इसे एकजातीय किया

४|४३ × ६० = २४० + ४३ = २८३,

२८३ × ६० = १६९८० ÷ ६६७ = २५ कला शेष ३०५ × ६० = १८३०० ÷ ६६७ = २७ निकला। शेष २९१। शेष को छोड़ दिया तो लग्नमान ४|२३°|२५′|२७″ हुआ।

इसी प्रकार अन्य उदाहरणों का गणित किया जा सकता है। यद्यपि यह गणित-प्रक्रिया सरल है, लेकिन स्वदेशीय उदयमान द्वारा साधित गणित क्रिया की अपेक्षा स्थूल है।

लग्नशुद्धि का विचार—जन्मकुण्डली का सारा फल लग्न के ऊपर आश्रित है, यदि लग्न ठीक न बना हो तो उस कुण्डली का फल सत्य नहीं हो सकता है। यद्यपि शहरों में घड़ियाँ रहती हैं, परन्तु उन घड़ियों के समय का कुछ ठीक नहीं; कोई घड़ी तेज रहती है तो कोई सुस्त। इसके अतिरिक्त जब लग्न एक राशि के अन्त और दूसरी राशि के आदि में आता है, उस समय उसमें सन्देह हो जाता है। प्राचीन आचार्यों ने लग्न के शुद्धाशुद्ध विचार के लिए निम्न नियम बतलाये हैं, इन नियमों के अनुसार लग्न की जांच कर लेना अत्यावश्यक है।

१—प्राणपद एवं गुलिक के साधन द्वारा इष्टकाल के शुद्धाशुद्ध का निर्णय कर गणितागत लग्न के साथ तुलना करनी चाहिए।

२—इष्टकाल, सूर्य स्थित नक्षत्र, जन्मकालीन चन्द्रमा, मान्दि एवं स्त्री-पुरुष-जन्म योग द्वारा लग्न का विचार करना चाहिए।

३—प्रसूतिका गृह, प्रसूतिकावस्त्र एवं उपप्रसूतिका संख्या आदि उत्पत्तिकालीन वातावरण के निर्णय द्वारा लग्न का निर्णय करना चाहिए।

४—जातक के शारीरिक चिह्न, गठन, रूप-रंग इत्यादि शरीर की बनावट द्वारा लग्न का निर्णय करना चाहिए।

जिन्हें ज्योतिष शास्त्र की लग्नप्रणाली का अनुभव होता है, वे जातक के शरीर के दर्शन मात्र से लग्न का निर्णय कर लेते हैं।

प्राणपदसाधन और उसके द्वारा लग्नशुद्धि—यद्यपि कुछ विशेषज्ञों का मत है कि प्राणपद द्वारा इष्टकाल की शुद्धि नहीं करनी चाहिए; क्योंकि पराशर आदि प्राचीन ज्योतिर्विदों ने प्राणपद को एक अप्रकाशक ग्रह के रूप में मानकर उसका द्वादश भावों में फल बतलाया है। इसके द्वारा इष्टकाल की शुद्धि करने की जो प्रक्रिया प्रचलित है, वह आर्ष नहीं है। इस सम्बन्ध में मेरा यह मत है कि यह प्रणाली आर्ष हो या नहीं, किन्तु इष्टकाल का शोधन इसके द्वारा उपयुक्त है। ज्योतिषशास्त्र की प्रत्यक्ष-गणित-क्रिया ही इसमें प्रमाण है।

१५ पल समय को प्राण कहते हैं, इस प्रकार एक घटी में चार प्राण होते हैं। क्रिया करने के लिए इष्टकाल की घटियों को चार से गुणा करना चाहिए और पलों में १५ का भाग देकर लब्धि को चतुर्गणित[1] घटी संख्या में जोड़ देना चाहिए। इस योगफल में १२ का भाग देने पर जो शेष बचे, वही प्राणपद की राशि होगी, शेष पलों को २ से गुणा करने पर अंश होंगे।

प्राणपद साधन का दूसरा नियम यह है कि इष्टकाल को कलात्मक बनाकर १५ का

---

१. घटी चतुर्गुणा कार्या तिथ्याप्तैश्च पलैर्युता। निदकरेणापहृतं शेषं प्राणपदं स्मृतम्। शेषात्पलान्ताद द्विगुणीविधाय राश्यंशसूर्यर्क्षनियोजिताय। तत्रापि तद्राशिचरान् क्रमेण लग्नांशप्राणांशपदैक्यता स्यात्।

भाग देने पर लब्ध राशि और शेष में २ का गुणा करने पर अंश होंगे। पर यहाँ इतनी विशेषता और समझनी चाहिए कि राशिसंख्या यदि १२ से अधिक हो तो उसमें १२ का भाग देकर लब्ध को छोड़ शेष को राशिसंख्या माननी चाहिए। यह प्राणपद साधन की मध्यम विधि है। स्पष्ट करने के लिए यदि सूर्य चरराशि[1] में हो तो उसके राशि, अंश में प्राणपद के राशि, अंश को जोड़ देने से स्पष्ट प्राणपद होता है और सूर्य स्थिर या द्विस्वभाव राशि में हो तो उसमें पंचम या नवम राशियों में जो चरराशि हो उस राशि और सूर्य के अंशों में गणितागत मध्यम प्राणपद के राशि अंशों को जोड़ देने से स्पष्ट प्राणपद होता है।

यदि गणितागत लग्न के अंश और प्राणपद के अंश बराबर हों तो लग्न को शुद्ध समझना चाहिए। अंशों में अतुल्यता होने पर इष्टकाल को संशोधित करना—कुछ पल घटाना या बढ़ाना चाहिए लेकिन यह संशोधन भी इसी प्रकार का हो जिससे लग्नांशों में न्यूनता न आये।

उदाहरण—इष्टकाल २३ घटी २२ पल है और सूर्य ०|१० है। २३|२२ इष्टकाल के पल बनाये—२३ × ६० = १३८० + २२ = १४०२ पलात्मक इष्टकाल

१४०२ ÷ १५ = ९३ लब्धि ७ शेष। शेष को दो से गुणा किया तो ७ × २ = १४ हुआ। ९३ ÷ १२ = ७ लब्धि शेष ९ आया। यहां लब्धि का त्याग कर दिया तो गणितागत मध्यम प्राणपद ९ राशि १४ अंश हुआ।

सूर्य मेष राशि के १० अंश पर है। मेष राशि चर है, अतः सूर्य के राशि-अंशों में ही आगत प्राणपद को जोड़ा।

०|१० सूर्य के राशि अंश + ९|१४ प्राणपद = ९|२४ स्पष्ट प्राणपद हुआ।

पहले इसी इष्टकाल का लग्नांश २३ आया है और प्राणपद का अंश २४ है। ये दोनों अंशात्मक मान मिलते नहीं हैं अतः इष्टकाल को कुछ कम या अधिक करना चाहिए जिससे लग्नांश मिल जाये। प्राणपदांश संख्या में १ अंश अधिक है, इसलिए इष्टकाल को कुछ कम करना होगा। यदि इष्टकाल में $\frac{१}{२}$ पल कम कर दिया जाये तो प्राणपदांश लग्नांश से मिल जायेगा; क्योंकि १ पल में २ अंश होते हैं, अतः इष्टकाल २३ घटी २१$\frac{१}{२}$ मानना होगा। इस इष्टकाल पर से पूर्वोक्त प्रक्रिया के अनुसार लग्न के राश्यादि निकाल लेने चाहिए। प्राणपद से लग्न निश्चय करने में एक रहस्यपूर्ण बात यह है कि प्राणपद की राशि या उससे ५वीं, ७वीं और ९वीं लग्न की राशि आती हो अथवा प्राणपद की ७वीं राशि से ५वीं और ९वीं लग्न की राशि हो तो मनुष्य का जन्म समझना चाहिए। यदि प्राणपद की राशि से २री, ६ठी और १०वीं राशि लग्न-राशि हो तो पशु का जन्म; प्राणपद की राशि से ३री, ७वीं और ११वीं राशि लग्न-राशि हो तो पक्षी का जन्म एवं प्राणपद की राशि से ४थी, ८वीं और १२वीं राशि लग्न-राशि हो तो कीट, सर्पादि का जन्म समझना चाहिए।

---

१. चर—मेष, कर्क, तुला, मकर। स्थिर—वृष, सिंह, वृश्चिक, कुम्भ और द्विस्वभाव—मिथुन, कन्या, धनु, मीन।

लड़के या लड़की की जन्मकुण्डली बनाते समय प्राणपद से मनुष्य जन्म सिद्ध न हो तो उस इष्टकाल को कुछ घटा-बढ़ाकर शुद्ध करना चाहिए।

गुलिकसाधन—अपने स्थान के दिनमान में ८ का भाग देकर प्रत्येक भाग में एक-एक अधिपति की कल्पना की जाती है और जिस भाग का अधिपति शनि होता है—शनि के खण्ड को गुलिक कहते हैं। प्रतिदिन के खण्डों के अधिपतियों की गणना उस दिन के वाराधिपति से क्रमशः की जाती है। जैसे मंगलवार के दिन गुलिक बनाना हो तो १ले खण्ड का अधिपति मंगल, २रे का बुध, ३रे का बृहस्पति, ४थे का शुक्र, ५वें का शनि, ६ठे का रवि और ७वें का चन्द्रमा होगा। ८वें खण्ड का कोई अधिपति नहीं होता है। इस दिन शनि का ५वाँ खण्ड है, अतः ५वाँ गुलिक कहलायेगा।

रात में जन्म होने पर रात्रिमान के समान ८ भागों में से प्रथम भाग-खग्ड का वाराधिपति से पंचमग्रह अधिपति होता है। इसी प्रकार क्रमशः आगे गणना करने पर जिस खण्ड का अधिपति शनि होगा, वही गुलिक कहलायेगा। जैसे—सोमवार की रात्रि का गुलिक जानने के लिए रात्रिमान में ८ का भाग देकर पृथक्-पृथक् खण्ड निकाल लिये। यहाँ प्रथम खण्ड का स्वामी चन्द्रमा से पंचम ग्रह शुक्र होगा। द्वितीय खण्ड का शनि, तृतीय का रवि, चतुर्थ का चन्द्रमा, पंचम का मंगल, षष्ठ का बुध और सप्तम का बृहस्पति होगा। यहाँ सुविधा के लिए नीचे गुलिक-चक्र दिया जाता है जिससे प्रतिदिन के दिवाखण्ड और रात्रिखण्ड के गुलिक का बिना गणना किये ज्ञान हो सके।

गुलिक-ज्ञापक चक्र

वार	रवि	सोम	मंगल	बुध	गुरु	शुक्र	शनि
दिन के इष्टकाल में गुलिक खण्ड	७	६	५	४	३	२	१
रात्रि के इष्टकाल में गुलिक खण्ड	३	२	१	७	६	५	४

गुलिक इष्ट बनाने की प्रक्रिया यह है कि जिस दिन का गुलिक बनाना हो उस दिन, दिन का जन्म होने पर दिनमान में और रात का जन्म होने पर रात्रिमान में ८ का भाग देने से जो लब्धि आवे उसमें गुलिक-ज्ञापक चक्र में लिखित उस दिन के अंक से गुणा कर देने पर इष्टकाल हो जाता है। इस गुलिक इष्टकाल पर से लग्न-साधन की प्रक्रिया के अनुसार लग्न बनाना चाहिए, यही गणितागत गुलिक लग्न होगा।

उदाहरण—वि.सं. २००१ वैशाख शुक्ल द्वितीया सोमवार को दिन के २ बजकर ४५ मिनट पर जन्म हुआ है। इस दिन का गुलिक इष्टकाल बनाना है।

सोमवार के दिनमान ३२ घटी ५ पल १० विपल में ८ का भाग दिया—३२|५|१० ÷ ८ = ४|०|३९ एक खण्ड का मान हुआ। इसे गुलिक-ज्ञापक चक्र में अंकित सोमवार की अंक संख्या ६ से गुणा किया :

४|०|३९ × ६ = २४|३|५४ गुलिक इष्टकाल हुआ। लग्न बनाने के लिए सोमवार के सूर्य के राश्यंश (०|१०) लग्न-सारणी में देखें तो ४।७।४२ फल मिला।

२४| ३|५४ इष्टकाल में
४| ७|४२ प्राप्त फल को जोड़ा
२८|११|३६ इसे पुनः लग्न-सारणी में देखा तो ४|२७ लग्न आया। अर्थात् सिंह राशि के २७वें अंश पर गुलिक लग्न है।

गुलिक लग्न का उपयोग—गुलिक लग्न से पूर्व साधित जन्म-लग्न राशि १ली, ३री, ५वीं, ७वीं, और ११वीं हो तो मनुष्य का जन्म समझना चाहिए तथा गणितागत लग्न को शुद्ध मानना चाहिए।

लग्न के शुद्धाशुद्ध अवगत करने के अन्य उपाय—१. इष्टकाल में दो का भाग देने से जो लब्धि आवे, उसमें सूर्य जिस नक्षत्र में हो उस नक्षत्र की संख्या को मिला दें। इस योग में २७ का भाग देने से जो शेष रहे उसी संख्यक नक्षत्र की राशि में लग्न होता है।

उदाहरण—२३|२२ इष्टकाल है और सूर्य अश्विनी नक्षत्र में है।

२३|२२ ÷ २ = ११|४१; यहाँ अश्विनी नक्षत्र से सूर्य नक्षत्र तक गणना की तो १ संख्या आयी, इसे फल में जोड़ा—११|४१ + १|० = १२|४१ ÷ २७ = ० लब्ध, १२|४१ शेष रहा। अश्विनी से १२वीं संख्या तक गणना करने पर उत्तराफाल्गुनी नक्षत्र आया। उत्तराफाल्गुनी नक्षत्र की सिंह राशि है; यही लग्न राशि पहले भी आयी है, अतः यह लग्न शुद्ध है।

२. इष्टकाल को ६ से गुणा कर गुणनफल में जन्मदिन के सूर्य के अंश जोड़ दें। इस योगफल में ३० का भाग देकर लब्धि ग्रहण कर लेनी चाहिए तथा १५ से अधिक शेष रहने पर लब्धि में एक और जोड़ देना चाहिए। यदि ३० से भाग न जाये तो लब्धि एक मान लेनी चाहिए। सूर्य राशि की अगली राशि से भागफल के अंकों को गिन लेने से जो राशि आवे वही लग्न की राशि होगी। यदि यह गणितागत लग्न में मिल जाये तो लग्न को शुद्ध समझना चाहिए।

उदाहरण—इष्टकाल २३|२२ × ६ = १४०|१२

१४०|१२ इसमें
१०|० सूर्य के अंश जोड़े
१५०|१२ ÷ ३० = ५ लब्धि, ०|१२ शेष।

सूर्य मेष राशि पर है, उससे अगली राशि वृष है, अतः वृष से पाँच अंक आगे गिनने पर कन्या राशि आती है। प्रस्तुत उदाहरण का लग्न सिंह आया है, इसका निर्णय पहले दो-तीन नियमों से भी किया गया है, अतः यहाँ पर एक घटाकर लग्न निकालना चाहिए। ज्योतिष के गणित में कभी-कभी एक घटाकर या एक जोड़कर भी क्रिया की जाती है।

३. यदि दिन में दिनमान के अर्द्ध भाग से पहले जन्म हो तो जन्मकालीन रविगत नक्षत्र से ७वें नक्षत्र की राशि; दिन के अवशेष भाग में जन्म हो तो रविगत नक्षत्र से १२वें नक्षत्र की राशि एवं रात्रि के पूर्वार्द्ध में जन्म होने से १७वें नक्षत्र की राशि और शेष राशि में जन्म होने से २४वें नक्षत्र की राशि लग्नराशि होती है।

उदाहरण—इष्टकाल २३।२२ घट्यात्मक है। दिनमान ३२।६ है, इसका आधा १६।३ हुआ; प्रस्तुत इष्टकाल दिन के पूर्वार्द्ध से आगे का है, अतः रवि-नक्षत्र से १२वें नक्षत्र की राशि लग्न की राशि होनी चाहिए। रवि नक्षत्र यहाँ अश्विनी है, इससे १२वाँ नक्षत्र उत्तराफाल्गुनी आता है, इस नक्षत्र की राशि सिंह है, यही लग्न की राशि हुई।

४. चन्द्रमा से पंचम या नवम स्थान में लग्न-राशि का होना सम्भव है। चन्द्रमा के नवमांश के सप्तम स्थान से नवम और पंचम स्थान में लग्न राशि का होना सम्भव है। चन्द्रमा जिस स्थान में हो उस स्थान के स्वामी से विषम स्थानों में लग्न का होना सम्भव है। लग्न में भी चन्द्रमा रह सकता है।

नवग्रह स्पष्ट करने की विधि—जिस इष्टकाल की जन्मपत्री बनानी हो, उसके ग्रह स्पष्ट अवश्य कर लेने चाहिए। क्योंकि ग्रहों के स्पष्ट मान के ज्ञान बिना अन्य फलादेश ठीक नहीं घट सकता है। यहाँ ग्रह स्पष्टीकरण का तात्पर्य ग्रहों के राश्यादि मान से है। दूसरी बात यह है कि कुण्डली के द्वादश भावों में ग्रहों का स्थापन ग्रहमान—राश्यादि ग्रह ज्ञात हो जाने पर ही सम्थक् हो सकता है। अतएव प्रत्येक जन्मकुण्डली में जन्मांग चक्र के पूर्व ग्रहस्पष्ट चक्र लिखना-अनिवार्य है। चन्द्रमा को छोड़ शेष आठ ग्रहों के स्पष्ट करने की विधि एक-सी है।

पंचांगों में ग्रहस्पष्ट की पंक्ति[1] लिखी रहती है। लेकिन किसी में अष्टमी, अमावस्या और पूर्णिमा की पंक्ति रहती है और किसी में मिश्रमानकालिक या प्रातःकालिक। जिस पंचांग में दैनिक मिश्रमानकालिक या प्रातःकालिक ग्रहस्पष्ट की पंक्ति रहती है, उसके अनुसार मिश्रमान और इष्टकाल अथवा प्रातःकाल और इष्टकाल का अन्तर कर दैनिक[2] गति से गुणा कर ६० का भाग देने से जो अंश, कला, विकलारूप फल आये उसे

१. प्रस्तारस्तु यदाग्रे स्यादिष्टं संशोधयेदृणम्।
इष्टकालो यदाग्रे स्यात्प्रस्तारं शोधयेद्धनम्।

पंचांग में आठ-आठ दिन के ग्रह स्पष्ट किये लिखे रहते हैं, इसे पंक्ति या प्रस्तार कहते हैं। प्रस्तार यदि इष्टकाल से आगे हो तो प्रस्तार के वार-घटी-पल में इष्ट समय के वार-घटी पल घटा दें। जो शेष रहे वह वारादि ऋणचालन होता है और जो इष्टकाल आगे हो और प्रस्तार पीछे हो तो इष्टकालात्मक वार-घटी-पल में से प्रस्तार के वार-घटी-पल घटा देने से शेष अंक वारादि धनचालन होता है।

गतैष्यदिवसाद्येन गतिर्निघ्नी खषट् हृता।
लब्धमंशादिकं शोध्यं योज्यं स्पष्टो भवेद् ग्रहः॥

धनचालन या ऋणचालन से ग्रह की गति को गुणा करे, फिर गोमूत्रिका रीति से साठ का भाग दें तो अंश, कला, विकलात्मक लब्ध होगा। इसे पंचांगस्थ ग्रह में घटा देने या जोड़ देने से तात्कालिक स्पष्ट ग्रह मान होता है। यहाँ यह ध्यातव्य है कि वक्री ग्रह होने पर ऋणचालन को जोड़ना और धनचालन को घटाना चाहिए।

२. दो दिन के स्पष्ट ग्रहों का अन्तर करने पर दैनिक गति आती है।

मिश्रमान-कालिक या प्रातःकालिक ग्रहस्पष्ट पंक्ति में ऋण या धन करने पर इष्टाकलिक ग्रहस्पष्ट आ जाते हैं। परन्तु जिस पंचांग में साप्ताहिक, ग्रहस्पष्ट पंक्ति दी हो उसके अनुसार यदि अपने इष्ट समय से पंक्ति आगे की हो तो पंक्ति के वार[1], घटी, पलों में से इष्टकाल के वार घटी, पल घटाने से शेष तुल्य ऋण-चालन होता है। यदि पंक्ति पीछे की हो और इष्टकाल आगे का हो तो इष्टकाल के वार, घटी, पलों में से पंक्ति के वार, घटी, पलों को घटाने पर धनचालन होता है। इस ऋण या धनचालन को पंचांग में दी गयी ग्रहगति से गुणा करने पर जो अंशादि आयें उन्हें धन या ऋणचालन के अनुसार पंचांगस्थित ग्रहमान में जोड़ने या घटाने से स्पंष्ट ग्रह आते हैं।

वक्रीग्रह, राहु एवं केतु के लिए सर्वदा ऋणचालन में आगत अंशादि फल को जोड़ने और धनचालन में आगत अंशादि फल को घटाने से स्पष्टमान होता है।

उदाहरण—वि.सं. २००१ वैशाख शुक्ला २ सोमवार को २३।२२ इष्टकाल के ग्रह स्पष्ट करने हैं। पंचांग में वैशाख शुक्ला पंचमी शुक्रवार के ५।५१ इष्टकाल की ग्रहस्पष्ट पंक्ति लिखी है। यहाँ इष्टकाल सोमवार का है और ग्रहपंक्ति शुक्रवार की है; अतः इष्टकाल से ग्रहपंक्ति आगे की हुई तथा ग्रहपंक्ति में से इष्टकाल को घटाना है, इसलिए यहाँ ऋणसंस्कार हुआ :

६|५|५१ पंक्ति के वारादि, २|२३|२२ इष्टकाल के वारादि।

ग्रहपंक्ति वैशाख शुक्ल ५ शुक्रवार इष्टकाल ५|५१

ग्रह	सूर्य	मंगल	बुध	गुरु	शुक्र	शनि	राहु	केतु
राशि	०	२	०	३	११	२	३	९
अंश	१३	२३	२२	२४	२७	०	८	८
कला	४३	०	१६	१६	२०	२३	५४	५४
विकला	२२	३३	५	४४	१०	४६	५०	५०
कला	५८	३४	१७	३	७४	५	३	३
विकला	१२	२८	३९	४	१२	४८	११	११
गति			वक्री					

६|५|५१ पंक्ति के वारादि में से २|२३|२२ इष्टकाल के वारादि को घटाया तो ३|४२|२९ ऋणचालन आया।

अब प्रक्रिया यह करनी है कि गुणा करते समय एक-एक अंक दाहिनी ओर बढ़ाकर रखते जायेंगे और सब कलादि को जोड़ देंगे। फिर सब अंकों में ६० का भाग देते हुए लब्धि को बायीं ओर की संख्या में जोड़ने से अंशादि फल होगा।

१. वार गणना रविवार से ली गयी है अर्थात् रविवार की १ संख्या, सोमवार की २, मंगल की ३ आदि।

सूर्यसाधन—

चालन | ५८।१२ सूर्यगति

३ | १७४। ३६ तीन के अंक का गुणनफल

४२ | २४३६। ५०४ बयालीस के अंक का गुणनफल

२९ | १६८२।३४८ उन्तीस के अंक का गुणनफल

१७४।२४७२।२१८६।३४८ ÷ ६० {६० से भाग देकर लब्ध को
लब्ध ५, शेष ४८ आगे की राशियों में जोड़ा

१७४।२४७२।२१९१ ÷ ६०
लब्ध ३६, शेष ३१

१७४।२५०८ ÷ ६०
लब्ध ४१, शेष ४८

२१५ ÷ ६०, लब्ध ३ शेष ३५

= ३°।३५'।४८"।३१'''।४८''''

०।१३।४३।२२ पंक्ति के सूर्य में से {ऋणचालन होने से फल को घटाया है
३।३५।४८ आगतफल को घटाया

०।१०।७।३४ स्पष्ट सूर्य।

मंगलसाधन—

चालन | ३४।२८ मंगल गति

३ | १०२। ८४

४२ | १४२८।११७६

२९ | ९८६।८१२

१०२।१५१२।२१६२।८१२ ÷ ६०
लब्ध १३, शेष ३२

१०२।१५१२।२१७५ ÷ ६०
लब्ध ३६, शेष १५

१०२।१५४८ ÷ ६०४८ शेष
लब्ध २५, शेष ४८

१२७ ÷ ६०, लब्ध २, शेष ७

=२।७'।४८"।१५'''।३२'''' {यहाँ केवल विकला तक ही फल इष्ट है

२।२३।०।३३ पंक्ति के मंगल में से
२।७।४८ आगत फल को घटाया

२।२१।५२।४५ स्पष्ट मंगल।

बुधसाधन—

चालन	१७।३९ बुध गति वक्री
३	५१।११७
४२	७१४।१६३८
२९	४९३।११३१
	५१।८३१।२१३१।११३१

{पूर्ववत् ६० का भाग देकर अंशादि फल निकाला १° ।५'।२६"।४९'''।५१'''' फल आया। यह बुध वक्री है, अतः ऋणचालन होने से इस फल को पंक्ति के बुध में जोड़ा

०।२२।१६। ५
१। ५।२६
०।२३।२१।३१ स्पष्ट बुध।

इसी तरह चन्द्रमा के सिवा अन्य सभी ग्रहों का स्पष्टीकरण किया जाता है।

चन्द्रस्पष्ट की विधि—भयात की घटियों को ६० से गुणाकर पल जोड़ने से पलात्मक भयात और भभोग की घटियों को ६० से गुणा कर पल जोड़ देने से पलात्मक भभोग होता है। पलात्मक भयात को ६० से गुणाकर पलात्मक भभोग का भाग दें; शेष को पुनः ६० से गुणा कर उसी पलात्मक भभोग का भाग दें, ३री बार शेष को फिर ६० से गुणा कर पलात्मक भभोग का भाग दें तो लब्ध वर्तमान नक्षत्र के भुक्त घटी, पल होंगे। अश्विनी नक्षत्र से गत नक्षत्र तक गिनकर ६० से गुणा कर भुक्त घटी, पलादि में जोड़ दें और इस योगफल को २ से गुणा कर गुणनफल में ९ से भाग देने पर लब्ध अंश, कला, विकला फल होगा। यदि अंशसंख्या ३० से अधिक आवे तो ३० का भाग देकर राशि बना लेना चाहिए।[1]

उदाहरण—भयात १६|३९ और भभोग ५८|४४ है।

१६|३९ × ६० = ९६० + ३९ = ९९९ पलात्मक भयात

५८|४४ × ६० = ३४८० + ४४ = ३५२४ पलात्मक भभोग

९९९ × ६० = ५९९४० ÷ ३५२४ = १७|०|३२ अर्थात् १८ घटी ० पल ३२ विपल लब्धि हुई। यहाँ जन्मनक्षत्र कृत्तिका है, अतः उसके पहले का नक्षत्र भरणी हुआ। अश्विनी से गणना करने पर भरणी तक दो संख्या हुई। अतः २ × ६० = १२० + (१७|०|३२) = १३७|०|३२ × २ = २७४|१|४ ÷ ९ = ३०|२६|४७ अंशात्मक लब्धि हुई। अतः अंशों में ३० का भाग दिया तो १|०|२६|४७ राश्यादि चन्द्रस्पष्ट हुआ।

---

१. गता भघटिका खतर्कगुणिता भभोगोद्धृता, युता च भगतेन षष्टि ६० गुणितेन द्विघ्नीकृता।
नवाप्तलवपूर्वके शशि भवेत्तु तत्पूर्वकैर्नभोऽम्बरवियद्गजाब्धि ४८००० युग्मवेज्जवा कीर्त्तिता ॥

भयात घटी-पल को साठ से गुणा करके भभोग के पलों से भाग देने पर जो अंक मिलें, उन घटी-पल-विपलात्मक तीन अंकों को स्पष्ट भयात जानना चाहिए। अनन्तर तीन अंकों को साठ से गुणे हुए अश्विनी आदि गतनक्षत्र संख्या में जोड़कर दूना करे। पश्चात् नौ से भाग देकर अंश, कला और विकला रूप फल आता है। अंशों में तीस का भाग देने से राशि आती है। इस प्रकार राश्यंशादि रूप चन्द्रमा होता है।

चन्द्रगतिसाधन—२८८०००० में पलात्मक भभोग से भाग देने पर लब्ध चन्द्रमा की गति की कलाएँ आयेंगी; शेष में ६० का गुणा कर पलात्मक भभोग का भाग देने पर लब्ध गति की विकलाएँ आयेंगी।

उदाहरण—पलात्मक भभोग ३५२४ है

२८८०००० ÷ ३५२४ = ८१७ लब्धि, शेष ८९२ × ६० = ५३५२० ÷ ३५२४ = १५ लब्धि, शेष ६६०, अतएव चन्द्रस्पष्ट गति ८१७।१५ हुई।

नक्षत्रोपरि स्पष्ट राश्यादि चन्द्र सारणी

१ अश्वि.	२ भरणी	३ कृति.	४ रोहिणी	५ मृगशि.	६ आर्द्रा	७ पुनर्वसु	८ पुष्य	९ आश्ले.
०	०	१	१	२	२	३	३	४
१३	२६	१०	२३	६	२०	३	१६	०
२०	४०	०	२०	४०	०	२०	४०	०
०	०	०	०	०	०	०	०	०

१० मघा	११ पू.फा.	१२ उ.फा.	१३ हस्त	१४ चित्रा	१५ स्वाति	१६ विशा.	१७ अनुरा.	१८ ज्येष्ठा
४	४	५	५	६	६	७	७	८
१३	२६	१०	२३	६	२०	३	१६	०
२०	४०	०	२०	४०	०	२०	४०	०
०	०	०	०	०	०	०	०	०

१९ मूल	२० पू.षा.	२१ उ.षा.	२२ श्रवण	२३ धनिष्ठा	२४ शतभि.	२५ पू.भा.	२६ उ.भा.	२७ रेवती
८	८	९	९	१०	१०	११	११	१२
१३	२६	१०	२३	६	२०	३	१६	०
२०	४०	०	२०	४०	०	२०	४०	०
०	०	०	०	०	०	०	०	०

चन्द्रसारणी द्वारा चन्द्रस्पष्ट करने की विधि—जिस नक्षत्र का जन्म हो उसके पहले के नक्षत्र के नीचे की राश्यादि अंक संख्या **'नक्षत्रोपरि स्पष्ट राश्यादि चन्द्रसारिणी'** में देखकर लिख लेना चाहिए। पश्चात् भयात की घटियों की राश्यादि अंकसंख्या को **'भयात गतघटी पर चन्द्रसारणी'** में देखकर लिख लेना चाहिए। अनन्तर आगे वाले कोष्ठक के साथ अन्तर कर अनुपात से पलों का फल निकालना चाहिए अथवा अन्तर को पलों से गुणा कर ६० का भाग देने से अंशादि लब्ध उससे पहले वाले फल में जोड़ देने पर भयात का अंशादि फल आ जायेगा; पुनः नक्षत्र और इस भयात के फल को जोड़ देने से चन्द्र स्पष्ट

हो जायेगा। यहां स्मरण रखने की एक बात यह है कि १३ अंश २० कला का विभाजन भभोग में करना चाहिए। कारण भभोग ६० घटी से प्रायः सर्वदा ही ज्यादा या कम होता है अतः भयात के पलों को १३ अंश २० कला से गुणा कर भभोग के पलों का भाग देकर जो अंशादि फल आये उसे नक्षत्रफल में जोड़ने से स्पष्ट चन्द्रमा होता है।

उदाहरण—भयात १६|३९ कृत्तिका, भभोग ५८|४४। यहाँ जन्मनक्षत्र के पहले का नक्षत्र भरणी है। अतः भरणी के नीचे की अंकसंख्या ०|२६|४०|० है। पलात्मक भयात ९९९ और पलात्मक भभोग ३५२४ है। अतएव १३ अंश २० कला

$$\text{१३}\frac{\text{२०}}{\text{६०}} = \text{१३} + \frac{\text{१}}{\text{३}} = \frac{\text{४०}}{\text{३}} \times \frac{\text{९९९}}{\text{३५२४}} = \frac{\text{३३३०}}{\text{८८१}} = \text{३}\frac{\text{६८७}}{\text{८८१}} \times \frac{\text{६०}}{\text{१}} = \frac{\text{४१२२०}}{\text{८८१}} = \text{४६}\frac{\text{६९४}}{\text{८८१}} \times \frac{\text{६०}}{\text{१}} = \frac{\text{४१६४०}}{\text{८८१}} = \text{४७}\frac{\text{२५३}}{\text{८८१}} = \text{३|४६|४७ अंशादि।}$$

०|२६|४०| ० भरणी की अंक संख्या
०| ३|४६|४७ भयात का फल
१|०|२६|४७ स्पष्ट चन्द्रमा

भयात गतघटी पर चन्द्र सारणी

१	२	३	४	५	६	७	८	९	१०	११	१२	१३	१४	१५	१६	१७	१८	१९	२०
०	०	०	०	०	०	०	०	०	०	०	०	०	०	०	०	०	०	०	०
०	०	०	०	०	१	१	१	२	२	२	२	२	३	३	३	३	४	४	४
१३	२६	४०	५३	६	२०	३३	४६	०	१३	२६	४०	५३	६	२०	३३	४६	०	१३	२६
२०	४०	०	२०	४०	०	२०	४०	०	२०	४०	०	२०	४०	०	२०	४०	०	२०	४०
२१	२२	२३	२४	२५	२६	२७	२८	२९	३०	३१	३२	३३	३४	३५	३६	३७	३८	३९	४०
०	०	०	०	०	०	०	०	०	०	०	०	०	०	०	०	०	०	०	०
४	४	५	५	५	५	६	६	६	६	६	७	७	७	७	८	८	८	८	८
४०	५३	६	२०	३३	४६	०	१३	२६	४०	५३	६	२०	३३	४६	०	१३	२६	४०	५३
०	२०	४०	०	२०	४०	०	२०	४०	०	२०	४०	०	२०	४०	०	२०	४०	०	२०
४१	४२	४३	४४	४५	४६	४७	४८	४९	५०	५१	५२	५३	५४	५५	५६	५७	५८	५९	६०
०	०	०	०	०	०	०	०	०	०	०	०	०	०	०	०	०	०	०	०
९	९	९	९	१०	१०	१०	१०	१०	११	११	११	११	१२	१२	१२	१२	१२	१३	१३
६	२०	३३	४६	०	१३	२६	४०	५३	६	२०	३३	४६	०	१३	२६	४०	५३	६	२०
४०	०	२०	४०	०	२०	४०	०	२०	४०	०	२०	४०	०	२०	४०	०	२०	४०	०

सर्वर्क्ष पर गति बोधक स्पष्ट सारणी

५४	५५	५६	५७	५८	५९	६०	६१	६२	६३	६४	६५	६६	६७
८८८	८७२	८५७	८४२	८२७	८१३	८००	७८६	७७४	७६१	७५०	७३८	७२७	७१६
४८	४०	८	६	३४	३३	०	५४	१२	५७	०	३०	१८	२८

सारणी द्वारा चन्द्रगति स्पष्ट करने का नियम भभोग की घटियों के नीचे की अंक-संख्या देखकर लिख लेनी चाहिए। पश्चात् आनेवाले कोष्ठक के साथ अन्तर कर पलों से गुणा कर ६० का भाग दें। जो लब्ध आये उसे पूर्वोक्त फल में जोड़ या

घटा देने से चन्द्र की स्पष्टगति आ जाती है।

उदाहरण—भभोग ५८।४४ है। **'सर्वर्क्ष पर गति बोधक स्पष्ट सारिणी'** में ५८ के नीचे अंक संख्या ८२७।३४ है। आगे की कोष्ठक-संख्या ८१३।३३ है। दोनों का अन्तर किया—८२७।३४ - ८१३।३३ = १४।१ इसे एकजातीय बनाकर ४४ से गुणा किया। १४।१ × ६० = ८४० + १ = ८४१ × ४४ = ३७००४ ÷ ६० = ६१६ विकला। ६१६ ÷ ६० = १०।१६ इसे पहलेवाले में से घटाया अतः ८२७।३४—१०।१६ = ८१७।१८ चन्द्र की गति।

अन्य ग्रहों की गति पंचांग में लिखी रहती है अतः उसी को जन्मपत्री में लिख देते हैं। जिन पंचांगों में दैनिक ग्रह स्पष्ट रहते हैं उनमें दो दिन के ग्रहों का अन्तर कर निकाल लेना चाहिए; परन्तु चन्द्रमा की स्पष्ट उपर्युक्त विधि से ही निकालनी चाहिए।

जन्मपत्री में नवग्रह स्पष्ट लिखने के पश्चात् जो लग्न आया हो उसी को पहले रखकर द्वादश कोठों में अंक स्थापित कर दें। पश्चात् जो ग्रह जिस राशि पर हो उसे वहाँ स्थापित कर देना चाहिए।

उदाहरण—यहाँ लग्न ४।२३।२५।२७ आया है; अतः लग्नस्थान में ५ का अंक रखा जायेगा। भारतीय पद्धति के अनुसार **जन्मपत्री लिखने की प्रक्रिया** निम्न प्रकार है:

आदित्याद्या ग्रहाः सर्वे नक्षत्राणि च राशयः।
सर्वान् कामान् प्रयच्छन्तु यस्यैषा जन्मपत्रिका ॥१॥
स्वस्तिश्रीसौख्यधात्री सुतजयजननी तुष्टिपुष्टिप्रदात्री।
माङ्गल्योत्साहकर्त्री गतभवसदसत्कर्मणां व्यञ्जयित्री।
नानासंपद्विधात्री जनकुलयशसामायुषां वर्द्धयित्री।
दुष्टापद्विघ्नहर्त्री गुणगणवसतिर्लिख्यते जन्मपत्री ॥२॥

श्रीमान्! नृपति विक्रम संवत् २००१, शक संवत् १८६६, वैशाख मास, कृष्णपक्ष सोमवार को द्वितीया तिथि में जिसका घट्यादि मान विश्वपंचांग के अनुसार आरा में देशान्तर संस्कृत ४५ घटी ९ पल, भरणी नक्षत्र का मान ६ घटी ४३ पल, तदुपरि कृत्तिका नक्षत्र, आयुष्मान्-योग का मान १७ घटी ८ पल, बालव नाम करण का मान घट्यादि १६।४७, जन्म समय का संस्कृत इष्टकाल २३।२२।२३ है। इस दिन दिनमान घट्यादि ३२।५ रात्रिमान २७।५४ उभयमान ६०।० में आरा नगर निवासी श्रीमान् चित्रगुप्तवंश में श्रेष्ठ बाबू हनुमानदास के पुत्र बाबू हरिप्रसाद के चिरंजीवी पुत्र हरिमोहन सेन की वैदिक विधिपूर्वक परिणीतां भार्या मोहनदेवी की दक्षिण कुक्षि से पुत्र उत्पन्न हुआ। होराशास्त्रानुसार भयात १६।३९ भभोग ५८।४४ है; अतएव कृत्तिका नक्षत्र के द्वितीय चरण में जन्म हुआ और इसका राशि नाम 'ई' अक्षर पर ईश्वरदेव रखा गया। यह पुत्र गुरुजन और पुण्य के प्रसाद से दीर्घजीवी हो।

संस्कृत भाषा में लिखने की विधि—अथ श्रीमन्नृपतिविक्रमार्कराज्यात् २००१ संवत्सरे १८६६ शाके वसन्ततौ शुभे वैशाखमासे कृष्णपक्षे चन्द्रवासरे द्वितीयायां तिथौ घट्यादयः ४५।९ भरणीनक्षत्रे घट्यादयः ६।४३ तदुपरि कृत्तिकानक्षत्रे, आयुष्मानूयोगे घट्यादयः

१७।८ बालवकरणे घट्यादयः १६।४७ अत्र सूर्योदयादिष्टकालः घट्यादयः २३।२२।२३ मेषराशिस्थिते सूर्ये वृषराशिस्थिते चन्द्रे एवं पुण्यतिथौ पञ्चाङ्गशुद्धौ शुभग्रहनिरीक्षितकल्याणवत्यां वेलायां सिंहलग्नोदये दिनप्रमाणं घट्यादयः ३२।५ रात्रिप्रमाणं घट्यादयः २७।५४ उभयप्रमाणं ६०।० आरानगरे चित्रगुप्तवंशावतंसस्य श्रीमतः हनुमानदासस्य पुत्रः हरिप्रसादस्तस्य पुत्र बाबू हरिमोहनसेनस्य गृहे सुशीलवतीभार्यायाः दक्षिणकुक्षौ द्वितीयपुत्रमजीजनत्। अत्रावकहोड़ाचक्रानुसारेण भयातम् १६।३९ भभोगः ५८।४४ तेन कृत्तिकानक्षत्रस्य द्वितीयचरणे जायमानत्वात् ईकाराक्षरे 'ईश्वरदेव' इति राशिनाम प्रतिष्ठितम्। अयं च देवगुरुप्रसादाद्दीर्घायुर्भूयात्।

इसके पश्चात् **'स्पष्ट ग्रहचक्र'** एवं **'जन्मकुंडली चक्र'** को लिखना चाहिए।

स्पष्ट ग्रहचक्र

	सूर्य	चन्द्र	मंगल	बुध	गुरु	शुक्र	शनि	राहु	केतु
राशि	०	१	२	०	३	११	२	३	९
अंश	१०	०	२१	२३	२४	२३	७	९	९
कला	७	२६	५२	२१	७	२०	७	५	५
विकला	३४	४७	४५	३१	३२	१०	४५	१५	१५

पहले उदाहरणानुसार जन्मकुण्डली चक्र निम्न प्रकार हुआ :

जन्मकुण्डली चक्र

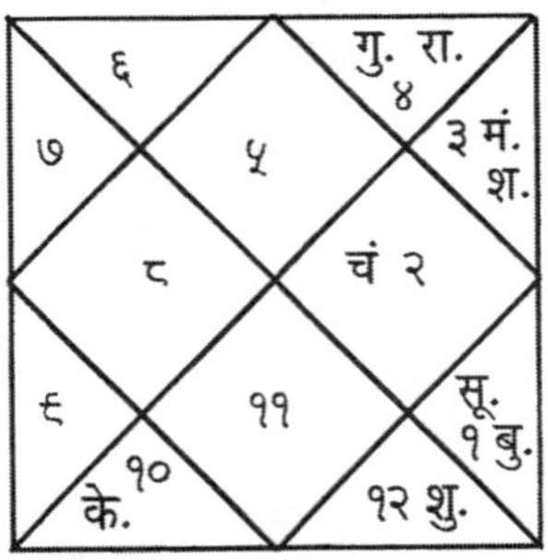

चन्द्रकुण्डली चक्र

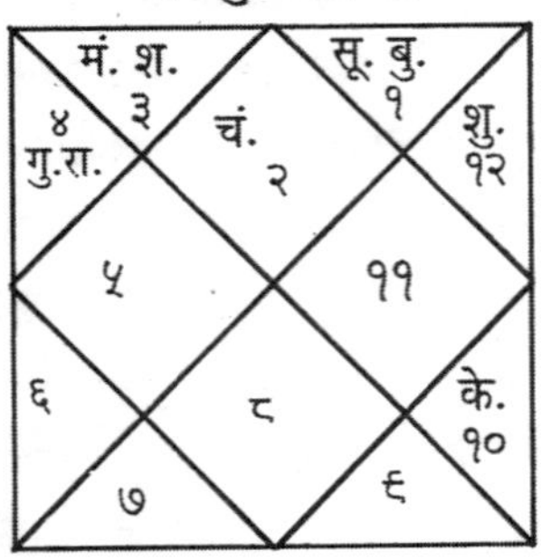

द्वादश भाव स्पष्ट करने की विधि[1]—भाव स्पष्ट करने के लिए प्रथम दशम भाव का साधन किया जाता है। इस भाव का गणित करने के लिए नतकाल जानने की

१. पूर्वं नतं स्याद्दिनरात्रिखण्डं दिवोनिशोरिष्टघटीविहीनम्।
दिवानिशोरिष्टघटीषु शुद्धं द्युरात्रिखण्डं त्वपरं नतं स्यात् ॥
तत्काले सायनार्कस्य भुक्तभोग्यांशसंगुणात्। स्वोदयात्खाग्नि ३० लब्धं यद् भुक्तं भोग्यं रवेस्त्यजेत् ॥
इष्टनाडीपलेभ्यश्च गतगम्यान्निजोदयात्। शेषं खत्र्या ३० हतं भक्तमशुद्धेन लवादिकम् ॥
अशुद्धशुद्धभे हीनं युक्तनुर्व्ययनांशकम्। एवं लङ्कोदयैर्भुक्तं भोग्यं शोध्यं पलीकृतात् ॥
पूर्वपश्चात्रतादन्यत्प्राग्वत्तद्दशमं भवेत्। सषट्कलग्नखे जायातुर्यौ लग्नौ न तुर्यतः ॥
अग्रे त्रयः षडेवं ते भार्द्ध युक्ताः परेऽपि षट्। खेटे भावसमं पूर्णं फलं सन्धिसमे तु खम् ॥
षष्ठोंशयुक्तनुः सन्धिरग्रे षष्ठांशयोजनात्। त्रयः ससन्धयोर्भावाः षष्ठांशो नैकयुक्सुखात् ॥
—ताजिकनीलकण्ठी, बनारस सं. १९९६, संज्ञातन्त्र, अ. १, श्लो. २०-२६

आवश्यकता होती है, क्योंकि दशम भाव की साधनिका के लिए नतकाल ही इष्टकाल होता है। नतकाल ज्ञात करने के निम्न चार प्रकार हैं :

१. दिनार्ध से पहले का इष्टकाल हो तो इष्टकाल को दिनार्ध में से घटाने से पूर्वनत होता है।

२. दिनार्ध के बाद का इष्टकाल हो तो दिनमान में से इष्टकाल घटाकर जो अवशेष बचे, उसको दिनार्ध में घटाने से पश्चिमनत होता है।

३. रात्रि अर्ध से पहले का इष्टकाल हो तो दिनमान को इष्टकाल में घटाने से जो शेष आवे उसमें दिनार्ध जोड़ने से पश्चिमनत होता है।

४. रात्रि अर्ध के बाद इष्टकाल हो तो ६० घटी में से इष्टकाल को घटाने से जो शेष आवे उसमें दिनार्ध जोड़ने से पूर्वनत होता है।

यदि पश्चिमनत हो तो भोग्य प्रकार से और पूर्वनत हो तो भुक्त प्रकार से लंकोदयमान द्वारा लग्न साधन के समान दशम भाव का साधन करना चाहिए।

उदाहरण १—इष्टकाल २३।२२, दिनमान ३२।६, रात्रिमान २७।५४ है। दिनमान ३२।६ का आधा किया तो दिनार्ध =३२।६ ÷ २ = १६।३; इस उदाहरण में इष्टकाल दिनार्ध के बाद का है अतः नतकाल साधन के द्वितीय नियमानुसार ३२।६ दिनमान से २३।२२ इष्टकाल को घटाया = ८।४४ शेष, इसे दिनार्ध में घटाया तो (१६।३)–(८।४४) = ७।१९ पश्चिमनत हुआ।

उदाहरण २—इष्टकाल ६।४५, दिनमान ३२।६, रात्रिमान २७।५४, दिनार्ध १६।३ है। इस उदाहरण में इष्टकाल दिनार्ध से पहले का है; अतः १६।३ दिनार्ध में से ६।४५ इष्टकाल को घटाया तो ९।१८ पूर्वनत हुआ।

उदाहरण ३—इष्टकाल ४२।४८, दिनमान ३२।६, रात्रिमान २७।५४, दिनार्ध १६।३, रात्र्यर्ध १३।५७ है। इस उदाहरण में पहले यह विचार करना होगा कि यह इष्टकाल रात का है या दिन का? प्रस्तुत उदाहरण में दिनमान ३२।६ है और इष्टकाल ४२।४८ है, अतः दिनमान से इष्टकाल अधिक होने के कारण रात का इष्टकाल कहलायेगा। अब रात में रात्र्यर्ध से पहले का या रात्र्यर्ध के बाद का? इस निश्चय के लिए दिनमान में रात्र्यर्ध जोड़कर इष्टकाल से मिलान करना चाहिए। अतः ३२।६ दिनमान में रात्र्यर्ध जोड़ा तो—(३२।६) + (१३।५७) = ४६।३ रात्र्यर्ध तक का मिश्रकाल। प्रस्तुत उदाहरण का इष्टकाल रात्र्यर्ध के पहले का है, अतः ४२।४८ इष्ट में से ३२।६ दिनमान घटाया तो १०।४२ शेष। १६।३ दिनार्ध में १०।४२ शेष को जोड़ा = २६।४५ पश्चिमनत हुआ।

उदाहरण ४—इष्टकाल ५२।४५, दिनमान ३२।६ रात्रिमान २७।५४, दिनार्ध १६।३ अर्धरात्रि तक का मिश्रकाल ४६।३ है। इस उदाहरण में अर्धरात्रि के बाद इष्टकाल है अतः नतकाल साधन के चतुर्थ नियमानुसार ६०।० में से ५२।४५ इष्ट घटाया = ७।१५ अवशेष; ७।१५ अवशेष में १६।३ दिनार्ध जोड़ा = २३।१८ पूर्वनत हुआ।

दशम साधन का उदाहरण—

सूर्य	०।१०।७।३४	प्रथम उदाहरण में पश्चिमनत होने से
अयनांश	०।२३।४६।०	भोग्य प्रकार से साधन करना होगा
	१।३।५३।३४ सायन सूर्य	

भोग्यांश निकालने के लिए सूर्य के इन भुक्तांशों को ३० अंश में से घटाया :

३०।०।० – ३।५३।३४ = २६।६।२६ भोग्यांश।

२६।६।२६ भोग्यांश को लंकोदय राशिमान से गुणा करना है। लंकोदय का प्रमाण निम्न प्रकार है :

मेष	=	२७८	=	मीन
वृष	=	२९९	=	कुम्भ
मिथुन	=	३२३	=	मकर
कर्क	=	३२३	=	धनु
सिंह	=	२९९	=	वृश्चिक
कन्या	=	२७८	=	तुला

प्रस्तुत उदाहरण में सूर्य वृष राशि का है, अतः वृष के राशिमान से भोग्यांशों को गुणा किया :

२६।६।२६ × २९९ = २६०।६।३।३४ — इस गुणनफल के दो अंकों में ६० का भाग और तीसरे में ३० का भाग दिया गया है।

नतकाल ७।१९ के पल बनाये; ७ × ६० + १९ = ४३९ नतपल

४३९।० नतकाल के पलों में से

२६०।६ भोग्य पलादि को घटाया

१७८।५४ यहाँ मिथुन राशि के पल नहीं घटते हैं, अतः मिथुन राशि ही अशुद्ध कहलायेगी :

१७८।५४ × ३० = ५३६७।० इसमें अशुद्ध राशिमान का भाग दें।

५३६७।० ÷ ३२३ = १६।३६।५७ अंशादि हुआ। उदाहरण में वृष राशि का मान घट गया था, अतः अंशादि में दो राशि और जोड़ी :

  १६।३६।५७
२।०।०।०
२।१६।३६।५७ सायन दशम में से
०।२३।४६।० अयनांश घटाया
१।२२।५०।५७ दशम स्पष्ट

भुक्तांश साधन द्वारा दशम का उदाहरण—सायन सूर्य १।३।५३।३४, पूर्वनत १७।१९ है। सायन सूर्य वृष राशि का होने से भुक्तांशों को वृष के लंकोदय मान से गुणा किया—भुक्तांश ३।५३।३४ × २९९ = ३८।२३।५६।२६ भुक्त पल हुआ।

१७। ९ नतकाल के पल बनाये; १७ × ६० + ९ = १०२९ नतपल

१०२९। ०	नतपल में	भुक्तांश पर से लग्न या दशम का साधन करते समय उलटा राशिमान घटाया जाता है।
३८।२३	भुक्त पल घटाये	
९९०।३७		
२७८। ०	मेष का मान घटाया	
७१२।३७		
२७८।०	मीन का मान घटाया	
४३४।३७		
२९९।०	कुम्भ का मान घटाया	

१३५।३७ इसमें से मकर का राशिमान नहीं घटा अतः मकर अशुद्ध हुई।

१३५।३७ × ३० = ४०६८।३० इसमें अशुद्ध राशिमान का भाग दिया—

४०६८।३० ÷ ३२३ = १२।३५।३९ अंशादि;

अशुद्ध राशि की संख्या में से इस अंशादि को घटाया—

१०।०।०।०—- १२।३५।३९ = ९।१७।२४।२१ सायन दशम में से

०।२३।४६।० अयनांश घटाया

८।२३।३८।२१ दशम स्पष्ट

दशम भाव साधन करने के अन्य नियम—१. नतकाल को इष्टकाल मानकर जिस दिन का दशम भाव साधन करना हो, उस दिन के सूर्य के राशि, अंश पंचांग में देखकर लिख देने चाहिए। आगे दी गयी **'दशमसारणी'** में राशि का कोष्ठक बायीं ओर और अंश का कोष्ठक ऊपरी भाग में है। सूर्य के जो राशि अंश लिखे हैं उनका फल दशमसारणी में—सूर्य की राशि के सामने और अंश के नीचे जो अंक संख्या मिले, उसे पश्चिमनत हो तो नतरूप इष्टकाल में जोड़ देने से और पूर्वनत हो तो सारणी के अंकों में घटा देने से जो अंक आवें, उनको पुनः दशमसारणी में देखें तो बायीं ओर राशि और ऊपर अंश मिलेंगे। ये राशि, अंश ही दशम के राश्यादि होंगे। कला, विकला फल त्रैराशि द्वारा निकलता है।

२. इष्टकाल में से दिनार्ध घटाकर जो आये वह दशम भाव का इष्ट होगा। यदि इष्टकाल में से दिनार्ध न घट सके तो इष्टकाल में ६० घटी जोड़कर दिनार्ध घटाने से दशम का इष्टकाल होता है। इष्टकाल पर से प्रथम नियम के अनुसार दशमसारणी द्वारा दशम-साधन करना चाहिए।

३. लग्नसारणी द्वारा लग्न बनाते समय सूर्यफल में इष्टकाल जोड़ने से जो घट्यादि अंश आये, उसमें १५ घटी घटाने से शेष अंश दशमसारणी में जिस राशि, अंश का फल हो, वही दशम लग्न होगा।

लग्न से दशम भाव साधन—लग्न के राशि अंशों द्वारा फल लेकर लग्न राशि के सामने और अंश के नीचे जो अंकसंख्या **'लग्न से दशम भाव साधन-सारणी'** में मिले, वही दशम भाव होगा।

दशम लग्न सारणी

अंश	०	१	२	३	४	५	६	७	८	९	१०	११	१२	१३	१४	१५	१६	१७	१८	१९	२०	२१	२२	२३	२४	२५	२६	२७	२८	२९
	३	३	३	४	४	४	४	४	४	४	५	५	५	५	५	५	६	६	६	६	६	६	७	७	७	७	७	७	८	८
मे. ०	३२	४२	५१	१	१०	२०	२९	३९	४८	५८	७	१७	२७	३६	४६	५६	६	१५	२५	३५	४५	५५	५	१५	२५	३५	४५	५५	५	१५
	४६	११	३६	४	३२	२	३३	५	४४	१४	५१	२९	१०	५१	३४	१९	५	५३	४३	३५	३०	२३	२०	१९	१९	२१	२६	३१	३९	४९
	८	८	८	८	९	९	९	९	९	९	१०	१०	१०	१०	१०	११	११	११	११	११	११	१२	१२	१२	१२	१२	१३	१३	१३	१३
वृ. १	२६	३६	४६	५६	७	१७	२७	३८	४८	५९	९	२०	३०	४१	५१	२	१२	२३	३४	४४	५५	६	१७	२७	३८	४९	०	११	२२	३२
	०	१३	२९	४३	४	२४	४७	१०	३५	२	३१	२०	३४	७	४२	१९	५७	३६	१६	५८	४३	२६	११	५७	४५	३३	२२	१४	३	५४
	१३	१३	१४	१४	१४	१४	१४	१५	१५	१५	१५	१५	१५	१६	१६	१६	१६	१६	१६	१७	१७	१७	१७	१७	१८	१८	१८	१८	१८	१८
मि. २	४३	५४	५	१६	२७	३८	४९	०	१०	२१	३२	४३	५४	५	१६	२७	३७	४८	५९	१०	२१	३२	४२	५३	४	१५	२५	३६	४७	५७
	४६	३८	३१	२५	१८	१२	६	०	५४	३८	४१	३५	२८	२२	१४	६	५७	४८	३८	२७	१५	३	४९	३४	१७	२	४३	२४	३	४१
	१९	१९	१९	१९	१९	२०	२०	२०	२०	२०	२०	२१	२१	२१	२१	२१	२१	२२	२२	२२	२२	२२	२२	२३	२३	२३	२३	२३	२३	२४
क. ३	८	१८	२९	३९	५०	०	११	२१	३२	४२	५२	३	१३	२३	३३	४४	५४	४	१४	२४	३४	४४	५४	४	१४	२४	३४	४४	५३	३
	१८	५३	२६	५८	२९	५७	२४	४९	१३	३६	५६	१७	३१	४६	५८	११	२१	२८	३४	३८	४१	४१	३९	३७	२९	२५	१७	७	५५	४१
	२४	२४	२४	२४	२४	२५	२५	२५	२५	२५	२५	२५	२६	२६	२६	२६	२६	२६	२७	२७	२७	२७	२७	२७	२८	२८	२८	२८	२८	२८
सिं. ४	१३	२३	३२	४२	५२	१	११	२०	३०	३९	४९	५८	८	१७	२७	३६	४५	५५	४	१४	२३	३२	४१	५१	०	९	१८	२८	३७	४६
	२६	९	५०	३१	९	४६	१६	५५	२७	५८	२८	५५	२३	४९	१४	३७	५९	२१	४१	१	१९	३७	५४	१९	२५	३९	५३	७	१९	३२
	२८	२९	२९	२९	२९	२९	२९	३०	३०	३०	३०	३०	३०	३०	३१	३१	३१	३१	३१	३१	३१	३२	३२	३२	३२	३२	३२	३३	३३	३३
कं. ५	५५	४	१४	२३	३२	४१	५०	०	९	१८	२७	३६	४५	५५	४	१३	२२	३१	४१	५०	५९	८	१८	२७	३६	४५	५५	४	१४	२३
	४४	५५	७	१८	२८	३९	४९	०	१०	२१	३२	४२	५३	४	१६	२८	४०	५३	७	२१	३५	५०	६	२३	४१	५९	१८	३९	०	२२

दशम लग्न सारणी

अंश	०	१	२	३	४	५	६	७	८	९	१०	११	१२	१३	१४	१५	१६	१७	१८	१९	२०	२१	२२	२३	२४	२५	२६	२७	२८	२९
	३३	३३	३३	३४	३४	३४	३४	३४	३४	३४	३५	३५	३५	३५	३५	३५	३६	३६	३६	३६	३६	३६	३७	३७	३७	३७	३७	३७	३८	३८
तु. ६	३२	४२	५१	१	१०	२०	२९	३९	४८	५८	७	१७	२७	३६	४६	५६	६	१५	२५	३५	४५	५५	५	१५	२५	३५	४५	५५	५	१५
	४६	११	३६	४	३२	२	३३	५	४४	१४	५१	२९	१०	५१	३४	१९	५	५३	४३	३५	३०	२३	२०	१९	२१	२६	२६	२९	३९	४९
	३८	३८	३८	३८	३९	३९	३९	३९	३९	३९	४०	४०	४०	४०	४०	४१	४१	४१	४१	४१	४१	४२	४२	४२	४२	४२	४३	४३	४३	४३
बृ. ७	२६	३६	४६	५६	७	१७	२७	३८	४८	५९	९	२०	३०	४१	५१	२	१२	२३	३४	४४	५५	६	१७	२७	३८	४९	०	११	२२	३२
	०	१३	२८	४३	४	२४	४७	१०	३५	२	३१	२	३४	७	४२	१९	५७	३६	१६	५८	४२	२६	११	५७	४५	४३	२२	१४	३	५४
	४३	४३	४४	४४	४४	४४	४४	४५	४५	४५	४५	४५	४५	४६	४६	४६	४६	४६	४६	४७	४७	४७	४७	४७	४८	४८	४८	४८	४८	४८
धं. ८	४३	५४	५	१६	२७	३८	४९	०	१०	२१	३२	४३	५४	५	१६	२७	३७	४८	५९	१०	२१	३२	४२	५३	४	१५	२५	३६	४७	५७
	४६	३८	३१	२५	१८	१२	६	०	५४	४८	४१	३५	२८	२२	१४	६	५७	४८	३८	२७	१५	३	४९	३४	१७	२	४३	२४	३	४१
	४९	४९	४९	४९	४९	५०	५०	५०	५०	५०	५०	५१	५१	५१	५१	५१	५१	५२	५२	५२	५२	५२	५२	५३	५३	५३	५३	५३	५३	५४
म. ९	८	१८	२९	३९	५०	०	११	२१	३२	४२	५२	३	१३	२३	३३	४४	५४	४	१४	२४	३४	४४	५४	४	१४	२४	३४	४४	५३	३
	१८	५३	२६	५८	२९	५७	२४	४९	१३	३६	५६	१७	३१	४६	५९	११	२०	२८	३४	३८	४१	४१	३९	३७	२९	२५	१७	७	५५	४१
	५४	५४	५४	५४	५४	५५	५५	५५	५५	५५	५५	५५	५६	५६	५६	५६	५६	५६	५७	५७	५७	५७	५७	५७	५८	५८	५८	५८	५८	५८
कुं. १०	१३	२३	३२	४२	५२	१	११	२०	३०	३९	४९	५८	८	१७	२७	३६	४५	५५	४	१४	२३	३२	४१	५१	०	९	१८	२८	३७	४६
	२६	९	५०	३०	९	४६	१६	५५	२७	५८	२८	५६	२३	४९	१४	३७	५९	२१	४१	१	१९	३७	५४	१०	२५	३९	५३	६	१९	३२
	५८	५९	५९	५९	५९	५९	५९	०	०	०	०	०	०	०	१	१	१	१	१	१	१	२	२	२	२	२	२	३	३	३
मी. ११	५५	४	१४	२३	३२	४१	५०	०	९	१८	२७	३६	४५	५५	४	१३	२२	३१	४१	५०	५९	८	१८	२७	३६	४५	५५	४	१४	२३
	४४	५५	७	१७	२८	३९	४९	०	१०	२१	३२	४२	५३	४	१६	२८	४०	५३	७	२१	३५	५०	६	२३	४१	५९	१८	३९	०	२

सूर्यफल इष्टकाल में जोड़ने से लग्नसारणी द्वारा जो अंक घट्यादि निकलेगा, उसमें से १५ दण्ड घटाकर जो घट्यादि होगा वह दशमसारणी में जिस राश्यंश का फल होगा, वही दशम लग्न होगा।

लग्न से दशमभाव साधन सारणी

अंश	०	१	२	३	४	५	६	७	८	९	१०	११	१२	१३	१४	१५	१६	१७	१८	१९	२०	२१	२२	२३	२४	२५	२६	२७	२८	२९	अंश
मे. ०	८	८	८	८	८	८	८	८	८	९	९	९	९	९	९	९	९	९	९	९	९	९	९	९	९	९	९	९	९	९	मे.०
	२३	२४	२५	२५	२६	२७	२८	२८	२९	०	०	१	२	३	३	४	५	६	६	७	८	९	१०	११	११	१२	१३	१४	१५	१५	
	५६	३७	१८	५९	४०	२१	२	४३	२४	५	४०	२८	१५	५	४३	३६	२३	१०	५७	४४	३१	१८	५	७	४२	३२	२४	२४	६	५६	
	२६	५६	२६	३८	४३	४२	४७	२२	२७	५२	११	५९	२६	३	३८	४९	१०	४६	४६	४८	४०	५१	१	१४	५०	४३	४८	५०	१	४८	
वृ. १	९	९	९	९	९	९	९	९	९	९	९	९	९	९	९	१०	१०	१०	१०	१०	१०	१०	१०	१०	१०	१९	१०	१०	१०	१०	वृ.१
	१६	१७	१८	१९	२०	२१	२१	२२	२३	२४	२५	२६	२७	२८	२९	०	१	२	३	४	५	६	७	८	९	१०	११	१२	१३	१४	
	४३	२३	२९	१९	१०	१	५२	४२	३३	२४	१८	६	८	९	१०	११	१२	१३	१३	१५	१६	१७	१८	१८	२०	२१	२४	२३	३५	४१	
	३९	२१	६	२४	४२	२४	६	५४	४४	३०	१८	२	५४	५४	५४	५४	५४	५४	५४	५४	५४	५४	५४	५४	५४	५४	३४	३०	४०	१७	
मि. २	१०	१०	१०	१०	१०	१०	१०	१०	१०	१०	१०	१०	१०	११	११	११	११	११	११	११	११	११	११	११	११	११	११	११	११	११	मि.२
	१५	१६	१७	१९	२०	२१	२२	२३	२४	२५	२६	२७	२९	०	१	२	४	५	६	७	८	१०	११	१२	१३	१५	१६	१७	१८	२०	
	४६	५२	५७	३	९	१५	२०	२९	३१	२७	४१	५१	५	९	३२	४६	०	१४	२८	४१	५५	९	२३	३७	५१	४	१८	३१	४६	०	
	४८	४२	५८	२	२७	३	३८	१३	५१	२४	२०	२०	१२	८	५३	३७	३८	२४	१०	५५	५५	४०	२९	१७	२	५७	४२	२७	२१	१३	
क. ३	११	११	११	११	११	११	११	११	०	०	०	०	०	०	०	०	०	०	०	०	०	०	०	०	०	०	०	०	०	०	क. ३
	२१	२२	२३	२४	२६	२७	२८	२९	१	२	३	४	६	७	८	९	११	१२	१३	१४	१५	१६	१७	१९	२०	२१	२२	२३	२४	२६	
	१४	१७	४१	५५	९	२३	३६	५०	४	१८	३२	४७	२	१९	३१	४५	०	९	१८	२७	३७	४६	५५	४	१४	२३	३२	४१	५०	०	
	०	४५	३५	२३	१६	२४	४१	२६	५३	१९	७	५१	२२	४१	१५	४२	१३	३५	३९	५२	६	१९	३५	४८	१२	१६	२९	४३	५६	१२	
सिं. ४	०	०	०	१	१	१	१	१	१	१	१	१	१	१	१	१	१	१	१	१	१	१	१	१	१	१	१	१	१	१	सिं.४
	२७	२८	२९	०	१	२	४	५	६	७	८	९	१०	१२	१३	१४	१५	१६	१७	१८	१९	२०	२१	२२	२३	२४	२५	२६	२७	२८	
	९	१८	५७	३७	४६	५५	४	१४	२३	३२	२२	६	२०	३५	४४	३५	४४	१०	१२	१४	१६	१८	२७	३०	३२	३४	३६	३८	४०	५२	
	२५	३९	५२	३	१९	३३	४८	२	१६	३०	५४	३२	५	८	१२	१२	१९	२०	५५	४	८	९	१०	१५	५५	७	२	५	८	१	
क. ५	१	२	२	२	२	२	२	२	२	२	२	२	२	२	२	२	२	२	२	२	२	२	२	२	२	२	२	२	२	२	क.५
	२९	०	१	२	३	४	५	६	७	८	१०	११	१२	१३	१४	१५	१६	१७	१८	१९	२०	२१	२२	२३	२४	२५	२६	२७	२८	२९	
	३८	४१	४३	४५	४७	५०	५२	५४	५९	५९	१	३	५	७	१०	१२	१४	१६	१४	२१	२१	२९	२७	३०	३२	३५	३७	४०	४२	४३	
	२	८	८	१२	१	०	५	८	३	०	१३	२१	३५	५२	८	१	०	७	१४	२२	३०	३२	१	५	८	९	७	२५	५०	५९	

लग्न से दशमभाव साधन सारणी

अंश	०	१	२	३	४	५	६	७	८	९	१०	११	२२	१३	१४
तु. ६	३ ० ४५ ७	३ १ ४ ५	३ २ ५० ८	३ ३ ५२ १३	३ ४ ५४ १५	३ ५ ५९ १९	३ ६ ५९ २२	३ ८ १ २	३ ९ २ ५	३ १० ५ १४	३ ११ ८ ३८	३ १२ १५ ५५	३ १३ २३ १७	३ १४ ३४ १२	३ १५ ४२ ३
वृ. ७	४ ४ १० ७	४ ५ १९ ५	४ ६ २९ ३	४ ७ ३८ २	४ ८ ४३ ०	४ ९ ५३ १	४ ११ ३ ५	४ १२ २० १३	४ १३ ३५ २५	४ १४ ४९ ३५	४ १६ ४ ४५	४ १७ १६ ८	४ १८ ३० ३	४ १९ ४४ १०	४ २० ५८ १
ध. ८	५ १० ३९ १४	५ ११ ५३ १	५ १३ ६ ५	५ १४ २० ३	५ १५ ३४ १५	५ १६ ४८ २२	५ १८ २ ११	५ १९ १५ ३	५ २० २९ २९	५ २१ ४३ १०	५ २२ ५७ १५	५ २४ ११ २५	५ २५ १४ ४८	५ २६ १९ ३७	५ २७ २७ ३७
म. ९	६ १४ ३८ १	६ १५ ३९ २	६ १६ ४० ५	६ १७ ४१ २	६ १८ ४२ १	६ १९ ४३ ०	६ २० ४४ ३	६ २१ ४५ १	६ २२ ४६ ५०	६ २३ ४७ २२	६ २४ ४८ ११	६ २५ ४९ ८	६ २६ ५० १५	६ २७ ५२ ३	६ २८ १० ३२
कुं.१०	७ ११ ४० ५१	७ १२ ५ ३२	७ १३ २२ ३३	७ १४ ९ ३३	७ १४ ५६ ३०	७ १५ ४३ २२	७ १६ ३० ७	७ १७ २१ ५	७ १८ १४ ९	७ १८ ५१ १०	७ १९ ३८ ५२	७ २० २४ ८	७ २१ ५ ३	७ २१ ४६ १५	७ २२ ३८ २७
मी.११	८ ३ २४ ३९	८ ४ ५ १२	८ ४ ४९ ५	८ ५ २८ ३	८ ६ ९ ०	८ ६ ५० ८	८ ७ ३२ २	८ ८ १२ ६	८ ९ ३ ७	८ ९ ३४ ५	८ १० १५ ३	८ १० ५६ ४५	८ ११ २७ ४७	८ १२ १३ ३६	८ १२ ५९ २६

अंश	१५	१६	१७	१८	१९	२०	२१	२२	२३	२४	२५	२६	२७	२८	२९	अंश
तु. ६	३ १६ ५० ०	३ १८ १ १	३ १९ १० ८	३ २० ५९ १५	३ २१ २८ २८	३ २२ ३८ ८	३ २३ ४८ ९	३ २४ ५६ ३५	३ २६ ९ ४२	३ २७ १५ ५६	३ २८ २४ २	३ २९ ३३ ८	४ ० ४२ ३	४ १ ५२ ३	४ ३ १ ७	तु. ६
वृ. ७	४ २२ १२ २	४ २३ २५ ५	४ २४ ३८ ३	४ २५ ५५ ५७	४ २७ ७ १२	४ २८ १९ २५	४ २९ ३४ १८	५ ० ४८ २१	५ २ २ ७	५ ३ १६ ४	५ ४ ३० ५	५ ५ ४३ ३	५ ६ ५३ १	५ ८ ११ १५	५ ९ २५ ०	वृ. ७
ध. ८	५ २८ ३० ३७	५ २९ ३० ४२	६ ० ४२ ३	६ १ ४७ ४	६ २ ५३ ५	६ ३ ५८ ३	६ ५ ४ १५	६ ६ १० १२	६ ७ १५ २०	६ ८ १२ ३०	६ ९ २६ ५	६ १० ३२ ८	६ ११ ३४ ३	६ १२ ३६ ४५	६ १३ ४० ०	ध. ८
म. ९	६ २९ १ ४०	७ ० १ ४५	७ ० ५२ ५०	७ १ ४३ ७	७ २ ३३ ३	७ ३ २४ ४	७ ४ १५ ९	७ ५ ६ १३	७ ५ ५७ २१	७ ६ ४६ २७	७ ७ ३८ ३५	७ ८ २९ ४०	७ ९ २० ४५	७ १० १० ५०	७ ११ ७ ५०	म. ९
कुं.१०	७ २३ ३९ ३७	७ २४ १६ ४८	७ २४ ५९ ५९	७ २५ १२ १	७ २५ ५६ २	७ २६ ३४ ३	७ २७ १५ ६	७ २७ ५६ ८	७ २८ ३७ १०	७ २९ १८ १२	७ २९ ५९ ५	८ ० ४० ३०	८ १ २१ १५	८ २ ३० १६	८ २ ३ ४	कुं. १०
मी.११	८ १३ ४० १२	८ १४ २० ४२	८ १५ ० ३५	८ १५ ३५ १	८ १६ २४ २	८ १७ ५ ८	८ १७ ४६ ५	८ १८ २८ ७	८ १९ ९ ३	८ १९ ५७ ५३	८ २० ३१ ५९	८ २१ १२ १	८ २१ ५३ ५	८ २२ ३४ ३	८ २३ १५ ४	मी. ११

उदाहरण १—पश्चिमनतकाल ७।१९ सूर्य ०।१० इस सूर्य के राशि, अंशों को दशमसारणी में देखा तो शून्य राशि और दश अंश के सामने का फल ५।७।५१ मिला। पश्चिमनंत होने के कारण इसे इष्टकाल स्वरूप नत में जोड़ा—५।७।५१ + ७।१९।० नत-इष्टकाल = १२।२६।५१ इसे पुनः दशमसारणी में देखा तो इस संख्या के लगभग १ राशि २३ अंश का फल मिला, अतः दशम भाव १।२३ हुआ।

उदाहरण २—इष्टकाल १०।१५, दिनमान ३२।६, दिनार्ध १६।३, सूर्य ०।१० है। यहाँ इष्टकाल में से दिनार्ध घटाना है, लेकिन इष्टकाल कम होने के कारण दिनार्ध घटता नहीं है, अतः ६० जोड़कर घटाया— ६० + (१०।१५) = ७०।१५ योगफल में से १६।३ दिनार्ध घटाया = ५४।१२ दशम साधन का इष्टकाल। पूर्ववत् सूर्य के राश्यादि को दशमसारणी में देखा तो फल ५।७।५१ मिला। ५।७।५१ आगतफल में ५४।१२।० इष्टकाल को जोड़ा = ५९।१९।५१ इसे दशमसारणी में देखा तो ११।२ आया, यही दशम भाव हुआ।

उदाहरण ३—लग्नमान ४।२३।२५।२७ है। इसके राशि अंशों को 'लग्न से दशम भाव साधनसारणी' में देखा तो ४ राशि के सामने और २३ अंश के नीचे १।२२।३०।१५ फल प्राप्त हुआ, यही दशम भाव हुआ।

अन्य भाव साधन करने की प्रक्रिया—दशम भाव की राशि में छह जोड़ने से चतुर्थ भाव आता है। चतुर्थ भाव में से लग्न को घटाने से जो शेष आये उसमें छह का भाग देकर लब्ध को लग्न में जोड़ने से लग्न की सन्धि; लग्न की सन्धि में इस षष्ठांश को जोड़ने से द्वितीय भाव; द्वितीय भाव में इस षष्ठांश को जोड़ने से धनभाव की सन्धि; इस सन्धि में षष्ठांश को जोड़ने से तृतीय—सहजभाव; सहजभाव में षष्ठांश जोड़ने से तृतीय भाव की सन्धि और इस सन्धि में षष्ठांश जोड़ने से चतुर्थभाव होता है।

३० अंश में से इस षष्ठांश को घटाकर शेष को चतुर्थ भाव—सुहृद्भाव में जोड़ने से चतुर्थ की सन्धि; इस सन्धि में उसी शेष को जोड़ने से पंचम भाव—पुत्रभाव; पुत्रभाव में इसी शेष को जोड़ने से षष्ठ—रिपुभाव और इस षष्ठ भाव में इसी शेष को जोड़ने से रिपुभाव की सन्धि होती है।

लग्न में छह राशि जोड़ने से सप्तम भाव, लग्नसन्धि में छह राशि जोड़ने से सप्तम भाव की सन्धि, द्वितीय भाव में छह राशि जोड़ने से अष्टम भाव, द्वितीय भाव की सन्धि में छह राशि जोड़ने से अष्टम भाव की सन्धि, तृतीय भाव में छह राशि जोड़ने से नवम भाव, तृतीय भाव की सन्धि में छह राशि जोड़ने से नवम भाव की सन्धि, चतुर्थ भाव में छह राशि जोड़ने से दशम भाव, चतुर्थ भाव की सन्धि में छह राशि जोड़ने से दशम भाव की सन्धि, पंचम भाव में छह राशि जोड़ने से एकादश भाव, पंचम भाव की सन्धि में छह राशि जोड़ने से एकादश भाव की सन्धि, षष्ठ भाव में छह राशि जोड़ने से द्वादश भाव और षष्ठ भाव की सन्धि में छह राशि जोड़ने से द्वादश भाव की सन्धि होती है।

उदाहरण—१।२२।५०।५८ दशम भाव + ६।०।०।० = ७।२२।५०।५८ चतुर्थ भाव। इसमें से ४।२३।२५।२७ लग्न को घटाया = २।२९।२५।३१ ÷ ६=०।१४।५४।१५ षष्ठांश।

४।२३।२५।२७ लग्न में
०।१४।५४।१५ षष्ठांश जोड़ा

५। ८।१९।४२ लग्न की सन्धि
०।१४।५४।१५ षष्ठांश जोड़ा

५।२३।१३।५७ द्वितीय भाव
०।१४।५४।१५ षष्ठांश जोड़ा

६। ८। ८।१२ द्वितीय भाव की सन्धि
०।१४।५४।१५ षष्ठांश जोड़ा

६।२३। २।२७ तृतीय भाव
०।१४।५४।१५ षष्ठांश जोड़ा

७। ७।५६।४२ तृतीय भाव की सन्धि
०।१४।५४।१५ षष्ठांश जोड़ा

७।२२।५०।५७ चतुर्थ भाव

३० अंश में से ०।१४।५४।१५ षष्ठांश को घटाया = ०।१५।५।४५ शेष।

७।२२।५०।५७ चतुर्थ भाव
०।१५। ५।४५ शेष को जोड़ा

८। ७।५६।४२ चतुर्थ भाव की सन्धि
०।१५। ५।४५ शेष को जोड़ा

८।२३। २।२७ पंचम भाव
०।१५। ५।४५ शेष को जोड़ा

९। ८। ८।१२ पंचम भाव की सन्धि
०।१५। ५।४५ शेष को जोड़ा

९।२३। १३।५७ षष्ठ भाव
०।१५। ५।४५ शेष को जोड़ा

१०। ८।१९।४२ षष्ठ भाव की सन्धि
०।१५। ५।४५ शेष को जोड़ा

१०।२३।२५।२७ सप्तम भाव

लग्न सन्धि ५।८।१९।४२ + ६ राशि = ११।८।१९।४२ सप्तम भाव की सन्धि

द्वितीय भाव ५।२३।१३।५७ + ६ राशि = ११।२३।१३।५७ अष्टम भाव

द्वितीय भाव की सन्धि ६।८।८।१२ + ६ राशि = १२।८।८।१२ अष्टम भाव की सन्धि

तृतीय भाव ६।२३।२।२७ + ६ राशि = १२।२३।२।२७ नवम भाव

तृतीय भाव की सन्धि ७।७।५६।४२ + ६ राशि = १।७।५६।४२ नवम भाव की सन्धि

चतुर्थ भाव ७।२२।५०।५७ + ६ राशि = १।२२।५०।५७ दशम भाव

चतुर्थ भाव की सन्धि ८।७।५६।४२ + ६ राशि = २।७।५६।४२ दशम भाव की सन्धि

पंचम भाव ८।२३।२।२७ + ६ राशि = २।२३।२।२७ एकादश भाव

पंचम भाव की सन्धि ९।८।८।१२ + ६ राशि = ३।८।८।१२ एकादश भाव की सन्धि
षष्ठ भाव ९।२३।१३।५७ + ६ राशि = ३।२३।१३।५७ द्वादश भाव
षष्ठ भाव की सन्धि १०।८।१९।४२ + ६ राशि = ४।८।१९।४२ द्वादश भाव की सन्धि

द्वादश भावों के नाम—तनु, धन, सहज, सुहृद, पुत्र, रिपु, स्त्री, आयु, धर्म, कर्म, आय और व्यय ये क्रमशः बारह भावों के नाम हैं। द्वादश भाव स्पष्ट चक्र लिखते समय प्रत्येक भाव के अनन्तर उसके सन्धि मान को रखते हैं।

द्वादश भाव स्पष्ट चक्र

तनु	संधि	धन	संधि	सहज	संधि	सुहृद्	संधि	पुत्र	संधि	रिपु	संधि
४	५	५	६	६	७	७	८	८	९	९	१०
२३	८	२३	८	२३	७	२२	७	२३	८	२३	८
२५	१९	१३	८	२	५६	५०	५६	२	८	१३	१९
२७	४२	५७	१२	२७	४२	५७	४२	२७	१२	५७	४२
स्त्री	**संधि**	**आयु**	**संधि**	**धर्म**	**संधि**	**कर्म**	**संधि**	**आय**	**संधि**	**व्यय**	**संधि**
१०	११	११	१२	१२	१	१	२	२	३	३	४
२३	८	२३	८	२३	७	२२	७	२३	८	२३	८
२५	१९	१३	८	२	५६	५०	५६	२	८	१३	१९
२७	४२	५७	१२	२७	४२	५७	४२	२७	१२	५७	४२

चलित चक्र ज्ञात करने का नियम—चलित चक्र ज्ञात करने के लिए ग्रहस्पष्ट और भावस्पष्ट के साथ तुलनात्मक विचार करना चाहिए। यदि ग्रह के राश्यादि भाव राश्यादि के तुल्य हों तो वह ग्रह उस भाव में और उसके राश्यादि भाव सन्धि के राश्यादि के समान हों अथवा भाव के राश्यादि से आगे और भाव सन्धि के राश्यादि से पीछे हों तो भाव सन्धि में एवं आगेवाले या पीछेवाले भाव के राश्यादि के समान हों तो आगे या पीछे के भाव में ग्रह को समझना चाहिए।[1]

१. वदन्ति भावैक्यदलं हि सन्धिस्तत्र स्थितं स्यादबलो ग्रहेन्द्रः।
ऊनेषु सन्धेर्गतभावजातमागामिजं चात्यधिकं करोति ॥
भावेशतुल्यं खलु वर्तमानो भावो हि सम्पूर्णफलं विधत्ते।
भावोनके चाप्यधिके च खेटे त्रिराशिके नामफलं प्रकल्प्यम् ॥
भावप्रवृत्तौ हि फलप्रवृत्तिः पूर्णं फलं भावसमांशकेषु।
ह्रासः क्रमाद्भावविरामकाले फलस्य नाशः कथितो मुनीन्द्रैः ॥

दो भावों के योगार्ध को सन्धि कहते हैं, सन्धि में स्थित ग्रह निर्बल होता है। ग्रह सन्धि से हीन हो तो पूर्व भाव के फल को देता है और सन्धि से अधिक हो तो आगामी भावोत्पन्न फल को उत्पन्न करता है। भावेशतुल्य वर्तमान भाव ही अपना पूर्ण फल देता है। भाव से हीन या अधिक होने से फल न्यूनाधिक होता है। ग्रहों के भाव की प्रवृत्ति से ही फल की निष्पत्ति होती है और भावेश के तुल्य ग्रह पूर्ण फल देता है। हीनाधिक होने से फल में ह्रास या वृद्धि होती जाती है।

ताजिकनीलकण्ठी के मतानुसार दोनों सन्धियों के मध्यभाग में विद्यमान ग्रह बीचवाले भाव का फल देता है।

चलित चक्र की जन्मपत्री में अत्यावश्यकता रहती है। चलित के बिना ग्रहों के स्थान का ठीक ज्ञान नहीं हो सकता है।

प्रस्तुत उदाहरण का चलित चक्र ज्ञात करने के लिए सर्वप्रथम सूर्य के साथ विचार किया। स्पष्ट ग्रह चक्र में सूर्य ०।१०।७।३४ आया है। और भाव स्पष्ट में अष्टम-आयु भाव की सन्धि १२।८।८।१२ है, सूर्य के अंश सन्धि के अंशों से आगे हैं अतः सूर्य नवम-धर्म भाव में माना जायेगा। चन्द्रमा १।०।२६।४७ है, धर्मभाव १२।२३।२।२७ और इसकी सन्धि १।७।५६।४२ है, अतएव यहाँ चन्द्रमा नवम भाव की सन्धि में माना जायेगा। मंगल २।२१।५२।४५ है, आयभाव २।७।५६।४२ से २।२३।२।२७ तक है अतः मंगल आयभाव में, इसी प्रकार बुध नवम में, गुरु व्ययभाव की सन्धि में, शुक्र अष्टम में, शनि दशम भाव की सन्धि में, राहु व्ययभाव में एवं केतु रिपुभाव में माना जायेगा।

दशवर्ग विचार

ग्रहों के बलाबल का ज्ञान करने के लिए दशवर्ग का साधन किया जाता है। दशवर्ग में ग्रह, होरा, द्रेष्काण, सप्तांश, नवांश, दशांश, द्वादशांश, षोडशांश, त्रिंशांश और षष्ट्यंश परिगणित किये गये हैं।

गृह–जो ग्रह जिस राशि का स्वामी होता है, वह राशि उस ग्रह का गृह कहलाती है। राशियों के स्वामी निम्न प्रकार हैं :

मेष, वृश्चिक का मंगल; वृष, तुला का शुक्र; मिथुन, कन्या का बुध; कर्क का चन्द्रमा; धनु, मीन का गुरु; सिंह का सूर्य एवं मकर, कुम्भ का स्वामी शनि होता है।

होरा–१५ अंश का एक होरा होता है, इस प्रकार एक राशि में दो होरा होते हैं। विषम राशि–मेष, मिथुन आदि में १५ अंश तक सूर्य का होरा और १६ अंश से ३० अंश तक चन्द्रमा का होरा होता है। समराशि–वृष, कर्क आदि में १५ अंश तक चन्द्रमा का होरा और १६ अंश से ३० अंश तक सूर्य का होरा होता है। जन्मपत्री में होरा लिखने के लिए पहले लग्न में देखना होगा कि किस ग्रह का होरा है; यदि सूर्य का होरा हो तो होरा-कुण्डली की ५ लग्नराशि और चन्द्रमा का होरा हो तो होरा-कुण्डली की ४ लग्नराशि होती है। होरा-कुण्डली में ग्रहों के स्थान के लिए ग्रहस्पष्ट के राश्यादि से विचार करना चाहिए। नीचे होराज्ञान के लिए होराचक्र दिया जाता है, इनमें सूर्य और चन्द्रमा के स्थान पर उनकी राशियाँ दी गयी हैं।

होरा चक्र

अंश	मेष	वृष	मिथुन	कर्क	सिंह	कन्या	तुला	वृश्चिक	धनु	मकर	कुंभ	मीन
१५	५	४	५	४	५	४	५	४	५	४	५	४
३०	४	५	४	५	४	५	४	५	४	५	४	५

उदाहरण–लग्न ४।२३।२५।२७ अर्थात् सिंह राशि के २३ अंश २५ कला २७ विकला पर है। सिंह राशि के १५ अंश तक सूर्य का होरा, १६ अंश के आगे ३० अंश तक चन्द्रमा

का होरा होता है। अतः यहाँ चन्द्रमा का होरा हुआ और होरालग्न ४ माना जायेगा।

ग्रह स्थापित करने के लिए स्पष्ट ग्रहों पर विचार करना है। पूर्व में स्पष्ट सूर्य ०।१०।७।३४ अर्थात् मेष राशि का १० अंश ७ कला ३४ विकला है। मेष राशि में १५ अंश तक सूर्य का होरा होता है, अतः सूर्य अपने होरा-५ में हुआ। चन्द्रमा का स्पष्ट मान १।०।२६।४७-वृष राशि का ० अंश २६ कला ४७ विकला है; वृष राशि में १५ अंश तक चन्द्रमा का होरा होता है। अतएव चन्द्रमा अपने होरा-४ में हुआ। मंगल का स्पष्ट मान २।२१।५२।४५-मिथुन राशि का २१ अंश ५२ कला ४५ विकला है। मिथुन राशि में १६ अंश से ३० अंश तक चन्द्रमा का होरा होता है अतः मंगल चन्द्रमा के होरा-४ में हुआ। बुध ०।२३।२१।३१-मेष राशि का २३ अंश २१ कला ३१ विकला है। मेष राशि में १६ अंश से चन्द्रमा का होरा होता है अतः बुध चन्द्रमा के होरा-४ में हुआ। इसी प्रकार बृहस्पति सूर्य के होरा-५ में, शुक्र सूर्य के होरा-५ में, शनि सूर्य के होरा-५ में, राहु चन्द्रमा के होरा-४ में और केतु चन्द्रमा के होरा-४ में आया।

होरा कुण्डली चक्र

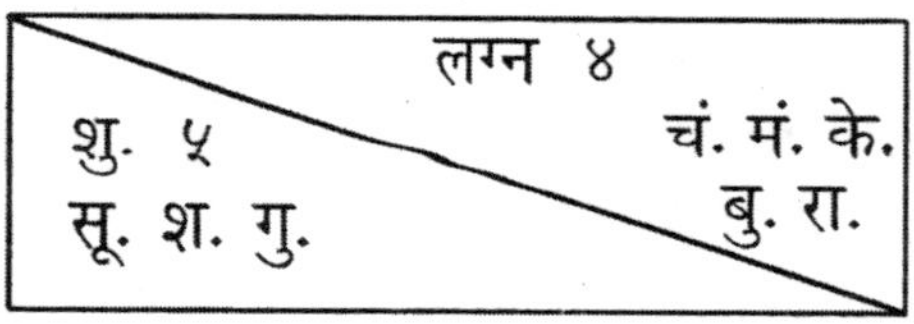

द्रेष्काण—१० अंश का एक द्रेष्कोण होता है, इस प्रकार एक राशि में तीन द्रेष्काण-१ से १० अंश तक प्रथम द्रेष्काण, ११ से २० अंश तक द्वितीय द्रेष्काण और २१ से ३० अंश तक तृतीय द्रेष्काण समझना चाहिए।

जिस किसी राशि के प्रथम द्रेष्काण में ग्रह हो तो उसी राशि का, द्वितीय द्रेष्काण में उस राशि से पंचम राशि का और तृतीय द्रेष्काण में उस राशि से नवम राशि का द्रेष्काण होता है। सरलता से समझने के लिए द्रेष्काण चक्र नीचे दिया जाता है :

द्रेष्काण चक्र

मेष	वृष	मिथुन	कर्क	सिंह	कन्या	तुला	वृश्चिक	धनु	मकर	कुंभ	मीन	अंश
१	२	३	४	५	६	७	८	९	१०	११	१२	१०
५	६	७	८	९	१०	११	१२	१	२	३	४	२०
९	१०	११	१२	१	२	३	४	५	६	७	८	३०

जन्मपत्री में द्रेष्काण कुण्डली बनाने की प्रक्रिया यह है कि लग्न जिस द्रेष्काण में हो, वही द्रेष्काण कुण्डली की लग्नराशि होगी, ग्रहस्थापन करने के लिए स्पष्ट मान के अनुसार प्रत्येक ग्रह का पृथक्-पृथक् द्रेष्काण निकालकर प्रत्येक ग्रह को उसकी द्रेष्काण राशि में स्थापित करना चाहिए।

उदाहरण—लग्न ४।२३।२५।२७ अर्थात् सिंह राशि के २३ अंश २५ कला और २७ विकला है। यह लग्न सिंह राशि के तृतीय द्रेष्काण—मेष राशि की हुई। अतएव द्रेष्काण कुण्डली का लग्न मेष होगा।

ग्रहों के विचार के लिए प्रत्येक ग्रह का स्पष्ट मान लिया तो सूर्य ०।१०।७।३४—मेष राशि का १० अंश ७ कला और ३४ विकला है। मेष में १० अंश बीत जाने के कारण सूर्य मेष के द्वितीय द्रेष्काण—सिंह राशि का माना जायेगा। चन्द्रमा १।०।२६।४७—वृष राशि का ० अंश २६ कला ४७ विकला है। वृष में १० अंश तक प्रथम द्रेष्काण वृष राशि का ही होता है। अतः चन्द्रमा वृष राशि में लिखा जायेगा। मंगल २।२१।५२।४५—मिथुन राशि का २१ अंश ५२ कला और ४५ विकला है। मिथुन राशि में २१ अंश से तृतीय द्रेष्काण का प्रारम्भ होता है, अतः मंगल मिथुन के तृतीय द्रेष्काण कुम्भ में लिखा जायेगा। इसी प्रकार बुध धनु राशि का, गुरु मीन राशि का, शुक्र वृश्चिक राशि का, शनि मिथुन राशि का, राहु कर्क राशि का और केतु मकर राशि का माना जायेगा।

द्रेष्काण-कुण्डली चक्र

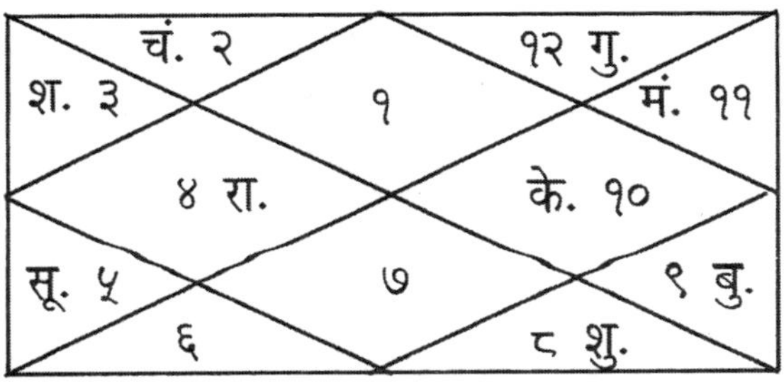

सप्तांश या सप्तमांश—एक राशि में ३० अंश होते हैं। इन अंशों में ७ का भाग देने से ४ अंश १७ कला ८ विकला का सप्तमांश होता है।

लग्न और ग्रहों के सप्तमांश निकालने के लिए समराशि में उस राशि की सप्तम राशि से और विषम राशि में उसी राशि से सप्तमांश की गणना की जाती है।

सप्तमांश बोधक चक्र

अंश कलादि			मे.	वृ.	मि.	क.	सिं.	क.	तु.	वृ.	ध.	म.	कुं.	मी.
४	१७	८	१	८	३	१०	५	१२	७	२	९	४	११	६
८	३४	१७	२	९	४	११	६	१	८	३	१०	५	१२	७
१२	५१	२५	३	१०	५	१२	७	२	९	४	११	६	१	८
१७	८	३४	४	११	६	१	८	३	१०	५	१२	७	२	९
२१	२५	४२	५	१२	७	२	९	४	११	६	१	८	३	१०
२५	४२	५१	६	१	८	३	१०	५	१२	७	२	९	४	११
३०	०	०	७	२	९	४	११	६	१	८	३	१०	५	१२

उदाहरण—लग्न ४।२३।२५।२७—सिंह राशि के २३ अंश २५ कला २७ विकला है। सिंह राशि में २१ अंश २५ कला ४२ विकला तक का पाँचवाँ सप्तांश होता है, पर हमारी अभीष्ट लग्न इससे आगे है अतः छठा सप्तांश कुम्भ राशि माना जायेगा। इसलिए सप्तांश कुण्डली की लग्न मकर होगी।

ग्रह स्थापन के लिए प्रत्येक ग्रह के स्पष्ट मान से विचार करना चाहिए। सूर्य ०।१०।७।३४ है, मेष राशि में ८ अंश ३४ कला १७ विकला तक द्वितीय सप्तांश होता है और इससे आगे १२ अंश ५१ कला २५ विकला तक तृतीय सप्तांश होता है। सूर्य यहाँ पर तृतीय सप्तांश-मिथुन राशि का हुआ। चन्द्रमा १।०।२६।४७—वृष राशि के ० अंश २६ कला और ४७ विकला का है और वृष राशि का प्रथम सप्तांश ४ अंश १७ कला ८ विकला तक है अतः चन्द्रमा वृष का प्रथम सप्तांश वृश्चिक का हुआ। इस प्रकार मंगल की सप्तांश राशि वृश्चिक, बुध की कन्या, गुरु की मिथुन, शुक्र की कुम्भ, शनि की कर्क, राहु की मीन और केतु की कन्या सप्तांश राशि हुई।

सप्तमांश कुण्डली चक्र

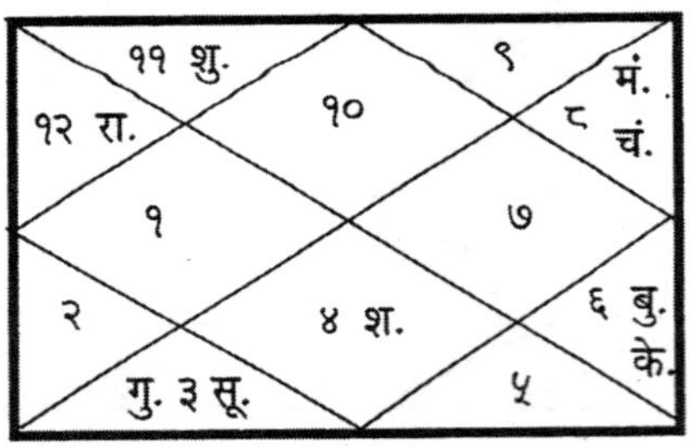

नवांश या नवमांश—एक राशि के नौवें भाग को नवमांश या नवांश कहते हैं, यह ३ अंश २० कला का होता है। तात्पर्य यह है कि एक राशि में नौ राशियों के नवांश होते हैं, लेकिन बात जानने की यह रह जाती है कि ये नौ नवांश प्रति राशि में किन-किन राशियों के होते हैं। इसका नियम यह है कि मेष में पहला नवांश मेष का, दूसरा वृष का, तीसरा मिथुन का, चौथा कर्क का, पाँचवाँ सिंह का, छठा कन्या का, सातवाँ तुला का, आठवाँ वृश्चिक का और नौवाँ धनु राशि का होता है। इस नौवें नवांश में मेष राशि की समाप्ति और वृष राशि का प्रारम्भ हो जाता है, अतः वृष राशि में प्रथम नवांश मेष राशि के अन्तिम नवांश से आगे का होगा। इस प्रकार वृष में पहला नवांश मकर का, दूसरा कुम्भ का, तीसरा मीन का, चौथा मेष का, पाँचवाँ वृष का, छठा मिथुन का, सातवाँ कर्क का, आठवाँ सिंह का और नौवाँ कन्या का नवांश होता है। मिथुन राशि में पहला नवांश तुला का, दूसरा वृश्चिक का, तीसरा धनु का, चौथा मकर का, पाँचवाँ कुम्भ का, छठा मीन का, सातवाँ मेष का, आठवाँ वृष का और नौवाँ मिथुन का नवांश होता है। इसी तरह आगे-आगे गिनकर अगली राशियों के नवांश जान लेना चाहिए।

गणित विधि से नवांश निकालने का नियम यह है कि अभीष्ट संख्या में राशि अंक को ९ से गुणा करने पर जो गुणनफल आवे, उसके अंशों में ३।२० का भाग देकर जो नवांश मिले उसे जोड़ देने से नवांश आ जायेगा। लेकिन १२ से अधिक होने पर १२ का भांग देने से जो शेष रहे वही नवांश होगा।

नवमांश बोधक चक्र

मे.	वृ.	मि.	क.	सिं.	क.	तु.	वृ.	ध.	म.	कुं.	मी.	अंश. क.
१	१०	७	४	१	१०	७	४	१	१०	७	४	३।२०
२	११	८	५	२	११	८	५	२	११	८	५	६।४०
३	१२	९	६	३	१२	९	६	३	१२	९	६	१०।०
४	१	१०	७	४	१	१०	७	४	१	१०	७	१३।२०
५	२	११	८	५	२	११	८	५	२	११	८	१६।४०
६	३	१२	९	६	३	१२	९	६	३	१२	९	२०।०
७	४	१	१०	७	४	१	१०	७	४	१	१०	२३।२०
८	५	२	११	८	५	२	११	८	५	२	११	२६।४०
९	६	३	१२	९	६	३	१२	९	६	३	१२	३०।०

नवांश कुण्डली बनाने की विधि—लग्न स्पष्ट जिस नवांश में आया हो वही नवांश कुण्डली का लग्न माना जायेगा और ग्रहस्पष्ट द्वारा ग्रहों का ज्ञान कर जिस नवांश का जो ग्रह हो, उस ग्रह को राशि में स्थापन करने से जो कुण्डली बनेगी, वही नवांश कुण्डली होगी।

उदाहरण—लग्न ४।२३।२५।२७ है। इसे **'नवमांश बोधक चक्र'** में देखने से सिंह का आठवाँ नवांश हुआ अतएव नवांश कुण्डली की लग्न राशि वृश्चिक मानी जायेगी, क्योंकि सिंह के आठवें नवमांश की राशि वृश्चिक है।

नवमांश कुण्डली

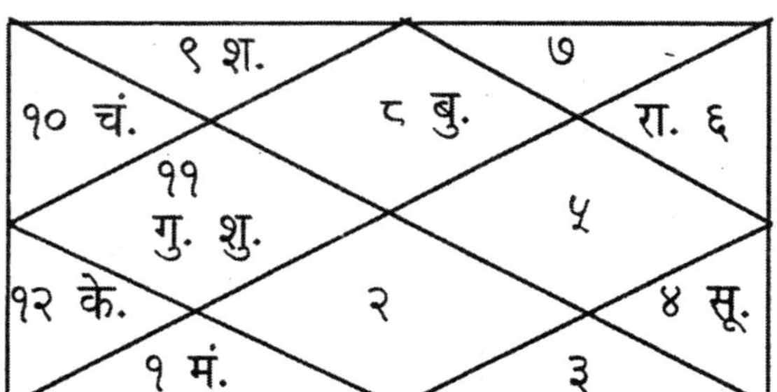

ग्रहों के स्थापन के लिए विचार किया तो सूर्य ०।१०।७।३४ है, इसे नवांश बोधक चक्र में देखा तो यह मेष के राशि का हुआ अतः कर्क में सूर्य को रखा जायेगा। चन्द्रमा

१।०।२६।४७ है, चक्र में देखने से यह वृष के प्रथम नवांश मकर राशि का होगा। इसी प्रकार मंगल मेष का, बुध वृश्चिक का, गुरु कुम्भ का, शुक्र कुम्भ का, शनि धनु का, राहु कन्या का और केतु मीन राशि का लिखा जायेगा।

चर राशि का पहला नवांश, स्थिर राशि का पाँचवाँ और द्विस्वभाव राशि का अन्तिम वर्गोत्तम नवांश कहलाते हैं।

दशमांश विचार—एक राशि में दश दशमांश होते हैं, अर्थात् ३ अंश का एक दशमांश होता है। विषम राशि में उसी राशि से और सम राशि में नवम राशि से दशमांश की गणना की जाती है। दशमांश कुण्डली बनाने का नियम यह है कि लग्न-स्पष्ट जिस दशमांश में हो, वही दशमांश कुण्डली का लग्न माना जायेगा और ग्रहस्पष्ट द्वारा ग्रहों को ज्ञात कर जिस दशमांश का जो ग्रह हो उस ग्रह को उस राशि में स्थापन करने से जो कुण्डली बनेगी, वही दशमांश कुण्डली होगी।

दशमांश का स्पष्ट बोध करने के लिए नीचे चक्र दिया जाता है।

दशमांश बोधक चक्र

०	१	२	३	४	५	६	७	८	९	१०	११	रा. संख्या
मे.	वृ.	मि.	क.	सिं.	क.	तु.	वृ.	ध.	म.	कुं.	मी.	
१	१०	३	१२	५	२	७	४	९	६	११	८	३।० प्रथम
२	११	४	१	६	३	८	५	१०	७	१२	९	६।० द्वितीय
३	१२	५	२	७	४	९	६	११	८	१	१०	९।० तृतीय
४	१	६	३	८	५	१०	७	१२	९	२	११	१२।० चतुर्थ
५	२	७	४	९	६	११	८	१	१०	३	१२	१५।० पंचम
६	३	८	५	१०	७	१२	९	२	११	४	१	१८।० षष्ठ
७	४	९	६	११	८	१	१०	३	१२	५	२	२१।० सप्तम
८	५	१०	७	१२	९	२	११	४	१	६	३	२४।० अष्टम
९	६	११	८	१	१०	३	१२	५	२	७	४	२७।० नवम
१०	७	१२	९	२	११	४	१	६	३	८	५	३०।० दशम

दशमांश कुण्डली

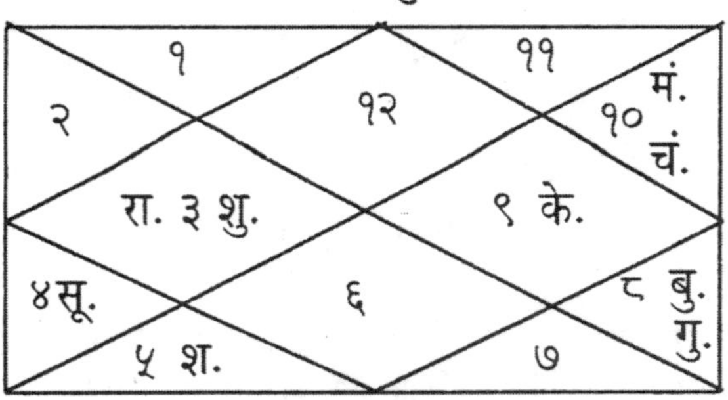

उदाहरण—लग्न ४।२३।२५।२७ है, इसे दशमांश चक्र में देखा तो सिंह में आठवाँ दशमांश मीन राशि का मिला। अतः दशमांश कुण्डली की लग्न राशि मीन होगी। ग्रहों के स्थापन के लिए सूर्य ०।१०।७।३४ का दशमांश मेष का चौथा हुआ अर्थात् सूर्य दशमांश कुण्डली में कर्क राशि में स्थित होगा। इसी प्रकार चन्द्रमा की दशमांश राशि मकर, मंगल की मकर, बुध की वृश्चिक, गुरु की वृश्चिक, शुक्र की मिथुन, शनि की सिंह, राहु की मिथुन और केतु की धनु होगी।

द्वादशांश—एक राशि में १२ द्वादशांश होते हैं अर्थात् राशि के बारहवें भाग $२\frac{१}{२}$ अंश का एक द्वादशांश होता है। द्वादशांश गणना अपनी राशि से ली जाती है। जैसे मेष में मेष से, वृष में वृष से, मिथुन में मिथुन से आदि। तात्पर्य यह है कि जिस राशि में द्वादशांश जानना हो, उसमें पहला द्वादशांश अपना, दूसरा आगेवाली राशि का, इसी प्रकार १२ द्वादशांश उस राशि के होंगे।

द्वादशांश कुण्डली बनाने की विधि—नवांश, दशमांश आदि की कुण्डलियों के समान है—अर्थात् लग्न स्पष्ट में द्वादशांश निकालकर द्वादशांश कुण्डली की लग्न बना लेनी चाहिए, अनन्तर पहले के समान सभी ग्रहों की राश्यादि के द्वादशांश निकालकर ग्रहों को द्वादशांश की राशि में स्थापित कर देना चाहिए।

द्वादशांश बोधक चक्र

० मे.	१ वृ.	२ मि.	३ क.	४ सिं.	५ क.	६ तु.	७ वृ.	८ ध.	९ म.	१० कुं.	११ मी.	अंश	सं.
१	२	३	४	५	६	७	८	९	१०	११	१२	२।३०	१
२	३	४	५	६	७	८	९	१०	११	१२	१	५। ०	२
३	४	५	६	७	८	९	१०	११	१२	१	२	७।३०	३
४	५	६	७	८	९	१०	११	१२	१	२	३	१०। ०	४
५	६	७	८	९	१०	११	१२	१	२	३	४	१२।३०	५
६	७	८	९	१०	११	१२	१	२	३	४	५	१५। ०	६
७	८	९	१०	११	१२	१	२	३	४	५	६	१७।३०	७
८	९	१०	११	१२	१	२	३	४	५	६	७	२०। ०	८
९	१०	११	१२	१	२	३	४	५	६	७	८	२२।३०	९
१०	११	१२	१	२	३	४	५	६	७	८	९	२५।०	१०
११	१२	१	२	३	४	५	६	७	८	९	१०	२७।३०	११
१२	१	२	३	४	५	६	७	८	९	१०	११	३०। ०	१२

उदाहरण—लग्न ४।२३।२५।२७ है, द्वादशांश बोधक चक्र में देखने पर सिंह में दसवाँ द्वादशांश वृष राशि का है; अतः द्वादशांश कुण्डली की लग्न वृष राशि होगी। ग्रह स्थापन पहले के समान किया जायेगा।

द्वादशांश कुण्डली

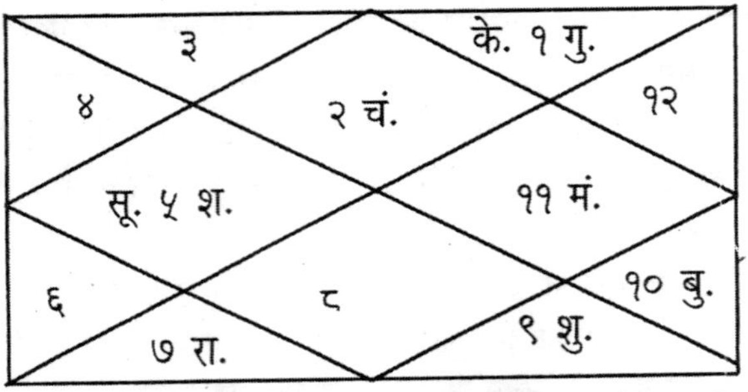

षोडशांश—एक राशि में १६ षोडशांश होते हैं। एक षोडशांश १ अंश ५२ कला ३० विकला का होता है। षोडशांश की गणना चर राशियों में मेषादि से; स्थिर राशियों में सिंहादि से और द्विस्वभाव राशियों में धनु राशि से की जाती है।

षोडशांश कुण्डली के बनाने की विधि यह है कि लग्नस्पष्ट जिस षोडशांश में आया हो, वही षोडशांश कुण्डली का लग्न माना जायेगा और ग्रहों के स्पष्ट के अनुसार ग्रह स्थापित किये जायेंगे।

षोडशांश बोधक चक्र

चर मेष, कर्क, तुला, मकर	**स्थिर** वृष, सिंह, वृश्चिक, कुंभ	**द्विस्वभाव** मिथुन, कन्या, धनु, मीन	अंशादि
१	५	९	१।५२।३०
२	६	१०	३।४५। ०
३	७	११	५।३७।३०
४	८	१२	७।३०। ०
५	९	१	९।२२।३०
६	१०	२	११।१५। ०
७	११	३	१३। ७।३०
८	१२	४	१५। ०। ०
९	१	५	१६।५२।३०
१०	२	६	१८।४५। ०
११	३	७	२०।३७।३०
१२	४	८	२२।३०। ०
१	५	९	२४।२२।३०
२	६	१०	२६।१५। ०
३	७	११	२८। ७।३०
४	८	१२	३०। ०। ०

उदाहरण—लग्न ४।२३।२५।२७ है, लग्न सिंह राशि की होने के कारण स्थिर कहलायेगी। सिंह के २३ अंश २५ कला २७ विकला का १३वाँ षोडशांश होगा, जिसकी राशि

सिंह है। अतः यहाँ षोडशांश कुण्डली की लग्नराशि सिंह होगी। ग्रहों के राश्यादि को भी **'षोडशांश चक्र'** में देखकर षोडशांश राशि में स्थापित कर देना चाहिए।

षोडशांश कुण्डली

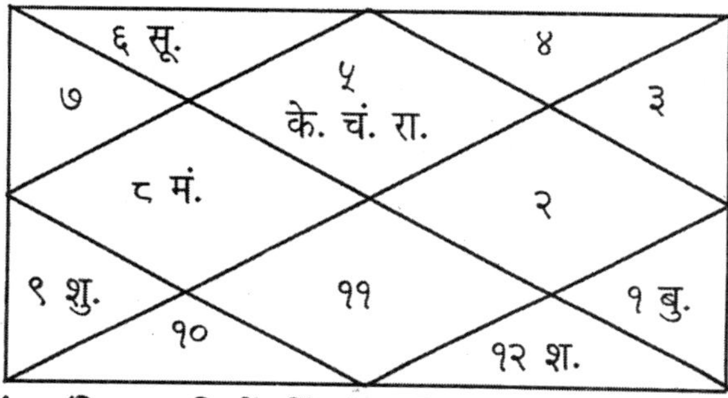

त्रिंशांश (विषम राशियों में)—मेष, मिथुन, सिंह, तुला, धनु और कुम्भ में पहला ५ अंश मंगल का, दूसरा ५ अंश शनि का, तीसरा ८ अंश बृहस्पति का, चौथा ७ अंश बुध का और पाँचवाँ ५ अंश शुक्र का त्रिंशांश होता है। तात्पर्य यह है कि उपर्युक्त विषम राशियों में यदि कोई ग्रह एक से ५ अंश पर्यन्त रहे तो मंगल के त्रिंशांश में कहा जायेगा। छठे से दसवें अंश तक रहे तो शनि के, दसवें से अठारहवें अंश तक रहे तो बृहस्पति के, उन्नीसवें से पच्चीसवें अंश तक रहे तो बुध के और छब्बीसवें से तीसवें अंश तक रहे तो शुक्र के त्रिंशांश में वह ग्रह कहा जायेगा।

विषम राशि का त्रिंशांश चक्र

मेष	मिथुन	सिंह	तुला	धनु	कुम्भ	अंश
१ मं.	१ मं.	१ मं.	१ मं.	१ मं.	१ मं.	१ से ५
११ श.	११ श.	११श.	११ श.	११ श.	११ श.	३ से १०
९ गु.	९ गु.	९ गु.	९ गु.	९ गु.	९ गु.	११ से १८
३ बु.	३ बु.	३ बु.	३ बु.	३ बु.	३ बु.	१९ से २५
७ शु.	७ शु.	७ शु.	७ शु.	७ शु.	७ शु.	२६ से ३०

(सम राशियों में)—वृष, कर्क, कन्या, वृश्चिक, मकर और मीन में पहला ५ अंश तक शुक्र का, दूसरा ७ अंश तक बुध का, तीसरा ८ अंश तक बृहस्पति का, चौथा ५ अंश तक शनि का और पाँचवाँ ५ अंश तक मंगल का त्रिंशांश है।

राशिपद्धति के अनुसार विषम राशियों में ५ अंश तक मेष का, १० अंश तक कुम्भ का, १८ अंश तक धनु का, २५ अंश तक मिथुन का और ३० अंश तक तुला का त्रिंशांश होता है। त्रिंशांश कुण्डली भी पूर्ववत् बनायी जायेगी।

उदाहरण—लग्न ४।२३।२५।२७-सिंह राशि के २३ अंश २५ कला २७ विकला है, यह सिंह राशि के १८ अंश से आगे और २५ अंश के पीछे है अतः मिथुन का त्रिंशांश

कहलायेगा। त्रिंशांश कुण्डली का लग्न मिथुन होगा। सूर्य ०।१०।७।३४-मेष राशि के १० अंश के ७ कला ३४ विकला है। मेष राशि में १० अंश से आगे १८ अंश तक धनु राशि का त्रिंशांश होता है। अतः सूर्य धनु राशि का होगा।

समराशि का त्रिंशांश चक्र

वृष	कर्क	कन्या	वृश्चिक	मकर	मीन	अंश
२ शु.	२ शु.	२ शु.	२ शु.	२ शु.	२ शु.	१ से ५ तक
६ बु.	६ बु.	६ बु.	६ बु.	६ बु.	६ बु.	६ से १२ तक
१२ गु.	१२ गु.	१२ गु.	१२ गु.	१२ गु.	१२ गु.	१३ से २० तक
१० श.	१० श.	१० श.	१० श.	१० श.	१० श.	२१ से २५ तक
८ मं.	८ मं.	८ मं.	८ मं.	८ मं.	८ मं.	२६ से ३० तक

त्रिंशांश कुण्डली

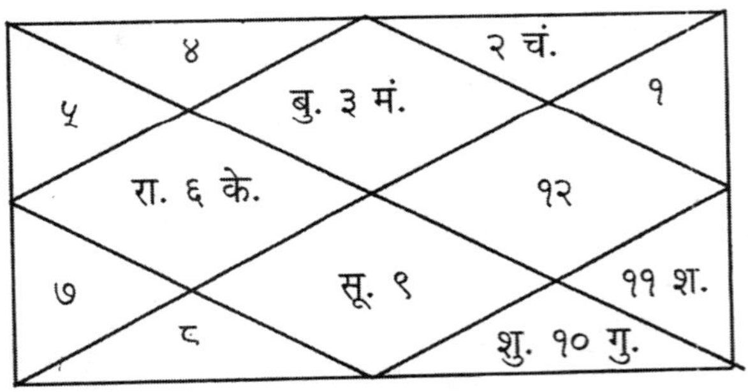

षष्ट्यंश—एक राशि में ६० षष्ट्यंश होते हैं अर्थात् ३० कला का एक षष्ट्यंश होता है।

जिस ग्रह या लग्न का षष्ट्यंश साधन करना हो उस ग्रह की राशि को छोड़कर अंशों की कला बनाकर आगेवाली कलाओं को उसमें जोड़ देना चाहिए। इन योगफलवाली कलाओं में ३० का भाग देने से जो लब्धि आवे, उसमें एक और जोड़ दें। इस योगफल को आगे दिये **'षष्ट्यंश बोधक चक्र'** में देखने से षष्ट्यंश की राशि मिल जायेगी। विषम राशिवाले ग्रह का देवतांश विषम-देवतांश के नीचे और सम राशिवाले का समदेवतांश के नीचे मिलेगा।

उदाहरण—लग्न ४।२३।२५।२७ है। यहाँ राशि अंश को छोड़कर अंशों की कला बनायी तो—२३।२५ = १३८० + २५ = १४०५ ÷ ३० = लब्ध ४६ शेष २५। ४६ + १ = ४७वाँ षष्ट्यंश हुआ, चक्र में देखा तो सिंह राशि का ४७वां षष्ट्यंश मिथुन है अतः षष्ट्यंश कुण्डली की लग्न मिथुन होगी। इस चक्र से बिना गणित किये भी षष्ट्यंश का बोध कोष्ठक के अन्त में दिये गये अंशादि के द्वारा किया जा सकता है। प्रस्तुत लग्न सिंह के २३ अंश

षष्ट्यंश बोधक चक्र

विषम-देवतांश	सं.	मे.	वृ.	मि.	क.	सिं.	क.	तु.	वृ.	ध.	म.	कुं.	मी.	अंश	सम-देवतांश
घोर	१	१	२	३	४	५	६	७	८	९	१०	११	१२	०।३०	इन्दुरेखा
राक्षस	२	२	३	४	५	६	७	८	९	१०	११	१२	१	१।०	भ्रमण
देव	३	३	४	५	६	७	८	९	१०	११	१२	१	२	१।३०	पयोधि
कुबेर	४	४	५	६	७	८	९	१०	११	१२	१	२	३	२।०	सुधा
यक्ष	५	५	६	७	८	९	१०	११	१२	१	२	३	४	२।३०	अतिशीतल
किन्नर	६	६	७	८	९	१०	११	१२	१	२	३	४	५	३।०	क्रूर
भ्रष्ट	७	७	८	९	१०	११	१२	१	२	३	४	५	६	३।३०	सौम्य
कुलघ्न	८	८	९	१०	११	१२	१	२	३	४	५	६	७	४।०	निर्मल
गरल	९	९	१०	११	१२	१	२	३	४	५	६	७	८	४।३०	दण्डायुध
अग्नि	१०	१०	११	१२	१	२	३	४	५	६	७	८	९	५।०	कालाग्नि
माया	११	११	१२	१	२	३	४	५	६	७	८	९	१०	५।३०	प्रवीण
प्रेतपुरीष	१२	१२	१	२	३	४	५	६	७	८	९	१०	११	६।०	इन्दुमुख
अपांपति	१३	१	२	३	४	५	६	७	८	९	१०	११	१२	६।३०	दंष्ट्राकराल
देवगणेश	१४	२	३	४	५	६	७	८	९	१०	११	१२	१	७।०	शीतल
काल	१५	३	४	५	६	७	८	९	१०	११	१२	१	२	७।३०	मृदु
अहिभाग	१६	४	५	६	७	८	९	१०	११	१२	१	२	३	८।०	सौम्य
अमृत	१७	५	६	७	८	९	१०	११	१२	१	२	३	४	८।३०	काल रूप
चन्द्र	१८	६	७	८	९	१०	११	१२	१	२	३	४	५	९।०	पातक
मृद्वंश	१९	७	८	९	१०	११	१२	१	२	३	४	५	६	९।३०	वंशक्षय
कोमल	२०	८	९	१०	११	१२	१	२	३	४	५	६	७	१०।०	कुलनाश
हेरम्ब	२१	९	१०	११	१२	१	२	३	४	५	६	७	८	१०।३०	विषप्रदग्ध
ब्रह्मा	२२	१०	११	१२	१	२	३	४	५	६	७	८	९	११।०	पूर्णचन्द्र
विष्णु	२३	११	१२	१	२	३	४	५	६	७	८	९	१०	११।३०	अमृत
महेश्वर	२४	१२	१	२	३	४	५	६	७	८	९	१०	११	१२।०	सुधा
देव	२५	१	२	३	४	५	६	७	८	९	१०	११	१२	१२।३०	कपटक
आर्द्र	२६	२	३	४	५	६	७	८	९	१०	११	१२	१	१३।०	यम
कलिनाश	२७	३	४	५	६	७	८	९	१०	११	१२	१	२	१३।३०	घोर
क्षितीश्वर	२८	४	५	६	७	८	९	१०	११	१२	१	२	३	१४।०	दावाग्नि
कमलाकर	२९	५	६	७	८	९	१०	११	१२	१	२	३	४	१४।३०	काल
मान्दी	३०	६	७	८	९	१०	११	१२	१	२	३	४	५	१५।०	मृत्यु

षष्ट्यंश बोधक चक्र

विषम-देवतांश	सं.	मे.	वृ.	मि.	क.	सिं.	क.	तु.	वृ.	ध.	म.	कुं.	मी.	अंश	सम-देवतांश
मृत्यु	३१	७	८	९	१०	११	१२	१	२	३	४	५	६	१५।३०	मान्दी
काल	३२	८	९	१०	११	१२	१	२	३	४	५	६	७	१६।०	कमलाकर
दावाग्नि	३३	९	१०	११	१२	१	२	३	४	५	६	७	८	१६।३०	क्षितीश्वर
घोर	३४	१०	११	१२	१	२	३	४	५	६	७	८	९	१७।०	कलिनाश
यम	३५	११	१२	१	२	३	४	५	६	७	८	९	१०	१७।३०	आर्द्र
कपटक	३६	१२	१	२	३	४	५	६	७	८	९	१०	११	१८।०	देव
सुधा	३७	१	२	३	४	५	६	७	८	९	१०	११	१२	१८।३०	महेश्वर
अमृत	३८	२	३	४	५	६	७	८	९	१०	११	१२	१	१९।०	विष्णु
पूर्णचन्द्र	३९	३	४	५	६	७	८	९	१०	११	१२	१	२	१९।३०	ब्रह्मा
विषप्रदग्ध	४०	४	५	६	७	८	९	१०	११	१२	१	२	३	२०।०	हेरम्ब
कुलनाश	४१	५	६	७	८	९	१०	११	१२	१	२	३	४	२०।३०	कोमल
वंशक्षय	४२	६	७	८	९	१०	११	१२	१	२	३	४	५	२१।०	मृद्वंश
पातक	४३	७	८	९	१०	११	१२	१	२	३	४	५	६	२१।३०	चन्द्र
काल रूप	४४	८	९	१०	११	१२	१	२	३	४	५	६	७	२२।०	अमृत
सौम्य	४५	९	१०	११	१२	१	२	३	४	५	६	७	८	२२।३०	अहिभाग
मृदु	४६	१०	११	१२	१	२	३	४	५	६	७	८	९	२३।०	काल
शीतल	४७	११	१२	१	२	३	४	५	६	७	८	९	१०	२३।३०	देवगणेश
दंष्ट्राकराल	४८	१२	१	२	३	४	५	६	७	८	९	१०	११	२४।०	अपांपति
इन्दुमुख	४९	१	२	३	४	५	६	७	८	९	१०	११	१२	२४।३०	प्रेतपुरीष
प्रवीण	५०	२	३	४	५	६	७	८	९	१०	११	१२	१	२५।०	माया
कालाग्नि	५१	३	४	५	६	७	८	९	१०	११	१२	१	२	२५।३०	अग्नि
दण्डायुध	५२	४	५	६	७	८	९	१०	११	१२	१	२	३	२६।०	गरल
निर्मल	५३	५	६	७	८	९	१०	११	१२	१	२	३	४	२६।३०	कुलघ्न
सौम्य	५४	६	७	८	९	१०	११	१२	१	२	३	४	५	२७।०	भ्रष्ट
क्रूर	५५	७	८	९	१०	११	१२	१	२	३	४	५	६	२७।३०	किन्नर
अतिशीतल	५६	८	९	१०	११	१२	१	२	३	४	५	६	७	२८।०	यक्ष
सुधा	५७	९	१०	११	१२	१	२	३	४	५	६	७	८	२८।३०	कुबेर
पयोधि	५८	१०	११	१२	१	२	३	४	५	६	७	८	९	२९।०	देव
भ्रमण	५९	११	१२	१	२	३	४	५	६	७	८	९	१०	२९।३०	राक्षस
इन्दुरेखा	६०	१२	१	२	३	४	५	६	७	८	९	१०	११	३०।०	घोर

२५ कला २३ अंश से आगे हैं। अतः २३।३० वाले कोष्ठक में सिंह के नीचे मिथुन लिखा गया है अत षष्ट्यंश लग्न मिथुन होगा।

ग्रहों के स्थान पहले समान ही स्थापित करने चाहिए।

षष्ट्यंश कुण्डली

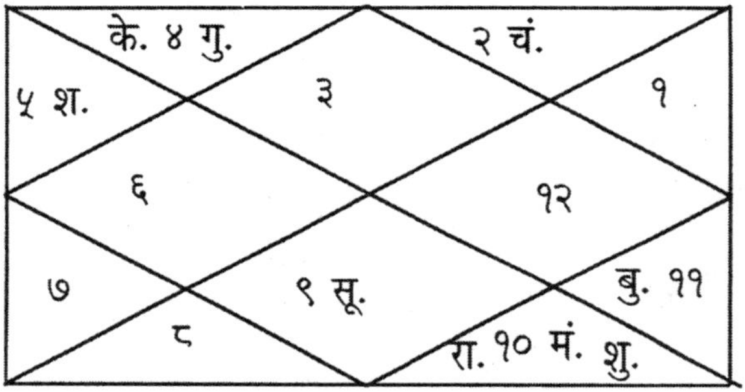

ग्रहों का निसर्ग-मैत्री विचार—सूर्य के चन्द्रमा, मंगल और बृहस्पति मित्र; शुक्र और शनि शत्रु एवं बुध सम है। चन्द्रमा के सूर्य और बुध मित्र; मंगल, बृहस्पति, शुक्र और शनि सम हैं। मंगल के सूर्य, चन्द्रमा एवं बृहस्पति मित्र; बुध शत्रु, शुक्र और शनि सम हैं। बुध के सूर्य और शुक्र मित्र; चन्द्रमा शत्रु एवं मंगल, बृहस्पति और शनि सम हैं। बृहस्पति के सूर्य, चन्द्रमा और मंगल मित्र; बुध और शुक्र शत्रु एवं शनि सम है। शुक्र के बुध, शनि मित्र; सूर्य, चन्द्रमा शत्रु और मंगल, बृहस्पति सम हैं। शनि के बुध और शुक्र मित्र; सूर्य, चन्द्रमा और मंगल शत्रु एवं बृहस्पति सम हैं।

निसर्ग-मैत्री बोधक चक्र

ग्रह	सूर्य	चन्द्र	मंगल	बुध	बृहस्पति	शुक्र	शनि
मित्र	चन्द्र, मंगल, गुरु	रवि, बुध	रवि, चन्द्र, गुरु	सूर्य, शुक्र	सूर्य, चन्द्र, मंगल	बुध शनि	बुध, शुक्र
शत्रु	शुक्र, शनि	×	बुध	चन्द्र	बुध, शुक्र	सूर्य चन्द्र	सूर्य, चन्द्र मंगल
सम (उदासीन)	बुध	मंगल, गुरु, शुक्र, शनि	शुक्र, शनि	मंगल, गुरु, शनि	शनि	मंगल गुरु	गुरु

तात्कालिक मैत्री विचार—जो ग्रह जिस स्थान में रहता है, वह उससे दूसरे, तीसरे, चौथे, दसवें, ग्यारहवें और बारहवें भाव के ग्रहों के साथ मित्रता रखता है—तात्कालिक मित्र होता है और अन्य स्थानों—१, ५, ६, ७, ८, ९ के ग्रह शत्रु होते हैं।

जन्मपत्री बनाते समय निसर्ग मैत्री चक्र लिखने के अनन्तर जन्मलग्न-कुण्डली के ग्रहों का उपर्युक्त नियम के अनुसार तात्कालिक मैत्री चक्र भी लिखना चाहिए।

पंचधा मैत्री विचार—नैसर्गिक और तात्कालिक मैत्री इन दोनों के सम्मिश्रण से पाँच प्रकार के मित्र, शत्रु होते हैं—१. अतिमित्र, २. अतिशत्रु, ३. मित्र, ४. शत्रु और ५. उदासीन-सम।

तात्कालिक और नैसर्गिक दोनों जगह मित्र होने से अतिमित्र, दोनों जगह शत्रु होने से अतिशत्रु, एक में मित्र और दूसरे में सम होने से मित्र, एक में सम और दूसरे में शत्रु होने से शत्रु एवं एक में शत्रु और दूसरे में मित्र होने से सम—उदासीन ग्रह होते हैं।

जन्मपत्री में इस पंचधा मैत्रीचक्र को भी लिखना चाहिए।

पारिजातादि विचार—पारिजातादि ज्ञान करने के लिए पहले दशवर्ग चक्र बना लेना चाहिए। इस चक्र की प्रक्रिया यह है कि पहले जो होरा, द्रेष्काण, सप्तांश आदि बनाये हैं उन्हें एक साथ लिखकर रख लेना चाहिए। इस चक्र में जो ग्रह अपने वर्ग अतिमित्र के वर्ग या उच्च के वर्ग में हों उसकी स्वर्क्षादि वर्गी संज्ञा होती है।

जिस जन्मपत्री में दो ग्रह स्वर्क्षादि वर्गी हों उनकी पारिजात संज्ञा, तीन की उत्तम, चार की गोपुर, पाँच की सिंहासन, छह की पारावत, सात की देवलोक, आठ की ब्रह्मलोक, नौ की ऐरावत और दश की श्रीधाम संज्ञा होती है। ये सब लोग विशेष हैं, आगे इनका फल लिखा जायेगा।

२	३	४	५	६	७	८	९	१०	वर्गैक्य
पारिजात	उत्तम	गोपुर	सिंहासन	पारावत	देवलोक	ब्रह्मलोक	ऐरावत	श्रीधाम	योग विशेष

कारकांश कुण्डली बनाने की विधि—सूर्यादि सात ग्रहों में जिसके अंश सबसे अधिक हों वही आत्मकारक ग्रह होता है। यदि अंश बराबर हों तो उनमें जिनकी कला अधिक हो वह; कला की भी समता होने पर जिसकी विकला अधिक हों वह आत्मकारक होता है। विकलाओं में भी समानता होने पर जो बली ग्रह होगा, वही आत्मकारक उस कुण्डली में माना जायेगा। आत्मकारक से अल्प अंशवाला अमात्यकारक, उससे न्यून अंशवाला भ्रातृकारक, उससे न्यून अंशवाला मातृकारक, उससे न्यून अंशवाला पुत्रकारक, उससे न्यून अंशवाला जातिकारक और उससे न्यून अंशवाला स्त्रीकारक होता है। किसी-किसी आचार्य के मत से पुत्रकारक के स्थान में पितृकारक माना गया है।

कारकांश कुण्डली निर्माण की प्रक्रिया यह है कि आत्मकारक ग्रह जिस राशि के नवांश में हो उसको लग्न मानकर सभी ग्रहों को यथास्थान रख देने से जो कुण्डली होती है, उसी को कारकांश कुण्डली कहते हैं।

उदाहरण—ग्रह स्पष्ट चक्र में सबसे अधिक अंश बृहस्पति के हैं, अतः बृहस्पति आत्मकारक हुआ। इससे अल्प अंशवाला बुध अमात्यकारक, इससे अल्प अंशवाला शुक्र

भ्रातृकारक, इससे अल्प अशंवाला मंगल मातृकारक, इससे अल्प अंशवाला सूर्य पुत्रकारक, इससे अल्प अंशवाला चन्द्र जातिकारक और इससे अल्प अंशवाला शनि स्त्रीकारक होगा।

कुण्डली निर्माण के लिए विचार किया तो आत्मकारक बृहस्पति कुम्भ के नवांश में है अतः कारकांश कुण्डली की लग्न-राशि कुम्भ होगी। जन्म-कुण्डली में ग्रह जिस-जिस राशि में हैं, उसी-उसी राशि में उन्हें स्थापित कर देने से कारकांश कुण्डली बन जायेगी।

स्वांश कुण्डली के निर्माण की विधि—स्वांश कुण्डली का निर्माण प्रायः कारकांश कुण्डली के समान होता है। इसमें लग्न राशि कारकांश कुण्डली की ही मानी जाती है, किन्तु ग्रहों का स्थापन अपनी-अपनी नवांश राशि में किया जाता है। तात्पर्य यह है कि नवांश कुण्डली में ग्रह जिस-जिस राशि में आये हैं, स्वांश कुण्डली में भी उस-उस राशि में रखे जायेंगे।

उदाहरण—स्वांश कुण्डली की लग्न ११ राशि होगी।

स्वांश कुण्डली

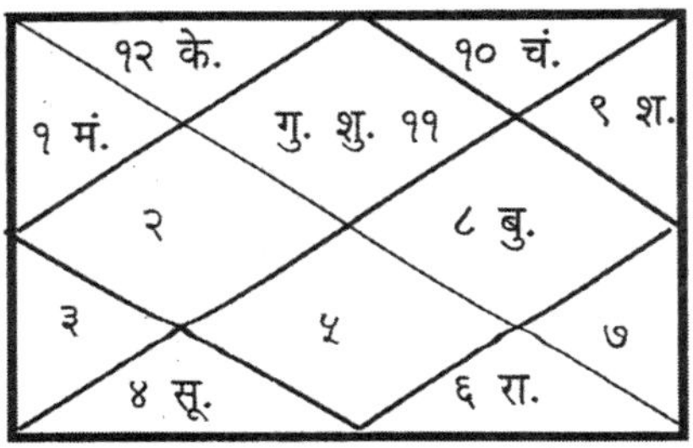

दशा विचार

अष्टोत्तरी, विंशोत्तरी, योगिनी, आदि कई प्रकार की दशाएँ होती हैं। फल अवगत करने के लिए प्रधान रूप से विंशोत्तरी दशा को ही ग्रहण किया गया है। जातक शास्त्र के मर्मज्ञों ने ग्रहों के शुभाशुभत्व का समय जानने के लिए विंशोत्तरी को ही प्रधान माना है। मारकेश का निर्णय भी विंशोत्तरी दशा से ही किया जाता है। अतः नीचे विंशोत्तरी दशा बनाने की विधि लिखी जाती है।

विंशोत्तरी—इस दशा में १२० वर्ष की आयु मानकर ग्रहों का विभाजन किया गया है। सूर्य की दशा ६ वर्ष, चन्द्रमा की १० वर्ष, भौम की ७ वर्ष, राहु की १८ वर्ष, बृहस्पति की १६ वर्ष, शनि की १९ वर्ष, बुध की १७ वर्ष, केतु की ७ वर्ष एवं शुक्र की २० वर्ष की दशा बतायी गयी है।

जन्म-नक्षत्रानुसार ग्रहों की दशा यह होती है। कृत्तिका, उत्तराफाल्गुणी और उत्तराषाढ़ा के जन्म होने से सूर्य की; रोहिणी, हस्त और श्रवण में जन्म होने से चन्द्रमा की; मृगशिर, चित्रा और धनिष्ठा नक्षत्र में जन्म होने से मंगल की; आर्द्रा, स्वाति और शतभिषा में जन्म

होने से राहु की; पुनर्वसु, विशाखा और पूर्वाभाद्रपद में जन्म होने से बृहस्पति की; पुष्य, अनुराधा और उत्तराभाद्रपद में जन्म होने से शनि की; आश्लेषा, ज्येष्ठा और रेवती में जन्म होने से बुध की; मघा, मूल और अश्विनी में जन्म होने से केतु की एवं भरणी, पूर्वाफाल्गुनी, और पूर्वाषाढ़ा में जन्म होने से शुक्र की दशा होती है।

विंशोत्तरी दशा चक्र

ग्रह	सूर्य	चन्द्रमा	भौम	राहु	गुरु	शनि	बुध	केतु	शुक्र
वर्ष	६	१०	७	१८	१६	१९	१७	७	२०
मास	३	०	०	०	०	०	०	०	०
दिन	१७	०	०	०	०	०	०	०	०
घटी	४०	०	०	०	०	०	०	०	०
पल	२४	०	०	०	०	०	०	०	०
संवत्	संवत्	संवत्	संवत्	संवत्	संवत्	संवत्	संवत्	संवत्	संवत्
२००१	२००६	२०१६	२०२३	२०४१	२०५७	२०७६	२०९३	२१००	२१२०
सूर्य	सूर्य	सूर्य	सूर्य	सूर्य	सूर्य	सूर्य	सूर्य	सूर्य	सूर्य
०	३	३	३	३	३	३	३	३	३
१०	२७	२७	२७	२७	२७	२७	२७	२७	२७
७	४७	४७	४७	४७	४७	४७	४७	४७	४७
३८	५८	५८	५८	५८	५८	५८	५८	५८	५८

जन्मनक्षत्र द्वारा ग्रहदशा बोधक चक्र

सूर्य	चन्द्र	भौम	राहु	गुरु या जीव	शनि	बुध	केतु	शुक्र	ग्रह
६	१०	७	१८	१६	१९	१७	७	२०	वर्ष
कृ.	रो.	मृ.	आर्द्रा	पुन.	पुष्य	आश्ले.	म.	भ.	नक्षत्र
उ. फा.	ह.	चि.	स्वा.	वि.	अनु.	ज्ये.	मू.	पू. फा.	
उ. षा.	श्र.	ध.	श.	पू. भा.	उ.भा.	रे.	अश्वि.	पू.षा	

दशा जानने की सुगम विधि—कृत्तिका नक्षत्र से जन्मनक्षत्र तक गिनकर ९ का भाग देने से एकादि शेष में क्रम से सू., चं., भौ., रा., गु., श., बु., के., और शु. की दशा होती है।

उदाहरण—जन्मनक्षत्र मघा है। यहाँ कृतिका से मघा तक गणना की तो ८ संख्या हुई, इसमें ९ का भाग दिया तो लब्ध कुछ नहीं मिला, शेष ८ ही रहे। सू., चं., भौ. आदि क्रम से आठ तक गिना तो आठवीं संख्या केतु की हुई। अतः जन्मदशा केतु की कहलायेगी।

दशासाधन[1]—भयात और भभोग को पलात्मक बनाकर जन्मनक्षत्र के अनुसार जिस ग्रह की दशा हो, उसके वर्षों से पलात्मक भयात को गुणा कर पलात्मक भभोग का

---

१. दशामानं भयातघ्नं भभोगेन हृतं फलम्।
दशायां भुक्तवर्षाद्यं भोग्यं मानाद् विशोधितम्। —बृहत्पाराशर होरा, काशी १९५२ ई., ४६।१६

भाग देने से जो लब्ध आये वह वर्ष और शेष को १२ से गुणा कर पलात्मक भभोग का भाग देने से जो लब्ध आये वह मास, शेष को पुनः ३० से गुणा कर पलात्मक भभोग का भाग देने से जो लब्ध आये वह दिन, शेष को पुनः ६० से गुणा कर पलात्मक भभोग का भाग देने से जो लब्ध आये वह घटी एवं शेष को पुनः ६० से गुणा कर पलात्मक भभोग का भाग देने से लब्ध पल आयेंगे। वह वर्ष मास, दिन, घटी और पल दशा के भुक्त वर्षादि कहलायेंगे। इनको दशा में घटाने से भोग्य वर्षादि आ जायेंगे।

विंशोत्तरी दशा का चक्र बनाने की प्रक्रिया यह है कि पहले जिस ग्रह की भोग्य दशा जितनी आयी है, उसको रखकर फिर क्रम से सब ग्रहों को स्थापित कर देंगे। बीच चक्र में एक खाना संवत् के लिए रहेगा और नीचे एक खाना जन्मसमय के राश्यादि सूर्य के लिए रहेगा। नीचे खाने के लिए सूर्य स्पष्ट की भोग्य दशा के मासादि में जोड़ देना चाहिए और इस योगफल को नीचे के खाने में जोड़ देना चाहिए और अगले कोष्ठक में रखना चाहिए। मध्यवाले कोष्ठक के संवत् को ग्रहों के वर्षों में जोड़कर आगे रखना चाहिए।

उदाहरण–भयात १६ घटी ३९ पल। भभोग ५८।४४

६०	६०
९६० + ३९	३४८० + ४४

पलात्मक भयात = ९९९ पलात्मक भभोग = ३५२४

यहाँ जन्मनक्षत्र कृत्तिका है। जन्मनक्षत्र द्वारा ग्रहदशाबोधक चक्र में कृत्तिका नक्षत्र की जन्मदशा सूर्य की लिखी गयी है। इस ग्रह की ६ वर्ष की दशा होती है, अतः पलात्मक भयात (९९९) को ग्रह दशा वर्ष (६) से गुणा किया और पलात्मक भभोग ३५२४ से भाग दिया :

९९९ भयात
६
५९९४ ÷ ३५२४

३५२४) ५९९४ (१ वर्ष
३५२४
२४७० × १२

३५२४) २९६४० (८ मास
२८१९२
१४४८ × ३०

३५२४) ४३४४० (१२ दिन
३५२४
८२००
७०४८
११५२ × ६०

३५२४) ६९१२० (१९ घटी
३५२४
३३८८०
३१७१६
२१६४ × ६०

३५२४) १२९८४० (३६ पल
१०५७२
२४१२०
२११४४
२९७६

सूर्य के भुक्त वर्षादि = १।८।१२।१९।३६

इसे ग्रह वर्ष में से घटाया तो–

६।०। ०।०।० ग्रह वर्ष
१।८।१२।१९।३६ भुक्त वर्षादि
४।३।१७।४०।२४ भोग्य वर्षादि

अन्तर्दशा निकालने की विधि—प्रत्येक ग्रह की महादशा में ९ ग्रहों की अन्तर्दशा होती है। जैसे सूर्य की महादशा में पहली अन्तर्दशा सूर्य की, दूसरी चन्द्रमा की, तीसरी भौम की, चौथी राहु की, पाँचवीं जीव (बृहस्पति) की, छठी शनि की, सातवीं बुध की, आठवीं केतु की और नौवीं शुक्र की होती है। इसी प्रकार अन्य ग्रहों में समझना चाहिए। सारांश यह है कि जिस ग्रह की दशा हो उससे सूर्य, चंद्र, भौम के क्रमानुसार अन्य नव ग्रहों की अन्तर्दशाएँ होती हैं।

अन्तर्दशा निकालने का सरल नियम यह है कि दशा-दशा का परस्पर गुणा कर १० से भाग देने से लब्ध मास और शेष को तीन से गुणा करने से दिन होंगे।

अन्तर्दशा निकालने का एक अन्य नियम यह भी है कि दशा-दशा का परस्पर गुणा करने से जो गुणनफल आये उसमें इकाई के अंक को छोड़ शेष अंक मास और इकाई के अंक को तीन से गुणा करने पर दिन आयेंगे।

उदाहरण—सूर्य की महादशा में अन्तर्दशा निकालनी है तो सूर्य के दशा वर्ष ६ का सूर्य के ही दशा वर्षों से गुणा किया तो :

६ × ६ = ३६ ÷ १० = ३ मास, शेष ६

६ × ३ = १८ दिन अर्थात् ३ मास १८ दिन सूर्य की दशा

सूर्य की महादशा में चन्द्रमा की अन्तर्दशा = ६ × १० = ६०, ६० ÷ १० = ६ मास

सूर्य में मंगल की—६ × ७ = ४२ ÷ १० = ४ **शेष** २ × ३ = ६ दिन = ४ मास ६ दिन

सूर्य में राहु की—६ × १८ = १०८ ÷ १० = १० शेष ८ × ३ = २४ = १० मास २४ दिन

सूर्य में जीव-गुरु की अन्तर्दशा—६ × १६ = ९६ ÷ १० = ९ शेष ६ × ३ = १८ दिन
= ९ मास १८ दिन

सूर्य में शनि की अन्तर्दशा—६ × १९ = ११४ ÷ १० = ११ शेष ४ × ३ = १२ दिन
= ११ मास १२ दिन

सूर्य में बुध की अन्तर्दशा—६ × १७ = १०२ ÷ १० = १० शेष २ × ३ = ६ दिन
= १० मास ६ दिन

सूर्य में केतु की अन्तर्दशा—६ × ७ = ४२ ÷ १० = ४ शेष २ × ३ = ६ दिन = ४ मास ६ दिन

सूर्य में शुक्र की अन्तर्दशा—६ × २० = १२० ÷ १० = १२ मास अर्थात् १ वर्ष

चन्द्रमा की अन्तर्दशा में नौ ग्रहों की अन्तर्दशा—

१० × १० = १०० ÷ १० = १० मास = चन्द्र की महादशा में चन्द्र की अन्तर्दशा

१० × ७ = ७० ÷ १० = ७ मास = चन्द्र में भौम की अन्तर्दशा

१० × १८ = १८० ÷ १० = १८ मास = १ वर्ष ६ मास = चन्द्र में राहु की अन्तर्दशा

१० × १६ = १६० ÷ १० = १६ मास = १ वर्ष ४ मास = चन्द्र में जीवान्तर

१० × १९ = १९० ÷ १० = १९ मास = १ वर्ष ७ मास = चन्द्र में शन्यन्तर

१० × १७ = १७० ÷ १० = १७ मास = १ वर्ष ५ मास = चन्द्र में बुधान्तर

१० × ७ = ७० ÷ १० = ७ मास = चन्द्र में केत्वन्तर

१० × २० = २०० ÷ १० = २० मास = १ वर्ष ८ मास = चन्द्र में शुक्रान्तर

१० × ६ = ६० ÷ १० = ६ मास = चन्द्र में आदित्यान्तर

ग्रहों की अन्तर्दशा के चक्र नीचे दिये जाते हैं, इन चक्रों द्वारा बिना गणित के ही अन्तर्दशा का ज्ञान किया जा सकता है :

सूर्यान्तर्दशा चक्र

ग्रह	सूर्य	चन्द्र	भौम	राहु	गुरु	शनि	बुध	केतु	शुक्र
वर्ष	०	०	०	०	०	०	०	०	१
मास	३	६	४	१०	९	११	१०	४	०
दिन	१८	०	६	२४	१८	१२	६	६	०

चन्द्रान्तर्दशा चक्र

ग्रह	चन्द्र	भौम	राहु	गुरु	शनि	बुध	केतु	शुक्र	सूर्य
वर्ष	०	०	१	१	१	१	०	१	०
मास	१०	७	६	४	७	५	७	८	६
दिन	०	०	०	०	०	०	०	०	०

भौमान्तर्दशा चक्र

ग्रह	भौम	राहु	गुरु	शनि	बुध	केतु	शुक्र	सूर्य	चन्द्र
वर्ष	०	१	०	१	०	०	१	०	०
मास	४	०	११	१	११	४	२	४	७
दिन	२७	१८	६	९	२७	२७	०	६	०

राह्वन्तर्दशा चक्र

ग्रह	राहु	गुरु	शनि	बुध	केतु	शुक्र	सूर्य	चन्द्र	भौम
वर्ष	२	२	२	२	१	३	०	१	१
मास	८	४	१०	६	०	०	१०	६	०
दिन	१२	२४	६	१८	१८	०	२४	०	१८

जीवान्तर्दशा चक्र

ग्रह	गुरु	शनि	बुध	केतु	शुक्र	सूर्य	चन्द्र	भौम	राहु
वर्ष	२	२	२	०	२	०	१	०	२
मास	१	६	३	११	८	९	४	११	४
दिन	१८	१२	६	६	०	१८	०	६	२४

शन्यन्तर्दशा चक्र

ग्रह	शनि	बुध	केतु	शुक्र	सूर्य	चन्द्र	भौम	राहु	गुरु
वर्ष	३	२	१	३	०	१	१	२	२
मास	०	८	१	२	११	७	१	१०	६
दिन	३	९	९	०	१२	०	९	६	१२

बुधान्तर्दशा चक्र

ग्रह	बुध	केतु	शुक्र	सूर्य	चन्द्र	भौम	राहु	गुरु	शनि
वर्ष	२	०	२	०	१	०	२	२	२
मास	४	११	१०	१०	५	११	६	३	८
दिन	२७	२७	०	६	०	२७	१८	६	९

केत्वन्तर्दशा चक्र

ग्रह	केतु	शुक्र	सूर्य	चन्द्र	भौम	राहु	गुरु	शनि	बुध
वर्ष	०	१	०	०	०	१	०	१	०
मास	४	२	४	७	४	०	११	१	११
दिन	२७	०	६	०	२७	१८	६	९	२७

शुक्रान्तर्दशा चक्र

ग्रह	शुक्र	सूर्य	चन्द्र	भौम	राहु	गुरु	शनि	बुध	केतु
वर्ष	३	१	१	१	३	२	३	२	१
मास	४	०	८	२	०	८	२	१०	२
दिन	०	०	०	०	०	०	०	०	०

जन्मपत्री में अन्तर्दशा लिखने की विधि—जन्मकुण्डली में जो महादशा आयी है पहले उसकी अन्तर्दशा बनायी जाती है। अन्तर्दशा चक्रों में जिस ग्रह का जो चक्र है पहले कोष्ठक में विंशोत्तरी के समान उस चक्र के वर्षादि को लिख देना, मध्य में संवत् का कोष्ठक और अन्त में सूर्य का कोष्ठक रहेगा। सूर्य के राशि अंश को दशा के मास और दिन में जोड़ना चाहिए। दिन संख्या में तीस से अधिक होने पर तीस का भाग देकर लब्ध को भाग से जोड़ देना चाहिए और मास संख्या में १२ से अधिक होने पर १२ का भाग देकर लब्ध को वर्ष में जोड़ देना चाहिए। नीचे और ऊपर के कोष्ठक के जोड़ने के अनन्तर मध्यवाले में संवत् के वर्षों में जोड़कर रख लेना चाहिए।

जिस ग्रह की महादशा आयी है, उसका अन्तर निकालने के लिए उसके भुक्त, वर्षों को अन्तर्दशा के ग्रहों के वर्षों में से घटाकर तब अन्तर्दशा लिखनी चाहिए।

प्रस्तुत उदाहरण में सूर्य की दशा आयी है। और इनके भुक्त वर्षादि १।८।१२।१९।३६ हैं। सूर्य की महादशा में पहला अन्तर सूर्य का ३ मास १८ दिन, चन्द्रमा का ६ मास, भौम का ४ मास ६ दिन; इन तीनों को जोड़ा :

३।१८ + ६।० + ४।६ = १।१।२४ इसको १।८।१२ में से घटाया = ६।१८

१०।२४ राहु में से ६।१८ को घटाया = ४।६ राहु का भोग्य हुआ।

यहाँ पर राहु के पहले तक सूर्यादि ग्रहों का काल शून्य माना जायेगा और आगे चक्र के अनुसार वर्षादि लिखे जायेंगे। आगे कुण्डली में सूर्य की महादशा की अन्तर्दशा लिखी जाती है।

सूर्यान्तर्दशा चक्र

ग्रह	सूर्य	चन्द्र	भौम	राहु	गुरु	शनि	बुध	केतु	शुक्र
वर्ष	०	०	०	०	०	०	०	०	१
मास	०	०	०	४	९	११	१०	४	०
दिन	०	०	०	६	१८	१२	६	६	०
संवत्	संवत्	संवत्	संवत्	संवत्	संवत्	संवत्	संवत्	संवत्	संवत्
२००१	२००१	२००१	२००१	२००१	२००१	२००२	२००३	२००४	२००५
सूर्य	सूर्य	सूर्य	सूर्य	सूर्य	सूर्य	सूर्य	सूर्य	सूर्य	सूर्य
०	०	०	०	४	२	१	११	३	३
१०	१०	१०	१०	१६	४	१६	२२	२८	२८

चन्द्रान्तर्दशा चक्र

ग्रह	चन्द्र	भौम	राहु	गुरु	शनि	बुध	केतु	शुक्र	सूर्य
वर्ष	०	०	१	१	१	१	०	१	०
मास	१०	७	६	४	७	५	७	८	६
दिन	०	०	०	०	०	०	०	०	०
संवत्	संवत्	संवत्	संवत्	संवत्	संवत्	संवत्	संवत्	संवत्	संवत्
२००५	२००६	२००६	२००८	२००९	२०११	२०१२	२०१३	२०१४	२०१५
सूर्य	सूर्य	सूर्य	सूर्य	सूर्य	सूर्य	सूर्य	सूर्य	सूर्य	सूर्य
३	१	८	२	६	१	६	१	९	३
२८	२८	२८	२८	२८	२८	२८	२८	२८	२८

विवरण—जिस प्रकार विंशोत्तरी दशा निकालने में ऊपर के वर्षादि मान को नीचे के राश्यादि में जोड़ा गया था अर्थात् विकलाओं को पलों में, कलाओं को घटियों में, अंशों को दिनों में और राशियों को मासों में जोड़ा था, इसी प्रकार अन्तर्दशा निकालते समय भी राशि और अंशों को मास और दिनों में जोड़ा गया है। जैसे चन्द्रान्तर्दशा चक्र में १०।० में ३।२८ को जोड़ा तो १।२८ आया है। यहाँ १३ महीने योग आने के कारण इसमें १२ का भाग दे दिया है और लब्ध एक को हासिल के रूप में संवत् के कोष्ठ में खड़ी रेखा का चिह्न बना देना चाहिए। इसी प्रकार आगे ७।० में १।२८ को जोड़ा तो ८।२८ आया, ८।२८ को ६।० में जोड़ा तो २।२८ आया, एक हासिल को पुनः खड़ी रेखा के रूप में ऊपर संवत् के खाने में + इस प्रकार लिख दिया। इस तरह आगे-आगे जोड़ने पर चन्द्रान्तर्दशा का पूरा चक्र बन जाता है।

संवत् वाले कोष्ठक को भरते समय वर्षों को जोड़ा जाता है और हासिलवाली संख्या जो वर्षों की मिलती है, उसको भी जोड़ दिया जाता है। अन्तर्दशा के समान ही प्रत्यन्तर और सूक्ष्मान्तर आदि दशाएँ लिखी जाती हैं।

प्रत्यन्तर्दशा विचार—जिस प्रकार प्रत्येक ग्रह की महादशा में नौ ग्रहों की अन्तर्दशा होती है, उसी प्रकार एक अन्तर्दशा में नौ ग्रहों की प्रत्यन्तर्दशा होती है; जैसे सूर्य की महादशा में सूर्य की अन्तर्दशा ३ मास १८ दिन है। इस ३ मास और १८ दिन में उसी क्रम और परिमाणानुसार प्रत्यन्तर भी होता है। प्रत्यन्तर्दशा निकालने का नियम यह है कि महादशा के वर्षों को अन्तर और प्रत्यन्तर्दशा के वर्षों से गुणा कर ४० का भाग देने पर जो दिनादि आयेंगे वही प्रत्यन्तर्दशा के दिनादि होंगे।

उदाहरण—सूर्य की महादशा में चन्द्रमा की अन्तर्दशा में प्रत्यन्तर्दशा निकालनी है :

सूर्य की महादशा ६ वर्ष × चन्द्रमा की अन्तर्दशा १० वर्ष = ६ × १० = ६० × १० = ६०० ÷ ४० = १५ दिन चन्द्रमा का प्रत्यन्तर; ६० × ७ = ४२० ÷ ४० = १० २० × ३० = १० दिन, ३० घटी मंगल का प्रत्यन्तर; ६० × १८ = १०८० = १०८० ÷ ४० = २७ दिन राहु का प्रत्यन्तर; ६० × १६ = ९६० ÷ ४० = २४ दिन गुरु का प्रत्यन्तर; ६० × १९ = ११४० ÷ ४० = २८ दिन, ३० घटी शनि का प्रत्यन्तर; ६० × १७ = १०२० ÷ ४० = २५ दिन, ३० घटी बुध का प्रत्यन्तर; ६० × ७ = ४२० ÷ ४० = १० दिन ३० घटी केतु का प्रत्यन्तर; ६० × २० = १२०० ÷ ४० = ३० दिन = १ मास, शुक्र का प्रत्यन्तर; ६० × ६ = ३६० ÷ ४० = ९ दिन सूर्य का प्रत्यन्तर।

सूर्य की महादशा में सूर्य की अन्तर्दशा में प्रत्यन्तर

ग्रह	सूर्य	चन्द्र	मंगल	राहु	गुरु	शनि	बुध	केतु	शुक्र
मास	०	०	०	०	०	०	०	०	०
दिन	५	९	६	१६	१४	१७	१५	६	१८
घटी	२४	०	१८	१२	२४	६	१८	१८	०

सू. द. चन्द्रमा की अन्तर्दशा में प्रत्यन्तर

ग्रह	चन्द्र	मंगल	राहु	गुरु	शनि	बुध	केतु	शुक्र	सूर्य
मास	०	०	०	०	०	०	०	१	०
दिन	१५	१०	२७	२४	२८	२५	१०	०	९
घटी	०	३०	०	०	३०	३०	३०	०	०

सू. द. मंगल की अन्तर्दशा में प्रत्यन्तर

ग्रह	मंगल	राहु	गुरु	शनि	बुध	केतु	शुक्र	सूर्य	चन्द्र
मास	०	०	०	०	०	०	०	०	०
दिन	७	१८	१६	१९	१७	७	२१	६	१०
घटी	२१	५४	४८	५७	५१	२१	०	१८	३०

सू. द. राहु की अन्तर्दशा में प्रत्यन्तर

ग्रह	राहु	गुरु	शनि	बुध	केतु	शुक्र	सूर्य	चन्द्र	मंगल
मास	१	१	१	१	०	१	०	०	०
दिन	१८	१३	२१	१५	१८	२४	१६	२७	१८
घटी	३६	१२	१८	५४	५४	०	१२	०	५४

सू. द. गुरु की अन्तर्दशा में प्रत्यन्तर

ग्रह	गुरु	शनि	बुध	केतु	शुक्र	सूर्य	चन्द्र	मंगल	राहु
मास	१	१	१	०	१	०	०	०	१
दिन	८	१५	१०	१६	१८	१४	२४	१६	१३
घटी	२४	३६	४८	४८	०	२४	०	४८	१२

सू. द. शनि की अन्तर्दशा में प्रत्यन्तर

ग्रह	शनि	बुध	केतु	शुक्र	सूर्य	चन्द्र	मंगल	राहु	गुरु
मास	१	१	०	१	०	०	०	१	१
दिन	२४	१८	१९	२७	१७	२८	१९	२१	१५
घटी	९	२७	५७	०	६	३०	५७	१८	३६

सू. द. बुध की अन्तर्दशा में प्रत्यन्तर

ग्रह	बुध	केतु	शुक्र	सूर्य	चन्द्र	मंगल	राहु	गुरु	शनि
मास	१	०	१	०	०	०	१	१	१
दिन	१३	१७	२१	१५	२५	१७	१५	१०	१८
घटी	२१	५१	०	१८	३०	५१	५४	४८	२७

सू. द. केतु की अन्तर्दशा में प्रत्यन्तर

ग्रह	केतु	शुक्र	सूर्य	चन्द्र	मंगल	राहु	गुरु	शनि	बुध
मास	०	०	०	०	०	०	०	०	०
दिन	७	२१	६	१०	७	१८	१६	१९	१७
घटी	२१	०	१८	३०	२१	५४	४८	५७	५१

सू. द. शुक्र की अन्तर्दशा में प्रत्यन्तर

ग्रह	शुक्र	सूर्य	चन्द्र	मंगल	राहु	गुरु	शनि	बुध	केतु
मास	२	०	१	०	१	१	१	१	०
दिन	०	१८	०	२१	२४	१८	२७	२१	२१
घटी	०	०	०	०	०	०	०	०	०

चन्द्रमा की दशा में चन्द्रमा की अन्तर्दशा में प्रत्यन्तर

ग्रह	चन्द्र	मंगल	राहु	गुरु	शनि	बुध	केतु	शुक्र	सूर्य
मास	०	०	१	१	१	१	०	१	०
दिन	२५	१७	१५	१०	१७	१२	१७	२०	१५
घटी	०	३०	०	०	३०	३०	३०	०	०

चं. द. मंगल की अन्तर्दशा में प्रत्यन्तर

ग्रह	मंगल	राहु	गुरु	शनि	बुध	केतु	शुक्र	सूर्य	चन्द्र
मास	०	१	०	१	०	०	१	०	०
दिन	१२	१	२८	३	२९	१२	५	१०	१७
घटी	१५	३०	०	१५	४५	१५	०	३०	३०

चं. द. राहु के अन्तर में प्रत्यन्तर

ग्रह	राहु	गुरु	शनि	बुध	केतु	शुक्र	सूर्य	चन्द्र	मंगल
मास	२	२	२	२	१	३	०	१	१
दिन	२१	१२	२५	१६	१	०	२७	१५	१
घटी	०	०	३०	३०	३०	०	०	०	३०

चं. द. गुरु के अन्तर में प्रत्यन्तर

ग्रह	गुरु	शनि	बुध	केतु	शुक्र	सूर्य	चन्द्र	मंगल	राहु
मास	२	२	२	०	२	०	१	०	२
दिन	४	१६	८	२८	२०	२४	१०	२८	१२
घटी	०	०	०	०	०	०	०	०	०

चं. द. शनि के अन्तर में प्रत्यन्तर

ग्रह	शनि	बुध	केतु	शुक्र	सूर्य	चन्द्र	मंगल	राहु	गुरु
मास	३	२	१	३	०	१	१	२	२
दिन	०	२०	३	५	२८	१७	३	२५	१६
घटी	१५	४५	१५	०	३०	३०	१५	३०	०

चं. द. बुध के अन्तर में प्रत्यन्तर

ग्रह	बुध	केतु	शुक्र	सूर्य	चन्द्र	मंगल	राहु	गुरु	शनि
मास	२	०	२	०	१	०	२	२	२
दिन	१२	२९	२५	२५	१२	२९	१६	८	२०
घटी	१५	४५	०	३०	३०	४५	३०	०	४५

चं. द. केतु के अन्तर में प्रत्यन्तर

ग्रह	केतु	शुक्र	सूर्य	चन्द्र	मंगल	राहु	गुरु	शनि	बुध
मास	०	१	०	०	०	१	०	१	०
दिन	१२	५	१०	१७	१२	१	२८	३	२९
घटी	१५	०	३०	३०	१५	३०	०	१५	४५

चं. द. शुक्र के अन्तर में प्रत्यन्तर

ग्रह	शुक्र	सूर्य	चन्द्र	मंगल	राहु	गुरु	शनि	बुध	केतु
मास	३	१	१	१	३	२	३	२	१
दिन	१०	०	२०	५	०	२०	५	२५	५
घटी	०	०	०	०	०	०	०	०	०

चं. द. सूर्य के अन्तर में प्रत्यन्तर

ग्रह	सूर्य	चन्द्र	मंगल	राहु	गुरु	शनि	बुध	केतु	शुक्र
मास	०	०	०	०	०	०	०	०	१
दिन	९	१५	१०	२७	२४	२८	२५	१०	०
घटी	०	०	३०	०	०	३०	३०	३०	०

मंगल की दशा में मंगल के अन्तर में प्रत्यन्तर

ग्रह	मंगल	राहु	गुरु	शनि	बुध	केतु	शुक्र	सूर्य	चन्द्र
मास	०	०	०	०	०	०	०	०	०
दिन	८	२२	१९	२३	२०	८	२४	७	१२
घटी	३४	३	३६	१६	४९	३४	३०	२१	१५
पल	३०	०	०	३०	३०	३०	०	०	०

मं. द. राहु के अन्तर में प्रत्यन्तर

ग्रह	राहु	गुरु	शनि	बुध	केतु	शुक्र	सूर्य	चन्द्र	मंगल
मास	१	१	१	१	०	२	०	१	०
दिन	२६	२०	२९	२३	२२	३	१८	१	२२
घटी	४२	२४	५१	३३	३	०	५४	३०	३

मं. द. गुरु के अन्तर में प्रत्यन्तर

ग्रह	गुरु	शनि	बुध	केतु	शुक्र	सूर्य	चन्द्र	मंगल	राहु
मास	१	१	१	०	१	०	०	०	१
दिन	१४	२३	१७	१९	२६	१६	२८	१९	२०
घटी	४८	१२	३६	३६	०	४८	०	३६	२४

मं. द. शनि के अन्तर में प्रत्यन्तर

ग्रह	शनि	बुध	केतु	शुक्र	सूर्य	चन्द्र	मंगल	राहु	गुरु
मास	२	१	०	२	०	१	०	१	१
दिन	३	२६	२३	६	१९	३	२३	२९	२३
घटी	१०	३१	१६	३०	५७	१५	१६	५१	१२
पल	३०	३०	३०	०	०	०	३०	०	०

मं. द. बुध के अन्तर में प्रत्यन्तर

ग्रह	बुध	केतु	शुक्र	सूर्य	चन्द्र	मंगल	राहु	गुरु	शनि
मास	१	०	१	०	०	०	१	१	१
दिन	२०	२०	२९	१७	२९	२०	२३	१७	२६
घटी	३४	४९	३०	५१	४५	४९	३३	३६	३१
पल	३०	३०	०	०	०	३०	०	०	३०

मं. द. केतु के अन्तर में प्रत्यन्तर

ग्रह	केतु	शुक्र	सूर्य	चन्द्र	मंगल	राहु	गुरु	शनि	बुध
मास	०	०	०	०	०	०	०	०	०
दिन	८	२४	७	१२	८	२२	१९	२३	२०
घटी	३४	३०	२१	१५	३४	३	३६	१६	४९
पल	३०	०	०	०	३०	०	०	३०	३०

मं. द. शुक्र के अन्तर में प्रत्यन्तर

ग्रह	शुक्र	सूर्य	चन्द्र	मंगल	राहु	गुरु	शनि	बुध	केतु
मास	२	०	१	०	२	१	२	१	०
दिन	१०	२१	५	२४	३	२६	६	२९	२४
घटी	०	०	०	३०	०	०	३०	३०	३०

मंगल की दशा में सूर्य के अन्तर में प्रत्यन्तर

ग्रह	सूर्य	चन्द्र	मंगल	राहु	गुरु	शनि	बुध	केतु	शुक्र
मास	०	०	०	०	०	०	०	०	०
दिन	६	१०	७	१८	१६	१९	१७	७	२१
घटी	१८	३०	२१	५४	४८	५७	५१	२१	०

मंगल की दशा में चन्द्रमा के अन्तर में प्रत्यन्तर

ग्रह	चन्द्र	मंगल	राहु	गुरु	शनि	बुध	केतु	शुक्र	सूर्य
मास	०	०	१	०	१	०	०	१	०
दिन	१७	१२	१	२८	३	२९	१२	५	१०
घटी	३०	१५	३०	०	१५	४५	१५	०	३०

राहु की दशा में राहु के अन्तर में प्रत्यन्तर

ग्रह	राहु	गुरु	शनि	बुध	केतु	शुक्र	सूर्य	चन्द्र	मंगल
मास	४	४	५	४	१	५	१	२	१
दिन	२५	९	३	१७	२६	१२	१८	२१	२६
घटी	४८	३६	५४	४२	४२	०	३६	०	४२

राहु की दशा में गुरु के अन्तर में प्रत्यन्तर

ग्रह	गुरु	शनि	बुध	केतु	शुक्र	सूर्य	चन्द्र	मंगल	राहु
मास	३	४	४	१	४	१	२	१	४
दिन	२५	१६	२	२०	२४	१३	१२	२०	९
घटी	१२	४८	२४	२४	०	१२	०	२४	३६

राहु की दशा में शनि के अन्तर में प्रत्यन्तर

ग्रह	शनि	बुध	केतु	शुक्र	सूर्य	चन्द्र	मंगल	राहु	गुरु
मास	५	४	१	५	१	२	१	५	४
दिन	१२	२५	२९	२१	२१	२५	२९	३	१६
घटी	२७	२१	५१	०	१८	३०	५१	५४	४८

राहु की दशा में बुध के अन्तर में प्रत्यन्तर

ग्रह	बुध	केतु	शुक्र	सूर्य	चन्द्र	मंगल	राहु	गुरु	शनि
मास	४	१	५	१	२	१	४	४	४
दिन	१०	२३	३	१५	१६	२३	१७	२	२५
घटी	३	३३	०	५४	३०	३३	४२	२४	२१

राहु की दशा में केतु के अन्तर में प्रत्यन्तर

ग्रह	केतु	शुक्र	सूर्य	चन्द्र	मंगल	राहु	गुरु	शनि	बुध
मास	०	२	०	१	०	१	१	१	१
दिन	२२	३	१८	१	२२	२६	२०	२९	२३
घटी	३	०	५४	३०	३	४२	२४	५१	३३

राहु की दशा में शुक्र के अन्तर में प्रत्यन्तर

ग्रह	शुक्र	सूर्य	चन्द्र	मंगल	राहु	गुरु	शनि	बुध	केतु
मास	६	१	३	२	५	४	५	५	२
दिन	०	२४	०	३	१२	२४	२१	३	३
घटी	०	०	०	०	०	०	०	०	०

राहु की दशा में सूर्य के अन्तर में प्रत्यन्तर

ग्रह	सूर्य	चन्द्र	मंगल	राहु	गुरु	शनि	बुध	केतु	शुक्र
मास	०	०	०	१	१	१	१	०	१
दिन	१६	२७	१८	१८	१३	२१	१५	१८	२४
घटी	१२	०	५४	३६	१२	१८	५४	५४	०

राहु की दशा में चन्द्रमा के अन्तर में प्रत्यन्तर

ग्रह	चन्द्र	मंगल	राहु	गुरु	शनि	बुध	केतु	शुक्र	सूर्य
मास	१	१	२	२	२	२	१	३	०
दिन	१५	१	२१	१२	२५	१६	१	०	२७
घटी	०	३०	०	०	३०	३०	३०	०	०

राहु की दशा में मंगल के अन्तर में प्रत्यन्तर

ग्रह	मंगल	राहु	गुरु	शनि	बुध	केतु	शुक्र	सूर्य	चन्द्र
मास	०	१	१	१	१	०	२	०	१
दिन	२२	२६	२०	२९	२३	२२	३	१८	१
घटी	३	४२	२४	५१	३३	३	०	५४	३०

गुरु की दशा में गुरु के अन्तर में प्रत्यन्तर

ग्रह	गुरु	शनि	बुध	केतु	शुक्र	सूर्य	चन्द्र	मंगल	राहु
मास	३	४	३	१	४	१	२	१	३
दिन	१२	१	१८	१४	८	८	४	१४	२५
घटी	२४	३६	४८	४८	०	२४	०	४८	१२

गु. द. शनि के अन्तर में प्रत्यन्तर

ग्रह	शनि	बुध	केतु	शुक्र	सूर्य	चन्द्र	मंगल	राहु	गुरु
मास	४	४	१	५	१	२	१	४	४
दिन	२४	९	२३	२	१५	१६	२३	१६	१
घटी	२४	१२	१२	०	३६	०	१२	४८	३६

गु. द. बुध के अन्तर में प्रत्यन्तर

ग्रह	बुध	केतु	शुक्र	सूर्य	चन्द्र	मंगल	राहु	गुरु	शनि
मास	३	१	४	१	२	१	४	३	४
दिन	२५	१७	१६	१०	८	१७	२	१८	९
घटी	३६	३६	०	४८	०	३६	२४	४८	१२

गु. द. केतु के अन्तर में प्रत्यन्तर

ग्रह	केतु	शुक्र	सूर्य	चन्द्र	मंगल	राहु	गुरु	शनि	बुध
मास	०	१	०	०	०	१	१	१	१
दिन	१९	२६	१६	२८	१९	२०	१४	२३	१७
घटी	३६	०	४८	०	३६	२४	४८	१२	३६

गु. द. शुक्र के अन्तर में प्रत्यन्तर

ग्रह	शुक्र	सूर्य	चन्द्र	मंगल	राहु	गुरु	शनि	बुध	केतु
मास	५	१	२	१	४	४	५	४	१
दिन	१०	१८	२०	२६	२४	८	२	१६	२६
घटी	०	०	०	०	०	०	०	०	०

गु. द. सूर्य के अन्तर में प्रत्यन्तर

ग्रह	सूर्य	चन्द्र	मंगल	राहु	गुरु	शनि	बुध	केतु	शुक्र
मास	०	०	०	१	१	१	१	०	१
दिन	१४	२४	१६	१३	८	१५	१०	१६	१८
घटी	२४	०	४८	१२	२४	३६	४८	४८	०

गु. द. चन्द्रमा के अन्तर में प्रत्यन्तर

ग्रह	चन्द्र	मंगल	राहु	गुरु	शनि	बुध	केतु	शुक्र	सूर्य
मास	१	०	२	२	२	२	०	२	०
दिन	१०	२८	१२	४	१६	८	२८	२०	२४
घटी	०	०	०	०	०	०	०	०	०

गु. द. मंगल के अन्तर में प्रत्यन्तर

ग्रह	मंगल	राहु	गुरु	शनि	बुध	केतु	शुक्र	सूर्य	चन्द्र
मास	०	१	१	१	१	०	१	०	०
दिन	१९	२०	१४	२३	१७	१९	२६	१६	२८
घटी	३६	४२	४८	१२	३६	३६	०	४८	०

गु. द. राहु के अन्तर में प्रत्यन्तर

ग्रह	राहु	गुरु	शनि	बुध	केतु	शुक्र	सूर्य	चन्द्र	मंगल
मास	४	३	४	४	१	४	१	२	१
दिन	९	२५	१६	२	२०	२४	१३	१२	२०
घटी	३६	१२	४८	२४	२४	०	१२	०	२४

शनि की दशा में शनि के अन्तर में प्रत्यन्तर

ग्रह	शनि	बुध	केतु	शुक्र	सूर्य	चन्द्र	मंगल	राहु	गुरु
मास	५	५	२	६	१	३	२	५	४
दिन	२१	३	३	०	२४	०	३	१२	२४
घटी	२८	२५	१०	३०	९	१५	१०	२७	२४
पल	३०	३०	३०	०	०	०	३०	०	०

श. द. बुध के अन्तर में प्रत्यन्तर

ग्रह	बुध	केतु	शुक्र	सूर्य	चन्द्र	मंगल	राहु	गुरु	शनि
मास	४	१	५	१	२	१	४	४	५
दिन	१७	२६	११	१८	२०	२६	२५	९	३
घटी	१६	३१	३०	२७	४५	३१	२१	१२	२५
पल	३०	३०	०	०	०	३०	०	०	३०

श. द. केतु के अन्तर में प्रत्यन्तर

ग्रह	केतु	शुक्र	सूर्य	चन्द्र	मंगल	राहु	गुरु	शनि	बुध
मास	०	२	०	१	०	१	१	२	१
दिन	२३	६	१९	३	२३	२९	२३	३	२६
घटी	१६	३०	५७	१५	१६	५१	१२	१०	३१
पल	३०	०	०	०	३०	०	०	३०	३०

श. द. शुक्र के अन्तर में प्रत्यन्तर

ग्रह	शुक्र	सूर्य	चन्द्र	मंगल	राहु	गुरु	शनि	बुध	केतु
मास	६	१	३	२	५	५	६	५	२
दिन	१०	२७	५	६	२१	२	०	११	६
घटी	०	०	०	३०	०	०	३०	३०	३०

श. द. सूर्य के अन्तर में प्रत्यन्तर

ग्रह	सूर्य	चन्द्र	मंगल	राहु	गुरु	शनि	बुध	केतु	शुक्र
मास	०	०	०	१	१	१	१	०	१
दिन	१७	२८	१९	२१	१५	२४	१८	१९	२७
घटी	६	३०	५७	१८	३६	९	२७	५७	०

श. द. चन्द्रमा के अन्तर में प्रत्यन्तर

ग्रह	चन्द्र	मंगल	राहु	गुरु	शनि	बुध	केतु	शुक्र	सूर्य
मास	१	१	२	२	३	२	१	३	०
दिन	१७	३	२५	१६	०	२०	३	५	२८
घटी	३०	१५	३०	०	१५	४५	१५	०	३०

श. द. मंगल के अन्तर में प्रत्यन्तर

ग्रह	मंगल	राहु	गुरु	शनि	बुध	केतु	शुक्र	सूर्य	चन्द्र
मास	०	१	१	२	१	०	२	०	१
दिन	२३	२९	२३	३	२६	२३	६	१९	३
घटी	१६	५१	१२	१०	३१	१६	३०	५७	१५
पल	३०	०	०	३०	३०	३०	०	०	०

श. द. राहु के अन्तर में प्रत्यन्तर

ग्रह	राहु	गुरु	शनि	बुध	केतु	शुक्र	सूर्य	चन्द्र	मंगल
मास	५	४	५	४	१	५	१	२	१
दिन	३	१६	१२	२५	२९	२१	२१	२५	२९
घटी	५४	४८	२७	२१	५१	०	१८	३०	५१

श. द. गुरु के अन्तर में प्रत्यन्तर

ग्रह	गुरु	शनि	बुध	केतु	शुक्र	सूर्य	चन्द्र	मंगल	राहु
मास	४	४	४	१	५	१	२	१	४
दिन	१	२४	९	२३	२	१५	१६	२३	१६
घटी	३६	२४	१२	१२	०	३६	०	१२	४८

बुध की दशा में बुध के अन्तर में प्रत्यन्तर

ग्रह	बुध	केतु	शुक्र	सूर्य	चन्द्र	मंगल	राहु	गुरु	शनि
मास	४	१	४	१	२	१	४	३	४
दिन	२	२०	२४	१३	१२	२०	१०	२५	१७
घटी	४९	३४	३०	२१	१५	३४	३	३६	१६
पल	३०	३०	०	०	०	३०	०	०	३०

बु. द. केतु के अन्तर में प्रत्यन्तर

ग्रह	केतु	शुक्र	सूर्य	चन्द्र	मंगल	राहु	गुरु	शनि	बुध
मास	०	१	०	०	०	१	१	१	१
दिन	२०	२९	१७	२९	२०	२३	१७	२६	२०
घटी	४९	३०	५१	४५	४९	३३	३६	३१	३४
पल	३०	०	०	०	३०	०	०	३०	३०

बु. द. शुक्र के अन्तर में प्रत्यन्तर

ग्रह	शुक्र	सूर्य	चन्द्र	मंगल	राहु	गुरु	शनि	बुध	केतु
मास	५	१	२	१	५	४	५	४	१
दिन	२०	२१	२५	२९	३	१६	११	२४	२९
घटी	०	०	०	३०	०	०	३०	३०	३०

बु. द. सूर्य के अन्तर में प्रत्यन्तर

ग्रह	सूर्य	चन्द्र	मंगल	राहु	गुरु	शनि	बुध	केतु	शुक्र
मास	०	०	०	०	१	१	१	०	१
दिन	१५	२५	१७	१५	१०	१८	१३	१७	२१
घटी	f८	३०	५१	५४	४८	२७	२१	५१	०

बु. द. चन्द्रमा के अन्तर में प्रत्यन्तर

ग्रह	चन्द्र	मंगल	राहु	गुरु	शनि	बुध	केतु	शुक्र	सूर्य
मास	१	०	२	२	२	२	०	२	०
दिन	१२	२९	१६	८	२०	१२	२९	२५	२५
घटी	३०	४५	३०	०	४५	१५	४५	०	३०

बु. द. मंगल के अन्तर में प्रत्यन्तर

ग्रह	मंगल	राहु	गुरु	शनि	बुध	केतु	शुक्र	सूर्य	चन्द्र
मास	०	१	१	१	१	०	१	०	०
दिन	२०	२३	१७	२६	२०	२०	२९	१७	२९
घटी	४९	३३	३६	३१	३४	४९	३०	५१	४५
पल	३०	०	०	३०	३०	३०	०	०	०

बु. द. राहु के अन्तर में प्रत्यन्तर

ग्रह	राहु	गुरु	शनि	बुध	केतु	शुक्र	सूर्य	चन्द्र	मंगल
मास	४	४	४	४	१	५	१	२	१
दिन	१७	२	२५	१०	२३	३	१५	१६	२३
घटी	४२	२४	२१	३	३३	०	५४	३०	३३

बु. द. गुरु के अन्तर में प्रत्यन्तर

ग्रह	गुरु	शनि	बुध	केतु	शुक्र	सूर्य	चन्द्र	मंगल	राहु
मास	३	४	३	१	४	१	२	१	४
दिन	१८	९	२५	१७	१६	१०	८	१७	२
घटी	४८	१२	३६	३६	०	४८	०	३६	२४

बु. द. शनि के अन्तर में प्रत्यन्तर

ग्रह	शनि	बुध	केतु	शुक्र	सूर्य	चन्द्र	मंगल	राहु	गुरु
मास	५	४	१	५	१	२	१	४	४
दिन	३	१७	२६	११	१८	२०	२६	२५	९
घटी	२५	१६	३१	३०	२७	४५	३१	२१	१२
पल	३०	३०	३०	०	०	०	३०	०	०

केतु की दशा में केतु के अन्तर में प्रत्यन्तर

ग्रह	केतु	शुक्र	सूर्य	चन्द्र	मंगल	राहु	गुरु	शनि	बुध
मास	०	०	०	०	०	०	०	०	०
दिन	८	२४	७	१२	८	२२	१९	३	२०
घटी	३४	३०	२१	१५	३४	३	३६	१६	४९
पल	३०	०	०	०	३०	०	०	३०	३०

के. द. शुक्र के अन्तर में प्रत्यन्तर

ग्रह	शुक्र	सूर्य	चन्द्र	मंगल	राहु	गुरु	शनि	बुध	केतु
मास	२	०	१	०	२	१	२	१	०
दिन	१०	२१	५	२४	३	२६	६	२९	२४
घटी	०	०	०	३०	०	०	३०	३०	३०

के. द. सूर्य के अन्तर में प्रत्यन्तर

ग्रह	सूर्य	चन्द्र	मंगल	राहु	गुरु	शनि	बुध	केतु	शुक्र
मास	०	०	०	०	०	०	०	०	०
दिन	६	१०	७	१८	१६	१९	१७	७	२१
घटी	१८	३०	२१	५४	४८	५७	५१	२१	०

के. द. चन्द्रमा के अन्तर में प्रत्यन्तर

ग्रह	चन्द्र	मंगल	राहु	गुरु	शनि	बुध	केतु	शुक्र	सूर्य
मास	०	०	१	०	१	०	०	१	०
दिन	१७	१२	१	२८	३	२९	१२	५	१०
घटी	३०	१५	३०	०	१५	४५	१५	०	३०

के. द. मंगल के अन्तर में प्रत्यन्तर

ग्रह	मंगल	राहु	गुरु	शनि	बुध	केतु	शुक्र	सूर्य	चन्द्र
मास	०	०	०	०	०	०	०	०	०
दिन	८	२२	१९	२३	२०	८	२४	७	१२
घटी	३४	३	३६	१६	४९	३४	३०	२१	१५
पल	३०	०	०	३०	३०	३०	०	०	०

के. द. राहु के अन्तर में प्रत्यन्तर

ग्रह	राहु	गुरु	शनि	बुध	केतु	शुक्र	सूर्य	चन्द्र	मंगल
मास	१	१	१	१	०	२	०	१	०
दिन	२६	२०	२९	२३	२२	३	१८	१	२२
घटी	४२	२४	५१	३३	३	०	५४	३०	३

के. द. गुरु के अन्तर में प्रत्यन्तर

ग्रह	गुरु	शनि	बुध	केतु	शुक्र	सूर्य	चन्द्र	मंगल	राहु
मास	१	१	१	०	१	०	०	१	१
दिन	१४	२३	१७	१९	२६	१६	२८	१९	२०
घटी	४८	१२	३६	३६	०	४८	०	३६	२४

के. द. शनि के अन्तर में प्रत्यन्तर

ग्रह	शनि	बुध	केतु	शुक्र	सूर्य	चन्द्र	मंगल	राहु	गुरु
मास	२	१	०	२	०	१	०	१	१
दिन	३	२६	२३	६	१९	३	२३	२९	२३
घटी	१०	३१	१६	३०	५७	१५	१६	५१	१२
पल	३०	३०	३०	०	०	०	३०	०	०

के. द. बुध के अन्तर में प्रत्यन्तर

ग्रह	बुध	केतु	शुक्र	सूर्य	चन्द्र	मंगल	राहु	गुरु	शनि
मास	१	०	१	०	०	०	१	१	१
दिन	२०	२०	२९	१७	२९	२०	२३	१७	२६
घटी	३४	४९	३०	५१	४५	४९	३३	३६	३१
पल	३०	३०	०	०	०	३०	०	०	३०

शु. द. शुक्र के अन्तर में प्रत्यन्तर

ग्रह	शुक्र	सूर्य	चन्द्र	मंगल	राहु	गुरु	शनि	बुध	केतु
मास	६	२	३	२	६	५	६	५	२
दिन	२०	०	१०	१०	०	१०	१०	२०	१०

शु. द. सूर्य के अन्तर में प्रत्यन्तर

ग्रह	सूर्य	चन्द्र	मंगल	राहु	गुरु	शनि	बुध	केतु	शुक्र
मास	०	१	०	१	१	१	१	०	१
दिन	१८	०	२१	२४	१८	२७	२१	२१	०

शु. द. चन्द्रमा के अन्तर में प्रत्यन्तर

ग्रह	चन्द्र	मंगल	राहु	गुरु	शनि	बुध	केतु	शुक्र	सूर्य
मास	१	१	३	२	३	२	१	३	१
दिन	२०	५	०	२०	५	२५	५	१०	०

शु. द. मंगल के अन्तर में प्रत्यन्तर

ग्रह	मंगल	राहु	गुरु	शनि	बुध	केतु	शुक्र	सूर्य	चन्द्र
मास	०	२	१	२	१	०	२	०	१
दिन	२४	३	२६	६	२९	२४	१०	२१	५
घटी	३०	०	०	३०	३०	३०	०	०	०

शु. द. राहु के अन्तर में प्रत्यन्तर

ग्रह	राहु	गुरु	शनि	बुध	केतु	शुक्र	सूर्य	चन्द्र	मंगल
मास	५	४	५	५	२	६	१	३	२
दिन	१२	२४	२१	३	३	०	२४	०	३

शु. द. गुरु के अन्तर में प्रत्यन्तर

ग्रह	गुरु	शनि	बुध	केतु	शुक्र	सूर्य	चन्द्र	मंगल	राहु
मास	४	५	४	१	५	१	२	१	४
दिन	८	२	१६	२६	१०	१८	२०	२६	२४

शु. द. शनि के अन्तर में प्रत्यन्तर

ग्रह	शनि	बुध	केतु	शुक्र	सूर्य	चन्द्र	मंगल	राहु	गुरु
मास	६	५	२	६	१	३	२	५	५
दिन	०	११	६	१०	२७	५	६	२१	२
घटी	३०	३०	३०	०	०	०	३०	०	०

शु. द. बुध के अन्तर में प्रत्यन्तर

ग्रह	बुध	केतु	शुक्र	सूर्य	चन्द्र	मंगल	राहु	गुरु	शनि
मास	४	१	५	१	२	१	५	४	५
दिन	२४	२९	२०	२१	२५	२९	३	१६	११
घटी	३०	३०	०	०	०	३०	०	०	३०

शु. द. केतु के अन्तर में प्रत्यन्तर

ग्रह	केतु	शुक्र	सूर्य	चन्द्र	मंगल	राहु	गुरु	शनि	बुध
मास	०	२	०	१	०	२	१	२	१
दिन	२४	१०	२१	५	२४	३	२६	६	२९
घटी	३०	०	०	०	३०	०	०	३०	३०

अष्टोत्तरी दशा विचार—दक्षिण भारत में अष्टोत्तरी दशा का विशेष प्रचार है। स्वरशास्त्र में बताया गया है कि जिसका जन्म शुक्लपक्ष में हो उसका अष्टोत्तरी दशा द्वारा और जिसका जन्म कृष्णपक्ष में हो उसका विंशोत्तरी दशा द्वारा शुभाशुभ फल जानना चाहिए। दशा द्वारा हमें किसी भी व्यक्ति के समय का परिज्ञान होता है।

अष्टोत्तरी (१०८ वर्ष की) दशा में सूर्यदशा ६ वर्ष, चन्द्रदशा १५ वर्ष, भौमदशा ८ वर्ष, बुध दशा १७ वर्ष, शनिदशा १० वर्ष, गुरुदशा १९ वर्ष, राहुदशा १२ वर्ष और शुक्रदशा २१ वर्ष की होती है।

जन्मनक्षत्र द्वारा दशा ज्ञान करने की यह विधि है कि अभिजित् सहित आर्द्रादि नक्षत्रों को पापग्रहों में चार-चार और शुभ ग्रहों में तीन-तीन स्थापित करने से ग्रहदशा मालूम पड़ जाती है। सरलता से अवगत करने के लिए आगे चक्र दिया जाता है।

जन्मनक्षत्र से अष्टोत्तरी दशा ज्ञात करने का चक्र

ग्रह	सूर्य	चन्द्र	मंगल	बुध	शनि	गुरु	राहु	शुक्र
	आर्द्रा	मघा	हस्त	अनुराधा	पू.षा.	धनि.	उ.भा.	कृत्तिका
जन्म-	पुनर्वसु	पू.फा.	चित्रा		उ.षा.	शत.	रेवती	रोहिणी
नक्षत्र	पुष्य	उ.फा.	स्वाति	ज्येष्ठा	अभिजित्		अश्वि.	
	आश्लेषा		विशा.	मूल	श्रवण	पू.भा.	भरणी	मृगशिरा

अष्टोत्तरी दशा स्पष्ट करने की विधि—भयात के पलों को दशा के वर्षों से गुणा कर भभोग के पलों का भाग देने से विंशोत्तरी के समान भुक्त वर्षादि मान आता है। इसे ग्रहवर्षों में से घटाने पर भोग्य वर्षादि मान निकलता है।

उदाहरण—भयात १६।३९ भभोग ५८।४४

६० ६०

९६० + ३९ = ९९९ ३४८० + ४० = ३५२४

पलात्मक भयात – ९९९ पलात्मक भभोग – ३५२४

इस उदाहरण में जन्मनक्षत्र कृत्तिका होने के कारण शुक्र की दशा में जन्म हुआ है, अतः शुक्र के दशा वर्षों से भयात के पलों को गुणा किया और भभोग के पलों में भाग दिया :

९९९ भयात
२१ ग्रहवर्ष
२०९७९ ÷ ३५२४
३५२४) २०९७९ (५ वर्ष
१७६२०
३३५९ × १२

[शेष दूसरे कालम में

३५२४) ४०३०८ (११ मास
३५२४
५०६८
३५२४
१५४४ × ३०
३५२४) ४६३२० (१३ दिन
३५२४
११०८०
१०५७२
५०८

शुक्र दशा के भुक्त वर्षादि ५।११।१३ इन्हें समस्त दशा के वर्षों में से घटाया तो :

२१।०।० – ५।११।१३ = १५।०।१७ भोग्य वर्षादि

अष्टोत्तरी अन्तर्दशा साधन—दशा-दशा का परस्पर गुणा कर १०८ का भाग देने से लब्ध वर्ष और शेष को १२ से गुणा कर १०८ का भाग देने से लब्ध मास, शेष को पुनः ३० से गुणा कर १०८ का भाग देने से लब्ध दिन एवं शेष को पुन ६० से गुणा कर १०८ का भाग देने से लब्ध घटी होगी।

अष्टोत्तरी दशा चक्र

ग्रह	शुक्र	सूर्य	चन्द्र	मंगल	बुध	शनि	गुरु	राहु
वर्ष	१५	६	१५	८	१७	१०	१९	१२
मास	०	०	०	०	०	०	०	०
दिन	१७	०	०	०	०	०	०	०
संवत्	संवत्	संवत्	संवत्	संवत्	संवत्	संवत्	संवत्	संवत्
२००१	२०१६	२०२२	२०३७	२०४५	२०६२	२०७२	२०९१	२१०३
सूर्य	सूर्य	सूर्य	सूर्य	सूर्य	सूर्य	सूर्य	सूर्य	सूर्य
०	०	०	०	०	०	०	०	०
१०	२७	२७	२७	२७	२७	२७	२७	२७

उदाहरण—शुक्र में सूर्य का अन्तर निकालना है :

२१ × ६ = १२६ ÷ १०८ = १ लब्ध वर्ष; १८ शेष

१८ × १२ = २१६ ÷ १०८ = २ मास अर्थात् १ वर्ष २ मास हुआ। यहाँ सरलता के लिए अन्तर्दशा के चक्र दिये जाते हैं—

अष्टोत्तरी अन्तर्दशा—सूर्यान्तर्दशा चक्र

ग्रह	सूर्य	चन्द्र	मंगल	बुध	शनि	गुरु	राहु	शुक्र
वर्ष	०	०	०	०	०	१	०	१
मास	४	१०	५	११	६	०	८	२
दिन	०	०	१०	१०	२०	२०	०	०

चन्द्रान्तर्दशा चक्र

ग्रह	चन्द्र	मंगल	बुध	शनि	गुरु	राहु	शुक्र	सूर्य
वर्ष	२	१	२	१	२	१	२	०
मास	१	१	४	४	७	८	११	१०
दिन	०	१०	१०	२०	२०	०	०	०

भौमान्तर्दशा चक्र

ग्रह	मंगल	बुध	शनि	गुरु	राहु	शुक्र	सूर्य	चन्द्र
वर्ष	०	१	०	१	०	१	०	१
मास	७	३	८	४	१०	६	५	१
दिन	३	३	२६	२६	२०	२०	१०	१०
घटी	२०	२०	४०	४०	०	०	०	०

बुधान्तर्दशा चक्र

ग्रह	बुध	शनि	गुरु	राहु	शुक्र	सूर्य	चन्द्र	मंगल
वर्ष	२	१	२	१	३	०	२	१
मास	८	६	११	१०	३	११	४	३
दिन	३	२६	२६	२०	२०	१०	१०	३
घटी	२०	४०	४०	०	०	०	०	२०

शन्यन्तर्दशा चक्र

ग्रह	शनि	गुरु	राहु	शुक्र	सूर्य	चन्द्र	मंगल	बुध
वर्ष	०	१	१	१	०	१	०	१
मास	११	९	१	११	६	४	८	६
दिन	३	३	१०	१०	२०	२०	२६	२६
घटी	२०	२०	०	०	०	०	४०	४०

गुर्वन्तर्दशा चक्र

ग्रह	गुरु	राहु	शुक्र	सूर्य	चन्द्र	मंगल	बुध	शनि
वर्ष	३	२	३	१	२	१	२	१
मास	४	१	८	०	७	४	११	९
दिन	३	१०	१०	२०	२०	२६	२६	३
घटी	२०	०	०	०	०	४०	४०	२०

राह्वान्तर्दशा चक्र

ग्रह	राहु	शुक्र	सूर्य	चन्द्र	मंगल	बुध	शनि	गुरु
वर्ष	१	२	०	१	०	१	१	२
मास	४	४	८	८	१०	१०	१	१
दिन	०	०	०	०	२०	२०	१०	१०
घटी	०	०	०	०	०	०	०	०

शुक्रान्तर्दशा चक्र

ग्रह	शुक्र	सूर्य	चन्द्र	मंगल	बुध	शनि	गुरु	राहु
वर्ष	४	१	२	१	३	१	३	२
मास	१	२	११	६	३	११	८	४
दिन	०	०	०	२०	२०	१०	१०	०
घटी	०	०	०	०	०	०	०	०

योगिनी दशा—योगिनी दशा ३६ वर्ष में पूर्ण होती है, इसलिए कुछ ज्योतिर्विद् इसका फल ३६ वर्ष की आयु तक ही मानते हैं। लेकिन कुछ लोग ३६ वर्ष के बाद इसकी पुनरावृत्ति मानते हैं। आजकल जन्मपत्री में विंशोत्तरी और योगिनी दशा नियमित रूप से लगायी जाती है।

योगिनी दशाओं के मंगला, पिंगला, धान्या, भ्रामरी, भद्रिका, उल्का, सिद्धा और संकटा—ये नाम बताये गये हैं। इनकी वर्षसंख्या भी क्रमशः १, २, ३, ४, ५, ६, ७ और ८ है। इन दशाओं के स्वामी क्रमशः चन्द्र, सूर्य, गुरु, भौम, बुध, शनि, शुक्र होते हैं। संकटा दशा के पूर्वार्द्ध (१ से ४ वर्ष तक) में राहु और उत्तरार्द्ध (५ से ८ वर्ष तक) में केतु स्वामी होता है।

जन्मनक्षत्र से योगिनी दशा निकालने के लिए जन्म-नक्षत्र संख्या में तीन जोड़कर आठ से भाग देने पर एकादि शेष में क्रमशः मंगला, पिंगलादि दशा एवं शून्य शेष में संकटा दशा समझनी चाहिए।

स्पष्ट दशा साधन करने के लिए विंशोत्तरी दशा के समान भयात के पलों को दशा के वर्षों से गुणा कर भभोग के पलों का भाग देने पर दशा के भुक्त वर्षादि आयेंगे। भुक्त वर्षादि को दशा वर्ष में से घटाने पर भोग्य वर्षादि होंगे।

उदाहरण—भयात १६।३९ = ९९९ पल, भभोग ५८।४४ = ३५२४ पल।

इस उदाहरण में जन्मनक्षत्र कृत्तिका है। अश्विनी से कृत्तिका तक गणना करने पर तीन संख्या हुई, अतः ३ + ३ = ६

६ ÷ ८ = लब्ध ०, शेष ६। यहाँ मंगला को आदि कर ६ तक गिना तो उल्का की दशा आयी। बिना नक्षत्र-गणना किये जन्मनक्षत्र से योगिनी दशा जानने के लिए नीचे चक्र दिया जाता है :

जन्म-नक्षत्र से योगिनी दशा बोधक चक्र

दशा	मंगला	पिंगला	धान्या	भ्रामरी	भद्रिका	उल्का	सिद्धा	संकटा
स्वामी	चन्द्र	सूर्य	गुरु	मंगल	बुध	शनि	शुक्र	राहु केतु
वर्ष	१	२	३	४	५	६	७	८
	आर्द्रा	पुनर्वसु	पुष्य	आश्लेषा	मघा	पू.फा.	उ.फा.	हस्त
जन्म	चित्रा	स्वाति	विशा.	अनुराधा	ज्येष्ठा	मूल		उ.षा.
नक्षत्र				पू.भा.			पू.षा.	
	श्रवण	धनिष्ठा	शत.	अश्विनी	उ.भा.	रेवती		मृग.
					भरणी	कृत्तिका	रोहिणी	

भयात के पलों को उल्का के वर्षों से गुणा किया—

९९९ × ६ = ५९९४ ÷ ३५२४ पलात्मक भभोग

३५२४) ५९९४ (१ वर्ष
३५२४
२४७० × १२
३५२४) २९६४० (८ मास
२८१९२
१४४८ × ३०

[शेष दूसरे कालम में

३५२४) ४३४४० (१२ दिन
३५२४
८२००
७०४८
११५२

उलका दशा के भुक्त वर्षादि १।८।१२ इसको ६ वर्ष में से घटाया तो ४।३।१८ उल्का दशा के भोग्य वर्षादि हुए।

योगिनी दशा का चक्र विंशोत्तरी और अष्टोत्तरी के समान ही लगाया जाता है। नीचे सुविधा के लिए योगिनी दशा चक्र दिया जा रहा है :

योगिनी दशा चक्र

दशा	उल्का	सिद्धा	संकटा	मंगला	पिंगला	धान्या	भ्रामरी	भद्रिका
वर्ष	४	७	८	१	२	३	४	५
मास	३	०	०	०	०	०	०	०
दिन	१८	०	०	०	०	०	०	०
संवत्	संवत्	संवत्	संवत्	संवत्	संवत्	संवत्	संवत्	संवत्
२००१	२००५	२०१२	२०२०	२०२१	२०२३	२०२६	२०३०	२०३५
सूर्य	सूर्य	सूर्य	सूर्य	सूर्य	सूर्य	सूर्य	सूर्य	सूर्य
०	३	३	३	३	३	३	३	३
१०	२८	२८	२८	२८	२८	२८	२८	२८

अन्तर्दशा साधन—दशा-दशा की वर्षसंख्या को परस्पर गुणा कर ३६ से भाग देने पर अन्तर्दशा के वर्षादि आते हैं। मंगला दशा की अन्तर्दशा :

मंगला में मंगला का अन्तर = १ × १ = १ ÷ ३६ = ०, शेष १ × १२ = १२ ÷ ३६ = ०, शेष १२ × ३० = ३६० ÷ ३६ = १० दिन।

मंगला में पिंगला का अन्तर = १ × २ = २ ÷ ३६ = ०, शेष २ × १२ = २४ ÷ ३६ = ०, शेष २४ × ३० = ७२० ÷ ३६ = २० दिन।

मंगला में धान्या का अन्तर = १ × ३ = ३ ÷ ३६ = ०, शेष ३ × १२ = ३६ ÷ ३६ = १ मास।

मंगला में भ्रामरी का अन्तर = १ × ४ = ४ ÷ ३६ = ०, शेष ४ × १२ = ४८ ÷ ३६ = १, शेष १२ × ३० = ३६० ÷ ३६ = १० = १ मास, १० दिन।

मंगला में भद्रिका का अन्तर = १ × ५ = ५ ÷ ३६ = ०, शेष ५ × १२ = ६० ÷ ३६ = १, शेष २४ × ३० = ७२० ÷ ३६ = २० दिन = १ मास, २० दिन।

मंगला में उल्का का अन्तर = १ × ६ = ६ ÷ ३६ = ०, शेष ६ × १२ = ७२ ÷ ३६ = २ मास।

मंगला में सिद्धा का अन्तर = १ × ७ = ७ ÷ ३६ = ०, शेष ७ × १२ = ८४ ÷ ३६ २, शेष १२ × ३० = ३६० ÷ ३६ = १० = २ मास १० दिन।

मंगला में संकटा का अन्तर = १ × ८ = ८ ÷ ३६ = ०, शेष ८ × १२ = ९६ ÷ ३६ = २, शेष २४ × ३० = ७२० ÷ ३६ = २० = २ मास, २० दिन।

मंगला में अन्तर्दशा चक्र

दशा	मंगला	पिंगला	धान्या	भ्रामरी	भद्रिका	उल्का	सिद्धा	संकटा
वर्ष	०	०	०	०	०	०	०	०
मास	०	०	१	१	१	२	२	२
दिन	१०	२०	०	१०	२०	०	१०	२०

पिंगला में अन्तर्दशा चक्र

दशा	पिंगला	धान्या	भ्रामरी	भद्रिका	उल्का	सिद्धा	संकटा	मंगला
वर्ष	०	०	०	०	०	०	०	०
मास	१	२	२	३	४	४	५	०
दिन	१०	०	२०	१०	०	२०	१०	२०

धान्या में अन्तर्दशा चक्र

दशा	धान्या	भ्रामरी	भद्रिका	उल्का	सिद्धा	संकटा	मंगला	पिंगला
वर्ष	०	०	०	०	०	०	०	०
मास	३	४	५	६	७	८	१	२
दिन	०	०	०	०	०	०	०	०

भ्रामरी में अन्तर्दशा चक्र

दशा	भ्रामरी	भद्रिका	उल्का	सिद्धा	संकटा	मंगला	पिंगला	धान्या
वर्ष	०	०	०	०	०	०	०	०
मास	५	६	८	९	१०	१	२	४
दिन	१०	२०	०	१०	२०	१०	२०	०

भद्रिका में अन्तर्दशा चक्र

दशा	भद्रिका	उल्का	सिद्धा	संकटा	मंगला	पिंगला	धान्या	भ्रामरी
वर्ष	०	०	०	१	०	०	०	०
मास	८	१०	११	१	१	३	५	६
दिन	१०	०	२०	१०	२०	१०	०	२०

उल्का में अन्तर्दशा चक्र

दशा	उल्का	सिद्धा	संकटा	मंगला,	पिंगला	धान्या	भ्रामरी	भद्रिका
वर्ष	१	१	१	०	०	०	०	०
मास	०	२	४	२	४	६	८	१०
दिन	०	०	०	०	०	०	०	०

सिद्धा में अन्तर्दशा चक्र

दशा	सिद्धा	संकटा	मंगला	पिंगला	धान्या	भ्रामरी	भद्रिका	उल्का
वर्ष	१	१	०	०	०	०	०	१
मास	४	६	२	४	७	९	११	२
दिन	१०	२०	१०	२०	०	१०	२०	०

संकटा में अन्तर्दशा चक्र

दशा	संकटा	मंगला	पिंगला	धान्या	भ्रामरी	भद्रिका	उल्का	सिद्धा
वर्ष	१	०	०	०	०	१	१	१
मास	९	२	५	८	१०	१	४	६
दिन	१०	२०	१०	०	२०	१०	०	२०

बलविचार

जन्मपत्री का यथार्थ फल ज्ञात करने के लिए षड्बल का विचार करना नितान्त आवश्यक है। क्योंकि ग्रह अपने बलाबलानुसार ही फल देते हैं। ज्योतिषशास्त्र में ग्रहों के स्थानबल, दिग्बल, कालबल, चेष्टाबल, नैसर्गिकबल और दृग्बल—ये छह बल माने गये हैं।

स्थानबल साधन

स्थानबल में उच्चबल, युग्मायुग्मबल, केन्द्रादिबल, द्रेष्काणबल, सप्तवर्गैक्यबल—ये पाँच सम्मिलित हैं। इन पाँचों बलों का योग करने से स्थानबल होता है।

उच्चबलसाधन—स्पष्ट ग्रह में से ग्रह के नीच को घटाना चाहिए। घटाने से जो आये वह ६ राशि से अधिक हो तो १२ राशि में से उसे घटा लेना चाहिए। शेष का विकला बना लें और उन विकलाओं में १०८०० से भाग देने पर लब्ध कलाएँ आयेंगी। शेष को ६० से गुणा कर, गुणनफल में १०८०० से भाग देने पर लब्ध विकलाएँ होंगी। इन कला विकलाओं के अंशादि बना लें।

उदाहरण—स्पष्ट सूर्य ०।१०।७।३४ है, इसमें से सूर्य के नीच राश्यंश को घटाया तो ६।०।७।३४ आया। यहाँ राशि स्थान में घटाने से अधिक होने के कारण इसे १२ राशि में से घटाया :

१२। ०। ०। ०
६। ०। ७।३४
५।२९।५२।२६ शेष

५ × ३० = १५० + २९ = १७९ × ६० = १०७४० + ५२ = १०७९२ × ६० = ६४७५२० + २६ = ६४७५४६ ÷ १०८०० = ५९, शेष १०३४६ × ६० = ६२०७६० ÷ १०८०० = ५७ लब्धि; यहाँ शेष का त्याग कर दिया।

अत : सूर्य का उच्चबल ०।५९।५७ हुआ।

चन्द्र स्पष्ट	१। ०।२६।४७
नीच राश्यंश	७। ३। ०।२४
	५।२७।२६।२३ शेष

५ × ३० = १५० + २७ = १७७ × ६० = १०६२० + २६ = १०६४६

१०६४६ × ६० = ६३८७६० + २३ = ६३८७८३ ÷ १०८०० = ५९, शेष १५८३ × ६० = ९४९८० ÷ १०८०० = ८ लब्धि; यहाँ शेष का त्याग कर दिया,

अर्थात् ०।५९।८ चन्द्रमा का उच्चबल हुआ। इसी प्रकार अन्य ग्रहों के उच्चबल का साधन कर जन्मपत्री में स्पष्ट उच्चबल चक्र लिखना चाहिए। आगे प्रत्येक ग्रह के उच्च और नीच राश्यंश दिये जाते हैं।

उच्च-नीच राश्यंश बोधक चक्र

ग्रह	सूर्य	चन्द्र	भौम	बुध	गुरु	शुक्र	शनि	राहु	केतु
उच्च	०	१	९	५	३	११	६	२	८
राश्यंश	१०	३	२८	१५	५	२७	२०	०	०
नीच	६	७	३	११	९	५	०	८	२
राश्यंश	१०	३	२८	१५	५	२७	२०	०	०

युग्मायुग्मबल साधन—चन्द्र और शुक्र सम राशि—वृष, कर्क, कन्या, वृश्चिक, मकर एवं मीन या सम राशि के नवांश में हों तो १५ कला बल होता है। यदि ये ग्रह सम राशि और सम नवांश दोनों में हों तो ३० कला बल होता है और दोनों में न हों तो शून्य कला बल होता है।

सूर्य, भौम, बुध, गुरु और शनि विषम राशि या विषम नवांश में हों तो १५ कला बल, दोनों में हों तो ३० कला बल और दोनों में ही न हों तो शून्य कला युग्मायुग्म बल होता है।

उदाहरण—सूर्य जन्मकुण्डली में मेष राशि का और नवांश कुण्डली में कर्क राशि का है। यहाँ मेष राशि विषम है और नवांश राशि सम है। अतः सूर्य का युग्मायुग्म बल १५ कला हुआ।

चन्द्रमा जन्मकुण्डली में वृष राशि और नवांश कुण्डली में मकर राशि में है, ये दोनों ही राशियाँ विषम हैं अतः चन्द्रमा का युग्मायुग्म बल ३० कला हुआ।

भौम जन्मकुण्डली में मिथुन राशि और नवांश कुण्डली में भी मिथुन राशि का है। ये दोनों ही राशियाँ विषम हैं अतः ३० कला युग्मायुग्म बल भौम का हुआ।

बुध जन्मकुण्डली में मेष राशि और नवांश कुण्डली में वृश्चिक राशि का है। मेष राशि विषम और वृश्चिक राशि सम है अतः १५ कला बल भौम का हुआ। इसी प्रकार समस्त ग्रहों का बल निकालकर चक्र बना देना चाहिए। कुण्डली के बल साधन प्रकरण में राहु-केतु का बल नहीं बताया गया है।

उपर्युक्त कुण्डली का युग्मायुग्मबल चक्र इस प्रकार से है :

युग्मायुग्मबल चक्र

ग्रह	सूर्य	चन्द्र	भौम	बुध	गुरु	शुक्र	शनि
अंश	०	०	०	०	०	०	०
कला	१५	३०	३०	१५	१५	१५	३०
विकला	०	०	०	०	०	०	०

केन्द्रादि बलसाधन—केन्द्र—प्रथम, चतुर्थ, सप्तम और दशम भाव में स्थित ग्रहों का बल एक अंश; पणफर—द्वितीय, पंचम, अष्टम और एकादश स्थान में स्थित ग्रहों का बल ३० कला एवं आपोक्लिम—तृतीय, षष्ठ, नवम और द्वादश भाव में स्थित ग्रहों का बल १५ कला होता है।

उदाहरण—इष्ट उदाहरण की जन्म-कुण्डली में सूर्य लग्न से नवम स्थान में, चन्द्रमा दशम में, भौम एकादश में, बुध नवम में, गुरु द्वादश में, शुक्र अष्टम में और शनि एकादश में है। उपर्युक्त नियम के अनुसार सूर्य के आपोक्लिम में होने से उसका १५ कला बल, चन्द्रमा का केन्द्र में होने से एक अंश बल, भौम का पणफर में होने से ३० कला बल, बुध का आपोक्लिम में होने से १५ कला बल, गुरु का भी आपोक्लिम में होने से १५ कला बल, शुक्र का पणफर में होने से ३० कला बल व शनि का पणफर में होने से ३० कला बल होगा।

कुण्डली का केन्द्रादि बल-चक्र

ग्रह	सूर्य	चन्द्र	भौम	बुध	गुरु	शुक्र	शनि
अंश	०	१	०	०	०	०	०
कला	१५	०	३०	१५	१५	३०	३०
विकला	०	०	०	०	०	०	०

द्रेष्काणबल-साधन—पुरुष ग्रहों—सूर्य, भौम और गुरु का प्रथम द्रेष्काण में १५ कला बल, स्त्री ग्रहों—शुक्र और चन्द्रमा तृतीय द्रेष्काण में १५ कला बल एवं नपुंसक ग्रहों बुध और शनि का द्वितीय द्रेष्काण में १५ कला बल होता है। जिस ग्रह का जिस द्रेष्काण में बल बतलाया गया है, यदि उसमें ग्रह न रहें तो शून्य बल होता है।

उदाहरण—अभीष्ट उदाहरण कुण्डली में पूर्वोक्त द्रेष्काण विचार के अनुसार सूर्य द्वितीय द्रेष्काण में, चन्द्रमा प्रथम में, भौम तृतीय में, बुध तृतीय में, गुरु तृतीय में, शुक्र तृतीय में और शनि प्रथम में है। उपर्युक्त नियमानुसार सूर्य का शून्य बल, चन्द्रमा का शून्य, भौम का शून्य, बुध का शून्य, गुरु का शून्य, शुक्र का १५ कला और शनि का शून्य बल हुआ।

द्रेष्काण बल का चक्र

ग्रह	सूर्य	चन्द्र	भौम	बुध	गुरु	शुक्र	शनि
अंश	०	०	०	०	०	०	०
कला	०	०	०	०	०	१५	०
विकला	०	०	०	०	०	०	०

सप्तवर्गैक्यबल-साधन—पहले गृह, होरा, द्रेष्काण, नवांश, द्वादशांश, त्रिंशांश और सप्तांश का साधन कर उक्त कुण्डली चक्र बनाने की विधि उदाहरण सहित लिखी गयी है। इन सातों वर्गों का साधन कर बल निम्न प्रकार सिद्ध करना चाहिए।

ग्रह	अंश	कला	विकला
स्वगृही ग्रह का बल	०	३०	०
अतिमित्रगृही ग्रह का बल	०	२२	३०
मित्र " " "	०	१५	०
सम " " "	०	७	३०
शत्रु " " "	०	३	४५
अतिशत्रु " " "	०	१	५२।३०

सब ग्रहों के बल को जोड़कर ६० से भाग देने पर अंशात्मक ऐक्य बल होता है।

उदाहरण—सूर्य जन्मकुण्डली में मेष राशि का है, अतः अतिमित्र[1] के गृह में होने से २२।३० बल गृह का प्राप्त हुआ। चन्द्रमा—वृष राशि का होने से मित्र शुक्र के गृह में है, इस कारण इसका गृह बल १५।० लिया जायेगा। भौम-मिथुन राशि का होने से मित्र बुध के गृह में है, अतः इसका गृह बल १५।० ग्रहण करना चाहिए। इस तरह समस्त ग्रहों का गृहबल निकाल लेना चाहिए।

होरा—सूर्य अपने होरा में है, अतः इसका ३०।० बल, चन्द्रमा अपने होरा में है अतः इसका ३०।० बल, भौम का चन्द्रमा के गृह में होने के कारण २२।३० बल, बुध का अपने सम चन्द्रमा के गृह में रहने के कारण ७।३० बल, गुरु का अपने अतिमित्र सूर्य के गृह में रहने के कारण २२।३० बल, शुक्र का अपने सम सूर्य के गृह में होने के कारण ७।३० बल एवं शनि का अपने सम सूर्य के गृह में रहने के कारण ७।३० होरा का बल होगा।

द्रेष्काण—द्रेष्काण कुण्डली में अपनी राशि में रहने के कारण सूर्य का ३०।० बल, चन्द्रमा का समसंज्ञक—उदासीन शुक्र की राशि में रहने के कारण ७।३० बल, भौम का उदासीन शनि की राशि में रहने के कारण ७।३० बल, बुध, का मित्र गुरु की राशि में रहने के कारण १५।० बल, गुरु का अपनी राशि में रहने के कारण ३०।० बल, शुक्र का मित्र मंगल की राशि में रहने के कारण १५।० बल और शनि का अतिमित्र बुध की राशि में रहने के कारण २२।३० द्रेष्काण बल होगा।

सप्तांश—सप्तांश कुण्डली में सूर्य का शत्रु बुध की राशि में रहने के कारण ३।४५ सप्तांश बल, चन्द्रमा का मित्र शुक्र की राशि में रहने के कारण १५।० बल, मंगल का अपनी राशि में रहने के कारण ३०।०बल होगा। इसी प्रकार समस्त ग्रहों का सप्तांश बल बना लेना चाहिए।

गृह, होरा, द्रेष्काण, सप्तांश बल साधन के समान ही नवांश, द्वादशांश और त्रिंशांश कुण्डली में स्थित ग्रहों का बल-साधन भी कर लेना चाहिए। इन सातों फलों के योगफल में ६० का भाग देने से सप्तवर्गैक्य बल आयेगा।

पूर्वोक्त उच्चबल, युग्मायुग्मबल, केन्द्रादिबल, द्रेष्काण बल एवं सप्तवर्गैक्यबल—इन पाँचों बलों का योग स्थानबल होता है। जन्मपत्री में स्थानबल चक्र लिखने के लिए उपर्युक्त पाँचों बलों के योग का चक्र लिखना चाहिए।

दिग्बल-साधन

शनि में से लग्न को, सूर्य और मंगल में से चतुर्थ भाव को, चन्द्रमा और शुक्र में से दशम भाव को, बुध और गुरु में से सप्तम भाव को घटाकर शेष में राशि ६ का भाग देने से ग्रहों का दिग्बल आता है। यदि शेष ६ राशि से अधिक हो तो १२ राशि में से घटाकर तब भाग देना चाहिए। दूसरा नियम यह भी है कि शेष की विकलाओं में १०८०० का भाग देने से कला, विकलात्मक, दिग्बल आ जाता है।

---

१. यहाँ मित्रामित्र की गणना पंचधा मैत्री चक्र के अनुसार ग्रहण करनी चाहिए।

उदाहरण—सूर्य ०।१०।७।३४ में से चतुर्थ भाव ७।२२।५०।५७ जो भाव स्पष्ट में आया है, को घटाया तो :

०।१०। ७।३४
७।२२।५०।५७
४।१७।१६।३७ शेष

४ × ३० = १२० + १७ =१३७ × ६० = ८२२० + १६ = ८२३६ × ६० = ४९४१६० + ३७ = ४९४१९७ ÷ १०८०० = ४५, शेष ८१९७ × ६० = ४९१८२० ÷ १०८०० = ४५, यहाँ शेष का त्याग कर दिया गया अतः सूर्य का दिग्बल ४५।४५ हुआ।

चन्द्रमा का—१। ०।२६।४७ चन्द्रस्पष्ट में से
१।२२।५०।५७ दशम भाव को घटाया
११। ७।३५।५० शेष

यहाँ ६ राशि से अधिक होने के कारण १२ राशि में से घटाया।

१२।०। ०। ०
११।७।३५।५०
०।२२।२४।१० शेष

० × ३० = ० + २२ = २२ × ६० = १३२० + २४ = १३४४ × ६० = ८०६४० + १० = ८०६५० ÷ १०८०० = ७, शेष ५०५० × ६० = ३०३००० ÷ १०८०० = २८ यहाँ शेष का प्रयोजन न होने से त्याग कर दिया गया।

७।२८ चन्द्रमा का बल हुआ। इसी प्रकार समस्त ग्रहों का दिग्बल बनाकर जन्मपत्री में दिग्बल चक्र लिखना चाहिए।

कालबलसाधन

नतोन्नतबल, पक्षबल, दिवारात्रित्र्यंशबल, वर्षेशादिबल—इन चारों बलों का योग कर देने पर काल-बल आता है।

नतोन्नत बलसाधन—नत घट्यादिकों को दूना कर देने से चन्द्र, भौम और शनि का नतोन्नत बल एवं उन्नत घट्यादिकों को दूना करने से सूर्य, गुरु एवं शुक्र का नतोन्नत बल होता है। बुध का सदा १ अंश नतोन्नत बल लिया जाता है। नतसाधन की प्रक्रिया पृष्ठ १४७ पर लिखी जा चुकी है, इसे ३० घटी में से घटाने पर नत के समान पूर्व या पश्चिम उन्नत होता है।

उदाहरण—७।१९ पश्चिम नत है (इष्ट काल पर से प्रथम नतसाधन के नियमानुसार आया है) इसे ३० घटी में से घटाया तो—३०।० − ७।१९ = २२।४१ उन्नत-पश्चिम।

उपर्युक्त निमय में सूर्य का नतोन्नत बल उन्नत द्वारा बनाया जाता है अतः २२।४१ × २ = ४५।२२ कलादि नतोन्नत बल सूर्य, गुरु और शुक्र का हुआ।

चन्द्र, भौम शनि का—७।१९ × २ = १४।३८ कलादि बल हुआ। बुध का एक अंश माना जायेगा। अतः इस उदाहरण का नतोन्नत बल-चक्र निम्न प्रकार बनेगा :

नतोन्नत बलचक्र

ग्रह	सूर्य	चन्द्र	भौम	बुध	गुरु	शुक्र	शनि
अंश	०	०	०	१	०	०	०
कला	४५	१४	१४	०	४५	४५	१४
विकला	२२	३८	३८	०	२२	२२	३८

पक्षबल-साधन—सूर्य चन्द्रमा के अन्तर के अंशों में ३ का भाग देने से शुभ ग्रहों—चन्द्र, बुध, गुरु और शुक्र का पक्षबल होता है, इसे ६० कला में घटाने से पापग्रहों—सूर्य, मंगल, शनि और पापयुक्त बुध का पक्षबल होता है।

उदाहरण—चन्द्रमा १। ०।२६।४७ में से

सूर्य ०।१०। ७।३४ को घटाया

२०।१९।१३

३)२०।१९।१३(६ कला

१८

२ × ६०

१२०

१९

३)१३९(४६ विकला

१२

१९

१८

१

६०। ०

६।४६

५३।१४ अशुभ ग्रहों का पक्षबल होगा।

६।४६ शुभग्रहों का पक्षबल हुआ।

पक्षबल चक्र

ग्रह	सूर्य	चन्द्र	भौम	बुध	गुरु	शुक्र	शनि
अंश	०	०	०	०	०	०	०
कला	५३	६	५३	५३	६	६	५३
विकला	१४	४६	१४	१४	४६	४६	१४

दिवारात्रि त्र्यंशबल—दिन का जन्म हो तो दिनमान का त्रिभाग करे और रात का जन्म हो तो रात्रिमान का त्रिभाग करे। यदि दिन के प्रथम भाग में जन्म हो तो बुध का, दूसरे भाग में सूर्य का और तीसरे भाग में शनि का एक अंश बल होता है। रात के प्रथम भाग में जन्म हो तो सूर्य का, द्वितीय भाग में शुक्र का और तृतीय भाग में भौम एवं गुरु का सदा एक अंश बल होता है। इससे विपरीत स्थिति में शून्यबल समझना चाहिए।

उदाहरण—दिनमान ३२।६ है और इष्टकाल २३।२२ है, दिनमान ३२।६ ÷ ३ = १०।४२; १०।४२ का एक भाग; १०।४२ से २१।२४ तक दूसरा भाग एवं २१।२४ से ३२।६ तक तीसरा भाग होगा। अभीष्ट इष्टकाल तृतीय भाग का है, अतः शनि का एक अंश बल होगा। गुरु का सर्वदा एक अंश बल माना जाता है, अतः उसका भी एक अंश बल ग्रहण करना चाहिए। बलचक्र इस प्रकार होगा :

दिवारात्रि त्र्यंशबल चक्र

ग्रह	सूर्य	चन्द्र	भौम	बुध	गुरु	शुक्र	शनि
अंश	०	०	०	०	१	०	१
कला	०	०	०	०	०	०	०
विकला	०	०	०	०	०	०	०

वर्षेशादि बल—इष्ट दिन का कलियुगाद्यहर्गण लाकर उसमें ३७३ घटाकर शेष में २५२० का भाग देने पर जो शेष आवे उसे दो जगह स्थापित करें। पहले स्थान में ३६० का और दूसरे स्थान में ३० का भाग दें। दोनों स्थान की लब्धियों को क्रमशः तीन और दो से गुणा करें, गुणनफल में एक जोड़ दें। इस योगफल में ७ का भाग देने पर प्रथम स्थान के शेष में वर्षपति और द्वितीय स्थान के शेष में मासपति होता है।

कलियुगाद्यहर्गण साधनविधि—इष्ट शक वर्ष में ३१७९ जोड़ देने से कलिगत वर्ष होते हैं। कलिगत वर्षों को १२ से गुणा कर चैत्रादि गतमास जोड़ देना चाहिए। इस योगफल को तीन स्थानों में रखना चाहिए, प्रथम स्थान में ७० से भाग देकर जो लब्ध आये उसे द्वितीय स्थान में जोड़ें और इस योगफल में ३३ का भाग देकर लब्धि को तृतीय स्थान में जोड़ दें। पुनः इस योगफल को ३० से गुणा कर गत तिथि जोड़ दें। इस योगफल को दो स्थानों में स्थापित करें। प्रथम स्थान की संख्या को ११ से गुणा कर ७०३ का भाग देकर लब्धि को द्वितीय स्थान की संख्या में घटाने से कलियुगाद्यहर्गण होता है।

उदाहरण—वि. सं. २००१ शक १८६६ के वैशाख मास कृष्ण पक्ष द्वितीया तिथि, सोमवार का जन्म है।

१८६६ + ३१७९ = ५०४५ कलियुगादि गतवर्ष

५०४५ × १२ = ६०५४० + १ = ६०५४१ गतमास

६०५४१ ÷ ७०	६०५४१	६०५४१
= ८६४, शेष ६१	८६४	१८६०
	६१४०५	६२४०१
	÷ ३३	
	= १८६०, शेष २५	

६२४०१ × ३० = १८७२०३० + १६ (तिथि शुक्ल प्रतिपदा से जोड़ना चाहिए)

१८७२०४६ × ११ = २०५९२५०६ २०५९२५०६ ÷ ७०३ = २९२९२, शेष २३०	१८७२०४६ २९२९२ १८४२७५४ कलियुगाद्यहर्गण

१८४२७५४ − ३७३ = १८४२३८१ ÷ २५२० = ७३१; शेष २६१, यहाँ लब्धि का उपयोग न होने से शेष को दो स्थानों में स्थापित किया।

२६१ ÷ ३६० लब्धि = ०, शेष २६१ वर्षेश = ० × ३ = ० + १ = १ ÷ ७ = ०, शेष १ वर्षपति	२६१ ÷ ३० लब्धि = ८, शेष २१ मासेश ८ × २ = १६ + १ = १७ १७ ÷ ७ = २, शेष ३ मासपति

दिनेश-साधन—जिस दिन का इष्टकाल हो, वही दिनेश होता है। प्रस्तुत उदाहरण में सोमवार का इष्टकाल है, अतः दिनेश चन्द्रमा होगा।

कालहोरेश-साधन—सूर्य दक्षिण गोल में हो तो इष्टकाल में चर घटी को जोड़ना और उत्तर गोल में हो तो इष्टकाल में से चर घटी को घटाना चाहिए। इस काल में पूर्व देशान्तर को ऋण और पश्चिम देशान्तर को धन करने से वार प्रवृत्ति के समय से इष्टकाल होता है। इस इष्टकाल को २ से गुणा कर ५ का भाग देने पर जो शेष रहे उसे गुणनफल में से घटाना चाहिए। अब शेष में एक जोड़कर ७ का भाग देने से जो शेष आये उसे दिनपति से आगे गणना करने पर कालहोरेश आता है।

उदाहरण—इष्टकाल २३।२२, चर मिनटादि २५।१७—यह पहले निकाला गया है। इसमें घट्यादि—$२५\frac{१७}{६०} = २५ + \frac{१७}{६०} = \frac{१५१७}{६०} \times \frac{१}{२४} = \frac{१५१७}{१४४०} = १\frac{७७}{१४४०} \times \frac{६०}{१} = \frac{७७}{२४} = ३\frac{५}{२४}$ अर्थात् एक घटी ३ पल चर काल हुआ। यहाँ सूर्य मेष राशि का होने के कारण दक्षिण गोल का है अतः उपर्युक्त नियमानुसार इष्टकाल २३।२२ में चर घटी १।३ को जोड़ा = देशान्तर २४।२५।

८ मिनट ४० सेकेण्ड के घटी पल बनाये तो $२१\frac{२}{३}$ पल हुए

०।२१ पल, आरा रेखादेश से पश्चिम होने के कारण देशान्तर घटी का धन संस्कार किया।

२४।२५
०।२१
२४।४६ वार प्रवृत्ति से इष्टकाल

२४।४६ × २ = ४९।३२ ÷ ५ = ९ लब्धि, शेष ४।३२, ४९।३२ − ४।३२ = ४५।० + १ = ४६।० ÷ ७ = ६ लब्धि, शेष ४, यहाँ वाराधिपति चन्द्रमा से ४ तक गिनने पर बृहस्पति कालहोरेश हुआ।

बल साधन का नियम यह है कि वर्षपति, मासपति, दिनपति और कालहोरापति ये क्रमशः एक चरण वृद्धि से बलवान् होते हैं। जैसे, वर्षपति का बल १५ कला, मासपति का ३० कला, दिनपति का ४५ कला और कालहोरापति का एक अंश बल होता है।

प्रस्तुत उदाहरण में वर्षपति रवि, मासपति मंगल, दिनपति चन्द्रमा और कालहोरापति

बृहस्पति हुआ। इन सभी ग्रहों का बल चरण-वृद्धि क्रम से नीचे दिया जाता है।

वर्षेशादि बल चक्र

ग्रह	सूर्य	चन्द्र	भौम	बुध	गुरु	शुक्र	शनि
अंश	०	०	०	०	१	०	०
कला	१५	४५	३०	०	०	०	०
विकला	०	०	०	०	०	०	०

जन्मपत्री में कालबल चक्र लिखने के लिए नतोन्नतबल, पक्षबल, दिवारात्र्यंशबल और वर्षेशादिबल—इन चारों का जोड़ करना चाहिए।

अयनबल—इसका साधन करने के लिए सूक्ष्म क्रान्ति का साधन करना परमावश्यक है। गणित क्रिया की सुविधा के लिए नीचे १० अंकों में ध्रुवांक और ध्रुवान्तरांक सारणी दी जाती है।

सायन ग्रह के भुजांशों में १० का भाग देने से जो लब्धि हो, वह गतक्रान्ति खण्डांक होता है। अंशादि शेष को ध्रुवान्तरांक से गुणा कर १० का भाग देने से जो लब्धि हो उसे गत खण्ड में जोड़कर पुनः दस का भाग देने पर अंशादि क्रान्ति स्पष्ट होती है। इस क्रान्ति की दिशा सायन ग्रह के गोलानुसार अवगत करनी चाहिए।

तीन राशि—९० अंशों की भुजा का ध्रुवांक चक्र

अंश	१०	२०	३०	४०	५०	६०	७०	८०	९०
	(१)	(२)	(३)	(४)	(५)	(६)	(७)	(८)	(९)
ध्रुवांक	४०	८०	११७	१५१	१८१	२०६	२२४	२३६	२४०
ध्रुवान्तरांक	४०	४०	३७	३४	३०	२५	१८	१४	४

उदाहरण—सूर्य ०।१०।७।३४ अयनांश २३।४६ है। ०।१०।७।३४ स्पष्ट सूर्य + २३।४६।० अयनांश = १।३।५३।३४ सायन सूर्य। इसके भुजांश निकालने हैं।

भुजांश बनाने का नियम यह है कि यदि ग्रह तीन राशि के भीतर हो तो वही उसका भुजांश और तीन राशि से अधिक और ६ राशि से कम हो तो ६ राशि में से ग्रह को घटा देने से भुजांश, ६ राशि से ग्रह अधिक और ९ राशि से कम हो तो ग्रह में से ६ राशि घटाने से भुजांश एवं नौ राशि से अधिक हो तो बारह राशि में से घटाने से भुजांश होता है।

प्रस्तुत उदाहरण में सूर्य ३ राशि के भीतर है। अतः उसका भुजांश १।३।५३।३४ राश्यादि ही होगा।

गणित क्रिया के लिए राशि के अंश बनाकर अंशों में जोड़ दिये तो ३३।५३।३४ अंशादि भुजांश हुआ।

३३।५३।३४ ÷ १० = ३ लब्धि, शेष ३।५३।३४, यहाँ लब्धि ३ है। अतः तीन खण्ड के

नीचेवाला गत ध्रुवांक ११७ हुआ। इस लब्धि खण्ड का ध्रुवान्तरांक ३७ है। इस अंक से शेष के अंशादि को गुणा करना चाहिए।

३।५३।३४ × ३७ = १४५।४१।५८ ÷ १० = १४।३४।११

११७ + १४।३४।११ = १३१।३४।११ ÷ १० = १३।११।२५

सूर्य की उत्तरा क्रान्ति हुई। इसी प्रकार समस्त ग्रहों की क्रान्ति का साधन कर लेना चाहिए।

चेष्टाबल-साधन

बुध की उत्तरा या दक्षिणा क्रान्ति को सर्वदा २४ में जोड़ना चाहिए। शनि और चन्द्र की दक्षिणा क्रान्ति हो तो २४ में क्रान्ति को जोड़ना और उत्तरा हो तो २४ में से घटाना चाहिए। सूर्य, मंगल, बुध और शुक्र की क्रान्ति को दक्षिणा क्रान्ति होने से २४ में से घटाना और उत्तरा क्रान्ति हो तो २४ में जोड़ना चाहिए। इस प्रकार धन-ऋण से जो क्रान्ति आयेगी, उसमें ४८ का भाग देने से अयनबल होता है। सूर्य के अयनबल को द्विगुणित कर देने से उसका चेष्टाबल होता है।

उदाहरण– सूर्य उत्तरा क्रान्ति १३।११।२५ है, अतः इसे २४ में जोड़ा तो–१३।११।२५ + २४ = ३७।११।२५ ÷ ४८ = ०।४६।१३ सूर्य का अयनबल।

भौमादि पाँच ग्रहों का मध्यम चेष्टाबल-साधन करने का यह नियम है कि पहले इष्टकालिक मध्यम ग्रह और स्पष्ट ग्रह के योगार्ध को शीघ्रोच्च में घटाने से भौमादि पाँच ग्रहों का चेष्टाकेन्द्र होता है। चेष्टाकेन्द्र ६ राशि से अधिक हो तो उसे १२ राशि में से घटाकर शेष अंशादि को दूना कर ६ का भाग देने पर कला-विकलादि रूप मध्यम चेष्टाबल होता है। सूर्य का अयनबल और चन्द्रमा का पक्षबल ही मध्यम चेष्टाबल होता है। सभी ग्रहों के अयनबल और मध्यम चेष्टाबल को जोड़ देने पर स्पष्ट चेष्टाबल होता है।

मध्यम ग्रह बनाने का नियम

मध्यम ग्रह-साधन ग्रह-लाघव, सर्वानन्दकरण, केतकी, करणकुतूहल आदि करण ग्रन्थों द्वारा अहर्गण साधन कर करना चाहिए। इस प्रकरण में ग्रह-लाघव द्वारा मध्यम ग्रह साधन करने की विधि दी जाती है।

अहर्गण बनाने का नियम–इष्ट शक संख्या में से १४४२ घटाकर शेष में ११ का भाग देने से लब्धि चक्र संज्ञक होती है। शेष को १२ से गुणा कर उससे चैत्र शुक्ल प्रतिपदा से गतमास संख्या जोड़कर दो स्थानों में स्थापित करना चाहिए। प्रथम स्थान की राशि में द्विगुणित चक्र और दस जोड़कर ३३ का भाग देने से लब्धितुल्य अधिमास होते हैं। इन्हें द्वितीय स्थान की राशि में जोड़कर ३० से गुणा कर वर्तमान मास की शुक्ल प्रतिपदा से लेकर गत तिथि तथा चक्र का षष्ठांश जोड़कर इस संख्या को दो स्थानों में स्थापित कर देना चाहिए। प्रथम स्थान में ६४ का भाग देने से लब्ध दिन आते हैं। इन्हें द्वितीय स्थान की राशि में घटाने से शेष इष्ट-दिनकालिक अहर्गण होता है :

उदाहरण—शक १८६६ वैशाख कृष्ण २ का जन्म है।

१४४२ को घटाया

४२४ ÷ ११ = लब्धि ३८, शेष ६,

६ × १२ = ७२ + ० = ७२	३८ चक्र
७२	३८ × २ = ७६
७६	७२ + ४ = ७६ × ३० = २२८० + १६
१०	
३३) १५८ (४ अधिमास	२२९६ + ६ = २३०२ इसे दो स्थानों में स्थापित किया
२३०२ ÷ ६४ = लब्ध ३५, शेष ६२ दिन	२३०२ लब्ध − ३५ दिन = २२६७ अहर्गण

मध्यम सूर्य, शुक्र और बुध की साधन विधि—अहर्गण में ७० का भाग देकर लब्ध अंशादि फल को अहर्गण में ही घटाने से शेष अंशादि रहता है, इसमें अहर्गण का १५वाँ भाग कलादि फल को घटाने से सूर्य, बुध और शुक्र अंशादिक होते हैं।

मध्यम चन्द्र साधन—अहर्गण को १४ से गुणा करके जो गुणनफल हो उसमें उसी का १७वाँ भाग अंशादि घटाने से जो शेष रहे उसमें से अहर्गण का १४०वाँ भाग कलादि घटाने से शेष अंशादिक मध्यम चन्द्र होता है।

मध्यम मंगल साधन—अहर्गण को १० से गुणा कर दो जगह रखना चाहिए। प्रथम स्थान में १९ का भाग देने से अंशादि और दूसरे स्थान में ७३ का भाग देने से कलादि फल होता है। इन दोनों का अन्तर करने से अंशादि मंगल होता है।

मध्यम गुरु साधन—अहर्गण में १२ का भाग देकर अंशादि फल में अहर्गण के ७वें भाग कलादि फल को घटाने से अंशादिक गुरु होता है।

मध्यम शनि साधन—अहर्गण में ३० का भाग देकर अंशादि फल आता है। अहर्गण में १५६ का भाग देने से कलादि फल होता है। इन दोनों फलों को जोड़ने से अंशादि शनि होता है।

मध्यम राहु साधन—अहर्गण को दो स्थानों में रखकर प्रथम स्थान में १९ का भाग देने से अंशादि फल और दूसरे स्थान में ४५ का भाग देने से कलादि फल होता है। इन दोनों फलों के योग को १२ राशि में घटाने से राहु होता है और राहु में ६ राशि जोड़ने से केतु आता है।

इस प्रकार अहर्गणोत्पन्न जो ग्रह आवें उनमें चक्र गुणित अपने ध्रुवक को घटाने से और अपने क्षेपक को जोड़ने से सूर्योदयकालिक मध्यम ग्रह होते हैं। चन्द्रसाधन के लिए स्वदेश और स्वरेखादेश के अन्तर योजन में ६ का भाग देने से लब्ध कलादि फल को पश्चिम देश में चन्द्रमा में जोड़ने से और पूर्व देश में चन्द्रमा में घटाने से वास्तविक मध्यम चन्द्रमा स्वदेशीय होता है।

ध्रुवक चक्र

ग्रह	सूर्य	चन्द्र	भौम	बुध	गुरु	शुक्र	शनि	राहु
राशि	०	०	१	४	०	१	७	७
अंश	१	३	२५	३	२६	१४	१५	२
कला	४९	४६	३२	२७	१८	२	४२	५०
विकला	११	११	०	०	०	०	०	०

क्षेपक चक्र

ग्रह	सूर्य	चन्द्र	भौम	बुध	गुरु	शुक्र	शनि	राहु
राशि	११	११	१०	८	७	७	९	०
अंश	१९	१९	७	२९	७	२०	१५	२७
कला	४१	६	८	३३	१६	९	२१	३८
विकला	०	०	०	०	०	०	०	०

उदाहरण—अहर्गण २२६७ है, मध्यम मंगल साधन करना है :

२२६७ × १० = २२६७०
२२६७० ÷ १९ =
११९३।९।२८ अंशादि फल

२२६७० ÷ ७३ — ३१०।३२ कलादि फल
इसे अंशादि करने के लिए कलाओं में ६० का भाग दिया तो ३१०।३२

६०)३१०(५।१०
३००
१० अर्थात् ५।१०।३२

११९३।९।२८ — ५।१०।३२
= ११८७।५८।५६ इसके राश्यादि बनाये तो ३९।१७।५८।५६ हुए। यहाँ राशि स्थान में १२ से अधिक है। अतः १२ का भाग देकर शेष लब्धि को छोड़ दिया और शेषमात्र को ग्रहण कर लिया।

३।१७।५८।५६ अहर्गणोत्पन्न मध्यम मंगल। इसे प्रातःकालीन बनाने के लिए अहर्गण साधन में जो चक्र ३८ आया है उसे मंगल के ध्रुवक से गुणा किया तो : १।२५।३२।० × ३८ = १०।१०।१६।०

३।१७।५८।५६ अहर्गणोत्पन्न मंगल में से
१०।१०।१६। ० चक्र गुणित मंगल के ध्रुवक को घटाया
५। ७।४२।५६ में
१०। ७। ८। ० मंगल का क्षेपक जोड़ा
४। २।५०।५६ मध्यम मंगल हुआ।

इसी प्रकार समस्त ग्रहों का मध्यम मान निकाल लेना चाहिए।

भौमादि ग्रहों का शीघ्रोच्च बनाने का नियम—बुध और शुक्र के शीघ्र केन्द्र में, मध्यम सूर्य युक्त करने से बुध और शुक्र का शीघ्रोच्च होता है। मंगल, बृहस्पति और शनि का शीघ्रोच्च मध्यम सूर्य ही होता है।

प्रस्तुत मंगल का शीघ्रोच्च ११।२४।५३।४७ जो कि मध्यम सूर्य है, माना जायेगा।

३। ८। ०।२४ मध्यम मंगल

२।२१।५२।४५ स्पष्ट करते मंगल ग्रहस्पष्ट साधन समय आया है।

५।२९।५३। ९ योग

२।२९।५६।३४ योगार्ध

११।२४।५३।४७ मंगल के शीघ्रोच्च में से

२।२९।५६।३४ योगार्ध को घटाया

८।२४।५७।१३ मंगल का चेष्टा केन्द्र हुआ।

यह छह राशि से अधिक है। अतः १२ में से घटाया तो :

१२। ०। ०। ०

८।२४।५७।१३

३। ५। २।४७ × २ = ६।१०।५।३४ ÷ ६ = ६ × ३० = १८० + १० = १९०।५।३४ ÷ ६ = ३१।४० यह मंगल का मध्यम चेष्टाबल हुआ। इसमें मंगल का अयनबल जोड़ देने से स्पष्ट चेष्टाबल आ जायेगा।

नैसर्गिक-बल-साधन

एकोत्तर अंकों में पृथक्-पृथक् ७ का भाग देने से क्रमशः शनि, मंगल, बुध, गुरु, शुक्र, चन्द्र और सूर्य का नैसर्गिक बल होता है—एक में ७ का भाग देने से शनि का, दो में ७ का भाग देने से मंगल का, तीन में ७ का भाग देने से बुध का, चार में ७ का भाग देने से गुरु का, पाँच में ७ का भाग देने से शुक्र का, छह में ७ का भाग देने से सूर्य का नैसर्गिक बल होता है।

उदाहरण—१ ÷ ७ = ०, शेष १ × ६० = ६० ÷ ७ = ८, शेष ४ × ६० = २४० ÷ ७ = ३४ शनि का नैसर्गिक बल हुआ है। इसी प्रकार सभी ग्रहों का बल बना लेना चाहिए।

नैसर्गिक बल चक्र

ग्रह	सूर्य	चन्द्र	भौम	बुध	गुरु	शुक्र	शनि
अंश	१	०	०	०	०	०	०
कला	०	५१	१७	२५	३४	४२	८
विकला	०	२६	९	४३	१७	५१	३४

दृग्बल-साधन

देखनेवाला ग्रह द्रष्टा और जिसे देखे वह ग्रह दृश्यसंज्ञक होता है। द्रष्टा को दृश्य में घटाकर एकादि शेष के अनुसार दृष्टि ध्रुवांश चक्र में से राशि का ध्रुवांक ज्ञात करना चाहिए। अंशादि शेष को ध्रुवांकान्तर से गुणा कर ३० का भाग दे लब्धि का गत ध्रुवांक

में धन, ऋण-गत से ऐष्य अधिक हो तो धन, अल्प हो तो ऋण करके ४ का भाग देने से लब्धि रूप ग्रह दृष्टि होती है।

शुभ ग्रहों–गुरु, शुक्र, चन्द्र और बुध की दृष्टि के जोड़ में ५ का भाग देने से जो आये उसे पहलेवाले ५ बलों के योग में जोड़ देने से षड्बलैक्य और पाप ग्रहों–सूर्य, मंगल, शनि तथा पाप ग्रह युक्त बुध की दृष्टि के जोड़ में ४ का भाग देने पर जो आये उसे पहलेवाले ५ बलों के योग में घटाने से षड्बलैक्य बल होता है।

दृष्टि ध्रुवांक चक्र

शेष राशि	१	२	३	४	५	६	७	८	९	१०	११	०
ध्रुवांक	०	१	३	२	०	४	३	२	१	०	०	०

उदाहरण–सूर्य पर बुध की दृष्टि का साधन करना है, अतः यहाँ बुध द्रष्टा और सूर्य दृश्य होगा।

०।१०। ७।३४ दृश्य में से

०।२३।२१।३१ द्रष्टा को घटाया

११।१६।४६।३ शेष, इसमें राशि संख्या ११ है, अतः ११ के नीचे ध्रुवांक शून्य मिला, आगेवाला ध्रुवांक भी शून्य है, अतः दोनों का अन्तर भी शून्य रूप होगा। अंशादि १६।४६।३ × ० = ० ÷ ३० = ०, ० + ० = ० ÷ ४ =० अतः यहाँ सूर्य पर बुध की दृष्टि शून्य रूप होगी।

इस प्रकार प्रत्येक ग्रह पर सातों ग्रहों की दृष्टि का साधन कर शुभाशुभ ग्रहों की अपेक्षा से दृष्टियोग निकालना चाहिए।

प्रत्येक ग्रह के पृथक्-पृथक् स्थानबल, दिग्बल, कालबल, चेष्टाबल, नैसर्गिकबल और दृग्बल–इन छहों बलों का योग कर देने से हर एक ग्रह का षड्बल आ जाता है।

ग्रहों के बलाबल का निर्णय–जिन ग्रहों का बलयोग-षड्बलैक्य तीन अंशों से कम हो वे निर्बल और जिनका छह अंश से अधिक हो वे पूर्ण बलवान् और जिनका तीन अंश से अधिक और छह अंश से कम हो वे मध्यबली होते हैं।

अष्टकवर्ग विचार–फल कहने की प्रायः तीन विधियाँ प्रचलित हैं–जन्मलग्न द्वारा, जन्मराशि-चन्द्रलग्न द्वारा और नवांश कुण्डली द्वारा। मनुष्य का जन्म जिस राशि में होता है, वह राशि उसके जीवन में अत्यन्त महत्त्वपूर्ण होती है। जन्मलग्न से शरीर का विचार, जन्मराशि के मानसिक विचार, नवांश कुण्डली से जीवन की विभिन्न समस्याओं का विचार किया जाता है। जन्मराशि द्वारा जो फल कहने की विधि प्रचलित है, उसे गोचर विधि कहते हैं। लेकिन गोचर का फल स्थूल होता है। ज्योतिर्विदों ने गोचर विधि को सूक्ष्मता प्रदान करने के लिए अष्टक वर्ग विधि को निकाला है।

जिस प्रकार प्रत्येक ग्रह जन्मसमय की स्थित राशि पर अपना शुभाशुभ प्रभाव डालता है, उसी प्रकार जन्मलग्न का भी अपना शुभाशुभ फल होता है। तात्पर्य यह है कि सात ग्रह स्थित राशियाँ और जन्म लग्न इन आठों स्थानों में सातों ग्रह और लग्न का प्रभाव

इष्टानिष्ट रूप में पड़ता है। सूर्य कुण्डली-सूर्याष्टक वर्ग, चन्द्र कुण्डली-चन्द्राष्टक वर्ग, मंगल कुण्डली-मंगलाष्टक वर्ग, बुध कुण्डली-बुधाष्टक वर्ग, गुरु कुण्डली-गुरु अष्टक वर्ग आदि सात ग्रह और लग्न इन आठों के अष्टक वर्ग बना लेना चाहिए। प्रत्येक ग्रह जन्म समय की कुण्डली में, अपने-अपने स्थान से जिन-जिन स्थानों में बल प्रदान करता है, उन स्थानों में, इस शुभ फलदायित्व को रेखा या बिन्दु कहते हैं। किसी-किसी आचार्य ने शुभफल का चिह्न रेखा माना है तो किसी ने बिन्दु। सारांश यह है कि शुभ फल को यदि रेखा द्वारा व्यक्त किया जायेगा तो अशुभ फल को शून्य द्वारा और शुभ फल को शून्य द्वारा व्यक्त किया जायेगा तो अशुभ फल को रेखा द्वारा। नीचे सामान्य अष्टक वर्ग चक्र दिये जाते हैं जिस अष्टक वर्ग में जो ग्रह जिन-जिन स्थानों में बल प्रदान करते हैं, उन स्थानों की संख्या दी गयी है। जैसे सूर्याष्टक वर्ग में चन्द्रमा जिस स्थान पर बैठा होगा, उससे तीसरे, छठे, दसवें और ग्यारहवें, भाव में शुभ फल देता है। शेष में अशुभ फल देता है। इसी प्रकार अन्य स्थानों को समझना चाहिए।

रवि-रेखा ४८

सूर्य	चन्द्र	भौम	बुध	गुरु	शुक्र	शनि	लग्न
१	३	१	३	५	६	१	३
२							
४							
७	६	२	५	६	७	२	४
८						४	
९			६				६
१०		४		९	१२	७	
११	१०		९			८	१०
		७	१०	११		९	
	११	८	११			१०	११
		९	१२			११	१२
		१०					
		११					

चन्द्र-रेखा ४९

सूर्य	चन्द्र	भौम	बुध	गुरु	शुक्र	शनि	लग्न
३	१	२	१	१	३	३	३
६	३	३	३	४	४	५	६
७	६	५	४	७	५	६	१०
८	७	६	५	८	७	११	११
१०	१०	९	७	१०	९		
११	११	१०	८	११	१०		
		११	१०	१२	११		
			११				

भौम रेखा ३९

सूर्य	चन्द्र	भौम	बुध	गुरु	शुक्र	शनि	लग्न
३	३	१	३	६	६	१	१
५	६	२	५	१०	८	४	३
६	११	४	६	११	११	७	६
१०		७	११	१२	१२	८	१०
११		८				९	११
		१०				१०	
		११				११	

बुध रेखा ५४

सूर्य	चन्द्र	भौम	बुध	गुरु	शुक्र	शनि	लग्न
५	२	१	१	६	१	१	१
६	४	२	३	८	२	२	२
९	६	४	५	११	३	४	४
११	८	७	६	१२	४	७	६
१२	१०	८	९		५	८	८
					८		
	११	९	१०		९	९	१०
		१०	११		११	१०	११
		११	१२			११	

गुरु रेखा ५६

सूर्य	चन्द्र	भौम	बुध	गुरु	शुक्र	शनि	लग्न
१	२	१	१	१	२	३	१
२	५	२	२	२	५	५	२
३			४		६	६	४
४	७	४		३			
७			५				५
	९	७	६	४	९	१२	६
८				७			
९		८			१०		७
	११	१०	९	८			९
१०			१०		११		
				१०			१०
११		११	११	११			११

शुक्र-रेखा ५२

सूर्य	चन्द्र	भौम	बुध	गुरु	शुक्र	शनि	लग्न
८	१	३	३	५	१	३	१
११	२						
	३	५	५	८	२	४	२
१२							
	४	६	६	९	३	५	३
	५					८	
	८	९	९	१०	४	९	४
	९	११	११	११	५		५
					८		
	११					१०	
	१२	१२			९		८
					१०	११	९
					११		११

शनि-रेखा ३९

सूर्य	चन्द्र	भौम	बुध	गुरु	शुक्र	शनि	लग्न
१		३	६	५	६	३	१
	३	५					३
२	६		८	६	११	५	
							४
४		६	९	११	१२	६	६
७	१	१०	१०	१२		११	१०
८	१	११	११				११
१०		१२	१२				
११							

लग्न-रेखा ४९

सूर्य	चन्द्र	भौम	बुध	गुरु	शुक्र	शनि	लग्न
३	३	१	१	१	१	१	३
४	६	३	२	२	२	३	
							६
६	१०	६	४	४	३	४	
१०	११	१०	६	५	४	६	१०
११		११	८	६	५	१०	११
१२			१०	७	८	११	
			११	९	९		
				११	११		

अष्टकवर्गांक फल—जन्मलग्न और जन्मकुण्डली में स्थित ग्रहों के स्थानों से सूर्यादि ग्रहों के शुभाशुभ स्थानों को निकाल लेना चाहिए। रेखा या बिन्दुओं के स्थानों को शुभ और शेष स्थानों को अशुभ कहते हैं। शुभ स्थान अधिक होने से ग्रह बलवान् और अशुभ स्थानों के अधिक होने से ग्रह निर्बल माना जाता है। यथा सूर्य का बल अवगत करना है। जन्म समय में वृश्चिक लग्न है और कुण्डली निम्न प्रकार है :

सूर्य का	स्थान	धनु	९
चन्द्र का	स्थान	वृश्चिक	८
मंगल का	स्थान	सिंह	५
बुध का	स्थान	मकर	१०
गुरु का	स्थान	मीन	१२
शुक्र का	स्थान	मकर	१०
शनि का	स्थान	मिथुन	३
लग्न का	स्थान	वृश्चिक	८

पंचांग में	सूर्य का	स्थान	मकर	१०
"	चन्द्र	"	वृष	३
"	मंगल	"	कुम्भ	११
"	बुध	"	मकर	१०
"	गुरु	"	मिथुन	३
"	शुक्र	"	धनु	९
"	शनि	"	कुम्भ	११

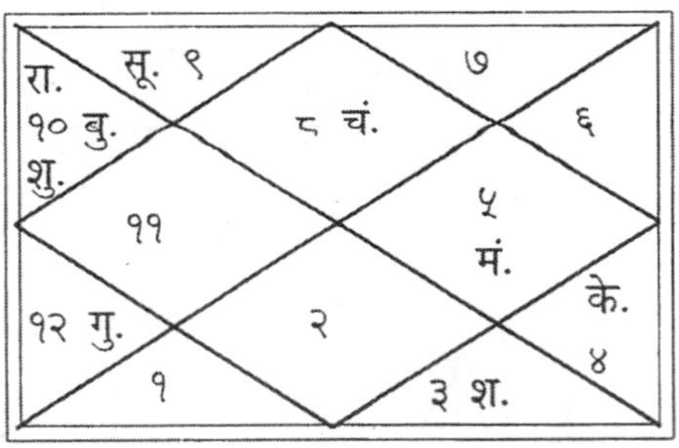

जन्म के सूर्य के स्थान धनु से पंचांग के सूर्य के स्थान मकर तक गणना करने से दो संख्या आयी, जो बिन्दु या रेखा की है। अनन्तर सूर्य के स्थान से चन्द्रमा के स्थान की गणना की तो धनु से वृष का स्थान छठा आया। रविरेखा के कोष्टक में छठे स्थान में बिन्दु या रेखा है, अतः यहाँ भी रेखा या बिन्दु को रखा। पश्चात् सूर्य के धनु स्थान से मंगल के स्थान कुम्भ की गणना की तो तीन संख्या आयी। तीन संख्या बिन्दु या रेखा के विपरीत अशुभ भी है। अतः मंगल अशुभ हुआ। इसी प्रकार आगे बुधादि की रेखाएँ निकाल लेनी चाहिए। यह रवि रेखाष्टक बनेगा। आगे चन्द्रमा से चन्द्ररेखाष्टक, मंगल से मंगलरेखाष्टक, बुध से बुधरेखाष्टक आदि रेखाष्टक बना लेने चाहिए। अब जिस ग्रह का बल जानना हो उसकी समस्त रेखाओं को जोड़ लेना तथा उसके विपरीत बिन्दुओं को जोड़ना, अनन्तर दोनों का अन्तर कर ग्रह के बलाबल या शुभाशुभ को समझ लेना चाहिए। यह रेखाष्टक का सरल विचार है; विस्तार से अवगत करने के लिए बृहत्पाराशर शास्त्र का वर्गाष्टकाध्याय देखना चाहिए।

■

तृतीय अध्याय

जन्मकुण्डली का फलादेश

जन्मपत्री मानव के पूर्वजन्म के संचित कर्मों का मूर्तिमान् रूप है, अथवा यों कह सकते हैं कि यह पूर्वजन्म के कर्मों को जानने की कुंजी है। जिस प्रकार विशाल वटवृक्ष का समावेश उसके बीज़ में है, उसी प्रकार प्रत्येक व्यक्ति के पूर्व जन्म-जन्मान्तरों के कृतकर्म जन्मपत्री में अंकित हैं। जो आस्तिक हैं, आत्मा को नित्य पदार्थ स्वीकार करते हैं, वे इस बात को मानने से इनकार नहीं कर सकते कि संचित एवं प्रारब्ध कर्मों के फल को मनुष्य अपनी जीवन-नौका में बैठकर क्रियमाणरूपी पतवार के द्वारा हेर-फेर करते हुए उपभोग करता है, अतएव जन्मपत्री से मानव के भाग्य का ज्ञान किया जाता है। यहाँ इतना स्मरण सदा रखना होगा कि क्रियमाण कर्मों के द्वारा पूर्वोपार्जित अदृष्ट में हीनाधिकता भी की जा सकती है। यह पहले भी कहा गया है कि ज्योतिष का प्रधान उपयोग अपने अदृष्ट को ज्ञात कर उसमें सुधार करना है। यदि हम अपने भाग्य को पहले से जान जायें तो सजग हो, उस भाग्य को पलट भी सकते हैं। परन्तु जो तीव्र अदृष्ट का उदय होता है, वह टाला नहीं जा सकता; उसका फल अवश्य भोगना पड़ता है। अतएव जो आज साधारण जनता में मिथ्या विश्वास फैला हुआ है कि ज्योतिष में अमुक व्यक्ति का भाग्य अमुक प्रकार का बताया गया है, अतएव अमुक व्यक्ति अमुक प्रकार का होगा ही, यह गलत है। यदि क्रियमाण का पलड़ा भारी हो गया तो संचित अदृष्ट अपना फल देने में असमर्थ रहेगा। हाँ, क्रियमाण यथार्थ रूप में सम्पन्न न किया जाये तो पूर्वोपार्जित अदृष्ट का फल भोगना ही पड़ता है, इसलिए जन्मपत्री में ज्योतिषी द्वारा जिस प्रकार का फलादेश बताया जाता है, वह ठीक घट भी सकता है और अन्यथा भी हो सकता है। फिर भी जीवन को उन्नतिशील बनाने एवं क्रियमाण द्वारा अपने भविष्य को सुधारने के लिए ज्योतिष ज्ञान की आवश्यकता है। जन्मपत्री के फलादेश को अवगत करने के लिए प्रथम ग्रह और उनके सम्बन्ध में निम्न आवश्यक बातें जान लेनी चाहिए। भाव, राशि और ग्रह की स्थिति को देखकर फल का वर्णन करना एवं ग्रहों का स्वरूप ज्ञात कर उनके सम्बन्ध में फल अवगत करना चाहिए।

सूर्य—पूर्व दिशा का स्वामी, पुरुष, रक्तवर्ण, पित्तप्रकृति और पाप ग्रह है। सूर्य आत्मा, स्वभाव, आरोग्यता, राज्य और देवालय का सूचक तथा पितृकारक है। पिता के सम्बन्ध में इससे विचार किया जाता है। नेत्र, कलेजा, मेरुदण्ड और स्नायु आदि अवयवों पर इसका विशेष प्रभाव पड़ता है। यह लग्न से सप्तम स्थान में बली माना गया है। मकर से छह राशि पर्यन्त चेष्टाबली है। इससे शारीरिक रोग, सिरदर्द, अपचन, क्षय, महाज्वर, अतिसार,

मन्दाग्नि, नेत्रविकार, मानसिक रोग, उदासीनता, खेद, अपमान एवं कलह आदि का विचार किया जाता है।

चन्द्रमा—पश्चिमोत्तर दिशा का स्वामी, स्त्री, श्वेतवर्ण और जलग्रह है। वातश्लेष्मा इसकी धातु और यह रक्त का स्वामी है। माता-पिता, चित्तवृत्ति, शारीरिक पुष्टि, राजानुग्रह, सम्पत्ति और चतुर्थ स्थान का कारक है। चतुर्थ स्थान में चन्द्रमा बली और मकर से छह राशि में इसका चेष्टाबल होता है। इससे शारीरिक रोग, पाण्डुरोग, जलज तथा कफज रोग, पीनस, मूत्रकृच्छ्र, स्त्रीजन्य रोग, मानसिक रोग, व्यर्थ भ्रमण, उदर एवं मस्तिष्क का विचार किया जाता है। कृष्णपक्ष की षष्ठी से शुक्लपक्ष की दशमी तक क्षीण चन्द्रमा रहने के कारण पाप ग्रह और शुक्लपक्ष की दशमी से कृष्णपक्ष की पंचमी तक पूर्ण ज्योति रहने से शुभ ग्रह और बली माना जाता है। बली चन्द्रमा ही चतुर्थ भाव में अपना पूर्ण फल देता है।

मंगल—दक्षिण दिशा का स्वामी, पुरुष जाति, पित्त प्रकृति, रक्तवर्ण और अग्नि तत्त्व है। यह स्वभावतः पाप ग्रह है, धैर्य तथा पराक्रम का स्वामी है। तीसरे और छठे स्थान में बली और द्वितीय स्थान में निष्फल होता है। दशम स्थान में दिग्बली और चन्द्रमा के साथ रहने से चेष्टाबली होता है। यह भ्रातृ और भगिनी कारक है।

बुध—उत्तर दिशा का स्वामी, नपुंसक, त्रिदोष प्रकृति, श्यामवर्ण और पृथ्वी तत्त्व है। यह पाप ग्रहों—सूर्य, मंगल, राहु, केतु, शनि के साथ रहने से अशुभ और शुभ ग्रहों—पूर्ण चन्द्रमा, गुरु, शुक्र के साथ रहने से शुभ फलदायक होता है। यह ज्योतिष विद्या, चिकित्सा शास्त्र, शिल्प, कानून, वाणिज्य और चतुर्थ तथा दशम स्थान का कारक है। चतुर्थ स्थान में रहने से निष्फल होता है, इससे जिह्वा और तालु आदि उच्चारण के अवयवों का विचार किया जाता है। इससे वाणी, गुह्यरोग, संग्रहणी, बुद्धिभ्रम, मूक, आलस्य, वातरोग एवं श्वेतकुष्ठ आदि का विचार विशेष रूप से होता है।

गुरु—पूर्वोत्तर दिशा का स्वामी, पुरुष जाति, पीतवर्ण और आकाश तत्त्व है। यह लग्न में बली और चन्द्रमा के साथ रहने से चेष्टाबली होता है। यह चर्बी और कफ धातु की वृद्धि करने वाला है। इससे पुत्र, पौत्र, विद्या, गृह, गुल्म एवं सूजन (शोथ) आदि रोगों का विचार किया जाता है।

शुक्र—दक्षिण-पूर्व का स्वामी, स्त्रीजाति, श्याम-गौर वर्ण एवं कार्य-कुशल है। इस ग्रह के प्रभाव से जातक का रंग गेहुँआ होता है। छठे स्थान में यह निष्फल एवं सातवें में अनिष्टकर होता है। यह जलग्रह है, इसलिए कफ, वीर्य आदि धातुओं का कारक माना गया है। मदनेच्छा, गानविद्या, काव्य, पुष्प, आभरण, नेत्र, वाहन, शय्या, स्त्री, कविता आदि का कारक है। दिन में जन्म होने पर इससे माता का विचार किया जाता है। सांसारिक सुख का विचार इसी ग्रह से होता है।

शनि—पश्चिम दिशा का स्वामी, नपुंसक, वात-श्लेष्मिक प्रकृति, कृष्णवर्ण और वायुतत्त्व है। यह सप्तम स्थान में बली और वक्रीग्रह या चन्द्रमा के साथ रहने से चेष्टा बली

होता है। इससे अँगरेजी विद्या का विचार किया जाता है। रात में जन्म होने पर मातृ और पितृ कारक होता है। इससे आयु, शारीरिक बल, उदारता, विपत्ति, योगाभ्यास, प्रभुता, ऐश्वर्य, मोक्ष, ख्याति, नौकरी एवं मूर्च्छादि रोगों का विचार किया जाता है।

राहु—दक्षिण दिशा का स्वामी, कृष्णवर्ण और क्रूर ग्रह है। जिस स्थान पर यह रहता है, यह उस स्थान की उन्नति को रोकता है।

केतु—कृष्णवर्ण और क्रूर ग्रह है। इससे चर्मरोग, मातामह, हाथ-पाँव और क्षुधाजनित कष्ट आदि का विचार किया जाता है।

विशेष—यद्यपि बृहस्पति और शुक्र दोनों शुभ ग्रह हैं, पर शुक्र से सांसारिक और व्यावहारिक सुखों का तथा बृहस्पति से पारलौकिक एवं आध्यात्मिक सुखों का विचार किया जाता है। शुक्र के प्रभाव से मनुष्य स्वार्थी और बृहस्पति के प्रभाव से परमार्थी होता है।

शनि और मंगल ये दोनों भी पाप ग्रह हैं, पर दोनों में अन्तर यही है कि शनि यद्यपि क्रूर ग्रह है, लेकिन उसका अन्तिम परिणाम सुखद होता है; यह दुर्भाग्य और मन्त्रणा के फेर में डालकर मनुष्य को शुद्ध बना देता है। परन्तु मंगल उत्तेजना देने वाला, उमंग और तृष्णा से परिपूर्ण कर देने के कारण सर्वदा दुखदायक होता है। ग्रहों में सूर्य और चन्द्रमा राजा, बुध युवराज, मंगल सेनापति, शुक्र-गुरु मन्त्री एवं शनि भृत्य हैं। सबल ग्रह जातक को अपने समान बनाता है।

सूर्यादि ग्रहों के द्वारा विचारणीय विषय

१. सूर्य से—पिता, आत्मा, प्रताप, आरोग्यता, आसक्ति व लक्ष्मी का विचार करें।
२. चन्द्रमा से—मन, बुद्धि, राजा की प्रसन्नता, माता और धन का विचार करें।
३. मंगल से—पराक्रम, रोग, गुण, भाई, भूमि, शत्रु और जाति का विचार करें।
४. बुध से—विद्या, बन्धु, विवेक, मामा, मित्र और वचन का विचार करें।
५. बृहस्पति से—बुद्धि, शरीर-पुष्टि, पुत्र और ज्ञान का विचार करें।
६. शुक्र से—स्त्री, वाहन, भूषण, कामदेव, व्यापार और सुख का विचार करें।
७. शनि से—आयु, जीवन, मृत्युकरण, विपत् और सम्पत् का विचार करें।
८. राहु से—पितामह (पिता का पिता) का विचार करें।
९. केतु से—मातामह (नाना) का विचार करें।

द्वादश भाव कारक ग्रह—सूर्य लग्न भाव का, बृहस्पति धन का, मंगल सहज का, चन्द्र और बुध शुभ का, बृहस्पति पुत्र का, शनि और मंगल शत्रु का, शुक्र जाया का, शनि मृत्यु का, सूर्य और बृहस्पति धर्म का, बृहस्पति, सूर्य, बुध और शनि कर्म का, बृहस्पति लाभ का एवं शनि व्यय भाव का कारक है।

कारक ज्ञान चक्र

भाव	लग्न १	धन २	सहज ३	शुभ ४	पुत्र ५	शत्रु ६	जाया ७	मृत्यु ८	धर्म ९	कर्म १०	लाभ ११	व्यय १२
कारक	सूर्य	गुरु	मंगल	चन्द्र बुध	गुरु	शनि मंगल	शुक्र	शनि	सूर्य गुरु	सूर्यबुध गुरुशनि	गुरु	शनि

बल-वृद्धि विचार—सूर्य से शनि, शनि से मंगल, मंगल से बृहस्पति, बृहस्पति से चन्द्रमा, चन्द्रमा से शुक्र, शुक्र से बुध एवं बुध से चन्द्रमा का बल बढ़ता है। अर्थात् सूर्य के साथ शनि का बल, शनि के साथ मंगल का बल, मंगल के साथ गुरु का बल, गुरु के साथ चन्द्रमा का बल, चन्द्रमा के साथ शुक्र का बल और शुक्र के साथ बुध का बल बढ़ता है।

ग्रहों के छह प्रकार के बल—स्थानबल, दिग्बल, कालबल, नैसर्गिकबल, चेष्टाबल और दृग्बल—ये छह प्रकार के बल हैं। यद्यपि पूर्व में ग्रहों के बलाबल का विचार गणित प्रक्रिया द्वारा किया जा चुका है, तथापि फलित ज्ञान के लिए इन बलों को जान लेना आवश्यक है।

स्थानबल—जो ग्रह उच्च, स्वगृही, मित्रगृही, मूल-त्रिकोणस्थ, स्व-नवांशस्थ अथवा द्रेष्काणस्थ होता है, वह स्थानबली कहलाता है। चन्द्रमा शुक्र समराशि में और अन्य ग्रह विषमराशि में बली होते हैं।

दिग्बल—बुध और गुरु लग्न में रहने से, शुक्र और चन्द्रमा चतुर्थ में रहने से, शनि सप्तम में रहने से एवं सूर्य और मंगल दशम स्थान में रहने से दिग्बली होते हैं। यतः लग्न पूर्व, दशम दक्षिण, सप्तम पश्चिम और चतुर्थ भाव उत्तर दिशा में होते हैं। इसी कारण उन स्थानों में ग्रहों का रहना दिग्बल कहलाता है।

कालबल—रात में जन्म होने पर चन्द्र, शनि और मंगल व दिन में जन्म होने पर सूर्य, बुध और शुक्र कालबली होते हैं। मतान्तर से बुध को सर्वदा कालबली माना जाता है।

नैसर्गिकबल—शनि, मंगल, बुध, गुरु, शुक्र, चन्द्र, व सूर्य उत्तरोत्तर बली होते हैं।

चेष्टाबल—मकर से मिथुन पर्यन्त किसी राशि में रहने से सूर्य और चन्द्रमा तथा मंगल, बुध, गुरु, शुक्र और शनि चन्द्रमा के साथ रहने से चेष्टाबली होते हैं।

दृग्बल—शुभ ग्रहों से दृष्ट ग्रह दृग्बली होते हैं।

बलवान् ग्रह अपने स्वभाव के अनुसार जिस भाव में रहता है, उस भाव को फल देता है। पाठकों को राशिस्वभाव और ग्रहस्वभाव—इन दोनों का समन्वय कर फल अवगत करना चाहिए।

ग्रहों का स्थानबल

सूर्य—अपने उच्चराशि, द्रेष्काण, होरा, रविवार, नवांश, उत्तरायण, मध्याह्न, राशि का

प्रथम पहर, मित्र के नवाश एवं दशम भाव में बली होता है।

चन्द्रमा—कर्कराशि, वृषराशि, दिन-द्रेष्काण, निजी-होरा, स्वनवांश, राशि के अन्त में शुभ ग्रहों द्वारा दृष्ट, रात्रि, चतुर्थ भाव और दक्षिणायन में बली होता है।

मंगल—मंगलवार, स्वनवांश, स्व-द्रेष्काण, मीन, वृश्चिक, कुम्भ, मकर, मेष राशि की रात्रि, वक्री, दक्षिण दिशा में राशि की आदि में बली होता है। दशम भाव में कर्क राशि में रहने पर भी बली माना जाता है।

बुध—कन्या और मिथुन राशि, बुधवार, अपने वर्ग, धनु राशि, रविवार के अतिरिक्त अन्य दिन एवं उत्तरायण में बली होता है। यदि राशि के मध्य का होकर लग्न में स्थित हो तो सदा यश और बल की वृद्धि करता है।

बृहस्पति—मीन, वृश्चिक, धन और कर्क राशि, स्ववर्ग, गुरुवार, मध्यदिन, उत्तरायण, राशि का मध्य एवं कुम्भ में बली होता है। नीचस्थ होने पर भी लग्न, चतुर्थ और दशम भाव में स्थित होने पर धन, यश और सुख प्रदान करता है।

शुक्र—उच्चराशि (मीन), स्ववर्ग, शुक्रवार, राशि का मध्य, षष्ठ, द्वादश, तृतीय और चतुर्थ स्थान में स्थित, अपराह्न, चन्द्रमा के साथ एवं वक्री, शुक्र बली माना जाता है।

शनि—तुला, मकर और कुम्भराशि, सप्तम भाव, दक्षिणायन, स्वद्रेष्काण, शनिवार, अपनी दशा, भुक्ति एवं राशि के अन्त में रहने पर बली माना जाता है। कृष्णपक्ष में वक्री हो तो समस्त राशि में बलवान् होता है।

राहु—मेष, वृश्चिक, कुम्भ, कन्या, वृष और कर्क राशि एवं दशम स्थान में बलवान होता है।

केतु—मीन, वृष और धनु राशि एवं उत्पात में केतु बली होता है।

सूर्य के साथ चन्द्रमा, लग्न से द्वितीय भाव में मंगल, चतुर्थ भाव में बुध, पंचम में बृहस्पति, षष्ठ में शुक्र एवं सप्तम में शनि निष्फल माना जाता है।

ग्रहों की दृष्टि—सभी ग्रह अपने स्थान से तीसरे और दसवें भाव को एक चरण दृष्टि से, पाँचवें और नवें भाव को दो चरण दृष्टि से, चौथे और आठवें भाव को तीन चरण दृष्टि से एवं सातवें भाव को पूर्ण दृष्टि से देखते हैं। किन्तु मंगल चौथे और आठवें भाव को, गुरु पाँचवें और नवें भाव को एवं शनि तीसरे और दसवें भाव को भी पूर्ण दृष्टि से देखते हैं।

ग्रहों के उच्च और मूलत्रिकोण का विचार—सूर्य का मेष के १० अंश पर, चन्द्रमा का वृष के ३ अंश पर, मंगल का मकर के २८ अंश पर, बुध का कन्या के १५ अंश पर, बृहस्पति का कर्क के ५ अंश पर, शुक्र का मीन के २७ अंश पर और शनि का तुला के २० अंश पर परमोच्च होता है।[1] प्रत्येक ग्रह अपने स्थान से सप्तम राशि में इन्हीं अंशों पर नीच का होता है। राहु वृष राषि में उच्च और वृश्चिक राशि में नीच एवं केतु वृश्चिक राशि

१. अजवृषभमृगाङ्गनाकुलीरा झषवणिजौ च दिवाकरादितुङ्गाः।
दशशशिमनुयुक्तिथीन्द्रियांशैस्त्रिनवकविंशतिभिश्च तेऽस्तनीचाः॥

—बृहज्जातक, राशिभेदाध्याय, श्लो. १३

में उच्च और वृष राशि में नीच का होता है।

उच्चग्रह की अपेक्षा मूलत्रिकोण में ग्रहों का प्रभाव कम पड़ता है, लेकिन स्वक्षेत्री-अपनी राशि में रहने की अपेक्षा मूलत्रिकोण बली होता है। पहले लिखा गया है कि सूर्य सिंह में स्वक्षेत्री है—सिंह का स्वामी है, परन्तु सिंह के १ अंश से २० अंश तक सूर्य का मूलत्रिकोण[1] और २१ से ३० अंश तक स्वक्षेत्र कहलाता है। जैसे किसी का जन्मकालीन सूर्य सिंह के १५वें अंश पर है तो यह मूलत्रिकोण का कहलायेगा, यदि यही सूर्य २२वें अंश पर है तो स्वक्षेत्री कहलाता है। चन्द्रमा का वृषराशि के ३ अंश तक परमोच्च है और इसी राशि के ४ अंश से ३० अंश तक मूलत्रिकोण है। मंगल का मेष के १८ अंश तक मूलत्रिकोण है, और इससे आगे स्वक्षेत्र है। बुध का कन्या के १५ अंश तक उच्च, १६ अंश में २० अंश तक मूलत्रिकोण और २१ से ३० अंश तक स्वक्षेत्र है। गुरु का धनराशि के १ अंश से १३ अंश तक मूलत्रिकोण और १४ से ३० अंश तक स्वगृह होता है। शुक्र का तुला के १ अंश से १० अंश तक मूलत्रिकोण और ११ से ३० अंश तक स्वक्षेत्र है। शनि का कुम्भ के १ अंश से २० अंश तक मूलत्रिकोण और २१ से ३० अंश तक स्वक्षेत्र है। राहु का वृष में उच्च, मेघ में स्वगृह और कर्क में मूलत्रिकोण है।

द्वादश भावों की संज्ञाएं एवं स्थानों का परिचय—जन्मकुण्डली के द्वादश भावों के नाम पहले लिखे गये हैं। यहाँ द्वादश भावों की संज्ञाएँ और उनसे विचारणीय बातों का उल्लेख किया जाता है। केन्द्र १।४।७।१०, पणफर २।५।८।११, आपोक्लिम ३।६।९।१२, त्रिकोण ५।९, उपचय ३।६।१०।११, चतुरस्र ४।८, मारक २।७, नेत्रत्रिक संज्ञक ६।८।१२ स्थान हैं।

प्रथम भाव के नाम—आत्मा, शरीर, लग्न, होरा, देह, वपु, कल्प, मूर्ति, अंग, तनु, उदय, आद्य, प्रथम, केन्द्र, कण्टक और चतुष्टय हैं।

विचारणीय बातें—रूप, चिह्न, जाति, आयु, सुख, दुख, विवेक, शील, मस्तिष्क, स्वभाव, आकृति आदि हैं। इसका कारक रवि है, इसमें मिथुन, कन्या, तुला, और कुम्भ राशियाँ बलवान् मानी जाती हैं। लग्नेश की स्थिति के बलाबलानुसार कार्यकुशलता, जातीय उन्नति-अवनति का ज्ञान किया जाता है।

द्वितीय भाव के नाम—पणफर, द्रव्य, स्व, वित्त, कोश, अर्थ, कुटुम्ब और धन हैं।

विचारणीय बातें—कुल, मित्र, आँख, कान, नाक, स्वर, सौन्दर्य, गान, प्रेम, सुखभोग, सत्यभाषण, संचित पूँजी (सोना, चाँदी, मणि, माणिक्य आदि), क्रय एवं विक्रय आदि हैं।

तृतीय भाव के नाम—आपोक्लिम, उपचय, पराक्रम, सहज, भ्रातृ और दुश्चिक्य हैं।

विचारणीय बातें—नौकर-चाकर, सहोदर, पराक्रम, आभूषण, दासकर्म, साहस, आयुष्य, शौर्य, धैर्य, दमा, खाँसी, क्षय, श्वास, गायन, योगाभ्यास आदि हैं।

---

१. वर्गोत्तमाश्चरगृहादिषु पूर्वमध्यपर्यन्तगाः शुभफला नवभागसंज्ञाः।
सिंहो वृषः प्रथमषष्ठहयाङ्गतौलिकुम्भास्त्रिकोणभवनानि भवन्ति सूर्यात् ॥

—बृहज्जातक, राशिभेदाध्याय, श्लो. १४

चतुर्थ भाव के नाम—केन्द्र, कण्टक, सुख, पाताल, तुर्य, हिबुक, गृह, सुहृद्, वाहन, यान, अम्बु, बन्धु, नीर आदि हैं।

विचारणीय बातें—मातृ-पितृ सुख, गृह, ग्राम, चतुष्पद, मित्र, शान्ति, अन्तःकरण की स्थिति, मकान, सम्पत्ति, बाग़-बग़ीचा, पेट के रोग, यकृत, दया, औदार्य, परोपकार, कपट, छल एवं निधि हैं। इस स्थान में कर्क, मीन और मकर राशि का उत्तरार्ध बलवान् होता है। चन्द्रमा और बुध इस स्थान के कारक हैं। यह स्थान माता का है।

पंचम भाव के नाम—पंचम, सुत, तनुज, पणफर, त्रिकोण, बुद्धि, विद्या, आत्मज और वाणी हैं।

विचारणीय बातें—बुद्धि, प्रबन्ध, सन्तान, विद्या, विनय, नीति, व्यवस्था, देवभक्ति, मातुल-सुख, नौकरी छूटना, धन मिलने के उपाय, अनायास बहुत धन-प्राप्ति, जठराग्नि, गर्भाशय, हाथ का यश, मूत्रपिण्ड एवं बस्ती हैं। इसका कारक गुरु है।

षष्ठ भाव के नाम—आपोक्लिम, उपचय, त्रिक, शत्रु, रिपु, द्वेष, क्षत, वैरी, रोग और नष्ट हैं।

विचारणीय बातें—मामा की स्थिति, शत्रु, चिन्ता, शंका, जमींदारी, रोग, पीड़ा, व्रणादिक, गुदास्थान एवं यश आदि हैं। इसके कारक शनि और मंगल हैं।

सप्तम भाव के नाम—केन्द्र, मदन, सौभाग्य, जामित्र और काम हैं।

विचारणीय बातें—स्त्री, मृत्यु, मदन-पीड़ा, स्वास्थ्य, कामचिन्ता, मैथुन, अंगविभाग, जननेन्द्रिय, विवाह, व्यापार, झगड़े एवं बवासीर रोग आदि हैं। इसमें वृश्चिक राशि बलवान् होती है।

अष्टम भाव के नाम—पणफर, चतुरस्र, त्रिक, आयु, रन्ध्र और जीवन हैं।

विचारणीय बातें—व्याधि, आयु, जीवन, मरण, मृत्यु के कारण, मानसिक चिन्ता, समुद्र-यात्रा, ऋण का होना, उतरना, लिंग, योनि, अण्कोष आदि के रोग एवं संकट प्रभृति हैं। इस स्थान का कारक शनि है।

नवम भाव के नाम—धर्म, पुण्य, भाग्य और त्रिकोण हैं।

विचारणीय बातें—मानसिक वृत्ति, भाग्योदय, शील, विद्या, तप, धर्म, प्रवास, तीर्थयात्रा, पिता का सुख एवं दान आदि हैं। इसके कारक रवि और गुरु हैं।

दशम भाव के नाम—व्यापार, आस्पद, मान, आज्ञा, कर्म, व्योम, गगन, मध्य, केन्द्र, स्व और नभ हैं।

विचारणीय बातें—राज्य, मान, प्रतिष्ठा, नौकरी, पिता, प्रभुता, व्यापार, अधिकार, ऐश्वर्य-भोग, कीर्तिलाभ एवं नेतृत्व आदि हैं। इसमें मेष, सिंह, वृष, मकर का पूर्वार्द्ध एवं धन का उत्तरार्द्ध बलवान् होता है। इसके कारक रवि, बुध, गुरु एवं शनि हैं।

एकादश भाव के नाम—पणफर, उपचय, लाभ, उत्तम और आय हैं।

विचारणीय बातें—गज, अश्व, रत्न, मांगलिक कार्य, मोटर, पालकी, सम्पत्ति एवं ऐश्वर्य आदि हैं। इसका कारक गुरु है।

द्वादश भाव के नाम—रिष्फ, व्यय, त्रिक, अन्तिम और प्रान्त्य हैं।

विचारणीय बातें—हानि, दान, व्यय, दण्ड, व्यसन एवं रोग आदि हैं। इस स्थान का कारक शनि है।

फल प्रतिपादन के लिए कतिपय नियम—जिस भाव में जो राशि हो, उस राशि का स्वामी ही उस भाव का स्वामी या भावेश कहलाता है। छठे, आठवें और बारहवें भाव के स्वामी जिन भावों—स्थानों में रहते हैं, अनिष्टकारक होते हैं। किसी भाव का स्वामी स्वगृही हो तो उस स्थान का फल अच्छा होता है। ग्यारहवें भाव में सभी ग्रह शुभ फलदायक होते हैं। किसी भाव का स्वामी पापग्रह हो और वह लग्न से तृतीय स्थान में पड़े तो अच्छा होता है किन्तु जिस भाव का स्वामी शुभ ग्रह हो और वह तीसरे स्थान में पड़े तो मध्यम फल देता है। जिस भाव में शुभ ग्रह रहता है, उस भाव का फल उत्तम और जिसमें पापग्रह रहता है, उस भाव के फल का ह्रास होता है।

१।४।५।७।९।१० स्थानों में शुभ ग्रहों का रहना शुभ है। ३।६।११ भावों में पाप ग्रहों का रहना शुभ है। जो भाव अपने स्वामी, शुक्र, बुध या गुरु द्वारा युक्त अथवा दृष्ट हो एवं अन्य किसी ग्रह से युक्त और दृष्ट न हो तो वह शुभ फल देता है। जिस भाव का स्वामी शुभ ग्रह से युक्त अथवा दृष्ट हो अथवा जिस भाव में शुभ ग्रह बैठा हो या जिस भाव को शुभ ग्रह देखता हो उस भाव का शुभ फल होता है। जिस भाव का स्वामी पाप ग्रह से युक्त अथवा दृष्ट हो या पाप ग्रह बैठा हो तो उस भाव के फल का ह्रास होता है।

भावाधिपति मूलत्रिकोण, स्वक्षेत्रगत, मित्रगृही और उच्च का हो तो उस भाव का फल शुभ होता है।

किसी भाव के फल-प्रतिपादन में यह देखना आवश्यक है कि उस भाव का स्वामी किस भाव में बैठा है और किस भाव के स्वामी का किस भाव में बैठे रहने से क्या फल होता है। सूर्य, मंगल, शनि और राहु क्रम से अधिक-अधिक पाप ग्रह हैं। ये ग्रह अपनी पाप ग्रहों की राशियों में रहने से विशेष पापी एवं शुभ की राशि, मित्र की राशि और अपने उच्च में रहने से अल्प पापी होते हैं। चन्द्रमा, बुध, शुक्र, केतु और गुरु ये क्रम से अधिक-अधिक शुभ ग्रह हैं। ये शुभ ग्रहों की राशियों में रहने से अधिक शुभ तथा पाप ग्रहों की राशियों में रहने से अल्प शुभ होते हैं। केतु फल विचार करने में प्रायः पाप ग्रह माना गया है। ८।१२ भावों में सभी ग्रह अनिष्टकारक होते हैं।

गुरु छठे भाव में शत्रुनाशक, शनि आठवें भाव में दीर्घायुकारक एवं मंगल दसवें स्थान में उत्तम भाग्यविधायक होता है। राहु, केतु और अष्टमेश जिस भाव में रहते हैं, उस भाव को बिगाड़ते हैं; गुरु अकेला द्वितीय, पंचम और सप्तम भाव में होता है तो धन, पुत्र और स्त्री के लिए सर्वदा अनिष्टकारक होता है। जिस भाव का जो ग्रह माना गया है, यदि वह अकेला उस भाव में हो तो उस भाव को बिगाड़ता है।

जन्मसमय में मेषादि द्वादश राशियों में नवग्रहों का फल

रवि—मेष राशि में रवि हो तो जातक आत्मबली, स्वाभिमानी, प्रतापी, चतुर, पित्तविकारी, युद्धप्रिय, साहसी, महत्त्वाकांक्षी, शूरवीर, गम्भीर, उदार; वृष में हो तो स्वाभिमानी, व्यवहारकुशल, शान्त, पापभीरु, मुखरोगी, स्त्रीद्वेषी; मिथुन में हो तो विवेकी, विद्वान् बुद्धिमान् मधुरभाषी, नम्र, प्रेमी, धनवान्, ज्योतिषी, इतिहासप्रेमी, उदार; कर्क में हो तो कीर्तिमान्, लब्ध-प्रतिष्ठ, कार्यपरायण, चंचल, साम्यवादी, परोपकारी, इतिहासज्ञ, कफरोगी; सिंह में हो तो योगाभ्यासी, सत्संगी, पुरुषार्थी, धैर्यशाली, तेजस्वी, उत्साही, गम्भीर, क्रोधी, वनबिहारी; कन्या में हो तो मन्दाग्निरोगी, शक्तिहीन, लेखन-कुशल, दुर्बल, व्यर्थबकवादी; तुला राशि में हो तो आत्मबलहीन, मन्दाग्निरोगी, परदेशाभिलाषी, व्यभिचारी, मलीन; वृश्चिक में हो तो गुप्त उद्योगी, उदररोगी, लोकमान्य, क्रोधी, साहसी, लोभी, चिकित्सक; धनु राशि में हो तो बुद्धिमान्, योगमार्गरत, विवेकी, धनी, आस्तिक, व्यवहारकुशल, दयालु, शान्त; मकर में हो तो चंचल झगड़ालू, बहुभाषी, दुराचारी, लोभी; कुम्भ में हो तो स्थिरचित्त, कार्यदक्ष, क्रोधी, स्वार्थी एवं मीन में रवि हो तो ज्ञानी, विवेकी, योगी, प्रेमी, बुद्धिमान् यशस्वी, व्यापारी और श्वसुर से लाभान्वित होता है।

चन्द्रमा—मेष में चन्द्रमा हो तो दृढ़शरीर, स्थिर, सम्पत्तिवान्, शूर, बन्धुहीन, कामी, उतावला, जल-भीरु; वृष में हो तो सुन्दर, प्रसन्नचित्त, कामी, दानी, कन्या सन्ततिवान्, शान्त कफरोगी; मिथुन में हो तो रतिकुशल, भोगी, मर्मज्ञ, विद्वान्, नेत्रचिकित्सक; कर्क में हो तो सन्ततिवान् सम्पत्तिशाली, श्रेष्ठ बुद्धि, जलविहारी, कामी, कृतज्ञ, ज्योतिषी, उन्माद रोगी; सिंह में हो तो दृढ़देही, दाँत तथा पेट का रोगी, मातृभक्त, अल्पसन्ततिवान्, गम्भीर, दानी; कन्या राशि में हो तो सुन्दर, मधुरभाषी, सदाचारी, धीर, विद्वान्, सुखी; तुला राशि में हो तो दीर्घदेही, आस्तिक, अन्नदाता, धनवान्, जमींदार, परोपकारी; वृश्चिक राशि में हो तो नास्तिक, लोभी, बन्धुहीन, परस्त्रीरत; धनु राशि में हो तो वक्ता, सुन्दर, शिल्पज्ञ, शत्रुविनाशक; मकर राशि में हो तो प्रसिद्ध, धार्मिक कवि, क्रोधी, लोभी, संगीतज्ञ; कुम्भ राशि में हो तो उन्मत्त, सूक्ष्मदेही, मद्यपायी, आलसी, शिल्पी, दुखी एवं मीन राशि में चन्द्रमा हो तो शिल्पकार, सुदेही, शास्त्रज्ञ, धार्मिक, अतिकामी और प्रसन्नमुख जातक होता है।

मंगल—मेष राशि में मंगल हो तो सत्यवक्ता, तेजस्वी, शूरवीर, नेता, साहसी, दानी, राजमान्य, लोकमान्य, धनवान्; वृष राशि में हो तो पुत्रद्वेषी, प्रवासी, सुखहीन, पापी, लड़ाकू प्रकृति, वंचक; मिथुन राशि में हो तो शिल्पकार, परदेशवासी, कार्यदक्ष, सुखी, जनहितैषी; कर्क में हो तो सुखाभिलाषी, दीन, सेवक, कृषक, रोगी, दुष्ट; सिंह राशि में हो तो शूरवीर, सदाचारी, परोपकारी, कार्यनिपुण, स्नेहशील; कन्या राशि में हो तो लोकमान्य, व्यवहारकुशल, पापभीरु, शिल्पज्ञ, सुखी; तुला राशि में हो तो प्रवासी, वक्ता, कामी, परधनहारी; वृश्चिक राशि में हो तो व्यापारी, चोरों का नेता, पातकी, शठ, दुराचारी; धनु राशि में हो तो कठोर, शठ, क्रूर, परिश्रमी, पराधीन; मकर राशि में हो तो ख्यातिप्राप्त, पराक्रमी, नेता, ऐश्वर्यशाली, सुखी, महत्त्वाकांक्षी; कुम्भ राशि में हो तो आचारहीन, मत्सरवृत्ति, सट्टे से धननाशक, व्यसनी, लोभी

एवं मीन राशि में मंगल हो तो रोगी, प्रवासी, मान्त्रिक, बन्धु-द्वेषी, नास्तिक, हठी, धूर्त और वाचाल जातक होता है।

बुध—मेष राशि में बुध हो तो कृशदेही, चतुर, प्रेमी, नट, सत्यप्रिय, रतिप्रिय, लेखक, ऋणी; वृष में हो तो शास्त्रज्ञ, व्यायामप्रिय, धनवान्, गम्भीर, मधुरभाषी, विलासी, रतिशास्त्रज्ञ; मिथुन राशि में हो तो मधुरभाषी, शास्त्रज्ञ, लब्ध-प्रतिष्ठ, वक्ता, लेखक, अल्पसन्ततिवान्, विवेकी, सदाचारी; कर्क राशि में हो तो वाचाल, गवैया, स्त्रीरत, कामी, परदेशवासी, प्रसिद्ध, कार्यकारी, परिश्रमी; सिंह राशि में हो तो मिथ्याभाषी, कुकर्मी, ठग, कामुक; कन्या राशि में हो तो वक्ता, कवि, साहित्यिक, लेखक, सम्पादक, सुखी; तुला राशि में हो तो शिल्पज्ञ, चतुर, वक्ता, व्यापारदक्ष, आस्तिक, कुटुम्बवत्सल, उदार; वृश्चिक राशि हो तो व्यसनी, दुराचारी, मूर्ख, ऋणी, भिक्षुक; धनु राशि में हो तो उदार, प्रसिद्ध राजमान्य, विद्वान्, लेखक, सम्पादक, वक्ता; मकर राशि में हो तो कुलहीन, दुश्शील, मिथ्याभाषी, ऋणी, मूर्ख, डरपोक; कुम्भ राशि में हो तो कुटुम्बहीन, दुखी, अल्पधनी एवं मीन राशि में बुध हो तो सदाचारी, भाग्यवान्, प्रवास में सुखी, धनसंग्रही, कार्यदक्ष, मिष्टभाषी, सहनशील, स्वाभिमानी जातक होता है।

गुरु—मेष राशि में गुरु हो तो वादी, वकील, ऐश्वर्यशाली, तेजस्वी, प्रसिद्ध, कीर्तिमान् विजयी; वृष राशि हो तो आस्तिक, पुष्ट शरीर, सदाचारी, धनवान्, चिकित्सक, विद्वान्, बुद्धिमान्; मिथुन में हो तो विज्ञानविशारद, अनायास धन प्राप्त करनेवाला, लोक-मान्य, लेखक, व्यवहारकुशल; कर्क में हो तो सदाचारी, विद्वान्, सत्यवक्ता, महायशस्वी, साम्यवादी, सुधारक, योगी, लोकमान्य, सुखी, धनी, नेता; सिंह में हो तो सभाचतुर, शत्रुजित्, धार्मिक प्रेमी, कार्यकुशल; कन्या में हो तो सुखी, भोगी, विलासी, चित्रकला-निपुण, चंचल; तुला में हो तो बुद्धिमान्, व्यापार-कुशल, कवि, लेखक, सम्पादक, बहुपुत्रवान्, सुखी; वृश्चिक में हो तो शास्त्रज्ञ, कार्यकुशल, राजमन्त्री, पुण्यात्मा; धनुराशि में हो तो धर्माचार्य, दम्भी, धूर्त, रतिप्रेमी; मकर में हो तो द्रव्यहीन, प्रवासी, व्यर्थ परिश्रमी, चंचलचित्त, धूर्त; कुम्भ में हो तो डरपोक, प्रवासी, कपटी, रोगी एवं मीन राशि में गुरु हो तो लेखक, शास्त्रज्ञ, गर्वहीन, राजमान्य, शान्त, दयालु, व्यवहारकुशल, साहित्य-प्रेमी जातक होता है।

शुक्र—मेष में शुक्र हो तो विश्वासहीन, दुराचारी, परस्त्रीरत, झगड़ालू, वेश्यागामी; वृष में हो तो सुन्दर, ऐश्वर्यवान्, दानी, सात्त्विक, सदाचारी, परोपकारी, अनेक शास्त्रज्ञ; मिथुन में हो तो चित्रकलानिपुण साहित्यिक, कवि, साहित्य-स्रष्टा, प्रेमी, सज्जन, लोकहितैषी; कर्क राशि में हो तो धार्मिक, ज्ञाता, सुन्दर, सुख और धन का इच्छुक, नीतिज्ञ; सिंह में हो तो अल्पसुखी, उपकारी, चिन्तातुर, शिल्पज्ञ; कन्या में हो तो सभापण्डित, अतिकामी, सुखी, भोगी, रोगी, वीर्यहीन, सट्टे द्वारा धननाशक; तुला में हो तो प्रवासी, यशस्वी, कार्यदक्ष, विलासी, कलानिपुण; वृश्चिक में हो तो कुकर्मी, नास्तिक, क्रोधी, ऋणी, दरिद्री, गुह्य रोगी, स्त्रीद्वेषी; धनु में हो तो स्वोपार्जित द्रव्य द्वारा पुण्य करनेवाला, विद्वान्, सुन्दर, लोकमान्य, राजमान्य,

सुखी; मकर में हो तो बलहीन, कृपण, हृदय-रोगी, दुखी, मानी; कुम्भ में हो तो चिन्ताशील, रोग से सन्तप्त, धर्महीन, परस्त्रीरत, मलीन एवं मीन राशि में शुक्र हो तो शिल्पज्ञ, शान्त, धनी, कार्यदक्ष, कृषि कर्म का मर्मज्ञ या जमींदार और जौहरी जातक होता है।

शनि—मेष राशि में शनि हो तो आत्मबलहीन, व्यसनी, निर्धन, दुराचारी, लम्पट, कृतघ्न; वृष में हो तो असत्यभाषी, द्रव्यहीन, मूर्ख, वचनहीन; मिथुन में हो तो कपटी, दुराचारी, पाखण्डी, निर्धनी, कामी; कर्क में हो तो बाल्यावस्था में दुखी, मातृरहित, प्राज्ञ, उन्नतिशील, विद्वान्, सिंह में हो तो लेखक, अध्यापक, कार्यदक्ष; कन्या में हो तो बलवान्, मितभाषी, धनवान्, सम्पादक, लेखक, परोपकारी, निश्चित-कार्यकर्ता; तुला में हो तो सुभाषी, नेता, यशस्वी स्वाभिमानी, उन्नतिशील; वृश्चिक में हो तो स्त्री-हीन, क्रोधी, कठोर, हिंसक, लोभी; धनु में हो तो व्यवहारज्ञ, पुत्र की कीर्ति से प्रसिद्ध, सदाचारी, वृद्धावस्था में सुखी; मकर में हो तो मिथ्याभाषी, आस्तिक, परिश्रमी, भोगी, शिल्पकार, प्रवासी; कुम्भ में हो तो व्यसनी, नास्तिक, परिश्रमी एवं मीन राशि में शनि हो तो हतोत्साही, अविचारी, शिल्पकार जातक होता है।

राहु—मेष में राहु हो तो जातक पराक्रमहीन, आलसी, अविवेकी; वृष में हो तो सुखी, चंचल, कुरूप; मिथुन में हो तो योगाभ्यासी, गवैया, बलवान् दीर्घायु; कर्क में हो तो उदार, रोगी, धनहीन, कपटी, पराजित; सिंह में हो तो चतुर, नीतिज्ञ, सत्पुरुष, विचारक; कन्या में हो तो लोकप्रिय, मधुरभाषी, कवि, लेखक, गवैया; तुला में हो तो अल्पायु, दन्तरोगी, मृतधनाधिकारी, कार्यकुशल; वृश्चिक में हो तो धूर्त, निर्धन, रोगी, धन-नाशक; धनु में हो तो अल्पावस्था में सुखी, दत्तक जानेवाला, मित्र-द्रोही; मकर में हो तो मितव्ययी, कुटुम्बहीन, दाँत का रोगी; कुम्भ में हो तो विद्वान्, लेखक, मितभाषी एवं मीन राशि में राहु हो तो आस्तिक, कुलीन, शान्त, कला-प्रिय और दक्ष जातक होता है।

केतु—मेष राशि में केतु हो तो चंचल, बहुभाषी, सुखी; वृष में हो तो दुखी, निरुद्यमी, आलसी, वाचाल; मिथुन में हो तो वातविकारी, अल्प सन्तोषी, दाम्भिक, अल्पायु, क्रोधी; कर्क में हो तो वातविकारी, भूत-प्रेत पीड़ित, दुखी; सिंह में हो तो बहुभाषी, डरपोक, असहिष्णु, सर्प-दंशन का भय, कलाविज्ञ; कन्या में हो तो सदा रोगी, मूर्ख, मन्दाग्निरोगी, व्यर्थवादी; तुला में हो तो कुष्ठरोगी, कामी, क्रोधी, दुखी; वृश्चिक में हो तो क्रोधी, कुष्ठरोगी, धूर्त, वाचाल, निर्धन, व्यसनी; धनु में हो तो मिथ्यावादी, चंचल, धूर्त; मकर में हो तो प्रवासी, परिश्रमशील, तेजस्वी, पराक्रमी; कुम्भ में हो तो कर्णरोगी, दुखी, भ्रमणशील, व्ययशील साधारण धनी एवं मीन राशि में केतु हो तो कर्णरोगी, प्रवासी, चंचल और कार्यपरायण जातक होता है।

द्वादश भावों में रहनेवाले नवग्रहों का फल

सूर्य—लग्न में सूर्य हो तो जातक स्वाभिमानी, क्रोधी, पित्त-वातरोगी, चंचल, प्रवासी,

कृशदेही, उन्नत नासिका और विशाल ललाटवाला, शूरवीर, अस्थिर सम्पत्तिवाला एवं अल्पकेशी; द्वितीय[1] में हो तो मुखरोगी, सम्पत्तिवान्, भाग्यवान्, झगड़ालू, नेत्रकर्ण-दन्तरोगी, राजभीरु एवं स्त्री के लिए कुटुम्बियों से झगड़नेवाला; तृतीय में हो तो पराक्रमी, प्रतापशाली, राज्यमान्य, कवि, बन्धुहीन, लब्धप्रतिष्ठ एवं बलवान्; चतुर्थ में हो तो चिन्ताग्रस्त, परम सुन्दर, कठोर, पितृधननाशक, भाइयों से वैर करनेवाला, गुप्त विद्याप्रिय एवं वाहन सुखहीन; पंचम में हो तो रोगी, अल्पसन्ततिवान्, सदाचारी, बुद्धिमान्, दुखी, शीघ्र क्रोधी एवं वंचक; छठे स्थान में हो तो शत्रुनाशक, तेजस्वी, वीर्यवान्, मातुलकष्टकारक, बलवान्, श्रीमान्, न्यायवान्, नीरोगी; सातवें स्थान में हो तो स्त्रीक्लेशकारक, स्वाभिमानी, कठोर, आत्मरत, राज्य से अपमानित एवं चिन्तायुक्त; आठवें भाव में हो तो पित्तरोगी, चिन्तायुक्त, क्रोधी, धनी, सुखी और धैर्यहीन एवं निर्बुद्धि; नवें भाव में हो तो योगी, तपस्वी, सदाचारी, नेता, ज्योतिषी, साहसी, वाहनसुखयुक्त एवं भृत्य सुख सहित; दशम स्थान में हो तो प्रतापी, व्यवसायकुशल, राजमान्य, लब्ध-प्रतिष्ठ, राजमन्त्री, उदार, ऐश्वर्यसम्पन्न एवं लोकमान्य; ग्यारहवें भाव में हो तो धनी, बलवान्, सुखी, स्वाभिमानी, मितभाषी, तपस्वी, योगी, सदाचारी, अल्पसन्तति एवं उदररोगी और बारहवें भाव में हो तो उदासीन, वाम-नेत्र तथा मस्तक रोगी, आलसी, परदेशवासी, मित्र-द्वेषी एवं कृशशरीर होता है।

चन्द्रमा—लग्न में हो तो जातक बलवान्, ऐश्वर्यशाली, सुखी, व्यवसायी, गानवाद्यप्रिय एवं स्थूल शरीर; द्वितीय स्थान में हो तो मधुरभाषी, सुन्दर, भोगी, परदेशवासी, सहनशील, शान्तिप्रिय एवं भाग्यवान्; तृतीय स्थान में हो तो प्रसन्नचित्त, तपस्वी, आस्तिक, मधुरभाषी, कफरोगी एवं प्रेमी; चतुर्थ स्थान में हो तो दानी, मानी, सुखी, उदार, रोग रहित, रागद्वेषवर्जित, कृषक, विवाह के पश्चात् भाग्योदयी, जलजीवी एवं बुद्धिमान्; पाँचवें स्थान में हो तो चंचल, कन्यासन्ततिवान्, सदाचारी, सट्टे से धन कमानेवाला एवं क्षमाशील; छठे स्थान में हो तो कफरोगी, अल्पायु, आसक्त, खरचीले स्वभाववाला, नेत्ररोगी एवं भृत्यप्रिय; सातवें स्थान में हो तो सभ्य, धैर्यवान्, नेता, विचारक, प्रवासी, जलयात्रा करनेवाला, अभिमानी, व्यापारी, वकील, कीर्तिमान्, शीतल स्वभाववाला एवं स्फूर्तिवान्; आठवें भाव में हो तो विकारग्रस्त, प्रमेहरोगी, कामी, व्यापार से लाभवाला, वाचाल, स्वाभिमानी, बन्धन से दुखी होने वाला एवं ईर्ष्यालु; नवें भाव में हो तो सन्तति-सम्पत्तियुक्त सुखी, धर्मात्मा, कार्यशील, प्रवास-प्रिय, न्यायी, चंचल, विद्वान्, विद्याप्रिय, साहसी एवं अल्पभ्रातृवान्; दसवें भाव में हो तो कार्यकुशल, दयालु, निर्बल बुद्धि, व्यापारी, कार्यपरायण, सुखी, यशस्वी, विद्वान्, कुल-दीपक, सन्तोषी, लोकहितैषी, मानी, प्रसन्नचित्त एवं दीर्घायु; ग्यारहवें भाव में हो तो चंचल बुद्धि, गुणी, सन्तति और सम्पत्ति से युक्त, सुखी, लोकप्रिय, यशस्वी, दीर्घायु, मन्त्रज्ञ, परदेशप्रिय और राज्यकार्यदक्ष एवं बारहवें

---

१. भाव गणना लग्न से होती है—लग्न को प्रथम मानकर बायीं ओर द्वितीयादि भावों की गणना की जाती है।

भाव में चन्द्रमा हो तो नेत्ररोगी, चंचल, कफरोगी, क्रोधी, एकान्तप्रिय, चिन्तनशील, मृदुभाषी एवं अधिक व्यय करने वाला होता है।

मंगल—लग्न में मंगल हो तो जातक क्रूर, साहसी, चपल, विचार रहित, महत्त्वाकांक्षी, गुप्तरोगी, लौह धातु एवं व्रणजन्य कष्ट से युक्त एवं व्यवसायहानि; द्वितीय स्थान में हो तो कटुभाषी, धनहीन, निर्बुद्धि, पशुपालक, कुटुम्ब क्लेशवाला, चोर से भक्ति, धर्मप्रेमी, नेत्र-कर्णरोगी तथा कटु-तिक्तरसप्रिय; तृतीय भाव में हो तो प्रसिद्ध, शूरवीर, धैर्यवान्, साहसी, सर्वगुणी, बन्धुहीन, बलवान्, प्रदीप्त जठराग्निवाला, भ्रातृकष्टकारक एवं कटुभाषी; चतुर्थ में मंगल हो तो वाहन सुखी, सन्ततिवान्, मातृसुखहीन, प्रवासी, अग्निभययुक्त, अल्पमृत्यु या अपमृत्यु प्राप्त करने वाला, कृषक, बन्धुविरोधी एवं लाभयुक्त; पाँचवें भाव में हो तो उग्रबुद्धि, कपटी, व्यसनी, रोगी, उदररोगी, कृशशरीरी, गुप्तांगरोगी, चंचल, बुद्धिमान् एवं सन्तति-क्लेशयुक्त; छठे भाव में हो तो प्रबल जठराग्नि, बलवान्, धैर्यशाली, कुलवन्त, प्रचण्ड शक्ति, शत्रुहन्ता, ऋणी, पुलिस अफ़सर, दाद रोगी, क्रोधी, व्रण और रक्तविकारयुक्त एवं अधिक व्यय करनेवाला; सातवें स्थान में हो तो स्त्री-दुखी, वातरोगी, राजभीरु, शीघ्र कोपी, कटुभाषी, धूर्त, मूर्ख, निर्धन, घातकी, धननाशक एवं ईर्ष्यालु; आठवें भाव में हो तो व्याधिग्रस्त, व्यसनी, मद्यपायी, कठोरभाषी, उन्मत्त, नेत्ररोगी, शस्त्रचोर, अग्निभीरु, संकोची, रक्तविकारयुक्त एवं धनचिन्तायुक्त; नौवें भाव में हो तो द्वेषी, अभिमानी, क्रोधी, नेता, अधिकारी, ईर्ष्यालु, अल्प लाभ करनेवाला, यशस्वी, असन्तुष्ट एवं भ्रातृविरोधी; दसवें भाव में हो तो धनवान्, कुलदीपक, सुखी, यशस्वी, उत्तम-वाहनों से सुखी, स्वाभिमानी एवं सन्तति कष्टवाला; ग्यारहवें भाव में हो तो कटुभाषी, दम्भी, झगड़ालू, क्रोधी, लाभ करनेवाला, साहसी, प्रवासी, न्यायवान् एवं धैर्यवान् और बारहवें भाव में मंगल हो तो नेत्ररोगी, स्त्रीनाशक, उग्र, ऋणी, झगड़ालू, मूर्ख, व्ययशील एवं नीच प्रकृति का पापी होता है।

बुध—लग्न में बुध हो तो जातक दीर्घायु, आस्तिक, गणितज्ञ, विनोदी, उदार, वैद्य, विद्वान् स्त्री-प्रिय, मिष्टभाषी एवं मितव्ययी; द्वितीय में हो तो वक्ता, सुन्दर, सुखी, गुणी, मिष्ठान्नभोजी, दलाल या वकील का पेशा करनेवाला, मितव्ययी, संग्रही, सत्कार्यकारक एवं साहसी; तीसरे भाव में हो तो कार्यदक्ष, परिश्रमी, भीरु, लेखक, सामुद्रिकशास्त्र का ज्ञाता, सम्पादक, कवि, सन्ततिवान्, विलासी, अल्प भ्रातृवान्, चंचल, व्यवसायी, यात्राशील, धर्मात्मा, मित्रप्रेमी एवं सद्‌गुणी; चतुर्थ में हो तो पण्डित, भाग्यवान्, वाहनसुखी, दानी, स्थूलदेही, आलसी, गीतप्रिय, उदार, बन्धुप्रेमी, विद्वान्, लेखक, नीतिज्ञ एवं नीतिवान्; पंचम में हो तो प्रसन्न, कुशाग्रबुद्धि, गण्य-मान्य, सुखी, सदाचारी, वाद्यप्रिय, कवि, विद्वान् एवं उद्यमी; छठे स्थान में हो तो विवेकी, वादी, कलहप्रिय, आलसी, रोगी, अभिमानी, परिश्रमी, दुर्बल, कामी एवं स्त्री-प्रिय, सातवें भाव में हो तो सुन्दर, विद्वान्, कुलीन, व्यवसायकुशल, धनी, लेखक, सम्पादक, उदार, सुखी, धार्मिक, अल्पवीर्य, दीर्घायु; अष्टम भाव में हो तो दीर्घायु, लब्धप्रतिष्ठ, अभिमानी, कृषक, राजमान्य, मानसिक दुखी, कवि, वक्ता, न्यायाधीश, मनस्वी, धनवान् एवं

धर्मात्मा; नवम भाव में हो तो सदाचारी, कवि, गवैया, सम्पादक, लेखक, ज्योतिषी, विद्वान्, धर्मभीरु, व्यवसायप्रिय एवं भाग्यवान्; दसवें भाव में हो तो सत्यवादी, विद्वान्, लोकमान्य, मनस्वी, व्यवहारकुशल, कवि, लेखक, न्यायी, भाग्यवान्, राजमान्य, मातृ-पितृ भक्त एवं जमींदार; ग्यारहवें भाव में हो तो दीर्घायु, योगी, सदाचारी, धनवान्, प्रसिद्ध, विद्वान्, गायनप्रिय, सरदार, ईमानदार, सुन्दर, पुत्रवान्, विचारवान् एवं शत्रुनाशक और बारहवें भाव में बुध हो तो विद्वान्, आलसी, अल्पभाषी, शास्त्रज्ञ, लेखक, वेदान्ती, सुन्दर, वकील एवं धर्मात्मा होता है।

गुरु—लग्न में गुरु हो तो जातक ज्योतिषी, दीर्घायु, कार्यपरायण, विद्वान्, कार्यकर्ता, तेजस्वी, स्पष्टवक्ता, स्वाभिमानी, सुन्दर, सुखी, विनीत, धनी, पुत्रवान्, राजमान्य एवं धर्मात्मा; द्वितीय भाव में हो तो सुन्दर शरीरी, मधुरभाषी, सम्पत्ति और सन्ततिवान्, राजमान्य, लोकमान्य, सुकार्यरत, सदाचारी, पुण्यात्मा, भाग्यवान्, शत्रुनाशक, दीर्घायु एवं व्यवसायी; तृतीय भाव में हो तो जितेन्द्रिय, मन्दाग्नि, शास्त्रज्ञ, लेखक प्रवासी, योगी, आस्तिक, ऐश्वर्यवान्, कामी, स्त्रीप्रिय, व्यवसायी, विदेशप्रिय, पर्यटनशील एवं वाहनयुक्त; चतुर्थ में हो तो भोगी, सुन्दरदेही, कार्यरत, उद्योगी, ज्योतिर्विद्, सन्तानरोधक, राजमान्य, लोकमान्य, मातृ-पितृभक्त, यशस्वी, एवं व्यवहारज्ञ; पाँचवें भाव में हो तो आस्तिक, ज्योतिषी, लोकप्रिय, कुलश्रेष्ठ, सट्टे से धन प्राप्त करनेवाला, सन्ततिवान् एवं नीतिविशारद; छठे भाव में हो तो मधुरभाषी, ज्योतिषी, विवेकी, प्रसिद्ध, विद्वान्, सुकर्मरत, दुर्बल, उदार, लोकमान्य, नीरोगी एवं प्रतापी; सातवें भाव में हो तो भाग्यवान्, विद्वान्, वक्ता, प्रधान, नम्र, ज्योतिषी, धैर्यवान्, प्रवासी, सुन्दर, स्त्रीप्रेमी एवं परस्त्रीरत; आठवें भाव में हो तो दीर्घायु, शीलसम्पन्न, सुखी, शान्त, मधुरभाषी, विवेकी, ग्रन्थकार, कुलदीपक ज्योतिषप्रेमी, लोभी, गुप्तरोगी एवं मित्रों द्वारा धननाशक; नौवें भाव में हो तो तपस्वी, यशस्वी, भक्त योगी, वेदान्ती, भाग्यवान्, विद्वान्, राजपूज्य, पराक्रमी, बुद्धिमान्, पुत्रवान्, एवं धर्मात्मा; दशवें भाव में हो तो सत्कर्मी, सदाचारी, पुण्यात्मा, ऐश्वर्यवान्, साधु, चतुर, न्यायी, प्रसन्न, ज्योतिषी, सत्यवादी, शत्रुहन्ता, राजमान्य, स्वतन्त्र विचारक, मातृ-पितृ-भक्त, लाभवान्, धनी एवं भाग्यवान्; ग्यारहवें भाव में हो तो सुन्दर, नीरोग, लाभवान्, व्यवसायी, धनिक, सन्तोषी, अल्पसन्ततिवान्, राजपूज्य, विद्वान्, बहुस्त्रीयुक्त, सद्व्ययी, और पराक्रमी एवं द्वादश भाव में गुरु हो तो आलसी, मितभाषी, सुखी, मितव्ययी, योगाभ्यासी, परोपकारी, उदार, शास्त्रज्ञ, सम्पादक, सदाचारी, लोभी, यात्री एवं दुष्ट चित्तवाला होता है। गुरु के सम्बन्ध में इतना विशेष है कि २।५।७।११ भाव में अकेला गुरु हानिकारक होता है अर्थात् उन भावों को नष्ट करता है।

शुक्र—लग्न में शुक्र हो तो जातक दीर्घायु, सुन्दरदेही, ऐश्वर्यवान्, सुखी, मधुरभाषी, प्रवासी, विद्वान्, भोगी, विलासी, कामी एवं राजप्रिय; द्वितीय भाव में हो तो धनवान्, मिष्टान्नभोजी, यशस्वी, लोकप्रिय, जौहरी, सुखी, समयज्ञ, कुटुम्बयुक्त, कवि, दीर्घजीवी, साहसी एवं भाग्यवान्; तृतीय भाव में हो तो सुखी, धनी, कृपण, आलसी, चित्रकार, पराक्रमी, विद्वान्,

भाग्यवान्, एवं पर्यटनशील; चतुर्थ भाव में हो तो सुन्दर बलवान्, परोपकारी, आस्तिक, सुखी, व्यवहारदक्ष, विलासी, भाग्यवान्, पुत्रवान् एवं दीर्घायु; पाँचवें भाव में हो तो सुखी, भोगी, सद्‌गुणी, न्यायवान्, आस्तिक, दानी, उदार, विद्वान्, प्रतिभाशाली, वक्ता, कवि, पुत्रवान्, लाभयुक्त, व्यवसायी एवं शत्रुनाशक; छठे भाव में हो तो स्त्रीसुखहीन, बहुमित्रवान्, दुराचारी, मूत्ररोगी, वैभवहीन, दुखी, गुप्तरोगी, स्त्रीप्रिय, शत्रुनाशक एवं मितव्ययी; सातवें भाव में हो तो स्त्री से सुखी, उदार, लोकप्रिय, धनिक, चिन्तित, विवाह के बाद भाग्योदयी साधुप्रेमी, कामी, अल्पव्यभिचारी, चंचल, विलासी, गानप्रिय एवं भाग्यवान्; आठवें भाव में हो तो विदेशवासी, निर्दयी, रोगी, क्रोधी, ज्योतिषी, मनस्वी, दुखी, गुप्तरोगी, पर्यटनशील एवं परस्त्रीरत; नौवें भाव में हो तो आस्तिक, गुणी, गृहसुखी, प्रेमी, दयालु, पवित्र तीर्थयात्राओं का कर्ता, राजप्रिय एवं धर्मात्मा; दसवें भाव में हो तो विलासी, ऐश्वर्यवान्, न्यायवान्, ज्योतिषी, विजयी, लोभी, धार्मिक, गानप्रिय, भाग्यवान्, गुणवान् एवं दयालु; ग्यारहवें भाव में हो तो विलासी, वाहनसुखी, स्थिरलक्ष्मीवान्, लोकप्रिय, परोपकारी, जौहरी, धनवान्, गुणज्ञ, कामी एवं पुत्रवान् और बारहवें भाव में शुक्र हो तो न्यायशील, आलसी, पतित, धातुविकारी, स्थूल, परस्त्रीरत, बहुभोजी, धनवान्, मितव्ययी एवं शत्रुनाशक होता है।

शनि—लग्न में शनि मकर तथा तुला का हो तो धनाढ्य, सुखी, अन्य राशियों का हो तो दरिद्री; द्वितीय भाव में हो तो मुखरोगी, साधुद्वेषी, कटुभाषी और कुम्भ या तुला का शनि हो तो धनी, कुटुम्ब तथा भ्रातृवियोगी, लाभवान्; तृतीय भाव में हो तो नीरोगी, योगी, विद्वान्, शीघ्र कार्यकर्ता, मल्ल, सभाचतुर, विवेकी, शत्रुहन्ता, भाग्यवान्, एवं चंचल; चतुर्थ में हो तो बलहीन, अपयशी, कृशदेही, शीघ्रकोपी, कपटी, धूर्त, भाग्यवान्, वातपित्तयुक्त एवं उदासीन; पाँचवें भाव में हो तो वातरोगी, भ्रमणशील, विद्वान्, उदासीन, सन्तानयुक्त, आलसी एवं चंचल; छठे भाव में हो तो शत्रुहन्ता, भोगी, कवि, योगी, कण्ठरोगी, श्वासरोगी, जाति विरोधी, व्रणी, बलवान् एवं आचारहीन; सातवें भाव में हो तो क्रोधी, धन-सुखहीन, भ्रमणशील, नीच कर्मरत, आलसी, स्त्रीभक्त, विलासी एवं कामी; आठवें भाव में हो तो कपटी, वाचाल, कुष्ठरोगी, डरपोक, धूर्त, गुप्तरोगी, विद्वान्, स्थूलशरीरी एवं उदार प्रकृति; नवें भाव में हो तो रोगी, वातरोगी, भ्रमणशील, वाचाल, कृशदेही, प्रवासी, भीरु, धर्मात्मा, साहसी, भ्रातृहीन एवं शत्रुनाशक; दसवें भाव में हो तो नेता, न्यायी, विद्वान्, ज्योतिषी, राजयोगी, अधिकारी, चतुर, महत्त्वाकांक्षी, निरुद्योगी, परिश्रमी, भाग्यवान्, उदरविकारी, राजमान्य एवं धनवान्; ग्यारहवें भाव में हो तो दीर्घायु, क्रोधी, चंचल, शिल्पी, सुखी, योगाभ्यासी, नीतिवान्, परिश्रमी, व्यवसायी, विद्वान, पुत्रहीन, कन्याप्रज्ञ, रोगहीन एवं बलवान् और बारहवें भाव में शनि हो तो अपस्मार, उन्माद का रोगी, व्यर्थ व्यय करनेवाला, व्यसनी, दुष्ट, कटुभाषी, अविश्वासी, मातुलकष्टदायक एवं आलसी होता है।

राहु—लग्न में राहु हो तो जातक दुष्ट, मस्तकरोगी, स्वार्थी, राजद्वेषी, नीचकर्मरत, मनस्वी, दुर्बल, कामी एवं अल्पसन्ततियुक्त; द्वितीय भाव में हो तो परदेशगामी, अल्प सन्तति,

कुटुम्बहीन, कठोरभाषी, अल्प धनवान्, संग्रहशील एवं मात्सर्ययुक्त; तृतीय भाव में हो तो योगाभ्यासी, पराक्रमशून्य, दृढ़विवेकी, अरिष्टनाशक, प्रवासी, बलवान्, विद्वान् एवं व्यवसायी; चतुर्थ भाव में राहु हो तो असन्तोषी, दुखी, मातृक्लेशयुक्त, क्रूर, कपटी, उदरव्याधियुक्त, मिथ्याचारी एवं अल्पभाषी; पाँचवें भाव में राहु हो तो उदररोगी, मतिमन्द, धनहीन, कुलधननाशक, भाग्यवान्, कार्यकर्ता एवं शास्त्रप्रिय; छठे भाव में हो तो विधर्मियों द्वारा लाभ, नीरोग, शत्रुहन्ता, कमरदर्द पीड़ित अरिष्टनिवारक, पराक्रमी एवं बड़े-बड़े कार्य करनेवाला; सातवें भाव में हो तो स्त्रीनाशक, व्यापार से हानिदायक, भ्रमणशील, वातरोगजनक, दुष्कर्मी, चतुर, लोभी एचं दुराचारी; आठवें भाव में हो तो पुष्टदेही, गुप्तरोगी, क्रोधी, व्यर्थभाषी, मूर्ख, उदररोगी एवं कामी; नौवें भाव में हो तो प्रवासी, वातरोगी, व्यर्थ परिश्रमी, तीर्थाटनशील, भाग्योदय से रहित, धर्मात्मा एवं दुष्टबुद्धि; दसवें भाव में हो तो आलसी, वाचाल, अनियमित कार्यकर्ता, मितव्ययी, सन्ततिक्लेशी तथा चन्द्रमा से युक्त राहु के होने पर राजयोग कारक; ग्यारहवें भाव में हो तो मन्दमति, लाभहीन, परिश्रमी, अल्पसन्ततियुक्त, अरिष्टनाशक, व्यवसाययुक्त, कदाचित् लाभदायक एवं कार्य सफल करनेवाला और बारहवें भाव में हो तो विवेकहीन मतिमन्द, मूर्ख, परिश्रमी, सेवक, व्ययी, चिन्ताशील एवं कामी होता है।

केतु—लग्न में केतु हो तो चंचल, भीरु, दुराचारी, मूर्ख तथा वृश्चिक राशि में हो तो सुखकारक, धनी, परिश्रमी; द्वितीय में हो तो राजभीरु, विरोधी एवं मुखरोगी; तृतीय स्थान में हो तो चंचल, वातरोगी, व्यर्थवादी, भूत-प्रेतभक्त; चतुर्थ में हो तो चंचल, वाचाल, कार्यहीन, निरुत्साही एवं निरुपयोगी; पाँचवें स्थान में हो तो कुबुद्धि, कुचाली, वातरोगी; छठे भाव में हो तो वात-विकारी, झगड़ालू, भूत-प्रेतजनित रोगों से रोगी, मितव्ययी, सुखी एवं अरिष्टनिवारक; सातवें भाव में हो तो मतिमन्द मूर्ख, शत्रुभीरु एवं सुखहीन; आठवें भाव में हो तो दुर्बुद्धि, तेजहीन, दुष्टजनसेवी, स्त्रीद्वेषी एवं चालाक; नवें भाव में हो तो सुखाभिलाषी, व्यर्थ परिश्रमी, अपयशी; दसवें भाव में हो तो पितृद्वेषी, दुर्भागी, मूर्ख, व्यर्थ परिश्रमशील एवं अभिमानी; ग्यारहवें भाव में हो तो बुद्धिहीन, निज का हानिकर्ता, वातरोगी एवं अरिष्टनाशक और बारहवें भाव में हो तो चंचल बुद्धि, धूर्त, ठग; अविश्वासी एवं जनता को भूत-प्रेतों की जानकारी द्वारा ठगनेवाला होता है।

उच्च राशिगत ग्रहों का फल—रवि उच्च राशि में हो तो धनवान्, विद्वान्, सेनापति, भाग्यवान्, एवं नेता; चन्द्रमा हो तो माननीय, मिष्टान्नभोजी, विलासी, अलंकारप्रिय एवं चपल; मंगल हो तो शूरवीर, कर्तव्यपरायण एवं राजमान्य; बुध हो तो राजा, बुद्धिमान्, लेखक, सम्पादक, राजमान्य सुखी, वंशवृद्धिकारक एवं शत्रुनाशक; गुरु हो तो सुशील, चतुर, विद्वान्, राजप्रिय, ऐश्वर्यवान्, मन्त्री, शासक एवं सुखी; शुक्र हो तो विलासी, गीत-वाद्यप्रिय, कामी एवं भाग्यवान्; शनि हो तो राजा, जमींदार, भूमिपति, कृषक एवं लब्ध-प्रतिष्ठ; राहु हो तो सरदार, धनवान्, शूरवीर एवं लम्पट और केतु हो तो राजप्रिय सरदार एवं नीच प्रकृति का जातक होता है।

मूल—त्रिकोण राशि में गये हुए ग्रहों का फल—रवि मूल-त्रिकोण में हो तो जातक धनी, पूज्य एवं लब्ध-प्रतिष्ठ; चन्द्र हो तो धनवान् सुखी, सुन्दर एवं भाग्यवान्; मंगल हो तो क्रोधी, निर्दयी, दुष्ट, चरित्रहीन, स्वार्थी, साधारण धनी, लम्पट एवं नीचों का सरदार; बुध हो तो धनवान्, राजमान्य, महत्त्वाकांक्षी, सैनिक, डॉक्टर, व्यवसायकुशल, प्रोफेसर एवं विद्वान्; गुरु हो तो तपस्वी, भोगी, राजप्रिय एवं कीर्तिवान्; शुक्र हो तो जागीरदार, पुरस्कारविजेता एवं कामिनीप्रिय; शनि हो तो शूरवीर, सैनिक, उच्च सेना अफसर जहाज चालक, वैज्ञानिक, अस्त्र-शस्त्रों का निर्माता एवं कर्तव्यपरायण और राहु हो तो धनी, लुब्धक एवं वाचाल होता है।

स्वक्षेत्रगत ग्रहों का फल—रवि स्वगृही—अपनी ही राशि में हो तो सुन्दर, व्यभिचारी, कामी एवं ऐश्वर्यवान्; चन्द्रमा हो तो तेजस्वी, रूपवान्, धनवान् एवं भाग्यवान्; मंगल हो तो बलवान्, ख्यातिप्राप्त, कृषक एवं जमींदार; बुध हो तो विद्वान्, शास्त्रज्ञ, लेखक एवं सम्पादक; गुरु हो तो काव्य-रसिक, वैद्य एवं शास्त्रविशारद; शुक्र हो तो स्वतन्त्र प्रकृति, धनी एवं विचारक; शनि हो तो पराक्रमी, कष्टसहिष्णु एवं उग्र प्रकृति और राहु हो तो सुन्दर यशस्वी, एवं भाग्यवान् जातक होता है।

एक स्वगृही हो तो जातक अपनी जाति में श्रेष्ठ; दो हों तो कर्तव्यशील, धनवान्, पूज्य; तीन हों तो राजमन्त्री, धनिक, विद्वान्; चार हों तो श्रीमन्त, सम्मान्य, सरदार, नेता एवं पाँच हों तो राजतुल्य राज्याधिकारी होता है।

मित्रक्षेत्रगत ग्रहों का फल—सूर्य मित्र की राशि में हो तो जातक यशस्वी, दानी, व्यवहारकुशल; चन्द्र हो तो सुखी, धनवान्, गुणज्ञ; मंगल हो तो मित्र-प्रिय, धनिक; बुध हो तो शास्त्रज्ञ, विनोदी, कार्यदक्ष; गुरु हो तो उन्नतिशील बुद्धिमान्; शुक्र हो तो पुत्रवान्, सुखी एवं शनि हो तो परान्नभोजी, धनवान्, सुखी और प्रेमिल होता है।

एक ग्रह मित्रक्षेत्री हो तो दूसरे के द्रव्य का उपयोगकर्ता; दो हों तो मित्र के द्रव्य का उपभोक्ता; तीन हों तो स्वोपार्जित धन का उपभोक्ता; चार हों तो दाता; पाँच हों तो सेनानायक, सरदार, नेता; छह हों तो सर्वोच्च नेता, सेनापति, राजमान्य, उच्च पदासीन एवं सात हों तो जातक राजा या राजा के तुल्य होता है।

शत्रुक्षेत्रगत ग्रहों का फल—रवि शत्रुक्षेत्री—शत्रुग्रह की राशि में हो तो जातक दुखी, नौकरी करनेवाला; चन्द्रमा हो तो माता से दुखी, हृदयरोगी; मंगल हो तो विकलांगी, व्याकुल, दीन-मलीन; बुध हो तो वासनायुक्त, साधारणतः सुखी, कर्तव्यहीन; गुरु हो तो भाग्यवान्, चतुर; शुक्र हो तो नौकर, दासवृत्ति करनेवाला और शनि हो तो दुखी होता है।

नीचराशिगत ग्रहों का फल—सूर्य नीच राशि में हो तो जातक पापी, बन्धुसेवा करनेवाला; चन्द्रमा हो तो रोगी, अल्प धनवान् और नीच प्रकृति; मंगल हो तो नीच, कृतघ्न; बुध हो तो बन्धुविरोधी, चंचल, उग्र प्रकृति; गुरुं हो तो खल, अपवादी, अपयशभागी; शुक्र हो तो दुखी और शनि हो तो दरिद्री, दुखी होता है।

तीन ग्रह नीच के हों तो जातक मूर्ख, तीन ग्रह अस्तंगत हों तो दास और तीन ग्रह शत्रुराशिगत हों तो दुखी तथा जीवन के अन्तिम भाग में सुखी होता है।

नवग्रहों की दृष्टि का फल

सूर्य–प्रथम भाव को सूर्य पूर्ण दृष्टि से देखता हो तो जातक रजोगुणी, नेत्ररोगी, सामान्य धनी, साधुसेवी, मन्त्रज्ञ, वेदान्ती, पितृभक्त, राजमान्य और चिकित्सक; द्वितीय भाव को पूर्ण दृष्टि से देखता हो तो धन तथा कुटुम्ब से सामान्य सुखी, नेत्ररोगी, पशु व्यवसायी, संचित धननाशक, परिश्रम से थोड़े धन का लाभ करनेवाला और कष्टसहिष्णु; तृतीय भाव को पूर्ण दृष्टि से देखता हो तो कुलीन, राजमान्य, बड़े भाई के सुख से रहित, उद्यमी, शासक, नेता और पराक्रमी; चतुर्थ भाव को पूर्ण दृष्टि से देखता हो तो २२-२३ वर्ष पर्यन्त सुखहानि प्राप्त करनेवाला, सामान्यतः मातृसुखी, २२ वर्ष की आयु के पश्चात् वाहनादि सुखों को प्राप्त करनेवाला और स्वाभिमानी; पंचम भाव को पूर्ण दृष्टि से देखता हो तो प्रथम सन्ताननाशक, पुत्र के लिए चिन्तित, मन्त्रशास्त्रज्ञ, विद्वान्, सेवावृत्ति और २०-२१ वर्ष की अवस्था में सन्तान प्राप्त करनेवाला; छठे भाव को पूर्ण दृष्टि से देखता हो तो शत्रुभयकारक, दुखी, वामनेत्ररोगी, ऋणी और मातुल को नष्ट करनेवाला; सातवें भाव को पूर्ण दृष्टि से देखता हो तो जीवन-भर ऋणी, २२-२३ वर्ष की आयु में स्त्रीनाशक, व्यापारी, उग्र स्वभाववाला और प्रारम्भ में दुखी तथा अन्तिम जीवन में सुखी; आठवें भाव को देखता हो तो बवासीर रोगी, व्यभिचारी, मिथ्याभाषी, पाखण्डी और निन्दित कार्य करनेवाला; नौवें भाव को पूर्ण दृष्टि से देखता हो तो धर्मभीरु, बड़े भाई और साले के सुख से रहित; दसवें भाव को पूर्ण दृष्टि से देखता हो तो राजमान्य, धनी, मातृनाशक तथा उच्च राशि का सूर्य हो तो माता, वाहन और धन का पूर्ण सुख प्राप्त करनेवाला; ग्यारहवें भाव को पूर्ण दृष्टि से देखता हो तो धन लाभ करनेवाला, प्रसिद्ध व्यापारी, प्रथम सन्ताननाशक, बुद्धिमान्, विद्वान्, कुलीन और धर्मात्मा एवं बारहवें भाव को पूर्ण दृष्टि से देखता हो तो प्रवासी, नेत्ररोगी, कान या नाक पर तिल या मस्से का चिह्नधारक, शुभ कार्यों में व्यय करनेवाला, मामा को कष्टकारक एवं सवारी का शौकीन होता है।

चन्द्रमा–लग्न को चन्द्रमा पूर्ण दृष्टि से देखता हो तो जातक प्रवासी, व्यवसायी, भाग्यवान्, शौकीन, कृपण और स्त्रीप्रेमी; द्वितीय भाव को पूर्ण दृष्टि से देखता हो तो अधिक सन्ततिवाला, सामान्य सुखी, ८-१० वर्ष की अवस्था में शारीरिक कष्टयुक्त, धनहानिकारक, जल में डूबने की आशंकावाला और चोट, घाव, खरोंच आदि के दुख को प्राप्त करनेवाला; तृतीय भाव को पूर्ण दृष्टि से देखता हो तो धार्मिक, प्रवासी, अधिक बहन तथा कम भाईवाला, २४ वर्ष की अवस्था से पराक्रमी, सत्संगतिप्रिय और मिलनसार, चतुर्थ भाव को पूर्ण दृष्टि से देखता हो तो २४ वर्ष की अवस्था से सुखी होनेवाला, राजमान्य, कृषक, वाहनादि सुख का धारक और मातृसेवी; पंचम भाव को पूर्ण दृष्टि से देखता हो तो

व्यवहारकुशल बुद्धिमान्, प्रथम पुत्र सन्तान प्राप्त करनेवाला और कलाप्रिय; षष्ठ भाव को पूर्ण दृष्टि से देखता हो तो शान्त, रोगी, शत्रुओं से कष्ट पानेवाला, गुप्त रोगों से आक्रान्त, व्यय अधिक करनेवाला और २४ वर्ष की अवस्था में जल से हानि प्राप्त करनेवाला; सप्तम भाव को पूर्ण दृष्टि से देखता हो तो सुन्दर, सुखी, सुन्दर स्त्री प्राप्त करनेवाला, सत्यवादी, व्यापार से धन संचित करनेवाला और कृपण; अष्टम भाव को पूर्ण दृष्टि से देखता हो तो पितृधननाशक, कुटुम्बविरोधी, नेत्ररोगी और लम्पट; नवम भाव को पूर्ण दृष्टि से देखता हो तो धर्मात्मा, भाग्यशाली, भ्रातृहीन और बुद्धिमान्; दशम भाव को पूर्ण दृष्टि से देखता हो तो पशु-व्यवसायी, धर्मान्तर में दीक्षित होनेवाला, पितृविरोधी और चिड़चिड़े स्वभाव का; एकादश भाव को पूर्ण दृष्टि से देखता हो तो लाभ प्राप्त करनेवाला, कुशल व्यवसायी, अधिक कन्या सन्ततिवाला और मित्रप्रेमी एवं द्वादश भाव को पूर्ण दृष्टि से देखता हो तो शत्रु द्वारा धन खर्च करनेवाला, चिन्तायुक्त, राजमान्य एवं अन्तिम जीवन में सुखी होता है।

भौम—लग्न भाव को मंगल पूर्ण दृष्टि से देवता हो तो उग्र प्रकृति, प्रथम भार्या का २१ या २८ वर्ष की अवस्था में वियोगजन्य, राजमान्य और भूमि से धन प्राप्त करनेवाला; द्वितीय भाव को पूर्ण दृष्टि से देखता हो तो बवासीर रोगी, स्वल्पधनी, कुटुम्ब से पृथक् रहनेवाला, परिश्रमी और खिन्न चित्त रहनेवाला; तीसरे भाव को पूर्ण दृष्टि से देखता हो तो बड़े भाई के सुख से रहित, पराक्रमी, भाग्यवान्, और एक विधवा बहनवाला; चौथे भाव को पूर्ण दृष्टि से देखता हो तो माता-पिता के सुख से रहित, शारीरिक कष्टधारक, २८ वर्ष की अवस्था तक दुखी पश्चात् सुखी और परिश्रम से जी चुरानेवाला; पाँचवें भाव को पूर्ण दृष्टि से देखता हो तो अनेक भाषाओं का ज्ञाता, विद्वान्, सन्तान कष्टवाला, उपदंश रोगी और व्यभिचारी; छठे भाव की पूर्ण दृष्टि से देखता हो तो शत्रुनाशक, मातुल कष्टकारक, रुधिर विकारी और कीर्तिवान्; सातवें भाव को पूर्ण दृष्टि से देखता हो तो परस्त्रीरत, कामी, प्रथम भार्या का २१ या २८ वर्ष की आयु में वियोगजन्य दुख प्राप्त करनेवाला और मद्यपायी; आठवें भाव को पूर्ण दृष्टि से देखता हो तो धन-कुटुम्बनाशक, ऋणग्रस्त, परिश्रमी, दुखी और भाग्यहीन; नवें भाव को पूर्ण दृष्टि से देखता हो तो बुद्धिमान्, धनवान्, पराक्रमी और धर्म में अरुचि रखनेवाला; दसवें भाव को पूर्ण दृष्टि से देखता हो तो राज्यसेवी, मातृ-पितृ कष्टकारक, सुखी और भाग्यवान्; ग्यारहवें भाव को पूर्ण दृष्टि से देखता हो तो धनवान्, सन्तानकष्ट से पीड़ित और कुटुम्ब के दुख से दुखी एवं बारहवें भाव को पूर्ण दृष्टि से देखता हो तो कुमार्गगामी, मातुलनाशक, बवासीर और भगन्दर रोगी, शत्रुनाशक और उग्रप्रकृति होता है।

बुध—लग्न भाव को बुध पूर्ण दृष्टि से देखता हो तो जातक गणितज्ञ, सुन्दर, व्यापारी, व्यवहारकुशल, मिलनसार और लब्धप्रतिष्ठ; द्वितीय भाव को पूर्ण दृष्टि से देखता हो तो व्यापार को धन लाभ करनेवाला, कुटुम्ब-विरोधी स्वतन्त्र विचारक, हठी और अभिमानी; तीसरे भाव को पूर्ण दृष्टि से देखता हो तो भाग्यवान्, प्रवासी, भ्रातृसुख युक्त, सत्संगी और धार्मिक;

चौथे भाव को पूर्ण दृष्टि से देखता हो तो राज्य से लाभ-प्राप्त करनेवाला, भूमि तथा वाहन के सुख से परिपूर्ण, श्रेष्ठ बुद्धिवाला और विद्वान्; पाँचवें भाव को पूर्ण दृष्टि से देखता हो तो गुणवान्, विद्वान्, धनवान्, शिल्पकार और प्रथम पुत्र उत्पन्न करनेवाला; छठे भाव को पूर्ण दृष्टि से देखता हो तो वातरोगी, कुमार्गव्ययी, शत्रुओं से पीड़ित और अन्तिम जीवन में धन संचय करनेवाला; सातवें भाव को पूर्ण दृष्टि से देखता हो तो सुन्दर, सुशील भार्यावाला, व्यापारी, गणितज्ञ, चतुर और कार्यदक्ष; आठवें भाव को पूर्ण दृष्टि से देखता हो तो भ्रमणशील, दुखी, कुटुम्बविरोधी एवं प्रवासी; नौवें भाव को पूर्ण दृष्टि से देखता हो तो हँसमुख, धनोपार्जन करनेवाला, भ्रातृ-द्वेषी, राजाओं से मिलने वाला, गायनप्रिय और विलासी; दसवें भाव को पूर्ण दृष्टि से देखता हो तो राजमान्य, कीर्तिमान्, सुखी, कुलीन और कुलदीपक; ग्यारहवें भाव को पूर्ण दृष्टि से देखता हो तो धनार्जन करनेवाला, सन्तान से युक्त, विद्वान् और कलाविशारद एवं बारहवें भाव को पूर्ण दृष्टि से देखता हो तो मिथ्याभाषी, कुलकलंकी, मद्यपायी, नीच प्रकृति और व्यसनी होता है।

गुरु—लग्नभाव को बृहस्पति पूर्ण दृष्टि से देखता हो तो जातक धर्मात्मा, कीर्तिवान्, कुलीन, विद्वान्, और पतिव्रता-शुभाचरणवाली स्त्री का पति; दूसरे भाव को पूर्ण दृष्टि से देखता हो तो पितृ-धननाशक, धनार्जन करनेवाला, कुटुम्बी, मित्रवर्ग में श्रेष्ठ और राजमान्य; तीसरे भाव को पूर्ण दृष्टि से देखता हो तो भाग्यवान्, पराक्रमी भ्रातृ-सुखयुक्त, प्रवासी और शुभाचरण करनेवाला; चौथे भाव को पूर्ण दृष्टि से देखता हो तो श्रेष्ठ, विद्याव्यसनी, भूमिपति, वाहन-सुखयुक्त और माता-पिता के पूर्ण सुख को प्राप्त करनेवाला; पाँचवें भाव को पूर्ण दृष्टि से देखता हो तो धनिक, ऐश्वर्यवान्, विद्वान्, व्याख्याता, पाँच पुत्रवाला और कलाप्रिय; छठे भाव को पूर्ण दृष्टि देखता हो तो व्याधिग्रस्त, धन नष्ट करनेवाला, क्रोधी और धूर्त; सातवें भाव को पूर्ण दृष्टि से देखता हो तो सुन्दर, धनवान्, कीर्तिवान् और भाग्यशाली; आठवें भाव को पूर्ण दृष्टि से देखता हो तो राजभय, चिन्तित, आठ वर्ष की अवस्था में मृत्युतुल्य कष्ट भोगनेवाला और २६ वर्ष की आयु में कारागारजन्य कष्ट पानेवाला; नवें भाव को पूर्ण दृष्टि से देखता हो तो कुलीन, भाग्यवान्, शास्त्रज्ञ, धर्मात्मा, स्वतन्त्र, सन्तानयुक्त, दानी और व्रतोपवास करनेवाला; दसवें भाव को पूर्ण दृष्टि से देखता हो तो राजमान्य, सुखी, धन-पुत्रादि से युक्त, भूमिपति और ऐश्वर्यवान्; ग्यारहवें भाव को पूर्ण दृष्टि से देखता हो तो बुद्धिमान्, पाँच पुत्रों का पिता, विद्वान्, कलाप्रिय, स्नेही और ७० वर्ष की अवस्था से अधिक जीवित रहनेवाला एवं बारहवें भाव को पूर्ण दृष्टि से देखता हो तो रजोगुणी, दुखी, धन खर्च करनेवाला और निर्बुद्धि होता है।

शुक्र—लग्नस्थान को शुक्र पूर्ण दृष्टि से देखता हो तो जातक सुन्दर, शौकीन, परस्त्रीरत, भाग्यशाली और चतुर; दूसरे भाव को पूर्ण दृष्टि से देखता हो तो धन तथा कुटुम्ब से सुखी, धनार्जन, करनेवाला,. परिश्रमी और विलासी; तीसरे भाव को पूर्ण दृष्टि से देखता हो तो शासक, अधिक भाई-बहनवाला, अल्पवीर्य और २५ वर्ष की आयु में भाग्योदय को

प्राप्त होनेवाला; चौथे भाव को पूर्ण दृष्टि से देखता हो तो सुखी, सुन्दर समाजसेवी, भाग्यशाली, आज्ञाकारी और राजसेवी; पाँचवें भाव को पूर्ण दृष्टि से देखता हो तो विद्वान्, धनी, एक कन्या तथा तीन या पाँच पुत्रों का पिता, प्रेमी और बुद्धिमान्; छठे भाव को पूर्ण दृष्टि से देखता हो तो पराक्रमी, शत्रुनाशक, कुमार्गगामी, वीर्यविकारी, श्वेत कुष्ठयुक्त और वाचाल; सातवें भाव को पूर्ण दृष्टि से देखता हो तो कामी, व्यभिचारी, लम्पट, सुन्दर भार्या को प्राप्त करनेवाला और २५ वर्ष की अवस्था से स्वाधीन जीवन व्यतीत करनेवाला; आठवें भाव को पूर्ण दृष्टि से देखता हो तो प्रमेह रोगी, दुखी, निर्धन, कुटुम्ब-रहित, साधु-सेवारत और कफ तथा वात रोग से पीड़ित; नौवें भाव को पूर्ण दृष्टि से देखता हो तो कुलदीपक, ग्रामाधिपति, शत्रुजयी, धर्मात्मा, कीर्तिवान् और विलक्षण; दसवें भाव को पूर्ण दृष्टि से देखता हो तो भाग्यशाली, धनी, प्रवासी, राजसेवी, और भूमिपति; ग्यारहवें भाव को पूर्ण दृष्टि से देखता हो तो नाना प्रकार से लाभ करनेवाला, नेता, प्रमुख, परस्त्रीरत और कवि एवं बारहवें भाव को पूर्ण दृष्टि से देखता हो तो वीर्यरोगी, विवाहादि कार्यों में व्यय करनेवाला, शत्रुओं से पीड़ित, चिन्तित और स्त्रीद्वेषी जातक होता है।

शनि—लग्नस्थान को शनि पूर्ण दृष्टि से देखता हो तो जातक श्याम वर्णवाला, नीच, स्त्रीरत, स्वस्त्री से विमुख और लम्पट; दूसरे भाव को पूर्ण दृष्टि से देखता हो तो ३६ वर्ष की अवस्था तक धननाशक, कुटुम्ब-विरोधी, १६ वर्ष की अवस्था में शारीरिक कष्ट प्राप्त करनेवाला और नाना रोगों का शिकार; तीसरे भाव को पूर्ण दृष्टि से देखे तो पराक्रमी, अधार्मिक, भाइयों के सुख से रहित, नीच संगतिप्रिय और बुरे कार्य करनेवाला; चौथे भाव को पूर्ण दृष्टि से देखे तो प्रथम वर्ष में शारीरिक कष्ट पानेवाला, राजमान्य, ३५ या ३६ वर्ष की अवस्था में राज्याधिकार में वृद्धि प्राप्त करनेवाला और लब्धप्रतिष्ठ; पाँचवें भाव को पूर्ण दृष्टि से देखता हो तो सन्तान-हानि, नीचविद्याविशारद नीचजनप्रिय और नीचकार्यरत; छठे भाव को पूर्ण दृष्टि से देखता हो तो शत्रुनाशक, मातुलकष्टकारक, नेत्ररोगी, प्रमेह रोगी, धर्म से विमुख और कुमार्गरत; सातवें भाव को पूर्ण दृष्टि से देखता हो तो कलहप्रिय, ३६ वर्ष की अवस्था में मृत्युतुल्य कष्ट पानेवाला, धननाशक और मलीन स्वभाववाला; आठवें भाव को पूर्ण दृष्टि से देखता हो तो कुटुम्ब-विरोधी, राज्यहानिवाला, पिता के धन का ३६ वर्ष की आयु तक नाश करनेवाला और रोगी; नौवें भाव को देखता हो तो देशाटन करनेवाला, भाइयों से विरोध करनेवाला, प्रवासी, धन प्राप्त करनेवाला, नीचकर्मरत, पराक्रमी, धर्महीन और निन्दक; दसवें भाव को पूर्ण दृष्टि से देखता हो तो पिता के सुख से रहित, माता के लिए कष्टकारक, भूमिपति, राजमान्य और सुखी; ग्यारहवें भाव को पूर्ण दृष्टि से देखता हो तो वृद्धावस्था में पुत्र का सुख पानेवाला, नाना भाषाओं का ज्ञाता और साधारण व्यापार में लाभ प्राप्त करनेवाला एवं बारहवें भाव को पूर्ण दृष्टि से देखता हो तो अशुभ कार्यों में धन खर्च करनेवाला, मातुल को कष्टदायक, शत्रुनाशक और सामान्य लाभ करनेवाला होता है।

राहु—लग्नभाव को राहु पूर्ण दृष्टि से देखता हो तो शारीरिक रोगी, वातविकारी उग्र

स्वभाववाला, खिन्न चित्तवाला, उद्योगरहित और अधार्मिक; दूसरे भाव को पूर्ण दृष्टि से देखता हो तो कुटुम्ब-सुखहीन, धननाशक, पत्थर की चोट से दुखी होनेवाला और चंचल प्रकृति; तीसरे भाव को पूर्ण दृष्टि से देखता हो तो पराक्रमी, पुरुषार्थी और पुत्र सन्तान-रहित; चौथे भाव को पूर्ण दृष्ठि से देखता हो तो उदररोगी, मलीन और साधारण सुखी; पाँचवें भाव को पूर्ण दृष्टि से देखता हो तो भाग्यशाली, धनी, व्यवहारकुशल और सन्तानसुखी; छठे भाव को पूर्ण दृष्टि से देखता हो तो शत्रुनाशक, वीर, गुदा स्थान में फोड़ों के दुख से पीड़ित, व्ययशील, नेत्र पर खरोंच के निशानवाला, पराक्रमी और बलवान्; सातवें भाव को पूर्ण दृष्टि से देखता हो तो धनी, विषयी, कामी और नीच-संगतिप्रिय; आठवें भाव को पूर्ण दृष्टि से देखता हो तो पराधीन, धननाशक कण्ठरोग से पीड़ित, धर्महीन, नीचकर्मरत और कुटुम्ब से पृथक् रहनेवाला; नवें भाव को पूर्ण दृष्टि से देखता हो तो बड़े भाई के सुख से रहित, ऐश्वर्यवान्, भोगी, पराक्रमी और सन्ततिवान्; दसवें भाव को पूर्ण दृष्टि से देखता हो तो मातृसुखहीन पितृकष्टकारक, राजमान्य और उद्योगशील; ग्यारहवें भाव को पूर्ण दृष्टि से देखता हो तो सन्ततिकष्ट से पीड़ित, नीच कर्मरत और अल्पलाभ करानेवाला एवं बारहवें भाव को पूर्ण दृष्टि से देखता हो तो गुप्तरोगी, शत्रुनाशक, कुमार्ग में धन व्यय करनेवाला और दरिद्री होता है।

केतु की दृष्टि का फल राहु के समान है।

ग्रहों की युति का फल

रवि-चन्द्र एक स्थान पर हों तो जातक लोहा, पत्थर का व्यापारी, शिल्पकार, वास्तु एवं मूर्तिकला का मर्मज्ञ; **रवि-मंगल** एक साथ हों तो शूरवीर, यशस्वी, मिथ्या-परिश्रमी एचं अध्ययवसायी; **रवि-बुध** हों तो मधुरभाषी, विद्वान्, ऐश्वर्यवान्, भाग्यशाली, कलाकार, लेखक, संशोधक एवं विचारक; **रवि-गुरु** एक साथ हों तो आस्तिक, उपदेशक, राजमान्य एवं ज्ञानवान्; **रवि-शुक्र** एक साथ हों तो चित्रकार, नेत्ररोगी, विलासी, कामुक एवं अविचारक; **रवि-शनि** एक साथ हों तो अल्पवीर्य, धातुओं का ज्ञाता, आस्तिक; **चन्द्र-मंगल** एक साथ हों तो विजयी, कुशल वक्ता, वीर, शूरवीर, कलाकुशल एवं साहसी; **चन्द्र-बुध** एक साथ हों तो धर्मप्रेमी, विद्वान्, मनोज्ञ, निर्मल बुद्धि एवं संशोधक; **चन्द्र-गुरु** एक साथ हों तो शील-सम्पन्न, प्रेमी, धार्मिक, सदाचारी एवं सेवावृत्तिवाला; **चन्द्र-शुक्र** एक साथ हों तो व्यापारी, सुखी, भोगी एवं धनी; **चन्द्र-शनि** एक साथ हों तो शीलहीन, धनहीन, मूर्ख एवं वंचक; **मंगल-बुध** एक साथ हों तो धनिक, वक्ता, वैद्य, शिल्पज्ञ एवं शास्त्रज्ञ; **मंगल-गुरु** एक साथ हों तो गणितज्ञ, शिल्पज्ञ, विद्वान् एवं वाद्यप्रिय; **मंगल-शुक्र** एक साथ हों तो व्यापारकुशल, धांतुसंशोधक, योगाभ्यासी, कार्य-परायण एवं विमान चालक; **मंगल-शनि** एक साथ हों तो कपटी, धूर्त, जादूगर, ढोंगी एवं अविश्वासी; **बुध-गुरु** एक साथ हों तो वक्ता, पण्डित, सभाचतुर, प्रख्यात, कवि, काव्य-स्रष्टा एवं संशोधक; **बुध-शुक्र** एक साथ हों तो मुंशी, विलासी, सुखी, राजमान्य, रतिप्रिय, एवं शासक; **बुध-शनि** एक साथ हों तो कवि, वक्ता, सभापण्डित, व्याख्याता एवं कलाकार; **गुरु-शुक्र** एक साथ हों तो भोक्ता, सुखी,

बलवान्, चतुर एवं नीतिवान्; **गुरु-शनि** एक साथ हों तो लोकमान्य, कार्यदक्ष, धनाढ्य, यशस्वी, कीर्तिवान् एवं आदर-पात्र और **शुक्र-शनि** एक साथ हों तो चित्रकार, मल्ल, पशुपालक, शिल्पी, रोगी, वीर्य-विकारी एवं अल्पधनी जातक होता है।

तीन ग्रहों की युति का फल

रवि-चन्द्र-मंगल एक साथ हों तो जातक शूरवीर, धीर, ज्ञानी, बली, वैज्ञानिक, शिल्पी एवं कार्यदक्ष; **रवि-चन्द्र-बुध** एक साथ हों तो तेजस्वी, विद्वान्, शास्त्रप्रेमी, राजमान्य, भाग्यशाली एवं नीतिविशारद; **रवि-चन्द्र-गुरु** एक साथ हों तो योगी, ज्ञानी, मर्मज्ञ, सौम्यवृत्ति, सुखी, स्नेही, विचारक, कुशल कार्यकर्ता एवं आस्तिक; **रवि-चन्द्र-शुक्र** एक साथ हों तो हीनवीर्य, व्यापारी, सुखी, निस्सन्तान या अल्पसन्तान, लोभी एवं साधारण धनी; **रवि-चन्द्र-शनि** एक साथ हों तो अज्ञानी, धूर्त, वाचाल, पाखण्डी, अविवेकी, चंचल, एवं अविश्वासी, **रवि-मंगल-बुध** एक साथ हों तो साहसी, निष्ठुर, ऐश्वर्यहीन, तामसी, अविवेकी, अहंकारी एवं व्यर्थ बकवादी; **रवि-मंगल-गुरु** एक साथ हों तो राजमान्य, सत्यवादी, तेजस्वी, धनिक, प्रभावशाली एवं ईमानदार; **रवि-मंगल-शुक्र** एक साथ हों तो कुलीन, कठोर, वैभवशाली, नेत्ररोगी एवं प्रवीण; **रवि-मंगल-शनि** एक साथ हों तो धन-जनहीन, दुखी, लोभी एवं अपमानित होनेवाला; **रवि-बुध-गुरु** एक साथ हों तो विद्वान्, चतुर, शिल्पी, लेखक, कवि, शास्त्र-रचयिता, नेत्ररोगी, वातरोगी एवं ऐश्वर्यवान्; **रवि-बुध-शुक्र** एक साथ हों तो दुखी, वाचाल, भ्रमणशील, द्वेषी एवं घृणित कार्य करनेवाला; **रवि-बुध-शनि** एक साथ हों तो कलाद्वेषी, कुटिल, धननाशक, छोटी अवस्था में सुन्दर पर ३६ वर्ष की अवस्था में विकृतदेही एवं नीचकर्मरत; **रवि-गुरु-शुक्र** एक साथ हों तो परोपकारी, सज्जन, राजमान्य, नेत्रविकारी, लब्धप्रतिष्ठ एवं सफल कार्य संचालक; **रवि-गुरु-शनि** एक साथ हों तो चरित्रहीन, दुःखी, शत्रुपीड़ित, उद्विग्न, कुष्ठरोगी एवं नीच संगतिप्रिय; **रवि-शुक्र-शनि** एक साथ हों तो दुश्चरित्र, नीचकार्यरत, घृणित रोग से पीड़ित एवं लोकतिरस्कृत; **चन्द्र-मंगल-बुध** एक साथ हों तो कठोर, पापी, धूर्त, क्रूर एवं दुष्ट स्वभाववाला; **चन्द्र-बुध-गुरु** एक साथ हों तो धनी, सुखी प्रसन्नचित, तेजस्वी, वाक्पटु एवं कार्यकुशल; **चन्द्र-बुध-शुक्र** एक साथ हों तो धन-लोभी, ईर्ष्यालु, आचारहीन, दाम्भिक, मायावी, और धूर्त; **चन्द्र-बुध-शनि** एक साथ हों तो अशान्त प्राज्ञ, वचनपटु, राजमान्य एवं कार्यपरायण; **चन्द्र-गुरु-शुक्र** एक साथ हों तो सुखी, सदाचारी, धनी, ऐश्वर्यवान्, नेता, कर्त्तव्यशील एवं कुशाग्रबुद्धि; **चन्द्र-गुरु-शनि** एक साथ हों तो नीतिवान्, नेता, सुबुद्धि, शास्त्रज्ञ, व्यवसायी, अध्यापक एवं वकील; **चन्द्र-शुक्र-शनि** एक साथ हों तो लेखक, शिक्षक, सुकर्मरत, ज्योतिषी, सम्पादक, व्यवसायी एवं परिश्रमी; **मंगल-बुध-गुरु** एक साथ हों तो कवि, श्रेष्ठ पुरुष, गायन-निपुण, स्त्री-सुख से युक्त, परोपकारी, उन्नतिशील, महत्त्वाकांक्षी एवं जीवन में बड़े-बड़े कार्य करनेवाला; **मंगल-बुध-शुक्र** एक साथ हों तो कुलहीन, विकलांगी, चपल, परोपकारी एवं जल्दबाज; **मंगल-बुध-शनि** एक साथ हों तो व्यसनी, प्रवासी, मुखरोगी एवं कर्तव्यच्युत; **मंगल-गुरु-शुक्र** एक हों तो राजमित्र

विलासी, सुपुत्रवान्, ऐश्वर्यवान्, सुखी एवं व्यवसायी; **मंगल-गुरु-शनि** एक साथ हों तो पूर्ण ऐश्वर्यवान्, सम्पन्न, सदाचारी, सुखी एवं अन्तिम जीवन में महान् कार्य करनेवाला और **गुरु-शुक्र-शनि** एक साथ हों तो शीलवान्, कुलदीपक, शासक, उच्चपदाधिकारी, नवीन कार्य संस्थापक एवं आश्रयदाता होता है।

चार ग्रहों की युति का फल

रवि-चन्द्र-मंगल-बुध एक साथ हों तो जातक लेखक, मोही, रोगी, कार्यकुशल एवं चतुर; **रवि-चन्द्र-मंगल-गुरु** एक साथ हों तो भूपति, धनी, नीतिज्ञ, एवं सरदार; **रवि-चन्द्र-मंगल-शुक्र** एक साथ हों तो धनी, तेजस्वी, नीतिमान्, कार्यदक्ष, विनोदी एवं गुणज्ञ; **रवि-चन्द्र-मंगल-शनि** एक साथ हों तो नेत्ररोगी, शिल्पकार, स्वर्णकार, धनी, धैर्यवान् एवं शास्त्रज्ञ; **रवि-चन्द्र-बुध-गुरु** एक साथ हों तो सुखी, सदाचारी, प्रख्यात, पण्डित एवं मध्यम वित्तवाला; **रवि-चन्द्र-बुध-शुक्र** एक साथ हों तो आलसी, स्वल्पधनी, दुखी, विद्वान्, मनोज्ञ एवं क्षीण शक्ति; **रवि-चन्द्र-बुध-शनि** एक साथ हों तो विकलदेही, वाक्पटु, शीलवान्, चंचल, कार्यकुशल एवं यंत्रज्ञ; **रवि-चन्द्र-गुरु-शुक्र** एक साथ हों तो परोपकारी, धर्मशास्त्री, धर्मशाला तथा तालाब आदि का निर्मापक, सज्जन, मिलनसार एवं उच्चाभिलाषी; **रवि-चन्द्र-गुरु-शनि** एक साथ हों तो तामसी, हठी, कुलीन, सुखी निन्दक, कार्यरत एवं अध्यवसायी; **रवि-चन्द्र-शुक्र-शनि** एक साथ हों तो दुर्बलदेही, स्त्रीरत, कामी एवं व्यभिचार की ओर झुकनेवाला; **रवि-मंगल-बुध-गुरु** एक साथ हों तो परस्त्रीगामी, चोर, निन्दक, जीवन में अपमानित होनेवाला एवं व्यापार द्वारा धनी; **रवि-मंगल-बुध-शनि** एक साथ हों तो कवि, मंत्री, सज्जन, लब्धप्रतिष्ठ, सुखी एवं सम्माननीय; **रवि-मंगल-गुरु-शुक्र** एक साथ हों तो लोकमान्य, ऐश्वर्यवान्, नीतिज्ञ, कार्यदक्ष एवं सर्वप्रिय; **रवि-मंगल-गुरु-शनि** एक साथ हों तो राजमान्य, कुटुम्बप्रेमी, साधुसेवी, कार्यकुशल, व्यापारी, मिल संस्थापक, विधानज्ञ, शिक्षक एवं शासक; **रवि-मंगल-शुक्र-शनि** एक साथ हों तो बंधु-द्वेषी, अपयशी, दुराचारी, मलिन एवं नीच कर्मरत; **रवि-बुध-गुरु-शुक्र** एक साथ हों तो धनिक, बन्धुवान्, सुखी, सफल कार्यकर्ता, सभापति, सभाजित्, लोकमान्य एवं नीतिवान्; **रवि-बुध-गुरु-शनि** एक साथ हों तो मानी, हीनवीर्य, झगड़ालू, कवि, संशोधक, सम्पादक एवं साहित्यिक; **रवि-बुध-शुक्र-शनि** एक साथ हों तो वाचाल, सदाचारी, अल्पसुखी, वनविहारी, प्रवासी एवं साधनसम्पन्न; **रवि-गुरु-शुक्र-शनि** एक साथ हों तो लोभी, कवि, प्रधान, नेता, स्वार्थी, ख्यातिवान् एवं चतुर; **चन्द्र-मंगल-बुध-गुरु** एक साथ हों तो बुद्धिमान, सुखी, सदाचारी, शास्त्रज्ञ, लोकपालक, एवं शिल्पशास्त्रज्ञ; **चन्द्र-मंगल-बुध-शुक्र** एक साथ हों तो आलसी, झगड़ालू, सुखी एवं असहयोगी; **चन्द्र-मंगल-बुध-शनि** एक साथ हों तो शूर, बहुपुत्रवान्, विकल शरीरी, सुकलत्रवान् एवं गुणवान्; **चन्द्र-मंगल-गुरु-शुक्र** एक साथ हों तो मानी, धनी, स्त्रीसुखी, निर्मलचित्त, धर्मात्मा एवं समाजसेवी; **चन्द्र-मंगल-गुरु-शनि** एक साथ हों तो धीर, पराक्रमशाली, धनी, परिश्रमी एवं शस्त्रशास्त्रज्ञ; **चन्द्र-मंगल-शुक्र-शनि** एक साथ हों तो गुरुजनहीन, दुखी, वाचाल एवं

नीच कर्मरत; **चन्द्र-बुध-गुरु-शुक्र** एक साथ हों तो अस्तिक, मातृ-पितृभक्त, विद्वान्, धनवान्, सुखी एवं कार्यदक्ष; **चन्द्र-बुध-गुरु-शनि** एक साथ हों तो कीर्तिवान्, तेजस्वी, बन्धुप्रेमी, प्रसिद्ध कवि एवं सम्मान्य; **चन्द्र-बुध-शुक्र-शनि** एक साथ हों तो चरित्रहीन, जनद्वेषी एवं वंचक; **चन्द्र-गुरु-शुक्र-शनि** एक साथ हों तो त्वग्रोगी, प्रवासी, दुखी, वाचाल एवं निर्धन; **मंगल-बुध-गुरु-शुक्र** एक साथ हों तो लोकमान्य, विद्वान्, शूर, चतुर, धनहीन एवं परिश्रमी; **मंगल-बुध-शुक्र-शनि** एक साथ हों तो पुष्ट, मल्ल, युद्धविजयी, एवं पराक्रमी; **मंगल-गुरु-शुक्र-शनि** एक साथ हो तों तेजस्वी, धनिक, स्त्रीलोभी, साहसी एवं चपल और **बुध-गुरु-शुक्र-शनि** एक साथ हों तो विद्वान्, पितृभक्त, धर्मात्मा, सुखी, सच्चरित्र एवं कार्यदक्ष होता है। इन ग्रहों का पूर्ण फल उच्च के होने पर, मध्यम फल मूलत्रिकोण में रहने पर और अधम फल अपनी राशि या मित्र के ग्रह में रहने पर मिलता है।

पंचग्रह योगफल

रवि-चन्द्र-मंगल-बुध-गुरु एक साथ हों तो जातक युद्धकुशल, धूर्त, सामर्थ्यवान्, अशान्त एवं प्रपंचकर्ता; **रवि-चन्द्र-मंगल-बुध-शुक्र** एक साथ हों तो परमस्वार्थी, अन्यधर्मश्रद्धालु, बंधुरहित, एवं बलहीन; **रवि-चन्द्र-मंगल-बुध-शनि** एक साथ हों तो अल्पायु, सुखहीन, स्त्री-पुत्र-धनरहित एवं विरह से पीड़ित; **रवि-चन्द्र-बुध-गुरु-शुक्र** एक साथ हों तो माता-पिता-भाई से रहित, परधनहर्ता, दुष्ट, पिशुन, नेत्ररोगी, वीर एवं कपटी; **रवि-चन्द्र-भौम-शुक्र-शनि** एक साथ हों तो युद्ध-कुशल, चालक, धन-मानप्रभाव से हीन एवं सन्तापदाता; **रवि-चन्द्र-बुध-शुक्र-शनि** एक साथ हों तो धनी, पराक्रमी, मलिन, परस्त्रीरत एवं व्यवहारशून्य; **रवि-चन्द्र-बुध-गुरु-शुक्र** एक साथ हों तो मंत्री, धनवान् बलवान्, यशस्वी एवं प्रतापवान; **रवि-चन्द्र-बुध-गुरु-शनि** एक साथ हों तो भिक्षुक, डरपोक, उग्र स्वभाववाला, परान्नभोजी एवं पापी; **रवि-चन्द्र-बुध-शुक्र-शनि** एक साथ हों तो दरिद्र, पुत्रहीन, रोगी, दीर्घदेही एवं आत्मघाती; **रवि-चन्द्र-गुरु-शुक्र-शनि** एक साथ हों तो स्त्रीसुखयुक्त, बली, चतुर, निर्भय, जादूगर एवं अस्थिर चित्त-वृत्ति; **रवि-मंगल-बुध-गुरु-शुक्र** एक साथ हों तो सेनानायक, सरदार परकामिनीरत, विनोदी, सुखी, प्रतापी एवं वीर; **रवि-मंगल-बुध-गुरु-शनि** एक साथ हों तो रोगी, नित्योद्वेगी, मलिन एवं अल्पधनी; **रवि-बुध-गुरु-शुक्र-शनि** एक साथ हों तो ज्ञानी, धर्मात्मा, शास्त्रज्ञ, विद्वान् एवं भाग्यवान्; **चन्द्र-मंगल-बुध-गुरु-शुक्र** एक साथ हों तो सज्जन, सुखी, विद्वान्, बलवान्, लेखक, संशोधक एवं कर्तव्यशील; **चन्द्र-मंगल-बुध-शुक्र-शनि** एक साथ हों तो दुखी, रोगी, परोपकारी, स्थिरचित्त एवं यशस्वी; **चन्द्र-बुध-गुरु-शुक्र-शनि** एक साथ हों तो पूज्य, यन्त्रकर्ता (नवीन मशीन बनानेवाला), लोकमान्य, रांजा या तत्तुल्य ऐश्वर्यवान् एवं नेत्ररोगी और **मंगल-बुध-गुरु- शुक्र-शनि** एक साथ हों तो सदा प्रसन्नचित्त, सन्तोषी एवं लब्धप्रतिष्ठ होता है।

षड्ग्रह योग-फल

रवि-चन्द्र-मंगल-बुध-गुरु-शुक्र एक साथ हों तो तीर्थयात्रा करनेवाला, सात्त्विक, दानी, स्त्री-पुत्रयुक्त, धनी, अरण्य-पर्वत आदि में निवास करनेवाला एवं सत्कीर्तिवान्;

रवि-चन्द्र-बुध-गुरु-शुक्र-शनि एक साथ हों तो शिररोगी, परदेशी, उन्माद प्रकृतिवाला, देवभूमि में निवास करनेवाला एवं शिथिल चारित्रधारक; **रवि-मंगल-बुध-गुरु-शुक्र-शनि** एक साथ हों तो बुद्धिमान्, भ्रमणशील, परसेवी, बन्धुद्वेषी एवं रोगी; **रवि-चन्द्र-मंगल-बुध-गुरु-शनि** एक साथ हों तो कुष्ठरोगी, भाइयों से निन्दित, दुखी, पुत्ररहित एवं परसेवी; **रवि-चन्द्र-मंगल-गुरु-शुक्र-शनि** एक साथ हों तो मन्त्री, नेता, मान्य, नीच-कर्मरत, क्षय तथा पीनस के रोग से दुखी एवं स्वल्पधनी; **रवि-चन्द्र-मंगल-बुध-शुक्र-शनि** एक साथ हों तो शान्त, उदार, धनी-मानी एवं शासक और **चन्द्र-मंगल-बुध-गुरु-शुक्र-शनि** एक साथ हों तो धनिक, धर्मात्मा, ऐश्वर्यवान् एवं चरित्रवान् होता है। किसी भी ग्रह के साथ **मंगल-बुध** का योग वक्ता, वैद्य, कारीगर और शास्त्रज्ञ होने की सूचना देता है।

द्वादश भाव विचार

प्रथम भाव (लग्न) विचार

पहले ही कहा गया है कि प्रथम भाव से शरीर की आकृति, रूप आदि का विचार किया जाता है। इस भाव में जिस प्रकार की राशि और ग्रह होंगे, जातक का शरीर भी वैसा ही होगा। शरीर की स्थिति के सम्बन्ध में विचार करने के लिए ग्रह और राशियों के तत्त्व नीचे लिखे जाते हैं।

सूर्य	शुष्कग्रह	अग्नितत्त्व	सम (कद)
चन्द्र	जलग्रह	जलतत्त्व	दीर्घ "
भौम	शुष्कग्रह	अग्नितत्त्व	ह्रस्व
बुध	जलग्रह	पृथ्वीतत्त्व	सम
गुरु	जलग्रह	आकाश या तेजतत्त्व	मध्यम या ह्रस्व
शुक्र	जलग्रह	जलतत्त्व	"
शनि	शुष्कग्रह	वायुतत्त्व	दीर्घ

राशि संज्ञाएँ

मेष	अग्नि	पादजल $(\frac{१}{४})$	ह्रस्व	(२४ अंश)
वृष	पृथ्वी	अर्द्धजल $(\frac{१}{२})$	ह्रस्व	(२४ अंश)
मिथुन	वायु	निर्जल (०)	सम	(२८ अंश)
कर्क	जल	पूर्णजल (१)	सम	(३२ अंश)
सिंह	अग्नि	निर्जल (०)	दीर्घ	(३६ अंश)
कन्या	पृथ्वी	निर्जल (०)	दीर्घ	(४० अंश)
तुला	वायु	पादजल $(\frac{१}{४})$	दीर्घ	(४० अंश)
वृश्चिक	जल	पादजल $(\frac{१}{४})$	दीर्घ	(३६ अंश)
धनु	अग्नि	अर्द्धजल $(\frac{१}{२})$	सम	(३२ अंश)
मकर	पृथ्वी	पूर्णजल (१)	सम	(२८ अंश)
कुम्भ	वायु	अर्द्धजल $(\frac{१}{२})$	ह्रस्व	(२४ अंश)
मीन	जल	पूर्णजल (१)	ह्रस्व	(२० अंश)

उक्त राशि संज्ञाओं पर से शारीरिक स्थिति ज्ञान करने के नियम

१. लग्न जलराशि हो व उसमें ज़लग्रह की स्थिति हो तो जातक का शरीर मोटा होगा।

२. लग्न और लग्नाधिपति जलराशिगत होने से शरीर खूब स्थूल होगा।

३. यदि लग्न अग्निराशि हो और अग्निग्रह उसमें स्थित हो तो मनुष्य बली होता है; पर शरीर देखने में दुबला मालूम पड़ता है।

४. अग्नि या वायुराशि लग्न हो और लग्नाधिपति पृथ्वी राशिगत हो तो हड्डियाँ साधारणतया पुष्ट और मजबूत होती हैं और शरीर ठोस होता है।

५. यदि अग्नि या वायुराशि लग्न हो, लग्नाधिपति जलराशिगत हो तो शरीर स्थूल होता है।

६. यदि लग्न वायुराशि हो और उसमें वायुग्रह स्थित हो तो जातक दुबला, पर तीक्ष्ण बुद्धिवाला होता है।

७. यदि लग्न पृथ्वीराशि हो और उसमें पृथ्वीग्रह स्थित हो तो मनुष्य नाटा होता है।

८. पृथ्वीराशि लग्न हो और लग्नाधिपति पृथ्वीराशिगत हो तो शरीर स्थूल और दृढ़ होता है।

९. पृथ्वीराशि लग्न हो और उसका अधिपति जलराशि में हो तो शरीर साधारणतया स्थूल होता है।

लग्न की राशि ह्रस्व, दीर्घ या सम जिस प्रकार की हो, उसी के अनुसार जातक के शरीर की ऊँचाई समझनी चाहिए। शरीर की आकृति निर्णय के लिए निम्न नियम हैं:

१. लग्नराशि कैसी है? २. लग्न में ग्रह है तो कैसा है? ३. लग्नेश कैसा ग्रह है? और किस राशि में है? ४. लग्नेश के साथ कैसे ग्रह हैं? ५. लग्न पर किसकी दृष्टि है? ६. लग्नेश अष्टम या द्वादश भाव में तो नहीं है? ७. गुरु लग्न में है अथवा लग्न को देखता है। कैसी राशि में बृहस्पति की स्थिति है?

इन सात नियमों द्वारा विचार करने पर ज्ञात हो जायेगा कि जल, पृथ्वी, अग्नि, वायु तत्त्वों में किसकी विशेषता है। अन्त में अन्तिम निर्णय के लिए पहलेवाले नौ नियमों का आश्रय लेकर निश्चय करना चाहिए।

लग्नेश और लग्नराशि के स्वरूप के अनुसार जातक के रूप-रंग का निश्चय करना चाहिए। मेष लग्न में लालमिश्रित सफेद, वृष में पीलामिश्रित सफेद, मिथुन में गहरा लालमिश्रित सफेद, कर्क में नीला, सिंह में धूसर, कन्या में घनश्याम रंग, तुला में कृष्णवर्ण लाली लिये, वृश्चिक में बादामी, धन में पीत वर्ण, मकर में चितकबरा, कुम्भ में आकाश सदृश नीला और मीन में गौरवर्ण होता है।

सूर्य से रक्त-श्याम, चन्द्र से गौरवर्ण, मंगल से समवर्ण, बुध से दूर्वादल के समान श्यामल, गुरु से कांचन वर्ण, शुक्र से श्यामल, शनि से कृष्ण, राहु से कृष्ण और केतु से धूम्र वर्ण का जातक को समझना चाहिए। लग्न तथा लग्नेश पर पापग्रह की दृष्टि होने से

मनुष्य कुरूप होता है, बुध-शुक्र एक साथ कहीं भी हों तो गौरवर्ण न होते हुए भी सुंदर होता है। शुभग्रह युत या दृष्ट लग्न होने पर जातक-सुन्दर होता है। रवि लग्न में हो तो आँखें सुन्दर नहीं होतीं, चन्द्रमा लग्न में हो तो गौरवर्ण होते हुए भी सुडौल नहीं होता। मंगल लग्न में हो तो शरीर सुन्दर होता है, पर चेहरे पर सुन्दरता में अन्तर डालनेवाला कोई निशान होता है। बुध लग्न में हो तो चमकदार साँवला रंग होता है तथा कम या अधिक चेचक के दाग होते हैं। बृहस्पति लग्न में हो तो गौर रंग, सुडौल शरीर होता है, किंतु कम आयु में ही वृद्ध बना देता है, बाल जल्द सफेद होते हैं। ४५ वर्ष की उम्र में ही दाँत गिर जाते हैं। मेदवृद्धि से पेट बड़ा हो जाता है। शुक्र लग्न में हो तो शरीर सुन्दर और आकर्षक होता है। शनि लग्न में हो तो मनुष्य के रूप में कमी होती है और राहु-केतु के लग्न में रहने से चेहरे पर काले दाग होते हैं।

शरीर के रूप का विचार करते समय ग्रहों की दृष्टि का अवश्य आश्रय लेना चाहिए। लग्न में कुरूपता करनेवाले क्रूर ग्रहों के रहने पर भी लग्नस्थान पर शुभ ग्रह की दृष्टि होने से जातक सुन्दर होता है। इसी प्रकार पापग्रहों की दृष्टि होने से जातक की सुन्दरता में कमी आती है।

शरीर के अंगों का विचार—अंगों के परिमाण का विचार करने के लिए ज्योतिषशास्त्र में लग्नस्थान गत राशि को सिर, द्वितीय स्थान की राशि को मुख और गला, तृतीय स्थान की राशि को वक्षस्थल और फेफड़ा, चतुर्थ स्थान की राशि को हृदय और छाती, पंचम स्थान की राशि को कुक्षि और पीठ, षष्ठ स्थान की राशि को कमर और आँतें, सप्तम स्थान की राशि को नाभि और लिंग के बीच का स्थान, अष्टम स्थान की राशि को लिंग और गुदा, नवम स्थान की राशि को ऊरु और जंघा, दशम स्थान की राशि को टेहुना, एकादश स्थान की राशि को पिण्डलियाँ और द्वादश स्थान की राशि को पैर समझना चाहिए।

जिस अंग पर विचार करना हो उस अंग की राशि जिस प्रकार की ह्रस्व या दीर्घ हो तथा उस अंगसंज्ञक राशि में रहनेवाला जैसा ग्रह हो; उस अंग को वैसा ही ह्रस्व या दीर्घ अवगत करना चाहिए। अंग-ज्ञान के लिए कुछ नियम निम्न प्रकार हैं :

१. अंग की राशि कैसी है? २. उस राशि में ग्रह कैसा है? ३. अंग निर्दिष्ट राशि का स्वामी किस प्रकार की राशि में पड़ा है? ४. अंग निर्दिष्ट राशि में कोई ग्रह है तो वह किस प्रकार की राशि का स्वामी है?

यदि अंगस्थान राशि में एक से अधिक ग्रह हों तो जो सबसे बलवान् हो उससे विचार करना चाहिए।

कालपुरुष—ज्योतिषशास्त्र में फलनिरूपण के हेतु काल-समय को पुरुष माना गया है और इसके आत्मा, मन, बल, वाणी एवं ज्ञान आदि का कथन किया है। बताया है कि इस कालपुरुष का सूर्य आत्मा[1], चन्द्रमा मन, मंगल बल, बुध वाणी, गुरु ज्ञान, शुक्र सुख,

---

१. आत्मा रविः शीतकरस्तु चेतः सत्त्वं धराजः शशिजोऽथ वाणी।
गुरुः सितो ज्ञानमुखे मदश्च राहुः शनिः कालनरस्य दुःखम् ॥
—सारावली, बनारस १९५३ ई., अ. ४., श्लो.१।

राहु मद और शनि दुख है। जन्म समय में आत्मादि कारक ग्रह बली हों तो आत्मा आदि सबल और दुर्बल हों तो निर्बल समझना चाहिए; पर शनि का फल विपरीत होता है। शनि दुखकारक माना गया है, अतः यह जितना हीन बल रहता है, उतना उत्तम होता है।

तात्कालिक लग्न के पीछे की छह राशियाँ जो उदित रहती हैं, वे काल या जातक के वाम अंग तथा अनुदित-क्षितिज से नीचे अर्थात् लग्न से आगे की छह राशियाँ दक्षिण अंग कहलाती हैं। यदि लग्न में प्रथम द्रेष्काण (त्र्यंश) हो तो लग्न १ मस्तक; २ व १२ नेत्र; ३ व ११ कान; ४ व १० नाक; ५ व ९ गाल; ६ व ८ ठुड्डी और सप्तम भाव मुख होता है। द्वितीय द्रेष्काण हो तो लग्न १ ग्रीवा; २ व १२ कन्धा; ३ व ११ दोनों भुजाएँ; ४ व १० पंजरी; ५ व ९ हृदय; ६ व ८ पेट और सप्तम भाव नाभि है। तृतीय द्रेष्काण लग्न में हो तो लग्न १ बस्ति; २ व १२ लिंग और गुदामार्ग; ३ व ११ दोनों अण्डकोष; ४ व १० जाँघ; ५ व ९ घुटना; ६ व ८ दोनों घुटनों के नीचे का हिस्सा और सप्तम भाव पैर होता है। इस प्रकार लग्न के द्रेष्काण के अनुसार अंग विभाग को अवगत कर फलादेश समझना चाहिए।

जिस अंग स्थित भाव में पाप ग्रह हों, उसमें व्रण (घाव), जिसमें शुभ ग्रह हों उसमें चिह्न कहना चाहिए। यदि ग्रह अपने गृह या नवांश में हो तो व्रण या चिह्न जन्म के समय (गर्भ से ही) से समझना चाहिए, अन्यथा अपनी-अपनी दशा के समय में व्रण या चिह्न प्रकट होते हैं। सूर्य और चन्द्रमा को ज्योतिष में राजा माना गया है[1]। बुध युवराज, मंगल सेनापति, गुरु और शुक्र मन्त्री एवं शनि को भृत्य माना है। जन्म समय जो ग्रह सबल होता है, जातक का भविष्य उसके अनुसार निर्मित होता है।

द्वादश राशियों में से सिंह, कन्या, तुला, वृश्चिक, धनु और मकर—इन छह राशियों का भगणाधिपति सूर्य और कुम्भ, मीन, मेष, वृष, मिथुन और कर्क—इन छह राशियों का भगणाधिपति चन्द्रमा है। सूर्य के भगणार्थ चक्र में अधिक ग्रह हों तो जातक तेजस्वी और चन्द्र के चक्र में हों तो मृदु स्वभाव जातक होता है।

जिस[2] जातक के जन्मलग्न में मंगल हो और सप्तम भाव में गुरु या शुक्र हो उसके

---

१. राजा रविः शशधरस्तु बुधः कुमारः सेनापतिः क्षितिसुतः सचिवौ सितेज्यौ।
भृत्यस्तयोश्च रविजः सबला नराणां कुर्वन्ति जन्मसमये निजमेव रूपम् ॥
—सारावली, बनारस १९५३ ई., अध्याय ४, श्लो. ७

२. जनुषि लग्नगतो वसुधासुतो मदनगोऽपि गुरुः कविरेव वा।
भवति तस्य शिरो व्रणलाञ्छितं निगदितं यवनेन महात्मना ॥
भवति लग्नगते क्षितिनन्दने भृगुसुतेऽपि विधाविह जन्मिनाम्।
शिरसि चिह्नमुदाहृतमादिभिर्मुनिवरैर्द्विरसाब्दसमासतः ॥
भार्गवे जनुरङ्गस्थे चाष्टमे सिंहिकासुते। मस्तके वामकर्णे वा चिह्नदर्शनमादिशेत् ॥
मदनसदनमध्ये सिंहिकानन्दने वा, सुरपतिगुरुणा चेदङ्गराशौ युते नुः।
प्रकथितमिह चिह्नं चाष्टमे पापखेटे, कविरपि गुरुरङ्गे वामबाहौ मुनीन्द्रैः ॥
लाभारिसहजे भौमे व्यये वा शुक्रसंयुते। वामपार्श्वे गतं चिह्नं विज्ञेयं व्रणजं बुधैः ॥
सुतालये भाग्यनिकेतने वा कविर्यदा चाष्टमगौ ज्ञजीवौ।
शनौ चतुर्थे तनुभावगे वा तदा सचिह्नं जठरं नरस्य ॥
—भावकुतूहल, बम्बई सन् १९२५ ई., अध्याय २, श्लो. १६-२२

सिर में व्रण—दाग़ होता है। जब जन्मलग्न में मंगल, शुक्र और चन्द्रमा हों तो व्यक्ति को जन्म से दूसरे या छठे वर्ष सिर में चोट लगने से घाव का चिह्न प्रकट होता है। जन्म-लग्न में शुक्र और आठवें स्थान में राहु हो तो मस्तक या बायें कान में चिह्न होता है। यदि लग्न में बृहस्पति, सप्तम स्थान में राहु और आठवें स्थान में पाप ग्रह हों तो व्यक्ति के बाँयें हाथ में चिह्न होता है। लग्न में गुरु या शुक्र और अष्टम में पाप ग्रह हों तो भी बाँयें हाथ में चिह्न समझना चाहिए। ग्यारहवें, तीसरे और छठे भाग में शुक्र युक्त मंगल हो तो वामपार्श्व में व्रण का चिह्न होता है।

लग्न में मंगल और त्रिकोण—५।९ में शुक्र की दृष्टि से युक्त शनि हो तो लिंग या गुदा के समीप तिल का चिह्न होता है। पंचम या नवम भाव में शुक्र और बुध हों, अष्टम स्थान में गुरु और चतुर्थ या लग्न में शनि हो तो पेट पर चिह्न होता है। द्वितीय स्थान में शुक्र, अष्टम स्थान में सूर्य और तृतीय में मंगल हो तो जातक के कटि प्रदेश में चिह्न होता है। चतुर्थ स्थान में राहु-शुक्र दोनों में से एक ग्रह स्थित हो और लग्न में शनि या मंगल स्थित हो तो पैर के तलवे में चिह्न होता है। बारहवें भाव में बृहस्पति, नवम भाव में चन्द्रमा और तृतीय तथा एकादश में बुध हो तो गुदास्थान में चिह्न होता है।

जातक के शरीर में तिल, मस्सा, चिह्न आदि का विचार लग्न राशि; लग्न-स्थित द्रेष्काण राशि एवं शीर्षोदय राशि आदि के द्वारा भी किया जाता है।

जन्म समय के वातावरण का परिज्ञान—जन्म के समय मेष, वृष लग्न हो तो घर के पूर्व भाग में शय्या; मिथुन लग्न हो तो घर के अग्निकोण में; कर्क, सिंह लग्न हो तो घर के दक्षिण भाग में; कन्या लग्न हो तो घर के नैर्ऋत्यकोण में; तुला, वृश्चिक लग्न हो तो घर के पश्चिम भाग में; धनु राशि का लग्न हो तो घर के वायुकोण में; मकर, कुम्भ लग्न हो तो घर के उत्तर भाग में एवं मीन राशि का लग्न हो तो घर के ईशान भाग में प्रसूतिका की शय्या जाननी चाहिए।

जो ग्रह सबसे बलवान् हो अथवा १।४।७।१० में स्थित हो उस ग्रह की दिशा में सूतिका-गृह का द्वार ज्ञात करना चाहिए। रवि की पूर्व दिशा, चन्द्र की वायव्य, मंगल की दक्षिण, बुध की उत्तर, गुरु की ईशान, शुक्र की आग्नेय, शनि की पश्चिम और राहु की नैर्ऋत्य दिशा है।

जन्मसमय लग्न में शीर्षोदय ३।५।६।७।८।११ राशियों का नवांश हो तो मस्तक की तरफ से जन्म, लग्न में उभयोदय राशि-मीन का नवांश हो तो प्रथम हाथ निकला होगा और लग्न में पृष्ठोदय १।२।३।४।९।१० राशियों का नवांश हो तो पाँव की ओर से जन्म जानना चाहिए।

लग्न और चन्द्रमा के बीच में जितने ग्रह स्थित हों उतनी ही उपसूतिकाओं की संख्या जाननी चाहिए। मीन, मेष लग्न में जन्म हो तो दो; वृष, कुम्भ में जन्म हो तो चार; कर्क, सिंह में हो तो पाँच; शेष लग्नों—मिथुन, कन्या, तुला, वृश्चिक, धनु और मकर लग्न हों तो तीन उपसूतिकाएँ जाननी चाहिए।

अरिष्ट विचार—उत्पत्ति के समय जातक के ग्रहारिष्ट, गण्डारिष्ट और पातकी अरिष्ट का विचार करना चाहिए।

१. लग्न में चन्द्रमा, बारहवें में शनि, नौवें में सूर्य और अष्टम में मंगल हो तो अरिष्ट होता है।

२. लग्न में पापग्रह हो और चन्द्रमा पापग्रह के साथ स्थित हो तथा शुभग्रहों की दृष्टि लग्न और चन्द्रमा दोनों पर न हो तो अरिष्ट समझना चाहिए।

३. बारहवें भाव में क्षीण चन्द्रमा स्थित हो और लग्न एवं अष्टम में पापग्रह स्थित हो तो बालक को अरिष्ट होता है।

४. क्षीण चन्द्रमा पापग्रह या राहु की दृष्टि हो तो बालक को अरिष्ट होता है।

५. चन्द्रमा ४।७।८ में स्थित हो और उसके दोनों ओर पापग्रह स्थित हों तो बालक को अरिष्ट होता है।

६. चन्द्रमा ६।८।१२ में हो और उस पर राहु की दृष्टि हो तो अरिष्ट होता है।

७. चन्द्रमा कर्क, वृश्चिक और मीन राशि का हो तथा राशि के अन्तिम नवांश में हो, शुभग्रहों की दृष्टि चन्द्रमा पर न हो एवं पंचम स्थान पर पापग्रहों की दृष्टि हो अथवा पापग्रह स्थित हों तो बालक को अरिष्ट होता है।

८. मेष राशि का चन्द्रमा २३ अंश का अष्टम स्थान में हो तो २३ वर्ष के भीतर जातक की मृत्यु होती है। वृष के २१ अंश का, मिथुन के २२ अंश का, कर्क के २२ अंश का, सिंह के २१ अंश का, कन्या के १ अंश का, तुला के ४ अंश का, वृश्चिक के २१ अंश का, धनु के १८ अंश का, मकर के २० अंश का, कुम्भ के २० अंश का एवं मीन के १० अंश का चन्द्रमा अरिष्ट करनेवाला होता है।

९. पापग्रह से युक्त लग्न का स्वामी सातवें स्थान में स्थित हो तो एक वर्ष तक परम अरिष्ट होता है।

१०. जन्मराशि का स्वामी पापग्रह से युक्त होकर आठवें स्थान में हो तो अरिष्ट होता है।

११. शनि, सूर्य, मंगल आठवें अथवा बारहवें स्थान में हों तो जातक को एक महीने तक परम अरिष्ट होता है।

१२. लग्न में राहु तथा छठे या आठवें भाव में चन्द्रमा हो तो जातक को अत्यन्त अरिष्ट होता है।

१३. लग्नेश आठवें भाव में पापग्रह से युत या दृष्ट हो तो चार महीने तक जातक को अरिष्ट होता है।

१४. शुभ तथा पापग्रह ३।६।९।१२ स्थानों में निर्बली होकर स्थित हों तो ६ मास तक जातक को अरिष्ट होता है।

१५. पापग्रहों की राशियाँ १।५।८।१०।११ स्थानों में हों तथा सूर्य, चन्द्र, मंगल पाँचवें स्थान में हों तो जातक को ६ महीने का अरिष्ट होता है।

१६. पापग्रह छठे, आठवें स्थान में स्थित हों और अस्त पापग्रहों की दृष्टि भी हो तो एक वर्ष का अरिष्ट होता है।

१७. चन्द्र, बुध दोनों केन्द्र में स्थित हों और अस्त शनि या मंगल उनको देखते हों तो एक वर्ष के भीतर मृत्यु होती है।

१८. शनि, रवि और मंगल छठे, आठवें भाव में गये हों तो जातक को एक वर्ष तक अरिष्ट होता है।

१९. अष्टमेश लग्न में और लग्नेश अष्टम भाव में गया हो तो पाँच वर्ष तक अरिष्ट होता है।

२०. कर्क या सिंह राशि का शुक्र ६।८।१२ में स्थित हो तथा पापग्रहों से देखा जाता हो तो छठे वर्ष में मृत्यु जानना।

२१. लग्न में सूर्य, शनि और मंगल स्थित हों और क्षीण चन्द्रमा सातवें भाव में हो तो सातवें वर्ष में मृत्यु होती है।

२२. सूर्य, चन्द्र और शनि इन तीनों ग्रहों का योग ६।८।१२ स्थानों में हो तो ९ वर्ष तक जातक को अरिष्ट रहता है।

२३. चन्द्रमा सातवें भाव में और अष्टमेश लग्न में स्थित हो तो ९ वर्ष तक अरिष्ट रहता है। परन्तु इस योग में शनि की दृष्टि अष्टमेश पर आवश्यक है।

२४. चन्द्रमा और लग्नेश ६।७।८।१२ स्थानों में स्थित हों तो १२ वर्ष तक अरिष्ट रहता है।

२५. चन्द्र व लग्नेश शनि एवं सूर्य से युत हों तो १२ वर्ष तक अरिष्ट रहता है।

गण्ड-अरिष्ट—आश्लेषा के अन्त और मघा के आदि के दोषयुक्त काल को रात्रिगण्ड, ज्येष्ठा और मूल के दोषयुक्त काल को दिवागण्ड एवं रेवती और अश्विनी के दोषयुक्त काल को सन्ध्यागण्ड कहते हैं। अभिप्राय यह है कि आश्लेषा, ज्येष्ठा और रेवती नक्षत्र की अन्तिम चार घटियाँ तथा मघा, मूल और अश्विनी नक्षत्र की आदि की चार घटियाँ गण्डदोषयुक्त मानी गयी हैं। इस समय में उत्पन्न होने वाले बालकों को अरिष्ट होता है। मतान्तर से ज्येष्ठा के अन्त की एक घटी और मूल के आदि की दो घटी को अभुक्त मूल कहा गया है। इन तीन घटियों के भीतर जन्म लेने वाले बालक को विशेष अरिष्ट होता है।

यहाँ स्मरण रखने की बात यह है कि बालक का प्रातःकाल अथवा सन्ध्या के सन्धि समय में जन्म हो तो सान्ध्यगण्ड विशेष कष्टदायक, रात्रि-काल में जन्म हो तो रात्रिगण्ड-दोष विशेष कष्टदायक एवं दिन में जन्म होने पर दिवागण्ड कष्टकारक होता है। सान्ध्य-गण्ड बालक के लिए, रात्रिगण्ड माता के लिए और दिवागण्ड पिता के लिए कष्टदायक होता है।

अरिष्ट का विशेष विचार—लग्न में अस्त चन्द्रमा पापग्रह के साथ हो और मंगल अष्टम **स्थान में** स्थित हो तो माता एवं पुत्र दोनों की मृत्यु होती है। लग्न में सूर्य या चन्द्रमा

स्थित हो, त्रिकोण (५।९) अथवा अष्टम में बलवान् पापग्रह स्थित हो तो जातक की शीघ्र मृत्यु होती है। द्वादश भाव में शनि, नवम में सूर्य, लग्न में चन्द्रमा और अष्टम में मंगल हो तो जातक की एक वर्ष के बीच ही मृत्यु होती है। चन्द्रमा, षष्ठ या अष्टम भाव, पापग्रह द्वारा दृष्ट हो तो जातक की एक वर्ष के बीच ही मृत्यु होती है।

दो वर्ष की आयु का विचार—वक्री शनि, मंगल १।८ राशि में स्थित होकर केन्द्र में हो अथवा षष्ठ या अष्टम में हो और बली मंगल द्वारा दृष्ट न हो तो बालक दो वर्ष तक जीवित रहता है।

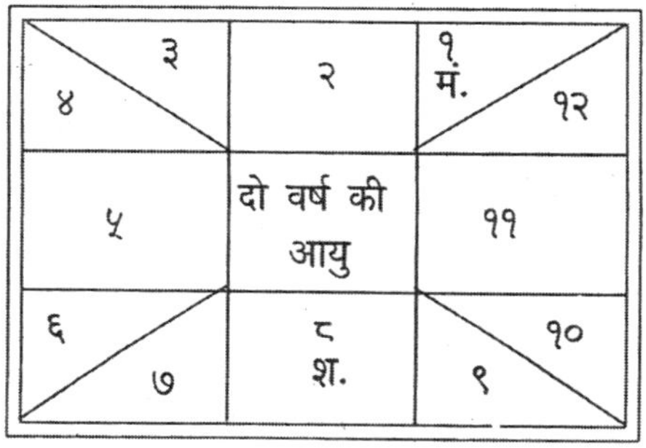

तीन वर्ष की आयु का विचार—बृहस्पति मंगल की राशि में स्थित होकर अष्टम भाव में हो तथा उसे सूर्य, चन्द्र, मंगल और शनि देखते हों एवं शुक्र द्वारा दृष्ट न हो तो बालक की तीन वर्ष की आयु होती है।

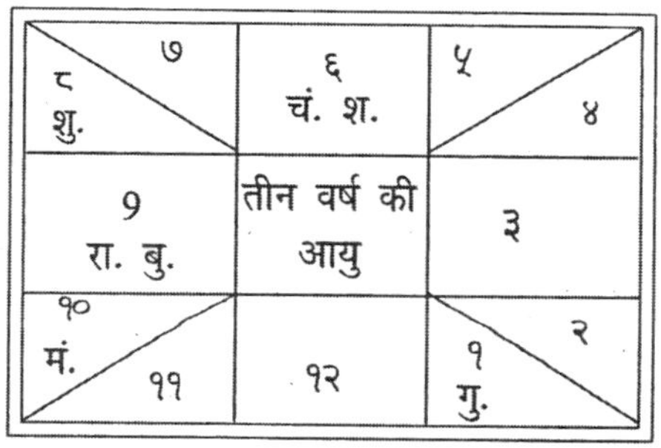

चार वर्ष की आयु का विचार—कर्क राशि का बुध, जन्मलग्न से षष्ठ या अष्टम में स्थित हो और यह चन्द्र द्वारा दृष्ट हो तो जातक की आयु चार वर्ष की होती है। यह योग तभी घटित होता है जब चन्द्रमा की दृष्टि बुध पर पायी जाती है।

पाँच वर्ष की आयु का विचार—रवि, चन्द्र, मंगल और गुरु एकत्र स्थित हों या मंगल, गुरु, शनि और चन्द्रमा एकत्र स्थित हों अथवा रवि, शनि, मंगल और चन्द्रमा एक साथ स्थित हों तो जातक की पाँच वर्ष की आयु होती है।

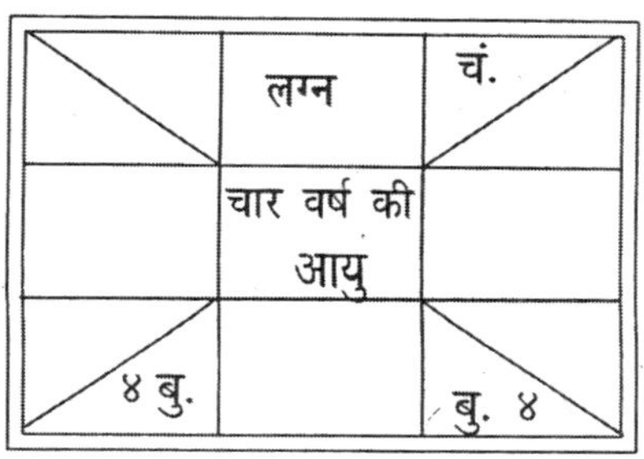

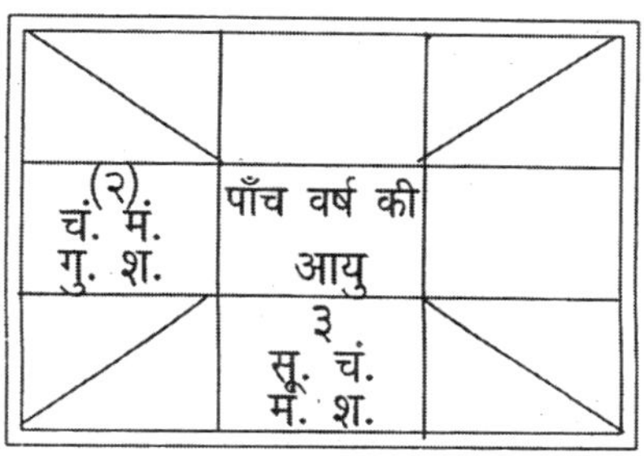

छह वर्ष की आयु का विचार—यदि शनि, चन्द्रमा के नवांश में हो और उस पर चन्द्रमा की दृष्टि हो तथा लग्नेश पर भी चन्द्रमा की दृष्टि हो तो जातक की आयु छह वर्ष की होती है।

सात वर्ष की आयु का विचार—यदि लग्न में निगाल या अहि अथवा पासधर संज्ञावाला द्रेष्काण क्रूर ग्रह से युक्त हो और अपने स्वामी द्वारा दृष्ट न हो तो सात वर्ष की आयु होती है।

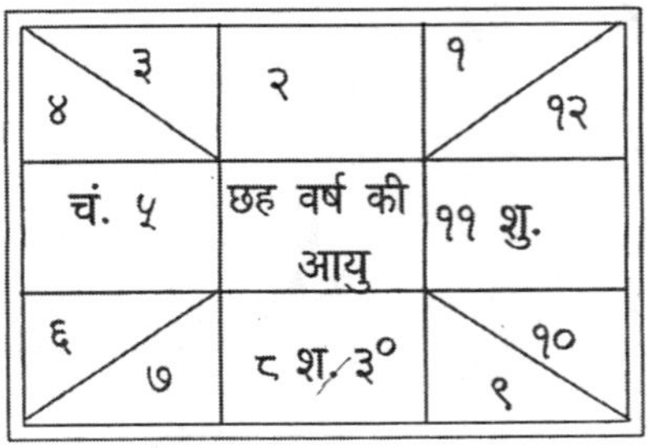

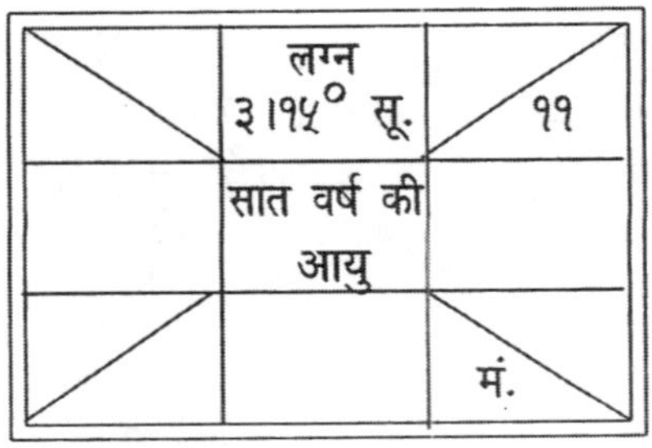

सप्ताष्ट वर्ष की आयु का विचार—लग्न में रवि, शनि और मंगल हो; शुक्र की राशि (सप्तम राशि) में क्षीण चन्द्रमा स्थित हो और बृहस्पति न देखता हो तो बालक सात या आठ वर्ष की अवस्था में मृत्यु को प्राप्त करता है।

नौ वर्ष की आयु का विचार—यदि पंचम भाव में सूर्य, चन्द्र, मंगल हों तो जातक की मृत्यु नौ वर्ष में होती है।

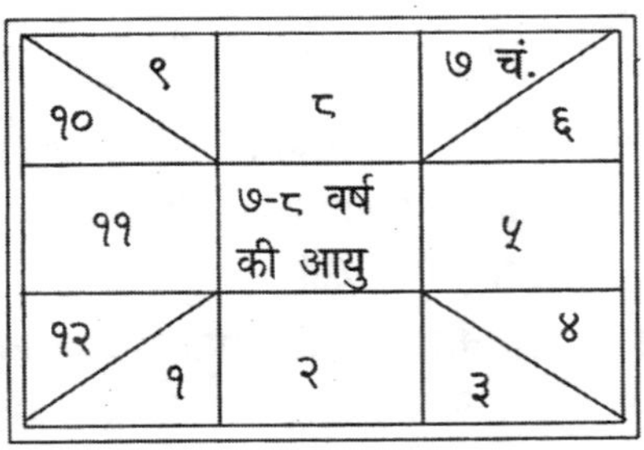

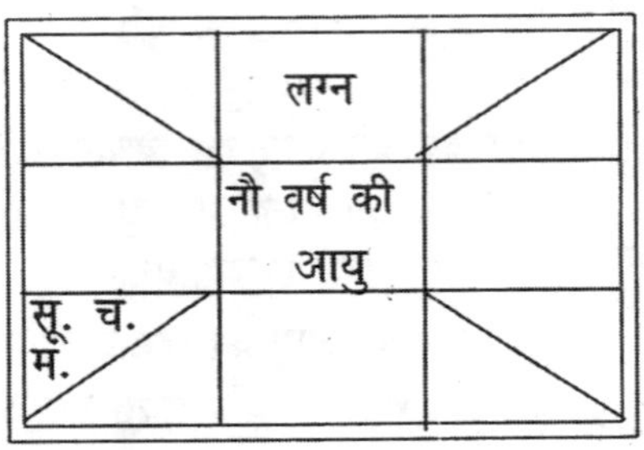

प्रकारान्तर से नौ वर्ष की आयु

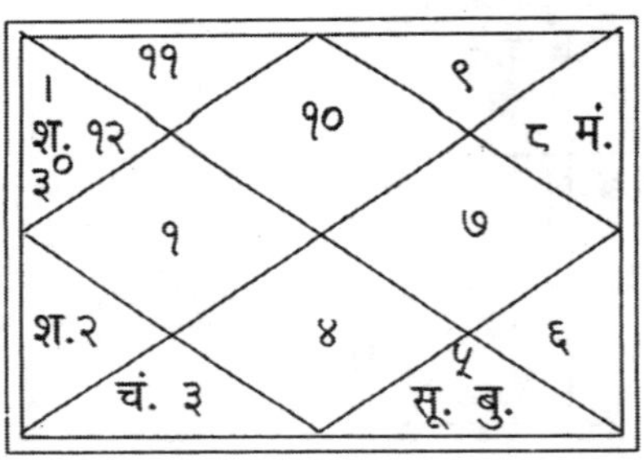

दस वर्ष की आयु का विचार—शनि, मकर के अंश में हो और उसे बुध देखता हो तो बालक की दस वर्ष की आयु होती है।

एकादश वर्ष की आयु का विचार—बुध सूर्य के साथ होकर शुभ ग्रहों द्वारा दृष्ट हो तो बालक की ग्यारह वर्ष की आयु होती है। इस योग में उत्पन्न बालक धनधान्य समृद्धि से परिपूर्ण होता है।

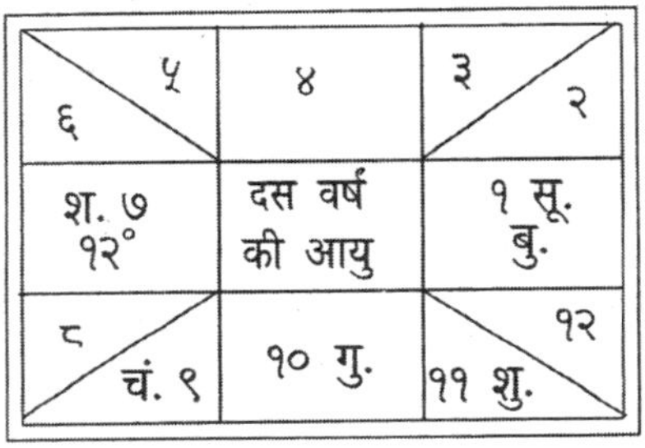

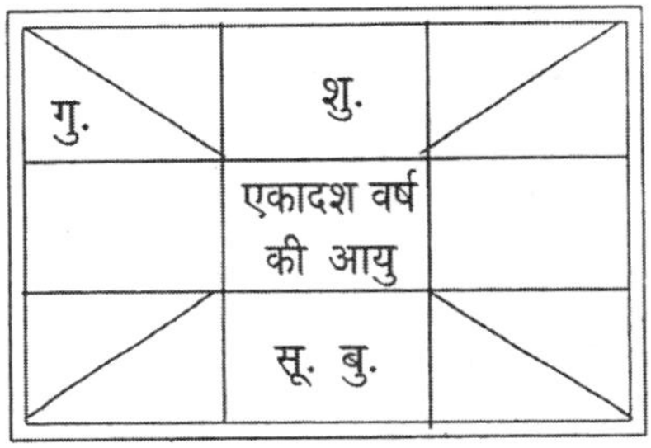

द्वादश वर्ष की आयु का विचार—सिंह राशि में चन्द्रमा स्थित होकर शनि से युक्त अष्टम भाव में स्थित हो और शुक्र द्वारा देखा जाता हो और यदि शनि, वृश्चिक के नवांश में स्थित होकर सूर्य द्वारा दृष्ट हो तो जातक की बारह वर्ष की आयु होती है।

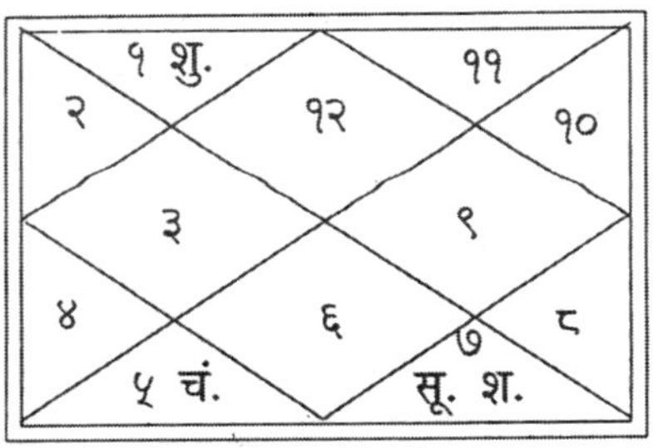

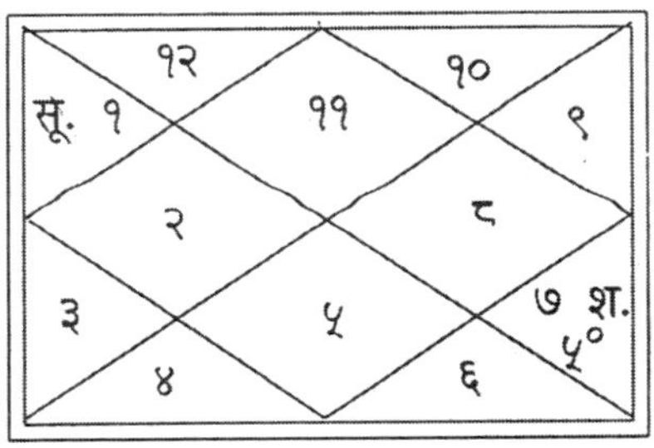

त्रयोदश वर्ष की आयु का विचार—तुला के नवांश में शनि हो और वह गुरु द्वारा दृष्ट हो तो जातक की तेरह वर्ष की आयु होती है।

चतुर्दश वर्ष की आयु का विचार—कन्या के नवांश में शनि हो और उसे बुध देखता हो तो जातक की चौदह वर्ष की आयु होती है।

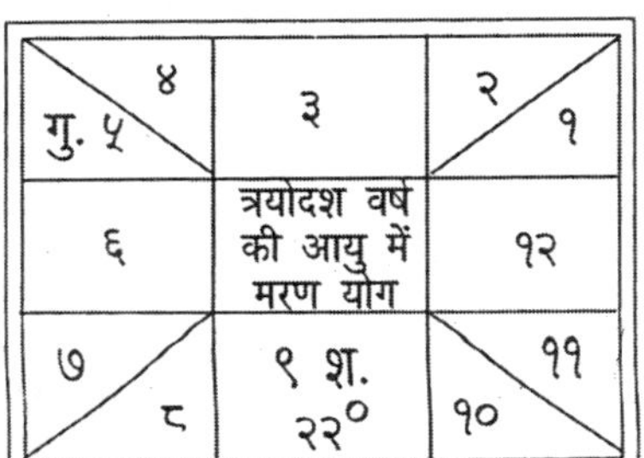

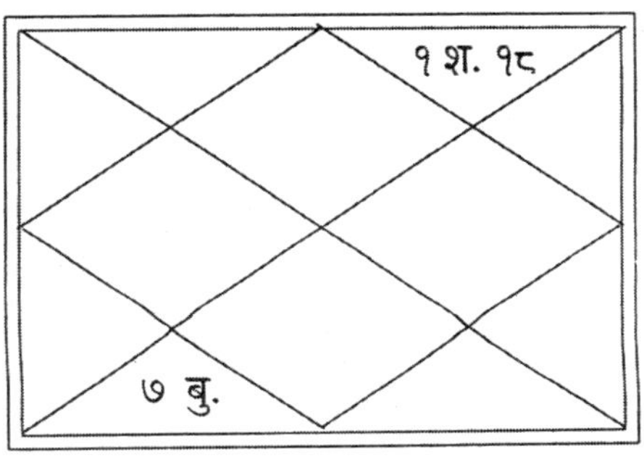

पंचदश और षोडश वर्ष की आयु का विचार—सिंह के नवांश में शनि हो और राहु द्वारा दृष्ट हो तो बालक की १५ वर्ष की आयु होती है। कर्क के नवांश का शनि, बृहस्पति से दृष्ट हो तो बालक की मृत्यु सर्प दंशन द्वारा सोलह वर्ष की अवस्था में होती है।

सप्तदश वर्ष की आयु का विचार—शनि मिथुनांश में हो और उसे लग्नेश देखता हो तो बालक की सत्रह वर्ष की आयु होती है।

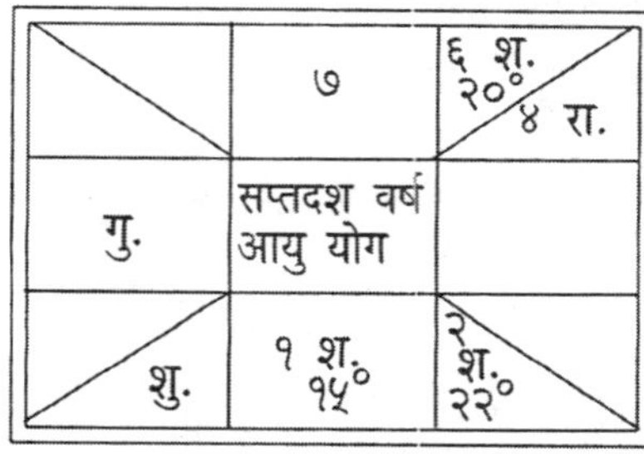

अठारह वर्ष की आयु का विचार—लग्नेश, अष्टमेश दोनों पापग्रह हों और परस्पर में दोनों एक-दूसरे की राशि में स्थित हों अथवा षष्ठ या द्वादश भाव में गुरु से वियुक्त हों तो अठारह वर्ष की आयु होती है।

उन्नीस वर्ष की आयु का विचार—बृहस्पति के नवांश में शनि हो और राहु द्वारा देखा जाता हो तथा लग्नेश शुभ ग्रहों से अदृष्ट हो तो जातक अठारह या उन्नीस वर्ष की अवस्था में मृत्यु को प्राप्त करता है। यदि उसका स्वामी उच्चराशि में हो तो उन्नीस वर्ष की आयु होती है।

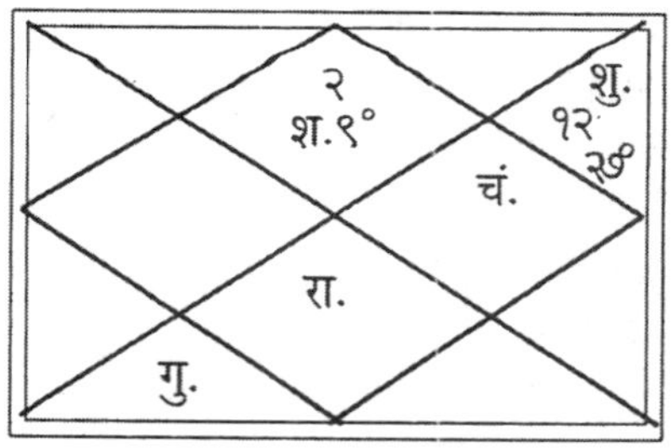

बीस वर्ष की आयु का विचार—यदि केन्द्र स्थानों (१।४।७।१०) में पापग्रह हों और उन्हें चन्द्रमा तथा शुभ ग्रह न देखते हों अथवा चन्द्रमा षष्ठ या अष्टम स्थान में हो तो बालक की आयु बीस वर्ष की होती है।

तेईस वर्ष की आयु का विचार—कर्क लग्न हो और उसमें सूर्य एवं बृहस्पति स्थित हों तथा अष्टमेश केन्द्र में हो तो जातक की तेईस वर्ष की आयु होती है।

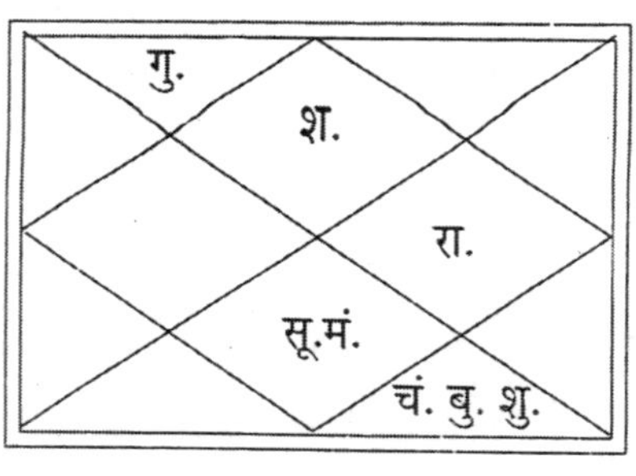

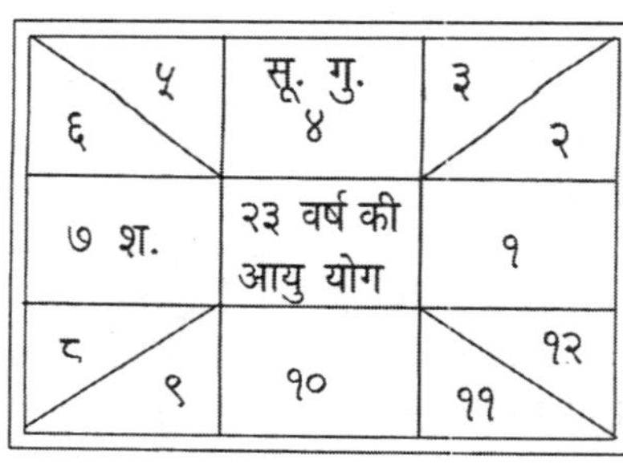

छब्बीस एवं सत्ताईस वर्ष की आयु का विचार—लग्न में शनि शत्रुराशि का हो और सौम्यग्रह आपोक्लिम (३।६।९।१२) में स्थित हो तो जातक की छब्बीस या सत्ताईस वर्ष की आयु होती है।

अट्ठाईस वर्ष की आयु का विचार—अष्टमेश पापग्रह हो और उसे गुरु देखता हो तथा पापग्रहों से दृष्ट जन्मराशीश अष्टम स्थान में स्थित हो तो जातक की अट्ठाईस वर्ष की आयु होती है।

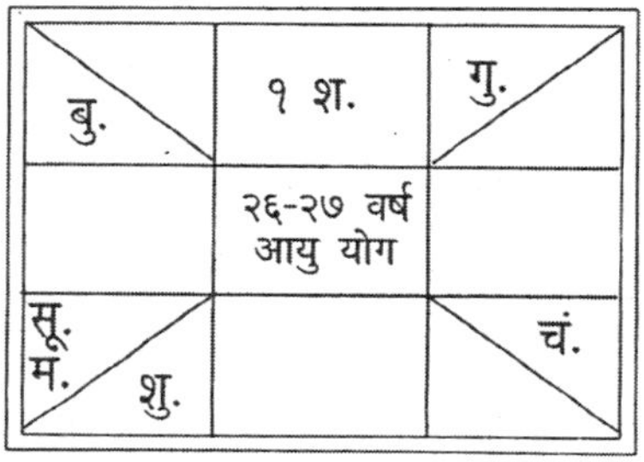

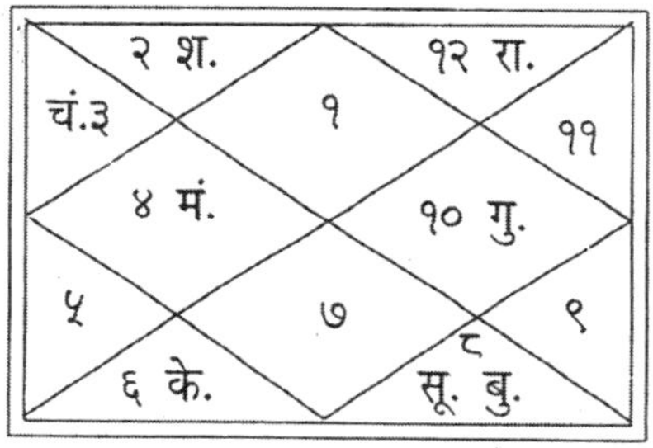

उन्तीस वर्ष की आयु का विचार—चन्द्रमा शनि का सहायक हो (स्थान सम्बन्धी या दृष्टि सम्बन्धी), सूर्य अष्टम भाव में स्थित हो तो जातक की आयु उन्तीस वर्ष की होती है।

सत्ताईस वा तीस वर्ष की आयु का विचार—लग्नेश और अष्टमेश के मध्य में चन्द्रमा स्थित हो और बृहस्पति द्वादश भाव में स्थित हो तो जातक की आयु २७-३० वर्ष की होती है।

बत्तीस वर्ष की आयु का विचार—अष्टमेश केन्द्र में हो और लग्नेश निर्बल हो तो जातक की आयु तीस या बत्तीस वर्ष होती है। यदि क्षीण चन्द्रमा पापग्रह से युक्त हो, अष्टमेश केन्द्र में या अष्टम स्थान में स्थित हो एवं लग्न में पापग्रह स्थित हो और लग्न निर्बल हो तो जातक की बत्तीस वर्ष की आयु होती है।

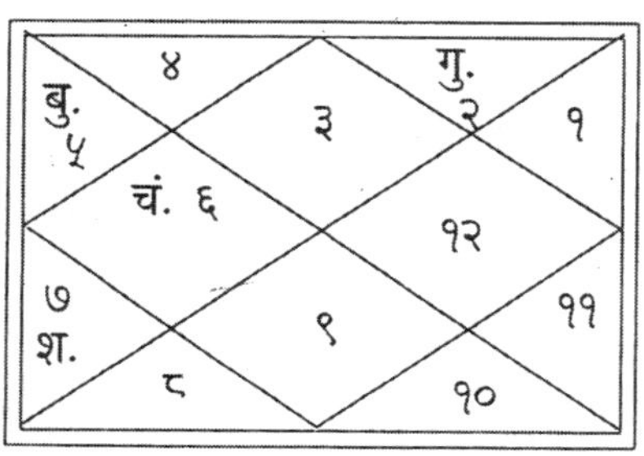

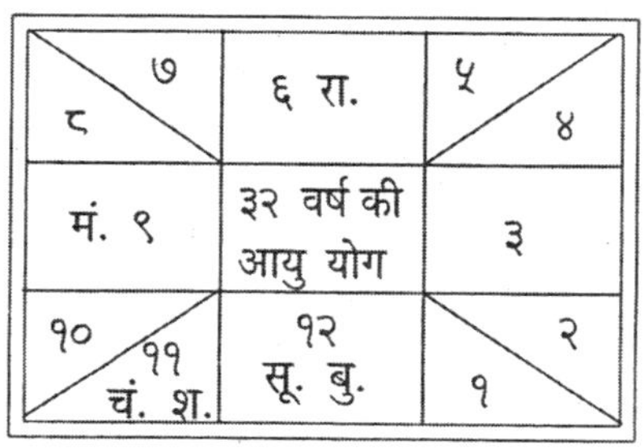

अल्पायुयोग विचार—पापग्रह ६।८।१२वें स्थान में, लग्नेश निर्बल हो और शुभग्रह से दृष्टयुक्त न हो तो अल्पायुयोग होता है। अष्टमेश या शनि क्रूर षष्ठांशक में हो और पापग्रह

युक्त हो तो अल्पायुयोग होता है। पापग्रह से युक्त द्वितीय या द्वादश भाव हो और शुभ ग्रह द्वारा न देखे जाते हों तो अल्पायुयोग होता है।

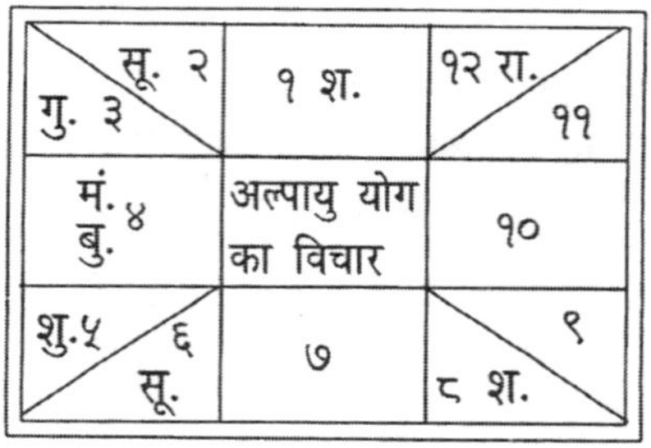

अरिष्टभंग योग

१. शुक्ल पक्ष में रात्रि का जन्म हो और छठे, आठवें स्थान में चन्द्रमा स्थित हो तो सर्वारिष्टनाशक योग होता है।

२. शुभग्रहों की राशि और नवमांश २।७।९।१२।३।६।४ में हो तो अरिष्टनाशक योग होता है।

३. जन्मराशि का स्वामी १।४।७।१० स्थानों में स्थित हो अथवा शुभग्रह केन्द्र में गये हों तो अ़रिष्टनाश होता है।

४. सभी ग्रह ३।५।६।७।८।११ राशियों में हों तो अरिष्टनाश होता है।

५. चन्द्रमा अपनी राशि, उच्चराशि तथा मित्र के गृह में स्थित हो तो सर्वारिष्ट नाश करता है।

६. चन्द्रमा से दशवें स्थान में गुरु, बारहवें में बुध, शुक्र और बारहवें स्थान में पाप ग्रह गये हों तो अरिष्टनाश होता है।

७. कर्क तथा मेष राशि का चन्द्रमा केद्र में स्थित हो और शुभग्रह से दृष्ट हो तो सर्वारिष्ट नाश करता है।

८. कर्क, मेष और वृष राशि लग्न हों तथा लग्न में राहु हो तो अरिष्टभंग होता है।

९. सभी ग्रह १।२।४।५।७।८।१०।११ स्थानों में गये हों तो अरिष्टनाश होता है।

१०. पूर्ण चन्द्रमा शुभग्रह की राशि का हो तो अरिष्टभंग होता है।

११. शुभग्रह के वर्ग में गया हुआ चन्द्रमा ६।८ स्थान में स्थित हो तो सर्वारिष्टनाश होता है।

१२. चन्द्र और जन्म-लग्न को शुभग्रह देखते हों तो अरिष्टभंग होता है।

१३. शुभग्रह की राशि के नवांश में गया हुआ चन्द्रमा १।४।५।७।९।१० स्थानों में स्थित हो और शुक्र उसको देखता हो तो सर्वारिष्टनाश होता है।

१४. बलवान् शुभग्रह १।४।७।१० स्थानों में स्थित हों और ग्यारहवें भाव में सूर्य हो तो सर्वारिष्टनाश होता है।

१५. लग्नेश बलवान् हो और शुभग्रह उसे देखते हों तो अरिष्टनाश होता है।

१६. मंगल, राहु और शनि ३।६।११ स्थानों में हों तो अरिष्टनाशक होते हैं।

१७. बृहस्पति १।४।७।१० स्थानों में हो या अपनी राशि ९।१२ में हो अथवा उच्च राशि में हो तो सर्वारिष्टनाशक होता है।

१८. सभी ग्रह १।३।५।७।९।११ राशियों में स्थित हों तो अरिष्टनाशक होते हैं।

१९. सभी ग्रह मित्र ग्रहों की राशियों में स्थित हों तो अरिष्टनाश होता है।

२०. सभी ग्रह शुभग्रहों के वर्ग में या शुभग्रहों के नवांश में स्थित हों तो अरिष्टनाशक होते हैं।

जारज योग

१।४।७।१० स्थानों में कोई भी ग्रह नहीं हो, सभी ग्रह २।६।८।१२ स्थान में स्थित हों, केंद्र के स्वामी का तृतीयेश के साथ योग हो, छठे या आठवें स्थान का स्वामी चन्द्र-मंगल से युक्त होकर चतुर्थ स्थान में स्थित हो, छठे और नौवें स्थान के स्वामी पाप-ग्रहों से युक्त हों, द्वितीयेश, तृतीयेश, पंचमेश और षष्ठेश लग्न में स्थित हों, लग्न में पापग्रह, सातवें में शुभग्रह और दसवें भाव में शनि हों, लग्न में चन्द्रमा, पंचम स्थान में शुक्र और तीसरे स्थान में भौम हो, लग्न में सूर्य, चतुर्थ में राहु हो, लग्न में राहु, मंगल और सप्तम स्थान में सूर्य, चन्द्रमा स्थित हों, सूर्य-चन्द्र दोनों एक राशि में स्थित हों और उनको गुरु नहीं देखता हो एवं सप्तमेश धनस्थान में पापग्रह से युक्त और भौम से दृष्ट हो तो जातक जारज होता है।

बधिर योग

१. शनि से चतुर्थ स्थान में बुध हो और षष्ठेश ६।८।१२वें भाव में स्थित हो।

२. पूर्ण चन्द्र और शुक्र ये दोनों शत्रुग्रह से युक्त हों।

३. रात्रि का जन्म हो, लग्न से छठे स्थान में बुध और दसवें स्थान में शुक्र हो।

४. बारहवें भाव में बुध, शुक्र दोनों हों।

५. ३।५।९।११ भावों में पापग्रह हों और शुभग्रहों की दृष्टि इनपर नहीं हो।

६. षष्ठेश ६।१२वें स्थान में हो और शनि की दृष्टि न हो।

मूक योग

१. कर्क, वृश्चिक और मीन राशि में गये हुए बुध को अमावस्या का चन्द्रमा देखता हो।

२. बुध और षष्ठेश दोनों एक साथ स्थित हों।

३. गुरु और षष्ठेश लग्न में स्थित हों।

४. वृश्चिक और मीन राशि में पापग्रह स्थित हों एवं किसी भी राशि के अन्तिम अंशों में व वृष राशि में चन्द्र स्थित हो और पापग्रहों से दृष्ट हो तो जीवन-भर के लिए मूक तथा शुभग्रहों से दृष्ट हो तो पाँच वर्ष के उपरान्त बालक बोलता है।

५. क्रूर ग्रह सन्धि में गये हों, चन्द्रमा पापग्रहों से युक्त हो तो भी गूँगा होता है।

६. शुक्ल पक्ष का जन्म हो और चन्द्रमा, मंगल का योग लग्न में हो।

७. कर्क, वृश्चिक और मीन राशि में गया हुआ बुध, चन्द्र से दृष्ट हो, चौथे स्थान में सूर्य हो और छठे स्थान को पापग्रह देखते हों।

८. द्वितीय स्थान में पापग्रह हो और द्वितीयेश नीच या अस्तंगत होकर पापग्रहों से दृष्ट हो एवं रवि, बुध का योग सिंह राशि में किसी भी स्थान में हो।

९. सिंह राशि में रवि, बुध दोनों एक साथ स्थित हों तो जातक मूक होता है।

नेत्ररोगी योग

१. वक्रगतिस्थ ग्रह की राशि में छठे स्थान का स्वामी हो तो नेत्ररोगी होता है।

२. लग्नेश २।३।१।८ राशियों में हो और बुध, मंगल देखते हों। लग्नेश तथा अष्टमेश छठे स्थान में हों तो बाँयें नेत्र में रोग होता है।

३. छठे और आठवें स्थान में शुक्र हो तो दक्षिण नेत्र में रोग होता है।

४. धनेश शुभ ग्रह से दृष्ट हो एवं लग्नेश पापग्रह से युक्त हो तो सरोग नेत्र होते हैं।

५. दूसरे और बारहवें स्थान के स्वामी शनि, मंगल और गुलिक से युक्त हों तो नेत्र में रोग होता है।

६. नेत्र स्थान २।१२ के स्वामी तथा नवांश का स्वामी पापग्रह की राशि के हों तो नेत्ररोग से पीड़ित होता है।

७. लग्न तथा आठवें स्थान में शुक्र हो और उसपर क्रूरग्रह की दृष्टि हो तो नेत्ररोग से पीड़ित होता है।

८. शयनावस्था में गया हुआ मंगल लग्न में हो तो नेत्र में पीड़ा होती है।

९. शुक्र से ६।८।१२वें स्थान में नेत्र-स्थान का स्वामी हो तो नेत्ररोगी होता है।

१०. पापग्रह से दृष्ट सूर्य ५।९ में हो तो निस्तेज नेत्र होते हैं।

११. चन्द्र से युक्त शुक्र ६।८।१२वें स्थान में स्थित हो तो निशान्ध—रतौंधी रोग से पीड़ित होता है।

१२. नेत्र-स्थान (२।१२) के स्वामी शुक्र, चन्द्र से युक्त हो, लग्न में स्थित हो तो निशान्ध योग होता है।

१३. मंगल या चन्द्रमा लग्न में हो और शुक्र, गुरु उसे देखते हों या इन दोनों में कोई एक ग्रह देखता हो तो जातक काना होता है।

१४. सिंह राशि का चन्द्रमा सातवें स्थान में मंगल से दृष्ट हो या कर्क राशि का रवि सातवें स्थान में मंगल से दृष्ट हो तो जातक काना होता है।

१५. चन्द्र और शुक्र का योग सातवें या बारहवें स्थान में हो तो बायीं आँख का काना होता है।

१६. बारहवें भाव में मंगल हो तो वाम नेत्र में एवं दूसरे स्थान में शनि हो तो दक्षिण नेत्र में चोट लगती है।

१७. लग्नेश और धनेश ६।८।१२वें भाव में हों और चन्द्र, सूर्य सिंह राशि के लग्न में स्थित हों तथा शनि इनको देखता हो तो नेत्र ज्योतिहीन होते हैं।

१८. लग्नेश, सूर्य, शुक्र से युत होकर ६।८।१२वें स्थान में गया हो, नेत्र स्थान १।१२ के स्वामी और लग्नेश ये दोनों सूर्य, शुक्र से युत होकर ६।८।१२वें स्थान में हों तो जन्मान्ध जातक होता है।

१९. चन्द्र-मंगल का योग ६।८।१२वें स्थान में हो तो गिरने से जातक अन्धा होता है। गुरु और चन्द्रमा का योग ६।८।१२वें भाव में हो तो ३० वर्ष की आयु के पश्चात् अन्धा होता है।

२०. चन्द्र और सूर्य दोनों तीसरे स्थान में अथवा १।४।७।१०वें स्थान में हों या पापग्रह की राशि में गया हुआ मंगल १।४।७।१०वें स्थान में हो तो रोग से अन्धा होता है।

२१. मकर या कुम्भ का सूर्य ७वें स्थान में हो या शुभग्रह ६।८।१२वें स्थान में गये हों और उनको क्रूरग्रह देखते हों तो जातक अन्धा होता है।

२२. शुक्र और लग्नेश ये दोनों दूसरे और १२वें स्थान में स्वामी के युक्त हों और ६।८।१२वें स्थान में स्थित हों तो जातक अन्धा होता है।

२३. चौथे, पाँचवें में पापग्रह हों या पापग्रह से दृष्ट चन्द्रमा ६।८।१२वें स्थान में हो तो जातक २५ वर्ष की आयु के बाद काना होता है।

२४. चन्द्र और सूर्य दोनों शुभग्रहों से अदृष्ट होते हुए बारहवें स्थान में स्थित हों या सिंह राशि का शनि या शुक्र लग्न में हो तो जातक मध्यावस्था में अन्धा होता है।

२५. शनि, चन्द्र, सूर्य ये तीनों क्रमशः १२।२।८ में स्थित हों तो नेत्रहीन तथा छठे स्थान में चन्द्र, आठवें में रवि और मंगल बारहवें में हो तो वात और कफ रोग से जातक अन्धा होता है।

सुख विचार—लग्नेश निर्बल होकर ६।८।१२वें भाव में हो तथा ६।८।१२वें भावों के स्वामी कमजोर होकर लग्न में बैठे हों तो सुख की कमी समझना चाहिए। षष्ठेश और व्ययेश अपनी राशि में हों तो भी जातक को सुख का अभाव या अल्पसुख होता है। लग्नेश के निर्बल होने से शारीरिक सुख का अभाव रहता है। लग्न में क्रूरग्रह शनि और मंगल के रहने से शरीर रोगी रहता है।

साहस विचार—लग्नेश बलवान् हो या ३।६।११वें भावों में क्रूरग्रहों की राशियाँ हों तो जातक साहसी अन्यथा साहसहीन होता है।

नौकरी योग—व्ययेश १।२।४।५।९।१० भावों में से किसी भी भाव में हो तो नौकरी योग होता है। इस योग के होने पर ३।६।११ भावों में सौम्य ग्रह—बलवान् चन्द्रमा, बुध, गुरु, शुक्र, केतु हों या इन ग्रहों की राशियाँ हों तो दीवानी महकमे की नौकरी का योग होता है। ३।६।११ भावों में क्रूरग्रहों की राशियाँ हों और इन भावों में से किसी भी भाव में स्वगृही ग्रह हों तो पुलिस अफसर का योग होता है। ३।६।११ भावों में से किन्हीं भी दो भावों में क्रूरग्रहों की राशियाँ हों और शेष स्थानों में सौम्य ग्रहों की राशियाँ हों, तथा इन स्थानों में

भी कोई ग्रह स्वगृही हो और लग्नेश बलवान् हो तो जज या न्यायाधीश का योग होता है। ३।६।११ भावों में क्रूरग्रहों की राशियाँ हों और इन भावों में कोई ग्रह उच्च का हो तो मजिस्ट्रेट होने का योग होता है।

राज योग—जिस जन्मकुण्डली में तीन अथवा चार ग्रह अपने उच्च या मूल त्रिकोण में बली हों तो प्रतापशाली व्यक्ति मन्त्री या राज्यपाल होता है। जिस जातक के पाँच अथवा छह ग्रह उच्च या मूलत्रिकोण में हों तो वह दरिद्रकुलोत्पन्न होने पर भी राज्यशासन में प्रमुख अधिकार प्राप्त करता है।

पापग्रह उच्च स्थान में हों अथवा ये ही ग्रह मूलत्रिकोण में हों तो व्यक्ति को शासन द्वारा सम्मान प्राप्त होता है।

जिस व्यक्ति के जन्मसमय मेष लग्न में चन्द्रमा, मंगल और गुरु हों अथवा इन तीनों ग्रहों में से दो ग्रह मेष लग्न में हों तो निश्चय ही वह व्यक्ति शासन में अधिकार प्राप्त करता है। मेष लग्न में उच्चराशि के ग्रहों द्वारा दृष्ट गुरु स्थित होने से शिक्षामन्त्री पद प्राप्त होता है। मेष लग्न में उच्च का सूर्य हो, दशम में मंगल हो और नवमभाव में गुरु स्थित हो तो व्यक्ति प्रभावक मन्त्री या राज्यपाल होता है।

गुरु[1] अपने उच्च (कर्क) में तथा मंगल मेष में होकर लग्न में स्थित हो अथवा मेष लग्न में ही मंगल और गुरु दोनों हों तो व्यक्ति गृहमन्त्री अथवा विदेशमन्त्री पद को प्राप्त करता है। मेष लग्न में जन्मग्रहण करनेवाला व्यक्ति निर्बल ग्रहों के होने पर पुलिस अधिकारी होता है। यदि इस लग्न के व्यक्ति की कुण्डली में क्रूरग्रह—शनि, रवि और मंगल उच्च या मूलत्रिकोण के हों और गुरु नवम भाव में हो तो रक्षामन्त्री का पद प्राप्त होता है।

एकादश भाव में चन्द्रमा[2], शुक्र और गुरु हों; मेष में मंगल हो; मकर में शनि हो और कन्या में बुध हो तो व्यक्ति को राजा के समान सुख प्राप्त होता है। उक्त प्रकार की ग्रहस्थिति में मेष या कन्या लग्न का होना आवश्यक है।

कर्क लग्न हो और उसमें पूर्ण चन्द्रमा स्थित हो, सप्तम भाव में बुध हो, षष्ठ भाव में सूर्य हो, चतुर्थ में शुक्र, दशम में गुरु और तृतीय भाव में शनि-मंगल हों तो जातक शासनाधिकारी होता है। दशम भाव में मंगल और गुरु एक साथ हों और पूर्ण चन्द्रमा कर्क राशि में अवस्थित हो तो जातक मण्डलाधिकारी या अन्य किसी पद को प्राप्त करता है।

जन्म-समय में वृष लग्न हो और उसमें पूर्ण चन्द्रमा स्थित हो तथा कुम्भ में शनि, सिंह में सूर्य एवं वृश्चिक में गुरु हो तो अधिक सम्पत्ति, वाहन एवं प्रभुता की उपलब्धि होती है। जन्मकुण्डली में उच्चराशि का चन्द्रमा और मंगल शासनाधिकारी बनाते हैं।

---

१. स्वोच्चे गुरावथनिजे क्रियगे विलग्ने, मेषोदये च सकुजे वचसामधीशे।
भूपो भवेदिह स यस्य विपक्षसैन्यं तिष्ठेन्न जातु पुरतः सचिवा वयस्याः ॥
—सारावली, बनारस, सन् १९५३, राजयोगाध्याय, श्लो. ८

२. निशाभर्ता चाये भृगुतनयदेवेड्यसहितः, कुजः प्राप्त स्वोच्चे मृगमुखगतः सूर्यतनयः।
विलग्ने कन्यायां शिशिरकरसूनुर्यदि भवेत्, तदावश्यं राजा भवति बहुविज्ञानकुशलः ॥
—सारावली, बनारस, सन् १९५३, राजयोगाध्याय, श्लो. ९

जन्मस्थान में मकर[1] लग्न हो और लग्न में शनि स्थित हो तथा मीन में चन्द्रमा, मिथुन में मंगल, कन्या में बुध एवं धनु में गुरु स्थित हो तो जातक प्रतापशाली शासनाधिकारी होता है। यह उत्तम राजयोग है। मीन लग्न होने पर लग्नस्थान में चन्द्रमा, दशम में शनि और चतुर्थ में बुध के रहने से एम.एल.ए. का योग बनता है। यदि उक्त योग में दशम स्थान में गुरु हो और उसपर उच्चग्रह की दृष्टि हो तो एम.पी. का योग बनता है।

जातक का मीन लग्न[2] हो और लग्न में चन्द्रमा, मकर में मंगल, सिंह में सूर्य और कुम्भ में शनि स्थित हो तो वह उच्च शासनाधिकारी होता है। मकर लग्न में मंगल और सप्तम भाव में पूर्ण चन्द्रमा के रहने से जातक विद्वान् शासनाधिकारी होता है। यदि स्वोच्च स्थित[3] सूर्य चन्द्रमा के साथ लग्न में स्थित हो तो जातक महनीय पद प्राप्त करता है। यह योग ३२ वर्ष की अवस्था के अनन्तर घटित होता है। उच्च राशि का सूर्य मंगल के साथ रहने से जातक भूमि प्रबन्ध के कार्यों में भाग लेता है। खाद्यमन्त्री या भूमिसुधार मन्त्री होने के लिए जन्म कुण्डली में मंगल या शुक्र का उच्च होना या मूलत्रिकोण में स्थित रहना आवश्यक है।

तुला राशि में शुक्र, मेष राशि में मंगल और कर्क राशि में गुरु स्थित हो तो राजयोग होता है। इस योग के होने से प्रादेशिक शासन में जातक भाग लेता है। और उसका यश सर्वत्र व्याप्त रहता है। मकर जन्म-लग्नवाला जातक तीन उच्चग्रहों के रहने से राजमान्य होता है।

धनु में चन्द्रमासहित गुरु हो, मंगल मकर राशि में स्थित हो अथवा बुध अपने उच्च में स्थित होकर लग्नगत हो तो जातक शासनाधिकारी या मन्त्री होता है। धनु के पूर्वार्ध में सूर्य और चन्द्रमा तथा स्वोच्चगत शनि लग्न में स्थित हो और मंगल भी स्वोच्च में हो तो जातक महाप्रतापी अधिकारी होता है।

सब ग्रह बली होकर अपने-अपने उच्च में स्थित हों और अपने मित्र से दृष्ट हों तथा उन पर शत्रु की दृष्टि न हो तो जातक अत्यन्त प्रभावशाली मन्त्री होता है। चन्द्रमा परमोच्च में स्थित हो और उसपर शुक्र की दृष्टि हो तो जातक निर्वाचन में सर्वदा सफल होता है। इस योग के होने पर पापग्रहों का आपोक्लिम स्थान में रहना आवश्यक है।

जन्मलग्नेश और जन्मराशीश दोनों केन्द्र में हों तथा शुभग्रह और मित्र से दृष्ट हों;

---

१. मृगे मन्दे लग्ने कुमुदवनबन्धुश्च तिमिगस्तथा कन्यां त्यक्त्वा बुधभवनसंस्थः कुतनयः।
स्थितो नार्या सौम्यो धनुषि सुरमन्त्री यदि भवेत्, तदा जातो भूपः सुरपतिसमः प्राप्तमहिमा ॥
—सारावली, राजयोगाध्याय, श्लो. १२

२. उदयति मीने शशिनि नरेन्द्रः सकलकलाढ्यः क्षितिसुत उच्चे।
मृगपतिसंस्थे दशशतरश्मौ घटधरगे स्याद्दिनकरपुत्रे ॥ —सारावली, राज., श्लो. १३

३. करोत्युत्कृष्टोद्यद्दिनकृदमृताधीशसहितः स्थितस्ताद्दृग्रूपं सकलनयनानन्दजनकम्।
अपूर्वो यत् स्मृत्या नयनजलसिक्तोऽपि सततं रिपुस्त्रीशोकाग्निर्ज्वलति हृदयेऽतीव सुतराम्।
—सारावली, राज., श्लो. १५

शत्रु और पापग्रहों की दृष्टि न हो तथा जन्मराशीश से नवम स्थान में चन्द्रमा[1] स्थित हो तो राजयोग होता है। इस योग में जन्म लेनेवाला व्यक्ति एम.एल.ए. या एम.पी. बनता है।

यदि पूर्ण चन्द्रमा[2] जलचर राशि के नवांश में चतुर्थ भाव में स्थित हो और शुभग्रह अपनी राशि के लग्न में हों तथा केन्द्र स्थानों में पापग्रह न हों तो जातक शासनाधिकारी होता है। इस योग में जन्म ग्रहण करनेवाला व्यक्ति गुप्तचर या राजदूत के पद पर प्रतिष्ठित होता है।

बुध अपने उच्च[3] में स्थित होकर लग्न में हो और मीन राशि में गुरु एवं चन्द्रमा स्थित हों तथा मंगलसहित शनि मकर में हो और मिथुन में शुक्र हो तो जातक शासन के प्रबन्ध में भाग लेता है। उक्त योग के होने से निर्वाचन कार्य में सर्वदा सफलता प्राप्त होती है। उक्त योग पचास वर्ष की अवस्था में ही अपना यथार्थ फल देता है।

मेष लग्न[4] हो, सिंह में सूर्य सहित गुरु, कुम्भ में शनि, वृष में चन्द्रमा, वृश्चिक में मंगल एवं मिथुन में बुध स्थित हो तो राजयोग बनता है। इस प्रकार के योग के होने से व्यक्ति किसी आयोग का अध्यक्ष होता है।

गुरु, बुध और शुक्र ये तीनों शनि, रवि और मंगलसहित अपने-अपने स्थान या केन्द्र में हों और चन्द्रमा स्वोच्च में स्थित हो तो जातक इंजीनियर या इसी प्रकार का अन्य अधिकारी होता है। यह योग जितना प्रबल होता है, उसका फलादेश भी उतना ही अधिक प्राप्त होता है।

यदि शुक्र, गुरु और बुध को पूर्ण चन्द्रमा देखता हो, लग्नेश पूर्ण बली हो तथा द्विस्वभाव लग्न में वर्गोत्तम नवांश में हो तो राजयोग होता है। इस योग के होने से जातक सरकारी उच्चपद प्राप्त करता है।

वर्गोत्तम नवांश में तीन या चार ग्रह हों और शुभग्रह केन्द्र में स्थिति हों तो जातक उच्चपद प्राप्त करता है। सेनापति होने का योग भी उक्त ग्रहों से बनता है। एक भी ग्रह अपने उच्च या वर्गोत्तम नवांश में हो तो व्यक्ति को राजकर्मचारी का पद प्राप्त होता है।

यदि समस्त ग्रह शीर्षोदय[5] राशियों में स्थिति हों तथा पूर्ण चन्द्रमा कर्क राशि में

---

१. अत्युच्चस्था रुचिरवपुषः सर्व एव ग्रहेन्द्रा मित्रैर्दृष्टा यदि रिपुदृशां गोचरं न प्रयाताः।
कुर्युर्नूनं प्रसभमरिभिर्गर्जितैर्वारणाग्र्यैः सेनास्वीयैश्चलति चलितैर्यस्य भूः पार्थिवेन्द्रम् ॥
—सारावली, राज., श्लो. ३२

२. उदकचरनवांशके सुखस्थः कमलरिपुः सकलाभिराममूर्तिः।
उदयति विहगे शुभे स्वलग्ने भवति नृपो यदि केन्द्रगा न पापाः ॥—सारावली, राज., श्लो. २६

३. बुधः स्वोच्चे लग्ने तिमियुगलगावीड्यशशिनौ, मृगे मन्दः सारो जितुमगृहगो दानवसुहृत्।
य एवं कुर्यात्स क्षितिभृदहितध्वंसनिरतो, निरालोकं लोकं चलितगजसंघातरजसा ॥—सारावली, राज., श्लो. २२

४. कार्मुके त्रिदशनायकमन्त्री भानुजो वणिजि चन्द्रसमेतः।
मेषगस्तु तपनो यदि लग्ने भूपतिर्भवति सोऽतुलकीर्तिः ॥ —सारावली, राज., श्लो. २४

५. शीर्षोदयर्क्षेषु गताः समस्ता नो चारिवर्गे स्वगृहे शशाङ्कः।
सौम्येक्षितोऽन्यूनकलो विलग्ने दद्यान्महीं रत्नगजाश्वपूर्णाम् ॥ —सारावली, राज., श्लो. ३०

शत्रुवर्ग से भिन्न वर्ग में, शुभग्रह से दृष्ट लग्न में स्थित हो तो व्यक्ति धन-वाहनयुक्त शासनाधिकारी होता है।

जन्मराशीश चन्द्रमा से उपचय—३,६,१०,११ में हों और शुभ राशि या शुभ नवांश में केन्द्रगत शुभग्रह हों तथा पापग्रह निर्बल हों तो प्रतापी शासनाधिकारी होता है। इसके समक्ष बड़े-बड़े प्रभावक व्यक्ति नतमस्तक होते हैं।

जिस ग्रह की उच्च राशि लग्न में हो, वह ग्रह यदि अपने नवांश या मित्र अथवा उच्च के नवांश में केन्द्रगत शुभग्रह से दृष्ट हो तो जन्मकुण्डली में राजयोग होता है। मकर के उत्तरार्द्ध में बलवान् शनि, सिंह में सूर्य, तुला में शुक्र, मेष में मंगल, कर्क में चन्द्रमा और कन्या में बुध हो तो राजयोग बनता है। इस योग के होने से जातक प्रभावशाली शासक होता है। राजनीति में उसकी सर्वदा विजय होती है।

लग्नेश केन्द्र में अपने मित्रों से दृष्ट हो और शुभग्रह लग्न में हों तो जातक की कुण्डली में राजयोग होता है। इस योग के होने से न्यायाधीश का पद प्राप्त होता है। वृष लग्न[1] हो और उसमें गुरु तथा चन्द्रमा स्थित हों, बली लग्नेश त्रिकोण में हो तथा उस पर बलवान् रवि, शनि एवं मंगल की दृष्टि न हो तो सर्वदा चुनाव में विजय प्राप्त होती है। उक्त ग्रहवाले व्यक्ति को कभी भी कोई चुनाव में पराजित नहीं कर सकता है।

जन्म के समय में सब ग्रह अपनी राशि, अपने नवांश या उच्च नवांश में मित्र से दृष्ट हों तथा चन्द्रमा पूर्ण बली हो तो जातक उच्च पदाधिकारी होता है। उक्त ग्रह योग के होने से राजदूत का पद भी प्राप्त होता है।

वर्गोत्तम नवांशगत उच्च राशि स्थित पूर्ण चन्द्रमा को जो-जो शुभग्रह देखते हैं, उसकी महादशा या अन्तर्दशा में मन्त्रीपद प्राप्त होता है। यदि जन्मलग्नेश और जन्मराशीश बली होकर केन्द्र में स्थित हों और जलचर राशिगत चन्द्रमा त्रिकोण में हो तो जातक राज्यपाल का पद प्राप्त करता है। जन्मसमय[2] में सब ग्रह अपनी राशि में, मित्र के नवांश या मित्र की राशि में तथा अपने नवांश में स्थित हों तो जातक आयोगाध्यक्ष होता है। उक्त योग भी राजयोग है, इसके रहने से सम्मान, वैभव एवं धन प्राप्त होता है।

जन्मकुण्डली में समस्त ग्रह अपने-अपने परमोच्च में हों और बुध अपने उच्च के नवांश में हो तो जातक चुनाव में विजयी होता है तथा उसे राजनीति में यश एवं उच्च पद प्राप्त होता है। उक्त ग्रह के रहने से राष्ट्रपति का पद भी प्राप्त होता है। चतुर्थ भाव में सप्तर्षि गत नक्षत्र, लग्न में गुरु, सप्तम में शुक्र, दशम में अगस्त्य नक्षत्र हों तो भी राष्ट्रपति का पद प्राप्त होता है।

---

१. सुरपतिगुरुः सेन्दुर्लग्ने वृषे समवस्थितो, यदि बलयुतो लग्नेशश्च त्रिकोणगृहं गतः।
रविशनिकुजैर्वीर्योपेतैर्न युक्तनिरीक्षितो, भवति स नृपः कीर्त्या युक्तो हताखिलकण्टकः ॥

—सारावली, राज., श्लो. ३९

२. स्वगृहे मित्रभागेषु स्वांशे वा मित्रराशिषु। कुर्वन्ति च नरं सूतौ सार्वभौमं नराधिपम् ॥
परमोच्चगताः सर्वे स्वोच्चांशे यदि सोमजः। त्रैलोक्याधिपतिं कुर्युर्देवदानवबन्दितम् ॥

—सारावली, राज., श्लो. ४३-४४

पूर्ण चन्द्रमा अपने नवांश अथवा अपनी राशि या स्वोच्च राशि में हो तथा बृहस्पति केन्द्र में शुक्र से दृष्ट हो और लग्न में स्थित होकर अपने नवांश को देखता हो तो राष्ट्रपति का पद प्राप्त होता है। पूर्ण चन्द्रमा पर सब ग्रहों की दृष्टि हो तो जातक दीर्घजीवी होता है और अधिक समय तक शासनाधिकार का उपभोग करता है।

उच्चाभिलाषी[1]—मीन के अन्तिम अंशस्थ सूर्य यदि त्रिकोण में हो, चन्द्रमा कर्क में हो तथा बृहस्पति भी यदि कर्क में हो तो जातक राज्यपाल या मन्त्री होता है। यदि छह ग्रह निर्मल किरणयुक्त सबल होकर लग्न में स्थित हों तो मण्डलाधिकारी होने का योग होता है।

यदि समस्त शुभग्रह बलवान्, परिपूर्ण किरण होकर लग्न में स्थित हों और पापग्रह अस्त होकर उनके साथ न हों तो जातक प्रतिष्ठित पद प्राप्त करता है। इस योग के होने से सम्मान अत्यधिक प्राप्त होता है।

समस्त[2] शुभग्रह पणफर स्थान में हों और पापग्रह द्विस्वभाव राशि में हों तो जातक रक्षामन्त्री होता है। लग्नेश[3] लग्न में हो अथवा मित्र की राशि में मित्र से दृष्ट हो तो जातक, राज्य में किसी उच्चपद को प्राप्त करता है। यदि उक्त योग में शुभ राशि लग्न में हो तो जातक को शिक्षामन्त्री का पद प्राप्त होता है।

पूर्ण चन्द्रमा यदि मेष राशि के नवांश में स्थित हो और उस पर गुरु की दृष्टि हो, अन्य ग्रहों की दृष्टि न हो तथा कोई भी ग्रह बीच में न हो तो जातक शासनाधिकारी होता है। पूर्ण चन्द्रमा लग्न से ३,६,१०,११वें स्थानों में गुरु से दृष्ट हो अथवा चन्द्रराशीश १० या ७वें भाव में गुरु से दृष्ट हो तथा अन्य किसी भी ग्रह की दृष्टि न हो तो जातक की कुण्डली में राजयोग होता है। इस योग के होने से व्यक्ति राजनीति में सफलता प्राप्त करता है।

पूर्ण चन्द्रमा[4] उच्च में हो और उसके ऊपर शुभग्रहों की दृष्टि हो तो राजयोग होता है। पूर्ण चन्द्रमा सूर्य के नवांश में हो और समस्त शुभग्रह केन्द्र में हों तथा पापग्रहों का योग न हो तो भी राजयोग होता है। चन्द्र, बुध और मंगल उच्चस्थान या अपने-अपने नवांश में हों तथा ये तृतीय और द्वादश भाव में स्थित हों और चन्द्रमा सहित गुरु पंचम भाव में स्थित हो तो जातक प्रतापी मन्त्री होता है। कोई भी तीन ग्रह अपने उच्च, नवांश या स्वराशि में स्थित हों और उनपर शुभग्रह की दृष्टि हो तो जातक एम. एल. ए. होता है। तीन

---

१. उच्चाभिलाषी सविता त्रिकोणे स्वर्क्षे शशी जन्मनि यस्य जन्तोः।
स शास्ति पृथ्वीं बहुरत्नपूर्णां बृहस्पतिः कर्कटके यदि स्यात् ॥ —सारावली राज., श्लो. ४८

२. शुभपणफरगाः शुभप्रदा उभयगृहे यदि पापसंचयाः।
स्वभुजहतरिपुर्महीपतिः सुरगुरुतुल्यमतिः प्रकीर्त्तितः ॥ —सारावली, राज., श्लो. ५१

३. विलग्नाथः खलु लग्नसंस्थः सुहृद्गृहे मित्रदृशां पथि स्थितः।
करोति नाथं पृथिवीतलस्य दुर्वारवैरिघ्नमहोदये शुभे ॥ —सारावली, राज., श्लो. ५२

४. कुमुदगहनबन्धु श्रेष्ठमंशं प्रपन्नं यदि बलसमुपेतः पश्यति व्योमचारी।
उदगभवनसंस्थः पापसंज्ञो न चैवं भवति मनुजनाथः सार्वभौमः सुदेहः ॥
—सारावली, राज., श्लो. ५९

शुभग्रहों के उच्चराशिस्थ होने पर जातक को मन्त्रिपद प्राप्त होता है। गुरु और चन्द्रमा के उच्च होने पर शिक्षा मन्त्री तथा मंगल, गुरु और चन्द्रमा इन तीनों के उच्च होने पर मुख्यमन्त्री का पद प्राप्त होता है। चार ग्रहों के उच्च होने पर केन्द्र या अन्य बड़ी सभा में उच्चपद प्राप्त होता है।

यदि जन्म-समय में सभी ग्रह योगकारक हों तो जातक राष्ट्रपति होता है। दो-तीन ग्रहों के योगकारक होने से राज्यपाल होने का योग आता है। एक ग्रह भी अपने पंचमांश में हो तो एम.एल.ए. का योग बनता है। वृष राशिस्थ चन्द्रमा को जन्म-समय में बृहस्पति देखता हो तो जातक समस्त पृथिवी का शासक होता है और राजनीति में उसकी कीर्ति बढ़ती है।

अपने उच्च, त्रिकोण या स्वराशि में स्थित होकर कोई भी ग्रह चन्द्रमा को देखता हो तो मन्त्रीपद प्राप्त करने में कठिनाई नहीं होती। उक्त योग राजयोग कहा जाता है और इसके रहने से व्यक्ति राजनीति में सफलता प्राप्त करता है।

यदि चन्द्रमा अपनी राशि या द्रेष्काण में स्थित हो तो व्यक्ति मण्डलपति होता है। शुभग्रहों के पूर्ण बलवान् होने पर यह योग अधिक शक्तिशाली होता है। जन्मसमय में सूर्य अपने नवांश में और चन्द्रमा अपनी राशि में स्थिति हो तो जातक महादानी और उच्च पदाधिकारी होता है।

लग्न में शनि और सप्तम भाव में नवोदित बृहस्पति हो और उस पर शुक्र की दृष्टि हो तो व्यक्ति मुखिया होता है। पंचायत का प्रधान भी बनता है। शुक्र, रवि, चन्द्रमा तीनों एक स्थान में गुरु से दृष्ट हों तो व्यक्ति गाँव का मुखिया होता है और उसका सम्मान सर्वत्र किया जाता है।

शुक्र, बुध और मंगल—ये तीनों ग्रह लग्न में स्थित हों और चन्द्रमा से युक्त ग्रह सप्तम भाव में हो तथा उन पर शनि की दृष्टि हो तो जातक यशस्वी शासक बनता है। पूर्ण बली बृहस्पति मंगल के नवांश में हो और उस पर मंगल की दृष्टि हो तथा मेष स्थित सूर्य दशम भाव में स्थित हो तो जातक मन्त्रीपद प्राप्त करता है। भूमि का प्रबन्ध एवं भूमि से आमदनी की व्यवस्था भी उक्त योगवाला करता है। इंजीनियर बननेवाले योगों में भी उक्त योग की गणना की गयी है।

शुक्र चन्द्र और रवि तृतीय भाव में हों, मंगल सप्तम भाव में स्थित हो, गुरु नवम में स्थित हो और लग्न में वर्गोत्तम नवांश स्थित हो तो जातक मन्त्री होता है। यह योग गुरु की महादशा और मंगल की अन्तर्दशा में घटित होता है। जन्मसमय में बुध, गुरु, शुक्र बली होकर नवम भाव में स्थित हों और मित्रग्रहों की दृष्टि इन पर हो तो जातक उच्च शासनाधिकारी होता है। नवम भाव में तीन या चार उच्चग्रहों के रहने से राजनीति में पूर्ण सफलता प्राप्त होती है। चन्द्रमा तृतीय या दशम भाव में स्थिति हो और गुरु अपने उच्च में हो तो सर्वसम्पत्तियुक्त शासनाधिकार प्राप्त होता है।

उच्च का गुरु केन्द्र स्थान में और शुक्र दशम भाव में स्थित हो तो व्यक्ति राजनीति

में सफलता प्राप्त करता है। चुनाव में उसे सर्वदा विजय मिलती है। पूर्ण चन्द्रमा कर्क में हो तथा बली, बुध, गुरु, और शुक्र अपने नवांश में स्थित होकर चतुर्थ भाव में हों और इन ग्रहों पर सूर्य की दृष्टि हो तो साधारण व्यक्ति भी मन्त्रीपद प्राप्त करता है। इस व्यक्ति के तेज एवं बौद्धिक प्रखरता के कारण बड़े-बड़े महानुभाव इससे प्रभावित रहते हैं और समस्त कार्यों में इसे सफलता प्राप्त होती है। मूलत्रिकोण स्थित सूर्य दशम भाव में हो और शुक्र गुरु तथा चन्द्र स्वराशि में स्थित होकर तीसरे, छठे और ग्यारहवें भावों में स्थित हों तो जातक उच्चश्रेणी का राजनीतिविशारद होता है। उसे चुनाव में स्वयं ही सफलता प्राप्त होती है।

बली सूर्य यदि गुरु के साथ अपने उच्च में स्थित होकर दशम भाव में हो; शुक्र अपने नवांश में बली होकर नवम भाव में स्थित हो; लग्न में शुभवर्ग या शुभग्रह स्थित हों और उन पर बुध की दृष्टि हो तो व्यक्ति चुनाव में विजय प्राप्त करता है। इस योग के होने से उसे मन्त्रीपद प्राप्त होता है। पूर्ण चन्द्रमा वृष में हो और उसको तुला राशि स्थित शुक्र पूर्ण दृष्टि से देख रहा हो तथा बुध चतुर्थ भाव में स्थित हो तो जातक एम.एल.ए. होता है। मंगल अपने उच्च में हो और उसपर रवि, चन्द्र एवं गुरु की दृष्टि हो तो जातक उत्तम सुख प्राप्त करता है। उक्त योग के रहने से जातक एम.पी. भी होता है। मंगल उच्च राशि का दशम भाव में हो तो जातक तेजस्वी होता है। इस प्रकार के मंगल योग से जातक भूमि-व्यवस्थापक भी बनता है।

एक राशि के अन्तर से छह राशियों में समस्त ग्रह हों तो चक्रयोग होता है। इसमें जन्म लेनेवाला व्यक्ति मन्त्रीपद प्राप्त करता है। यदि समस्त ग्रह १०।७।४।१ भावों में हों तो नगरयोग होता है। इस योग में उत्पन्न व्यक्ति निश्चयतः मन्त्रीपद प्राप्त करता है।

समस्त शुभग्रह १।४।७ में हों और मंगल, रवि तथा शनि ३।६।११ भाव में हों तो जातक को न्यायी योग होता है। इस योग में जन्म लेनेवाला व्यक्ति चुनाव में सर्वदा विजयी होता है। समस्त शुभग्रह ९।११वें भाव में हों तो कलश नामक योग होता है। इस योगवाला व्यक्ति राज्यपाल या राष्ट्रपति होता है।

यदि तीन ग्रह ३।५।११वें भाव में हों; दो ग्रह षष्ठ भाव में हों और शेष दो ग्रह सप्तम भाव में हों तो पूर्णकुम्भ नामक योग होता है। इस योगवाला व्यक्ति उच्च शासनाधिकारी अथवा राजदूत होता है।

लग्न में बलवान् शुभग्रह स्थित हो तथा अन्य शुभग्रह १।२।९वें भाव में स्थित हों और शेष ग्रह ३।६।१०।११वें भाव में स्थित हों तो जातक प्रतिष्ठित पद प्राप्त करता है। स्वराशिस्थ बृहस्पति चतुर्थ भाव में और पूर्ण चन्द्रमा ९वें भाव में तथा शेष ग्रह १।३ भाव में स्थित हों तो जातक बुद्धिमान्, धनी और वाहनों से युक्त होता है।

उच्चराशि का चन्द्रमा लग्न में, गुरु धन भाव में, शुक्र तुला में, बुध कन्या में, मंगल मेष में और सूर्य सिंह राशि में स्थित हो तो जातक एम.एल.ए. होता है। चन्द्रमा और रवि दशम भाव में, शनि लग्न में, गुरु चतुर्थ में और शुक्र, बुध तथा मंगल ११वें भाव में हों

तो व्यक्ति अत्यन्त शक्तिशाली मन्त्री होता हैं।

मकर से भिन्न लग्न में बृहस्पति हो तो व्यक्ति को मोटर आदि उत्तम सवारी की प्राप्ति होती है। लग्न में मंगल, दशम में शनि-रवि, सप्तम में गुरु, नवम में शुक्र, एकादश में बुध और चतुर्थ भाव में चन्द्रमा हो तो व्यक्ति यशस्वी शासक होता है। क्षीण चन्द्रमा भी उच्चस्थ हो तो व्यक्ति को राजनीति में प्रवीण बनाता है। पूर्ण चन्द्रमा उच्च-राशि का होने पर व्यक्ति को उत्तम और प्रतिष्ठित पद प्राप्त कराता है। अन्य ग्रह बलहीन हों तो भी केवल चन्द्रमा के शक्तिशाली होने से व्यक्ति की शक्ति का विकास होता है।

गुरु और शुक्र अपने-अपने उच्च में स्थित होकर १।२।४।७।९।१०।११वें भाव में स्थित हों तो व्यक्ति राज्यपाल होता है। इस योग के रहने से जातक मुख्यमन्त्री का भी पद प्राप्त करता है।

शुभग्रह दिग्बल और स्थानबल से युक्त होकर केन्द्र में स्थित हों और उन पर पापग्रह की दृष्टि न हो तो जातक प्रतिष्ठित शासनाधिकारी होता है।

बलवान् गुरु लग्न में, शुक्लपक्ष की अष्टमी के अनन्तर का चन्द्रमा ११वें भाव में बुध से दृष्ट हो और चन्द्रमा से द्वितीय स्थान में सूर्य हो तो जातक मुख्यमन्त्री होता है। वाहन, धन एवं वैभव आदि विपुल सामग्री उसे प्राप्त होती है। उच्च का गुरु और चन्द्र, मुख्यमन्त्री बनानेवाले योगों में सर्वप्रधान हैं।

मेष लग्न में रवि, चन्द्र और मंगल हों; वृष में शुक्र, शनि और बुध हों तथा धनुराशिस्थ गुरु नवम भाव में स्थित हो अथवा सूर्य पूर्णबली होकर अपने परमोच्च में स्थित हो तो जातक यशस्वी और प्रतापी होता है। राजनीति में उसके दावँ-पेंच को समझनेवाले बहुत ही कम व्यक्ति होते हैं।

गुरु से दृष्ट रवि, चन्द्रमा से दृष्ट शुक्र, मंगल से दृष्ट शनि चर राशियों में स्थित हों तो जातक रक्षामन्त्री या गृहमन्त्री का पद प्राप्त करता है। कन्या लग्न में बुध, मीन में गुरु, तृतीय स्थान में बली मंगल, षष्ठ भाव में शनि और चतुर्थ स्थान में शुक्र स्थित हो तो जातक चुनाव में निश्चयतः सफलता प्राप्त करता है। सभी प्रकार के चुनावों में वह विजयी होता है।

मकर लग्न में शनि, सप्तम में सूर्य, अष्टम में शुक्र, वृश्चिक राशि में मंगल और कर्क राशि में चन्द्रमा स्थित हो तो जातक उच्च शासनधिकार प्राप्त करता है। मकर में शनि, सप्तम में चन्द्र और गुरु, कन्या में बुध और शुक्र अथवा कन्या में स्थित बुध शुक्र द्वारा दृष्ट हो तो जातक मण्डलाधिकारी होता है।

शनि, मंगल और रवि ३।६।११वें भाव में स्थित हों, सिंह का गुरु एकादश भाव में स्थित हो और उसपर शुभग्रहों की दृष्टि हो तो जातक शासनाधिकारी होता है।

जन्मसमय में चन्द्रमा कुम्भ के १५वें अंश में; गुरु धनु के २०वें अंश में; सूर्य या बुध सिंह के १५वें अंश में; चन्द्रमा मकर के ५वें अंश में; गुरु कर्क के ५वें अंश में; मंगल

मेष के ७वें अंश या मिथुन के २१वें अंश में स्थित हो तो जातक राजा के तुल्य प्रतापी होता है। यदि समस्त ग्रह चन्द्रमा से ३।६।१०।११वें भाव में स्थित हों तथा मंगल से गुरु, चन्द्र और सूर्य क्रमशः ३।५।९वें स्थान में स्थित हों तो ज़ातक कुबेर के तुल्य धनी होता है। गुरु से शनि, सूर्य और चन्द्रमा क्रमशः २।४।१०वें स्थान में स्थित हों और शेष ग्रह ३।११वें भाव में हों तो निश्चयतः जातक को शासनाधिकार प्राप्त होता है।

रज्जु योग—सब ग्रह चर राशियों में हों तो रज्जुयोग होता है। इस योग में उत्पन्न मनुष्य, भ्रमणशील, सुन्दर, परदेश जाने में सुखी, क्रूर, दुष्ट स्वभाव एवं स्थानान्तर में उन्नति करने वाला होता है।

मुसल योग—समस्त ग्रह स्थिर राशियों में हों तो मुसल योग होता है। इस योग में जन्म लेनेवाला जातक मानी, ज्ञानी, धनी, राजमान्य, प्रसिद्ध, बहुत पुत्रवाला, एम.एल.ए. एवं शासनाधिकारी होता है।

नल योग—समस्त ग्रह द्विस्वभाव राशियों में हों तो नलयोग होता है। इस योगवाला जातक हीन या अधिक अंगवाला, धन संग्रहकारी, अति चतुर, राजनीतिक दाव-पेंचों में प्रवीण एवं चुनाव में सफलता प्राप्त करता है।

माला योग—बुध, गुरु और शुक्र ४।७।१०वें स्थान में हों और शेष ग्रह इन स्थानों से भिन्न स्थानों में हों तो माला योग होता है। इस योग के होने से जातक धनी, वस्त्राभूषण-युक्त, भोजनादि से सुखी, अधिक स्त्रियों से प्रेम करनेवाला एवं एम.पी. होता है। पंचायत के निर्वाचन में भी उसे पूर्ण सफलता मिलती है।

सर्प योग—रवि, शनि और मंगल ४।७।१०वें स्थान में हों और चन्द्र, गुरु, शुक्र और बुध इन स्थानों से भिन्न स्थानों में स्थित हों तो सर्प योग होता है। इस योग के होने से जातक कुटिल, निर्धन, दुखी, दीन, भिक्षाटन करनेवाला, चन्दा माँगकर खा जानेवाला एवं सर्वत्र निन्दा प्राप्त करनेवाला होता है।

गदा योग—समीपस्थ दो केन्द्र १।४ या ७।१० में समस्त ग्रह हों तो गदा नामक योग होता है। इस योगवाला जातक धनी, धर्मात्मा, शास्त्रज्ञ, संगीतप्रिय और पुलिस विभाग में नौकरी प्राप्त करता है। इस योगवाले जातक का भाग्योदय २८ वर्ष की अवस्था में होता है।

शकट योग—लग्न और सप्तम में समस्त ग्रह हों तो शकट योग होता है। इस योगवाला रोगी, मूर्ख, ड्राइवर, स्वार्थी एवं अपना काम निकालने में बहुत प्रवीण होता है।

पक्षी योग—चतुर्थ और दशम भाव में समस्त ग्रह हों तो विहग—पक्षी योग होता है। इस योग में जन्म लेनेवाला जातक राजदूत, गुप्तचर, भ्रमणशील, ढीठ, कलहप्रिय एवं सामान्यतः धनी होता है। शुभग्रह उक्त स्थानों में हों और पापग्रह ३।६।११वें स्थान में हों तो जातक न्यायाधीश और मण्डलाधिकारी होता है।

शृंगाटक योग—समस्त ग्रह १।५।९वें स्थान में हों तो शृंगाटक योग होता है। इस योगवाला जातक सैनिक, योद्धा, कलहप्रिय, राजकर्मचारी, सुन्दर पत्नीवाला एवं कर्मठ होता

है। वीरता के कार्यों में इसे सफलता प्राप्त होती है। इस योगवाले का भाग्य २३ वर्ष की अवस्था से उदय हो जाता है।

हल योग—समस्त ग्रह २।६।१०वें स्थान या ३।७।११वें स्थान अथवा ४।८।१२वें स्थान में हों तो हल योग होता है। इस योग में जन्म लेने वाला जातक बहुभक्षी, दरिद्र, कृषक, दुखी और भाई-बन्धुओं से युक्त होता है। कृषि सम्बन्धी शिक्षा में इस जातक को विशेष सफलता प्राप्त होती है।

वज्र योग—समस्त शुभग्रह लग्न और सप्तम स्थान में हों अथवा समस्त पापग्रह चतुर्थ और दशम भाव में स्थित हों तो वज्र योग होता है। इस योगवाला बाल्य और वार्धक्य अवस्था में सुखी, शूर-वीर, सुन्दर, निःस्पृह, मन्द भाग्यघाला, पुलिस या सेना में नौकरी करनेवाला होता है।

यव योग—समस्त पापग्रह लग्न और सप्तम भाव में हों अथवा समस्त शुभग्रह चतुर्थ और दशम भाव में हों तो यव योग होता है। इस योगवाला जातक व्रत-नियम सुकर्म में तत्पर, मध्यावस्था में सुखी, धन-पुत्र से युक्त, दाता, स्थिर बुद्धि एवं चौबीस वर्ष की अवस्था से सुख-सम्पत्ति प्राप्त करनेवाला होता है।

कमल योग—समस्त ग्रह १।४।७।१०वें स्थान में हों तो कमल योग होता है। इस योग का जातक धनी, गुणी, दीर्घायु, यशस्वी, सुकृत करनेवाला, विजयी, मन्त्री या राज्यपाल होता है। कमल योग बहुत ही प्रभावक योग है। इस योग में जन्म लेनेवाला व्यक्ति शासनाधिकारी अवश्य बनता है। यह सभी के ऊपर शासन करता है। बड़े-बड़े व्यक्ति उससे सलाह लेते हैं।

वापी योग—समस्त ग्रह केन्द्र स्थानों को छोड़, पणफर २।५।८।११वें स्थान तथा आपोक्लिम ३।६।९।१२वें भाव में हों तो वापी योग होता है। इस योग में जन्म लेनेवाला व्यक्ति धनसंग्रह में चतुर, सुखी, पुत्र-पौत्रादि से युक्त, कलाप्रिय और मण्डलाधिकारी होता है।

यूप योग—लग्न से लगातार चार स्थानों में सब ग्रह हों तो यूप योग होता है। इस योगवाला आत्मज्ञानी, यज्ञकर्ता, स्त्री से सुखी, बलवान्, व्रत-नियम को पालन करनेवाला और विशिष्ट व्यक्तित्व से युक्त होता है। यूप योग में जन्म लेनेवाला व्यक्ति पंचायती होता है अर्थात् पंचायत के फैसले करने में उसे अधिक सफलता प्राप्त होती है। जिस स्थान पर आपसी विवाद उपस्थित होते हैं, उस स्थान पर वह उपस्थित होकर यथार्थ निर्णय कर देने का प्रयास करता है।

शर योग—चतुर्थ स्थान से आगे के चार स्थानों में ग्रह स्थित हों तो शर योग होता है। इस योगवाला व्यक्ति जेल का निरीक्षक, शिकारी, कुत्सित कर्म करनेवाला, पुलिस अधिकारी एवं नीच कर्मरत दुराचारी होता है। सैनिक व्यक्तियों की जन्मपत्री में भी यह योग होता है।

शक्ति योग—सप्तम भाव से आगे के चार भावों में समस्त ग्रह हों तो शक्ति योग

होता है। इस योग के होने से जातक धनहीन, निष्फल जीवन, दुखी, आलसी, दीर्घायु, दीर्घसूत्री, निर्दय और छोटा व्यापारी होता है। शक्तियोग में जन्म लेनेवाला व्यक्ति छोटे स्तर की नौकरी भी करता है।

दण्ड योग—दशम भाव से आगे के चार भावों में समस्त ग्रह हों तो दण्ड योग होता है। इस योगवाला व्यक्ति निर्धन, दुखी और सब प्रकार से नीच कर्म करनेवाला होता है। इसे जीवन में कभी सफलता प्राप्त नहीं होती है।

नौका योग—लग्न से लगातार सात स्थानों में सातों ग्रह हों तो नौका योग होता है। इस योग में जन्म लेनेवाला व्यक्ति नौ सेना का सैनिक, स्टीमर या जलीय जहाज का चालक, कप्तान, पनडुब्बी-चालन में प्रवीण और मोती-सीप आदि निकालने की कला में प्रवीण, धनिक होता है, पर अपनी कंजूस प्रकृति के कारण बदनाम रहता है।

कूट योग—चतुर्थ भाव से आगे के सात स्थानों में सभी ग्रह हों तो कूट योग होता है। इस योग में जन्म लेनेवाला व्यक्ति जेल कर्मचारी, धनहीन, शठ, क्रूर, पुल या भवन बनाने की कला में प्रवीण होता है।

छत्र योग—सप्तम भाव से आगे के सात स्थानों में समस्त ग्रह हों तो छत्र योग होता है। इस योगवाला व्यक्ति धनी, लोकप्रिय, राजकर्मचारी, उच्चपदाधिकारी, सेवक, परिवार के व्यक्तियों का भरण-पोषण करनेवाला एवं अपने कार्य में ईमानदार होता है।

चाप योग—दशम भाव से आगे के सात स्थानों में सभी ग्रह हों तो चाप योग होता है। इस योगवाला व्यक्ति जेलर, गुप्तचर, राजदूत, चौर, वन का अधिकारी, भाग्यहीन और झूठ बोलनेवाला होता है। इस योग का एक प्रभाव यह भी है कि पुलिस विभाग से अवश्य सम्बन्ध रहता है। तन्त्र-मन्त्र की सिद्धि भी इस योगवाले व्यक्ति को विशेष रूप से होती है।

चक्र योग—लग्न से आरम्भ कर एकान्तर से छह स्थानों में—प्रथम, तृतीय, पंचम, सप्तम, नवम और एकादश भाव में सभी ग्रह हों तो चक्र योग होता है। इस योगवाला जातक राष्ट्रपति या राज्यपाल होता है। चक्र राजयोग का ही एक रूप है, इसके होने से व्यक्ति राजनीति में दक्ष होता है और उसका प्रभुत्व बीस वर्ष की अवस्था के पश्चात् बढ़ने लगता है।

समुद्र योग—द्वितीय भाव में एकान्तर कर छह राशियों में २।४।६।१०।१२वें स्थान में समस्त ग्रह हों तो समुद्र योग होता है। इस योग के होने से जातक धनी, राजमान्य, भोगी, लोकप्रिय, पुत्रवान् और वैभवशाली होता है।

गोल योग—समस्त ग्रह एक राशि में हों तो गोल योग होता है। इस योगवाला बली, पुलिस या सेना में नौकरी करनेवाला, दीन, मलीन, विद्या-ज्ञानशून्य एवं चालाकी से कार्य करनेवाला होता है।

युग योग—दो राशियों में समस्त ग्रह हों तो युग योग होता है। इस योगवाला पाखण्डी, निर्धन, समाज से बाहर, माता-पिता के सुख से रहित, धर्महीन एवं अस्वस्थ रहता है।

शूल योग—तीन राशियों में समस्त ग्रह हों, तो शूल योग होता है। यह योग जातक को तीक्ष्ण स्वभाव, आलसी, निर्धन, हिंसक, शूर, युद्ध में विजयी और राजकर्मचारी बनाता है।

केदार योग—चार राशियों में समस्त ग्रह हों तो केदार योग होता है। इस योग के होने से जातक उपकारी, कृषक, सुखी, सत्यवक्ता, धनवान् और भूमि तथा कृषि के सम्बन्ध में नये कार्य करनेवाला होता है।

पाश योग—पाँच राशियों में समस्त ग्रह हों तो पाश योग होता है। इस योग के होने से जातक बहुत परिवारवाला, प्रपंची, बन्धनभागी, कारागृह का अधिपति, गुप्तचर, पुलिस या सेना की नौकरी करनेवाला होता है।

दाम योग—छह राशियों में समस्त ग्रह हों तो दाम योग होता है। इस योग के होने से जातक परोपकारी, परम ऐश्वर्यवान्, प्रसिद्ध, पुत्र-रत्नादि से पूर्ण होता है। दाम योग राजनीति में पूर्ण सफलता नहीं देता है।

वीणा योग—सात राशियों में समस्त ग्रह स्थित हों तो वीणा योग होता है। इस योगवाला जातक गीत, नृत्य, वाद्य से स्नेह करता है। धनी, नेता और राजनीति में सफल संचालक बनता है।

गजकेसरी योग—लग्न अथवा चन्द्रमा से यदि गुरु केन्द्र में हों और केवल शुभग्रहों से दृष्ट या युत हों तथा अस्त, नीच और शत्रु राशि में गुरु न हो तो गजकेसरी योग होता है। इस योगवाला जातक मुख्यमन्त्री बनता है।

अमलकीर्ति योग—लग्न या चन्द्रमा से दशम भाव में केवल शुभग्रह हों तो अमलकीर्ति योग होता है। इस योग में उत्पन्न मनुष्य राजमान्य, भोगी, दानी, बन्धुओं का प्रिय, परोपकारी, धर्मात्मा और गुणी होता है।

पर्वत योग—यदि सप्तम और अष्टम भाव में कोई ग्रह नहीं हो अथवा ग्रह हो भी तो कोई शुभग्रह हो तथा सब शुभग्रह केन्द्र में हों तो पर्वत नामक योग होता है। इस योग में उत्पन्न व्यक्ति भाग्यवान्, वक्ता, शास्त्रज्ञ, प्राध्यापक, हास्य-व्यंग्य लेखक, यशस्वी, तेजस्वी और मुखिया होता है। मुख्यमन्त्री बनानेवाले योगों में भी पर्वत योग की गणना है।

काहल योग—लग्नेश बली हो, सुखेश और बृहस्पति परस्पर केन्द्रगत हों अथवा सुखेश और दशमेष एक साथ उच्च या स्वराशि में हों तो काहल योग होता है। इस योग में उत्पन्न व्यक्ति बली, साहसी, धूर्त, चतुर और राजदूत होता है। काहल योग राजनीतिक अभ्युदय का भी सूचक है।

चामर योग—लग्नेश अपने उच्च में होकर केन्द्र में हो और उसपर गुरु की दृष्टि हो अथवा शुभग्रह लग्न, नवम, दशम, और सप्तम भाव में हों तो चामर योग होता है। इस योग में जन्म लेनेवाला राजमान्य, मन्त्री, दीर्घायु, पण्डित, वक्ता और समस्त कलाओं का ज्ञाता होता है।

शंख योग—लग्नेश बली हो और पंचमेश तथा षष्ठेश परस्पर केन्द्र में हों अथवा भाग्येश बली हो तथा लग्नेश और दशमेश चर राशि में हों तो शंख योग होता है। इस योग में उत्पन्न व्यक्ति दयालु, पुण्यात्मा, बुद्धिमान्, सुकर्मा और चिरंजीवी होता है। मन्त्री या मुख्यमन्त्री के पद भी इसे प्राप्त होते हैं।

भेरी योग—नवमेश बली हो और १।२।७।१२वें भाव में सब ग्रह हों अथवा भाग्येश बली हो और शुक्र, गुरु और लग्नेश केन्द्र में हों तो भेरी योग होता है। इस योग के होने से व्यक्ति सुखी, उन्नतिशील, कीर्तिवान्, गुणी, आचारवान्, और सभी प्रकार के अभ्युदयों को प्राप्त करनेवाला होता है।

मृदंग योग—लग्नेश बली हो और अपने उच्च या स्वगृह में हो तथा अन्य ग्रह केन्द्र स्थानों में स्थित हों तो मृदंग योग होता है। इस योग के होने से व्यक्ति शासनाधिकारी होता है।

श्रीनाथ योग—सप्तमेश दशम भाव में स्वोच्च का हो और दशमेश नवमेश से युक्त हो तो श्रीनाथ योग होता है। इस योग में जन्म लेनेवाला व्यक्ति एम.एल.ए., एम.पी. तथा मन्त्री बनता है।

शारद योग—दशमेश पंचम में, बुध केन्द्र में और रवि अपनी राशि में हो अथवा चन्द्रमा से ९वें भाव में गुरु या बुध हो तथा मंगल एकादश भाव में स्थित हो तो शारद योग होता है। इस योग में जन्म लेनेवाला धन, स्त्री-पुत्रादि से युक्त, सुखी, विद्वान्, राजमान्य और धर्मात्मा होता है।

मत्स्य योग—लग्न और नवम भाव में शुभग्रह तथा पंचम में शुभ और अशुभ दोनों प्रकार के ग्रह और चतुर्थ, अष्टम में पापग्रह हों तो मत्स्य योग होता है।

कूर्म योग—शुभग्रह ५।६।७वें भाव में और पापग्रह १।३।११वें स्थान में अपने-अपने उच्च में हों तो कूर्म योग होता है। इस योग में जन्म लेनेवाला व्यक्ति राज्यपाल, मन्त्री, धीर, धर्मात्मा, मुखिया, गुणी, यशस्वी, उपकारी, सुखी और नेता होता है।

खड्ग योग—नवमेश द्वितीय में और द्वितीयेश नवम भाग में तथा लग्नेश केन्द्र या त्रिकोण में हो तो खड्ग योग होता है। इस योग में जन्म लेनेवाला व्यक्ति बुद्धिमान्, शास्त्रज्ञ, कृतज्ञ, चतुर, धनी, वैभव-युक्त और शासनाधिकारी होता है।

लक्ष्मी योग—लग्नेश बलवान् हो और भाग्येश अपने मूल-त्रिकोण, उच्च या स्वराशि में स्थित होकर केन्द्रस्थ हो तो लक्ष्मी योग होता है। इस योगवाला जातक पराक्रमी, धनी, यशस्वी, मन्त्री, राज्यपाल एवं गुणी होता है।

कुसुम योग—स्थिर राशि लग्न में हो, शुक्र केन्द्र में हो और चन्द्रमा त्रिकोण में शुभग्रहों से युक्त हो तथा शनि दशम स्थान में हो तो कुसुम योग होता है। इस योग में उत्पन्न व्यक्ति सुखी, भोगी, विद्वान्, प्रभावशाली, मन्त्री, एम.पी., एम.एल.ए. आदि होता है।

कलानिधि योग—बुध शुक्र से युत या दृष्ट गुरु २।५वें भाव में हो या बुध शुक्र की

राशि में स्थित हो तो कलानिधि योग होता है। इस योगवाला गुणी, राजमान्य, सुखी, स्वस्थ, धनी और विद्वान् होता है।

कल्पद्रुम योग—लग्नेश तथा लग्नेश जिस राशि में हो उस राशि का स्वामी तथा वह जिस राशि में हो, उसका स्वामी और उनके नवंशपति—ये सब यदि केन्द्र, त्रिकोण या अपने-अपने उच्च में हों तो कल्पद्रुम योग होता है। इस योग में जन्म लेनेवाला व्यक्ति ३२ वर्ष की अवस्था से जीवन के अन्तिम क्षण तक मन्त्री पद पर प्रतिष्ठित रहता है। सेनाध्यक्ष का पद भी कल्पद्रुम योगवाले व्यक्ति को प्राप्त होता है।

लग्नाधि योग—लग्न से ७।८वें स्थान में शुभग्रह हो और उनपर पापग्रह की दृष्टि या योग न हो तो लग्नाधि नामक योग होता है। इस योगवाला व्यक्ति महान्, विद्वान्, महात्मा, सुखी और धन-सम्पत्तियुक्त होता है। राजनीति में भी यह व्यक्ति अद्‌भुत सफलता प्राप्त करता है। लग्नाधि योग के होने पर जातक को सांसारिक सभी प्रकार के सुख और ऐश्वर्य प्राप्त होते हैं।

अधि योग—चन्द्रमा से ६।७।८वें भाव में समस्त शुभग्रह हों तो अधियोग होता है। इस योग में जन्म लेनेवाला मन्त्री, सेनाध्यक्ष, राज्यपाल आदि पदों को प्राप्त करता है। अधियोग के होने से व्यक्ति अध्ययनशील होता है और वह अपनी बुद्धि तथा तेज के प्रभाव से समस्त व्यक्तियों को आकृष्ट करता है।

सुनफा योग—सूर्य को छोड़कर चन्द्रमा से द्वितीय स्थान में कोई शुभग्रह हो तो सुनफा योग होता है। इस योग के होने से जातक सुखी होता है, उसे धनधान्य-ऐश्वर्य आदि प्राप्त होते हैं।

अनफा योग—चन्द्रमा से द्वादश भाव में समस्त शुभग्रह हों तो अनफा योग होता है। इस योग के होने पर व्यक्ति चुनाव कार्यों में सफलता प्राप्त करता है। यह अपने भुजबल से धन, यश और प्रभुत्व का अर्जन करता है।

दुरधरा योग—चन्द्रमा से द्वितीय और द्वादश भाव में समस्त शुभग्रह हों तो दुरधरा योग होता है। इस योग के प्रभाव से जातक दानी, धनवाहनयुक्त, नौकर-चाकर से विभूषित, राजमान्य एवं प्रतिष्ठित होता है।

केमद्रुम योग—यदि चन्द्रमा के साथ में या उससे द्वितीय, द्वादश स्थान में तथा लग्न से केन्द्र में सूर्य को छोड़कर अन्य कोई ग्रह नहीं हों तो केमद्रुम योग होता है। इस योग में जन्म लेनेवाला व्यक्ति दरिद्र और निन्दित होता है।

महाराज योग—लग्नेश पंचम में और पंचमेश लग्न में हो, आत्मकारक और पुत्रकारक दोनों लग्न या पंचम में हों; अपने उच्च, राशि या नवांश में तथा शुभग्रह से दृष्ट हों तो महाराज योग होता है। इस योग में जन्म लेनेवाला व्यक्ति निश्चयतः राज्यपाल या मुख्यमन्त्री होता है।

धन-सुख योग—दिन में जन्म होने पर चन्द्रमा अपने या अधिमित्र के नवांश में स्थित हो और उसे गुरु देखता हो तो धन-सुख योग होता है। इसी प्रकार रात्रि में जन्म होने पर

चन्द्रमा को शुक्र देखता हो तो धन-सुख योग होता है। यह अपने नामानुसार फल देता है।

विशिष्ट योग

जिसके जन्मकाल में बुध सूर्य के साथ अस्त होकर भी अपने गृह में हो अथवा अपने मूलत्रिकोण (षष्ठराशि) में हो तो जातक विशिष्ट विद्वान् होता है। यथा–

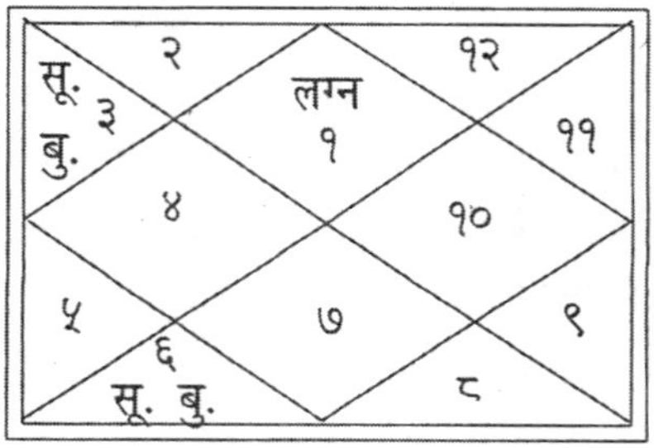

जिसके जन्म-समय में सूर्य और बुध सुख स्थान (चतुर्थ स्थान) में हों, शनि और चन्द्रमा दशम स्थान में स्थित हों और मंगल लग्न में स्थित हो तो जातक विशिष्ट विद्वान् होता है। साथ ही किसी उच्चपद पर कार्य करता है। यथा–

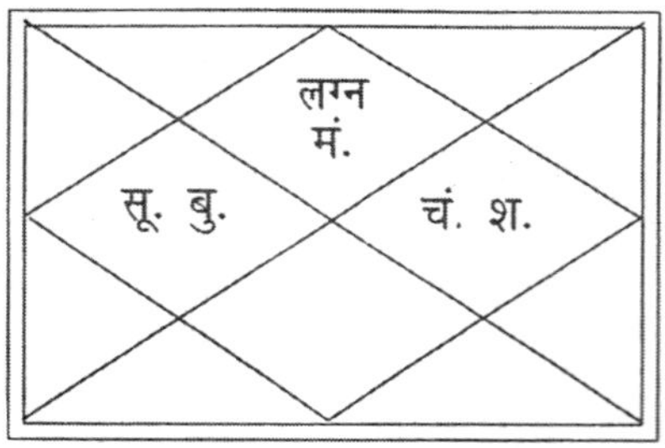

जिसके जन्म-समय में शुक्र के नवांश से रहित सिंह का सूर्य लग्न में हो, कन्या में बुध स्थित हो तो जातक अत्यन्त शक्तिशाली होता है और किसी उच्चपद पर कार्य करता है। यथा–

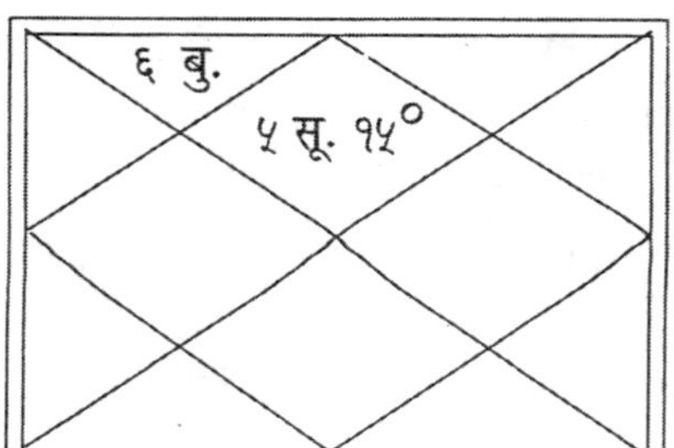

यह योग भाद्रपद मास में उत्पन्न हुए व्यक्तियों में विशेष रूप से घटित होता है। यदि शनि और मंगल, दशम, पंचम या लग्न में स्थित हों और पूर्ण चन्द्रमा गुरु की राशियों

(९।१२) में स्थित हो तो जातक बहुत भाग्यशाली होता है। उसे विलास की सभी सामग्रियाँ प्राप्त होती हैं। बीस वर्ष की अवस्था के बाद अत्यधिक यश अर्जन करता है। यथा–

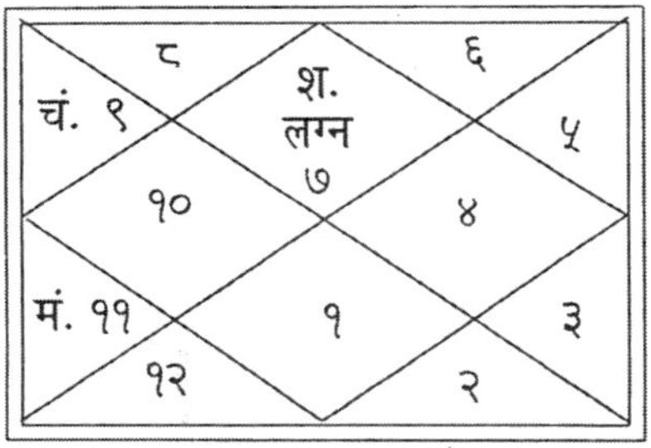

लग्नेश बलवान् होकर केन्द्र में स्थित हो, वह मित्र दृष्ट हो, मंगल मकर राशि अथवा दशम भाव में स्थित हो तो जातक यशस्वी होता है। २५ वर्ष की अवस्था के उपरान्त उसे सभी सुख-सुविधाएँ प्राप्त होती हैं। यथा–

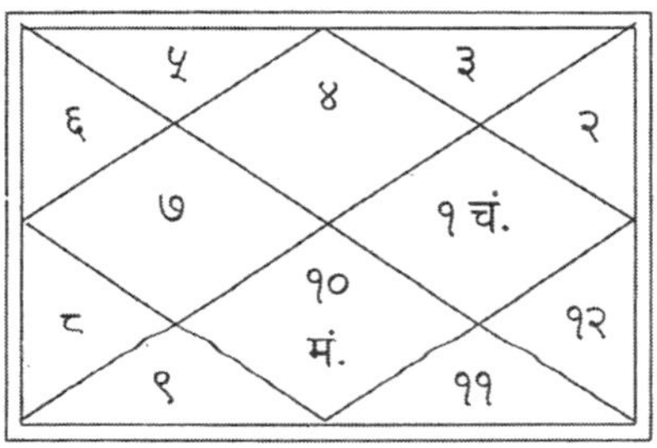

लग्न के अतिरिक्त केन्द्र (४।७।१०) में पूर्ण बली चन्द्रमा हो तथा इसपर गुरु एवं शुक्र की दृष्टि हो तो जातक सरकारी उच्चपद प्राप्त करता है। यह योग प्रायः २७ वर्ष की अवस्था में घटित होता है। यथा–

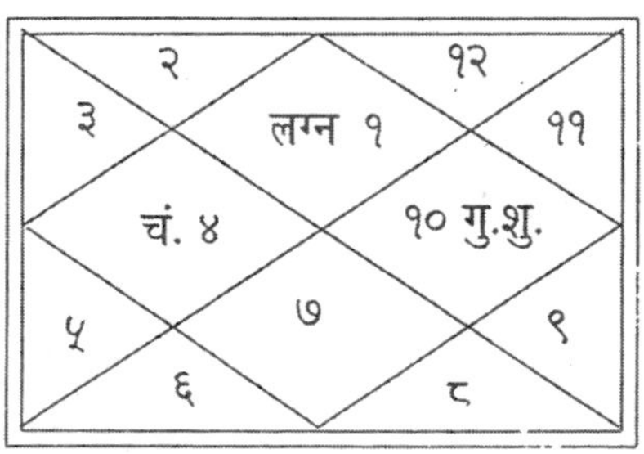

जिस मनुष्य के जन्म-समय में लग्नेश नीचास्त और शत्रुराशि के अतिरिक्त केन्द्र में स्थित हो। अन्य ग्रह से युक्त न हो तो जातक सर्वमान्य विद्वान् होता है। यह योग ३२ वर्ष की अवस्था में सम्पन्न होता है।

जिस जातक के जन्म-समय में गुरु, चन्द्र और सूर्य पंचम, तृतीय और धर्म भाव में स्थित हों, वह जातक कुबेर सदृश धनी होता है। यह योग कुबेरसंयोग्य कहलाता है। यथा–

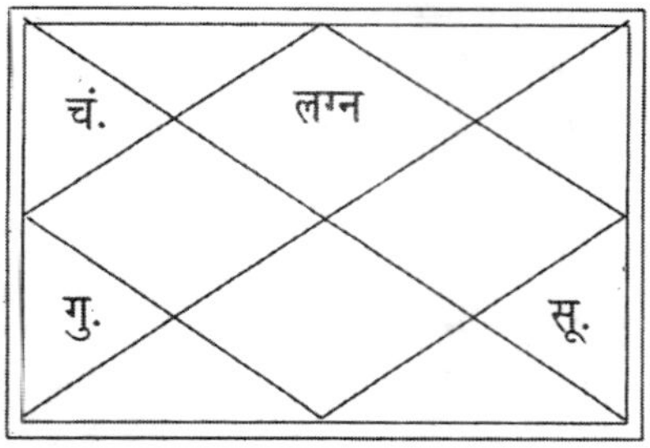

धनु लग्न में बलवान् सूर्य हो। चन्द्रमा के साथ मंगल दशम भाव में स्थित हो और शुक्र एकादश अथवा द्वादश भाव में अवस्थित हो तो जातक इन्द्र के समान शक्तिशाली एवं पराक्रमी होता है। ज्योतिषशास्त्र में इस योग का इन्द्रतुल्य योग बताया गया है। यथा–

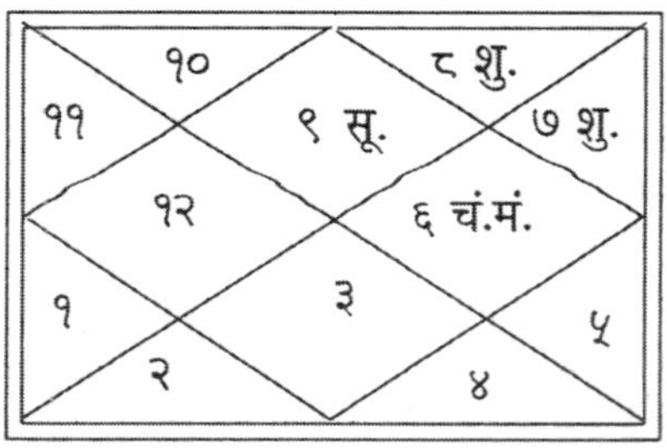

जिस मनुष्य के जन्म-समय पापग्रह तृतीय, एकादश और षष्ठस्थान में स्थित हों, लग्नेश शुभग्रह से दृष्ट हो तो जातक पूज्य, मन्त्री या अन्य इसी प्रकार के पद को प्राप्त करता है। यथा–

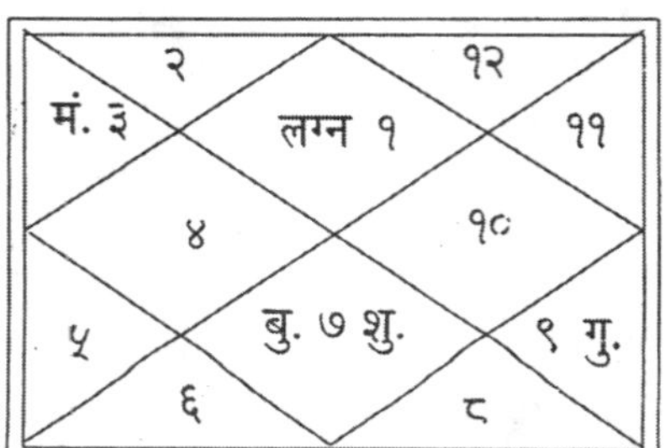

रुचक योग–यदि मंगल बलवान्, मूल-त्रिकोण, स्वगृह, उच्चगृह में प्राप्त होकर केन्द्र में स्थित हो तो रुचक योग होता है। इस योग में उत्पन्न होनेवाला जातक बलवान्, यशस्वी,

शीलवान्, विद्वान्, कुशल, वक्ता, धनी, सौन्दर्य-युक्त शत्रुजित्, कोमल शरीरी और तेजस्वी होता है। उसे मोटर की सवारी प्राप्त होती है। ७० वर्ष की अवस्था तक सुख भोगता है। यथा–

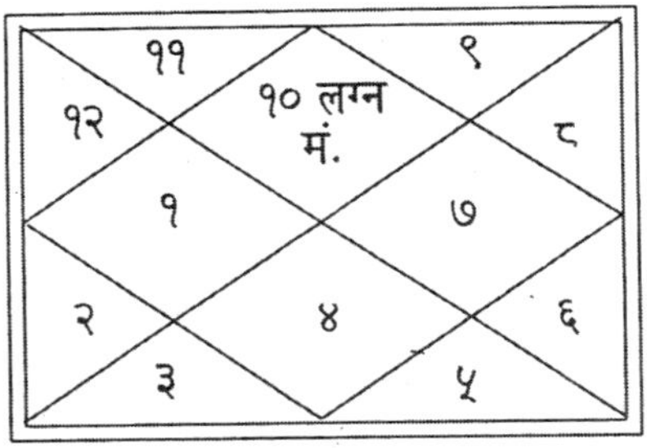

नवमेश, लाभेश, धनेश में से कोई भी ग्रह चन्द्रमा से केन्द्र में और लाभाधिपति, बृहस्पति हो तो जातक मन्त्रीपद प्राप्त करता है। यथा–

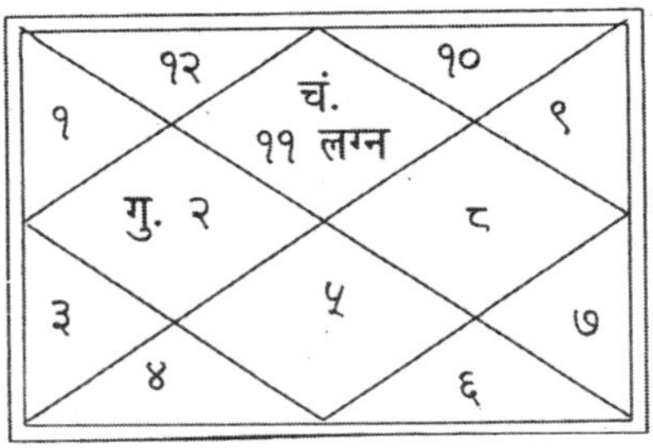

भद्र योग–यदि बली, बुध, मूल-त्रिकोण, स्वगृह, उच्चगृह को प्राप्त होकर केन्द्र में स्थित हो तो भद्र योग होता है। इस योग में उत्पन्न जातक शेर के समान मुख, मदोन्मत्त गज के समान गतिवाला, चौड़ी छातीवाला, लम्बा और मोटा होता है। इसकी बुद्धि प्रखर होती है और धन एवं यश की प्राप्ति होती है। यथा–

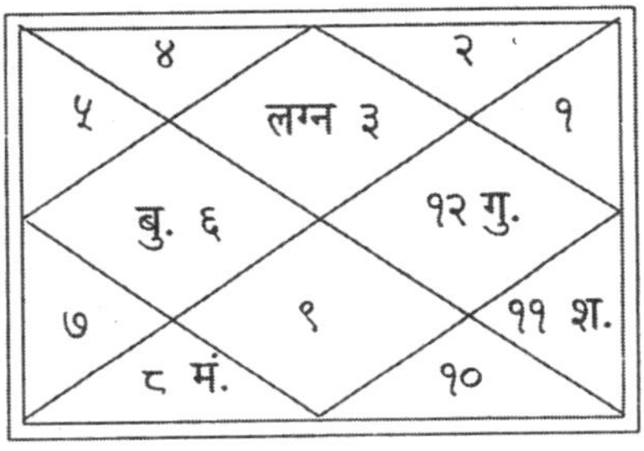

हंस योग–जिस जातक की कुण्डली में बलवान् गुरु मूल-त्रिकोण, स्वगृह, उच्चगृह को प्राप्त होकर केन्द्र में स्थित हो तो हंस योग होता है। इस योग में उत्पन्न होनेवाला जातक लाल मुख, ऊँची नासिका, सुन्दर चरण, हंस स्वर, कफ प्रकृति, गौरांग, सुकुमार, स्त्री-युक्त,

कामदेव के तुल्य सुन्दर, सुखी, शास्त्रज्ञान में परायण, अत्यन्त निपुण, गुणी, अच्छी क्रियाओं का आचरण करनेवाला और दीर्घायु होता है। यथा—

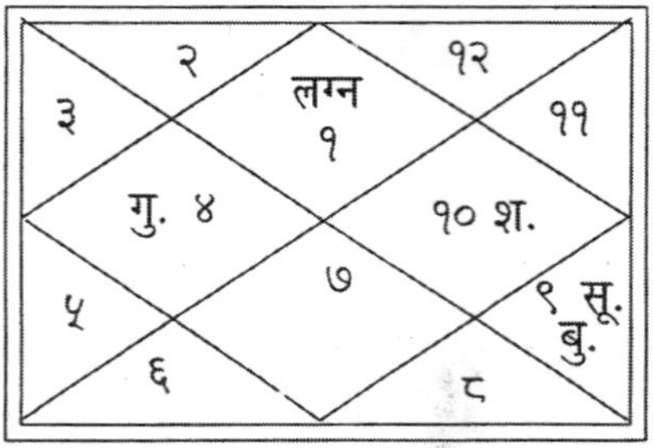

मालव्य योग—यदि जातक की जन्मकुण्डली में शुक्र, मूल-त्रिकोण, स्वगृह, उच्चगृह को प्राप्त होकर केन्द्र अवस्थित हो तो मालव्य योग होता है। इस योग में उत्पन्न प्राणी स्त्री-स्वभाववाला, सुन्दर शरीर की सन्धि और नेत्रवाला, सुन्दर, गुणी, तेजस्वी, पुत्र, स्त्री, वाहनयुक्त, धनी, शास्त्रार्थ का पण्डित, उत्साही, प्रभु-शक्ति-सम्पन्न, मन्त्रज्ञ, चतुर, त्यागी, परस्त्रीरत एवं विवेकी होता है। इसकी आयु ७७ वर्ष की होती है। यह चुनाव में जल्दी सफलता प्राप्त करता है। यथा—

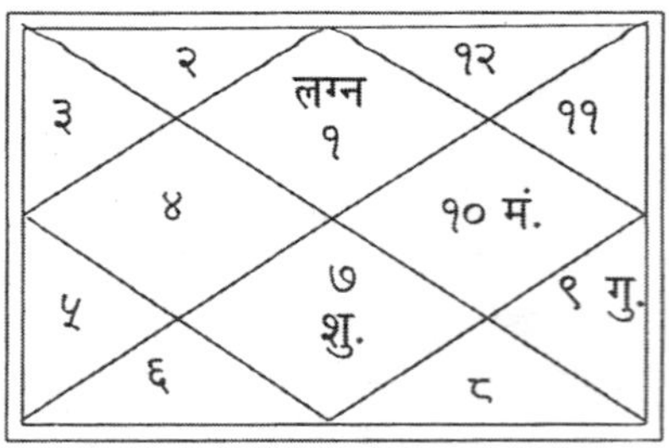

भास्कर योग—यदि सूर्य से द्वितीय भाव में बुध हो। बुध से एकादश भाव में चन्द्रमा और चन्द्रमा से त्रिकोण में बृहस्पति स्थित हो तो भास्कर योग होता है। इस योग में उत्पन्न होनेवाला मनुष्य पराक्रमी, प्रभुसदृश, शास्त्रार्थवित्, रूपवान्, गन्धर्व विद्या का ज्ञाता, धनी, गणितज्ञ, धीर और समर्थ होता है। यह योग २४ वर्ष की अवस्था से घटित होने लगता है। यथा—

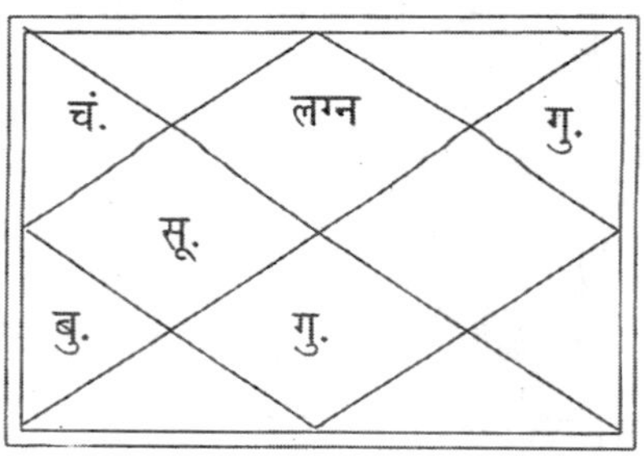

इन्द्र योग—यदि चन्द्रमा से तृतीय स्थान में मंगल हो और मंगल से सप्तम शनि हो। शनि से सप्तम शुक्र हो और शुक्र से सप्तम गुरु हो तो इन्द्रसंज्ञक योग होता है। इस योग में उत्पन्न होनेवाला जातक प्रसिद्ध शीलवान्, गुणवान्, राजा के समान धनी, वाचाल और अनेक प्रकार के धन, आभूषण, प्रतापादि प्राप्त करनेवाला होता है। यथा—

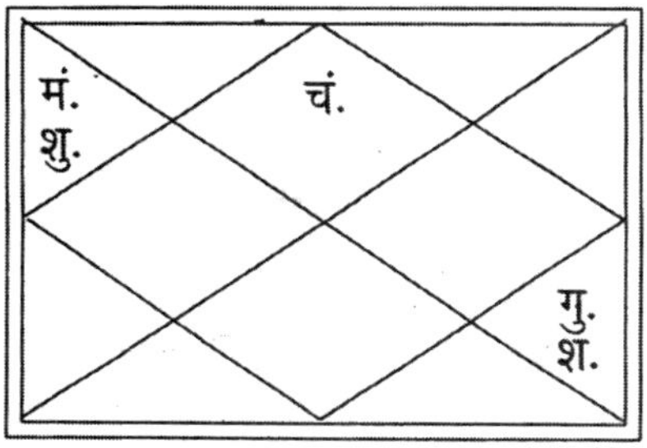

मरुत् योग—यदि शुक्र से त्रिकोण में गुरु हो, गुरु से पंचम चन्द्रमा और चन्द्रमा से केन्द्र में सूर्य हो तो मरुत् योग होता है। इस योग में जन्म लेनेवाला मनुष्य वाचाल, विशाल हृदय, स्थूल उदर, शास्त्र का ज्ञाता, क्रय-विक्रय में निपुण, तेजस्वी, विधायक या किसी आयोग का सदस्य होता है। यथा—

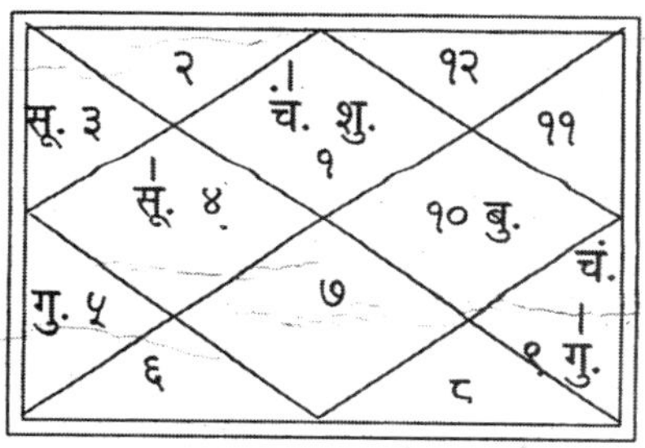

बुध योग— यदि लग्न में गुरु से केन्द्र में चन्द्रमा, चन्द्रमा से द्वितीय में राहु; तृतीय स्थान में सूर्य एवं मंगल हो तो बुध योग होता है। इस योग में उत्पन्न होनेवाला मनुष्य राजश्री से युक्त, विशेष बली, यशस्वी, शास्त्रज्ञाता, व्यापार में चतुर, बुद्धिमान् और शत्रुरहित होता है। इस योग का फलादेश २८ वर्ष की अवस्था से प्राप्त होता है। यथा—

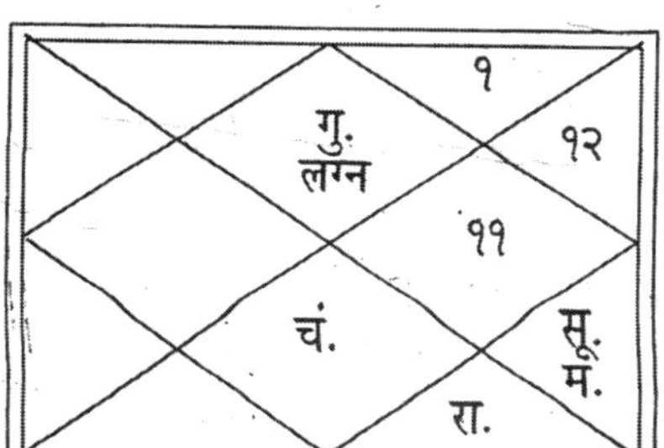

द्वादश भावों में लग्नेश का फल—लग्नेश लग्न में हो तो जातक नीरोग, दीर्घायु, बलवान्, जमींदार, कृषक और परिश्रमी; द्वितीय में हो तो धनवान्, लब्धप्रतिष्ठ, दीर्घजीवी, स्थूल, सत्कर्मनिरत, नायक, नेता और कृतज्ञ; तृतीय भाव में हो तो सद्बन्धुयुत, उत्तम मित्रवान्, धार्मिक, दानी, शूर, बलवान्, समाज में आदर पानेवाला और साहसी; चौथे भाव में हो तो राजप्रिय, दीर्घजीवी, माता-पिता की भक्ति करनेवाला, अल्पभोजी, पिता से धन पानेवाला, पुरुषार्थी और कार्यरत; पाँचवें भाव में हो तो सुन्दर पुत्रवाला, त्यागी, लब्धप्रतिष्ठ, धनिक, विनीत, विद्वान्, दीर्घायु और कर्तव्यनिष्ठ; छठे भाव में हो तो बलवान्, कृपण, धनवान्, शत्रुनाशक, नीरोग और सत्कार्यरत; सातवें भाव में हो तो तेजस्वी, शीलवान् व सुशीला, गुणवती एवं सुन्दरी भार्या का पति और भाग्यवान्; आठवें भाव में हो तो कृपण, धन-संग्रहकर्ता, दीर्घजीवी; लग्नेश यदि क्रूर ग्रह हो तो कटुवक्ता, क्षीण-शरीरी तथा सौम्य ग्रह हो तो पुष्ट देहवाला और नीरोग; नौवें भाव में हो तो पुण्यवान्, पराक्रमी, तेजस्वी, स्वाभिमानी, सुशील, विनीत, धार्मिक व्रती और लब्धप्रतिष्ठ; दसवें भाव में हो तो विद्वान् सुशील, गुरुजन-सेवा में रत, राज्य से लाभ प्राप्त करनेवाला और समाज-प्रसिद्ध; ग्यारहवें भाव में हो तो श्रेष्ठ, आजीविकावाला, सुखी, प्रसिद्ध, तेजस्वी, बली, परिश्रमी और साधारण धनी; एवं बारहवें भाव में हो तो कठोर प्रकृति, व्यर्थ बकवास करनेवाला, प्रसन्नचित्त, धोखेबाज, प्रवासी, रोगी और अविश्वासी होता है।

द्वितीय भाव विचार

इस भाव का विचार द्वितीयेश, द्वितीय भाव की राशि और इस स्थान पर दृष्टि रखनेवाले ग्रहों के सम्बन्ध से करना चाहिए। द्वितीयेश शुभग्रह हो या द्वितीय भाव में शुभग्रह की राशि और उसमें शुभग्रह बैठा हो तथा शुभग्रहों की द्वितीय भाव पर दृष्टि हो तो व्यक्ति, धनी होता है। नीचे कुछ **धनी योग** दिये जाते हैं :

१. भाग्येश और लाभेश का योग
२. भाग्येश और दशमेश का योग
३. भाग्येश और चतुर्थेश का योग
४. भाग्येश और पंचमेश का योग
५. भाग्येश और लग्नेश का योग
६. भाग्येश और धनेश का योग
७. दशमेश और लाभेश का योग
८. दशमेश और चतुर्थेश का योग
९. दशमेश और लग्नेश का योग
१०. दशमेश और पंचमेश का योग
११. दशमेश और द्वितीयेश का योग
१२. लाभेश और धनेश का योग
१३. लाभेश और चतुर्थेश का योग
१४. लाभेश और लग्नेश का योग
१५. लाभेश और पंचमेश का योग
१६. लग्नेश और धनेश का योग
१७. लग्नेश और चतुर्थेश का योग
१८. लग्नेश और पंचमेश का योग
१९. धनेश और चतुर्थेश का योग
२०. धनेश और पंचमेश का योग
२१. चतुर्थेश और पंचमेश का योग।

उपर्युक्त २१ योगवाले ग्रह २।४।५।७ भावों में हों तो पूर्ण फल, ८।१२ भावों में आधा फल, छठे भाव में चतुर्थांश फल एवं अन्य स्थानों में निष्फल बताये गये हैं।

दारिद्र योग[1]–निम्न दारिद्र योग धनस्थान में हों तो पूर्ण फल, व्ययस्थान में हों तो पादोन $\frac{3}{4}$ फल और अन्य स्थानों में हों तो अर्द्ध फल देते हैं :

१. षष्ठेश और धनेश का योग
२. षष्ठेश और लग्नेश का योग
३. षष्ठेश और चतुर्थेश का योग
४. व्ययेश और चतुर्थेश का योग
५. व्ययेश और धनेश का योग
६. व्ययेश और लग्नेश का योग
७. षष्ठेश और दशमेश का योग
८. व्ययेश और दशमेश का योग
९. षष्ठेश और पंचमेश का योग
१०. षष्ठेश और सप्तमेश का योग
११. व्ययेश और पंचमेश का योग
१२. व्ययेश और सप्तमेश का योग
१३. षष्ठेश और भाग्येश का योग
१४. व्ययेश और भाग्येश का योग
१५. षष्ठेश और तृतीयेश का योग
१६. व्ययेश और तृतीयेश का योग
१७. षष्ठेश और लाभेश का योग
१८. व्ययेश और लाभेश का योग
१९. षष्ठेश और अष्टमेश का योग
२०. व्ययेश और अष्टमेश का योग
२१. षष्ठेश और व्ययेश का योग

उपर्युक्त धनी और दारिद्र योगों का विचार करने से जितने जो-जो योग आवें उन्हें पृथक् लिख लेना चाहिए। यदि धनी योग कुण्डली में अधिक हों और दारिद्र योग कम हों तो जातक धनवान् और दारिद्र योग अधिक तथा धनी योग कम हों तो जातक दरिद्री या अल्प धनी होता है। इन योगों में रहस्यपूर्ण बात यह है कि बलवान् धनी योग कम हों और निर्बल दारिद्र योग अधिक हों तो जातक धनी, एवं दारिद्र योग बलवान् हों और उनकी अपेक्षा निर्बल धनी योग अधिक हों तो जातक धनी होते हुए भी कुछ समय के लिए दरिद्री-जैसा जीवन-यापन करता है। धनी और निर्धन का विचार करते समय देश, काल तथा जाति का विचार अवश्य कर लेना चाहिए। यदि किसी धनी घराने में पैदा हुए जातक की कुण्डली में धनी योग हो तो जातक लक्षाधीश या योग के बलाबलानुसार कोट्यधीश होता है। यदि वही योग किसी साधारण घर में जन्मे व्यक्ति की कुण्डली में हो तो वह अपनी स्थिति के अनुसार धनी होता है।

जिसकी जन्मकुण्डली में दो बलवान् धनी योग हों वह सहस्राधिपति, तीन हों तो वह लक्षाधिपति, चार या पाँच हों तो वह कोट्याधिपति होता है। इससे अधिक धनी योग होने पर जातक विपुल सम्पत्ति का स्वामी होता है।

धनी योगों से एक दारिद्र योग अधिक हो तो अल्पधनी, दो अधिक हों तो दरिद्री और तीन अधिक हों तो भिक्षुक या तत्सदृश होता है।

धनी योगों के अभाव में एक दारिद्र योग हो तो जातक दरिद्री, दो हों तो जीवनभर धन के कष्ट से पीड़ित और तीन हों तो भिक्षुक होता है।

दारिद्र योगों के अभाव में एक धनी योग होने पर जातक खाता-पीता सुखी, दो धनी योगों के होने पर आश्रयदाता, लक्षाधीश एवं तीन या इससे अधिक योगों के होने पर जातक

१. देखें—जातकतत्त्व और जातकपारिजात।

बहुत बड़ा धनी होता है। परन्तु योगों के बलाबल का विचार कर लेना नितान्त आवश्यक है।

राहु-लग्न, द्वितीय, तृतीय, चतुर्थ, पंचम, षष्ठ, अष्टम, नवम, एकादश और द्वादश भावों में से किसी भाव में स्थित हो एवं मेष, वृष, मिथुन, कर्क, सिंह, कन्या, वृश्चिक, मीन इन राशियों में से किसी भी राशि में स्थित हो तो जातक धनी होता है।

चन्द्र और गुरु एक साथ किसी भी स्थान में बैठे हों तो जातक धनी होता है। सूर्य, बुध एक साथ सप्तम भाव के अलावा अन्य स्थानों में हों तो जातक बड़ा व्यापारी होता है। कारक ग्रहों की दशा में जन्म हुआ हो तो जातक जन्म से धनी अन्यथा निर्धन होता है। जब कारक ग्रह की दशा आती है, उस समय जातक अवश्य धनी होता है।

चन्द्रमा सूर्य के साथ नीचगत ग्रह से दृष्ट पापांशक में हो तो दारिद्र योग होता है। रात के जन्म में लग्नगत क्षीण चन्द्रमा से अष्टम पापग्रह की दृष्टि हो या पापग्रह स्थित हो तो दारिद्र योग होता है। राहु आदि उपग्रह से पीड़ित चन्द्रमा पापग्रह के द्वारा दृष्ट हो तो जातक धनिक घर में जन्म लेने पर भी दरिद्र बन जाता है। लग्न या चन्द्रमा से केन्द्र स्थानों में १।४।७।१० पापग्रह हों तो जातक दरिद्र होता है।

चन्द्रमा शुभग्रह द्वारा दृष्ट हो, राहु आदि से पीड़ित हो तो जातक दरिद्र होता है। यदि चन्द्रमा नीचगत या शुभग्रह दृष्ट हो तो, या शत्रु की राशि अथवा वर्ग में स्थित हो तो अथवा तुलाराशि में स्थित हो तो जातक दरिद्र होता है। नीच या शत्रु के वर्ग का चन्द्रमा लग्न, केन्द्र या त्रिकोण में स्थित हो और चन्द्रमा से द्वादश, षष्ठ या अष्टम स्थान में गुरु हो तो जातक दरिद्र होता है। पापग्रह के नवांश में शत्रु-दृष्ट, चर-राशिस्थ या चरांश में चन्द्रमा हो और गुरु उसे न देखता हो तो जातक दरिद्र होता है।

दिवालिया योग—अष्टमेश ४।५।९।१० स्थानों में हो और लग्नेश निर्बल हो तो जातक दिवालिया होता है। योगकारक ग्रह के ऊपर राहु एवं रवि की दृष्टि पड़ने से योग अधूरा रह जाता है। लाभेश व्यय में हो या भाग्येश और दशमेश व्यय में हों तो दिवालिया होता है। यदि पंचम में शनि तुलाराशि का हो तो भी यह योग बनता है।

द्वितीयेश ९।१०।११ भावों में हो तो दिवालिया योग होता है, परन्तु द्वितीयेश गुरु के दशम और मंगल के एकादश भाव में रहने से यह योग खण्डित हो जाना है। लग्नेश वक्री होकर ६।८।१२वें भाव में स्थित हो तो भी जातक दिवालिया होता है।

जमींदारी योग—चतुर्थेश दशम में और दशमेश चतुर्थ में हो। चतुर्थेश दूसरे या ११वें भाव में हो। चतुर्थ स्थान की राशि चर हो और उसका स्वामी भी चर राशि में हो। पंचमेश लग्नेश, तृतीयेश, चतुर्थेश, षष्ठेश, सप्तमेश, नवमेश और द्वादशेश के साथ हो तो जमींदारी के साथ-साथ जातक व्यापार भी करता है। चतुर्थेश, दशमेश और चन्द्रमा बलवान् हों और वे ग्रह परस्पर में मित्र हों तो जातक जमींदार होता है।

ससुराल से धन-प्राप्ति के योग—सप्तमेश और द्वितीयेश एक साथ हों और उन पर शुक्र की पूर्ण दृष्टि हो। चतुर्थेश सप्तमस्थ हो और शुक्र चतुर्थस्थ हो तथा इन दोनों में मित्रता

हो। सप्तमेश और नवमेश आपस में सम्बद्ध हों तथा शुक्र के साथ हों। बलवान् धनेश, सप्तमेश शुक्र से युत हो।

अकस्मात् धन-प्राप्ति के साधनों का विचार पंचम भाव से किया जाता है। यदि पंचम स्थान में चन्द्रमा बैठा हो और शुक्र की उसपर दृष्टि हो तो लाटरी से धन मिलता है। यदि द्वितीयेश और चतुर्थेश शुभग्रह की राशि में शुभग्रहों से युत या दृष्ट होकर बैठे हों तो भूमि में गड़ी हुई सम्पत्ति मिलती है। एकादशेश और द्वितीयेश चतुर्थ स्थान में हों और चतुर्थेश शुभग्रह की राशि में शुभग्रह से युत या दृष्ट हो तो जातक को अकस्मात् धन मिलता है। यदि लग्नेश द्वितीय स्थान में और द्वितीयेश ग्यारहवें स्थान में हो तथा एकादशेश लग्न में हो तो इस योग के होने से जातक को भूगर्भ से सम्पत्ति मिलती है। लग्नेश शुभग्रह हो और धन स्थान में स्थित हो या धनेश आठवें स्थान में स्थित हो तो गड़ा हुआ धन मिलता है।

सुनफा-अनफा-दुर्धरा-केमद्रुम योग—सूर्य के अतिरिक्त अन्य ग्रह चन्द्रमा से द्वितीय और द्वादश भाव में स्थित हों तो सुनफा, अनफा और दुर्धरा योग होते हैं। ये तीनों योग न हों तो केमद्रुम योग होता है। आशय यह है कि चन्द्रमा से द्वितीय सूर्य के अतिरिक्त अन्य ग्रह हों तो सुनफा, द्वादशस्थ ग्रह हों तो अनफा और द्वितीय एवं द्वादशस्थ दोनों ही स्थानों में ग्रह हों तो दुर्धरा योग होता है। यदि चन्द्रमा से द्वितीय और द्वादशस्थ कोई ग्रह न हो तो केमद्रुम योग होता है। यथा—

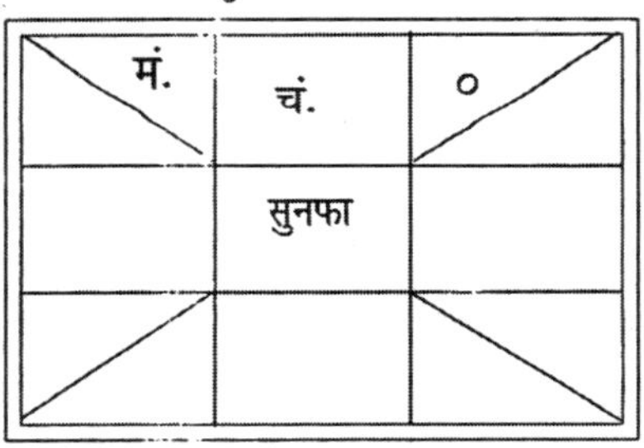

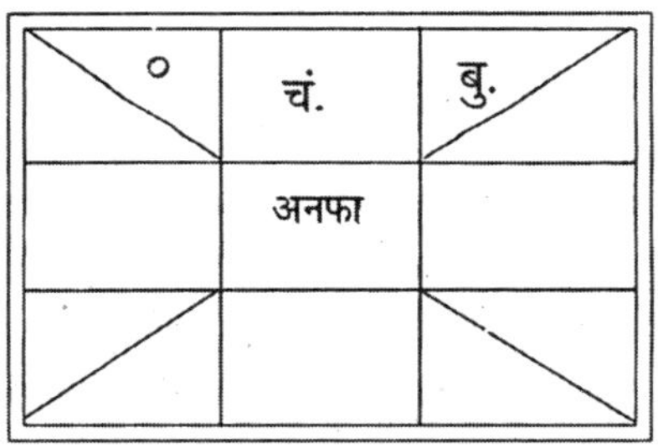

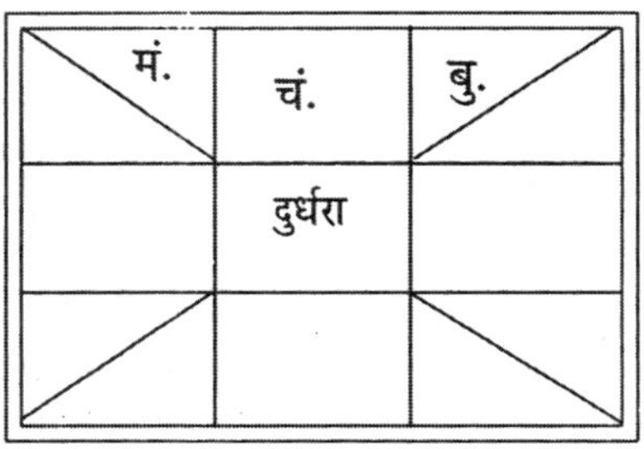

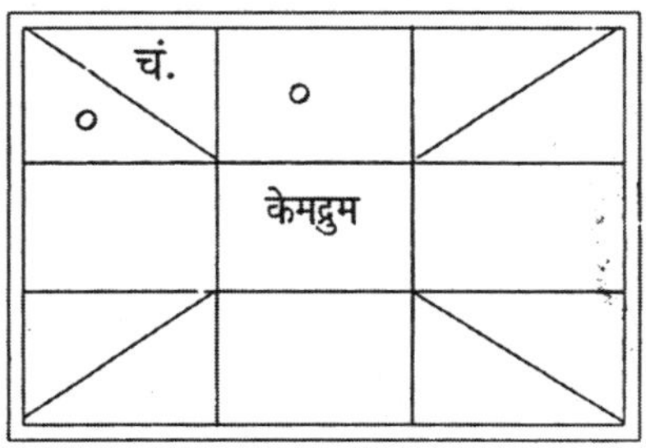

दारिद्र योगों का विचार चन्द्रमा और सूर्य दोनों ग्रहों के द्वारा किया जाता है। यदि चन्द्रमा पापग्रह से युक्त हो, पापग्रह की राशि में हो अथवा पाप नवांश में हो तो केमद्रुम योग होता है। रात्रि में जन्म होने पर चन्द्रमा दशमेश से दृष्ट हो या निर्बल हो तो केमद्रुम योग होता है। चन्द्रमा पापग्रह से युत नीचस्थ हो, भाग्येश की दृष्टि हो अथवा रात्रि में क्षीण

चन्द्रमा नीचगत हो तो केमद्रुम योग होता है।

केमद्रुम योग के होने पर भी यदि चन्द्रमा या शुक्र केन्द्र में हों, बृहस्पति से दृष्ट हों तो केमद्रुम योग भंग हो जाता है। चन्द्रमा शुभग्रह से युक्त हो अथवा शुभग्रहों के मध्य में हो और बृहस्पति द्वारा दृष्ट हो तो केमद्रुम योग भंग हो जाता है। चन्द्रमा अतिमित्र के गृह में अपनी उच्चराशि में अपने ग्रह या नवांश में स्थित हो और बृहस्पति द्वारा दृष्ट हो तो केमद्रुम योग भंग होता है।

सुनफा और अनफा योग के ३१ भेद हैं और दुर्धरा योग के १८०। सुनफा और अनफा योग मंगल, बुध, बृहस्पति, शुक्र, शनि इन पाँचों ग्रहों से होते हैं। इन पाँचों ग्रहों के निम्न पाँच विकल्पों द्वारा ३१ भेदों का प्रदर्शन किया जाता है।

प्रथम विकल्प—चन्द्रमा से द्वितीय भाव में मंगल, बुध, बृहस्पति, शुक्र, शनि इन ग्रहों में एक-एक ग्रह स्थित हों तो प्रथम विकल्प में पाँच भेद होते हैं।

द्वितीय विकल्प—चन्द्रमा से द्वितीय मंगल-बुध, मंगल-गुरु, मंगल-शुक्र, मंगल-शनि, बुध-गुरु, बुध-शुक्र, बुध-शनि, बृहस्पत्ति-शुक्र, बृहस्पति-शनि और शुक्र-शनि के रहने से दस योग बनते हैं।

तृतीय विकल्प—मंगल-बुध-बृहस्पति, मंगल-बुध-शुक्र, मंगल-बुध-शनि, मंगल-बृहस्पति-शुक्र, मंगल-बृहस्पति-शनि, मंगल-शुक्र-शनि, बुध-बृहस्पति-शुक्र, बुध-बृहस्पति-शनि, बुध-शुक्र-शनि और बृहस्पति-शुक्र-शनि के रहने से दस योग बनते हैं।

चतुर्थ विकल्प—मंगल-बुध-बृहस्पति-शुक्र, मंगल-बुध-गुरु-शनि, मंगल-बृहस्पति-शुक्र-शनि, मंगल-बुध-शुक्र-शनि और बुध-बृहस्पति-शुक्र-शनि के रहने से पाँच योग बनते हैं।

पंचम विकल्प—मंगल-बुध-बृहस्पति-शुक्र-शनि ये पाँचों ग्रह चन्द्रमा से द्वितीय भाव में स्थित हों तो पंचम विकल्पजन्य एक योग होता है।

इस प्रकार सुनफा योग के ५ + १० + १० + ५ + १ = ३१ योग होते हैं।

चन्द्रमा से द्वादश भाव में ग्रहों के स्थित होने से अनफा योग होता है। इसके भी पूर्ववत् ३१ भेद होते हैं। संक्षेप में इन योग-भेदों को जानने के लिए सारणियाँ दी जा रही हैं :

दुर्धरा योग के २० भेद—एक स्थान में एक ग्रह रहने से

भेद संख्या	चन्द्र से दूसरे स्थान में	चन्द्र से १२वें स्थान में	भेद संख्या	चन्द्र से दूसरे स्थान में	चन्द्र से १२वें स्थान में	भेद संख्या	चन्द्र से दूसरे स्थान में	चन्द्र से १२वें स्थान में	भेद संख्या	चन्द्र से दूसरे स्थान में	चन्द्र से १२वें स्थान में
१	मंगल	बुध	६	शुक्र	मंगल	११	बुध	शुक्र	१६	शुक्र	गुरु
२	बुध	मंगल	७	मंगल	शनि	१२	शुक्र	बुध	१७	गुरु	शनि
३	मंगल	गुरु	८	शनि	मंगल	१३	बुध	शनि	१८	शनि	गुरु
४	गुरु	मंगल	९	बुध	गुरु	१४	शनि	बुध	१९	शुक्र	शनि
५	मंगल	शुक्र	१०	गुरु	बुध	१५	गुरु	शुक्र	२०	शनि	शुक्र

दुर्धरा योग के ६० भेद–एक ग्रह द्वितीय भाव में, दो ग्रह द्वादश भाव में एवं दो ग्रह द्वितीय और एक ग्रह द्वादश भाव में रहने से

भेद संख्या	चन्द्र से दूसरे स्थान में	चन्द्र से बारहवें स्थान में	भेद संख्या	चन्द्र से दूसरे स्थान में	चन्द्र से बारहवें स्थान में	भेद संख्या	चन्द्र से दूसरे स्थान में	चन्द्र से बारहवें स्थान में	भेद संख्या	चन्द्र से दूसरे स्थान में	चन्द्र से बारहवें स्थान में
१	मं.	बु. गु.	१६	मं. शु.	बु.	३१	गु.	बु. शु.	४६	बु. श.	शु.
२	बु. गु.	मं.	१७	बु.	मं. श.	३२	बु. शु.	गु.	४७	शु.	गु. श.
३	मं.	बु. शु.	१८	मं. श.	बु.	३३	गु.	बु. श.	४८	गु. श.	शु.
४	बु. शु.	बु.	१९	बु.	गु. शु.	३४	बु. श.	गु.	४९	श.	मं. बु.
५	मं.	बु. श.	२०	गु. शु.	बु.	३५	गु.	शु. श.	५०	मं. बु.	श.
६	बु. श.	बु.	२१	बु.	गु. श.	३६	शु. श.	गु.	५१	श.	मं. गु.
७	मं.	गु. शु.	२२	गु. श.	बु.	३७	शु.	मं. बु.	५२	मं. गु.	श.
८	गु. शु.	गु.	२३	बु.	शु. श.	३८	मं. बु.	शु.	५३	श.	मं. शु.
९	मं.	गु. श.	२४	शु. श.	बु.	३९	शु.	मं. गु.	५४	मं. शु.	श.
१०	गु. श.	मं.	२५	गु.	मं. बु.	४०	मं. गु.	शु.	५५	श.	बु. गु.
११	मं.	शु. श.	२६	मं. बु.	गु.	४१	शु.	मं. श.	५६	बु. गु.	श.
१२	शु. श.	मं.	२७	गु.	मं. शु.	४२	मं. श.	शु.	५७	श.	बु. शु.
१३	बु.	मं. गु.	२८	मं. शु.	गु.	४३	शु.	बु. गु.	५८	बु. शु.	श.
१४	मं. गु.	बु.	२९	गु.	मं. श.	४४	बु. गु.	शु.	५९	श.	गु. शु.
१५	बु.	मं. शु.	३०	मं. श.	गु.	४५	शु.	बु. श.	६०	गु. शु.	श.

दुर्धरा योग के ४० भेद-एक ग्रह दूसरे, तीन ग्रह १२वें, तीन ग्रह दूसरे और एक ग्रह बारहवें भाव में रहने से

भेद संख्या	चन्द्रमा से दूसरे स्थान	चन्द्रमा से बारहवें स्थान	भेद संख्या	चन्द्रमा से दूसरे स्थान	चन्द्रमा से बारहवें स्थान	भेद संख्या	चन्द्रमा से दूसरे स्थान	चन्द्रमा से बारहवें स्थान	भेद संख्या	चन्द्रमा से दूसरे स्थान	चन्द्रमा से बारहवें स्थान
१	मं.	बु.गु.शु.	११	बु.	मं.गु.श.	२१	गु.	मं.शु.श.	३१	शु.	बु.गु.श.
२	बु.गु.शु	मं.	१२	मं.गु.श.	बु.	२२	मं.शु.श.	गु.	३२	बु.गु.श.	शु.
३	मं.	बु.गु.श.	१३	बु.	मं.शु.श.	२३	गु.	बु.शु.श.	३३	श.	मं.बु.गु.
४	बु.गु.श.	मं.	१४	मं.शु.श.	बु.	२४	बु.शु.श.	गु.	३४	मं.बु.गु.	श.
५	मं.	बु.शु.श.	१५	बु.	गु.शु.श.	२५	शु.	मं.बु.गु.	३५	श.	मं.बु.शु.
६	बु.शु.श.	मं.	१६	गु.शु.श.	बु.	२६	मं.बु.गु.	शु.	३६	मं.बु.शु	श.
७	मं.	श.गु.शु.	१७	गु.	मं.बु.शु.	२७	शु.	मं.बु.श.	३७	श.	मं.गु.शु.
८	श.गु.शु.	मं.	१८	मं.बु.शु.	गु.	२८	मं.बु.श.	शु.	३८	मं.गु.शु.	श.
९	बु.	मं.गु.शु.	१९	गु.	मं.बु.श.	२९	शु.	मं.गु.श.	३९	श.	बु.गु.शु.
१०	मं.गु.शु.	बु.	२०	मं.बु.श.	गु.	३०	मं.गु.श.	शु.	४०	बु.गु.शु.	श.

दुर्धरा योग के १० भेद—एक ग्रह २रे, चार ग्रह १२वें, चार ग्रह २रे और एक ग्रह १२वें भाव में रहने से

भेद संख्या	चन्द्रमा से २रे स्थान में	चन्द्रमा से १२वें स्थान में	भेद संख्या	चन्द्रमा से २रे स्थान में	चन्द्रमा से १२वें स्थान में
१	मं.	बु. गु. शु. श.	६	मं. बु. शु. श.	गु.
२	बु. गु. शु. श.	मं.	७	शु.	मं. बु. गु. श.
३	बु.	मं. गु. शु. श.	८	मं. बु. गु. श.	शु.
४	मं. गु. शु. श.	बु.	९	श.	मं. बु. गु. शु.
५	गु.	मं. बु. शु. श.	१०	मं. बु. गु. शु.	श.

दुर्धरा योग के ३० भेद—दो ग्रह दूसरे और दो ग्रह बारहवें भाव में रहने से

भेद संख्या	चन्द्रमा से २रे स्थान में	चन्द्रमा से १२वें स्थान में	भेद संख्या	चन्द्रमा से २रे स्थान में	चन्द्रमा से १२वें स्थान में	भेद संख्या	चन्द्रमा से २रे स्थान में	चन्द्रमा से १२वें स्थान में
१	मं. बु.	गु. शु.	११	मं. गु.	शु. श.	२१	मं. श.	बु. शु.
२	गु. शु.	मं. बु.	१२	शु. श.	मं. गु.	२२	बु. शु.	मं. श.
३	मं. बु.	गु. श.	१३	मं. शु.	बु. गु.	२३	मं. श.	गु. शु.
४	गु. श.	मं. बु.	१४	बु. गु.	मं. शु.	२४	गु. शु.	मं. श.
५	मं. बु.	शु. श.	१५	मं. शु.	बु. श.	२५	बु. गु.	शु. श.
६	शु. श.	मं. बु.	१६	बु. श.	मं. शु.	२६	शु. श.	बु. गु.
७	मं. गु.	शु. बु.	१७	मं. शु.	गु. श.	२७	बु. शु.	गु. श.
८	शु. बु.	मं. गु.	१८	गु. श.	मं. शु.	२८	गु. श.	बु. शु.
९	मं. गु.	बु. श.	१९	बु. गु.	मं. श.	२९	गु. शु.	बु. श.
१०	बु. श.	मं. गु.	२०	मं. श.	बु. गु.	३०	बु. श.	गु. शु.

दुर्धरा योग के २० भेद—दूसरे में २ ग्रह, १२वें में तीन ग्रह, दूसरे में तीन ग्रह और १२वें में दो ग्रह रहने से

भेद संख्या	चन्द्रमा से २रे स्थान में	चन्द्रमा से १२वें स्थान में	भेद संख्या	चन्द्रमा से २रे स्थान में	चन्द्रमा से १२वें स्थान में	भेद संख्या	चन्द्रमा से २रे स्थान में	चन्द्रमा से १२वें स्थान में	भेद संख्या	चन्द्रमा से २रे स्थान में	चन्द्रमा से १२वें स्थान में
१	मं.बु.	गु.शु.श.	६	बु.गु.श.	मं.शु.	११	बु.शु.	मं.गु.श.	१६	मं.बु.श	गु.शु.
२	गु.शु.श.	मं.बु.	७	मं.श.	बु.गु.शु.	१२	मं.गु.श.	बु.शु.	१७	गु.श.	मं.बु.शु.
३	मं.गु.	बु.शु.श.	८	बु.गु.शु.	मं.श.	१३	बु.श.	मं.गु.शु.	१८	मं.बु.शु.	गु.श.
४	बु.शु.श.	मं.गु.	९	बु.गु.	मं.शु.श	१४	मं.गु.शु.	बु.श.	१९	शु.श.	मं.बु.गु.
५	मं.शु.	बु.गु.श.	१०	मं.शु.श.	बु.गु.	१५	गु.शु.	मं.बु.श.	२०	मं.बु.गु.	शु.श.

इस प्रकार सब भेदों का योग २० + ६० + ४० + १० + ३० + २० = १८० यें दुर्धरा के १८० भेद हुए।

धनेश का द्वादश भावों में फल– धनेश **लग्न** में हो तो कृपण, व्यवसायी, कुकर्मरत, धनिक, विख्यात, सुखी, अतुलित ऐश्वर्यवान् और लब्धप्रतिष्ठ; **द्वितीय भाव** में हो तो धनवान्, धर्मात्मा, लोभी, चतुर, धनार्जन करनेवाला, व्यापारी, यशस्वी और दानी; **तृतीय भाव** में हो तो व्यापारी, कलहकर्ता, कलाहीन, चोर, चंचल, अविनयी और ठग; **चौथे भाव** में हो तो पिता से लाभ करनेवाला, सत्यवादी, दयालु, दीर्घायु, मकानवाला, व्यापार में लाभ करनेवाला और परिश्रमी; **पाँचवें भाव** में हो तो पुत्र द्वारा धनार्जन करनेवाला, सत्कार्यनिरत, प्रसिद्ध, कृपण और अन्तिम जीवन में दुःखी; **छठे भाव** में हो तो धन-संग्रह में तत्पर, शत्रुहन्ता, भू-लाभान्वित, कृषक, प्रसिद्ध और सेवाकार्यरत; **सातवें भाव** में हो तो भोगविलासवती, धनसंग्रह करनेवाली श्रेष्ठ रमणी का भर्ता, भाग्यवान्, स्त्री-प्रेमी और चपल; **आठवें भाव** में हो तो पाखण्डी, आत्मघाती, अत्यन्त भाग्यशाली, परोपकारी, भाग्य पर विश्वास करनेवाला और आलसी; **नौवें भाव** में हो तो दानी, प्रसिद्ध पुरुष, धर्मात्मा, मानी और विद्वान्; **दसवें भाव** में हो तो राजमान्य, धन लाभ करनेवाला, भाग्यशाली, देशमान्य और श्रेष्ठ आचारवाला; **ग्यारहवें भाव** में हो तो प्रसिद्ध व्यापारी, परम धनिक, प्रख्यात, विजयी, ऐश्वर्यवान् और भाग्यशाली एवं **बारहवें भाव** में हो तो जातक निन्द्य ग्रामवासी, कृषक, अल्पधनी, प्रवासी और निन्द्य साधनों द्वारा आजीविका करनेवाला होता है। उपर्युक्त भावों में जो धनेश का फल कहा गया है, वह शुभग्रह का है। यदि धनेश क्रूर ग्रह हो या पापी हो तो विपरीत फल समझना चाहिए। किन्तु क्रूर धनेश ३।६।११वें भाव में स्थित हो तो जातक श्रेष्ठ होता है।

व्यापार का विचार करने के लिए सप्तम भाव से सहायता लेनी चाहिए। वाणिज्य का कारक बुध है, अतएव बुध, सप्तम भाव और द्वितीय इन तीनों की स्थिति एवं बलाबलानुसार व्यापार के सम्बन्ध में फल समझना चाहिए। यदि बुध सप्तम में हो और सप्तमेश द्वितीय स्थान में हो या द्वितीयेश बुध के साथ सप्तम भाव में हो तो जातक प्रसिद्ध व्यापारी होता है। बुध और शुक्र इन दोनों का योग द्वितीय या सप्तम में हो तथा इन ग्रहों पर शुभग्रहों की दृष्टि हो तो भी जातक व्यापारी होता है। यदि द्वितीयेश शुभ ग्रहों की राशि में स्थित हो तथा बुध या सप्तमेश से दृष्ट हो तो भी जातक व्यापारी होता है। जिसकी जन्मकुण्डली में उच्च का बुध सप्तम में बैठा हो तथा द्वितीय भवन पर द्वितीयेश की दृष्टि हो अथवा गुरु पूर्ण दृष्टि से द्वितीयेश को देखता हो तो जातक प्रसिद्ध व्यापारी होता है।

तृतीय भाव विचार

तृतीय भाव से प्रधानतः भाई और बहनों का विचार किया जाता है, लेकिन ग्यारहवें भाव से बड़े भाई और बड़ी बहन का एवं तृतीय भाव से छोटे भाई और छोटी बहन का विचार होता है। मंगल भ्रातृकारक ग्रह है। भ्रातृ-सुख के लिए निम्न योगों का विचार कर लेना आवश्यक है। (क) तृतीय स्थान में शुभग्रह रहने से, (ख) तृतीय भाव पर शुभग्रह की दृष्टि होने से, (ग) तृतीयेश के बली होने से, (घ) तृतीय भाव के दोनों ओर द्वितीय और

चतुर्थ में शुभग्रहों के रहने से, (ङ) तृतीयेश पर शुभग्रहों की दृष्टि रहने से, (च) तृतीयेश के उच्च होने से और (छ) तृतीयेश के साथ शुभग्रहों के रहने से भाई-बहन का सुख होता है।

तृतीयेश या मंगल के युग्म—समसंख्यक वृष, कर्क, कन्या, वृश्चिक, मकर और मीन में रहने से कई भाई-बहनों का सुख होता है, यदि तृतीयेश और मंगल १२वें स्थान में हों, उनपर पापग्रहों की दृष्टि हो अथवा मंगल तृतीय स्थान में हो और उनपर पापग्रह की दृष्टि हो या पापग्रह तृतीय में हो तथा उसपर पापग्रहों की दृष्टि हो या तृतीयेश के आगे-पीछे पापग्रह हों या द्वितीय और चतुर्थ में पापग्रह हों तो भाई-बहन की मृत्यु होती है। तृतीयेश या मंगल ३।६।१२वें भाव में हो और शुभग्रह से दृष्ट नहीं हो तो भाई का सुख नहीं होता है। तृतीयेश राहु या केतु के साथ ६।८।१२वें भाव में हो तो भ्रातृ-सुख का अनुभव होता है।

ग्यारहवें स्थान का स्वामी पापग्रह हो या उस भाव में पापग्रह बैठे हों और शुभग्रह से दृष्ट न हों तो बड़े भाई का सुख नहीं होता है। तृतीय स्थान में पापग्रह का रहना अच्छा है, पर भ्रातृ-सुख के लिए अच्छा नहीं है।

भ्रातृ-संख्या—द्वितीय तथा तृतीय स्थान में जितने ग्रह रहें, उतने अनुज और एकादश तथा द्वादश स्थान में जितने ग्रह हों उतने ज्येष्ठ भ्राता होते हैं। यदि इन स्थानों में ग्रह नहीं हों तो इन स्थानों पर जितने ग्रहों की दृष्टि हो उतने अग्रज और अनुजों का अनुमान करना। परन्तु स्वक्षेत्री ग्रहों के रहने से अथवा उन भावों पर अपने स्वामी की दृष्टि पड़ने से भ्रातृसंख्या में वृद्धि होती है।

भ्रातृसंख्या जानने की विधि यह भी है कि जितने ग्रह तृतीयेश के साथ हों, मंगल के साथ हों, तृतीयेश पर दृष्टि रखनेवाले हों और तृतीयस्थ हों उतनी ही भ्रातृसंख्या होती है। यदि उपर्युक्त ग्रह शत्रुगृही, नीच और अस्तंगत हों तो भाई अल्पायु के होते हैं। यदि ये ग्रह मित्रगृही, उच्च या मूल त्रिकोण के हों तो दीर्घायु के होते हैं। अभिप्राय यह है कि भाई के सम्बन्ध में (१) तृतीय स्थान से, (२) तृतीयेश से, (३) मंगल से, (४) तृतीय से सम्बन्धित ग्रह से, (५) तृतीयस्थ के नवांशपति से, (६) मंगल के सम्बन्धी ग्रहों से, (७) तृतीयेश के साथ योग करनेवाले ग्रहों से, (८) एकादशेश से, (९) एकदशस्थ ग्रह से तथा उसकी स्थिति पर से, (१०) एकादश स्थान के नवांश से तथा उस नवांश के स्वामी की स्थिति पर से, (११) एकादशेश की स्थिति तथा उसके सम्बन्ध आदि पर से एवं (१२) एकादश और मंगल के सम्बन्ध तथा दृष्टि पर से विचार करना चाहिए।

यदि लग्नेश और तृतीयेश परस्पर मित्र हों तो भाई-बहनों का परस्पर प्रेम रहता है तथा लग्नेश और तृतीयेश शुभभावगत हों तो भाइयों में परस्पर प्रेम रहता है।

अन्य विशेष योग—लग्न और लग्नेश से ३।११ स्थानों में बुध, चन्द्र, मंगल और गुरु स्थित हों तो भाई अधिक तथा केतु स्थित हो तो बहनें अधिक होती हैं।

तृतीयेश शुभग्रह से युक्त १।४।७।१० स्थानों में हो तो भाइयों का सुख होता है।

तृतीयेश जितनी संख्यक राशि के नवांश में गया हो उतनी भाई-बहनों की संख्या होती

है। नवम भाव में जितने स्त्रीग्रह हों उतनी बहनें और जितने पुरुषग्रह हों उतने भाई होते हैं। तृतीय भाव में गये हुए ग्रह के नवांश की संख्या जितनी हो उतने भाई-बहन जानने चाहिए। तृतीयेश और मंगल ६।८।१२ स्थानों में हों तो भ्रातृहीन समझना चाहिए।

तृतीय भाव में पापग्रह हो अथवा पापग्रह से दृष्ट हो तो भ्रातृहानि करनेवाला योग होता है। भ्रातृकारक ग्रह पापग्रहों के बीच में हो या तीसरे भाव पर पापग्रहों की पूर्ण दृष्टि हो तो भाई का अभाव-सूचक योग होता है।

विशिष्ट विचार—तृतीय भाव से छोटे-बड़े भाई का विचार एवं पराक्रम, साहस, कण्ठस्वर, आभरण, वस्त्र, धैर्य, वीर्य, बल, मूलफल और भोजन का विशेष विचार करना चाहिए। जन्मकुण्डली में तृतीय, सप्तम, नवम और एकादश से भाई का विचार किया जाता है। तृतीय भाव के स्थान का स्वामी, उसकी राशि तथा उस राशि में स्थित ग्रहों के बलाबल से भाई का विचार करना चाहिए। तृतीयेश और मंगल अष्टम भाव में हों तो भाई की मृत्यु होती है। दोनों पापग्रह की राशि में हों अथवा पापग्रह के साथ हों तो भ्रातृसुख की अल्पता रहती है। अत्यन्त क्रूर ग्रह से युक्त तृतीय भाव हो अथवा भ्रातृकारक क्रूर ग्रह हो या तृतीय भाव का स्वामी क्रूर ग्रह हो तो बाल्यावस्था में भाई का मरण हो जाता है। बलवान् द्वितीयेश अष्टम भाव में हो, पापयुक्त भ्रातृकारक ग्रह तृतीय या चतुर्थ भाव के कारक से युक्त हों तो सौतेले भाई का सुख होता है। यदि तृतीय भाव में शुभग्रह हो तो दीर्घायु भाई होते हैं। यदि तृतीयेश और चतुर्थेश मंगल से युक्त हों तो भाई का सुख होता है। तृतीय स्थान में शनि और राहु के रहने से भ्रातृ-सुख में अल्पता रहती है। लग्न से एकादश और द्वादश भावों में जितने ग्रह हों उतनी ज्येष्ठ भाइयों की संख्या होती है। लग्न से तृतीय और द्वितीयभावस्थ ग्रहों से छोटे भाइयों की संख्या का विचार करना चाहिए। तृतीयेश और मंगल स्त्रीग्रह की राशि में हों तो बहन का सुख होता है। यदि दोनों पुरुषग्रह की राशि में हों तो भाई का सुख होता है। तृतीय भाव में चन्द्रमा की होरा अथवा स्त्रीग्रह विद्यमान हो तो बहन का सुख और सूर्य की होरा या पुरुषग्रह विद्यमान हो तो भाई का सुख होता है।

तृतीय भाव का स्वामी उच्चस्थ होकर अष्टम भाव में स्थित हो, पापग्रह से युक्त हो, चर राशि या चरनवांश में स्थित हो तो जातक पराक्रमी होता है। तृतीयेश सूर्य से युक्त हो तो वीर, चन्द्रमा से युक्त हो तो मानसधैर्य, मंगल से युक्त हो तो क्रोधी, बुध से युक्त हो तो सात्त्विक, बृहस्पति से युक्त हो तो धीर-गुणयुक्त, शुक्र से युक्त हो तो कामी, शनि से युक्त हो तो जड़, राहु से युक्त हो तो डरपोक एवं केतु से युक्त हो तो हृदयरोग से युक्त होता है।

तृतीयेश राहु स्थित राशिपद से युक्त हो, लग्न राहुयुक्त हो तो सर्प का भय होता है। तृतीयेश बुध से युक्त हो तो जातक को गलरोग होता है, बुध के साथ तृतीयेश हो तो भी गलरोग होता है।

तीसरे स्थान में शुक्र हो तो मोती का आभूषण, गुरु हो तो रजताभूषण, सूर्य हो तो लाल-नील आभूषण, बली चन्द्रमा हो तो विविध प्रकार के आभूषण प्राप्त होते हैं। तृतीयेश शुभग्रह के नवांश से युक्त हो या दृष्ट हो तो वस्त्राभूषण प्राप्त होते हैं।

लग्न से तृतीय स्थान में चन्द्रमा और शुक्र के अतिरिक्त अन्य शुभग्रह (बुध, बृहस्पति) शुभराशि के नवांश में हों तो जातक को श्रेष्ठ भोजन प्राप्त होता है। बुध उच्चस्थ होकर द्वितीय भाव में शुभग्रह से दृष्ट हो, अथवा द्वितीय भाव का स्वामी शुभग्रह हो तो अच्छे भोजन की प्राप्ति होती है।

आजीविका विचार—तृतीय स्थान से आजीविका का भी विचार किया जाता है। किसी-किसी का मत है कि लग्न, चन्द्रमा और सूर्य इन तीनों ग्रहों में से जो अधिक बलवान् हो, उससे दसवें स्थान के नवांशाधिपति के स्वरूप, गुण, धर्मानुसार आजीविका ज्ञात करनी चाहिए।

विचार करने पर दसवें स्थान का नवांशाधिपति सूर्य हो तो डॉक्टरी, वैद्यक से या दवाओं के व्यापार से एवं सोना, मोती, ऊनी वस्त्र, घी, गुड़, चीनी आदि वस्तुओं के व्यापार से जातक आजीविका करता है। ज्योतिष में एक मत यह भी है कि जातक घास, लकड़ी और अनाज का व्यापारी भी उपर्युक्त योग होने से होता है। मुकदमा लड़ने में इसकी अभिरुचि अधिक रहती है।

चन्द्र हो तो शंख, मोती, प्रवाल आदि पदार्थों के व्यापार से; मिट्टी के खिलौने, सीमेण्ट, चूना, बालू, ईंट आदि के व्यापार से; खेती, शराब की दुकान, तेल की दुकान एवं वस्त्र की दुकान से जीविका करता है।

मंगल हो तो मेनसिल, हरताल, सुरमाप्रभृति पदार्थों के व्यापार से; बन्दूक, तोप, तलवार के व्यापार से या सैनिक वृत्ति से; सुनार, लुहार, बढ़ई, खटीक आदि के पेशे द्वारा एवं बिजली के कारखाने में नौकरी करके अथवा मशीनरी के कार्य द्वारा जातक आजीविका उत्पन्न करता है।

बुध हो तो क्लर्क, लेखक, कवि, चित्रकार, जिल्दसाज, शिक्षक, ज्योतिषी, पुस्तक विक्रेता, यन्त्रनिर्माणकर्ता, सम्पादक, संशोधक, अनुवादक और वकील के पेशे द्वारा जातक आजीविका करता है। मतान्तर से साबुन, अगरबत्ती, पुष्पमालाएँ, कागज के खिलौने आदि बनाने के कार्यों द्वारा जातक आजीविका अर्जन करता है।

गुरु हो तो शिक्षक, अनुष्ठान करनेवाला, धर्मोपदेशक, प्रोफेसर, न्यायाधीश, वकील, बैरिस्टर और मुख्तार आदि के पेशे द्वारा जातक आजीविका करता है। लवण, सुवर्ण एवं खनिज पदार्थों का व्यापारी भी हो सकता है। किसी-किसी का मत है कि हाथी, घोड़ों का व्यापार भी यह जातक करता है।

शुक्र हो तो चाँदी, लोहा, सोना, गाय, भैंस, हाथी, घोड़ा, दूध, दही, गुड़, आलंकारिक वस्तुएँ, सुगन्धित चीजें, हीरा, माणिक्य आदि मणियों के व्यापार से जातक आजीविका करता

है। मतान्तर से सिनेमा, नाटक आदि में पार्ट खेलने और शराब के व्यापार से भी जातक आजीविका करता है।

शनि हो तो चपरासी, पोस्टमैन, हलकारा तथा जिनको रास्ते में चलना-फिरना पड़े वैसा काम करनेवाला; चोरी, हिंसा, नौकरी आदि द्वारा पेशा करने वाला; प्रेस, खेती, बागवानी मन्दिर में नौकरी और दूत का कार्य करना प्रभृति कामों से आजीविका करनेवाला जातक होता है। कुछ लोग दशम स्थान की राशि के स्वभावानुसार आजीविका निर्णय करते हैं।

तृतीयेश का द्वादश भावों में फल—लग्न स्थान में तृतीयेश हो तो जातक बावदूक, लम्पट, सेवक, क्रूरप्रकृति, स्वजनों से द्वेष करनेवाला, अल्पधनी, भाइयों से अन्तिम अवस्था में शत्रुता करनेवाला और झगड़ालू प्रकृति का; द्वितीय भाव में हो तो भिक्षुक, धनहीन, अल्पायु, बन्धुविरोधी तथा द्वितीयेश शुभ ग्रह हो तो बलवान्, भाग्यवान्, देशमान्य और कुल में प्रसिद्ध; तृतीय भाव में हो तो सज्जनों से मित्रता करनेवाला, धार्मिक, राज्य से लाभान्वित होनेवाला तथा शुभग्रह तृतीयेश हो तो बन्धु-बान्धवों से सुखी, बलवान्, मान्य और क्रूर ग्रह हो तो भाइयों को कष्टदायक, सेवक; चतुर्थ भाव में हो तो काका को सुख देनेवाला, माता-पिता के साथ विरोध करनेवाला, अकीर्तिवान्, लालची और धननाश करनेवाला; पाँचवें भाव में हो तो परोपकारी, दीर्घायु, सुपुत्रवान्, भाइयों के सुख से समन्वित, बुद्धिमान्, मित्रों को सहायता देनेवाला और जाति में प्रमुख; छठे स्थान में हो तो बन्धु-विरोधी, नेत्ररोगी, जमींदार, भाइयों को सुखदायक और मान्य; सातवें भाव में तृतीयेश शुभग्रह हो तो अति रूपवती, सौभाग्यवती स्त्री का पति, स्त्री से सुखी, विलासी और भाग्यवान् तथा पापग्रह तृतीयेश हो तो व्यभिचारिणी स्त्री का पति और नीच कर्मरत; आठवें भाव में क्रूरग्रह तृतीयेश हो तो भाइयों को कष्ट, मित्रों को हानि, बान्धवों से विरोधी तथा शुभग्रह तृतीयेश हो तो भाइयों से सामान्य सुख, मित्रों से प्रेम करनेवाला और जाति में प्रतिष्ठा पानेवाला; नौवें भाव में क्रूरग्रह तृतीयेश हो तो बन्धुजित्, मित्रों का द्वेषी, भाइयों द्वारा अपमानित और साधारण जीवन व्यतीत करनेवाला तथा शुभग्रह हो तो पुण्यात्मा, भाइयों से सम्मानित और मित्रों से मान्य; दसवें भाव में हो राजमान्य, भाग्यशाली, उत्तम बन्धु-बान्धवों से रहित और यशस्वी; ग्यारहवें भाव में हो तो श्रेष्ठ बन्धुवाला, राजप्रिय, सुखी, धनी, और उद्योगशील एवं बारहवें भाव में हो तो मित्रों का विरोधी, बान्धवों से दूर रहनेवाला प्रवासी और विचित्र प्रकृतिवाला होता है।

चतुर्थ भाव विचार

चतुर्थ भाव पर शुभग्रह की दृष्टि होने से या इस स्थान में शुभग्रह के रहने से मकान का सुख होता है। चतुर्थेश पुरुषग्रह बली हो तो पिता का पूर्ण सुख और निर्बल हो तो अल्पसुख तथा चतुर्थेश स्त्रीग्रह बली हो तो माता का पूर्ण सुख और निर्बल हो तो माता का सुख अल्प होता है। चन्द्रमा बली हो तथा लग्नेश को जितने शुभग्रह देखते हों तो जातक

के उतने ही मित्र होते हैं। चतुर्थ स्थान पर चन्द्र, बुध और शुक्र की दृष्टि हो तो बाग-बगीचा; चतुर्थ स्थान बृहस्पति से युत या दृष्ट होने से मन्दिर; बुध से युत या दृष्ट होने पर पर रंगीन महल; मंगल से युत या दृष्ट होने से पक्का मकान और शनि से युत या दृष्ट होने से सीमेण्ट और लोहेयुक्त मकान का सुख होता है।

लग्न में शुभग्रह हों तथा चतुर्थ और लग्न स्थान पर शुभग्रहों की दृष्टि हो तो जातक सुखी होता है। जन्मकुण्डली में पाँच ग्रह स्वराशियों के हों तो जातक परम सुखी होता है। लग्नेश और चतुर्थेश तथा लग्न और चतुर्थ पापग्रह से युत या दृष्ट हों तो जातक दुखी अन्यथा सुखी होता है। पाँचवें में बुध, राहु और सूर्य, चौथे में भौम और आठवें में शनि हो तो जातक दुखी होता है।

कतिपय सुख योग—१. चतुर्थेश को गुरु देखता हो। २. चतुर्थ स्थान में शुभग्रह की राशि तथा शुभग्रह स्थित हो। ३. चतुर्थेश शुभग्रहों के मध्य में स्थित हो। ४. बलवान्, गुरु चतुर्थेश से युत हो। ५. चतुर्थेश शुभग्रह से युत होकर १।४।५।७।९।१० स्थानों में स्थित हो। ६. लग्नेश उच्च या स्वरराशि में हो। ७. लग्नेश मित्रग्रह के द्रेष्काण में हो अथवा शुभ-ग्रहों से दृष्ट या युत हो। ८. चन्द्रमा शुभग्रहों के मध्य में हो। ९. सुखेश शुभग्रह की राशि के नवांश में हो और वह २।३।६।१०।११वें स्थान में स्थित हो तो जातक सुखी होता है।

दुःखयोग—१. लग्न में पापग्रह हो। २. चतुर्थ स्थान में पापग्रह हो और गुरु अल्पबली हो। ३. चतुर्थेश पापग्रह ये युत हो तो धनी व्यक्ति भी दुखी होता है। ४. चतुर्थेश पापग्रह के नवांश में सूर्य, मंगल से युत हो। ५. सूर्य, मंगल नीच या पापग्रह की राशि के होकर चतुर्थ में स्थित हो। ६. अष्टमेश ११वें भाव में गया हो। ७. लग्न में शनि, आठवें राहु, छठे स्थान में भौम स्थित हो। ८. पापग्रहों के मध्य में चन्द्रमा स्थित हो। ९. लग्नेश बारहवें स्थान में, पापग्रह दसवें स्थान में और चन्द्र-मंगल का योग किसी भी स्थान में हो तो जातक दुःखी होता है।

चतुर्थेश भाव के विशेष योग—कारकांश कुण्डली में चतुर्थ स्थान में चन्द्र, शुक्र का योग हो; राहु, शनि का योग हो; केतु-मंगल का योग हो अथवा उच्च राशि का ग्रह स्थित हो तो जातक के पास श्रेष्ठ मकान होता है। कारकांश कुण्डली में चौथे स्थान में गुरु हो तो लकड़ी का मकान, सूर्य हो तो फूस की कुटिया एवं बुध हो तो साधारण स्वच्छ मकान जातक के पास होता है।

लग्नेश चतुर्थ भाव में और चतुर्थेश लग्न में गया हो तो जातक को गृहलाभ होता है। चतुर्थेश बलवान् होकर २।४।७।१० स्थानों में शुभ ग्रह से दृष्ट या युत होकर स्थित हो अथवा चतुर्थेश जिस राशि में गया हो उस राशि के स्वामी का नवांशाधिपति १।४।७।१० स्थानों में हो तो घर का लाभ होता है। धनेश और लाभेश चतुर्थ भाव में स्थित हों तथा चतुर्थेश लाभ भाव या दशम में स्थित हो तो जातक को धन-सहित घर मिलता है।

लग्नेश और चतुर्थेश दोनों चतुर्थ भाव में शुभग्रहों से दृष्ट या युत हों तो घर का लाभ अकस्मात् होता है।

लग्नेश, धनेश और चतुर्थेश इन तीनों ग्रहों में जितने ग्रह १।४।५।७।९।१० स्थानों में गये हों उतने ही घरों का स्वामी जातक होता है। उच्च, मूलत्रिकोणी और स्वक्षेत्रीय में क्रमशः तिगुने, दूने और डेढ़ गुने समझने चाहिए।

जातक के गोद-दत्तक जाने के योग—(क) कर्क या सिंह राशि में पापग्रह के होने से; (ख) चन्द्रमा या रवि को पापग्रहों से युत या दृष्ट होने से; (ग) चतुर्थ और दशम स्थान में पापग्रहों के जाने से; (घ) मेष, सिंह, धनु और मकर इन राशियों में किसी भी राशि के चतुर्थ या दशम भाव में जाने से; (ङ) चन्द्रमा से चतुर्थ स्थान में पापग्रहों के रहने से; (च) रवि से नवम या दशम स्थानों में पापग्रहों के जाने से और (छ) चन्द्र अथवा रवि के शत्रुक्षेत्रीय ग्रहों से युत होने से जातक दत्तक-गोद जाता है।

किसी-किसी का मत है कि चतुर्थ से विद्या का और पंचम से बुद्धि का विचार करना चाहिए। विद्या और बुद्धि में घनिष्ठ सम्बन्ध है। दशम से विद्याजनित यश का तथा विश्वविद्यालयों की उच्च परीक्षाओं में उत्तीर्णता प्राप्त करने का विचार किया जाता है।

१. चन्द्र-लग्न एवं जन्मलग्न से, पंचम स्थान का स्वामी बुध, गुरु और शुक्र के साथ १।४।५।७।९।१० स्थानों में बैठा हो तो जातक विद्वान् होता है।

२. चतुर्थ स्थान में चतुर्थेश हो अथवा शुभग्रहों की दृष्टि हो या वहाँ शुभग्रह स्थित हो तो जातक विद्याविनयी होता है।

३. चतुर्थेश ६।८।१२ स्थानों में हो या पापग्रह के साथ हो या पापग्रह से दृष्ट अथवा पापराशिगत हो तो विद्या का अभाव समझना चाहिए।

मातृ योग विचार—यदि शुक्र या चन्द्रमा बली होकर शुभग्रह द्वारा दृष्ट हो और शुभ वर्ग में हो तथा केन्द्र में स्थित हो और चतुर्थ गृह में सबल हो तो जातक की माता दीर्घायु होती है।

बलहीन सुखेश षष्ठ स्थान में हो अथवा द्वादश स्थान में हो और लग्न में पापदृष्ट पापग्रह हो तो माता की मृत्यु शीघ्र होती है।

क्षीण चन्द्रमा अष्टम, षष्ठ और व्यय में पापग्रह से युक्त हो तथा चतुर्थ भाव भी पापग्रह से युक्त हो तो माता की मृत्यु शीघ्र होती है।

चतुर्थ स्थान में शनि हो। पापग्रह उसे देखता हो। अष्टमेश शत्रुगृह में अथवा नीच स्थान में हो तो माता की मृत्यु होती है।

तृतीय और पंचम भाव में पापग्रह हो। चतुर्थेश शत्रु राशि या नीच राशि में स्थित हो तथा चन्द्रमा पापग्रह के साथ हो तो माता को रोग होता है।

तृतीयेश के साथ चन्द्रमा अष्टम स्थान में स्थित हो तो जातक की माँ की मृत्यु जन्म लेने के कुछ ही दिन उपरान्त हो जाती है। सुखेश और नवमेश पाप स्थान में हों अथवा लग्नेश बली हो तो माता-पिता दोनों की मृत्यु का योग होता है।

चतुर्थेश मातृकारक, उसके सहचर, चतुर्थस्थ और चतुर्थदर्शी इन ग्रहों के बीच जो ग्रह सबसे अधिक अनिष्टसूचक हो उसकी महादशा या अन्तर दशा में जातक की माता का मरण होता है।

स्पष्ट सूर्य में से स्पष्ट चन्द्रमा को घटाकर जो राशि अंश आदि अवशिष्ट हो उसके राशि अंश में जब बृहस्पति रहता है अथवा शनैश्चर स्थित रहता है तो माता का मरण कहा जाता है। चन्द्रमा के अष्टम राशि के स्वामी में यम कंटक को घटाकर जो शेष बचे, उस राशि में शनि और उस अंश में सूर्य जब प्राप्त हो तब माता की मृत्यु कहनी चाहिए।

वाहन-विचार—चतुर्थेश और चतुर्थ भाव बली हों, शुभग्रह से दृष्ट हों तो वाहन का सुख होता है। सुखेश, सुख में बुध के साथ हो, शुभग्रह उसे देखते हों अथवा शुभग्रह के राशि अथवा अंश में हो तो मोटर की प्राप्ति होती है। चन्द्रमा लग्न से सम्बन्धित हो, सुखेश से युक्त हो तो उस जातक को घोड़े का सुख प्राप्त होता है। द्वितीय या चतुर्थ भावगत शुभ राशि में हो, शुभग्रह से युक्त हो तो मोटर की प्राप्ति होती है।

चतुर्थेश चन्द्रमा के साथ लग्न में हो, लग्नेश से युक्त हो अथवा चतुर्थेश शुक्र से युक्त लग्न में स्थित हो तो श्रेष्ठ वाहन की प्राप्ति होती है।

शुक्र, चन्द्रमा और चतुर्थेश लग्न के साथ हों तो मोटर आदि श्रेष्ठ वाहन उपलब्ध होते हैं। बृहस्पति, सुखेश, चन्द्रमा और शुक्र एकत्र होकर केन्द्र या त्रिकोण में स्थित हों तो श्रेष्ठ वाहन उपलब्ध होता है।

चतुर्थेश केन्द्र में और उस केन्द्र का स्वामी लग्न में हो तो उत्तम वाहन की प्राप्ति होती है। दशमेश एकादश भाव में और लाभेश दशम भाव में स्थित हों तो श्रेष्ठ वस्त्राभूषण और वाहन उपलब्ध होते हैं। बुध अपनी उच्च राशि में स्थित होकर केन्द्र या त्रिकोण में विद्यमान हो तो विद्या, वाहन, सम्पत्ति और विपुल धन उपलब्ध होता है।

चतुर्थेश शत्रुस्थान या नीच स्थान में होकर पाप भाव में स्थित हो और उसको नवमेश देखता हो तो सामान्य वाहन उपलब्ध होता है। नवम, दशम और लग्न में स्थित उच्चगत शुभग्रह लग्नेश से दृष्ट हो तो वाहन-सुख माना जाता है। यदि गुरु या चतुर्थेश दुष्ट स्थान पापयुक्त ग्रह अस्त या नीचशत्रुगृह में हो तो वाहन का योग नहीं होता है।

यदि चतुर्थेश और दशमेश बलवान् होकर लाभ भाव में स्थित हों या चतुर्थ स्थान को देखते हों तो उत्तम वाहन की उपलब्धि होती है।

यदि धर्मेश और सुखेश लग्न से सम्बन्धित हों और उन्हें बृहस्पति देखता हो तो जातक को सम्मान प्राप्त होकर उत्तम वाहन भी मिलता है। नवमेश और चतुर्थेश यदि बलवान् हों, शुभग्रह से युक्त हों तो जातक को मोटर आदि वाहन उपलब्ध होता है।

सुखेश, बृहस्पति अथवा शुक्र बलवान् होकर लग्न से नवम भाव में प्राप्त हों, नवमेश त्रिकोण या केन्द्र में स्थित हो तो जातक बहुत वाहन से युक्त होता है।

गृह विचार—द्वितीय, द्वादश और चतुर्थ ग्रह के स्वामी पापग्रह से युक्त होकर अष्टम स्थान में स्थित हों तो सर्वदा किराये के मकान में रहना पड़ता है।

शत्रु स्थान में पापग्रह हो अथवा पापग्रह सुख भाव को देखता हो तो जातक गृह के सुख से वंचित रहता है। नीच राशि या शत्रु राशि में मंगल अथवा सूर्य स्थित हो तो मनुष्य को गृह-सुख प्राप्त नहीं होता।

चतुर्थेश द्वादश भाव में हो तो जातक परगृह में निवास करता है। अष्टम में हो तो गृह का अभाव होता है।

द्वादशेश, द्वितीयेश और चतुर्थेश षष्ठ, तृतीय, द्वादश और अष्टम स्थान में जितने पापग्रह स्थित हों उतने ही गृह नष्ट होते हैं। लग्न त्रिकोण और केन्द्र में जितने बलवान् ग्रह हों तो उतने अच्छे गृह उपलब्ध होते हैं।

तृतीय भाव में शुभग्रह हों और चतुर्थेश बलवान् होकर केन्द्र-त्रिकोण में स्थित हो तो उत्तम गृह की उपलब्धि होती है।

तृतीय भाव शुभग्रह युक्त हो, चतुर्थेश बली हो और लग्नेश भी पूर्ण बलवान् हो तो उन्नत गृह उपलब्ध होता है।

चतुर्थेश का द्वादश भावों में फल—चतुर्थेश लग्न में हो तो जातक पितृभक्त, काका से वैर करनेवाला, पिता के नाम से प्रसिद्धि पानेवाला, कुटुम्ब की ख्याति करनेवाला और मान्य; द्वितीय में हो तो पिता के धन से वंचित, कुटुम्बविरोधी, झगड़ालू और अल्पसुखी; तीसरे स्थान में हो तो पिता को कष्ट देनेवाला, माता से झगड़ा करनेवाला, कुटुम्बियों के साथ रूखा व्यवहार करनेवाला और अपनी सन्तान द्वारा प्रसिद्धि पानेवाला; चौथे स्थान में हो तो राजा तथा पिता से सम्मान पानेवाला, पिता के धन का उपभोग करनेवाला, स्वधर्मरत, कर्तव्यनिष्ठ, धन-धान्य से परिपूर्ण और सुखी; पाँचवें भाव में हो तो दीर्घायु, राजमान्य, पुत्रवान्, सुखी, विद्वान्, कुशाग्रबुद्धि और पिता द्वारा अर्जित धन से आनन्द लेनेवाला; छठे स्थान में हो तो धनसंचयकर्ता, पराक्रमी, स्नेही तथा चतुर्थेश क्रूर ग्रह होकर छठे स्थान में हो तो पिता से वैर करनेवाला, पिता के धन का दुरुपयोग करनेवाला और व्यसनी; सातवें भाव में क्रूरग्रह चतुर्थेश हो तो ससुर का विरोधी, ससुराल के सुख से वंचित तथा शुभग्रह चतुर्थेश हो तो ससुराल से धन-मान प्राप्त करनेवाला और स्त्री-सुख से पूर्ण; आठवें भाव में क्रूर स्वभाव का चतुर्थेश हो तो रोगी, दरिद्री, दुष्कर्मकर्ता, अल्पायु, दुखी तथा सौम्य ग्रह हो तो मध्यमायु, सामान्यतः स्वस्थ और उच्च विचार का; नौवें भाव में हो तो विद्वान्, सत्संगति में रहनेवाला, पिता का परम भक्त, धर्मात्मा और तीर्थस्थानों की यात्रा करनेवाला; दसवें स्थान में चतुर्थेश पापग्रह हो तो पिता जातक की माता को त्यागकर अन्य स्त्री से विवाह करनेवाला तथा शुभग्रह हो तो पिता प्रथम स्त्री का बिना त्याग किये अन्य स्त्री से विवाह करनेवाला; ग्यारहवें भाव में हो तो पिता की सेवा करनेवाला, धनी, प्रवासी, लोकमान्य और आनन्दपूर्वक जीवन व्यतीत करनेवाला एवं बारहवें भाव में हो तो विदेशवासी, माता-पिता का सामान्य सुख पानेवाला और गृह-सुख से वंचित अथवा जीवन में दो-तीन घरों का मालिक होता है। यदि चतुर्थेश क्रूर ग्रह होकर ग्यारहवें और बारहवें भाव में स्थित हो तो जातक

जारज—अन्य पिता से उत्पन्न हुआ होता है। बली, सौम्य ग्रह चतुर्थेश चौथे, पाँचवें और सातवें भाव में हो तो जातक जीवन में सब प्रकार सुखी होता है।

पंचम भाव विचार

१. पंचम स्थान का स्वामी बुध, शुक्र से युत या दृष्ट हो, २. पंचमेश शुभग्रहों से घिरा हो, ३. बुध उच्च का हो, ४. बुध पंचम स्थान में हो, ५. पंचमेश जिस नवांश में हो उसका स्वामी केन्द्रगत हो और शुभग्रहों से दृष्ट हो तो जातक समझदार, बुद्धिमान् और विद्वान् होता है। पंचमेश जिस स्थान में हो उस स्थान के स्वामी पर शुभग्रह की दृष्टि हो अथवा दोनों तरफ शुभग्रह बैठे हों तो जातक सूक्ष्म बुद्धिवाला होता है। यदि लग्नेश नीच या पापयुक्त हो तो जातक की बुद्धि अच्छी नहीं होती है। पंचम स्थान में शनि और राहु हों और शुभग्रहों की पंचम पर दृष्टि न हो, पंचमेश पर पापग्रहों की दृष्टि हो और बुध द्वादश स्थान में हो तो जातक की स्मरणशक्ति अच्छी नहीं होती है। पंचमेश शुभ युत या दृष्ट हो अथवा पंचम स्थान शुभ युत या दृष्ट हो और बृहस्पति से पंचम स्थान का स्वामी १।४।५।७।९।१० स्थानों में हो तो स्मरण-शक्ति तीक्ष्ण होती है। गुरु १।४।५।७।९।१० स्थानों में हो, बुध पंचम भाव में हो, पंचमेश बलवान् होकर १।४।५।७।९।१० स्थान में हो तो जातक बुद्धिमान् होता है। पंचमेश १।४।७।१० स्थानों में हो तो जातक की स्मरण-शक्ति अत्यन्त प्रबल होती है।

१. दसवें भाव का स्वामी लग्न में या ग्यारहवें भाव का स्वामी ग्यारहवें भाव में हो तो जातक कवि होता है।

२. स्वगृही, बलवान्, मित्रगृही या उच्च राशि का पंचमेश १।४।५।७।९।१० स्थानों में स्थित हो या पंचमेश दसवें या ग्यारहवें भाव में स्थित हो तो संस्कृतज्ञ विद्वान् होता है।

३. बुध-शुक्र का योग द्वितीय, तृतीय भाव में हो; बुध १।४।५।७।९।१० स्थानों में हो; कर्क राशि का गुरु धन स्थान में हो; गुरु १।४।५।७।९।१० स्थानों में हो; धनेश, सूर्य या मंगल हो और वह गुरु या शुक्र से दृष्ट हो; गुरु स्वराशि के नवांश में हो एवं कारकांश कुण्डली में पाँचवें भाव में बुध या गुरु हो तो जातक फलित ज्योतिष का जाननेवाला होता है।

४. कारकांश लग्न से द्वितीय, तृतीय और पंचम भाव में केतु और गुरु स्थित हो; धनस्थान में चन्द्र और मंगल का योग हो तथा बुध की दृष्टि हो; धनेश अपनी उच्च राशि में हो; गुरु लग्न और शनि आठवें भाव में हो; गुरु १।४।५।७।९।१० स्थानों में, शुक्र अपनी उच्च राशि और बुध धनेश हो या धन भाव में गया हो; द्वितीय स्थान में शुभग्रह से दृष्ट मंगल हो एवं कारकांश कुण्डली में ४।५ स्थानों में बुध या गुरु हो तो जातक गणितज्ञ होता है। जिस व्यक्ति की जन्मपत्री में गणितज्ञ योग होता है वह ज्योतिषी, एकाउण्टेण्ट, इंजीनियर, ओवरसीयर, मुनीम, खजांजी, रेवेन्यू अफ़सर एवं पैमाइश करनेवाला होता है।

५. रवि से पंचम स्थान में मंगल, शुक्र, शनि और राहु इन चारों में से कोई भी दो या तीन ग्रह स्थित हों, लग्न में चन्द्रमा स्थित हो, पंचम भाव और पंचमेश पापग्रह से युक्त या दृष्ट हो तो जातक अँगरेज़ी भाषा का जानकार होता है।

६. शनि से गुरु सातवें स्थान में हो या शनि गुरु से नवम, पंचम का सम्बन्ध हो या ये ग्रह मेष, तुला, मिथुन, कुम्भ और सिंह राशि के हों अथवा शनि-गुरु १-७, २-८, ३-९, ५-११ में हों तो जातक वकील, बैरिस्टर, प्रोफ़ेसर एवं न्यायाधीश होता है।

७. कारकांश कुण्डली में पाँचवें भाव में पापग्रह से युत चन्द्र, गुरु स्थित हों तो जातक नवीन ग्रन्थ लिखनेवाला होता है।

सन्तान विचार—सन्तान का विचार जन्मकुण्डली में पंचम स्थान और जन्मस्थ चन्द्रमा के पंचम स्थान से होता है। बृहस्पति सन्तानकारक ग्रह है।

१. पंचम भाव, पंचमाधिपति और बृहस्पति शुभग्रह द्वारा दृष्ट अथवा युत रहने से सन्तानयोग होता है।

२. लग्नेश पाँचवें भाव में हो और बृहस्पति बलवान् हो तो सन्तानयोग होता है।

३. बलवान् बृहस्पति लग्नेश द्वारा देखा जाता हो तो प्रबल सन्तानयोग होता है।

४. सन्तान स्थान पर मंगल व शुक्र की १ पाद, द्विपाद या त्रिपाद दृष्टि आवश्यक है।

५. केन्द्रत्रिकोणाधिपति शुभग्रह हों और उनमें से पंचम में कोई ग्रह अवश्य हो तथा पंचमेश ६।८।१२वें भाव में हो, पापयुक्त, अस्त एवं शत्रु राशिगत न हो तो सन्तान सुख होता है।

६. पंचम स्थान में बुध, कर्क और तुला में से कोई राशि हो; पंचम में शुक्र या चन्द्रमा स्थित हों अथवा इनकी दृष्टि पंचम पर हो तो बहुपुत्र योग होता है।

७. लग्न या चन्द्रमा से पंचम स्थान में शुभग्रह स्थित हो, पंचम स्थान शुभग्रहों से दृष्ट हो या पंचमेश से दृष्ट हो तो सन्तान योग होता है।

८. लग्नेश, पंचमेश एक साथ हों या परस्पर दृष्ट हों अथवा दोनों स्वगृही, मित्रगृही या उच्च के हों तो सन्तान योग होता है।

९. लग्नेश, पंचमेश शुभग्रह के साथ होकर केन्द्रगत हों और द्वितीयेश बली हो तो सन्तान योग होता है।

१०. लग्नेश और नवमेश दोनों सप्तमस्थ हों अथवा द्वितीयेश लग्नस्थ हो तो सन्तान योग होता है।

११. पंचमेश के नवांश का स्वामी शुभग्रह से युत और दृष्ट हो तो सन्तान योग होता है। लग्नेश और पंचमेश १।४।७।१० स्थानों में शुभग्रह से युत या दृष्ट हों तो सन्तान योग होता है।

१२. पंचमेश और गुरु बलवान् हों तथा लग्नेश पंचम भाव में हो; सप्तमेश के नवांश के स्वामी, लग्नेश तथा धनेश और नवमेश इन तीनों से दृष्ट हो तो सन्तान-प्राप्ति का योग होता है।

१३. पंचम भाव में २।४।६।८।१०।१२ राशियाँ व इन्हीं राशियों के नवांश शनि, बुध,

शुक्र या चन्द्रमा से युत हों तो कन्याएँ अधिक तथा पंचम भाव में १।३।५।७।९।११ राशियाँ तथा इन राशियों के नवांशाधिपति मंगल, शनि और शुक्र से दृष्ट हों तो पुत्र अधिक होते हैं।

१४. पंचमेश धन में अथवा आठवें भाव में गया हो तो कन्याएँ अधिक होती हैं।

१५. ग्यारहवें भाव में बुध, शुक्र या चन्द्रमा इन तीनों में से एक भी ग्रह गया हो तो कन्याएँ अधिक होती हैं।

१६. बुध, चन्द्र और शुक्र इन तीनों ग्रहों में से एक भी ग्रह पाँचवें भाव में हो तो कन्याएँ अधिक होती हैं।

१७. पंचम भाव में मेष, वृष और कर्क राशि में केतु गया हो तो सन्तान की प्राप्ति होती है।

सन्तान प्रतिबन्धक योग—१. तृतीयेश और चन्द्रमा १।४।६।८।१०।१२ स्थानों में हों तो सन्तान नहीं होती।

२. सिंह राशि में गये हुए शनि, मंगल पंचम भाव में स्थित हों और पंचमेश छठे भाव में गया हो तो सन्तान नहीं होती।

३. बुध और लग्नेश में दोनों लग्न के बिना अन्य केन्द्र स्थानों में हों तो सन्तान का अभाव होता है।

४. ५।८।१२वें भाव में पापग्रह गये हों तो वंशविच्छेदक योग होता है। लग्न में चन्द्रमा, गुरु का योग हो तथा सातवें भाव में शनि या मंगल हो तो सन्तान का अभावसूचक योग होता है।

५. पाँचवें भाव में चन्द्रमा तथा ८।१२वें भाव में सम्पूर्ण पापग्रह स्थित हों; सातवें भाव में बुध, शुक्र; चतुर्थ में पापग्रह और पंचम भाव में गुरु स्थित हो तो सन्तान-प्रतिबन्धक योग होता है।

६. लग्न में पापग्रह, चतुर्थ में चन्द्रमा, पंचम में लग्नेश स्थित हों और पंचमेश अल्प बली हो तो वंशविच्छेदक योग होता है।

७. सातवें भाव में शुक्र, दसवें भाव में चन्द्रमा और चतुर्थ भाव में तीन-चार पापग्रह स्थित हों तो सन्तान-प्रतिबन्धक योग होता है।

८. लग्न में मंगल, आठवें में शनि और पाँचवें भाव में सूर्य हो तो वंशनाशक योग होता है।

विलम्ब से सन्तान-प्राप्ति योग—१. लग्नेश, पंचमेश और नवमेश ये तीनों ग्रह शुभग्रह से युत होकर ६।८।१२वें भाव में गये हों तो विलम्ब से सन्तान होती है।

२. दशम भाव में सभी शुभग्रह और पंचम भाव में सभी पापग्रह हों तो सन्तान-प्रतिबन्धक योग होता है, अतः विलम्ब से सन्तान होती है।

३. पापग्रह अथवा गुरु चतुर्थ या पंचम भाव में गया हो और अष्टम भाव में चन्द्रमा हो तो तीस वर्ष की आयु में सन्तान होती है।

४. पापग्रह की राशि लग्न में पापग्रह युक्त हो, सूर्य निर्बल हो और मंगल सम राशि—२।४।६।८।१०।१२ में स्थित हो तो तीस वर्ष की आयु के पश्चात् सन्तान होती है।

५. कर्क राशि में गया हुआ चन्द्रमा पापग्रह से युक्त व दृष्ट हो और सूर्य को शनि देखता हो तो ६०वें वर्ष में पुत्र की प्राप्ति होती है। ग्यारहवें भाव में राहु हो तो वृद्धावस्था में पुत्र होता है।

६. पंचम में गुरु हो और पंचमेश शुक्र से युक्त हो तो ३२ या ३३ वर्ष की अवस्था में पुत्र होता है।

७. पंचमेश व गुरु १।४।७।१० स्थानों में हों तो ३६ वर्ष की आयु में सन्तान होती है।

८. नवम भाव में गुरु हो और गुरु से नौवें भाव में शुक्र लग्नेश से युत हो तो ४० वर्ष की अवस्था में पुत्र होता है।

९. राहु, रवि और मंगल ये तीनों पंचम भाव में हों तो सन्तान-प्रतिबन्धक योग होता है।

१०. पंचमेश नीच राशि में हो, नवमेश लग्न में और बुध, केतु पंचम भाव में गये हों तो कष्ट से पुत्र की प्राप्ति होती है।

स्त्री की कुण्डली में निम्न योगों के होने से सन्तान का अभाव होता है :

१. सूर्य लग्न में और शनि सप्तम में हो। २. सूर्य और शनि सप्तम भाव में, चन्द्रमा दसवें भाव में स्थित हो तथा बृहस्पति से दोनों ग्रह अदृष्ट हों। ३. षष्ठेश, रवि और शनि ये तीनों ग्रह षष्ठ स्थान में हों और चन्द्रमा सप्तम स्थान में हो तथा बुध से अदृष्ट हो। ४. शनि, मंगल छठे और चौथे स्थान में हों। ५. ६।८।१२ भावों के स्वामी पंचम भाव में हों या पंचमेश ३।८।१२ भावों में हो, पंचमेश नीच या अस्तंगत हो तो सन्तान योग का अभाव पुरुष और स्त्री की कुण्डली में समझना चाहिए। ४।८।१०।१२ इन राशियों का बृहस्पति पंचम भाव में हो तो प्रायः सन्तान का अभाव समझना चाहिए। तृतीयेश १।२।३।५ भावों में से किसी भाव में हो तथा शुभग्रह से युत और दृष्ट न हो तो सन्तान का अभाव समझना चाहिए।

पंचमेश और द्वितीयेश निर्बल हों और पंचम स्थान पर पापग्रह की दृष्टि हो तो सन्तान का अभाव रहता है। लग्नेश, सप्तमेश, पंचमेश और गुरु निर्बल हों तो सन्तान का अभाव रहता है। पंचम स्थान में पापग्रह हों और पंचमेश नीच हो तथा शुभग्रहों से अदृष्ट हो; बृहस्पति दो पापग्रहों के बीच में हो एवं पंचमेश जिस राशि में हो उससे ६।८।१२ भावों में पापग्रहों के रहने से सन्तान का अभाव होता है।

सन्तान-संख्या विचार—१. पंचम में जितने ग्रह हों और इस स्थान पर जितने ग्रहों की दृष्टि हो उतनी संख्या सन्तान की समझनी चाहिए। पुरुषग्रहों के योग और दृष्टि से पुत्र और स्त्री ग्रहों के योग और दृष्टि से कन्या-संख्या का अनुमान करना चाहिए।

२. तुला तथा वृष राशि का चन्द्रमा ५।९ भावों में गया हो तो एक पुत्र होता है। पंचम में राहु या केतु हो तो एक पुत्र होता है।

३. पंचम में सूर्य शुभग्रह से दृष्ट हो तो तीन पुत्र होते हैं। पंचम में विषम राशि का चन्द्र शुक्र के वर्ग में हो या चन्द्र शुक्र से युत हो तो बहुपुत्र होते हैं।

४. पंचमेश की किरणसंख्या[1] के समान सन्तान-संख्या जाननी चाहिए।

५. गुरु, चन्द्र और सूर्य इन तीनों ग्रहों के स्पष्ट राश्यादि जोड़ने पर जितनी राशिसंख्या हो उतनी सन्तान संख्या जानना। पंचम भाव से या पंचमेश से शुक्र या चन्द्रमा जिस राशि में गये हों उस राशि पर्यन्त की संख्या के बीच में जितनी राशिसंख्या हो उतनी सन्तान संख्या जाननी चाहिए। पंचम भाव से या पंचमेश से शुक्र या चन्द्रमा जिस राशि में स्थित हों उस राशि पर्यन्त की संख्या के बीच जितनी राशियाँ हों उतनी ही सन्तान-संख्या समझनी चाहिए।

६. पाँचवें भाव में गुरु हो, रवि स्वक्षेत्री हो, पंचमेश पंचम में हो तो पाँच सन्तानें होती हैं।

७. कुम्भ राशि का शनि पंचम भाव में गया हो तो ५ पुत्र होते हैं। मकर राशि में ६ अंश ४० कला के भीतर का शनि हो तो ३ पुत्र होते हैं। पंचम भाव में मंगल हो तो ३ पुत्र; गुरु हो तो ५ पुत्र; सूर्य, मंगल दोनों हों तो ४ पुत्र, सूर्य, गुरु हों तो ६ सन्तानें; मंगल, गुरु हों तो ८ सन्तानें एवं सूर्य, मंगल, गुरु ये तीनों ग्रह हों तो ९ सन्तानें होती हैं। पंचम भाव में चन्द्रमा गया हो तो ३ कन्याएं, शुक्र हो तो पाँच कन्याएँ और शनि गया हो तो ७ कन्याएँ होती हैं।

८. लग्न में राहु, ५वें गुरु और ९वें शनि राशि हो तो ६ पुत्र; ९वें में शनि और नवमेश पंचम में हो तो ७ पुत्र; गुरु ५।९वें भाव में और धनेश १०वें भाव में तथा पंचमेश बलवान् हो, उच्च राशि में गया हुआ पंचमेश लग्नेश से युत हो और गुरु शुभग्रह से युत हो तो १० पुत्र; द्वितीयेश और पंचमेश का योग पंचम भाव में हो तो ६ पुत्र; परमोच्च राशि का गुरु हो, द्वितीयेश राहु से युत हो और नवमेश ९वें भाव में गया हो तो ९ पुत्र एवं ५वें भाव में शनि हो तो दूसरा विवाह करने से सन्तान होती है।

९. कर्क राशि का चन्द्रमा पंचम भाव में गया हो तो अल्पसन्तान योग होता है। पंचमेश नीच का होकर ६।८।१२वें भाव में स्थित हो व पापग्रह से युत हो तो काकवंध्या योग होता है; पंचमेश नीच का होकर शनि से युत हो तो भी काकवंध्या योग होता है।

पंचम भाव का विशेष विचार—पंचम भाव से पुत्रों का, तृतीय भाव से भाइयों का, सप्तम से स्त्री का, चतुर्थ से दासियों का, द्वितीय से नौकरों एवं मित्रों का विचार करना चाहिए। इन सभी की संख्या जानने का प्रकार यह है कि उस-उस भाव पर शुभग्रहों का जो दृग्बल हो, उससे भाव की गत नवांश संख्या को गुणा करें और उसमें २०० से भाग देने पर लब्धि संख्या तुल्य पुत्रादि की संख्या जाननी चाहिए।

पंचम, तृतीय, सप्तम, लग्न और चतुर्थ भाव की राशियों को छोड़कर अंशादि की कला बनायें, इसको शुभ ग्रह के दृष्टिबल से गुणा करें। गुणनफल में ६० का भाग दें। भागफल

---

१. सूर्य उच्च राशि का हो तो १०, चन्द्र हो तो ९, भौम ५, बुध ५, गुरु ७ और शनि की ५ किरणें होती हैं। उच्चबल का साधन कर पंचमेश की किरणें निकाल लेनी चाहिए।

में पुनः २०० का भाग देने पर क्रमशः पुत्र, भाई, स्त्री, दास, दासी आदि की सख्या आती है।

स्पष्ट पंचमेश और लग्नेश का योग करने से जो राशि अंश हो, उनमें अथवा उनके त्रिकोण में बृहस्पति के रहने से पुत्र-प्राप्ति होती है।

स्पष्ट गुरु, चन्द्र और सूर्य के योग करने पर प्राप्त राशि में जितना नवांश गत हो उतने पुत्र होते हैं। अथवा पंचमेश, नवमेश, चतुर्थेश के स्पष्टैक्य राशि के नवांश संख्या तुल्य पुत्र जानने चाहिए। पंचम, नवम और चतुर्थ भाव में प्राप्त ग्रहों के योग राशि में गत नवांश संख्या तुल्य पुत्र जानने चाहिए।

बृहस्पति, चन्द्रमा और लग्न से पंचम स्थान पुत्र का है और उससे नव राशिवाला भी स्थान पुत्रदायक है। इन राशियों के स्वामी की दशा में पुत्र-प्राप्ति का फलादेश कहना चाहिए। पंचमेश और सप्तमेश को युक्त करने पर जो नक्षत्र हो उसकी स्पष्ट दशा तथा युक्त दृष्ट की दशा भुक्ति में पुत्र-प्राप्ति का फल कहना चाहिए। पुत्र-भावेश, पुत्र-कारक, पुत्र-भावद्रष्टा और पुत्र-भावस्थ—ये चार ग्रह यदि ६।८।१२ में स्थित हों या इन भावों के स्वामी हों और निर्बल हों तो उनकी दशा व अन्तर दशा में पुत्रनाश का फल कहना चाहिए। यदि ये चारों ग्रह पूर्ण बली हों और शुभग्रह हों तो अपनी दशा व अन्तर दशा में पुत्र लाभ एवं पुत्रों की समृद्धि का फल कहना चाहिए।

जन्मकाल में पुत्रभावेश, पुत्रकारक, पुत्रभावदर्शी और पुत्रभावस्थ—इन चारों ग्रहों के स्पष्ट राश्यादि के योग करने पर जो राशि नवांश हो, उसमें गोचर का गुरु जाने पर पुत्र का जन्म और शनि के जाने पर पुत्र का मरण होता है।

पितृभाव विचार—पिता का विचार भी पाँचवें भाव से किया जाता है। पंचमेश शुभग्रह हो; पितृकारक ग्रह शुभ ग्रह से युक्त हो या पंचम भाव शुभ युक्त हो तो जातक को पिता का सुख प्राप्त होता है।

पंचमेश अथवा पितृकारक ग्रह पारावत वैशेषिकांश में हो अथवा अपने उच्च में या मित्र के नवांश में स्थित हो तो पिता दीर्घायु होता है।

शुभग्रह और पंचमेश यदि नीच, अस्तंगत या शत्रुग्रह में स्थित हो अथवा क्रूर षष्ठी अंश में हो तो पिता को दुख होता है।

शनि, मंगल और राहु जन्म लग्न में ९।११ स्थान में हों तो पिता की मृत्यु होती है। शनि और मंगल ७।८ में हों तो जातक के पुत्र की मृत्यु होती है। यदि मंगल पंचम या दशम भाव में स्थित हो तो मामा की मृत्यु एवं सूर्य पंचम या दशम में स्थित हो तो पिता की मृत्यु और चन्द्रमा स्थित हो तो माता की मृत्यु होती है।

सूर्य जिस राशि और जिस नवांश में हो उन दोनों में जो बलवान् हो, उससे ५।९ राशि में सूर्य के जाने पर पिता की मृत्यु एवं चन्द्र स्थित नवांश और राशि में बली राशि से ५।९ में सूर्य के जाने पर माता की मृत्यु होती है।

सूर्य ६।८।१२ में स्थित हो और यह सिंह या मीन के द्वादशांश में हो तो जातक के जन्म के पहले ही पिता की मृत्यु होती है।

स्पष्ट गुलिक में स्पष्ट सूर्य के घटाने से जो शेष हो उस राशि या उसके त्रिकोण में गोचरीय शनि के जाने पर जातक के पिता को रोग होता है और शेष राशि के नवांश में बृहस्पति के जाने पर उसके पिता की मृत्यु होती है।

यदि सूर्य या चन्द्र मेष, कर्क, तुला और मकर राशि के होकर केन्द्र–१।४।७।१० में स्थित हो तो पुत्र माता-पिता का दाह-संस्कार नहीं करता है।

बुद्धि विचार—पंचमेश ६।८।१२ में या अदृश्य राशि में हो तो जातक विशेषकर मन्दबुद्धि होता है। यदि पंचमेश बुध और गुरु से युक्त होकर केन्द्र १।४।७।१० अथवा त्रिकोण–५।९ में स्थित हो तथा बलवान् हो तो जातक कुशाग्र बुद्धि होता है।

यदि बृहस्पति अपने नवांश में अथवा शुभ षष्ठी-अंश में या शुभ ग्रह के नवांश में स्थित होकर शुभग्रह द्वारा दृष्ट हो तो जातक त्रिकालज्ञ होता है।

बुद्धि का विचार विशेषतः पंचमेश द्वारा करना चाहिए पर इसके साथ चतुर्थेश का सम्बन्ध भी देखना आवश्यक है। यदि चतुर्थेश पंचम भाव में स्थित हो और पंचमेश चतुर्थ भाव में स्थित हो तो जातक तीव्र बुद्धि होता है। वह अपनी प्रतिभा द्वारा नयी-नयी बातों का आविष्कार करता है। पंचमेश का षष्ठ भाव या षष्ठेश के साथ युक्त होना प्रतिभा का द्योतक है। जिस जातक का चतुर्थेश शुभ ग्रह के नवांश में स्थित रहता है वह जातक मेधावी होता है। यदि पंचमेश नीच और अस्तंगत होता है तो जातक क्रूर कार्य करनेवाला अभिमानी और मूर्ख होता है। पंचमेश गुरु के नवांश में स्थित हो तो जातक प्रतिभाशाली और प्रतिष्ठित होता है।

पंचमेश का द्वादश भावों में फल—पंचमेश लग्न में हो तो जातक प्रसिद्ध पुत्रवाला, शास्त्रज्ञ, संगीत-विशारद, सुकर्मरत, विद्वान्, विचारक और चतुर; द्वितीय भाव में हो तो धनहीन, काव्यकला जाननेवाला, कष्ट से भोजन प्राप्त करनेवाला, आजीविका रहित और चालाक; तृतीय में हो तो मधुर-भाषी, प्रसिद्ध, पुत्रवान्, आश्रयदाता और नीतिज्ञ; चौथे में हो तो गुरुजनभक्त, माता-पिता की सेवा करनेवाला, कुटुम्ब का संवर्द्धन करनेवाला और सुन्दर सन्तान का पिता; पाँचवें भाव में हो तो श्रेष्ठ, सच्चरित्र पुत्रों का पिता, धनिक, लब्धप्रतिष्ठ, चतुर, विद्वान् और समाजमान्य; छठे भाव में हो तो पुत्रहीन, रोगी, धनहीन, शास्त्रप्रिय और दुखी; सातवें भाव में हो तो सुन्दरी, सुशीला, सन्तानवती, मधुरभाषिणी भार्या का पति; आठवें भाव में हो तो कठोर वचन बोलनेवाला, मन्दभागी, स्थान के कष्ट से दुखी और कष्ट भोगनेवाला; नौवें भाव में हो तो विद्वान्, संगीतप्रिय, राजमान्य, सुन्दर, रसिक और सुबोध; दसवें भाव में हो तो राजमान्य, सत्कर्मरत, माता के सुख से सहित और ऐश्वर्यवान्; ग्यारहवें भाव में हो तो पुत्रवान्, कलाविद्, राजमान्य, सत्कर्मरत, गायक और धन-धान्य से परिपूर्ण एवं बारहवें भाव में हो तो पुत्रवान्, सुखी तथा क्रूर ग्रह पंचमेश हो तो सन्तान-रहित, दुखी और प्रवासी होता है।

षष्ठभाव विचार

छठे स्थान में पापग्रहों का रहना प्रायः शुभ होता है। किन्तु इस स्थान में रहनेवाले निर्बल पापग्रह शत्रुपीड़ा के सूचक हैं। षष्ठेश छठे भाव में हो तो स्वजाति के लोग ही शत्रु होते हैं। पंचमेश ६।१२ भाव में हो और लग्नेश की दृष्टि हो तो जातक को शत्रुपीड़ा होती है।

१. चतुर्थेश और एकादशेश लग्नेश के शत्रु हों तो माता से वैर होता है। चतुर्थेश पापग्रह से युत या दृष्ट हो या चतुर्थेश लग्नेश से छठे भाव में स्थित हो अथवा चतुर्थेश छठे भाव में बैठा हो तो माता से जातक का वैर होता है।

२. लग्नेश और दशमेश की परस्पर शत्रुता हो, दशमेश लग्नेश से छठे स्थान में बैठा हो या दशमेश छठे भाव में स्थित हो तो जातक की पिता से अनबन रहती है। पंचमेश ६।८।१२ भावों में हो तो जातक पिता से शत्रुता करता है।

३. लग्नेश और सप्तमेश दोनों आपस में शत्रु हों तो स्त्री से जातक की सदा खटपट रहती है।

छठे स्थान में राहु, शनि और मंगल में से कोई ग्रह हो और छठे स्थान पर शुभ ग्रहों की दृष्टि हो तो जातक विजयी और शत्रुनाशक होता है।

रोगविचार—यद्यपि लग्न स्थान से कुछ रोगों का विचार किया गया है, किन्तु छठे स्थान से भी कतिपय रोगों का विचार किया जाता है, अतः कुछ योग नीचे दिये जाते हैं :

१. षष्ठेश सूर्य से युत १।८ भावों में हो तो मुख या मस्तक पर घाव निकलता है।

२. षष्ठेश चन्द्रमा से युत १।८ भावों में हो तो मुख या तालु पर व्रण होता है। मंगल से युत होकर १।८ में हो तो कण्ठ में घाव; बुध से युत होकर १।८ में हो तो हृदय में व्रण; गुरु से युत होकर १।८ में हो तो नाभि के नीचे व्रण; शुक्र से युत होकर १।८ में हो तो नेत्र के नीचे व्रण; शनि से युत होकर १।८ में हो तो पैर में व्रण एवं राहु और केतु से युत होकर १।८ में हो तो मुख पर घाव होता है।

३. बारहवें भाव में गुरु और चन्द्र का योग हो और बुध ३।६।१ भावों में हो तो गुदा के समीप व्रण होता है।

४. मंगल और शनि का योग छठे या बारहवें भाव में हो और शुभग्रह न देखते हों तो गण्डमाला (कण्ठमाला) रोग होता है।

५. पापग्रह से युत या दृष्ट षष्ठेश जिस स्थान में हो उस स्थान के स्वामी की दशा में तथा उस राशि द्वारा सांकेतिक अंग में जातक को घाव होता है।

६. लग्नेश और रवि का योग ६।८।१२ भावों में से किसी भाव में हो तो गलगण्ड दाहयुक्त; चन्द्रमा और लग्नेश ६।८।१२ भाव में हो तो जलोत्पन्न गलगण्ड; लग्नेश, षष्ठेश और चन्द्रमा में से कोई भी ६।८।१२ भावों में से किसी भाव में हो तो कफजनित गलगण्ड होता है।

७. लग्नेश और बुध का योग ६।८।१२वें भाव में हो तो पित्तरोग; गुरु और लग्नेश का योग ६।८।१२वें भाव में हो तो वातरोगी एवं शुक्र और लग्नेश का योग ६।८।१२वें भाव में हो तो जातक क्षय रोगी होता है। यहाँ स्मरण रखने की एक बात यह है कि इन योगों पर क्रूर ग्रहों की दृष्टि का होना आवश्यक है। क्रूर ग्रह की दृष्टि के अभाव में योग पूर्ण फल नहीं देते हैं।

८. मंगल और शनि लग्न स्थान या लग्नेश को देखते हों तो श्वास, क्षय, कास रोग; कर्क राशि में बुध स्थित हो तो कास, क्षय रोग; शनि युक्त चन्द्रमा की दृष्टि मंगल पर हो तो संग्रहणी रोग; चतुर्थ स्थान में गुरु, रवि और शनि ये तीनों ग्रह स्थित हों तो हृदयरोगी एवं लाभेश छठे स्थान में स्थित हो तो अनेक रोगों से जातक पीड़ित होता है।

९. सूर्य, मंगल, शनि जिस स्थान में हों उस स्थानवाले अंग में रोग होता है तथा सूर्य, मंगल और शनि से देखा गया भाव रोगाक्रान्त होता है।

१०. शुक्र के पापयुक्त, पापदृष्ट या पापराशि होने से वीर्य सम्बन्धी रोग होते हैं।

११. मंगल के पापयुक्त, पापदृष्ट या पापराशि होने से रक्त सम्बन्धी रोग होते हैं।

१२. बुध के पापयुक्त, पापदृष्ट तथा पापराशि स्थित होने से कुष्ट रोग होता है।

१३. सूर्य के पापयुक्त, पापदृष्ट तथा पापराशि स्थित होने से चर्मरोग होते है।

१४. चन्द्रमा के पापयुक्त, पापदृष्ट तथा पापराशि होने से मानसिक रोग होते हैं।

१५. गुरु के पापयुक्त, पापदृष्ट तथा पापराशि स्थित होने से मृगी, अपस्मार आदि रोग होते हैं। मतिविभ्रम भी इस योग के होने से देखा गया है।

१६. सूर्य, मंगल और शुक्र का योग तथा अष्टमेश और लग्नेश का योग जातक को रोगी बनाता है।

१७. छठे स्थान पर शनि की पूर्ण दृष्टि हो तो जातक को राजयक्ष्मा होता है। चन्द्र और शनि एक साथ कर्क राशि में स्थित हों या छठे भाव में स्थित होकर बुध से दृष्ट हों तो जातक को कुष्ट रोग होता है।

षष्ठेश का द्वादश भावों में फल—षष्ठेश लग्न भाव में हो तो जातक नीरोग, कुटुम्ब को कष्ट देनेवाला, शत्रुनाशक, निरुत्साही, निरुद्यमी, चंचल, धनी, अन्तिम अवस्था में आलसी पर मध्यम वय में परिश्रमी और अभिमानी; द्वितीय भाव में हो तो दुष्ट बुद्धिवाला, चालाक, संग्रह करनेवाला, उत्तम स्थानवाला, प्रख्यात, रोगी और अस्त-व्यस्त रहनेवाला; तृतीय भाव में हो तो कुटुम्बियों से मनमुटाव रखनेवाला, संग्राहक, द्वेषबुद्धि करनेवाला, स्वार्थी, अभिमानी, नीरोग और चतुर; चौथे भाव में हो तो पिता से द्वेष करनेवाला, नीच बुद्धि, अभिमानी, अभक्ष्य-भक्षक और लालची; पाँचवें भाव में हो तो माता का भक्त, शत्रुओं से पीड़ित, साधारण रोगी, बवासीर और मस्तिष्क रोग से पीड़ित; छठे भाव में हो तो नीरोग, कृपण, शत्रुहन्ता, अरिष्टनाशक, सुखी, साधारण धनी तथा क्रूर ग्रहों की दृष्टि हो तो नाना रोगों का शिकार, अभिमानी और कुटुम्बियों को शत्रु समझनेवाला; सातवें भाव में क्रूर ग्रह षष्ठेश हो तो भार्या कुरूपा, लड़ाकू, अभिमानिनी और व्याभिचारिणी होती है तथा शुभग्रह षष्ठेश

हो तो सन्तानहीन, रूपवती, गुणवती स्त्री का पति; आठवें भाव में हो तो स्त्री-मृत्यु के साधनों का ग्रहों के स्वरूपानुसार अनुमान करना चाहिए तथा जातक रोगी, अनेक व्याधियों से पीड़ित, दुखी और शत्रुओं के द्वारा कष्ट पानेवाला; नौवें भाव में हो तो नीरोग, सम्माननीय, धर्मात्मा और मित्रों से युक्त; दसवें भाव में हो तो पिता से स्नेह करनेवाला, पिता रोगी रहनेवाला, माता की सेवा करनेवाला, नीरोग, बलवान्, ऐश्वर्यवान् और साहसी, किन्तु षष्ठेश क्रूर ग्रह हो तो इसके विपरीत फल मिलता है; ग्यारहवें भाव में हो तो शत्रुओं से कष्ट, मवेशी के व्यापार से लाभ और नीरोग तथा षष्ठेश क्रूर हो तो रोगी, शत्रुओं से दुखी और अभिमानी एवं बारहवें भाव में हो तो रोगी, दुखी और व्यापार से धनार्जन करनेवाला होता है।

सप्तम भाव विचार

सप्तम स्थान से विवाह का विचार प्रधानतः किया जाता है। विवाह के प्रतिबन्धक योग निम्न हैं :

१. सप्तमेश शुभ युक्त न होकर ६।८।१२ भाव में हो अथवा नीच का या अस्तंगत हो तो विवाह नहीं होता है अथवा विधुर होता है।

२. सप्तमेश बारहवें भाव में हो तथा लग्नेश और जन्मराशि का स्वामी सप्तम में हो तो विवाह नहीं होता।

३. षष्ठेश, अष्टमेश तथा द्वादशेश सप्तम में हों तथा ये ग्रह शुभग्रह से युत या दृष्ट न हों अथवा सप्तमेश ६।८।१२वें भाव का स्वामी हो तो जातक को स्त्री-सुख नहीं होता है।

४. यदि शुक्र और चन्द्रमा साथ होकर किसी भाव में बैठे हों और शनि एवं भौम उनसे सप्तम भाव में हों तो विवाह नहीं होता।

५. लग्न, सप्तम और द्वादश भाव में पापग्रह बैठे हों और पंचमस्थ चन्द्रमा निर्बल हो तो विवाह नहीं होता।

६. ७।१२वें स्थान में दो-दो पापग्रह हों तथा पंचम में चन्द्रमा हो तो जातक का विवाह नहीं होता।

७. सप्तम में शनि और चन्द्रमा के सप्तम भाव में रहने से जातक का विवाह नहीं होता, यदि विवाह होता भी है तो स्त्री वन्ध्या होती है।

८. सप्तम भाव में पापग्रह के रहने से मनुष्य को स्त्री सुख में बाधा होती है।

९. शुक्र और बुध सप्तम में एक साथ हों तथा सप्तम पर पापग्रहों की दृष्टि हो तो विवाह नहीं होता किन्तु शुभग्रहों की दृष्टि रहने से बड़ी आयु में विवाह होता है।

१०. यदि लग्न से सप्तम भाव में केतु हो और शुक्र की दृष्टि उस पर हो तो स्त्री-सुख कम होता है।

११. शुक्र-मंगल ५।७।९वें भाव में हों तो विवाह नहीं होता।

१२. लग्न में केतु हो तो भार्यामरण तथा सप्तम में पापग्रह हो और सप्तम पर पापग्रहों की दृष्टि भी हो तो जातक को स्त्रीसुख कम होता है।

विवाह योग—१. सप्तम भाव शुभयुत या दृष्ट होने से तथा सप्तमेश के बलवान् होने से विवाह होता है।

२. शुक्र स्वगृही या कन्या राशि का हो तो विवाह होता है।

३. सप्तमेश लग्न में हो या सप्तमेश शुभग्रह से युत होकर ११वें भाव में हो तो विवाह होता है।

४. जितने अधिक बलवान् ग्रह सप्तमेश से दृष्ट होकर सप्तम भाव में गये हों उतनी ही जल्दी विवाह होता है।

५. द्वितीयेश और सप्तमेश १।४।५।७।९।१०वें स्थान में हों तो विवाह होता है।

६. मंगल तथा रवि के नवांश में बुध, गुरु गये हों या सप्तम भाव में गुरु का नवांश हो तो विवाह होता है।

७. लग्नेश लग्न में हो, लग्नेश सप्तम भाव में हो, सप्तमेश या लग्नेश द्वितीय भाव में हो तो विवाह योग होता है।

८. सप्तम और द्वितीय स्थान पर शुभग्रहों की दृष्टि हो तथा द्वितीयेश और सप्तमेश शुभ राशि में हों तो विवाह होता है।

९. लग्नेश दशम में हो और उसके साथ बलवान् बुध हो एवं सप्तमेश और चन्द्रमा तृतीय भाव में हों तो जातक का विवाह होता है।

१०. गुरु अपने मित्र के नवांश में हो तो विवाह होता है।

११. सप्तम में चन्द्रमा या शुक्र अथवा दोनों के रहने से विवाह होता है।

१२. यदि लग्न से सप्तम भाव में शुभग्रह हो या सप्तमेश शुभग्रह से युत होकर द्वितीय, सप्तम या अष्टम में हो तो जातक का विवाह होता है।

१३. विवाह प्रतिबन्धक योगों के न रहने पर विवाह होता है।

विवाह-स्त्रीसंख्या विचार—१. सप्तम में बृहस्पति और बुध के रहने से एक स्त्री होती है। सप्तम में मंगल या रवि हो तो एक स्त्री होती है।

२. लग्नेश और सप्तमेश इन दोनों ही के लग्न या सप्तम में रहने से दो स्त्रियाँ होती हैं। यदि लग्नेश व सप्तमेश दोनों ही स्वगृही हों तो जातक का एक विवाह होता है।

३. सप्तमेश और द्वितीयेश शुक्र के साथ अथवा पापग्रह के साथ होकर ६।८।१२वें भाव में हों तो एक स्त्री की मृत्यु के बाद दूसरा विवाह होता है।

४. यदि सप्तम या अष्टम स्थान में पापग्रह और मंगल द्वादश भाव में हों तथा द्वादशेश अदृश्य चक्रार्ध में हो तो जातक का द्वितीय विवाह अवश्य होता है।

५. लग्न, सप्तम स्थान और चन्द्रलग्न—ये तीनों द्विस्वभाव राशि में हों तो जातक के दो विवाह होते हैं।

६. लग्नेश, सप्तमेश और राशीश द्विस्वभाव राशि में हों तो दो विवाह होते हैं।

७. लग्नेश द्वादश भाव में और द्वितीयेश पापग्रह के साथ कहीं भी हो तथा सप्तम स्थान में पापग्रह बैठा हो तो जातक की दो स्त्रियाँ होती हैं।

८. शुक्र पापग्रह के साथ हो अथवा नीच का हो तो जातक के दो विवाह होते हैं।

९. अष्टमेश १।७वें भाव में हो; लग्नेश लग्न में हो; लग्नेश छठे भाव में हो; सप्तमेश शुभग्रह से युत शत्रु या नीच राशि में गया हो एवं शुक्र नीच शत्रु और अस्तंगत राशि का हो तो दो विवाह होते हैं।

१०. धन स्थान में अनेक पापग्रह हों और धनेश भी पापग्रहों से दृष्ट हो तो तीन विवाह होते हैं।

११. सप्तम भाव में बहुत पापग्रह हों तथा सप्तमेश पापग्रहों से युत हो तो तीन विवाह होते हैं।

१२. बली, चन्द्र और शुक्र एक साथ हों; बली शुक्र सप्तम भाव को पूर्ण दृष्टि से देखता हो; लग्नेश उच्च का हो या लग्न भाव में उच्च का ग्रह एवं लग्नेश, द्वितीयेश और षष्ठेश ये तीनों ग्रह पापग्रहों से युक्त होकर सप्तम भाव में स्थित हों तो जातक अनेक स्त्रियों के साथ विहार करनेवाला होता है।

१३. सप्तमेश से तीसरे स्थान में चन्द्रमा, गुरु से दृष्ट हो या सप्तमेश से तीसरे, सातवें भाव में चन्द्रमा हो, सप्तमेश शनि हो, सप्तमेश और नवमेश बली होकर ५।९वें भाव में स्थित हो एवं दशमेश से दृष्ट सप्तमेश १।४।५।७।९।१०वें भाव में स्थित हो तो जातक अनेक स्त्रीभोगी होता है।

१४. सातवें या १२वें भाव में बुध हो तो वेश्यागामी होता है।

स्त्रीरोग विचार—१. लग्न स्थान में शनि, मंगल, बुध, केतु इन चारों में से किसी भी ग्रह के रहने से स्त्री रोगिणी रहती है।

२. सप्तमेश ८।१२वें भाव में हो तो भार्या रोगिणी रहती है।

३. सप्तमेश और द्वितीयेश दोनों पापग्रहों से युत होकर २।१२वें भाव में हों तो स्त्री रोगिणी रहती है।

विवाह-समय विचार—१. बृहत्पाराशरीकार ने बताया है कि सप्तमेश शुभग्रह की राशि में हो व शुक्र अपनी उच्च राशि में हो तो नौ वर्ष की अवस्था में विवाह होता है।

२. शुक्र धन स्थान में और सप्तमेश ग्यारहवें भाव में हो तो १० या १६ वर्ष की आयु में विवाह होता है।

३. लग्न में शुक्र और लग्नेश १०।११ राशि में हो तो ११ वर्ष की आयु में विवाह होता है।

४. केन्द्र स्थान में शुक्र हो और शुक्र से सातवें शनि हो तो १२ या १९ की अवस्था में विवाह होता है।

५. सातवें स्थान में चन्द्रमा हो और शुक्र से सातवें स्थान में शनि हो तो १८ वर्ष की आयु में विवाह होता है।

६. द्वितीयेश ११वें और एकादशेश २रे भाव में हों तो १३ वर्ष की आयु में विवाह होता है।

७. शुक्र द्वितीय स्थान में हो और द्वितीयेश तथा मंगल इन दोनों का योग हो तो २७वें वर्ष में विवाह होता है। मतान्तर से इस योग के रहने पर २२ या २३ वर्ष की आयु में विवाह होता है।

८. पंचम भाव में शुक्र और चतुर्थ में राहु हो तो ३१वें या ३३वें वर्ष की आयु में विवाह होता है।

९. तृतीय भाव में शुक्र और ९वें भाव में सप्तमेश गया हो तो ३०वें या २७वें वर्ष में विवाह होता है।

१०. लग्नेश से शुक्र जितना नजदीक हो उतनी जल्दी विवाह होता है। शुक्र की स्थिति जिस राशि में हो उस राशि की दशा में विवाह होता है।

११. सप्तमस्थ राशि की जो संख्या हो उसमें आठ और जोड़ देने पर विवाह की वर्ष संख्या आ जाती है। शुक्र, लग्न और चन्द्रमा से सप्तमाधिपति की संख्या में विवाह का योग आता है।

१२. लग्न, द्वितीय और सप्तम में शुभग्रह हो या इन स्थानों पर शुभग्रहों की दृष्टि हो तो छोटी अवस्था में विवाह होता है।

१३. लग्नेश और सप्तमेश को जोड़कर जो राशि हो उस राशि में जब गोचर का गुरु पहुँचता है तब विवाह का योग होता है। अपनी जन्म-राशि के स्वामी और अष्टमेश को जोड़ने से जो राशि आये, उस राशि में जब गोचर का गुरु पहुँचता है तब विवाह होता है।

१४. शुक्र और चन्द्रमा इन दोनों में से जो ग्रह बली हो उसकी महादशा में विवाह होता है।

१५. यदि सप्तमेश शुक्र के साथ हो तो सप्तमेश की अन्तर्दशा में विवाह होता है। नवमेश, दशमेश और सप्तम भावस्थ ग्रह की अन्तर्दशा में विवाह होता है।

१६. लग्नेश और सप्तमेश के स्पष्टराश्यादि के योग तुल्यराशि में जब गोचरीय बृहस्पति स्थित रहता है तब विवाह होता है। चन्द्राधिष्ठित नक्षत्र और सप्तमेश के योग्य तुला अंश में गुरु के होने पर विवाह होता है। यदि गुरु मित्र के नवांश में हो तो एक ही भार्या प्राप्त होती है। स्वनवांश में स्थित हो तो तीन स्त्रियों का योग होता है। यदि गुरु उच्चांश में स्थित हो तो बहुत स्त्रियों का योग होता है।

१७. सप्तमेश जिस राशि और नवांश में स्थित हो उसके स्वामियों में अथवा शुक्र और चन्द्रमा में जो अधिक बली हो उसकी दशा में सप्तमेश युक्त राश्यंश से त्रिकोण में गुरु के होने पर विवाह होता है।

१८. शुक्रयुक्त सप्तमेश की दशा भुक्ति में विवाह का योग आता है। लग्न से द्वितीयेश की राशिपति दशा भुक्ति में पाणिग्रहण होता है। दशमेश और अष्टमेश की दशा भुक्ति में विवाह का योग आता है।

१९. गोचर से गुरु २।५।७।९।११ स्थान में होने पर विवाह का योग आता है।

२०. सप्तमेश, पंचमेश व एकादशेश की दशा-अन्तर्दशा में विवाह योग आता है।

२१. सप्तमस्थ बलिष्ठ ग्रह की दशा-अन्तर्दशा में विवाह होता है।

२२. विवाह किस दिशा में होगा इसका विचार शुक्र से सप्तम स्थान का स्वामी जिस दिशा में अधिपति होता है, उसी दिशा में विवाह कहना चाहिए।

२३. यदि पापग्रह सप्तम और द्वितीय स्थान में हो तो विवाह विलम्ब से होता है अथवा विवाह हो जाने पर भी पत्नी-वियोग होता है।

स्त्रीमृत्यु विचार—१. कोई पापग्रह सप्तम स्थान में हो, पंचमेश सप्तम स्थान में हो, अष्टमेश सप्तम स्थान में हो, गुरु सप्तम स्थान में हो एवं पापग्रह से युत शुक्र सप्तम स्थान में हो तो जातक की स्त्री का मरण उसकी जीवित अवस्था में होता है।

२. स्त्री के जन्मनक्षत्र से पुरुष के जन्मनक्षत्र तक तथा पुरुष के जन्मनक्षत्र से स्त्री के जन्मनक्षत्र तक गिनने से जो संख्या आये उसमें अलग-अलग ७ से गुणा कर २८ का भाग देने से यदि प्रथम संख्या में अधिक शेष रहे तो स्त्री की मृत्यु पहले और द्वितीय संख्या में अधिक शेष रहे तो पुरुष की मृत्यु पहले होती है।

३. शुक्र के नवांश में या लग्न से सप्तम स्थान में शुक्र हो और सप्तमेश पंचम स्थान में हो तो जातक को स्त्रीमरण का दुख सहन करना पड़ता है।

४. द्वितीयेश और सप्तमेश ६।८।१२वें भाव में हों तो स्त्रीमरण; छठे में मंगल, सप्तम में राहु और अष्टम में शनि हो तो भार्यामरण होता है।

५. शुक्र द्विस्वभाव राशि में हो और सप्तम में पापग्रह स्थित हों अथवा सप्तम पर पापग्रहों की दृष्टि हो तो जातक की स्त्री का मरण होता है।

सप्तमेश का द्वादश भावों में फल—सप्तमेश लग्न स्थान में हो तो जातक स्वस्त्री से प्रेम करनेवाला, सदाचारी, परस्त्री रति से घृणा करनेवाला, रूपवान्, स्त्री के वश में रहनेवाला, सुपुत्रवान् और धर्मभीरु; द्वितीय भाव में हो तो सुखरहित, दुखी, ससुराल से धन प्राप्त करनेवाला, सभी के सुख से रहित और रतिसुख के लिए सदा लालायित रहनेवाला; तृतीय भाव में हो तो पुत्र से प्रेम करनेवाला, रोगिणी भार्या का पति, दुखी, रोगी और कौटुम्बिक सुख से हीन; चौथे भाव में हो तो साधक, पिता से द्वेष करनेवाला, चंचल, समाजसेवी और सुखी; पाँचवें भाव में हो तो सौभाग्ययुक्त, पुत्रवान्, हठी, दुष्ट विचारवाला, माता की सेवा करनेवाला और दुष्ट प्रकृति का; छठे भाव में हो तो स्त्री से द्वेष करनेवाला, रोगिणी भार्या का पति, स्त्री से हानि और कुटुम्ब से दुखी; सातवें भाव में हो तो दीर्घायु, शीलवान्, तेजस्वी, सुन्दर नारी का पति, सौभाग्यशाली, सुखी और कुटुम्ब से परिपूर्ण; आठवें भाव में हो तो वेश्यागामी, विवाह से वंचित, वास्तविक रतिसुख से वंचित और रोगी; नौवें भाव में हो तो तेजस्वी, शिल्पी, स्त्रीसुख से परिपूर्ण, सुन्दर रमणी के साथ रमण करनेवाला, धर्मात्मा और नीतिज्ञ; दसवें भाव में हो तो राजा से दण्ड पानेवाला, लम्पट, कामी, क्रूर और नीच कर्मरत; ग्यारहवें भाव में हो तो रूपवती, सुशीला रमणी का पति, गुणवान्, दयालु और धनिक एवं बारहवें भाव में हो तो गृह और बन्धु से हीन, स्त्रीसुख रहित या अल्प स्त्रीसुख पानेवाला होता है। यदि सप्तमेश क्रूर ग्रह हो तो उसका प्रत्येक भाव में अनिष्ट फल ज्ञात करना चाहिए।

अष्टम भाव विचार

अष्टम भाव से प्रधानतः आयु का विचार किया जाता है। दीर्घायु के योग निम्न हैं :

१. पंचम में चन्द्रमा, नौवें में गुरु और दसवें भाव में मंगल हो।

२. अष्टमेश अपनी राशि में हो और शनि अष्टम में हो।

३. अष्टमेश, लग्नेश और दशमेश १।४।५।७।९।१०वें भाव में हों।

४. षष्ठेश और व्ययेश दोनों लग्न में हों, दशमेश केन्द्र में हो और लग्नेश केन्द्र में हो।

५. पापग्रह ३।६।११ और शुभग्रह १।४।५।७।९।१० स्थानों में हों।

६. लग्नेश बलवान् होकर केन्द्र में हो और सभी ग्रह तीसरे, चौथे अथवा आठवें स्थान में हों तो जातक दीर्घायु होता है।

अल्पायु योग—१. वृश्चिक का सूर्य गुरु के साथ लग्न में हो और अष्टमेश केन्द्र में हो तो २२ वर्ष की आयु होती है।

२. १।४।५।८ राशियों का शनि लग्न में हो, शुभग्रह ३।६।९।१२ में हों तो २६ या २७ वर्ष की आयु होती है।

३. अष्टमेश पापग्रह हो और गुरु या पापग्रह से दृष्ट हो, लग्नेश अष्टम भाव में हो तो २८ वर्ष की आयु होती है।

४. चन्द्र या शनियुक्त सूर्य आठवें भाव में हो तो २९ वर्ष की आयु, राशीश और अष्टमेश के मध्य में चन्द्र हो, व्यय भाव में गुरु हो तो २७ या ३० वर्ष की आयु होती है।

५. क्षीण चन्द्रमा हो, अष्टमेश पापयुक्त केन्द्र या अष्टम में हो, लग्न पापयुक्त निर्बल हो तो ३२ वर्ष की आयु होती है।

६. ६।८।१२वें भावों में पापग्रह हों, लग्नेश निर्बल हो तथा शुभग्रहों से युत और दृष्ट न हो तो जातक अल्पायु होता है।

७. सभी पापग्रह ३।६।९।१२ भावों में हों, लग्नेश और अष्टमेव ६ठे या आठवें भाव में हों तो अल्पायु होता है।

८. द्वितीयेश नवम भाव में, शनि सातवें और गुरु, शुक्र ग्यारहवें भाव में हों तो अल्पायु योग होता है।

९. लग्नेश निर्बल हो तथा सभी पापग्रह १।४।५।७।९।१० स्थानों में हों और शुभग्रहों की दृष्टि नहीं हो तो अल्पायु योग होता है।

१०. शुक्र, गुरु लग्न में हों और पंचम में मंगल पापग्रह से युत हो तथा सूर्य सहित लग्नेश लग्न में हो तो जातक अल्पायु होता है।

मध्यमायु योग—१. सभी पापग्रह २।५।८।११वें स्थान में हों या ३।४ स्थानों में हों तो मध्यमायु योग होता है।

२. लग्नेश निर्बल हो, गुरु १।४।५।७।९।१० स्थानों में हो और पापग्रह ६।८।१२वें भाव में स्थित हों तो मध्यमायु योग होता है।

३. सभी शुभग्रह १।४।५।७।९।१० स्थानों में हों, शनि ६।८ स्थानों में हो और पापग्रह बलवान् होकर ७।८ स्थानों में हों तो जातक मध्यमायु होता है।

४. १।४।५।७।९।१० स्थानों में शुभ और पाप दोनों ही प्रकार के मिश्रित ग्रह हों तो मध्यमायु योग होता है।

५. दिन में जन्म हो और चन्द्रमा से आठवें स्थान में पापग्रह हों तो मध्यमायु योग होता है।

मृत्यु का निर्णय करने के लिए मारक का ज्ञान कर लेना आवश्यक है। ज्योतिषशास्त्र में लग्नेश, षष्ठेश, अष्टमेश, गुरु और शनि इनके सम्बन्ध से मारकेश का विचार किया गया है। अष्टमेश बली होकर ३।४।६।१०।१२ स्थानों में हो तो मारक होता है। लग्नेश से अष्टमेश बलवान् हो तो अष्टमेश की अन्तर्दशा मारक होती है। शनि षष्ठेश और अष्टमेश होकर लग्नेश को देखता हो तो लग्नेश भी मारक हो जाता है। अष्टमेश सप्तम भाव में बैठकर लग्न को देखता हो तो पापग्रह की दशा-अन्तर्दशा में वह मारक होता है। मंगल की दशा में शनि तथा शनि की दशा में मंगल सदा जातक को रोगी बनाते हैं। अष्टमेश चतुर्थ स्थान में शत्रुक्षेत्री हो तो मारक बन जाता है।

पराशर के मत से द्वितीय और सप्तम मारक स्थान हैं तथा इन दोनों के स्वामी—द्वितीयेश, सप्तमेश, द्वितीय और सप्तम में रहनेवाले पापग्रह एवं द्वितीयेश और सप्तमेश के साथ रहनेवाले पापग्रह मारकेश होते हैं। अभिप्राय यह है कि यदि द्वितीयेश पापग्रह हो तथा पापग्रह से दृष्ट हो तो प्रथम वही मारकेश होता है, पश्चात् सप्तमेश पापग्रह हो और पापग्रह से दृष्ट हो, अनन्तर द्वितीय में रहनेवाला पापग्रह एवं सप्तम में रहनेवाला पापग्रह तथा द्वितीयेश के साथ रहनेवाला पापग्रह व सप्तमेश के साथ रहनेवाला पापग्रह मारकेश होता है। शनि यदि मारकेश के साथ हो तो मारकेश को हटाकर स्वयं मारक बन जाता है। द्वादशेश भी पापग्रह होने पर मारक बन जाता है। पापग्रह षष्ठेश हो या पापराशि में षष्ठेश बैठा हो अथवा पापग्रह से दृष्ट हो तो षष्ठेश की दशा में भी मरण की सम्भावना होती है। मारकेश की दशा में षष्ठेश, अष्टमेश और द्वादशेश की अन्तर्दशा में मरण सम्भव होता है। यदि मारकेश अधिक बलवान् हो तो उसकी दशा या अन्तर्दशा में मरण होता है। राहु या केतु १।७।८।१२वें भाव में हों अथवा मारकेश से ७वें भाव में हों या मारकेश के साथ हों तो मारक होते हैं। मकर और वृश्चिक लग्नवालों के लिए राहु मारक बताया गया है।

जैमिनी के मत से आयु विचार—लग्नेश-अष्टमेश, जन्मलग्न-चन्द्र एवं जन्मलग्न-होरालग्न इन तीनों के द्वारा आयु का विचार करना चाहिए। उपर्युक्त तीनों योगोंवाले ग्रह अर्थात् लग्नेश और अष्टमेश, जन्मलग्न और चन्द्र तथा जन्मलग्न और होरालग्न द्वारा आगेवाले चक्र से आयु का निर्णय करना चाहिए।

दीर्घायु	मध्यमायु	अल्पायु
चरराशि-लग्नेश चरराशि-अष्टमेश	चरराशि-लग्नेश स्थिरराशि-अष्टमेश	चरराशि-लग्नेश द्विस्वभाव-अष्टमेश
स्थिरराशि-लग्नेश द्विस्वभाव-अष्टमेश	स्थिरराशि-लग्नेश चरराशि-अष्टमेश	स्थिरराशि-लग्नेश स्थिरराशि--अष्टमेश
द्विस्वभाव-लग्नेश स्थिरराशि-अष्टमेश	द्विस्वभाव-लग्नेश द्विस्वभाव-अष्टमेश	द्विस्वभाव-लग्नेश चरराशि-अष्टमेश

इसी प्रकार लग्न-चन्द्र अथवा शनि-चन्द्र, जन्मलग्न तथा होरालग्न पर से आयु का विचार होता है। यदि तीनों प्रकार से अथवा दो प्रकार से एक ही प्रकार की आयु आये तो उसे ठीक समझना चाहिए। यदि तीनों प्रकार से भिन्न-भिन्न प्रकार की आयु आये तो जन्मलग्न और होरालग्न[1] पर से जो आयु निकले उसी को ग्रहण करना चाहिए।

विसंवाद होने पर लग्न या सप्तम में चन्द्रमा हो तो शनि और चन्द्रमा पर से आयु निकालना चाहिए अन्यथा जन्मलग्न व होरालग्न पर से आयु सिद्ध करना चाहिए।

इस प्रकार आयु का योग निश्चित कर लेने पर भी यदि लग्नेश या अष्टमेश शनि हो तो कक्षा हानि अर्थात् दीर्घायु योग आया हो तो उसको मध्यमायु योग, मध्यमायु योग आया हो तो अल्पायु योग और अल्पायु योग आया हो तो हीनायु योग जानना चाहिए, परन्तु शनि ७।१०।११ राशियों में से किसी भी राशि में हो तो कक्षा हानि नहीं होती है।

लग्न या सप्तम में गुरु हो अथवा केवल शुभग्रह से युत या दृष्ट गुरु हो तो कक्षा-वृद्धि अर्थात् अल्पायु में मध्यमायु, मध्यमायु में दीर्घायु और दीर्घायु में पूर्णायु होती है।

तीनों प्रकार से दीर्घायु आये तो १२० वर्ष, दो प्रकार से आये तो १०८ वर्ष तथा एक प्रकार से आये तो ९६ वर्ष होते हैं।

तीनों प्रकार से मध्यमायु में ८० वर्ष, दो प्रकार से मध्यमायु में ७२ वर्ष और एक प्रकार से मध्यमायु में ६४ वर्ष होते हैं।

तीनों प्रकार से अल्पायु में ३२ वर्ष, दो प्रकार से अल्पायु योग में ३६ वर्ष और एक प्रकार से अल्पायु हो तो ४० वर्ष होते हैं।

स्पष्टायु साधन का नियम—जिन ग्रहों पर से आयु जानना हो उन स्पष्ट ग्रहों की राशियों को छोड़ अंशादि का योग करके, योगकारक ग्रहों की संख्या से भाग देकर जो अंशादि आयें, उनके अनुसार अंश, कला, विकला फल के कोष्ठक के नीचे जो वर्ष, मास और दिनादि हों उन्हें जोड़कर दीर्घायु हो तो ९६ में से, मध्यमायु हो तो ६४ में से और अल्पायु हो तो ३२ में से घटाने पर स्पष्टायु होती है।

---

१. इष्टकाल को २ से गुणा कर पाँच का भाग देने से जो राश्यादि आयें उनमें सूर्यस्पष्ट को जोड़ देने पर होरालग्न होता है।

मतान्तर से योगकारक ग्रहों के अंशादि जोड़ने से जो आये उसमें योगकारक ग्रहों की संख्या का भाग देने से जो लब्ध आये उसमें एक प्रकार से आयु आने पर ४० से, दो प्रकार से आने पर ३६ से और तीन प्रकार से आने पर ३२ से गुणा कर ३० का भाग देने पर लब्ध वर्षादि को पूर्वोक्त आयु खण्ड में से घटाने पर स्पष्टायु होती है।

उदाहरण—द्वितीय अध्याय में दी गयी उदाहरण-कुण्डली ही यहाँ पर उदाहरण समझना चाहिए। यहाँ लग्नेश सूर्य है और अष्टमेश शुक्र है। सूर्य चर राशि में और अष्टमेश द्विस्वभाव राशि में है, अतः अल्पायु योग हुआ। द्वितीय प्रकार अर्थात् चन्द्र-शनि से विचार किया तो चन्द्रमा स्थिर राशि में और शनि द्विस्वभाव राशि में है अतः दीर्घायु योग हुआ।

इष्टकाल २३।२२ × २ = ४६।४४ ÷ ५ = ९।२०।४८ + सूर्यस्पष्ट

०।१०।७।३४ सूर्य स्पष्ट + ९।२०।४८।० = १०।०।५५।३४ स्पष्ट होरालग्न

इस उदाहरण में जन्मलग्न स्थिर और होरालग्न स्थिर राशि में है अतः अल्पायु योग हुआ। इसमें दो प्रकार से अल्पायु योग आया है, अतएव अल्पायु समझनी चाहिए।

स्पष्टायु निकालने के लिए गणित क्रिया की—

लग्नेश सूर्य	०।१०। ७।३४	
अष्टमेश शुक्र	११।२३।२०।१०	राशियों को
होरालग्न	१०। ०।५५।३४	छोड़ दिया
जन्मलग्न	४।२३।२५।२७	
	—।५७।४८।४५	

५७।४८।४५ ÷ ४ = १४।२७।११ इसे ३२ से गुणा किया और ३० का भाग दिया तो वर्षादि २३।४।३।४३ मिला। इसे अल्पायु के द्वितीय खण्ड में से घटाया :

३६।०।०।० — २३।४।३।४३ = १२।७।२६।१७ स्पष्टायु

आयुसाधन की दूसरी प्रक्रिया—जन्मकुण्डली के केन्द्रांक, त्रिकोणांक, केन्द्रस्थ ग्रहांक[1] और त्रिकोणस्थ ग्रहांक इन चारों संख्याओं को जोड़कर योगफल को १२ से गुणा कर १० का भाग देने से जो वर्षादि लब्ध आयें उनमें से १२ घटाने पर आयु प्रमाण निकलता है।

उदाहरण—दूसरे अध्याय में जो उदाहरण-कुण्डली लिखी गयी है उसकी आयु :

केन्द्रांक	५ + ८ + ११ + २	=	२६
त्रिकोणांक	९ + १	=	१०
केन्द्रस्थग्रहांक	२	=	२
त्रिकोणस्थग्रहांक	४ + १	=	५

१. केन्द्र में सिर्फ़ चन्द्रमा है, सूर्य से चन्द्रमा दूसरी संख्या का है। अतः २ अंक लिखा है, इसी प्रकार मंगल से ३, बुध से ४, गुरु से ५, शुक्र से ६, शनि से ७, राहु से ८ और केतु से ९ अंक लेते हैं।

२६ + १० + २ + ५ = ४३।

$$\frac{४३\times१२}{१०} = \frac{५१६}{१०} = ५१\frac{६}{१०}$$

$$\frac{६}{१०}\times\frac{१२}{१} = \frac{७२}{१०} = ७\frac{२}{१०}\text{ । }\quad \frac{२}{१०}\times\frac{३०}{१}\times ६$$

५१।७।६
१२।०।०
३९।७।६ आयुमान हुआ।

नक्षत्रायु—जन्मनक्षत्र की भुक्त घटियों को ४ से गुणा कर ३ का भाग देने से जो लब्ध आये उसे १०० वर्ष में से घटाने से नक्षत्रायु आती है।

उदाहरण—भुक्तनक्षत्र १२।१० है।

$$१२।१० \times ४ = ४८।४० \div ३ = ४८\frac{४०}{६०} = ४८\frac{२}{३} = \frac{१४६}{३}\times\frac{१}{३}$$

$$= \frac{१४६}{९} = १६\frac{२}{९}\times १२ = \frac{८}{३} = २\frac{२}{३}\times ३० = २०$$

१६।२।२० को १०० वर्ष में से घटाया
१००।०। ०
१६।२।२०
८३।९।१० नक्षत्र स्पष्टायु हुई

ग्रहरश्मियों द्वारा आयु साधन—सूर्य का रश्मि गुणांक १०, चन्द्र का ११, मंगल का ५, बुध का ५, गुरु का ७, शुक्र का ८ और शनि का ५ रश्मि गुणांक है।

ग्रह में से अपने-अपने उच्च को घटाना, शेष छह राशि से कम हो तो उसे १२ राशियों में से घटाने पर जो शेष रहे उसकी कला बनाकर अपने गुणांक से गुणा करना चाहिए। जो गुणनफल आवे उसमें २१६०० का भाग देने पर ग्रह की रश्मिज आयु आती है। इस विधि से समस्त ग्रहों की रश्मिज आयु का साधन कर लेना चाहिए। जो ग्रह स्वगृही, उच्चराशि, मित्रक्षेत्री ओर वक्री होनेवाला हो उसके वर्षों को द्विगुणित कर लेना चाहिए। वक्री और अस्तंगत ग्रह के वर्षों का आधा करने पर ग्रह की आयु आती है। समस्त ग्रहों की आयु को जोड़ देने पर जातक की आयु आ जाती है। रश्मिज आयु में राहु और केतु की आयु नहीं निकाली गयी है।

लग्नायु साधन—जन्मकुण्डली में जिस-जिस स्थान में ग्रह स्थित हों, उस-उस स्थान में जो-जो राशि हों; उन सभी ग्रहस्थ राशियों के निम्न ध्रुवांकों को जोड़ देने से लग्नायु होती है।

ध्रुवांक—मेष १०, वृष ६, मिथुन २०, कर्क ५, सिंह ८, कन्या २, तुला २०, वृश्चिक ६, धनु १०, मकर १४, कुम्भ ३ और मीन १० ध्रुवांक संख्या वाली हैं।

केन्द्रायु साधन—जन्मकुण्डली में चारों केन्द्रस्थानों—१।४।७।१० की राशियों का योग कर भौम और राहु जिस-जिस राशि में हों उनके अंकों की संख्या का योग केन्द्रांक संख्या के योग में से घटा देने पर जो शेष बचे उसे तीन से गुणा करने पर केन्द्रायु होती है।

प्रकारान्तर से नक्षत्रायु—भयात को ९० में से घटाकर जो शेष रहे उसको चार से गुणा कर तीन का भाग देने से लब्ध वर्षादि नक्षत्रायु होते हैं।

ग्रहयोगों पर से आयु विचार—१. शनि तुला के नवांश में हो और उस पर गुरु की दृष्टि हो तथा शनि, राहु बारहवें में हों व शनि वक्री हो तो १३ वर्ष की आयु होती है।

२. शनि कन्या के नवांश में हो और बुध से दृष्ट हो; राहु, सूर्य, मंगल, बुध और शनि ये पाँचों ग्रह या इसमें से कोई चार ग्रह अष्टम में हों एवं मंगल-राहु या शनि-राहु बारहवें स्थान में हों तो १४ वर्ष की आयु होती है।

३. शनि सिंह के नवांश में हो और राहु से दृष्ट हो तथा चौथे में चन्द्रमा और छठे में सूर्य हो तो १५ वर्ष की आयु होती है।

४. तीसरे या ११वें भाव में शनि, ५वें या ९वें रवि और गुरु, शुक्र केन्द्र में नहीं हो तथा शनि कर्क के नवांश में केतु से दृष्ट हो तो १६ वर्ष की आयु होती है।

५. शनि मिथुन के नवांश में लग्नेश से दृष्ट हो; सूर्य वृश्चिक या कुम्भ राशि में, शनि मेष में और गुरु मकर राशि में हो एवं कर्क या कुम्भ राशि में सूर्य, शनि और मेष राशि में गुरु शुक्र स्थित हों तो १७ वर्ष की आयु होती है।

६. लग्नेश अष्टम में, अष्टमेश लग्न में हों; छठे स्थान में शनि, सूर्य और चन्द्रमा एकत्रित हों एवं पापग्रहों से दृष्ट चन्द्रमा ६।८।१२वें भाव में हो, लग्नेश अष्टम में पापग्रह दृष्ट या युत हो तो १८ से २० वर्ष तक आयु होती है।

७. लग्न में वृश्चिक राशि हो और उसमें सूर्य, गुरु स्थित हों तथा अष्टमेश केन्द्र में हो; चन्द्रमा और राहु ७।८वें भाव में हों; पापग्रह के साथ गुरु लग्न में हो, अष्टम स्थान ग्रहशून्य हो; अष्टमेश, द्वितीयेश और नवमेश एक साथ हों तथा लग्नेश अष्टम में हो तो २२ या २४ वर्ष की आयु होती है।

८. शनि द्विस्वभाव राशिगत होकर लग्न में हो और द्वादशेश तथा अष्टमेश निर्बल हों तो २५ वर्ष की आयु होती है।

९. लग्नेश निर्बल हो, अष्टमेश द्वितीय या तृतीय में हो; लग्नेश, अष्टमेश केन्द्रवर्ती हों तथा केन्द्र में और शुभग्रह नहीं हों तो जातक की ३० या ३२ वर्ष की आयु होती है।

१०. गुरु और शुक्र केन्द्र में हों और लग्नेश किसी पापग्रह के साथ आपोक्लिम में हो और जन्म सन्ध्या समय का हो तो ३६ वर्ष की आयु होती है।

११. अष्टमेश स्थिर राशि में स्थित होकर केन्द्र में हो और अष्टम स्थान पाप दृष्ट हो; अष्टमेश लग्न में हो और अष्टम स्थान में कोई शुभग्रह नहीं हो एवं स्वक्षेत्री शुभग्रह की दृष्टि अष्टम स्थान पर पड़ती हो तो जातक की ४० वर्ष की आयु होती है।

१२. अष्टमेश लग्न में मंगल के साथ हो या अष्टमेश स्थिर राशि में स्थित होकर १।८।१२ स्थानों में से किसी भी स्थान में हो तो जातक की ४२ वर्ष की आयु होती है।

१३. लग्न द्विस्वभाव राशि में, बृहस्पति केन्द्र में और शनि दशवें स्थान में; सूर्य व शुक्र मकर राशि में ३।६ठे स्थान में और अष्टमेश केन्द्र में हो तो ४४ वर्ष की आयु होती है।

१४. जन्मराशीश पापग्रह के साथ अष्टम स्थान में हो और लग्नेश किसी पापग्रह के साथ छठे स्थान में हो तो ४५ वर्ष की आयु होती है।

१५. सभी पापग्रह केन्द्र में हों तो ४७ वर्ष की आयु होती है।

१६. बुध चौथे या दसवें स्थान में हो और चन्द्र लग्न अष्टम द्वादश में हो और बृहस्पति-शुक्र किसी भी स्थान में एकत्रित हों तो ५० वर्ष की आयु होती है।

१७. लग्न मीन राशि हो और शनि अन्य ग्रहों के साथ उसमें स्थित हो तथा चन्द्रमा ८।१२वें स्थान में हो; शुक्र और गुरु उच्च के हों एवं द्वादशेश और अष्टमेश उच्च के हों तो ५५ वर्ष की आयु होती है।

१८. तृतीयेश गुरु के साथ लग्न में हो, कोई भी पापग्रह कुम्भ राशि का होकर केन्द्र में हो; अष्टमेश लग्न में हो, लग्नेश द्वादश भाव में हो तथा अष्टम स्थान में पापग्रह हो; सूर्य शत्रुग्रह और मंगल के साथ लग्न में हो; लग्नेश पापग्रह के साथ ६।८।१२वें भाव में हो एवं अष्टम स्थान शुभग्रह से रहित हो तो ६० वर्ष की आयु होती है।

१९. नीच का शनि केन्द्र या त्रिकोण में हो और रवि शुभग्रह के साथ १।४।७।१० स्थानों में किसी भी स्थान में हो तो ६५ वर्ष की आयु होती है।

२०. मंगल पाँचवें, सूर्य सातवें और शनि नीच राशि का हो तो ७० वर्ष की आयु होती है।

२१. अष्टम स्थान को जो बलवान् ग्रह देखता है उसके धातु के प्रकोप से मृत्यु होती है। अर्थात् सूर्य देखता हो तो अग्नि से, चन्द्रमा देखता हो तो जल से, मंगल देखता हो तो आयुध से, बुध देखता हो तो ज्वर से, बृहस्पति देखता हो तो कफ से, शुक्र देखता हो तो क्षुधा से और शनि देखता हो तो तृषा से रोग उत्पन्न होकर मृत्यु होती है। लग्न से अष्टम स्थान का स्वामी लग्न में हो तो वह लग्न राशि जिस अंग में (कालपुरुष के) हो उस अंग में उत्पन्न रोग से मरण होता है। अष्टमभाव का नवांश चर राशि में हो तो विदेश, स्थिर राशि में हो तो गृह में और द्विस्वभाव राशि में स्थित हो तो मार्ग में मृत्यु होती है। यदि बली सूर्यादि ग्रहों में से अष्टमभाव दृष्ट या युक्त न हो तो शून्य गृह में मृत्यु होती है।

२२. अष्टम में पापग्रह युक्त हो तो कष्ट से मरण और शुभग्रह युक्त हो तो सुखपूर्वक मृत्यु होती है।

२३. क्षीण चन्द्रमा अष्टमस्थ हो और उसे बलवान् शनि देखता हो तो गुदारोग अथवा नेत्ररोग की पीड़ा से मृत्यु होती है।

२४. लग्न से अष्टम या त्रिकोणस्थ सूर्य, शनि, चन्द्र और मंगल हो तो शूल, वज्र या दीवाल से टकराकर मृत्यु होती है। इस योग द्वारा मोटर दुर्घटना का भी परिज्ञान किया जा सकता है।

२५. चन्द्रमा लग्न में हो, सूर्य निर्बल अष्टमभाव में स्थित हो, लग्न से द्वादश गुरु हो, सुखभाव में पापग्रह हो तो जातक की मृत्यु दुर्घटना से होती है।

२६. दशम भाव का स्वामी नवांशपति शनि से युक्त हो, ६।८।१२ भाव में स्थित हो तो विष भक्षण से मृत्यु होती है। राहु या केतु से युक्त हो तो गले में रस्सी बाँधकर—फाँसी

लगाकर मृत्यु होती है। मंगल, राहु और शनि से युक्त हो तो आग में जलने या जल में डूबने से मृत्यु होती है।

२७. चन्द्रमा या गुरु जलचर राशि में होकर अष्टम में स्थित हो और पापग्रह द्वारा दृष्ट हो तो क्षय रोग द्वारा मृत्यु होती है।

२८. मृत्युस्थान में राहु हो, उसे पापग्रह देखता हो तो सर्प-दंशन से मृत्यु होती है।

२९. लग्न में शनि, सप्तम में राहु, कन्या में शुक्र और सप्तम में क्षीण चन्द्रमा हो तो शस्त्रघात से मृत्यु होती है। यहाँ मृत्युसूचक योग दिये जाते हैं :

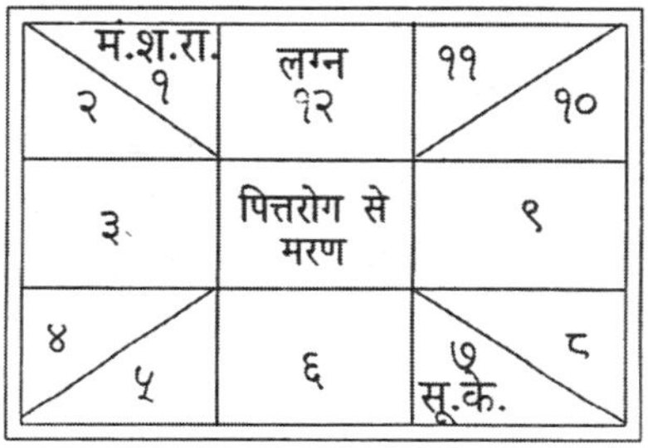

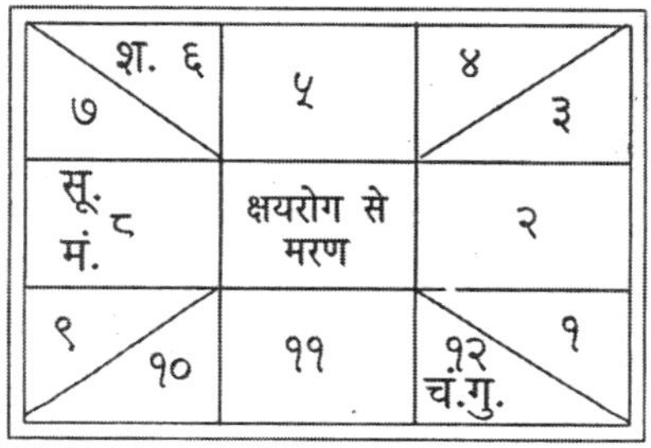

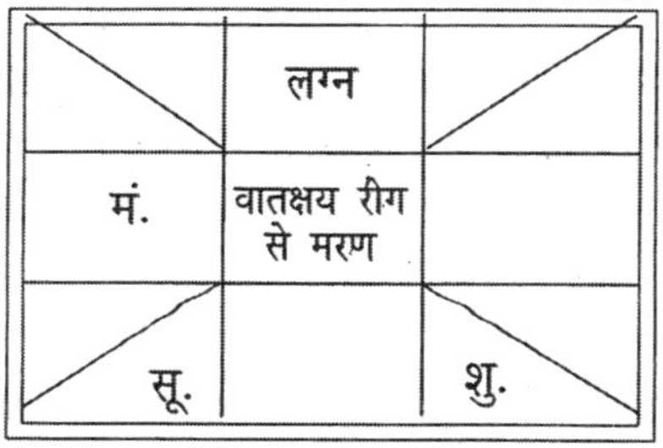

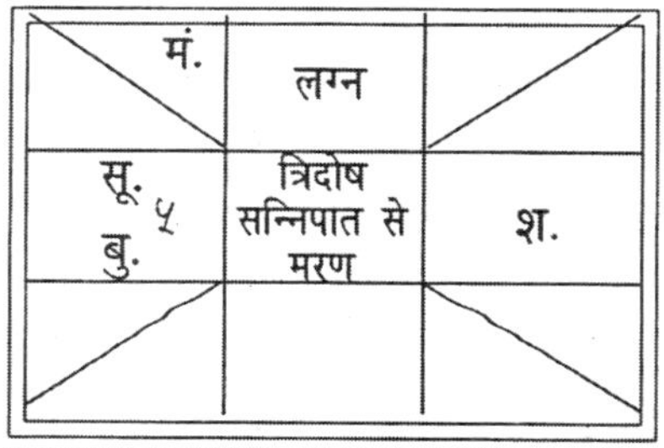

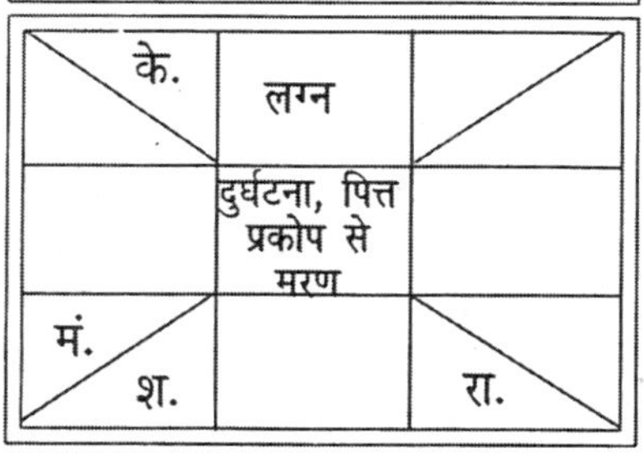

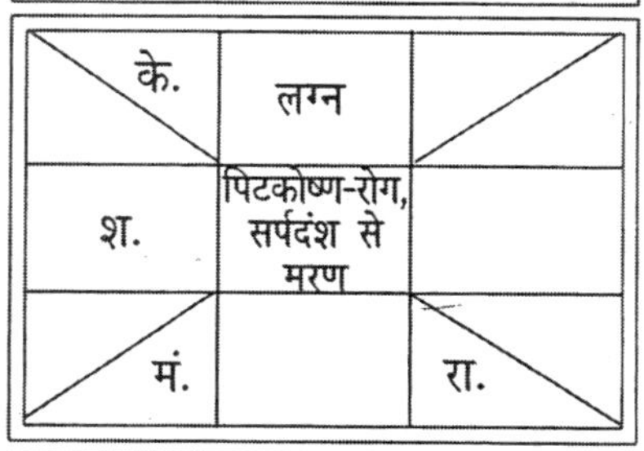

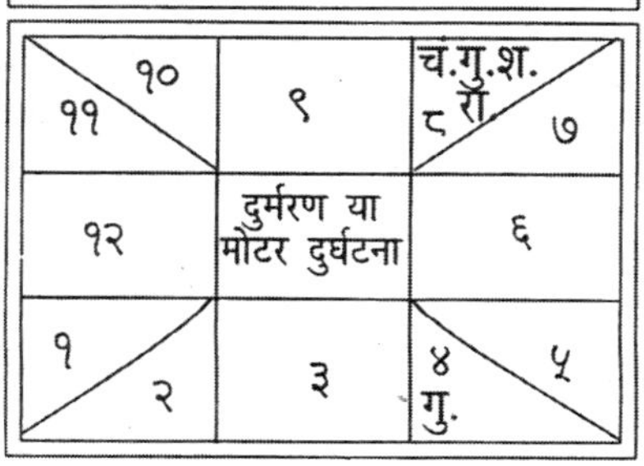

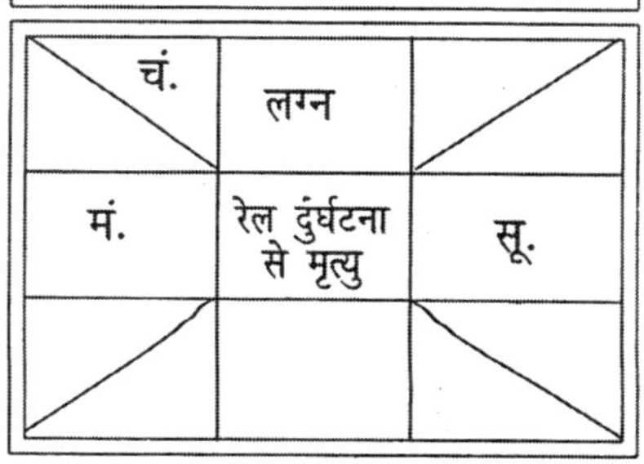

अष्टमेश का द्वादश भावों में फल—अष्टमेश लग्न स्थान में हो तो जातक सहनशील, दीर्घरोगी, राजा के द्वारा धन प्राप्त करनेवाला, अशुभ कर्मरत और दुखी; द्वितीय स्थान में हो तो अल्पायु, शत्रुओं से युत, नीचकर्मरत, अभिमानी और दुख प्राप्त करनेवाला; तृतीय भाव में हो तो बन्धुविरोधी, सहोदररहित, दुर्बल, रोगी, अल्पसुखी और विकलांगी; चौथे भाव में हो तो पिता से शत्रुता करनेवाला, अन्याय से पिता के धन का हरण करनेवाला, पिता के लिए विभिन्न प्रकार के कष्ट देनेवाला, चालाक, बावदूक और उग्र प्रकृतिवाला; पाँचवें भाव में हो तो सुतहीन, अल्प सन्ततिवाला, सन्तान के द्वारा सर्वदा कष्ट पानेवाला और मेधावी; छठे स्थान में हो तो रोगी, दुखी, जीवन में अनेक प्रकार के उतार-चढ़ाव देखनेवाला, शत्रुओं से पीड़ा प्राप्त करनेवाला तथा उनके द्वारा मृत्यु को प्राप्त होनेवाला और सन्तप्त; सातवें भाव में हो तो दुष्ट कुलोत्पन्न स्त्री का पति, गुल्मरोगी, कष्ट पानेवाला, स्त्री के साथ निरन्तर कलह से दुखी रहनेवाला और अल्पसुखी; आठवें भाव में हो तो व्यवसायी, नीरोग, व्याधिरहित, नीचों का नेता, नीचकर्मरत और धूर्तों का सरदार; नौवें भाव में हो तो पापी, नीच, धर्मविमुख, अकेला रहनेवाला, सज्जन तथा नीच अष्टमेष होने से ब्राह्मण की हत्या करनेवाला और कुरूप; दसवें भाव में हो तो नीचकर्मरत, राजा की सेवा करनेवाला, आलसी, क्रूर प्रकृति, जारज; नीच और मातृघातक; ग्यारहवें भाव में हो तो बाल्यावस्था में दुखी पर अन्तिम तथा मध्यावस्था में सुखी, दीर्घायु, सत्कार्यरत तथा पापग्रह अष्टमेश ग्यारहवें में हो तो अल्पायु, नीचकर्मरत, हिंसक और दुखी एवं बारहवें भाव में अष्टमेश क्रूरग्रह हो तो निकृष्ट, चोर, शठ, कुब्जक, रोगी, दुखी और अनेक प्रकार से कष्ट पानेवाला होता है।

अष्टमेश लग्न में और लग्नेश अष्टम में हो तथा द्वादश और तृतीय स्थानों पर पापग्रहों की दृष्टि हो या पापग्रह इन स्थानों में हो तो जातक नाना व्याधियों से पीड़ित होकर मृत्यु को प्राप्त करता है।

नवम भाव विचार

नवम से भाग्य और धर्म-कर्म के सम्बन्ध में विचार किया जाता है। भाग्येश के बलवान् होने से जातक भाग्यशाली होता है। यदि भाग्य-भवन पर अनेक ग्रहों की दृष्टि हो तो भाग्योदय के समय अनेक व्यक्तियों की सहायता लेनी पड़ती है। भाग्येश ६।८।१२वें भाव में शत्रुगृह में बैठा हो तो भाग्य उत्तम नहीं होता है। भाग्यस्थान में लाभेश बैठा हो तो नौकरी का योग होता है। धनेश लाभ में गया हो और दशमेश से युत या दृष्ट हो तो भाग्यवान् होता है। लाभेश नौवें भाव में हो और दशमेश से युत या दृष्ट हो तो भाग्यवान् होता है। नवमेश धन भाव में गया हो और दशमेश से युत या दृष्ट हो तो भाग्यवान् होता है। लाभेश नवम भाव में, धनेश लाभ भाव में, नवमेश धन भाव में हो और दशमेश से युत या दृष्ट हो तो महाभाग्यवान् होता है। नवम भाव गुरु और शुक्र से युत, दृष्ट हो या भाग्येश, गुरु, शुक्र से युत हो या लग्नेश और धनेश पंचम में स्थित हों अथवा नवम भाव में हों; नवमेश लग्न भाव में गया हो तो जातक भाग्यवान् होता है।

भाग्योदय काल—सप्तमेश या शुक्र ३।६।७।१०।११वें स्थान में हो तो विवाह के बाद भाग्योदय होता है। भाग्येश रवि हो तो २२वें वर्ष में, चन्द्र हो तो २४वें वर्ष में, मंगल हो तो २८वें वर्ष में; बुध हो तो ३२वें वर्ष में; गुरु हो तो १६वें वर्ष में; शुक्र हो तो २५वें वर्ष में; शनि हो तो ३६वें वर्ष में और राहु हो तो ४२वें वर्ष में भाग्योदय होता है।

नवम भाव का विशेष फल—१. नवम भाव में गुरु या शुक्र स्थित हो तो मन्त्री, शासनकर्ता में सहयोग या विचार-परामर्श देनेवाला, कौन्सिल का मेम्बर, पार्लमेण्ट-सेक्रेटरी और प्रधान न्यायाधीश का पेशकार होता है पर इस योग में ध्यान देने की एक बात यह है कि यह फल गुरु या शुक्र के उच्च राशि में रहने पर ही घटता है। नवम भाव पर शुभग्रह की दृष्टि भी अपेक्षित है।

२. नवमस्थ गुरु को सूर्य देखता हो तो राजा के समान, धारासभाओं का सदस्य, जनता का प्रतिनिधि; चन्द्र देखता हो तो विलासी, सुन्दरदेही; मंगल देखता हो तो कांचन, हिरण्य आदि मूल्यवान् धातुओंवाला; बुध देखता हो तो धनी; शुक्र देखता हो तो पशु, धन-धान्यादि सम्पत्ति से युक्त; शनि देखता हो तो चल-अचल आदि सम्पत्ति का स्वामी होता है।

३. गुरु को सूर्य-मंगल देखते हों तो ऐश्वर्य, रत्न, स्वर्ण आदि सम्पत्ति से युक्त, साहसी, धीर-वीर, पराक्रमी और बड़े परिवारवाला होता है; सूर्य-बुध देखते हों तो सुन्दर, भाग्यवान्, सुन्दर स्त्री का पति, धनी, कवि, लेखक, संशोधक, सम्पादक और विद्वान् होता है; सूर्य-शुक्र देखते हों तो उद्यमी, कलाविद्, यशस्वी, सुरुचिसम्पन्न, सुखी और नम्र होता है; सूर्य-शनि नवमस्थ गुरु को देखते हों तो नेता, प्रतिनिधि, कोषाध्यक्ष, प्रख्यात, मजिस्ट्रेट, न्यायाधीश और संग्रहकर्ता होता है; चन्द्र-मंगल देखते हों तो सेनापति, कीर्तिवान्, धारासभा का सदस्य, मन्त्री, सुखी, भाग्यवान्, चतुर और मान्य; चन्द्र-बुध देखते हों तो उत्तम सुख प्राप्त करनेवाला, तेजस्वी, क्षमावान्, विद्वान्, कवि, कहानीकार और संगीतप्रिय; चन्द्र-शुक देखते हों तो धनिक, कर्तव्यपरायण, सन्तानहीन और कुटुम्ब से दुखी; चन्द्र-शनि देखते हों तो अभिमानी, प्रवासी, मध्यावस्था में सुखी, अन्तिम जीवन में दुखी और कष्ट प्राप्त करनेवाला; मंगल-बुध देखते हों तो चतुर, सुशील, गायक, भूमिपति, विद्या द्वारा यशोपार्जन करनेवाला, प्रतिज्ञा पूर्ण करनेवाला और मान्य; मंगल-शुक्र देखते हों तो धनिक, विद्वान्, विदेश जानेवाला, तेजस्वी, सात्त्विक, चतुर, लब्धप्रतिष्ठ और शासन करनेवाला; मंगल-शनि देखते हों तो नीच, पिशुन, द्वेषी, विदेश-यात्रा करनेवाला, नीच प्रकृति, धन-धान्य से परिपूर्ण होता है।

४. नवम भाव एवं बृहस्पति से भाग्य प्रभाव, गुरु, धर्म, तप और शुभ का विचार किया जाता है। नवमेश और बृहस्पति शुभ वर्ग में हों, भाग्य भाव शुभग्रह से युक्त हो तो जातक भाग्यवान् होता है।

५. यदि पापग्रह, नीचराशिस्थ ग्रह या अस्तग्रह नवम भाव में हों तो जातक यश, धर्म और धन से हीन रहता है। पापग्रह भी यदि उच्च स्थान में मित्रगृह में होकर नवम में स्थित हो तो मनुष्य निरन्तर भाग्यवान् होता है।

६. नवम भाव यदि अपने स्वामी या शुभग्रह से युत अथवा दृष्ट हो तो जातक भाग्यशाली होता है। भाग्येश जिस राशि में हो उसका स्वामी भी भाग्यकारक होता है। नवमेश ग्रह भाग्य का परिचायक और भाग्य से पंचमेश अर्थात् लग्नेश भाग्य का बोधक होता है। यदि ये सभी ग्रह अपने-अपने उच्च या सुगृह के राशि में हों तो जातक सदा भाग्यशाली रहता है।

७. यदि चार बली ग्रह अपने उच्च तथा नवांश में स्थित होकर भाग्यस्थान में हों तो जातक भाग्यशाली होता है और उसे सभी प्रकार की सम्पत्तियाँ प्राप्त होती हैं।

८. भाग्यस्थान—नवम भाव अपने स्वामी या शुभग्रह से युत या दृष्ट हो तो जातक भाग्यवान् होता है।

९. नवम भावगत गुरु यदि सूर्य के द्वारा दृष्ट हो तो जातक राजा, मंगल द्वारा दृष्ट हो तो मन्त्री, बुध द्वारा दृष्ट हो तो धनी, शुक्र द्वारा दृष्ट हो तो मोटर आदि सम्पत्तियों से युक्त और चन्द्रमा द्वारा दृष्ट हो तो सुखी होता है।

१०. नवम भाव में स्थित गुरु को चन्द्रमा और सूर्य देखते हों तो जातक पण्डित एवं धनी होता है। मंगल और सूर्य देखते हों तो वाहन, रत्न आदि सम्पत्ति से युक्त होता है। सूर्य और बुध देखते हों तो धनिक एवं सूर्य और शुक्र द्वारा दृष्ट होने पर धन-सम्पत्ति की प्राप्ति होती है।

११. नवम भाव में सूर्य एवं बुध स्थित हों तो जातक दुखी, रोगी, पीड़ित; चन्द्रमा और बुध हों तो जातक चतुर, शास्त्रज्ञ; चन्द्रमा और गुरु हों तो जातक धीर बुद्धि, श्रीमान्, भाग्यशाली; चन्द्रमा और शुक्र हों तो साधारण भाग्यवान् एवं चन्द्रमा और शनि हों तो दुखी और निर्धन होता है। नवम भाव में मंगल और बुध हों तो जातक भोगी, सुखी एवं सम्पन्न; मंगल और बृहस्पति हों तो धनवान्, पूज्य; मंगल और शुक्र हों तो दो स्त्रियों का पति, परदेशवासी, भाग्यशाली; मंगल और शनि हों तो परस्त्रीगामी, धनिक एवं नीच विचारयुक्त तथा बुध और गुरु हों तो चतुर बुद्धि, विद्वान्, धनी और ज्ञानी होता है। नवम भाव में बुध और शुक्र हों तो जातक बुद्धिमान्, रतिप्रिय एवं पण्डित; बुध-शनि हों तो रोगी, धनवान् एवं मिथ्यावादी; बृहस्पति-शुक्र हो तो श्रीमान्, धनिक एवं दीर्घजीवी; शनि और गुरु हों तो धनवान् और रोगी एवं शुक्र-शनि हों तो अधिक समृद्धिशाली होता है।

१२. नवम भाव में सूर्य, चन्द्र और मंगल हों तो जातक के शरीर में घाव, माता-पिताहीन, सामान्यतया धनिक; रवि, चन्द्र और बुध हों तो हिंसक, कुलाचारहीन, साधारणतया धनिक; सूर्य, चन्द्र और गुरु हों तो सुखी, वाहन परिपूर्ण एवं समृद्ध; सूर्य, चन्द्र और शुक्र हों तो झगड़ालू, निर्धन एवं व्यापार में धन नाश करनेवाला; सूर्य, चन्द्र और शनि हों तो दूसरे की नौकरी करनेवाला, साधारणतया भाग्यशाली एवं श्रेष्ठ व्यक्तियों से विरोध करनेवाला; सूर्य, मंगल, बुध हों तो सुन्दर, क्रोधी एवं विवादप्रिय; सूर्य, मंगल एवं गुरु हों तो लोकप्रिय, धनिक एवं भाग्यशाली; सूर्य, मंगल और शुक्र हों तो क्रोधी, स्त्रियों से

झगड़नेवाला एवं निर्धन; सूर्य, मंगल और शनि हों तो बन्धुहीन, साधु एवं पितृहीन; सूर्य, बुध और गुरु हों तो यशस्वी एवं धनिक; सूर्य, बुध और शुक्र हों तो राजा के समान वैभवशाली तथा सूर्य, बुध और शनि हों तो परस्त्रीगामी एवं धनिक होता है।

नवम भाव में सूर्य, बृहस्पति और शुक्र हों तो जातक परस्त्रीरत, धनी एवं पण्डित होता है; सूर्य, बृहस्पति और शनि हों तो धूर्तराज; सूर्य, शुक्र और शनि हों तो निर्गुण एवं राजा से दण्डित; चन्द्र, मंगल और बुध हों तो जातक बाल्यावस्था में दुखी, युवावस्था में सुखी; चन्द्र, मंगल, गुरु हों तो भाग्यशाली; चन्द्र, मंगल और शुक्र हों तो स्त्रीरहित एवं रोगी; चन्द्र, मंगल और शनि हों तो कृपण एवं मातृहीन; चन्द्र, बुध और बृहस्पति हों तो विद्वान्, धनी एवं पराक्रमी; चन्द्र, बुध और शुक्र हों तो पराक्रमी एवं धनिक; चन्द्र, बुध और शनि हों तो जातक पापी, विवादप्रिय एवं बुद्धियुक्त; चन्द्र, गुरु और शुक्र हों तो राजा के समान समृद्धिशाली; चन्द्र, गुरु और शनि हों तो सद्गुणी एवं कर्मशील; शनि, बुध और शुक्र हों तो राजा के तुल्य एवं धनिक; बृहस्पति, मंगल और बुध हों तो मन्त्री, शासक एवं भाग्यशाली; बृहस्पति, मंगल और शुक्र हों तो शास्त्रवेत्ता, चंचल एवं भीरु; बृहस्पति, मंगल और शनि हों तो विवाद में तत्पर; शुक्र, बृहस्पति और बुध हों तो यशस्वी, विद्वान्, धनिक एवं धर्मात्मा; शुक्र, बृहस्पति और शनि हों तो श्रेष्ठ वक्ता एवं भाग्यशाली; गुरु, शुक्र, बुध और चन्द्रमा हों तो श्रीमान्, पराक्रमी एवं उद्योगी; सूर्य, मंगल, बृहस्पति और शनि हों तो साहसी, पराक्रमी एवं धनिक; शुक्र, मंगल, बृहस्पति और चन्द्रमा हों तो वीर, सर्वगुणसम्पन्न एवं रसिक तथा बृहस्पति, बुध और चन्द्रमा हों तो जातक यशस्वी एवं भाग्यशाली होता है।

भाग्येश का द्वादश भावों में फल—भाग्येश लग्न में हो तो जातक धर्मात्मा, श्रद्धालु, पराक्रमी, कृपण, राज-कार्य करनेवाला, बुद्धिमान्, विद्वान्, कोमल प्रकृति का और श्रेष्ठ कार्यों में अभिरुचि रखनेवाला; द्वितीय भाव में हो तो शीलवान्, प्रख्यात, सत्यप्रिय; दानी, धर्मात्मा, धनिक, ऐश्वर्यवान् और मान्य; तृतीय भाव में हो तो बन्धुओं से प्रेम करनेवाला, अनाथों का आश्रयदाता और कुटुम्बियों को सब प्रकार से सहायता देनेवाला; चौथे भाव में हो तो पिता का भक्त, विद्वान्, कीर्तिवान्, सत्कार्यरत, दानी, मित्रवर्ग को सुख देनेवाला, उद्योगी, तेजस्वी और चपल; पाँचवें भाव में हो तो पुण्यात्मा, देव-द्विज और गुरु की सेवा में तत्पर रहनेवाला, सुपुत्रवान्, सन्तान द्वारा यश प्राप्त करनेवाला और माता की सेवा में सर्वदा प्रस्तुत रहनेवाला; छठे भाव में हो तो शत्रुओं से पीड़ित, भीरु, पापी, नीच, शौकीन, निद्रालु, मूर्ख और धूर्त; सातवें भाव में हो तो सुन्दर, सत्यवती, सुशीला, धनवती तथा मधुरभाषिणी नारी का पति, विलासी, रतिकर्म में प्रवीण और सुन्दर; आठवें भाव में हो तो दुष्ट, हिंसक, कुटुम्बियों से विरोध करनेवाला, निर्दयी, विचित्र स्वभाव का और दुराचारी; नौवें भाव में हो तो स्नेही, कुटुम्ब की वृद्धि करनेवाला, भाग्यवान्, धनिक, दानी, श्रद्धालु, सेवापरायण, सज्जन, व्यापार द्वारा धनार्जन करनेवाला और प्रख्यात; दसवें भाव में हो तो ऐश्वर्यवान्, राजमान्य, सुखी, विलासी, कठिन से कठिन कार्य में भी सफलता प्राप्त करनेवाला, लब्धप्रतिष्ठ,

शासनकार्य में भाग लेनेवाला, धारासभाओं का सदस्य और उच्च पद पर रहनेवाला; ग्यारहवें भाव में हो तो दीर्घायु, धर्मपरायण, धनिक, प्रेमी, व्यापार द्वारा लाभ प्राप्त करनेवाला, राजमान्य, पुण्यात्मा, यशस्वी और स्व-परकार्यरत एवं बारहवें भाव में हो तो विदेश में मान्य, सुन्दर, विद्वान्, कलाविज्ञ, चतुर, सेवा द्वारा ख्याति प्राप्त करनेवाला और किसी महान् कार्य में सफलता प्राप्त करनेवाला होता है। यदि भाग्येश क्रूरग्रह हो तो जातक दुर्बुद्धि और नीचकार्यरत होता है।

दशम भाव विचार

दशम भाव पर शुभग्रहों की दृष्टि हो तो मनुष्य व्यापारी होता है। (क) दसवें भाव में बुध स्थित हो, (ख) दशमेश और लग्नेश एक राशि में हों, (ग) लग्नेश दशम भाव में गया हो, (घ) दशमेश १।४।५।७।९।१० में हो तथा शुभग्रहों से दृष्ट हो, (ङ) दशमेश अपनी राशि में हो तथा शुभग्रह की दृष्टि हो तो जातक व्यापारी होता है।

१. ६।८।१२वें भाव में पापग्रहों से दृष्ट बुध, गुरु और शुक्र हों तो जातक को किसी भी काम में सफलता नहीं मिलती है। दशमेश ३।८।१२वें भाव में हो तो मन चंचल रहने से काम ठीक नहीं होता।

२. दशमेश ग्यारहवें भाव में हो और एकादशेश दशम भाव में हो या नवमेश दशम में व दशमेश नवम भाव में हो तो जातक श्रीमान्, प्रतापी, शासक और लोकमान्य होता है।

३. १।४।७।१० में रवि हो; चन्द्रमा १।४।५।७।९।१०वें स्थान में हो, १।४थे भाव में गुरु हो तो राजयोग होता है।

४. अष्टमेश छठे और षष्ठेश आठवें भाव में हो अथवा अष्टमेश और षष्ठेश ये दोनों ग्रह १।४।७।१० में स्थित हों या छठे में गुरु और ग्यारहवें में चन्द्रमा तथा लाभेश शुभग्रह की राशि और शुभग्रह के नवांश में स्थित हो तो जातक प्रतापी होता है।

५. बली शुभग्रह ग्यारहवें भाव में हो और किसी अन्य शुभग्रह के द्वारा देखा भी जाता हो अथवा द्वितीय स्थान में चन्द्र, गुरु और शुक्र गये हों तो जातक श्रीमान् होता है।

६. पंचम स्थान में गुरु और दशम स्थान में चन्द्रमा हो तो जातक राजा, बुद्धिमान् या तपस्वी होता है।

पितृसुख योग–१. (क) दशमेश शुभग्रह हो और वह शुभग्रह से युत या दृष्ट हो; (ख) दशमेश गुरु, शुक्र से युत हो; (ग) नवमेश परमोच्च का हो; (घ) चन्द्रकुण्डली में केन्द्रस्थान में शुक्र हो; एवं (ङ) दशमेश शुभग्रहों के मध्य में हो तो जातक को पिता का सुख अधिक होता है।

२. (क) सूर्य, मंगल, दसवें या नौवें भाव में हों; (ख) पापग्रह से युत सूर्य सातवें भाव

में हो; (ग) सातवें में सूर्य, दसवें स्थान में मंगल और बारहवें स्थान में राहु हो; (घ) चतुर्थेश ६।८।१२वें भाव में हो; (ङ) दशमेश रवि, मंगल से युक्त हो एवं (च) दशम भाव में दशमेश की शत्रुराशि का ग्रह हो तो जातक के पिता की शीघ्र मृत्यु होती है। जातक अपने पिता का बहुत कम सुख प्राप्त करता है।

३. (क) कर्क राशि में राहु, मंगल और शनि हों, (ख) चतुर्थ स्थान में क्रूर ग्रह हों; (ग) चतुर्थेश क्रूर ग्रहों से दृष्ट या युत हो; (घ) दशम स्थान में समराशिगत हो और उस राशि का स्वामी क्रूर ग्रह हो; (ङ) चन्द्रमा पापग्रह के साथ हो तथा चन्द्रमा से चतुर्थ शनि और राहु हों तो जातक को माता का सुख कम मिलता है अर्थात् छोटी ही अवस्था में माता की मृत्यु हो जाती है।

दशम भाव का विशेष विचार—दशम भाव से शासन, मान, आभूषण, वस्त्र, व्यापार, निद्रा, कृषि, प्रव्रज्या, कर्म, जीवन, यश विज्ञान और विद्या का विचार करना चाहिए। दशमेश, सूर्य, बुध, गुरु और शनि से भी उक्त विषयों का विचार करें।

दशमेश निर्बल हो तो जातक चंचल बुद्धि और दुराचारी होता है। बृहस्पति, बुध, शनि और सूर्य बलरहित ६।८।१२ स्थान में स्थित हो तो जातक सत्कर्महीन होता है। दशम भाव में मीन राशि हो और बुध तथा मंगल इसी स्थान में स्थित हों तो जातक तपस्वी होता है।

दशमेश, बुध और बृहस्पति दशम भाव में हों तो जातक पुण्य कार्य करनेवाला होता है। लग्नेश, दशमेश एक स्थान में हों, अथवा दोनों का एकाधिपत्य हो (कन्या और मीन लग्न होने से लग्नेश और दशमेश में एकाधिपत्य होता है) तो जातक स्वअर्जित उत्तम धन से सत्कार्य करता है। दशम में कई शुभग्रह हों तो जातक अनेक पुण्य कार्य करता है। चन्द्रमा से दशम भाव में बलवान् शुभ ग्रह उच्चादि वर्ग में स्थित हो तथा बृहस्पति से युक्त या दृष्ट हो तो जातक श्रेष्ठ कार्य करता है एवं जीवन में सर्वत्र सफलता प्राप्त करता है। दशमेश, बुध और बृहस्पति बलवान् हों तो जातक कर्मठ होता है और गोशाला, मन्दिर, तालाब, बाग़ आदि का निर्माण कराता है। यदि दशमेश शुभग्रह तथा चन्द्रमा के साथ हों और दशम स्थान में राहु और केतु नहीं हों तो जातक परम पुरुषार्थी होता है।

बुध अपने उच्च (कन्या) राशि में राहु, केतु से रहित हो अथवा नवम भाव में स्थित हों एवं दशमेश नवम भाव में हो तो मनुष्य अपने पुरुषार्थ से पूर्ण सफलता प्राप्त करता है। दशमेश से दशम भाव राहु स्थित हो और कर्मेश उच्चराशिगत होने पर भी ६।८।१२ में स्थित हो तो जातक को कर्म में सफलता नहीं प्राप्त होती। दशम और नवम स्थान में शुभग्रह हों और उन भावों के स्वामी बृहस्पति और लग्नेश बलवान् हों तो जातक आचार, धर्म, गुण, कर्म आदि में सफलता प्राप्त करता है।

लग्न से अथवा चन्द्रमा से दशम स्थान में जो ग्रह हो उस ग्रह के द्रव्य से मनुष्य की जीविका होती है। लग्न से अथवा चन्द्रमा से दशम सूर्य हो तो पिता से धन मिलता है। चन्द्र हो तो माता से, मंगल हो तो शत्रु से, बुध हो तो मित्र से, गुरु हो तो भाई से,

शुक्र हो तो स्त्री से, शनि हो तो सेवक से धन प्राप्त होता है। यदि लग्न और चन्द्रमा दोनों से दशम भाव में ग्रह हो तो अपनी-अपनी दशा में दोनों फल देते हैं। लगन, चन्द्रमा इन दोनों में जो बली हो उससे दशम भाव का स्वामी जहाँ स्थित हो उस नवांशपति से आजीविका कहनी चाहिए।

लग्न या चन्द्रमा से दशम स्थान का स्वामी सूर्य के नवांश में हो तो औषध, अन्न, तृण, धान्य, सोना, मुक्ता आदि के व्यापार से आजीविका कहनी चाहिए।

लग्न या चन्द्रमा से दशम स्थान का स्वामी चन्द्रमा के नवांश में हो तो जल में उत्पन्न होनेवाली वस्तुओं के व्यापार से और कृषि, मिट्टी के खिलौनें, विलास सामग्री आदि के व्यापार से लाभ कहना चाहिए।

लग्न या चन्द्रमा से दशमेश, मंगल के नवांश में हो तो सोना, चाँदी, ताँबा, पीतल आदि के व्यापार से तथा कोयला एवं राख के व्यापार से धन लाभ कहना चाहिए।

लग्न या चन्द्रमा से दशमेश बुध के नवांश में हो तो शिल्प, काव्य, पुराण, ज्योतिष आदि के द्वारा आजीविका सम्पादित होती है।

लग्न या चन्द्रमा से दशमेश गुरु के नवांश में हो तो जातक, शिक्षक, प्राध्यापक, पुराणवेत्ता एवं धर्मोपदेशक होता है।

लग्न या चन्द्रमा से दशमेश शुक्र के नवांश में हो तो सुवर्ण, मणि, गज, अश्व, गौ, गुड़, चावल, नमक आदि के व्यापार से लाभ होता है।

लग्न या चन्द्रमा से दशमेश, शनि के नवांश में हो तो निन्दित मार्ग से आजीविका सम्पन्न होती है।

चन्द्रमा से दशम में मंगल-बुध से युक्त हो तो शास्त्रोपजीवी, गुरु से युक्त हो तो नीचों का स्वामी, शुक्र से युक्त हो तो विदेश से व्यापार करनेवाला, शनि से युक्त हो तो साहसी एवं निःसन्तान होता है।

चन्द्रमा से दशम भाव में बुध, शुक्र हों तो विद्या, स्त्री एवं धन से युक्त, शनि से युक्त हो तो पुस्तक-लेखक, बृहस्पति, शुक्र से युक्त हो तो समृद्ध, शनि से युक्त हो तो दृढ़ संकल्पी एवं कलाकार होता है।

दशमेश का द्वादश भावों में फल–दशमेश लग्न में हो तो जातक पिता से स्नेह करनेवाला, बाल्यावस्था में दुखी, माता से द्वेष करनेवाला, अन्तिम अवस्था में सुखी, धनिक, पुत्रवान् और देशमान्य; द्वितीय स्थान में हो तो अल्पसुखी, जागीरदार, माता से द्वेष करनेवाला और परिश्रम से जी चुरानेवाला; तृतीय स्थान में हो तो कुटुम्बियों से विरोध करनेवाला, माता के द्वारा सहायता प्राप्त करनेवाला और प्रत्येक कार्य में असफलता प्राप्त करनेवाला; चौथे स्थान में हो तो सुखी, कुटुम्बियों की सेवा करनेवाला, राजमान्य, शासन में भाग लेनेवाला, पंच प्रमुख, सबका प्रिय और ऐश्वर्यवान्; पाँचवें भाव में हो तो शुभ कार्य करनेवाला, पाखण्डी, राजा से धन प्राप्त करनेवाला, विलासी, माता को सर्व-प्रकार से सुख देनेवाला और सुखी; छठे भाव में दशमेश पापग्रह होकर स्थित हो तो बाल्यावस्था में दुखी, मध्यावस्था में सुखी,

माता से द्वेष करनेवाला, भाग्यरहित, सामान्य धनिक और शत्रु द्वारा हानि प्राप्त करनेवाला; सातवें में हो तो सुन्दर, रूपवती और पुत्रवाली रमणी का भर्ता, कौटुम्बिक सुख से परिपूर्ण, भोगी, ससुराल से सुख प्राप्त करनेवाला और सुखी; आठवें भाव में हो तो क्रूर, तस्कर, पाखण्डी, धूर्त, मिथ्याभाषी, अल्पायु, माता को सन्ताप देनेवाला, कष्टों से दुखित और नीचकर्मरत; नौवें भाव में हो तो बन्धु-बान्धव समन्वित, मित्रों के सुख से परिपूर्ण, अच्छे स्वभाववाला, धर्मात्मा और लोकप्रिय; दसवें भाव में हो तो पिता को सुख देनेवाला, माता के कुटुम्ब को प्रसन्न रखनेवाला, मातुल की सेवा करनेवाला, राजमान्य मुखिया, धनी, चतुर, लेखक और कार्यकुशल; ग्यारहवें भाव में हो तो माता-पिता को सम्मानित करनेवाला, धनिक, उद्योगी और व्यापार में अत्यन्त निपुण एवं बारहवें भाव में हो तो राजकार्य में प्रेम रखनेवाला, मान्य, शासन के कार्यों में सुधार करनेवाला, स्वाभिमानी और प्रवासी होता है।

एकादश भाव विचार

लाभ भाव में शुभग्रह हों तो न्यायमार्ग से धन का लाभ और पापग्रह हों तो अन्याय मार्ग से धन का लाभ होता है तथा शुभ और अशुभ दोनों प्रकार से ग्रह लाभ भाव में हों तो न्याय, अन्याय मिश्रित मार्ग से धन आता है।

लाभ भाव पर शुभग्रहों की दृष्टि हो तो लाभ और पापग्रहों की दृष्टि हो तो हानि होती है। लाभेश १।४।५।७।९।१० भावों में हो तो धन का बहुत लाभ होता है।

लाभेश शुभग्रह से सम्बन्ध करता हो तो लाभ होता है।

यद्यपि ससुराल से धन प्राप्त करने के दो-तीन योग पहले भी लिखे गये हैं; किन्तु ग्यारहवें भाव के विचार में इन योगों पर कुछ विचार कर लेना आवश्यक है। निम्न योग अनुभवसिद्ध हैं :

१. सप्तम और चतुर्थ स्थान का स्वामी एक ही ग्रह हो तथा वह ग्रह इन्हीं दोनों भावों में से किसी भाव में हो।

२. जायेश कुटुम्ब[1] स्थान में और कुटुम्बेश जाया[2] स्थान में हो।

३. जायेश[3] और कुटुम्बेश दोनों ग्रह सप्तम में अथवा कुटुम्ब स्थान में एकत्र हों।

४. जायेश और कुटुम्बेश दोनों ग्रह १।४।५।७।९।१०।११वें भाव में हों या चन्द्र से ७वें अथवा चतुर्थ स्थान में एकत्रित हों।

५. धनेश व लाभेश यदि लग्नेश के मित्र हों तो जातक को अच्छी आमदनी होती है।

६. सूर्य या चन्द्रमा लाभेश हो तो राजा के सदृश धनवान् के आश्रय से, मंगल लाभेश हो तो मन्त्री के आश्रय से, बुध लाभेश हो तो विद्या द्वारा, बृहस्पति लाभेश हो तो आचार द्वारा, शुक्र लाभेश हो तो पशुओं के व्यापार द्वारा और शनि लाभेश हो तो खर कर्म द्वारा धनलाभ होता है।

---

१. चौथा स्थान। २. सप्तम स्थान। ३. सप्तम स्थानेश।

७. लाभ स्थान का स्वामी लग्न से केन्द्र या त्रिकोण में स्थित हो, लाभ में पापग्रह हो अथवा लाभेश उच्च आदि राशि या उसके नवांश में स्थित हो तो धनवान् होता है। लाभकारक ग्रह के साथ अन्य लोगों का विचार भी अपेक्षित है। लाभकारक ग्रह की महादशा एवं अन्तर्दशा में फल कहना चाहिए।

बहुलाभ योग—लाभेश शुभग्रह होकर दशम में और दशमेश नवम भाव में हो या लाभेश नवम भाव में हो तो जातक को प्रचुर सम्पत्ति का लाभ होता है।

द्वादश भावों में लाभेश का फल—लाभेश लग्न में हो तो जातक अल्पायु, रोगी, बलवान्, पराक्रमी, दानी, सत्कार्यरत, धनिक, ऐश्वर्यवान्, लोभी, समय पर कार्य करने की सूझ से अनभिज्ञ और हठी; दूसरे भाव में हो तो भोगी, साधारणतया धनी, रोगी, रत्न, सोना और चाँदी के आभूषण धारण करनेवाला और आधि-व्याधिग्रस्त; तीसरे भाव में हो तो बन्धु-बान्धव से युक्त, लक्ष्मीवान्, सर्वप्रिय और कुल में ख्याति प्राप्त करनेवाला; चौथे भाव में हो तो दीर्घायु, समय की गति को पहचाननेवाला, धर्मरत, धन-धान्य का लाभ प्राप्त करनेवाला और ऐश्वर्यवान्; पाँचवें भाव में हो तो पुत्रवान्, गुणवान्, अल्प लाभ प्राप्त करनेवाला, मध्यावस्था में आर्थिक संकट से दुखी और पिता से प्रेम करनेवाला; छठे भाव में हो तो रोगी, शत्रुओं से पीड़ित, पशुओं का व्यापार करनेवाला और प्रवासी; सातवें भाव में हो तो तेजस्वी, पराक्रमशाली, सम्पत्तिवान्, दीर्घायु, पत्नी से प्रेम करनेवाला, सब प्रकार के कौटुम्बिक सुखों को प्राप्त करनेवाला और रति कर्म में प्रवीण; आठवें भाव में हो तो अल्पायु, रोगी, दुखी, जीविकाहीन, आलसी, निस्तेज और अर्द्धमृतक समान; नौवें भाव में हो तो ज्ञानवान्, शास्त्रज्ञ, धर्मात्मा, ख्यातिवान् और श्रद्धालु; दसवें भाव में हो तो माता का भक्त, पुण्यात्मा, पिता से द्वेष करनेवाला, दीर्घायु, धनिक, उद्योगी, समाज-मान्य, सत्कार्यरत, राष्ट्रीय कार्यों में प्रमुख भाग लेनेवाला, देश की उन्नति में अपने जीवन और प्राणों का उत्सर्ग करनेवाला, देश में प्रतिनिधित्व प्राप्त करनेवाला और अमर कीर्ति को स्थापित करनेवाला; ग्यारहवें भाव में हो तो दीर्घायु, पुत्रवान्, सुकर्मरत, सुशील, हँसमुख, मिलनसार, साधारण धनिक एवं बारहवें भाव में हो तो चंचल, भोगी, रोगी, बाल्यावस्था मे दुखी, मध्यावस्था में साधारण दुखी किन्तु अन्तिमावस्था में आधि-व्याधियों से पीड़ित, अभिमानी, अवसर आने पर दान देनेवाला और सदा चिन्तित रहनेवाला होता है।

द्वादश भाव विचार

द्वादश भाव में शुभग्रह स्थित हों तो सन्मार्ग में धन व्यय, अशुभग्रह स्थित हों तो असत्कार्यों में धन व्यय एवं शुभ और पाप दोनों ही प्रकार के ग्रह हों तो सद्-असद् दोनों ही प्रकार के कार्यों में धन व्यय होता है। रवि, राहु और शुक्र ये तीनों बारहवें भाव में हों तो राजकार्य में तथा गुरु बारहवें भाव में हो तो टैक्स और ब्याज देने में धन व्यय होता है। बारहवें भाव में शनि, मंगल हों तो भाई के द्वारा धन खर्च और क्षीण चन्द्र एवं रवि हों तो राज-दण्ड में धन खर्च होता है।

यद्यपि जातक के व्यवसाय के बारे में पहले लिखा जा चुका है किन्तु द्वादश भाव की सहायता से भी व्यवसाय का निर्णय करना चाहिए। चर राशिगत ग्रहों की संख्या अधिक हो तो डॉक्टर, वकील एवं स्थायी व्यवसायवाला तथा द्विस्वभाव राशिगत ग्रहों की संख्या अधिक हो तो जातक किसी स्वतन्त्र व्यवसाय का करनेवाला, स्थिर राशिगत ग्रहों की संख्या अधिक हो तो जातक अध्यापक, प्रोफेसर, मास्टर, किरानी, आढ़तिया आदि का पेशा करता है।

राशि और ग्रहों के तत्त्व प्रथम भाव के विचार में लिखे गये हैं। उनके अनुसार निम्न प्रकार विचार किया जाता है।

(१) बली ग्रह, (२) बली ग्रह की राशि, (३) लग्न और (४) दशम राशि इन चारों में यदि अग्नितत्त्व की विशेषता हो तो बुद्धि और मानसिक क्रियाओं में चमत्कारपूर्ण कार्य; पृथ्वीतत्त्व की विशेषता हो तो शारीरिक श्रमसाध्य कार्य एवं जलतत्त्व की विशेषता हो तो जातक का व्यवसाय बदला करता है।

द्वादश भावों में द्वादशेश का फल—व्ययेश लग्न में हो तो जातक विशेष भ्रमण करनेवाला, मधुरभाषी, धन खर्च करनेवाला, रूपवान्, कुसंगति में रहनेवाला, झगड़ालू, नाना प्रकार के उपद्रवों को करनेवाला और पुंसत्व शक्ति से हीन या अल्प पुंसत्व शक्तिवाला, द्वितीय भाव में हो तो कृपण, कठोर, कटुभाषी, रोगी, निर्धन और दुखी; तीसरे भाव में हो तो मातृहीन या अल्प भाइयोंवाला, प्रवासी, रोगी, अल्पधनी, व्यवसायी, परिश्रमी और वाचाल; चौथे भाव में हो तो रोगी, श्रेष्ठ कार्यरत, पुत्र से कष्ट प्राप्त करनेवाला, दुखी, आर्थिक संकट से परिपूर्ण और जीवन में प्रायः असफल रहनेवाला; पाँचवें भाव में पापग्रह व्ययेश हो तो पुत्रहीन, पुत्रसुख से वंचित, दुखी तथा शुभग्रह व्ययेश हो तो पुत्रसुख से अन्वित, सत्कार्यरत और अल्पसन्तति, सुख को प्राप्त करनेवाला; छठे भाव में पापग्रह व्ययेश हो तो कृपण, दुष्ट, नीचकार्यरत, अल्पायु तथा शुभग्रह व्ययेश हो तो मध्यमायु, लाभान्वित, साधारणतया सुखी और अन्तिम जीवन में कष्ट प्राप्त करनेवाला; सातवें भाव में हो तो दुश्चरित्र, चतुर, अविवेकी, परस्त्रीगत तथा क्रूरग्रह सप्तमेश हो तो अपनी स्त्री से मृत्यु प्राप्त करनेवाला या किसी वेश्या के जाल में फँसकर मृत्यु को प्राप्त करनेवाला और व्यसनी; आठवें भाव में हो तो पाखण्डी, धूर्त, धनरहित और नीचकार्यरत; नौवें भाव में हो तो तीर्थयात्रा करनेवाला, चंचल, आलसी, दानी, धनार्जन करनेवाला और मतिहीन; दसवें भाव में हो तो परस्त्री से पराङ्मुख, सुन्दर सन्तानवाला, पवित्र, धनिक, जीवन को सफलतापूर्वक व्यतीत करनेवाला और माता के साथ द्वेष करनेवाला; ग्यारहवें भाव में हो तो दीर्घजीवी, प्रमुख, दानी, सत्यवादी, सुकुमार, प्रसिद्ध, श्रेष्ठकार्यरत, मान्य, सेवावृत्ति के मर्म की जाननेवाला और परिश्रमी एवं बारहवें भाव में हो तो ऐश्वर्यवान्, ग्रामीण, कृपण, पशु-सम्पत्तिवाला, जमींदार या मामूली जागीर का स्वामी और स्वकार्यरत होता है।

द्वादश लग्नों का फल—मेष लग्न में जन्म लेनेवाला जातक दुर्बल, अभिमानी, अधिक

बोलनेवाला, बुद्धिमान्, तेज़ स्वभाववाला, रजोगुणी, चंचल, स्त्रियों से द्वेष रखने-वाला, धर्मात्मा, कम सन्तानवाला, कुलदपीक, उदारवृत्ति तथा १।३।६।८।१५।२१।३६।४०।४५।५६।६३ इन वर्षों में शारीरिक कष्ट, धनहानि और १६।२०।२८।३४।४१।४८।५१ इन वर्षों में भाग्य-वृद्धि, धनलाभ, वाहन सुख आदि को प्राप्त करनेवाला; वृष में जन्म हो तो जातक गौरवर्ण, स्त्रियों का-सा स्वभाव, मधुरभाषी, शौक़ीन, उदारवृत्ति, रजोगुणी, ऐश्वर्यवान्, अच्छी संगति में बैठनेवाला, पुत्र से रहित, लम्बे दाँत और कुंचित केशवाला, पूर्णायु और ३६ वर्ष की आयु के पश्चात् दुख भोगनेवाला; मिथुन लग्न में जन्म हो तो गेहुँआ रंग, हास्यरस में प्रवीण, गायन-वाद्य-रसिक, स्त्रियों की अभिलाषा करनेवाला, विषयासक्त, गोल चेहरेवाला, शिल्पज्ञ, चतुर, परोपकारी, कवि, गणितज्ञ, तीर्थयात्रा करनेवाला, प्रथम अवस्था में सुखी, मध्य में दुखी और अन्तिम अवस्था में सुख भोगनेवाला, ३२-३५ वर्ष की अवस्था में भाग्योदय को प्राप्त करनेवाला, मध्यमायु और नाना प्रकार के सुखों को प्राप्त करनेवाला; कर्क लग्न में जन्म हो तो ह्रस्वकाय, कुटिल स्वभाव, स्थूल शरीर, स्त्रियों के वशीभूत रहनेवाला, धनिक, जलाशय से प्रेम करनेवाला, मित्रद्रोही, शत्रुओं से पीड़ित, कन्या सन्ततिवाला, व्यापारी, सुन्दर नेत्रवाला, अपने स्थान को छोड़कर अन्य स्थान में वास करनेवाला, १६ या १७ वर्ष की अवस्था में भाग्योदय को प्राप्त होनेवाला और व्यसनी; सिंह लग्न में जन्म हो तो पराक्रमी, बड़े हाथ-पैरवाला, चौड़े हृदयवाला, ताम्रवर्ण, पतली कमरवाला, तेज़ स्वभाव का, क्रोधी, वेदान्त विद्या को जाननेवाला, घोड़े की सवारी से प्रेम करनेवाला, रजोगुणी, अस्त्र चलाने में निपुण, उदारवृत्ति, साधु-सेवा में संलग्न, प्रथमावस्था में सुखी, मध्यमावस्था में दुखी, अन्तिमावस्था में पूर्ण सुखी तथा २१ या २८ वर्ष की अवस्था में भाग्योदय को प्राप्त करनेवाला; कन्या लग्न में जन्म हो तो ज़नाने स्वभाव का, शृंगारप्रिय, बड़े नेत्रवाला, स्थूल तथा सामान्य शरीर का, अल्प और प्रियभाषी, स्त्री के वश में रहनेवाला, भ्रातृद्रोही, चतुर, गणितज्ञ, कन्या सन्तति उत्पन्न करनेवाला, धर्म में रुचि रखनेवाला, प्रवासी, गम्भीर स्वभाववाला, अपने मन की बात किसी से नहीं कहनेवाला, बाल्यावस्था में सुखी, मध्यावस्था में सामान्य और अन्त्यावस्था में दुखी रहनेवाला और २३-२४ से ३६ वर्ष की अवस्था पर्यन्त भाग्योदय द्वारा धन-ऐश्वर्य बढ़ानेवाला; तुला लग्न में जन्म हो तो गौरवर्ण, सतोगुणी, परोपकारी, शिथिल गात्र, देवता-तीर्थ में प्रीति करनेवाला, मोटी नासिकावाला, व्यापारी, ज्योतिषी, प्रिय वचन बोलनेवाला, लोभरहित, भ्रमणशील, कुटुम्ब से अलग रहनेवाला, स्त्रियों का द्रोही, वीर्य-विकार से युक्त, प्रथमावस्था में दुखी, मध्यमावस्था में सुखी, अन्तिमावस्था में सामान्य, मध्यमायु और ३१ या ३२ वर्ष की अवस्था में भाग्यवृद्धि को प्राप्त करनेवाला; वृश्चिक लग्न में जन्म हो तो ह्रस्वकाय, स्थूल शरीर, गोल नेत्र, चौड़ी छातीवाला, निन्दक, सेवाकर्म करनेवाला, कपटी, पाखण्डी, भ्राताओं से द्रोह करनेवाला, कटु स्वभाव, झूठ बोलनेवाला, भिक्षावृत्ति, तमोगुणी, पराये मन की बात जाननेवाला, ज्योतिषी, दयारहित, प्रथमवस्था में दुखी, मध्यमावस्था में सुखी, पूर्णायुष और २० या २४ वर्ष की अवस्था में भाग्योदय को प्राप्त होनेवाला; धनु लग्न में जन्म हो तो सतोगुणी, अच्छे स्वभाववाला, बड़े दाँतवाला, धनिक,

ऐश्वर्यवान्, विद्वान्, कवि, लेखक, प्रतिभावान्, व्यापारी, यात्रा करनेवाला, महात्माओं की सेवा करनेवाला, पिंगलवर्ण, पराक्रमी, अल्प सन्तानवाला, प्रेम के वश में रहनेवाला, प्रथमावस्था में सुख भोगनेवाला, मध्यमावस्था में सामान्य, अन्त में धन-ऐश्वर्य से परिपूर्ण और २२ या २३ वर्ष की अवस्था में धनलाभ प्राप्त करनेवाला; मकर लग्न में जन्म हो तो मनुष्य तमोगुणी, सुन्दर नेत्रवाला, पाखण्डी, आलसी, खर्चीला, भीरु, अपने धर्म से विमुख रहनेवाला, स्त्रियों में आसक्ति रखनेवाला, कवि, निर्लज्ज, प्रथमावस्था में सामान्य, मध्य में दुखी, पूर्णायु और अन्त में ३२ वर्ष की आयु के पश्चात् सुख भोगनेवाला; कुम्भ लग्न में जन्म हो तो रजोगुणी, मोटी गरदनवाला, अभिमानी, ईर्ष्यालु, द्वेषयुक्त, गंजे सिरवाला, ऊँचे शरीरवाला, परस्त्रियों की अभिलाषा करनेवाला, प्रथमवस्था में दुखी, मध्यमावस्था में सुखी, अन्तिम अवस्था में धन, पुत्र, भूमि प्रभृति के सुखों को भोगनेवाला, भ्रातृद्रोही और २४ या २५ वर्ष की अवस्था में भाग्योदय को प्राप्त करनेवाला एवं मीन लग्न में जन्म हो तो सतोगुणी, बड़े नेत्रवाला, ठोढ़ी में गड्ढा, सामान्य शरीरवाला, प्रेमी, स्त्री के वशीभूत रहनेवाला, विशाल मस्तिष्कवाला, ज्यादा सन्तान पैदा करनेवाला, रोगी, आलसी विषयासक्त, अकस्मात् हानि उठानेवाला, प्रथमावस्था में सामान्य, मध्य में दुखी और अन्त में सुख भोगनेवाला तथा २१-२२ वर्ष की आयु में भाग्यवृद्धि करनेवाला होता है।

होराफल—द्वितीय अध्याय में होरा का साधन किया गया है। अतएव होरा-कुण्डली बनाकर देखना चाहिए कि होरालग्न सूर्य-राशि हो और सूर्य उसी में स्थित हो तो जातक रजोगुणी, उच्चपदाभिलाषी; गुरु और शुक्र होरालग्न में सूर्य के साथ हों तो सम्पत्तिवान्, सुखी, मान्य, उच्चपदारूढ़, शासक, नेता, शीलवान्, राजमान्य तथा होरेश लग्न में पापग्रह से युक्त हो तो नीच प्रकृतिवाला, दुश्शील, सम्पत्तिरहित, कुल के विरुद्ध आचरण करनेवाला और नीच कर्मरत होता है। यदि चन्द्रमा की राशि होरा लग्न में हो और होरेश चन्द्रमा उसमें स्थित हो तो जातक शान्त स्वभाववाला, मातृभक्त, लज्जालु, व्यवसायी, कृषिकर्म में अभिरुचि करनेवाला, अल्प लाभ में सन्तोष करनेवाला तथा शुभ-ग्रह गुरु, शुक्र आदि भी होरालग्न में चन्द्रमा के साथ हों तो जातक भक्ति-श्रद्धा-सदाचार-युक्त आचरण करनेवाला, शीलवान्, धनिक, सन्तानवान्, सुखी और चन्द्रमा के साथ पापग्रह हों तो विपरीत आचरणवाला, निर्धन, दुखी तथा नीच कार्यों से प्रेम करनेवाला होता है।

सप्तमांश चक्र का फल विचार—सप्तमांश लग्न से केवल सन्तान का विचार करना चाहिए। सप्तमांश लग्न का स्वामी पुरुषग्रह हो तो जातक को पुत्र उत्पन्न होते हैं और सप्तमांश लग्न का स्वामी स्त्रीग्रह हो तो जातक को कन्याएँ अधिक उत्पन्न होती हैं। सप्तमांश लग्न का स्वामी पापग्रह हो, पापग्रह के साथ हो या पापग्रह की राशि में हो तो सन्तान नीच कर्म करनेवाली होती है और सप्तमांश लग्न का स्वामी स्वराशि का शुभग्रह से युक्त या दृष्ट हो या शुभग्रह की राशि में स्थित हो तो सन्तान शुभाचरण करनेवाली, सुन्दर, सुशील और गुणी होती है।

सप्तमांश लग्न का स्वामी सप्तमांश लग्न से ६ से ८वें स्थान में पापग्रह से युक्त या दृष्ट हो तो जातक सन्तानहीन होता है।

नवमांश कुण्डली के फल का विचार—नवमांश लग्न से स्त्रीभाव का विचार किया जाता है। इससे स्त्री का आचरण, स्वभाव, चेष्टा प्रभृति को देखना चाहिए। नवमांश लग्न का स्वामी मंगल हो तो स्त्री क्रूर स्वभाव की, कुलटा, लड़ाकू; सूर्य हो तो पतिव्रता, उग्रस्वभाव की; चन्द्रमा हो तो शीतलस्वभाव की, गौरवर्ण और मिलनसार प्रकृति की; बुध हो तो चतुर, चित्रकार, सुन्दर आकृति, शिल्प विद्या में निपुण; गुरु हो तो पीत वर्ण, ज्ञानवती, शुभाचरणवाली, पतिव्रता, सौम्य स्वभाव, व्रत-तीर्थ करनेवाली; शुक्र हो तो चतुर, शृंगारप्रिय, विलासी, कामक्रीड़ा में प्रवीण, गौरवर्ण, व्यभिचारिणी और शनि हो तो क्रूर स्वभाववाली, कुल के विरुद्ध आचरण करनेवाली, श्यामवर्ण, नीच संगति में रत, पति से विरोध करनेवाली होती है। नवमांश लग्न का स्वामी राहु, केतु के साथ हो तो दुराचारिणी, कुलटा, दुष्टा; नवमांश लग्न का स्वामी शुभग्रह हो और स्वराशिस्थ केन्द्र त्रिकोण में हो तो जातक को स्त्री का पूर्ण सुख मिलता है तथा नवमांश लग्न का स्वामी भाग्येश के साथ ७।११वें भाव में उच्च का होकर स्थित हो तो स्त्रियों से अनेक प्रकार का लाभ तथा ससुराल के धन का स्वामी होता है। नवमांश लग्न का स्वामी पापग्रहों से युक्त या दृष्ट ६।८।१२वें भाव में स्थित हो तो जातक को स्त्री का सुख नहीं होता है। यह जितने पापग्रहों से युक्त या दृष्ट हो उतनी ही स्त्रियों का नाश करनेवाला होता है।

द्वादशांश कुण्डली के फल का विचार—द्वादशांश लग्न पर से माता-पिता के सुख-दुख का विचार किया जाता है। यदि द्वादशांश लग्न का स्वामी शुभग्रह हो तो जातक के माता-पिता का शुभाचरण और पापग्रह हो तो व्याभिचारयुक्त आचरण होता है। द्वादशांश लग्न का स्वामी पुरुषग्रह अपनी राशि, मित्र की राशि या उच्च की राशि में स्थित होकर १।४।५।७।९।१०वें स्थानों में स्थित हो तो जातक को पिता का पूर्ण सुख और नीच राशि, शत्रुराशि या पापग्रह की राशि में स्थित हो या ६।८।१२वें भाव में बैठा हो तो पिता का अल्प सुख होता है। द्वादशांश लग्न का स्वामी स्त्रीग्रह सौम्य हो और स्वराशि, मित्रराशि या उच्च की राशि में स्थित होकर १।४।५।७।९।१० भावों में स्थित हो तो जातक को माता का सुख होता है। यही यदि स्त्रीगृह पापयुक्त या पापदृष्ट होकर ६।८।१२वें भाव में हो तो माता का सुख नहीं होता।

चन्द्रकुण्डली फल विचार—चन्द्रकुण्डली से जन्मकुण्डली के समान फल का विचार करना चाहिए। यदि चन्द्र लग्नेश उच्च राशि, स्वराशि या मित्रराशि में स्थित होकर १।४।५।७।९।१०वें भाव में स्थित हो तो जातक चतुर, धनिक, कार्यकुशल, ख्यातिवान्, धन-धान्य समन्वित होता है तथा चन्द्र-लग्नेश पापदृष्ट या पापयुत होकर ६।८।१२वें भाव में स्थित होवें तो जातक को नाना प्रकार के कष्ट सहने पड़ते हैं। चन्द्र-लग्नेश शुभग्रहों से युत होकर जन्म-लग्नेश से इत्थशाल करता हो तो जातक ऐश्वर्यवान्, पराक्रमी और सहनशील

होता है। चन्द्र लग्न से चौथे मंगल, दसवें गुरु और ग्यारहवें शुक्र हो तो जातक राजमान्य, नेता, प्रतिनिधि और धारासभा का मेम्बर होता है। चन्द्र लग्न से बुध चौथे, शुक्र पाँचवें, गुरु नौवें और मंगल दसवें स्थान में हो तो जातक राजा, मन्त्री, जागीरदार, जमींदार, शासक या उच्च पदासीन होनेवाला होता है; चन्द्र लग्नेश चन्द्रलग्न से नवम स्थान के स्वामी का मित्र होकर चन्द्रलग्न से दसवें भाव में स्थित हो तो जातक तपस्वी, महात्मा, शासक या पूज्य नेता होता है। चन्द्र-लग्नेश का ३।६वें भाव में रहना रोगसूचक है।

विंशोत्तरी दशा फल विचार—दशा के द्वारा प्रत्येक ग्रह की फल-प्राप्ति का समय जाना जाता है। सभी ग्रह अपनी दशा, अन्तर्दशा, प्रत्यन्तर्दशा और सूक्ष्म दशाकाल में फल देते हैं। जो ग्रह[1] उच्चराशि, मित्रराशि या अपनी राशि में रहता है, वह अपनी दशा में अच्छा फल और जो नीचराशि, शत्रुराशि और अस्तंगत हों वे अपनी दशा में धन-हानि, रोग, अवनति आदि फलों को करते हैं।

सूर्य दशाफल[2]—सूर्य की दशा में परदेशगमन, राजा से धनलाभ, व्यापार से आमदनी, ख्यातिलाभ, धर्म में अभिरुचि; यदि सूर्य नीच राशि में पापयुक्त या दृष्ट हो तो ऋणी, व्याधिपीड़ित, प्रियजनों के वियोगजन्य कष्ट को सहनेवाला, राजा से भय और कलह आदि अशुभ फल होता है। सूर्य यदि मेषराशि में हो तो नेत्ररोग, धनहानि, राजा से भय, नाना प्रकार के कष्ट; वृष राशिगत हो तो स्त्री-पुत्र के सुख से हीन, हृदय और नेत्र का रोगी, मित्रों से विरोध; मिथुन राशि में हो तो अन्न-धनयुक्त, शास्त्र-काव्य से आनन्द, विलास; कर्क में हो तो राजसम्मान, धन-प्राप्ति, माता-पिता, बन्धु-वर्ग से पृथक्ता, वातजन्यरोग; सिंह में हो तो राजमान्य, उच्च पदासीन, प्रसन्न; कन्या में हो तो कन्यारत्न की प्राप्ति, धर्म में अभिरुचि; तुला में हो तो स्त्री-पुत्र की चिन्ता, परदेशगमन; वृश्चिक में हो तो प्रताप की वृद्धि, विष-अग्नि से पीड़ा; धनु में हो तो राजा से प्रतिष्ठा-प्राप्ति, विद्या की प्राप्ति; मकर में हो तो स्त्री-पुत्र-धन आदि की चिन्ता, त्रिदोष, रोगी, परकार्यों से प्रेम; कुम्भ में हो तो पिशुनता, हृदयरोग, अल्पधन, कुटुम्बियों से विरोध और मीन राशि में हो तो सूर्यदशाकाल में वाहन लाभ, प्रतिष्ठा की वृद्धि, धनमान की प्राप्ति, विषमज्वर आदि फलों की प्राप्ति होती है।

चन्द्रदशा फल[3]—पूर्ण, उच्च का और शुभग्रह युत चन्द्रमा हो तो उसकी दशा में अनेक प्रकार से सम्मान, मन्त्री, धारासभा का सदस्य, विद्या, धन आदि प्राप्त करनेवाला होता है। नीच या शत्रुराशि में रहने पर चन्द्रमा की दशा में कलह, क्रूरता, सिर में दर्द, धननाश आदि

---

१. ग्रहवीर्यानुसारेण फलं ज्ञेयं दशासु च।
आद्यद्रेष्काणगे खेटे दशारम्भे फलं वदेत् ॥
दशामध्ये फलं वाच्यं मध्यद्रेष्काणगे खगे।
अन्ते फलं तृतीयस्थे व्यस्तं खेटे च वक्रगे ॥ —बृहत्पाराशरहोरा, दशाफलाध्याय, श्लो. ३-४ ॥

२. देखें, बृहत्पाराशरहोरा, दशाफलाध्याय, श्लो. ७-१५।

३. देखें, बृहत्पाराशरहोरा, दशाफलाध्याय, श्लो. १५-२६।

फल होता है। चन्द्रमा मेषराशि में हो तो उसकी दशा में स्त्रीसुख, विदेश से प्रीति, कलह, सिररोग; वृष में हो तो धन-वाहन लाभ, स्त्री से प्रेम, माता की मृत्यु, पिता को कष्ट; मिथुन में हो तो देशान्तरगमन, सम्पत्ति-लाभ; कर्क में हो तो गुप्तरोग, धन-धान्य की वृद्धि, कलाप्रेम; सिंह में हो तो बुद्धिमान्, सम्मान्य, धनलाभ; कन्या में हो तो विदेशगमन, स्त्रीप्राप्ति, काव्यप्रेम, अर्थलाभ; तुला में हो तो विरोध, चिन्ता, अपमान, व्यापार से धनलाभ, मर्म स्थान में रोग; वृश्चिक में हो तो चिन्ता, रोग, साधारण धन-लाभ, धर्महानि; धनु में हो तो सवारी का लाभ, धननाश; मकर में हो तो सुख, पुत्र-स्त्री-धन की प्राप्ति, उन्माद या वायु रोग से कष्ट; कुम्भ में हो तो व्यसन, ऋण, नाभि से ऊपर तथा नीचे पीड़ा, दाँत-नेत्र में रोग और मीन में हो तो चन्द्रमा की दशा में अर्थागम, धनसंग्रह, पुत्रलाभ, शत्रुनाश आदि फलों की प्राप्ति होती है।

भौम दशाफल[१]—मंगल उच्च, स्वस्थान या मूलत्रिकोणगत हो तो उसकी दशा में यशलाभ, स्त्री-पुत्र का सुख, साहस, धनलाभ आदि फल प्राप्त होते हैं। मंगल मेष राशि में हो तो उसकी दशा में धनलाभ, ख्याति, अग्निपीड़ा; वृष में हो तो रोग, अन्य से धनलाभ, परोपकाररत; मिथुन में हो तो विदेशवासी, कुटिल, अधिक खर्च, पित्तवायु से कष्ट, कान में कष्ट; कर्क में हो तो धनयुक्त, क्लेश, स्त्री-पुत्र आदि से दूर निवास; सिंह में हो तो शासनलाभ, शस्त्राग्निपीड़ा, धनव्यय; कन्या में हो तो पुत्र, भूमि, धन, अन्न से परिपूर्ण; तुला में हो तो स्त्री-धन से हीन, उत्सव-रहित, झंझट अधिक, क्लेश; वृश्चिक में हो तो अन्न-धन से परिपूर्ण, अग्नि-शस्त्र से पीड़ा; धनु में हो तो राजमान्य, जय-लाभ, धनागम; मकर में हो तो अधिकार-प्राप्ति, स्वर्ण-रत्नलाभ, कार्यसिद्धि; कुम्भ में हो तो आचार का अभाव, दरिद्रता, रोग, व्यय अधिक, चिन्ता और मीन हो तो ऋण, चिन्ता, विसूचिका रोग, खुजली, पीड़ा आदि फल प्राप्त होते हैं।

बुध दशाफल[२]—उच्च, स्वराशिगत और बलवान् बुध की दशा में विद्या, विज्ञान, शिल्पकृषि कर्म में उन्नति, धनलाभ, स्त्री-पुत्र को सुख, कफ-वात-पित्त की पीड़ा होती है। मेष राशि में बुध हो तो बुध की दशा में धनहानि, छल-कपटयुक्त व्यवहार के लिए प्रवृत्ति; वृष राशि में हो तो धन, यशलाभ, स्त्रीपुत्र की चिन्ता, विष से कष्ट; मिथुन में हो तो अल्पलाभ, साधारण कष्ट, माता को सुख; कर्क में हो तो धनार्जन, काव्यसृजन योग्य प्रतिभा की जागृति, विदेशगमन; सिंह में हो तो ज्ञान, यश, धननाश; कन्या में हो तो ग्रन्थों का निर्माण, प्रतिभा का विकास, धन-ऐश्वर्य लाभ; वृश्चिक में हो तो कामपीड़ा, अनाचार अधिक खर्च; धनु में हो तो मन्त्री, शासन की प्राप्ति, नेतागिरी; मकर में हो तो नीचों से मित्रता, धनहानि, अल्पलाभ; कुम्भ में हो तो बन्धुओं को कष्ट, दरिद्रता, रोग, दुर्बलता और मीन राशि में हो तो बुध की दशा में खाँसी, विष-अग्नि-शस्त्र से पीड़ा, अल्पहानि, नाना प्रकार की झंझटें आदि फलों की प्राप्ति होती है।

---

१. विशेष के लिए देखें, बृहत्पाराशरहोरा, दशाफलाध्याय, श्लो. २७-३३।

२. देखें बृहत्पाराशरहोरा, दशाफलाध्याय, श्लो. ६१-७०।

गुरु दशाफल[1]—गुरु की दशा में ज्ञानलाभ, धन-अस्त्र-वाहन-लाभ, कण्ठ रोग, गुल्मरोग, प्लीहा रोग आदि फल प्राप्त होते हैं। मेष राशि में गुरु हो तो उसकी दशा में अफ़सरी, विद्या, स्त्री, धन, पुत्र, सम्मान आदि का लाभ; वृष में हो तो रोग, विदेश में निवास, धनहानि; मिथुन में हो तो विरोध, क्लेश, धननाश; कर्क में हो तो राज्य से लाभ, ऐश्वर्यलाभ, ख्यातिलाभ, मित्रता, उच्चपद, सेवावृत्ति; सिंह में हो तो राजा से मान, पुत्र-स्त्री-बन्धु-लाभ, हर्ष, धन-धान्यपूर्ण; कन्या में हो तो रानी के आश्रय से धन-लाभ, शासन में योगदान देना, भ्रमण, विवाद, कलह; तुला में हो तो फोड़ा-फुन्सी, विवेक का अभाव, अपमान, शत्रुता; वृश्चिक में हो तो पुत्रलाभ, नीरोगता, धनलाभ, पूर्ण ऋण का अदा होना; धनु राशि में हो तो सेनापति, मन्त्री, सदस्य, उच्च पदासीन, अल्पलाभ; मकर में हो तो आर्थिक कष्ट, गुह्यस्थानों में रोग; कुम्भ में हो तो राजा से सम्मान, धारासभा का सदस्य, विद्या-धनलाभ, आर्थिक साधारण सुख और मीन में हो तो विद्या, धन, स्त्री, पुत्र, प्रसन्नता, सुख आदि को प्राप्त करता है।

शुक्र दशाफल[2]—शुक्र की दशा में रत्न, वस्त्र, आभूषण, सम्मान, नवीन कार्यारम्भ, मदनपीड़ा, वाहनसुख आदि फल मिलते हैं। मेष राशि में शुक्र हो तो मन में चंचलता, विदेश-भ्रमण, उद्वेग, व्यसन-प्रेम, धनहानि; वृष में हो तो विद्यालाभ, धन, कन्या सुख की प्राप्ति; मिथुन में हो तो काव्य-प्रेम, प्रसन्नता, धनलाभ, परदेशगमन, व्यवसाय में उन्नति; कर्क में हो तो उद्यम से धनलाभ, आभूषणलाभ, स्त्रियों से विशेष प्रेम; सिंह में हो तो साधारण आर्थिक कष्ट, स्त्री द्वारा धनलाभ, पुत्रहानि, पशुओं से लाभ; कन्या में हो तो आर्थिक कष्ट, दुखी, परदेशगमन, स्त्री-पुत्र से विरोध; तुला में हो तो ख्यातिलाभ, भ्रमण, अपमान; वृश्चिक में हो तो प्रताप, क्लेश, धनलाभ, सुख, चिन्ता; धनु में हो तो काव्यप्रेम, प्रतिभा का विकास, राज्य से सम्मान लाभ, पुत्रों से स्नेह; मकर में हो तो चिन्ता, कष्ट, वात-कफ के रोग; कुम्भ में हो तो व्यसन, रोग, कष्ट, धनहानि और मीन में हो तो राजा से धनलाभ, व्यापार से लाभ, कारोबार की वृद्धि, नेतागिरी आदि फलों की प्राप्ति होती है।

शनि दशाफल[3]—बलवान् शनि की दशा में जातक को धन, जन, सवारी, प्रताप, भ्रमण, कीर्ति, रोग आदि फल प्राप्त होते हैं। मेष राशि में शनि हो तो शनि की दशा में स्वतन्त्रता, प्रवास, मर्मस्थान में रोग, चर्मरोग, बन्धु-बान्धव से वियोग; वृष में हो तो निरुद्यम, वायुपीड़ा, कलह, वमन, दस्त के रोग, राजा से सम्मान, विजयलाभ; मिथुन में हो तो ऋण, कष्ट, चिन्ता, परतन्त्रता; कर्क में हो तो नेत्र-कान के रोग; बन्धुवियोग, विपत्ति, दरिद्रता; सिंह में हो तो रोग, कलह, आर्थिक कष्ट; कन्या में हो तो मकान का निर्माण करना, भूमिलाभ, सुखी होना; तुला में हो तो धन-धान्य का लाभ, विजय-लाभ, विलास, भोगोपभोग वस्तुओं

---

१. देखें बृहत्पाराशरहोरा, दशाफलाध्याय, श्लो. ४४-५१।

२. देखें बृहत्पाराशरहोरा, दशाफलाध्याय, श्लो. ७८-८९।

३. देखें बृहत्पाराशरहोरा, दशाफलाध्याय, श्लो. ५२-६०।

की प्राप्ति; वृश्चिक में हो तो भ्रमण, कृपणता, नीच संगति, साधारण आर्थिक कष्ट; धनु में हो तो राजा से सम्मान, जनता में ख्याति, आनन्द, प्रसन्नता, यशलाभ; मकर में हो तो आर्थिक संकट, विश्वासघात, बुरे व्यक्तियों का साथ; कुम्भ में हो तो पुत्र, धन, स्त्री का लाभ, सुखलाभ, कीर्ति, विजय और मीन में हो तो अधिकार-प्राप्ति, सुख, सम्मान, स्वास्थ्य, उन्नति आदि फलों की प्राप्ति होती है।

राहु दशाफल[1]—मेश राशि में राहु हो तो उसकी दशा में अर्थलाभ, साधारण सफलता, घरेलू झगड़े, भाई से विरोध; वृष में हो तो राज्य से लाभ, अधिकारप्राप्ति, कष्टसहिष्णुता, सफलता; मिथुन में हो तो दशा के प्रारम्भ में कष्ट, मध्य में सुख; कर्क में हो तो अर्थलाभ, पुत्रलाभ, नवीन कार्य करना, धन संचित करना; सिंह में हो तो प्रेम, ईर्ष्या, रोग, सम्मान, कार्यों में सफलता; कन्या में हो तो मध्यवर्ग के लोगों से लाभ, व्यापार से लाभ, व्यसनों से हानि, नीच कार्यों से प्रेम, सन्तोष; तुला राशि का हो तो झंझट, अचानक कष्ट, बन्धु-बान्धवों से क्लेश, धनलाभ, यश और प्रतिष्ठा की वृद्धि; वृश्चिक राशि का राहु हो तो आर्थिक कष्ट, शत्रुओं से हानि, नीचकार्यरत; धनु का हो तो यशलाभ, धारासभाओं में प्रतिष्ठा, उच्चपद-प्राप्ति; मकर का राहु हो तो सिर में रोग, वातरोग, आर्थिक संकट; कुम्भ का हो तो धनलाभ, व्यापार से साधारण लाभ, विजय और मीन का हो तो विरोध, झगड़ा, अल्पलाभ, रोग आदि बातें होती हैं।

केतु दशाफल[2]—मेष में केतु हो तो धनलाभ, यश, स्वास्थ्य; वृष में हो तो कष्ट, हानि, पीड़ा, चिन्ता, अल्पलाभ; मिथुन में हो तो कीर्ति, बन्धुओं से विरोध, रोग, पीड़ा; कर्क में हो तो सुख, कल्याण, मित्रता, पुत्रलाभ, स्त्रीलाभ; सिंह में हो तो अल्पसुख, धनलाभ; कन्या में हो तो नीरोग, प्रसिद्ध, सत्कार्यों से प्रेम, नवीन काम करने की रुचि; तुला में हो तो व्यसनों में रुचि, कार्यहानि, अल्पलाभ; वृश्चिक में हो तो धन-सम्मान-पुत्र-स्त्रीलाभ, कफ रोग, बन्धनजन्य कष्ट; धनु में हो तो सिर में रोग, नेत्रपीड़ा, भय, झगड़े; मकर में हो तो हानि, साधारण व्यापारों से लाभ, नवीन कार्यों में असफलता; कुम्भ में हो तो आर्थिक संकट, पीड़ा, चिन्ता, बन्धु-बान्धवों का वियोग और मीन में हो तो साधारण लाभ, अकस्मात् धन-प्राप्ति, लोक में ख्याति, विद्यालाभ, कीर्तिलाभ आदि बातें होती हैं। दशाफल का विचार करते समय ग्रह किस भाव का स्वामी है और उसका सम्बन्ध कैसे ग्रहों से है, इसका ध्यान रखना आवश्यक है।

भावेशों के अनुसार विंशोत्तरी दशा का फल—१. लग्नेश की दशा में शारीरिक सुख और धनागम होता है, परन्तु स्त्रीकष्ट भी देखा जाता है।

२. धनेश की दशा में धनलाभ, पर शारीरिक कष्ट भी होता है। यदि धनेश पापग्रह से युत हो तो मृत्यु भी हो जाती है।

---

१. देखें बृहत्पाराशरहोरा, दशाफलाध्याय, श्लो. ७१-७७।

२. देखें बृहत्पाराशरहोरा, दशाफलाध्याय, श्लो. ४४-५१।

३. तृतीयेश की दशा कष्टकारक, चिन्ताजनक और साधारण आमदनी करानेवाली होती है।

४. चतुर्थेश की दशा में घर, वाहन, भूमि आदि के लाभ के साथ माता, मित्रादि और स्वयं अपने को शारीरिक सुख होता है। चतुर्थेश बलवान्, शुभग्रहों से दृष्ट हो तो इसकी दशा में जातक नया मकान बनवाता है। लाभेश और चतुर्थेश दोनों दशम या चतुर्थ में हों तो इस ग्रह की दशा में मिल या बड़ा कारोबार जातक करता है। लेकिन इस दशाकाल में पिता को कष्ट रहता है। विद्यालाभ, विश्वविद्यालयों की बड़ी डिग्रियाँ इसके काल में प्राप्त होती हैं। यदि जातक को यह दशा अपने विद्यार्थीकाल में नहीं मिले तो अन्य समय में इसके काल में विद्याविषयक उन्नति व विद्या द्वारा यश की प्राप्ति होती है।

५. पंचमेश की दशा में विद्याप्राप्ति, धनलाभ, सम्मानवृद्धि, सुबुद्धि, माता की मृत्यु या माता को पीड़ा होती है। यदि पंचमेश पुरुषग्रह हो तो पुत्र, और स्त्रीग्रह हो तो कन्या सन्तान की प्राप्ति का भी योग रहता है, किन्तु सन्तान योग पर इस विचार में दृष्टि रखना आवश्यक है।

६. षष्ठेश की दशा में रोगवृद्धि, शत्रुभय और सन्तान को कष्ट होता है।

७. सप्तमेश की दशा में शोक, शारीरिक कष्ट, आर्थिककष्ट और अवनति होती है। सप्तमेश पापग्रह हो तो इसकी दशा में स्त्री को अधिक कष्ट और शुभग्रह हो तो साधारण कष्ट होता है।

८. अष्टमेश की दशा में मृत्युभय, स्त्री-मृत्यु एवं विवाह आदि कार्य होते हैं। अष्टमेश पापग्रह हो और द्वितीय में बैठा हो तो निश्चय ही मृत्यु होती है।

९. नवमेश की दशा में तीर्थयात्रा, भाग्योदय, दान, पुण्य, विद्या द्वारा उन्नति, भाग्यवृद्धि, सम्मान, राज्य से लाभ और किसी महान् कार्य में पूर्ण सफलता प्राप्त करनेवाला होता है।

१०. दशमेश की दशा में राजाश्रय की प्राप्ति, धनलाभ, सम्मान-वृद्धि और सुखोदय होता है। माता के लिए यह दशा कष्टकारक है।

११. एकादशेश की दशा में धनलाभ, ख्याति, व्यापार से प्रचुर लाभ एवं पिता की मृत्यु होती है। यह दशा साधारणतः शुभफलदायक होती है। यदि एकादशेश पर क्रूरग्रह की दृष्टि हो तो यह रोगोत्पादक भी होती है।

१२. द्वादशेश की दशा में धनहानि, शारीरिक कष्ट, चिन्ताएँ, व्याधियाँ और कुटुम्बियों को कष्ट होता है।

ग्रहों की दशा का फल सम्पूर्ण दशाकाल में एक-सा नहीं होता है, किन्तु प्रथम द्रेष्काण में ग्रह हो तो दशा के प्रारम्भ में, द्वितीय द्रेष्काण में हो तो दशा के मध्य में और तृतीय द्रेष्काण में ग्रह हो तो दशा के अन्त में फल की प्राप्ति होती है। वक्रीग्रह हो तो विपरीत अर्थात् तृतीय द्रेष्काण में हो तो प्रारम्भ में, द्वितीय में हो तो मध्य में और प्रथम द्रेष्काण में हो तो अन्त में फल समझना चाहिए।

वक्रीग्रह की दशा का फल—वक्रीग्रह की दशा में स्थान, धन और सुख का नाश होता है; परदेशगमन तथा सम्मान की हानि होती है।

मार्गीग्रह की दशा का फल—मार्गीग्रह की दशा में सम्मान, सुख, धन, यश की वृद्धि, लाभ, नेतागिरी और उद्योग की प्राप्ति होती है। यदि मार्गीग्रह ६।८।१२वें भाव में हो तो अभीष्ट सिद्धि में बाधा आती है।

नीच और शत्रुक्षेत्री ग्रह की दशा का फल—नीच और शत्रु ग्रह की दशा में परेदश में निवास, वियोग, शत्रुओं से हानि, व्यापार से हानि, दुराग्रह, रोग, विवाद और नाना प्रकार की विपत्तियाँ आती हैं। यदि ये ग्रह सौम्य ग्रहों से युत या दृष्ट हों तो बुरा फल कुछ न्यून रूप में मिलता है।

अन्तर्दशा फल—१. पापग्रह की महादशा में पापग्रह की अन्तर्दशा धनहानि, शत्रुभय और कष्ट देनेवाली होती है।

२. जिस ग्रह की महादशा हो उससे छठे या आठवें स्थान में स्थित ग्रहों की अन्तर्दशा स्थानच्युत, भयानक रोग, मृत्युतुल्य कष्ट या मृत्यु देनेवाली होती है।

३. पापग्रह की महादशा में शुभग्रह की अन्तर्दशा हो तो उस अन्तर्दशा का पहला आधा भाग कष्टदायक और आखिरी आधा भाग सुखदायक होता है।

४. शुभग्रह की महादशा में शुभग्रह की अन्तर्दशा धनागम, सम्मानवृद्धि, सुखोदय और शारीरिक सुख प्रदान करती है।

५. शुभग्रह की महादशा में पापग्रह की अन्तर्दशा हो तो अन्तर्दशा का पूर्वार्द्ध सुखदायक और उत्तरार्द्ध कष्टकारक होता है।

६. पापग्रह की महादशा में अपने शत्रुग्रह से युक्त पापग्रह की अन्तर्दशा हो तो विपत्ति आती है।

७. शनिक्षेत्र में चन्द्रमा हो तो उसकी महादशा में सप्तमेश की महादशा परम कष्टदायक होती है।

८. शनि में चन्द्रमा व चन्द्रमा में शनि का दशाकाल आर्थिक रूप से कष्ट देता है।

९. बृहस्पति में शनि और शनि में बृहस्पति की दशा खराब होती है।

१०. मंगल में शनि और शनि में मंगल की दशा रोगकारक होती है।

११. शनि में सूर्य और सूर्य में शनि की दशा गुरुजनों के लिए कष्टदायक तथा अपने लिए चिन्ताकारक होती है।

१२. राहु और केतु की दशा प्रायः अशुभ होती है, किन्तु जब राहु ३।६।११वें भाव में हो तो उसकी दशा अच्छा फल देती है।

सूर्य की महादशा में सभी ग्रहों की अन्तर्दशा का फल

सूर्य में सूर्य—सूर्य उच्च का हो और १।४।५।७।९।१०वें स्थान में हो तो उसकी अन्तर्दशा में धनलाभ, राजसम्मान, विवाह, कार्यसिद्धि, रोग और यश प्राप्त होता है। यदि सूर्य द्वितीयेश या सप्तमेश हो तो अपमृत्यु भी हो सकती है।

सूर्य में चन्द्रमा—लग्न, केन्द्र और त्रिकोण में हो तो इस दशाकाल में धनवृद्धि, घर, खेत और वाहन की वृद्धि होती है। चन्द्रमा उच्च अथवा स्वक्षेत्री हो तो स्त्रीसुख, धनप्राप्ति, पुत्रलाभ और राजा से समागम होता है। क्षीण या पापग्रह से युक्त हो तो धन-धान्य का नाश, स्त्री-पुरुषों को कष्ट, भृत्यनाश, विरोध और राजविरोध होता है। ६।८।१२वें स्थान में हो तो जल से भय, मानसिक चिन्ता, बन्धन, रोग, पीड़ा, मूत्रकृच्छ और स्थानभ्रंश होता है। महादशा के स्वामी से १।४।५।७।९।१०वें भाव में हो तो सन्तोष, स्त्री-पुत्र की वृद्धि, राज्य से लाभ, विवाह, धनलाभ और सुख होता है। महादशा के स्वामी से २।८।१२वें भाव में हो तो धननाश, कष्ट, रोग और झंझट होता है।

सूर्य में मंगल—उच्च और स्वक्षेत्री मंगल हो या १।४।५।७।९।१०वें स्थान में हो तो इस दशाकाल में भूमिलाभ, धनप्राप्ति, मकान की प्राप्ति, सेनापति, पराक्रम-वृद्धि, शासन से सम्बन्ध और भाइयों की वृद्धि होती है। दशेश से मंगल ६।८।१२वें भाव में हो या पापग्रह से युक्त हो तो धनहानि, चिन्ता, कष्ट, भाइयों से विरोध, जेल, क्रूरबुद्धि आदि बातें होती हैं।

सूर्य में राहु—१।४।५।७।९।१०वें भाव में राहु हो तो इस दशाकाल में धननाश, सर्प काटने का भय, चोरी, स्त्री-पुत्रों को कष्ट होता है। यदि राहु ३।६।१०।११वें स्थान में हो तो राजमान, धनलाभ, भाग्यवृद्धि, स्त्री-पुत्रों को कष्ट होता है। दशा के स्वामी से राहु ६।८।१२वें हो तो बन्धन, स्थाननाश, कारागृहवास, क्षय, अतिसार आदि रोग, सर्प या घाव का भय होता है। यदि राहु द्वितीय व सप्तम स्थानों का स्वामी हो तो अल्प-मृत्यु होती है।

सूर्य में गुरु—गुरु उच्च या स्वराशि का १।४।५।७।९।१०वें स्थान में हो तो इस दशाकाल में विवाह, अधिकार-प्राप्ति, बड़े पुरुषों के दर्शन, धन-धान्य-पुत्र का लाभ होता है। गुरु नौवें या दसवें भाव का स्वामी हो तो सुख मिलता है। यदि दायेश—दशा के स्वामी से गुरु ६।८।१२वें स्थान में हो या नीच राशि अथवा पापग्रहों से युक्त हो तो राजकोष, स्त्री-पुत्र को कष्ट, रोग, धननाश, शरीरनाश और मानिसक चिन्ताएँ रहती हैं।

सूर्य में शनि—१।४।५।७।९।१०वें भाव में शनि हो तो इस दशाकाल में शत्रुनाश, कल्याण, विवाह, पुत्रलाभ, धनप्राप्ति होती है। दायेश—दशा के स्वामी से शनि ६।८।१२वें भाव में नीच या पापग्रह से युक्त हो तो धननाश, पापकर्मरत, वातरोग, कलह, नाना रोग होते हैं। यदि द्वितीयेश और सप्तमेश शनि हो तो अल्पमृत्यु होती है।

सूर्य में बुध—स्वराशि या उच्च राशि का बुध १।४।५।७।९।१०वें स्थान में हो तो इस दशाकाल में उत्साह बढ़ानेवाली, सुखदायक और धनलाभ करनेवाली दशा होती है। यदि शुभ राशि में हो तो पुत्रलाभ, विवाह, सम्मान आदि मिलते हैं। दायेश से ६।८।१२वें भाव में हो तो पीड़ा, आर्थिक संकट और राजभय आदि होते हैं। द्वितीयेश और सप्तमेश केतु हो तो ज्वर, अर्श आदि रोग होते हैं।

सूर्य में केतु—इस दशा में देहपीड़ा, धननाश, मन में व्यथा, आपसी झगड़े, राजकोप आदि बातें होती हैं। दायेश से केतु ६।८।१२वें भाव में हो तो दाँत रोग, मूत्रकृच्छ्र, स्थानभ्रंश,

शत्रुपीड़ा, पिता का मरण, परदेशगमन आदि फल होते हैं। केतु ३।६।१०।११वें भाव में हो तो सुखदायक होता है। द्वितीयेश और सप्तमेश केतु हो तो अल्पमृत्यु का योग करता है।

सूर्य में शुक्र—उच्च या मित्र के वर्ग में शुक्र हो अथवा १।४।५।७।९।१० स्थानों में से किसी में हो तो इस दशाकाल में सम्पत्तिलाभ, राजलाभ, यशलाभ और नाना प्रकार के सुख होते हैं। यदि दायेश से ६।८।१२वें स्थान में हो तो राजकोप, चित्त में क्लेश, स्त्री-पुत्र-धन का नाश होता है। यदि शुक्र लग्न से ६।८वें भाव में हो तो अपमृत्यु होती है।

चन्द्र की महादशा में सभी ग्रहों की अन्तर्दशा का फल

चन्द्र में चन्द्र—चन्द्रमा उच्च का या स्वक्षेत्री हो या १।५।९।११वें स्थान में हो अथवा भाग्येश से युत हो तो इस दशाकाल में धन-धान्य की प्राप्ति, यशलाभ, राजसम्मान, कन्यासन्तान का लाभ, विवाह आदि फल मिलते हैं। पापयुक्त चन्द्रमा हो, नीच का हो या ६।८वें स्थान में हो तो धन का नाश, स्थानच्युत, आलस, सन्ताप, राज्य से विरोध, माता को कष्ट, कारागृहवास और भार्या का नाश होता है। यदि द्वितीयेश और सप्तमेश चन्द्रमा हो तो अल्पायु का भय होता है।

चन्द्र में मंगल—१।४।५।७।९।१०वें स्थान में मंगल हो तो इस दशाकाल में सौभाग्य वृद्धि, राज से सम्मान, घर-क्षेत्र की वृद्धि, विजयी होता है। उच्च और स्वक्षेत्री हो तो कार्यलाभ, सुखप्राप्ति और धनलाभ होता है। यदि ६।८।१२वें स्थान में पापयुक्त हो अथवा दायेश से शुभ स्थान में हो तो घर-क्षेत्र आदि को हानि पहुँचाता है, बान्धवों से वियोग और नाना प्रकार के कष्ट होते हैं।

चन्द्र में राहु—१।४।५।७।९।१०वें स्थान में राहु हो तो इस दशाकाल में शत्रुपीड़ा, भय, चोर-सर्प-राजभय, बान्धवों का नाश, मित्र की हानि, अपमान, दुख, सन्ताप होता है। यदि शुभग्रह की दृष्टि या ३।६।१०।११वें स्थान में राहु हो तो कार्यसिद्धि होती है। दायेश से ६।८।१२वें स्थान में हो तो स्थानभ्रंश, दुख, पुत्र का क्लेश, भय, स्त्री को कष्ट होता है। दायेश से केन्द्रस्थान में हो तो शुभ होता है।

चन्द्र में गुरु—लग्न से गुरु १।४।५।७।९।१० में हो, उच्च या स्वराशि में हो तो इस दशाकाल में शासन से सम्मान, धनप्राप्ति, पुत्रलाभ होता है। यदि ६।८।१२वें भाव में हो या नीच, अस्त अथवा शत्रुक्षेत्री हो तो अशुभ फल की प्राप्ति, गुरुजन तथा पुत्र का नाश, स्थानच्युति, दुख और कलहादि होते हैं। दायेश से १।३।४।५।७।९।१० में हो तो धैर्य, पराक्रम, विवाह, धनलाभ आदि फल होते हैं। यदि दायेश से ६।८।१२वें स्थान में हो तो जातक अल्पायु होता है।

चन्द्र में शनि—१।४।५।७।९।१०।११ में शनि हो, स्वक्षेत्री हो या उच्च का हो, शुभग्रह से युत या दृष्ट हो तो इस दशाफल में पुत्र, मित्र और धन की प्राप्ति, व्यवसाय में लाभ, घर और खेत आदि की वृद्धि होती है। यदि ६।८।१२वें स्थान में हो, नीच का हो अथवा धन स्थान में हो तो पुण्यतीर्थ में स्नान, कष्ट, शस्त्रपीड़ा होती है।

चन्द्र में बुध—१।४।५।७।९।१०।११वें स्थान में बुध हो या उच्च का हो तो इस दशा में राजा से आदर, विद्यालाभ, ज्ञानवृद्धि, धन की प्राप्ति, सन्तान-प्राप्ति, सन्तोष, व्यवसाय द्वारा प्रचुर लाभ, विवाह आदि फल मिलते हैं। यदि दायेश से बुध २।११वें स्थान में हो तो निश्चय विवाह, धारासभा के सदस्य, आरोग्य या सुख की प्राप्ति होती है। यदि बुध दायेश से ६।८।१२वें स्थान में नीच का हो तो बाधा, कष्ट, भूमि का नाश, कारागृहवास, स्त्री-पुत्र को कष्ट होता है। यदि बुध द्वितीयेश और सप्तमेश हो तो ज्वर से कष्ट होता है।

चन्द्र में केतु—१।३।४।५।७।९।१०।११वें स्थान में केतु हो तो इस दशाकाल में धन का लाभ, सुख-प्राप्ति, स्त्री-पुत्र से सुख होता है। यदि दायेश से केतु केन्द्र, लाभ और त्रिकोण में हो तो अल्पसुख मिलता है, धन की प्राप्ति होती है। यदि पापग्रह से दृष्ट अथवा युत हो या दायेश से ६।८।१२वें स्थान में हो तो कलह होता है। द्वितीयेश और सप्तमेश हो तो आरोग्य में हानि होती है।

चन्द्र में शुक्र—केन्द्र, लाभ, त्रिकोण में शुक्र हो या उच्च का हो, स्वक्षेत्री हो तो इस दशाकाल में राजशासन में अधिकार, ख्याति, मन्त्री या अफ़सर, स्त्री-पुत्र आदि की वृद्धि, नवीन घर का निर्माण, सुख, रमणीय स्त्री का लाभ, आरोग्य आदि फल प्राप्त होते हैं। यदि दायेश से शुक्र युत हो तो देह में सुख, अच्छी ख्याति, सुख-सम्पत्ति, घर-खेत आदि की वृद्धि होती है। यदि नीच का हो, अस्तंगत हो, पापग्रह से युत या दृष्ट हो तो भूमि, पुत्र, मित्र, पत्नी आदि का नाश, राज से हानि होती है। यदि धन स्थान में हो, अपने उच्च का हो अथवा स्वक्षेत्री हो तो निधिलाभ होता है। दायेश ६।८।१२वें स्थान में हो, पापयुक्त हो तो परदेश में रहने से दुख होता है। द्वितीयेश और सप्तमेश हो तो अल्पायु का भय होता है।

चन्द्र में सूर्य—सूर्य उच्च का हो, स्वक्षेत्री हो या १।४।५।७।९।१०वें स्थान में हो तो इस दशा में राजसम्मान, धनलाभ, घर में सुख, ग्राम, भूमि आदि का लाभ, सन्तान प्राप्ति होती है। यदि दायेश से ६।८।१२वें स्थान में हो, पापयुत हो तो सर्प, राजा एवं चोर से भय, ज्वर रोग, परदेशगमन और पीड़ा होती है। सूर्य द्वितीयेश और सप्तमेश हो तो ज्वर बाधा होती है।

मंगल की महादशा में सभी ग्रहों की अन्तर्दशा का फल

मंगल में मंगल—मंगल १।४।५।७।९।१० में हो, लग्नेश से युत हो तो इसकी दशा में वैभव-प्राप्ति, धनलाभ, पुत्र-प्राप्ति, सुख-प्राप्ति होती है। यदि अपने उच्च का हो अथवा स्वक्षेत्री हो तो घर या खेत की वृद्धि या धनलाभ होता है। यदि ६।८।१२वें स्थान में पापग्रह से युत या दृष्ट हो तो मूत्रकृच्छ्र रोग, घाव, फोड़ा-फुन्सी, सर्प और चोर से पीड़ा, राजा से भय होता है। द्वितीयेश और सप्तमेश हो तो शारीरिक कष्ट होते हैं।

मंगल में राहु—राहु उच्च, मूलत्रिकोणी और शुभग्रह से दृष्ट या युत हो या १।४।५।७।९।१०वें स्थान में हो तो इस दशाकाल में राजा से सम्मान, घर, खेत का लाभ,

स्त्री-पुत्र का लाभ, व्यवसाय में सफलता, परदेशगमन आदि फल होते हैं। यदि पापग्रह से युक्त ६।८।१२वें स्थान में राहु हो तो चोर, सर्प, राजा से कष्ट, वात, पित्त और क्षयरोग, जेल आदि फल होते हैं। यदि धन स्थान में राहु हो तो धन का नाश होता है। द्वितीयेश और सप्तमेश राहु हो तो अपमृत्यु का भय होता है।

मंगल में गुरु—१।४।५।७।९।१०।११।१२ स्थान में गुरु हो, उच्च का हो तो इस दशाकाल में यशलाभ, देश में मान्य, धन-धान्य की वृद्धि, शासन में अधिकार, स्त्री-पुत्र लाभ होता है। यदि दायेश १।४।५।७।९।१०।११वें स्थान में हो तो घर, खेत आदि की वृद्धि, आरोग्यलाभ, यशप्राप्ति, व्यापार में लाभ, उद्यम करने से फल प्राप्ति, स्त्री-पुत्र का ऐश्वर्य, राजा से आदर की प्राप्ति होती है; ६।८।१२वें स्थान में नीच का गुरु हो, अस्तंगत हो, पापग्रह से युत या दृष्ट हो तो चोर व सर्प से पीड़ा, पित्तविकार, उन्मत्तता, भ्रातृनाश होता है।

मंगल में शनि—शनि स्वक्षेत्री, मूलत्रिकोणी, उच्च का या १।४।५।७।९।१०वें स्थान में हो तो इस दशा में राजसुख, यशवृद्धि, पुत्र-पौत्र की वृद्धि होती है। नीच का शत्रु क्षेत्री हो या ६।८।१२वें भाव में हो तो धन-धान्य का नाश, जेल, रोग, चिन्ता होती है। सप्तमेश और द्वितीयेश हो तो मृत्यु अथवा ६।८।१२वें भाव में पापदृष्ट हो तो मृत्यु होती है।

मंगल में बुध—बुध १।४।५।७।६।१० में हो तो इस दशाकाल में सुन्दर कन्या सन्ततिवाला, धर्म में रुचि, यशलाभ, न्याय से प्रेम होता है तथा स्वादिष्ट पदार्थ खाने को मिलते हैं। नीच या अस्तंगत अथवा ६।८।१२वें भाव में हो तो हृदयरोग, मानहानि, पैरों में बेड़ी का पड़ना, बान्धवों का नाश, स्त्रीमरण, पुत्रमरण और नाना कष्ट होते हैं। बुध दायेश से पापयुक्त होकर ६।८।१२वें स्थान में हो तो मानहानि होती है और यह द्वितीयेश और सप्तमेश हो तो महाव्याधि होती है।

मंगल में केतु—केतु १।४।५।७।९।१०।११वें स्थान में शुभग्रह से युत या दृष्ट हो तो इस दशाकाल में धन, भूमि, पुत्र का लाभ, यश की वृद्धि, सेनापति का पद, सम्मान आदि मिलते हैं। दायेश से ६।८।१२वें भाव में पापयुक्त हो तो व्याधि, भय, अविश्वास, पुत्र-स्त्री को कष्ट होता है।

मंगल में शुक्र—शुक्र १।४।५।७।९।१०वें भाव में हो, उच्च, मूलत्रिकोणी अथवा स्वराशि का हो तो इस दशाकाल में राज्यलाभ, आभूषणप्राप्ति और सुखप्राप्ति होती है। यदि लग्नेश से युत हो तो पुत्र-स्त्री आदि की वृद्धि, ऐश्वर्य की प्राप्ति होती है। यदि शुक्र दायेश १।२।४।५।७।९।१०।११वें स्थान में हो तो लक्ष्मी की प्राप्ति, सन्तानलाभ, सुख-प्राप्ति, गीत, नृत्य आदि का होना, तीर्थयात्रा का होना आदि फल होते हैं। यदि शुक्र कर्मेश से युक्त हो तो तालाब, धर्मशाला, कुआँ आदि बनवाने का परोपकारी काम करता है। दायेश से ६।८।१२वें भाव में हो तो कष्ट, झंझटें, सन्तानचिन्ता, धननाश, मिथ्यापवाद, कलह आदि फल मिलते हैं।

मंगल में सूर्य—सूर्य उच्च, स्वराशि या मूलत्रिकोणी सूर्य १।४।५।७।९।१०वें स्थान में हो तो इस दशाकाल में वाहनलाभ, यशप्राप्ति, पुत्रलाभ, धन-धान्यलाभ होता है। दायेश से

६।८।१२वें भाव में पापग्रह से युत या दृष्ट हो तो पीड़ा, सन्ताप, कष्ट, व्याधि, धननाश, कार्यबाधा आदि बातें होती हैं।

मंगल में चन्द्र—चन्द्र उच्च, मूलत्रिकोणी, स्वराशि या शुभग्रह युत हो तो इस दशाकाल में राज्यलाभ, मन्त्रीपद, सम्मान, उत्सवों का होना, विवाह, स्त्री-पुत्रों को सुख, माता-पिता से सुख, मनोरथसिद्धि आदि फल मिलते हैं। नीच, शत्रु राशि या अस्तंगत होकर दायेश से ६।८।१२वें स्थान में हो तो स्त्री-पुत्र की हानि, कष्ट, पशु, धान्य का नाश, चोरभय प्रभृति फल होते हैं। द्वितीयेश या सप्तमेश चन्द्रमा हो तो अकालमरण होता है।

राहु की महादशा में सभी ग्रहों की अन्तर्दशा का फल

राहु में राहु—कर्क, वृष, वृश्चिक, कन्या और धनराशि का राहु हो तो उसकी दशा में सम्मान, शासनलाभ, व्यापार में लाभ होता है। राहु ३।६।११वें भाव में हो, शुभग्रह से युत या दृष्ट हो, उच्च का हो तो इस दशा में राज्यशासन में उच्चपद, उत्साह, कल्याण एवं पुत्रलाभ होता है। ६।८।१२वें भाव में पापग्रह से युत या दृष्ट हो तो कष्ट, हानि, बन्धुओं का वियोग, झंझटें, चिन्ताएँ आदि फल होते हैं। ७वें भाव में हो तो रोग होते हैं।

राहु में गुरु—१।४।५।७।९।१०वें स्थान में स्वगृही, मूत्रत्रिकोण या उच्च का हो तो इस दशाकाल में शत्रुनाश, पूजा, सम्मान, धनलाभ, सवारी, मोटर, पुत्र आदि की प्राप्ति होती है। नीच, अस्तंगत या शत्रुराशि में होकर ६।८।१२वें भाव में हो तो धनहानि, कष्ट, विघ्न-बाधाओं का बाहुल्य, स्त्री-पुत्रों की पीड़ा आदि फल होते हैं।

राहु में शनि—शनि १।४।५।७।९।१०।११वें भाव में उच्च या मूलत्रिकोणी हो तो उसकी दशा में उत्सव, लाभ, सम्मान, बड़े कार्य, धर्मशाला, तालाब का निर्माण आदि बातें होती हैं। नीच, शत्रुक्षेत्री होकर ६।८।१२वें स्थान में हो तो स्त्री-पुत्र का मरण, लड़ाई और नाना कष्टों की प्राप्ति होती है। द्वितीयेश या सप्तमेश शनि हो तो अकाल मरण होता है।

राहु में बुध—राहु १।४।५।७।९।१०वें स्थान में स्वक्षेत्री, उच्च का, बलवान् हो तो इस दशाकाल में कल्याण, व्यापार से धनप्राप्ति, विद्याप्राप्ति, यशलाभ और विवाहोत्सव आदि होते हैं। ६।८।१२वें स्थान में शनैश्चर की राशि से युत या दृष्ट हो या दायेश से ६।८।१२वें स्थान में हो तो हानि, कलह, संकट, राजकोप, पुत्र का वियोग होता है। द्वितीयेश और सप्तमेश बुध हो तो अकालमरण होता है।

राहु में केतु—इस दशाकाल में वातज्वर, भ्रमण और दुख होता है। यदि शुभग्रह से केतु युत हो तो धन की प्राप्ति, सम्मान, भूमिलाभ और सुख होता है। १।४।५।७।८।९।१०।१२वें स्थान में केतु हो तो उसकी दशा महान् कष्ट देनेवाली होती है।

राहु में शुक्र—१।४।५।७।९।१०।११वें स्थान में शुक्र हो तो उसकी दशा में पुत्रोत्सव, राजसम्मान, वैभवप्राप्ति, विवाह आदि उत्सव होते हैं। ६।८।१२वें भाव में शुक्र नीच का, शत्रुक्षेत्री, शनि या मंगल से युत हो तो रोग, कलह, वियोग, बन्धुहानि, स्त्री को पीड़ा, शूलरोग आदि फल होते हैं। दायेश से ६।८।१२वें स्थान में शुक्र हो तो अचानक विपत्ति, झूठे दोष,

प्रमेह रोग आदि फल होतें हैं। द्वितीयेश और सप्तमेश शुक्र हो तो अकालमरण भी इसकी दशा में होता है।

राहु में सूर्य—सूर्य स्वक्षेत्री, उच्च का ५।९।११वें भाव में हो तो धनधान्य की वृद्धि, कीर्ति, परदेशगमन, राजाश्रय से धनप्राप्ति होती है। दायेश से सूर्य ६।८।११वें भाव में नीच का हो तो ज्वर, अतिसार, कलह, राजद्वेष, अग्निपीड़ा आदि फल मिलते हैं।

राहु में चन्द्र—बलवान् चन्द्रमा १।४।५।७।९।१०।११वें भाव में हो तो इस दशाकाल में सुख-समृद्धि होती है। दायेश से ६।८।१२वें भाव में हो तो नाना प्रकार के कष्ट, धनहानि, विवाद, मुक़दमा आदि से कष्ट होता है।

राहु में मंगल—१।४।५।७।६।१०।११वें भाव में मंगल हो तो उसकी दशा में घर, खेत की वृद्धि, सन्तानसुख, शारीरिक कष्ट, अकस्मात् किसी प्रकार की विपत्ति, नौकरी में परिवर्तन एवं उच्च पद की प्राप्ति होती है। दायेश से मंगल ६।८।१२वें स्थान में पापयुक्त हो तो स्त्री-पुत्र की हानि, सहोदर भाई को पीड़ा और अनेक प्रकार की झंझटें आती हैं।

गुरु की महादशा में सभी ग्रहों की अन्तर्दशा का फल

गुरु में गुरु—गुरु उच्च और स्वक्षेत्री होकर केन्द्रगत हो तो इस दशा में वस्त्र, मोटर, आभूषण, नवीन सुन्दर मकान आदि की प्राप्ति होती है। यदि गुरु भाग्येश और कर्मेश से युक्त हो तो स्त्री, पुत्र, धनलाभ होता है। नीच राशि का बृहस्पति हो या ६।८।१२वें भाव में स्थित हो तो दुख, कलह, हानि, कष्ट और पुत्र-स्त्री का वियोग होता है। प्रायः देखा जाता है कि गुरु में गुरु का अन्तर अच्छा नहीं बीतता है।

गुरु में शनि—शनि उच्च, स्वक्षेत्री, मूलत्रिकोणी हो या १।४।५।७।९।१०।११वें भाव में स्थित हो तो इस दशा में भूमि, धन, सवारी, पुत्र आदि का लाभ, पश्चिम दिशा में यात्रा और बड़े पुरुषों से मिलना होता है। नीच, अस्तंगत या शत्रुक्षेत्री शनि हो या ६।८।१२वें भाव में हो तो ज्वरबाधा, मानसिक दुख, स्त्री को कष्ट, सम्पत्ति की क्षति होती है। दायेश से ६।८।१२वें भाव में हो तो नाना प्रकार से कष्ट होता है। द्वितीयेश और सप्तमेश हो तो शारीरिक कष्ट या अकालमरण होता है।

गुरु में बुध—बुध स्वराशि, उच्च या मूलत्रिकोणी हो अथवा १।४।५।७।९।१०।११वें भाव में बलवान् होकर स्थित हो तो इस दशा में धारासभाओं का सदस्य, मन्त्री, अफ़सर, सुख, धनलाभ, पुत्रलाभ होता है। ६।८।१२वें भाव में हो या दायेश से ६।८।१२वें भाव मे हो तो नाना प्रकार के कष्ट, रोग, भार्यामरण आदि फल होते हैं। द्वितीयेश और सप्तमेश बुध हो तो इसकी दशा में महान् कष्ट या अकालमरण होता है।

गुरु में केतु—यदि शुभग्रह से केतु युक्त हो तो इस दशा में सुख प्रदान करता है। दायेश से ६।८।१२वें स्थान में पापयुक्त हो तो राजकोप, बन्धन, धननाश, रोग आदि होते हैं। दायेश से ४।५।९।१०वें स्थान में हो तो अभीष्ट लाभ, उद्यम से लाभ, पशुलाभ होता है।

गुरु में शुक्र—बलवान् शुक्र केन्द्रेश से युक्त होकर ५।११वें भाव में हो तो इस दशा में सुख, कल्याण, धनलाभ, धर्मशाला, तालाब, कुआँ आदि का निर्माण, पुत्रलाभ, स्त्रीलाभ,

नवीन कार्य आदि फल मिलते हैं। शुक्र दायेश से या लग्न से ६।८।१२वें स्थान में हो तो कष्ट, कलह, बन्धन, चिन्ता आदि फल होते हैं। द्वितीयेश और सप्तमेश हो तो अकालमरण होता है।

गुरु में सूर्य—सूर्य उच्च का स्वक्षेत्री होकर १।४।५।७।९।१०।११वें भाव में हो तो इस दशा में सम्मानप्राप्ति, तत्काल लाभ, सवारी की प्राप्ति, पुत्रप्राप्ति आदि फल होते हैं। लग्नेश या दायेश से सूर्य ६।८।१२वें स्थान में हो तो सिर में रोग, ज्वरपीड़ा, पापकर्म, बन्धु वियोग आदि फल मिलते हैं। सूर्य द्वितीयेश और सप्तमेश हो तो यह समय महाकष्टकारक होता है।

गुरु में चन्द्र—बलवान् चन्द्रमा १।४।५।७।९।१०।११वें भाव में हो तो इस दशा में सत्कार्य, सम्मान, कीर्ति, पुत्र-पौत्र की वृद्धि होती है। लग्नेश या दायेश से (दशापति) ६।८।१२वें स्थान में चन्द्रमा हो तो अपमान, खेद, स्थानच्युति, मातुल-वियोग, माता को दुख आदि फल होते हैं। द्वितीयेश हो तो महाकष्ट होता है।

गुरु में भौम—उच्च या स्वगृही मंगल १।४।५।७।९।१०वें भाव में हो तो इस दशा में भूमिलाभ, मिलों का निर्माण और कार्यसिद्धि होती है। दायेश से केन्द्र स्थान में शुभग्रह से युत या दृष्ट हो तो तीर्थयात्रा, विद्वत्ता से भूमिलाभ, नवीन कार्यों द्वारा यश-लाभ होता है। दायेश से भौम ६।८।१२वें भाव में पापग्रह से युत या दृष्ट हो तो धन-धान्य और घर का नाश होता है।

गुरु में राहु—उच्च, स्वक्षेत्री या मूलत्रिकोणी राहु ३।६।११वें भाव में हो तो इस दशा में ख्याति, सम्मान, विद्यालाभ, दूरदेशगमन, सम्पत्ति और कल्याण की प्राप्ति होती है। दायेश से ६।८।१२वें भाव में राहु हो तो कष्ट, भय, व्याकुलता, कलह रोग, दुःस्वप्न, शारीरिक कष्ट, अल्पलाभ आदि फल प्राप्त होते हैं।

शनि की महादशा में सभी ग्रहों की अन्तर्दशा का फल

शनि में शनि—स्वराशि, उच्च और मूलत्रिकोण का शनि हो अथवा १।४।५।७।९।१०।११वें भाव में स्थित हो तो इस दशा में सम्मान, ख्याति, शासन-प्राप्ति, उच्च-पद की प्राप्ति, विदेशीय भाषाओं का ज्ञान, स्त्री-पुत्र की वृद्धि होती है। नीच या पापयुक्त होकर शनि ६।८।१२वें भाव में हो तो रक्तस्राव, अतिसार, गुल्मरोग होता है। द्वितीयेश और सप्तमेश शनि हो तो मृत्यु भी इस दशाकाल में सम्भव होती है।

शनि में बुध—१।४।५।७।९।१०वें स्थान में बुध हो तो इस दशा में सम्मान, कीर्ति, विद्या, धन, देहसुख आदि की प्राप्ति होती है। इस दशा में नवीन व्यापार आरम्भ करने से प्रचुर धनलाभ किया जा सकता है। दायेश से ६।८।१२वें भाव में बुध हो तो अल्पसुख, बुद्धि से कार्यसिद्धि, बड़ों का समागम, अपमृत्यु, भय, शीतज्वर, अतिसार रोग होते हैं।

शनि में केतु—शुभग्रह से युत या दृष्ट केतु हो तो इस दशा में स्थानभ्रंश, क्लेश, धनहानि, स्त्री-पुत्र का मरण होता है। लग्नेश से युत या दायेश से ६।८।१२वें भाव में केतु हो तो सुख मिलता है।

शनि में शुक्र—उच्च का या स्वक्षेत्री शुक्र १।४।५।७।९।१०।११वें भाव में शुभग्रह से युत या दृष्ट हो तो इस दशा में आरोग्यलाभ, धनप्राप्ति, कल्याण, आदर, उन्नति, जीवन में सुख की प्राप्ति होती है। शत्रुक्षेत्री नीच या अस्तंगत शुक्र ६।८।१२वें स्थान में हो तो स्त्रीमरण, स्थानभ्रंश, पद-परिवर्तन, अल्पलाभ होता है। शुक्र दायेश से ६।८।१२वें भाव में हो तो ज्वर, पीड़ा, पायरिया रोग, वृक्ष से पतन, सन्ताप, विरोध और झगड़े होते हैं।

शनि में सूर्य—उच्च का, स्वराशि का या भाग्येश से युत १।४।५।७।९।१०।११वें स्थान में सूर्य हो तो इस दशा में घर में दही-दूध की प्रचुरता, पुत्र की प्राप्ति, कल्याण, पदवृद्धि, जीवन में परिवर्तन, यश की प्राप्ति होती है। सूर्य लग्न या दायेश से ६।८।१२वें भाव में हो तो हृदय में रोग, मान-हानि, स्थानभ्रंश, दुख, पश्चात्ताप होता है। द्वितीयेश और सप्तमेश होने पर महान् कष्ट होता है।

शनि में चन्द्रमा—चन्द्रमा गुरु से दृष्ट हो, अपने उच्च का हो, स्वक्षेत्री हो, १।४।५।७।६।१०।११वें भाव में हो तो इस दशा में सौभाग्य वृद्धि, माता-पिता को सुख, कारोबार में बढ़ती होती है। क्षीण चन्द्रमा हो या पापग्रह से युत चन्द्रमा हो तो धननाश, माता-पिता का वियोग, सन्तान को कष्ट, धन का खर्च और रोग होते हैं।

शनि में भौम—बलवान् भौम १।४।५।७।६।१०।११वें भाव में हो या लग्नेश से युत हो तो इस दशा में सुख, धनलाभ, राजप्रीति, सम्पत्तिलाभ, नये घर का निर्माण, मिल या नवीन कारखानों का स्थापन आदि फल होते हैं। नीच का मंगल हो या अस्तंगत हो तो परदेशगमन, धनहानि, कारागृह का दण्ड आदि फल मिलते हैं। द्वितीयेश या सप्तमेश होने से मंगल की दशा में अकालमरण भी हो सकता है।

शनि में राहु—इस दशा में कलह, चित्त में क्लेश, पीड़ा, चिन्ता, द्वेष, धननाश, परदेशगमन, मित्रों से कलह आदि फल होते हैं। उच्चक्षेत्री या स्वगृही राहु लाभस्थान में हो तो धनलाभ, सम्पत्ति की प्राप्ति और अन्य प्रकार के समस्त सुख होते हैं।

शनि में गुरु—बलवान् गुरु शुभग्रहों से युत होकर १।४।५।७।९।१०।११वें भाव में हो तो इस दशा में मनोरथसिद्धि, सम्मानप्राप्ति, पुत्रलाभ, नवीन कार्यों के करने की प्रेरणा होती है। ६।८।१२वें स्थान में नीच, अस्तंगत या पापग्रह से युत होकर स्थित हो तो कुष्ठरोग, परदेशगमन, कार्यहानि, धन-धान्य का नाश होता है। दायेश ६।८।१२वें स्थानों में निर्बल गुरु हो तो भाइयों से द्वेष, धनलाभ, पुत्र का नाश और राजदण्ड भोगना पड़ता है।

बुध की महादशा में सभी ग्रहों की अन्तर्दशा का फल

बुध में बुध—इस दशा में लाभ, सुख, विद्या, कीर्ति, वैभव की प्राप्ति होती है। नीच या उग्र ग्रह से युक्त होकर बुध ६।८।१२वें स्थान में हो तो भय, क्लेश, कलह, रोग, शोक, हानि आदि फल होते हैं। बुध द्वितीयेश या सप्तमेश हो तो किसी सम्बन्धी की मृत्यु इस दशा में होती है।

बुध में केतु—लग्नेश या दायेश से केतु युक्त हो तो इस दशा में अल्पलाभ, शारीरिक सुख, विद्या और यश का लाभ होता है। दायेश से ६।८।१२वें भाव में पापग्रह युक्त हो तो जातक को नाना प्रकार का कष्ट सहन करना पड़ता है।

बुध में शुक्र—इस दशा में धन, सम्पत्ति का लाभ, विद्या द्वारा ख्याति, धन का संचय, व्यवसाय में लाभ, समृद्धि आदि फल होते हैं। दायेश से शुक्र ६।८।१२वें स्थानों में हो तो नाना प्रकार की झंझटें, अल्पलाभ, भार्याकष्ट, बन्धुवियोग, मन में सन्ताप होता है। द्वितीयेश या सप्तमेश शुक्र हो तो मृत्यु भी इसकी दशा में हो सकती है।

बुध में सूर्य—उच्च का सूर्य हो तो सुख, मंगल युत हो तो इस दशा में भूमि-लाभ, लग्नेश से युत या दृष्ट हो तो धनप्राप्ति, भूमिलाभ होता है। दायेश से सूर्य ६।८।१२वें स्थान में, मंगल राहु से युत हो तो चोर, अग्नि या शस्त्र से पीड़ा, पित्तजन्य रोग, सन्ताप होते हैं। सूर्य द्वितीयेश या सप्तमेश हो तो अकालमरण भी इस दशा में होता है।

बुध में चन्द्रमा—उच्च, स्वराशि और शुभग्रहों से युत चन्द्रमा हो तो इस दशा में सुख, कन्यालाभ, धनप्राप्ति, नौकरी में तरक़्क़ी होती है। निर्बल चन्द्रमा दायेश से ६।८।१२वें भाव में हो तो धननाश, बुरे कार्य, राजदण्ड, छल-कपट द्वारा धनहरण आदि होते हैं।

बुध में भौम—उच्च, स्वराशि और शुभग्रहों से युत होने पर इस दशा में मकान, भूमि, खेत की प्राप्ति, पुस्तकों के निर्माण द्वारा यश, कविता में अभिरुचि होती है। मंगल नीच का, अस्तंगत या शत्रुक्षेत्री हो तो चोर से भय, स्थानभ्रंश, पुत्र-मित्रों से विरोध होता है। द्वितीयेश या सप्तमेश मंगल हो तो इस दशा में अकालमरण होता है।

बुध में राहु—राहु ६।८।१२वें स्थान में हो तो रोग, धननाश, वातज्वर होता है। ३।६।१०।११वें भाव में हो तो सम्मान, राजा से लाभ, अल्प धनलाभ, व्यापार में वृद्धि और कीर्ति होती है।

बुध में गुरु—उच्च, स्वराशि या शुभग्रहों से युत गुरु १।४।५।७।९।१०वें स्थान में हो तो इस दशा में प्रतिष्ठा, ग्रन्थ-निर्माण, उत्सव, धनलाभ आदि फल मिलते हैं। गुरु दायेश से ६।८।१२वें भाव में हो तो हानि, अपमान तथा शनि, मंगल से युत हो तो कलह, पीड़ा, माता की मृत्यु, झगड़ा, धननाश, शारीरिक कष्ट आदि फल होते हैं।

बुध में शनि—उच्च, स्वराशि या मूलत्रिकोण का शनि हो तो इस दशा में कल्याण की वृद्धि, लाभ, राजसम्मान, बड़प्पन आदि फल प्राप्त होते हैं। दायेश से शनि ६।८।१२वें भाव में हो तो बन्धुनाश, दुखप्राप्ति, कष्ट, परदेशगमन होता है। शनि द्वितीयेश या सप्तमेश होकर द्वितीय या तृतीय में हो तो इस दशा में मृत्यु होती है।

केतु की महादशा में सभी ग्रहों की अन्तर्दशा का फल

केतु में केतु—केतु केन्द्र, त्रिकोण और लाभ भाव में हो तो इस दशा में भूमि, धन-धान्य, चतुष्पद आदि का लाभ, स्त्री-पुत्र से सुख मिलता है। नीच या अस्तंगत हो या ६।८।१२वें स्थान में हो तो रोग, अपमान, धन-धान्य का नाश, स्त्री-पुत्र को पीड़ा, मन चंचल होता है। द्वितीयेश या सप्तमेश के साथ सम्बन्ध हो तो महाकष्ट होता है।

केतु में शुक्र—शुक्र उच्च, स्वराशि का हो या १।४।५।७।९।१०।११वें भाव में या दायेश से युक्त हो तो इस दशा में राजप्रीति, सौभाग्य, धनलाभ होता है। यदि भाग्येश और कर्मेश से युक्त हो तो राजा से धनलाभ, सम्मान, सुख और उन्नति होती है। दायेश से ६।८।१२वें भाव में हो या पापयुक्त होकर इन स्थानों में हो तो मानहानि, धनकष्ट, स्त्री से झगड़ा, पुत्रों को कष्ट और अवनति होती है।

केतु में सूर्य—सूर्य स्वक्षेत्री, उच्च का हो या १।४।५।७।९।१०।११वें भाव में हो तो इस दशा में प्रारम्भ में सर्वसुख, मध्य में कुछ कष्ट होता है। नीच, अस्तंगत या पापग्रह से युक्त ६।८।१२वें भाव में हो तो राजदण्ड, कष्ट, पीड़ा, माता-पिता का वियोग, विदेशगमन होता है। सूर्य द्वितीयेश हो तो कष्टकारक होता है।

केतु में चन्द्रमा—चन्द्रमा उच्च का, स्वराशि का हो तो इस दशा में राज्य से सुख, धनलाभ, कन्या सन्तान की प्राप्ति, कल्याण, भूमिलाभ, उद्योग में सफलता, धन-संग्रह, पुत्र से सुख आदि फल होते हैं। नीच का क्षीण चन्द्रमा ६।८।११वें भाव में हो तो भय, रोग, चिन्ता और मुकदमा के झंझट में फँसना पड़ता है।

केतु में भौम—भौम उच्च का, स्वराशि का या १।४।५।७।९।१०।११वें भाव में हो तो इस दशा में भूमिलाभ, विजय, पुत्रलाभ, व्यापार में वृद्धि होती है। दायेश से भौम केन्द्र त्रिकोण स्थान में हो तो देश में सम्मान, कीर्ति, बड़प्पन आदि फल मिलते हैं। दायेश से २।६।८।१२वें स्थान में हो तो परदेशमगन, अवनति, कारोबार में हानि, मृत्यु, पागल, प्रमेह या अन्य जननेन्द्रिय-सम्बन्धी रोग होते हैं।

केतु में राहु—राहु उच्च का, स्वराशि या मित्रक्षेत्री हो तो इस दशा में धन-धान्य का लाभ, सुख, भूमि का लाभ, नौकरी में तरक़्क़ी होती है। ७।८।१२वें स्थान में पापग्रह से युत या दृष्ट हो तो धनहानि, नौकरी में गड़बड़ी, प्रमेह, नेत्ररोग होते हैं। राहु द्वितीयेश या सप्तमेश हो तो शीतज्वर, कलह, शूलरोग होते हैं।

केतु में गुरु—१।४।५।७।९।१०।११वें भाव में गुरु हो तो इस दशा में विद्यालाभ, कीर्तिलाभ, सम्मान, रक्तविकार, परदेशगमन, पुत्रप्राप्ति, स्थानभ्रंश, शान्तिलाभ होता है। गुरु, नीच, अस्तंगत होकर दायेश से ६।८।११वें भाव में हो तो धन-धान्य का नाश, आचार की शिथिलता, स्त्रीवियोग और अनेक प्रकार के कष्ट होते हैं।

केतु में शनि—८।१२वें भाव में शनि हो तो इस दशा में कष्ट, चित्त में सन्ताप, धननाश और भय होता है। उच्च या मूलत्रिकोणी शनि ३।६।११वें भाव में स्थित हो तो जातक को साधारणतः सुख, मनोरथसिद्धि, सम्मान-प्राप्ति होती है। शनि दायेश से ६।८।१२वें भाव में हो तो इस दशा में मृत्यु, भयंकर रोग, धनहानि होती है।

केतु में बुध—१।४।५।७।९।१०वें भाव में बलवान् बुध हो तो इस दशा में ऐश्वर्यप्राप्ति, चतुराई, यशलाभ और सत्संगति की प्राप्ति होती है। दायेश से ६।८।१२वें भाव में नीच या अस्तंगत हो तो खर्च अधिक, बन्धन, द्वेष, झगड़ा होता है तथा अपना घर छोड़कर अन्यत्र निवास करना पड़ता है।

शुक्र की महादशा में सभी ग्रहों की अन्तर्दशा का फल

शुक्र में शुक्र—१।४।५।७।९।१०वें भाव में बली शुक्र बैठा हो तो इस दशा में धनप्राप्ति, श्रेष्ठ कार्यों में रत, पुत्र की प्राप्ति, कल्याण, सम्मान, अकस्मात् धनप्राप्ति, नये घर का निर्माण आदि फल होते हैं। दायेश से ६।८।१२वें भाव में नीच या अस्तंगत राहु हो तो कष्ट, मृत्यु, रोग, राजा से भय और आर्थिक कष्ट आदि फल होते हैं। शुक्र स्वराशि या उच्च का होकर १।४।५वें भाव में हो तो जातक अनेक नवीन ग्रन्थों का निर्माण इसकी दशा में करता है।

शुक्र में सूर्य—इस दशा में कलह, सन्ताप, दारिद्र्य आदि होते हैं। यदि सूर्य उच्च या स्वराशि का हो अथवा दायेश से १।४।५।७।९।१०वें भाव में हो तो धनलाभ, सम्मान, शासन की प्राप्ति, माता-पिता से सुख, भाई से लाभ होता है। दायेश से ६।८।१२वें भाव में हो तो पीड़ा, चिन्ता, कष्ट, रोग आदि होते हैं।

शुक्र में चन्द्रमा—चन्द्रमा उच्च का, स्वराशि का या मित्रवर्ग का हो तो जातक को उस दशा में स्त्री का सुख, धनलाभ, पुत्री की प्राप्ति, उन्नति, उच्च पद का लाभ आदि फल होते हैं। यदि चन्द्रमा दायेश से ६।८।१२वें भाव में हो तो नाना प्रकार के कष्ट भोगने पड़ते हैं।

शुक्र में भौम—१।४।५।७।९।१०।११वें भाव में बलवान् भौम स्थित हो तो इस दशा में मनोरथसिद्धि, धनलाभ, स्थानभ्रंश, कलह आदि फल प्राप्त होते हैं। यदि दायेश से ६।८।१२वें भाव में भौम हो तो जातक को रोग, कष्ट, धननाश, खेत की हानि और मकान की हानि भी इस दशा में सहनी पड़ती हैं।

शुक्र में राहु—१।४।५।७।९।१०।११वें भाव में राहु बलवान् हो तो इस दशा में कार्यसिद्धि व्यापार में लाभ, सुख, धन-ऐश्वर्य की प्राप्ति होती है। दायेश से ७।८।१२वें भाव में हो तो नाना प्रकार के कष्ट होते हैं।

शुक्र में गुरु—बलवान् गुरु १।४।५।७।९।१०वें भाव में हो तो इस दशा में पुत्रलाभ, कृषि से धनप्राप्ति, यशप्राप्ति, माता-पिता का सुख और इष्ट बन्धुओं का समागम होता है। ६।८।१२वें भाव में हो तो कष्ट, चोरभय, पीड़ा एवं हानि होती है।

शुक्र में शनि—इस दशा में क्लेश, आलस्य, व्यापार में हानि, अधिक व्यय होता है। लग्नेश या दायेश से शनि ६।८।१२वें स्थान में हो तो स्त्री को पीड़ा, उद्योग में हानि होती है। द्वितीयेश या सप्तमेश शनि हो तो बीमारी या अकाल मृत्यु होती है।

शुक्र में बुध—बलवान् बुध १।४।५।७।९।१०वें भाव में हो, लग्नेश, चतुर्थेश या पंचमेश से युक्त हो तो इस दशा में साहित्यिक कार्यों द्वारा धन, कीर्तिलाभ, सन्मार्ग से धनागम, बड़े कार्यों में अधिक सफलता मिलती है। यदि दायेश से ६।८।१२वें भाव में बुध हो तो अपकीर्ति, अल्पलाभ, कुटुम्बियों से झगड़ा आदि फल प्राप्त होते हैं।

शुक्र में केतु—इस दशा में कलह, बन्धुनाश, शत्रुपीड़ा, भय, धननाश होता है। दायेश से ६।८।१२वें भाव में पापग्रह से युक्त केतु हो तो सिर में रोग, घाव, फोड़े-फुन्सी और

बन्धुवियोग आदि फल प्राप्त होते हैं। उच्च का केतु ३।६।११वें भाव में हो तो धनागम, सम्मान और सुख की प्राप्ति होती है।

स्त्रीजातक—यद्यपि पहले जितना फल पुरुष-जातक के लिए बताया गया है, उसी को स्त्री-जातक के सम्बन्ध में समझ लेना चाहिए। किन्तु जो योग पुरुष की कुण्डली में स्त्री के सूचक थे, वे स्त्री की कुण्डली में पुरुष—पति की उन्नति, अवनति, स्वभाव, गुण के सूचक हैं। स्त्रियों की कुण्डली में लग्न या चन्द्रमा से उनकी शारीरिक स्थिति, पंचम से सन्तान, सप्तम से सौभाग्य व अष्टम से पति की मृत्यु के सम्बन्ध में विचार करना चाहिए।

लग्न और चन्द्रमा १।३।५।७।९।११वीं राशि में स्थित हों तो पुरुष की आकृतिवाली, परपुरुषरत, दुराचारिणी और लग्न तथा चन्द्रमा २।४।६।८।१०।१२वीं राशि में हों तो सुन्दरी, शीलवती, पतिव्रता स्त्री होती है। यदि लग्न और चन्द्रमा १।३।५।७।९।११वीं राशि में हों तथा शुभग्रह की दृष्टि उन पर हो तो स्त्री मिश्रित स्वभाव की, पापग्रह दृष्ट या युत हों तो नारी दुष्ट स्वभाव की, व्याभिचारिणी; समराशियों में लग्न, चन्द्रमा हों और उन पर क्रूर ग्रहों की दृष्टि हो तो स्त्री मध्यम स्वभाव की होती है। नारी की कुण्डली में उसके स्वभाव का निर्णय करने के लिए अशुभ, शुभग्रहों की दृष्टि का मिलान करना आवश्यक है।

स्त्री की कुण्डली में २।४।६।८।१०।१२ राशियों में मंगल, बुध, गुरु और शुक्र हों तो वह नारी विदुषी, साध्वी, विख्यात और गुणवती होती है।

सप्तम भाव में शनि पापग्रहों से दृष्ट हो तो स्त्री आजन्म अविवाहित रहती है। सप्तमेश पापयुत या दृष्ट हो तथा सप्तम में पापग्रह हों तो यह योग विशेष बलवान् होता है। यदि सप्तमेश शनि के साथ हो तो बड़ी आयु में विवाह करनेवाली होती है।

वैधव्य योग—१. सप्तम भाव में मंगल हो तथा सप्तम भाव पर पापग्रहों की दृष्टि हो तो बालविधवा योग होता है।

२. लग्न या चन्द्र से सप्तम या अष्टम भाव में ३-४ पापग्रह हों तो स्त्री विधवा होगी।

३. मंगल की राशि में स्थिर राहु पापग्रह से युत होकर ८ या १२वें भाव में हो तो विधवा होती है।

४. लग्न और सप्तम भाव में पापग्रह हो तो विवाह के सात-आठ वर्ष बाद विधवा होती है। चन्द्रमा से ७वें, ८वें और १२वें भाव में शनि, मंगल दोनों हों तथा वे पापग्रहों से दृष्ट हों तो स्त्री विवाह के बाद जल्दी ही विधवा होती है।

५. क्षीण चन्द्रमा, नीच या अस्तंगत राशि, चन्द्रमा छठे या आठवें भाव में हो तो जल्दी विधवा होने का योग होता है।

६. षष्ठेश और अष्टमेश ६।१२वें भाव में पापग्रह युत या दृष्ट हों तो विधवा होती है।

७. अष्टमेश सप्तम भाव में और सप्तमेश अष्टम भाव में हो तथा दोनों या एक स्थान पापग्रहों से दृष्ट हों तो वैधव्य योग होता है।

८. चन्द्रमा से सातवें भाव में मंगल, शनि, राहु और सूर्य इन चारों में से कोई दो ग्रह हों तो स्त्री विधवा होती है।

सप्तम स्थान में प्रत्येक ग्रह का फल

सूर्य—सप्तम स्थान में सूर्य हो तो नारी दुष्ट स्वभाव, पति-प्रेम से वंचित और कर्कशा होती है।

चन्द्रमा—सप्तम में चन्द्रमा हो तो कोमल स्वभाव की, लज्जाशील तथा उच्च का चन्द्रमा हो तो वस्त्र, आभूषणवाली, धनिक और सुन्दरी होती है।

मंगल—सप्तम में मंगल हो तो नारी सौभाग्यहीन, कुकर्मरत व कर्क या सिंहराशि में शनैश्चर के साथ मंगल हो तो व्यभिचारिणी, वेश्या, धनी व बुरे स्वभाव की होती है।

बुध—सप्तम में बुध हो तो नारी आभूषणवाली, विदुषी, सौभाग्यशालिनी और पति की प्यारी होती है। उच्च राशि का बुध हो तो लेखिका, सुन्दर पतिवाली, धनी और नाना प्रकार के ऐश्वर्य को भोगनेवाली होती है।

गुरु—सप्तम स्थान में गुरु हो तो नारी पतिव्रता, धनी, गुणवती और सुखी होती है। चन्द्रमा कर्क राशि में और गुरु सप्तम में हो तो नारी साक्षात् रतिस्वरूपा होती है। उसके समान सुन्दरी कम ही नारियाँ लोक में मिल सकेंगी।

शुक्र—सप्तम में शुक्र हो तो नारी का पति श्रेष्ठ, गुणवान्, धनी, वीर, कामकला में प्रवीण होता है तथा वह नारी स्वयं रसिका और सुन्दर वस्त्राभूषणों वाली होती है।

शनि—सप्तम में शनि हो तो उस नारी का पति रोगी, दरिद्र, व्यसनी, निर्बल होता है। यदि उच्च का शनि हो तो पति धनिक, गुणवान्, शीलवान् और कामकला का विज्ञ मिलता है। शनि पर राहु या मंगल की दृष्टि हो तो स्त्री विधवा होती है।

राहु—सप्तम स्थान में राहु हो तो नारी अपने कुल को दोष लगानेवाली, दुखी, पतिसुख से वंचित तथा राहु उच्च का हो तो सुन्दर और स्वस्थ पति मिलता है।

अल्पापत्या या अनपत्या योग

१. चन्द्रमा वृष, कन्या, सिंह और वृश्चिक इन राशियों में से किसी राशि में स्थित हो तो अल्पसन्तानवाली नारी होती है।

२. पंचम भाव में धनु या मीन राशि हो, गुरु पंचम भाव में स्थित हो या पंचम भाव पर क्रूर ग्रहों की दृष्टि हो तो सन्तान नहीं होती।

३. सप्तम भाव में पापग्रह की राशि हो अथवा सप्तम भाव पापग्रह से दृष्ट हो तो नारी को सन्तान नहीं होती अथवा कम सन्तान होती है। मंगल पंचम भाव में हो और राहु सप्तम में हो तो सन्तान का अभाव होता है। पंचमेश के नवमांश में शनि या गुरु स्थित हों तो भी सन्तान नहीं होती है।

४. सप्तम स्थान में सूर्य या राहु हों अथवा अष्टम स्थान में शुक्र या गुरु हों तो सन्तान जीवित नहीं रहती।

५. सप्तम स्थान में चन्द्रमा या बुध हो तो कन्याओं को जन्म देनेवाली नारी होती है। यदि नारी की कुण्डली में पंचम स्थान में गुरु या शुक्र हों तो बहुत पुत्रों का प्रजनन करती है।

६. पंचम भाव में सूर्य हो तो एक पुत्र, मंगल हो तो तीन पुत्र, गुरु हो तो पाँच पुत्र होते हैं। पंचम में चन्द्रमा के रहने से दो कन्याएँ, बुध के रहने से चार और शुक्र के रहने से सात कन्याएँ होती हैं।

७. नवम स्थान में शुक्र हो तो छह कन्याएँ, सप्तम में राहु हो तो सन्तानाभाव या दो कन्याएँ होती हैं।

८. जिन नारियों की जन्मराशि वृष, सिंह, कन्या और वृश्चिक हो तो उनके पुत्र कम होते हैं; किन्तु इन्हीं राशियों में शुभग्रह स्थित हों तो सन्तान सुन्दर और उत्तम होती है।

९. पंचम स्थान में तीन पापग्रह हों या पंचम पर तीन पापग्रहों की दृष्टि हो और पंचमेश शत्रुराशि में हो तो नारी बाँझ होती है।

१०. अष्टम स्थान में चन्द्रमा और बुध हों तो काकबन्ध्या योग होता है। यदि अष्टम में बुध, गुरु और शुक्र हों तो गर्भनाश होता है या सन्तान होकर मर जाती है।

११. सप्तम स्थान में मंगल हो और उस पर शनि की दृष्टि हो अथवा शनि, मंगल दोनों ही सप्तम स्थान में हों तो गर्भपात होता है या बहुत ही कम सन्तान उत्पन्न होती है।

प्रवासी पतियोग—जन्मलग्न चर राशि में हो तो नारी का पति प्रवासी होता है। चर राशियों में लग्नेश और तृतीयेश हों तो भी पति प्रवासी होता है।

पति के गुण-दोष द्योतक योग

१. सप्तम भाव में २।७ राशि हो तथा शुक्र का नवमांश हो तो पति भाग्यवान् होता है।

२. सप्तम में सूर्य की राशि या सूर्य का नवमांश हो तो मन्द रति करनेवाला, विद्वान्, लेखक, विचारक, अफ़सर पति होता है।

३. सप्तम भाव में चन्द्रमा हो या चन्द्रमा का नवमांश हो तो कामी, कोमल स्वभाव का, दयालु, विद्वान्, रसिक, धनी, व्यापारी पति होता है।

४. सप्तम में मंगल की राशि या मंगल का नवमांश हो तो क्रोधी, जमींदार, कृषक, धनी, हिंसक, व्यसनी और नीच प्रकृति का व्यक्ति पति होता है।

५. सप्तम भाव में बुध की राशि या बुध का नवमांश हो तो विद्वान्, शोधक, इतिहासज्ञ, कवि, लेखक-सम्पादक, मजिस्ट्रेट, धनी, रतिज्ञ, कामी, मायावी और चतुर पति होता है।

६. सप्तम भाव में गुरु की राशि या गुरु का नवमांश हो तो गुणवान्, विशेषज्ञ, त्यागी, पत्नीभक्त, सेवापरायण, मन्त्री, न्यायाधीश, लोभी, चिड़चिड़ा, धर्मात्मा और प्राचीन परम्परा का पोषक पति होता है।

७. सप्तम में शनि की राशि या शनि का नवमांश हो तो मूर्ख, व्यसनी, क्रोधी, आलसी, साधारण धनी और चिड़चिड़े स्वभाव का पति होता है।

■

चतुर्थ अध्याय

ताजिक (वर्षफल-निर्माण-विधि)

वर्ष-पत्र बनाने की प्रक्रिया ताजिक शास्त्र में बतलायी गयी है। इस शास्त्र का प्रचार भारत में यवनों के सम्पर्क से हुआ। प्राचीन भारतवर्ष में वर्षपत्र जातक ग्रन्थों के आधार पर विंशोत्तरी, अष्टोत्तरी आदि दशाओं के समय-विभागानुसार बनाया जाता था। जातक अंग के विकास-क्रम पर ध्यान देने से ज्ञात होगा कि पहले-पहल जो ग्रह जन्म-कुण्डली के जिस भावस्थान में पड़ जाता था उसी के शुभाशुभ फल के अनुसार उस भाव का फल माना जाता था। अन्य ग्रहों के सम्बन्ध का विचार करना आदिकाल की अन्तिम शताब्दियों तक आवश्यक नहीं था, परन्तु पूर्वमध्यकाल में इस सिद्धान्त में विकास हुआ और ग्रहों की शत्रुता, मित्रता, सबलत्व, निर्बलत्व, स्वामित्व एवं दृष्टि की अपेक्षा से फलाफल का विचार किया जाने लगा। विकसित होकर आगे यही प्रक्रिया दशा के रूप को प्राप्त हुई। इसमें १२० वर्ष या १०८ वर्ष की परमायु मानकर नवग्रहों का विभाजन किया गया है। तात्पर्य यह है कि मनुष्य के जीवन काल में जन्मनक्षत्र के अनुसार जिस ग्रह की दशा होती है, उसी की अपेक्षा से सुख-दुख आदि फल मिलते हैं। यद्यपि दशाधिपति के फल में मित्र, शत्रु और समग्रह के घर में रहने के कारण फल में न्यूनाधिकता हो जाती है, पर दशाधिपति निश्चित समय की मर्यादा पर्यन्त वही रहता है।

यवनों को उपर्युक्त जातक शास्त्र की प्रक्रिया उपयुक्त न जँची और उन्होंने एक नयी प्रणाली निकाली, जिसमें एक-एक वर्ष का पृथक्-पृथक् फल निकाला गया और प्रत्येक वर्ष में नवग्रहों को फल देने का अधिकार देते हुए भी एक प्रधान ग्रह को वर्षेश बतलाया। तत्कालीन भारतीय ज्योतिर्विदों ने इस नयी प्रणाली का स्वागत किया और इसे अपने ढाँचे में ढालकर वर्षपत्र-विषयक अनेक ग्रन्थों की रचना भारतीय ज्योतिष की भित्ति पर की। इन आचार्यों ने वर्षप्रवेश समय की कुण्डली में बारह भावों में स्थित नवग्रहों के फल का विवेचन जातक शास्त्र के अनुसार किया तथा ग्रहों के जन्मपत्र विषयक गणित का उपयोग भी कुछ हेर-फेर के साथ बतलाया तथा निम्न पाँच ग्रहों में से किसी एक बली ग्रह को वर्ष का स्वामी निर्धारित करने की प्रक्रिया घोषित की :

१. जन्मकुण्डली की लग्न-राशि का स्वामी, २. वर्षप्रवेश काल की लग्न-राशि का स्वामी, ३. वर्ष का मुन्थेश, ४. त्रिराशिप एवं ५. वर्षप्रवेश दिन में हो तो वर्ष-कुण्डली की सूर्याधिष्ठित राशि का स्वामी और रात में वर्षप्रवेश हो तो वर्ष-कुण्डली की चन्द्राधिष्ठित राशि का स्वामी।

वर्ष-कुण्डली बनाने के लिए सर्वप्रथम वर्षेष्टकाल का साधन करना चाहिए। ज्योतिष ग्रन्थों में बताया है कि अभीष्ट संवत् में से जन्म संवत् को घटाने से गतवर्ष आते हैं। गतवर्ष की संख्या जितनी हो उसमें उसका चौथाई भाग एक स्थान में जोड़ दे और दूसरी जगह गतवर्ष संख्या को २१ से गुणा करे, गुणनफल में ४० का भाग देने से जो घट्यात्मक लब्धि आवे, उसमें जन्म समय के वार आदि इष्टकाल को जोड़कर ७ का भाग देने पर शेष तुल्य वार आदि वर्षेष्टकाल होता है।

उदाहरण—जन्म सं. १९६९ में कार्तिक मास, शुक्ल पक्ष, १२ तिथि, गुरुवार को इष्टकाल १० घटी १२ पल पर हुआ है। इसदिन सूर्यस्पष्ट ७।५।४१।४१। है। इस जन्मपत्रीवाले का वर्षपत्र बनाना है।

अतः २००३ वर्तमान संवत् में से १९६९ जन्म संवत् को घटाया = ३४ गतवर्ष हुए, इनका चतुर्थांश=३४ ÷ ४ = ८$\frac{२}{४}$ = ८$\frac{१}{२}$ × $\frac{६०}{१}$ = ८।३०। ३४ गतवर्ष + ८।३० गतवर्ष का चतुर्थांश = ४२।३०। दूसरे स्थान में ३४ × २१ = ७१४ ÷ ४० = १७।५१

४२।३० और १७।५१ को जोड़ा तो = ४२।४७।५१ इसमें ५।१०।१२ जन्म समय के वारादि जोड़े = ४७।५८।३ ÷ ७= ६ लब्धि, ५।५८।३ शेष। यहाँ लब्धि को छोड़ शेष मात्र को वर्षप्रवेशकालीन वारादि इष्टकाल समझना चाहिए; अर्थात् गुरुवार को ५८ घटी ३ पल इष्टकाल पर वर्ष प्रवेश हुआ माना जायेगा।

सारणी द्वारा वर्ष प्रवेश कालीन वारादि इष्टकाल निकालने की विधि—नीचेवाली **'वर्षप्रवेश सारणी'** में से गतवर्ष के नीचे लिखे गये वारादि को लेकर उसमें जन्मसमय के वारादि को जोड़ देना चाहिए। यदि वार स्थान में ७ से अधिक आवे तो उसमें ७ का भाग देकर शेष का वार स्थान में ग्रहण करना चाहिए।

उदाहरण—गतवर्ष संख्या ३४ है, इसके नीचे ०।४७।५१।० लिखा है, इसमें जन्मसमय की वारादि संख्या ५।१०।१२ को जोड़ दिया तो ०।४७।५१।० + ५।१०।१२।० = ५।५८।३ अर्थात् गुरुवार को ५८ घटी ३ पल इष्टकाल पर वर्षप्रवेश हुआ माना जायेगा।

वर्ष-प्रवेश सारणी

१	२	३	४	५	६	७	८	९	१०	११	१२	१३	१४	१५	१६	१७	१८	१९	२०	२१	२२	२३	२४	२५	२६	२७	२८	२९	३०	३१	३२
१	२	३	५	६	०	१	३	४	५	६	१	२	३	४	६	०	१	२	४	५	६	०	२	३	४	५	०	१	२	४	५
१५	३१	४६	२	१७	३३	४८	४	१९	३५	५०	६	२१	३७	५२	८	२३	३९	५४	१०	२६	४१	५७	१२	२८	४३	५९	१४	३०	४५	१	१६
३१	३	३४	६	३७	९	४०	१२	४३	१५	४६	१८	४९	२१	५२	२४	५५	२७	५८	३०	१	३३	४	३६	७	३९	१०	४२	१३	४५	१६	४८
३०	०	३०	०	३०	०	३०	०	३०	०	३०	०	३०	०	३०	०	३०	०	३०	०	३०	०	३०	०	३०	०	३०	०	३०	०	३०	०
३३	३४	३५	३६	३७	३८	३९	४०	४१	४२	४३	४४	४५	४६	४७	४८	४९	५०	५१	५२	५३	५४	५५	५६	५७	५८	५९	६०	६१	६२	६३	६४
६	०	२	३	४	५	०	१	२	३	५	६	०	१	३	४	५	६	१	२	३	४	६	०	१	३	४	५	६	१	२	३
३२	४७	३	१८	३४	४९	५	२१	३६	५२	७	२३	३८	५४	९	२५	४०	५६	११	२७	४२	५८	१३	२९	४४	०	१५	३१	४७	२	१८	३३
१९	५१	२२	५४	२५	५७	२८	०	३१	३	३४	६	३७	९	४०	१२	४३	१५	४६	१८	४९	२१	५२	२४	५५	२७	५८	३०	१	३३	४	३६
०	०	३०	०	३०	०	३०	०	३०	०	३०	०	३०	०	३०	०	३०	०	३०	०	३०	०	३०	०	३०	०	३०	०	३०	०	३०	०
६५	६६	६७	६८	६९	७०	७१	७२	७३	७४	७५	७६	७७	७८	७९	८०	८१	८२	८३	८४	८५	८६	८७	८८	८९	९०	९१	९२	९३	९४	९५	९६
४	६	०	१	२	४	५	६	०	२	३	४	५	०	१	२	३	५	६	०	१	३	४	५	०	१	२	३	५	६	०	१
४९	४	२०	३५	५१	६	२२	३७	५३	८	२४	३९	५५	१०	२६	४२	५७	१३	२८	४४	५९	१५	३०	४६	१	१७	३२	४८	३	१९	३४	५०
७	३९	१०	४२	१३	४५	१६	४८	१९	५१	२२	५४	२५	५७	२८	०	३१	३	३४	६	३७	९	४०	१२	४३	१५	४६	१८	४९	२१	५२	२४
३०	०	३०	०	३०	०	३०	०	३०	०	३०	०	३०	०	३०	०	३०	०	३०	०	३०	०	३०	०	३०	०	३०	०	३०	०	३०	०

अन्य उदाहरण— २००३ वर्तमान संवत् में से
१९७२ जन्म संवत् को घटाया
३१ गतवर्ष संख्या हुई; इसके नीचे वर्ष प्रवेश सारणी में ४।१।१६।३० लिखा हैं, इसमें जन्मसमय की वारादि संख्या को जोड़ दिया तो—४।१।१६।३० सारणी के वारादि + ५।१०।१२।० जन्म के वारादि = ९।११।२८।३०। यहाँ वार स्थान में ७ से अधिक होने के कारण ७ का भाग दिया तो शेष २।११।२८।३०। वर्षप्रवेशकालीन वारादि इष्ट हुआ, अर्थात् सोमवार को ११ घटी २८ पल ३० विपल पर वर्षप्रवेश माना जायेगा।

वर्ष प्रवेश की तिथि का साधन—गतवर्ष की संख्या को ११ से गुणा करके दो स्थानों में रखें। प्रथम स्थान की राशि में १७० का भाग देने से जो लब्धि आवे उसे द्वितीय स्थान की राशि में जोड़ दें। इस योगफल में जन्मकालिक तिथि को शुक्लपक्ष की प्रतिपदा से गिनने पर जो संख्या हो उसे भी जोड़कर ३० का भाग दें। जो शेष बचे, शुक्लपक्ष की प्रतिपदा से गिनने पर उस संख्यक तिथि में वर्षप्रवेश जानना चाहिए। पहले निकाले गये वार में यह तिथि प्रायः मिल जाती है, लेकिन कभी-कभी एक तिथि का अन्तर भी पड़ जाता है। जब-जब अन्तर आये, उस समय वार को ही प्रधान मानकर उस वार की तिथि को ग्रहण करना चाहिए।

उदाहरण—गतवर्ष संख्या ३४ है। ३४ × ११ = ३७४ ÷ १७० = २ लब्धि और शेष ३४; ३७४ + २ = ३७६; इसमें जन्मतिथि की संख्या अभीष्ट उदाहरण के अनुसार शुक्लपक्ष की प्रतिपदा से गिनकर १२ जोड़ दी। अतः ३७६ + १२ = ३८८ ÷ ३० = १२ लब्धि, शेष २८। शुक्लपक्ष की प्रतिपदा से २८ संख्या तक तिथि गणना की तो यह संख्या—२८वीं संख्या कृष्णपक्ष की त्रयोदशी को आयी। अतः वर्षप्रवेश प्रस्तुत उदाहरण का मार्गशीर्ष वदी १३ बृहस्पतिवार को ५८ घटी ३ पल इष्टकाल पर माना जायेगा।

वर्षप्रवेश के तिथि, नक्षत्र, वार आदि जानने की सरल विधि— ज्योतिष-शास्त्र में वर्षप्रवेशकालीन तिथि, वार निकालने का एक सरल नियम यह भी बताया गया है कि जन्मकाल का सूर्य और वर्षप्रवेशकाल की सूर्य राशि, अंशादि में समान होता है। जिस दिन उस संवत् में जन्मकालीन सूर्य के राशि, अंशादि मिल जायें, उसी दिन उतने ही मिश्रमानकालिक इष्टकाल पर वर्षप्रवेश समझना चाहिए। प्रस्तुत उदाहरण में जन्मकालीन सूर्य ७।५।४१।४१ है, यह मार्गशीर्ष कृष्ण १३ गुरुवार की रात को ५८।३ इष्टकाल पर मिल जाता है, अतः इसी दिन वर्षप्रवेश माना जायेगा।

वर्षकुण्डली का लग्न जन्मकुण्डली के लग्न के समान ही बनाया जाता है। यहाँ पर लग्नसारणी के अनुसार लग्न का उदाहरण दिखलाया जा रहा है :

५८। ३	वर्षप्रवेश का इष्टकाल
४०।४३।१६	सारणी में प्राप्त सूर्यफल
३८।४६।१६	**योगफल**

इस योगफल को पुनः 'लग्नसारणी' में पृष्ठ १४७ पर देखा तो ६।२३ का फल

३८।३६।२३ और ६।२४ का ३८।४७।५२ मिला। अभीष्ट योगफल ३८।४६।१६ है; अतः इसे २३ और २४ अंश के मध्य का समझना चाहिए। कला, विकला को निकालने के लिए प्रक्रिया की—

३८।४७।५२—२४ अंश के फल में से
३८।३६।२३—२३ अंश के फल को घटाया
११।२९ की सजातीय संख्या बनायी
६०
६६० + २९ = ६८९

३८।४६।१६—अभीष्ट योग फल में से
३८।३६।२३—२३ अंश के फल को घटाया
९।५३ की सजातीय संख्या बनायी
६०
५४० + ५३ = ५९३

यहाँ अनुपात किया कि ६८९ प्रतिविकला में ६० कला फल मिलता है तो ५९३ प्रति विकला में क्या मिलेगा?

$$\frac{\text{५९३} \times \text{६०}}{\text{६८९}} = \frac{\text{३५५८०}}{\text{६८९}} = \text{५१}\frac{\text{४४१}}{\text{६८९}} \times \frac{\text{६०}}{\text{१}} = \frac{\text{२६४६०}}{\text{६८९}} = \text{३८}\frac{\text{२७८}}{\text{६८९}}$$

अर्थात् ५१ कला ३८ विकला। इस प्रकार वर्षप्रवेश का लग्न ६।२३।५१।३८ हुआ।

वर्षप्रवेशकालीन इष्टकाल पर से ग्रहस्पष्ट जन्मकुण्डली के गणित के समान ही कर लेना चाहिए। नीचे गणित कर **'ग्रहस्पष्ट चक्र'** लिखा जा रहा है।

वर्षप्रवेशकालीन ग्रहस्पष्ट चक्र

ग्रह	सूर्य	चन्द्र	भौम	बुध	गुरु	शुक्र	शनि	राहु	केतु
राशि	७	६	७	७	६	६	३	१	७
अंश	५	१६	१७	०	२३	८	१२	२२	२२
कला	४१	१२	२	३९	१०	४७	७	५३	५३
विकला	४१	५१	३५	५६	२९	३९	३०	२८	२८
कला-	६०	७४५	४३	४१	३	४	०	३	३
विकलात्मक	४९	३६	२२	२०	१८	३३	५५	११	११
गति			व.		व.	व.			

वर्षकुण्डली के अन्य गणित, द्वादश भाव चक्र, चलित चक्र आदि का साधन जन्मकुण्डली के गणित के समान करना चाहिए। वर्षपत्र के लिखने की विधि भी जन्मपत्र के लिखने के समान ही है। सिर्फ गताब्द और प्रवेशाब्द अधिक लिखे जाते हैं तथा जन्म के स्थान पर वर्षप्रवेश लिखा जाता है।

वर्ष कुण्डली

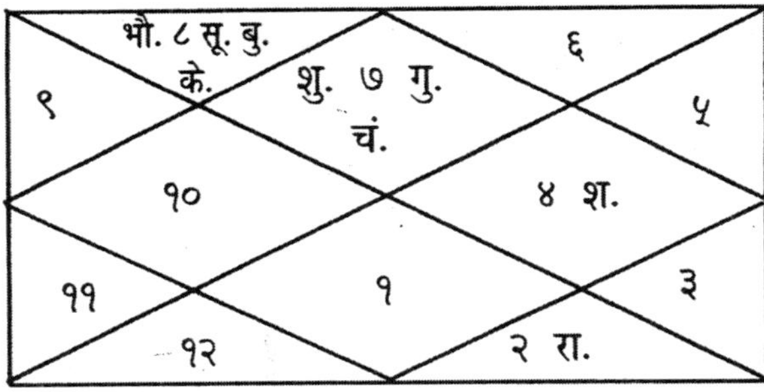

मुन्था-साधन—नवग्रहों के समान ताजिक शास्त्र में मुन्था भी एक ग्रह माना गया है। इसकी वार्षिक गति १ राशि, मासिक २॥ अंश और दैनिक ५ कला है। गणित द्वारा इसका साधन करने के लिए गत वर्ष-संख्या में १ जोड़कर १२ का भाग देना चाहिए। जन्म-लग्न राशि से शेष संख्या तक गिनने पर मुन्था की राशि आती है। मुन्थालग्न स्पष्ट करने की यह प्रक्रिया है कि स्पष्ट जन्मलग्न में गत वर्ष-संख्या को जोड़कर १२ का भाग देने पर शेष तुल्य स्पष्ट मुन्था का लग्न आता है।

उदाहरण—गत वर्ष-संख्या ३४ + १ = ३५ ÷ १२ = २ लब्धि और शेष ११ आया। अभीष्ट कुण्डली की लग्नराशि मकर है, अतएव मकर से आगे ११ राशियों की गणना करने पर वृश्चिक राशि मुन्था की आयी।

मुन्था साधन का अन्य नियम—जन्मलग्न में गतवर्ष की संख्या को जोड़कर १२ का भाग देने से शेष तुल्य मुन्था लग्न होता है।

उदाहरण— ९।३।१०।० जन्मलग्न
३४।०।०।० गतवर्ष संख्या
४३।३।१०।० योगफल संख्या

४३।३।१०।० ÷ १२ = ३ लब्धि और शेष ७।३।१०।० अर्थात् वृश्चिक राशि मुन्थालग्न की हुई :

मुन्था कुण्डली

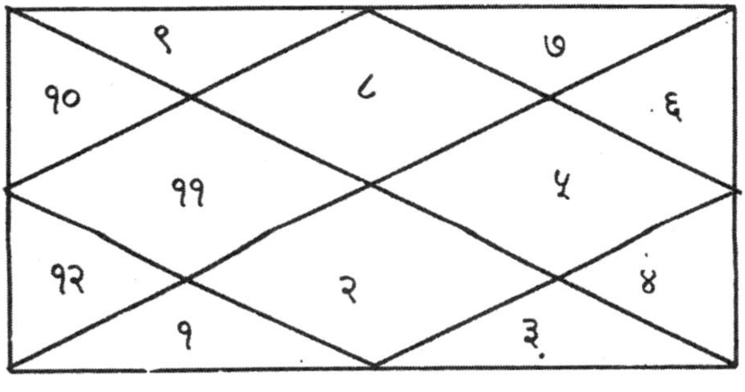

भावस्पष्ट–इस गणित की विधि जन्मकुण्डली के गणित में विस्तार से प्रतिपादित की गयी है। यहाँ पर सिर्फ़ **'लग्न से दशम भावसाधन सारणी'** द्वारा वर्षलग्न के राशि, अंशों का फल लेकर दशम भाव का साधन किया जा रहा है। वर्षलग्न ६।२३।५१।३८ है, इसका फल सारणी में पृष्ठ १६७ पर ३।२७।१५।५६ दशम भाव का लग्न मिला।

३।२७।१५।५६ दशमभाव
६। ०।०।०
९।२७।१५।५६ चतुर्थ भाव में से
६।२३।५१।३८ लग्न को घटाया
३। ३।२४।१८ ÷ ६ =

६) ३।३।२४।१८ (०
०
३ × ३० = ९० + ३ =

६) ९३ (१५
६
३३
३०
३ × ६० = १८० + २४ =

६) २०४ (३४
१८
२४
२४
० × ६० = ० + १८ =

६) १८ (३
१८
× = ०।१५।३४। ३ षष्ठांश हुआ

६।२३।५१।३८	लग्न में
१५।३४। ३	षष्ठांश को जोड़ा
७। ९।२५।४१	लग्न की सन्धि में
१५।३४। ३	षष्ठांश को जोड़ा
७।२४।५९।४४	द्वितीय भाव में
१५।३४। ३	षष्ठांश को जोड़ा
८।१०।३३।४७	द्वितीय भाव की सन्धि

८।१०।३३।४७ द्वितीय भाव की सन्धि में
१५।३४। ३ षष्ठांश को जोड़ा

८।२६। ७।५० तृतीय भाव में
१५।३४। ३ षष्ठांश को जोड़ा

९।११।४१।५३ तृतीय भाव की सन्धि में
१५।३४। ३ षष्ठांश को जोड़ा

९।२७।१५।५६ चतुर्थ भाव
३०। ०। ० में से
१५।३४। ३ षष्ठांश को घटाया

१४।२५।५७ शेष

९।२७।१५।५६ चतुर्थ भाव में
१४।२५।५७ शेष को जोड़ा

१०।११।४१।५३ चतुर्थ भाव की सन्धि में
१४।२५।५७ शेष को जोड़ा

१०।२६। ७।५० पंचम भाव में
१४।२५।५७ शेष को जोड़ा

११।१०।३३।४७ पंचम भाव की सन्धि में
१४।२५।५७ शेष को जोड़ा

११।२४।५९।४४ षष्ठ भाव में
१४।२५।५७ शेष को जोड़ा

०।९।२५।४१ षष्ठ भाव की सन्धि में
१४।२५।५७ शेष को जोड़ा

०।२३।५१।३८ सप्तम भाव

लग्न में छह राशि जोड़ने पर भी सप्तम भाव आता है। यदि उपर्युक्त गणित द्वारा साधित सप्तम भाव, इस छह राशि के योगवाले सप्तम भाव से मिल जाये तो अपना गणित शुद्ध समझना चाहिए।

६।२३।५१।३८ लग्न
६। ०।०।० जोड़ा

०।२३।५१।३८ यह सप्तम भाव उपर्युक्त से मिल गया, अतः गणित क्रिया शुद्ध है।

७। ९।२५।४१ लग्न सन्धि में
६। ०।०। ० जोड़ा

१। ९।२५।४१ सप्तम भाव सन्धि

७।२४।५९।४४ द्वितीय भाव में

६। ०।०।० जोड़ा

१।२४।५९।४४ अष्टम भाव

८।१०।३३।४७ द्वितीय भाव की सन्धि

६। ०।०।० जोड़ा

२।१०।३३।४७ अष्टम भाव की सन्धि

८।२६। ७।५० तृतीय भाव में

६। ०।०।० जोड़ा

२।२६। ७।५० नवम भाव

९।११।४१।५३ तृतीय भाव की सन्धि में

६।०।०। ० जोड़ा

३।११।४१।५३ नवम भाव की सन्धि

९।२७।१५।५६ चतुर्थ भाव में

६।०।०।० जोड़ा

३।२७।१५।५६ दशम भाव। यह दशम भाव पहलेवाले दशम भाव से मिल जाये तो गणित शुद्ध समझना चाहिए, अन्यथा अशुद्ध।

१०।११।४१।५३ चतुर्थ भाव की सन्धि में

६।०।०।० जोड़ा

४।११।४१।५३ दशम भाव की सन्धि

१०।२६। ७।५० पंचम भाव में

६।०।०।० जोड़ा

४।२६। ७।५० एकादश भाव

११।१०।३३।४७ पंचम भाव की सन्धि में

६।०।०।० जोड़ा

५।१०।३३।४७ एकादश भाव की सन्धि

११।२४।५९।४४ षष्ठ भाव में

६।०।०।० जोड़ा

५।२४।५९।४४ द्वादश भाव

०। ९।२५।४१ षष्ठ भाव की सन्धि में

६। ०।०।० जोड़ा

६। ९।२५।४१ द्वादश भाव की सन्धि

द्वादश भाव स्पष्ट चक्र

लग्न	सन्धि	धन	सन्धि	सहज	सन्धि	सुहृद	सन्धि	पुत्र	सन्धि	रिपु	सन्धि	भाव
६	७	७	८	८	९	९	१०	१०	११	११	०	राश्यादयः
२३	९	२४	१०	२६	११	२७	११	२६	१०	२४	९	
५१	२५	५९	३३	७	४१	१५	४१	७	३३	५९	२५	
३८	४१	४४	४७	५०	५३	५६	५३	५०	४७	४४	४१	

स्त्री	सन्धि	आयु	सन्धि	धर्म	सन्धि	कर्म	सन्धि	आय	सन्धि	व्यय	सन्धि	भाव
०	१	१	२	२	३	३	४	४	५	५	६	राश्यादयः
२३	९	२४	१०	२६	११	२७	११	२६	१०	२४	९	
५१	२५	५९	३३	७	४१	१५	४१	७	३३	५९	२५	
३८	४१	४४	४७	५०	५३	५६	५३	५०	४७	४४	४१	

ताजिक मित्रादि-संज्ञा—प्रत्येक ग्रह अपने भाव से ३, ५, ९ और ११वें भाव को मित्र दृष्टि से २, ६, ८ और १२वें भाव को समदृष्टि से एवं १, ४, ७, और १०वें भाव को शत्रु दृष्टि से देखता है। अभिप्राय यह है कि जो ग्रह जहां पर हो उसके ३, ५, ९ और ११वें स्थान में रहनेवाले ग्रह मित्र; २, ६, ८, और १२वें स्थान में रहनेवाले ग्रह सम एवं १, ४, ७ और १०वें भाव में रहनेवाले ग्रह शत्रु होते हैं। यह विचार वर्षकुण्डली से किया जाता है।

पंचवर्ग—वर्षपत्र में पंचवर्ग का गणित लिखा जाता है। इसके पंचवर्गों में गृह, उच्च, हद्दा, द्रेष्काण और नवांश ये पांच गिनाये गये हैं। इनमें गृह, द्रेष्काण एवं नवांश साधन की विधि पहले लिखी जा चुकी है। यहाँ पर हद्दा साधन का प्रकार लिखा जाता है।

हद्दा-साधन—मेष के ६ अंश तक गुरु, ७ से १२ अंश तक शुक्र, १३ से २० अंश तक बुध, २१ से २५ अंश तक भौम और २६ से ३० अंश तक शनि हद्देश होता है। वृष के ८ अंश तक शुक्र, ९ से १४ अंश तक बुध, १५ से २२ अंश तक गुरु, २३ से २७ अंश तक शनि और २८ से ३० अंश तक मंगल हद्देश होता है। मिथुन के ६ अंश तक बुध, ७ से १२ अंश तक शुक्र, १३ से १७ अंश तक गुरु, १८ से २४ अंश तक मंगल और २५ से ३० अंश तक शनि हद्देश होता है। कर्क के ७ अंश तक मंगल, ८ से १३ अंश तक शुक्र, १४ से १९ अंश तक बुध, २० से २६ अंश तक गुरु और २७ से ३० अंश तक शनि हद्देश होता है। सिंह के ६ अंश तक गुरु, ७ से ११ तक शुक्र, १२ से १८ अंश तक शनि, १९ से २४ अंश तक बुध और २५ से ३० अंश तक मंगल हद्देश होता है। कन्या के ७ अंश तक बुध, ८ से १७ अंश तक शुक्र, १८ से २१ अंश तक गुरु, २२ से २८ अंश तक मंगल और २९ से ३० अंश तक शनि हद्देश होता है। तुला के ६ अंश तक शनि, ७ से १४ तक बुध, १५ से २१ अंश तक गुरु, २२ से २८ अंश तक शुक्र और २९ से ३० अंश तक मंगल हद्देश होता है। वृश्चिक के ७ अंश तक मंगल, ८ से ११ अंश तक शुक्र, १२

से १९ अंश तक बुध, २० से २४ अंश तक गुरु और २५ से ३० अंश तक शनि हद्‌देश होता है। धनु के १२ अंश तक गुरु, १३ से १७ अंश तक शुक्र, १८ से २१ अंश तक बुध, २२ से २६ अंश तक मंगल और २७ से ३० अंश तक शनि हद्‌देश होता है। मकर के ७ अंश तक बुध, ८ से १४ अंश तक गुरु, १५ से २२ अंश तक शुक्र, २३ से २६ अंश तक शनि और २७ से ३० अंश तक मंगल हद्‌देश होता है। कुम्भ के ७ अंश तक शुक्र, ८ से १३ अंश तक बुध, १४ से २० अंश तक गुरु, २१ से २५ अंश तक मंगल और २६ से ३० अंश तक शनि हद्‌देश होता है। मीन के १२ अंश तक शुक्र, १३ से १६ अंश तक गुरु, १७ से १९ अंश तक बुध, २० से २८ अंश तक मंगल और २९ से ३० अंश तक शनि हद्‌देश होता है।

मेषादि राशियों के हद्‌देश

मेष	वृष	मिथुन	कर्क	सिंह	कन्या	तुला	वृश्चिक	धनु	मकर	कुम्भ	मीन	राशि
गुरु ६	शुक्र ८	बुध ६	मंगल ७	गुरु ६	बुध ७	शनि ६	मंगल ७	गुरु १२	बुध ७	शुक्र ७	शुक्र १२	सग्रहांक
शुक्र ६	बुध ६	शुक्र ६	शुक्र ६	शुक्र ५	शुक्र १०	बुध ८	शुक्र ४	शुक्र ५	गुरु ७	बुध ६	गुरु ४	सग्रहांक
बुध ८	गुरु ८	गुरु ५	बुध ६	शनि ७	गुरु ४	गुरु ७	बुध ८	बुध ४	शुक्र ८	गुरु ७	बुध ३	सग्रहांक
मंगल ५	शनि ५	मंगल ७	गुरु ७	बुध ६	मंगल ७	शुक्र ७	गुरु ५	मंगल ५	शनि ४	मंगल ५	मंगल ९	सग्रहांक
शनि ५	मंगल ३	शनि ६	शनि ४	मंगल ६	शनि २	मंगल २	शनि ६	शनि ४	मंगल ४	शनि ५	शनि २	सग्रहांक

वर्षकालीन स्पष्टग्रहों से प्रत्येक ग्रह का हद्‌दा अवगत कर नवग्रहों का हद्‌दाचक्र बना लेना चाहिए।

उदाहरण—सूर्य ७।५ है, अर्थात् वृश्चिक राशि के ५ अंश का है, अतः मंगल के हद्‌दा में माना जायेगा। चन्द्रमा ६।१६ अर्थात् तुला राशि के १६ अंश है तथा तुला राशि के १६वें अंश से २१वें अंश तक गुरु का हद्‌दा होता है, अतः चन्द्रमा गुरु के हद्‌दा में समझा जायेगा। मंगल ७।१७ अर्थात् वृश्चिक राशि के १८ अंश है तथा वृश्चिक के १२वें अंश से १९वें अंश तक बुध का हद्‌दा होता है अतः मंगल बुध के हद्‌दा में समझा जायेगा। इसी प्रकार बुध मंगल के हद्‌दा में, गुरु शुक्र के हद्‌दा में, शुक्र बुध के हद्‌दा में, शनि शुक्र के हद्‌दा में, राहु शनि के हद्‌दा में और केतु गुरु के हद्‌दा में माना जायेगा। प्रस्तुत उदाहरण का हद्‌देश चक्र निम्न प्रकार है :

ग्रह	सूर्य	चन्द्र	भौम	बुध	गुरु	शुक्र	शनि	राहु	केतु
हद्‌देश	मंगल	गुरु	बुध	मंगल	शुक्र	बुध	शुक्र	शनि	गुरु

उच्चबल साधन—द्वितीय अध्याय में उच्चबल साधन की जो प्रक्रिया बतायी गयी है, उससे प्रत्येक ग्रह का उच्चबल निकाल लेना चाहिए। जो कलात्मक उच्चबल आये उसमें तीन का भाग देने से ताजिक का उच्चबल आ जाता है। उदाहरण में पहले सूर्य का उच्चबल ५९।२९ आया है। अतएव—५९।२९ ÷ ३ = १९।५० यह वर्षपत्र के लिए उच्चबल हुआ।

सारणी द्वारा उच्चबल साधन—जिस ग्रह का उच्चबल साधन करना हो उसकी **'उच्चबल सारणी'** में राशि के सामने और अंश के नीचे जो फल लिखा हो उसे ग्रहण कर लेना चाहिए। कला, विकला के फल के लिए आगे और पीछे के अंशों का अन्तर करने से जो आये, उससे कला, विकला को गुणा कर ६० का भाग देने से कला, विकला का फल आ जाता है; दोनों फलों का योग करने से उच्चबल हो जाता है।

सुविधा के लिए सभी ग्रहों की **'उच्चबल सारणी'** आगे दी जाती हैं।

उदाहरण—वर्षप्रवेशकालीन सूर्य ७।५।४१।४१ है, **'सूर्य उच्चबल सारणी'** में सात राशि के सामने और पाँच अंश के नीचे २।४६ दिया है, कला-विकला का फल निकालने के लिए पाँच अंश और छह अंशवाले कोष्ठक का अन्तर किया :

२।५३—६ अंश का फल
२।४६—५ अंश का फल
०।७ — ४१।४१ × ७ = २८७।२८७ ÷ ६० = ४।५१ विकलात्मक फल

२।४६ प्रथम फल में
४।५१ द्वितीय फल जोड़ा
२।५०।५१ सूर्य का उच्चबल।

चन्द्रमा—६।१६।१२।५१ है, **'चन्द्र उच्चबल सारणी'** में ६ राशि के सामने और १६ अंश के नीचे १।५३ है। १६ अंश और १७ अंश वाले कोष्ठक का अन्तर किया :

१।५३—१६ अंश का फल
१।४६—१७ अंश का फल
०।७ — १२।५१ × ७ = ८४।३५७ ÷ ६० = १।२९ विकलात्मक फल

१।५३ प्रथम फल में
१।२९ द्वितीय फल जोड़ा
१।५४।२९ चन्द्र का उच्चबल।

मंगल—७।१७।२।३५ है। **'मंगल उच्चबल सारणी'** में ७ राशि के सामने और १७ अंश के नीचे १२।६ है। १७ अंश और १८ अंश वाले कोष्ठक का अन्तर किया :

१२।१३—१८ अंश का फल
१२। ६—१७ अंश का फल
०। ७ — २।३५ × ७ = १४।२४५ ÷ ५० = ०।१८ विकलात्मक फल

१२।६ प्रथम फल में
० ।१८ द्वितीय फल जोड़ा
१२।६।१८ मंगल का उच्चबल।

इसी प्रकार बुध का उच्चबल १४।५७, गुरु का ८।२, शुक्र का १।१८, शनि का ९।७ है।

पंचवर्गी बल साधन—अपनी राशि में जो ग्रह हो उसका ३० विश्वाबल, जो अपने उच्च में हो उसका २० विश्वाबल, जो अपने हद्दा में हो उसका १५ विश्वाबल, जो अपने द्रेष्काण में हो उसका १० विश्वाबल और जो अपने नवमांश में हो उसका ५ विश्वाबल होता है। इन पाँचों अधिकारियों के बलों को जोड़कर चार का भाग देने से विश्वाबल या विंशोपकबल निकलता है।

यदि कोई ग्रह अपनी राशि, अपने उच्च, अपने हद्दा, अपने द्रेष्काण और अपने नवमांश में न पड़ा हो तो उसके बल का विचार निम्न प्रकार करना चाहिए।

जो ग्रह अपने मित्र के घर में हो, वह तीन चौथाई बलवान् समराशि में हो तो आधा बलवान् एवं शत्रुराशि में हो तो चौथाई बलवान् होता है। यह बलसाधन की प्रक्रिया गृह, हद्दा, उच्च, नवमांश और द्रेष्काण में एक-सी होती है।

बल-बोधक चक्र

पतयः	स्व.	मित्र	सम	शत्रु	पतयः	स्व.	मित्र	सम	शत्रु
गृहेश	३० ०	२२ ३०	१५ ०	७ ३०	द्रेष्काण	१० ०	७ ३०	५ ०	२ ३०
हद्देश	१५ ०	११ १५	७ ३०	३ ४५	नवमांशेश	५ ०	३ ४५	२ ३०	१ १५

गृहेश—सूर्य मंगल के गृह में है और मंगल उसका शत्रु है, अतः सूर्य का गृहबल ७।३० हुआ। चन्द्रमा वर्षकुण्डली में शुक्र के गृह में है, शुक्र चन्द्रमा का शत्रु है। अतः चन्द्रमा का गृहबल ७।३० हुआ। मंगल स्वगृही है, अतः मंगल का ३०।० हुआ। बुध मंगल के गृह में है और मंगल बुध का शत्रु है, अतः शत्रुगृही होने से बुध का गृहबल ७।३० हुआ। इसी प्रकार गुरु का ७।३०, शुक्र का ७।३० और शनि का ७।३० हुआ। उच्चबल पहले साधन किया है।

हद्दाबल—सूर्य मंगल के हद्दा में है और सूर्य का मंगल शत्रु है, अतः शत्रु के हद्दा में होने के कारण सूर्य का हद्दाबल ३।४५ हुआ। चन्द्रमा गुरु के हद्दा में है और गुरु चन्द्रमा का शत्रु है, अतः शत्रु के हद्दा में होने के कारण चन्द्रमा का हद्दाबल ३।४५ हुआ। मंगल बुध के हद्दा में है और बुध मंगल का शत्रु है अतः भौम का हद्दाबल ३।४५ हुआ। इसी प्रकार बुध का हद्दाबल ३।४५, गुरु का ३।४५, शुक्र का ३।४५ और शनि का ३।४५ हुआ।

सूर्य-उच्चबल सारणी (परमोच्च ०।१०)

अंश	०	१	२	३	४	५	६	७	८	९	१०	११	१२	१३	१४	१५	१६	१७	१८	१९	२०	२१	२२	२३	२४	२५	२६	२७	२८	२९	अंश
मे.०	१८	१९	१९	१९	१९	१९	१९	१९	१९	१९	२०	१९	१९	१९	१९	१९	१९	१९	१९	१९	१८	१८	१८	१८	१८	१८	१८	१८	१८	१७	मे. ०
	५३	०	६	१३	२०	२६	३३	४०	४६	५३	०	५३	४६	४०	३३	२६	२०	१३	६	०	५३	४६	४०	३३	२६	२०	१३	६	०	५३	
वृ.१	१७	१७	१७	१७	१७	१७	१७	१७	१६	१६	१६	१६	१६	१६	१३	१६	१६	१५	१५	१५	१५	१५	१५	१५	१५	१५	१४	१४	१४	१४	वृ. १
	४६	४०	३३	२६	२०	१३	६	०	५३	४६	४०	३३	२६	२०	१३	६	०	५३	४६	४०	३३	२६	२०	१३	६	०	५३	४६	४०	३३	
मि.२	१४	१४	१४	१४	१४	१३	१३	१३	१३	१३	१३	१३	१३	१३	१२	१२	१२	१२	१२	१२	१२	१२	१२	११	११	११	११	११	११	११	मि. २
	२६	२०	१३	६	०	५३	४६	४०	३३	२६	२०	१३	६	०	५३	४६	४०	३३	२६	२०	१३	६	०	५३	४६	४०	३३	२६	२०	१३	
क.३	११	११	१०	१०	१०	१०	१०	१०	१०	१०	१०	९	९	९	९	९	९	९	९	९	८	८	८	८	८	८	८	८	८	७	क. ३
	६	०	५३	४६	४०	३३	२६	२०	१३	६	०	५३	४६	४०	३३	२६	२०	१३	६	०	५३	४६	४०	३३	२६	२०	१३	६	०	५३	
सिं.४	७	७	७	७	७	७	७	७	६	६	६	६	६	६	६	६	६	५	५	५	५	५	५	५	५	५	४	४	४	४	सिं. ४
	४६	४०	३३	२६	२०	१३	६	०	५३	४६	४०	३३	२६	२०	१३	६	०	५३	४६	४०	३३	२६	२०	१३	६	०	५३	४६	४०	३३	
क.५	४	४	४	४	४	३	३	३	३	३	३	३	३	३	२	२	२	२	२	२	२	२	२	१	१	१	१	१	१	१	क. ५
	२६	२०	१३	६	०	५३	४६	४०	३३	२६	२०	१३	६	०	५३	४६	४०	३३	२६	२०	१३	६	०	५३	४६	४०	३३	२६	२०	१३	
तु.६	१	१	०	०	०	०	०	०	०	०	०	०	०	०	०	०	०	०	०	१	१	१	१	१	१	१	१	१	२	२	तु. ६
	६	०	५३	४६	४०	३३	२६	२०	१३	६	०	६	१३	२०	२६	३३	४०	४६	५३	०	६	१३	२०	२६	३३	४०	४६	५३	०	६	
वृ.७	२	२	२	२	२	२	२	३	३	३	३	३	३	३	३	३	४	४	४	४	४	४	४	४	४	५	५	५	५	५	वृ. ७
	१३	२०	२६	३३	४०	४६	५३	०	६	१३	२०	२६	३३	४०	४६	५३	०	६	१३	२०	२६	३३	४०	४६	५३	०	६	१३	२०	२६	
ध.८	५	५	५	५	६	६	६	६	६	६	६	६	६	७	७	७	७	७	७	७	७	७	८	८	८	८	८	८	८	८	ध. ८
	३३	४०	४६	५३	०	६	१३	२०	२६	३३	४०	४६	५३	०	६	१३	२०	२६	३३	४०	४६	५३	०	६	१३	२०	२६	३३	४०	४६	
म.९	८	९	९	९	९	९	९	९	९	९	१०	१०	१०	१०	१०	१०	१०	१०	१०	११	११	११	११	११	११	११	११	११	१२	१२	म. ९
	५३	०	६	१३	२०	२६	३३	४०	४६	५३	०	६	१३	२०	२६	३३	४०	४६	५३	०	६	१३	२०	२६	३३	४०	४६	५३	०	६	
कुं.१०	१२	१२	१२	१२	१२	१२	१२	१३	१३	१३	१३	१३	१३	१३	१३	१३	१४	१४	१४	१४	१४	१४	१४	१४	१४	१५	१५	१५	१५	१५	कुं.१०
	१३	२०	२६	३३	४०	४६	५३	०	६	१३	२०	२६	३३	४०	४६	५३	०	६	१३	२०	२६	३३	४०	४६	५३	०	६	१३	२०	२६	
मी.११	१५	१५	१५	१५	१६	१६	१६	१६	१६	१६	१६	१६	१६	१७	१७	१७	१७	१७	१७	१७	१७	१७	१८	१८	१८	१८	१८	१८	१८	१८	मी.११
	३३	४०	४६	५३	०	६	१३	२०	२६	३३	४०	४६	५३	०	६	१३	२०	२६	३३	४०	४६	५३	०	६	१३	२०	२६	३३	४०	४६	

चन्द्र-उच्चबल सारणी (परमोच्च१।३)

अंश	०	१	२	३	४	५	६	७	८	९	१०	११	१२	१३	१४	१५	१६	१७	१८	१९	२०	२१	२२	२३	२४	२५	२६	२७	२८	२९	अंश
मे.०	१६	१६	१६	१६	१६	१६	१७	१७	१७	१७	१७	१७	१७	१७	१७	१८	१८	१८	१८	१८	१८	१८	१८	१८	१९	१९	१९	१९	१९	१९	मे. ०
	२०	२६	३३	४०	४६	५३	०	६	१३	२०	२६	३३	४०	४६	५३	०	६	१३	२०	२६	३३	४०	४६	५३	०	६	१३	२०	२६	३३	
वृ.१	१९	१९	१९	२०	१९	१९	१९	१९	१९	१९	१९	१९	१९	१८	१८	१८	१८	१८	१८	१८	१८	१८	१७	१७	१७	१७	१७	१७	१७	१७	वृ. १
	४०	४६	५३	०	५३	४६	४०	३३	२६	२०	१३	६	०	५३	४६	४०	३३	२६	२०	१३	६	०	५३	४६	४०	३३	२६	२०	१३	६	
मि.२	१७	१६	१६	१६	१६	१६	१६	१६	१६	१६	१५	१५	१५	१५	१५	१५	१५	१५	१५	१४	१४	१४	१४	१४	१४	१४	१४	१४	१३	१३	मि. २
	०	५३	४६	४०	३३	२६	२०	१३	६	०	५३	४६	४०	३३	२६	२०	१३	६	०	५३	४६	४०	३३	२६	२०	१३	६	०	५३	४६	
क.३	१३	१३	१३	१३	१३	१३	१३	१२	१२	१२	१२	१२	१२	१२	१२	१२	११	११	११	११	११	११	११	११	११	१०	१०	१०	१०	१०	क. ३
	४०	३३	२६	२०	१३	६	०	५३	४६	४०	३३	२६	२०	१३	६	०	५३	४६	४०	३३	२६	२०	१३	६	०	५३	४६	४०	३३	२६	
सिं.४	१०	१०	१०	१०	९	९	९	९	९	९	९	९	९	८	८	८	८	८	८	८	८	८	७	७	७	७	७	७	७	७	सिं. ४
	२०	१३	६	०	५३	४६	४०	३३	२६	२०	१३	६	०	५३	४६	४०	३३	२६	२०	१३	६	०	५३	४६	४०	३३	२६	२०	१३	६	
क.५	७	६	६	६	६	६	६	६	६	६	५	५	५	५	५	५	५	५	५	४	४	४	४	४	४	४	४	४	३	३	क. ५
	०	५३	४६	४०	३३	२६	२०	१३	६	०	५३	४६	४०	३३	२६	२०	१३	६	०	५३	४६	४०	३३	२६	२०	१३	६	०	५३	४६	
तु.६	३	३	३	३	३	३	३	२	२	२	२	२	२	२	२	२	१	१	१	१	१	१	१	१	१	०	०	०	०	०	तु. ६
	४०	३३	२६	२०	१३	६	०	५३	४६	४०	३३	२६	२०	१३	६	०	५३	४६	४०	३३	२६	२०	१३	६	०	५३	४६	४०	३३	२६	
वृ.७	०	०	०	०	०	०	०	०	०	०	०	०	१	१	१	१	१	१	१	१	१	२	२	२	२	२	२	२	२	२	वृ. ७
	२०	१३	६	०	६	१३	२०	२६	३३	४०	४६	५३	०	६	१३	२०	२६	३३	४०	४६	५३	०	६	१३	२०	२६	३३	४०	४६	५३	
ध.८	३	३	३	३	३	३	३	३	३	४	४	४	४	४	४	४	४	४	५	५	५	५	५	५	५	५	५	६	६	६	ध. ८
	०	६	१३	२०	२६	३३	४०	४६	५३	०	६	१३	२०	२६	३३	४०	४६	५३	०	६	१३	२०	२६	३३	४०	४६	५३	०	६	१३	
म.९	६	६	६	६	६	६	७	७	७	७	७	७	७	७	७	८	८	८	८	८	८	८	८	८	९	९	९	९	९	९	म. ९
	२०	२६	३३	४०	४६	५३	०	६	१३	२०	२६	३३	४०	४६	५३	०	६	१३	२०	२६	३३	४०	४६	५३	०	६	१३	२०	२६	३३	
कु.१०	९	९	९	१०	१०	१०	१०	१०	१०	१०	१०	१०	११	११	११	११	११	११	११	११	११	१२	१२	१२	१२	१२	१२	१२	१२	१२	कुं. १०
	४०	४६	५३	०	६	१३	२०	२६	३३	४०	४६	५३	०	६	१३	२०	२६	३३	४०	४६	५३	०	६	१३	२०	२६	३३	४०	४६	५३	
मी.११	१३	१३	१३	१३	१३	१३	१३	१३	१३	१४	१४	१४	१४	१४	१४	१४	१४	१४	१५	१५	१५	१५	१५	१५	१५	१५	१५	१६	१६	१६	मी. ११
	०	६	१३	२०	२६	३३	४०	४६	५३	०	६	१३	२०	२६	३३	४०	४६	५३	०	६	१३	२०	२६	३३	४०	४६	५३	०	६	१३	

भौम-उच्चबल सारणी (परमोच्च ९।२८)

अंश	०	१	२	३	४	५	६	७	८	९	१०	११	१२	१३	१४	१५	१६	१७	१८	१९	२०	२१	२२	२३	२४	२५	२६	२७	२८	२९	अंश
मे.०	१३	१३	१२	१२	१२	१२	१२	१२	१२	१२	१२	११	११	११	११	११	११	११	११	११	१०	१०	१०	१०	१०	१०	१०	१०	१०	९	मे. ०
	६	०	५३	४६	४०	३३	२६	२०	१३	६	०	५३	४६	४०	३३	२६	२०	१३	६	०	५३	४६	४०	३३	२६	२०	१३	६	०	५३	
वृ.१	९	९	९	९	९	९	९	९	८	८	८	८	८	८	८	८	८	७	७	७	७	७	७	७	७	७	६	६	६	६	वृ. १
	४६	४०	३३	२६	२०	१३	६	०	५३	४६	४०	३३	२६	२०	१३	६	०	५३	४६	४०	३३	२६	२०	१३	६	०	५३	४६	४०	३३	
मि.२	६	६	६	६	६	५	५	५	५	५	५	५	५	५	४	४	४	४	४	४	४	४	४	३	३	३	३	३	३	३	मि. २
	२६	२०	१३	६	०	५३	४६	४०	३३	२६	२०	१३	६	०	५३	४६	४०	३३	२६	२०	१३	६	०	५३	४६	४०	३३	२६	२०	१३	
क.३	३	३	२	२	२	२	२	२	२	२	२	१	१	१	१	१	१	१	१	१	०	०	०	०	०	०	०	०	०	०	क. ३
	६	०	५३	४६	४०	३३	२६	२०	१३	६	०	५३	४६	४०	३३	२६	२०	१३	६	०	५३	४६	४०	३३	२६	२०	१३	६	०	६	
सिं.४	०	०	०	०	०	०	०	१	१	१	१	१	१	१	१	१	२	२	२	२	२	२	२	२	२	३	३	३	३	३	सिं. ४
	१३	२०	२६	३३	४०	४६	५३	०	६	१३	२०	२६	३३	४०	४६	५३	०	६	१३	२०	२६	३३	४०	४६	५३	०	६	१३	२०	२६	
क.५	३	३	३	३	४	४	४	४	४	४	४	४	४	५	५	५	५	५	५	५	५	५	६	६	६	६	६	६	६	६	क. ५
	३३	४०	४६	५३	०	६	१३	२०	२६	३३	४०	४६	५३	०	६	१३	२०	२६	३३	४०	४६	५३	०	६	१३	२०	२६	३३	४०	४६	
तु.६	६	७	७	७	७	७	७	७	७	७	८	८	८	८	८	८	८	८	८	९	९	९	९	९	९	९	९	९	१०	१०	तु. ६
	५३	०	६	१३	२०	२६	३३	४०	४६	५३	०	६	१३	२०	२६	३३	४०	४६	५३	०	६	१३	२०	२६	३३	४०	४६	५३	०	६	
वृ.७	१०	१०	१०	१०	१०	१०	१०	११	११	११	११	११	११	११	११	११	१२	१२	१२	१२	१२	१२	१२	१२	१२	१३	१३	१३	१३	१३	वृ. ७
	१३	२०	२६	३३	४०	४६	५३	०	६	१३	२०	२६	३३	४०	४६	५३	०	६	१३	२०	२६	३३	४०	४६	५३	०	६	१३	२०	२६	
ध.८	१३	१३	१३	१३	१४	१४	१४	१४	१४	१४	१४	१४	१४	१५	१५	१५	१५	१५	१५	१५	१५	१५	१६	१६	१६	१६	१६	१६	१६	१६	ध. ८
	३३	४०	४६	५३	०	६	१३	२०	२६	३३	४०	४६	५३	०	६	१३	२०	२६	३३	४०	४६	५३	०	६	१३	२०	२६	३३	४०	४६	
म.९	१६	१७	१७	१७	१७	१७	१७	१७	१७	१७	१८	१८	१८	१८	१८	१८	१८	१८	१८	१९	१९	१९	१९	१९	१९	१९	१९	१९	२०	१९	म. ९
	५३	०	६	१३	२०	२६	३३	४०	४६	५३	०	६	१३	२०	२६	३३	४०	४६	५३	०	६	१३	२०	२६	३३	४०	४६	५३	०	५३	
कुं.१०	१९	१९	१९	१९	१९	१९	१९	१९	१८	१८	१८	१८	१८	१८	१८	१८	१८	१७	१७	१७	१७	१७	१७	१७	१७	१७	१६	१६	१६	१६	कुं. १०
	४६	४०	३३	२६	२०	१३	६	०	५३	४६	४०	३३	२६	२०	१३	६	०	५३	४६	४०	३३	२६	२०	१३	६	०	५३	४६	४०	३३	
मी.११	१६	१६	१६	१६	१६	१५	१५	१५	१५	१५	१५	१५	१५	१५	१४	१४	१४	१४	१४	१४	१४	१४	१४	१३	१३	१३	१३	१३	१३	१३	मी.११
	२६	२०	१३	६	०	५३	४६	४०	३३	२६	२०	१३	६	०	५३	४६	४०	३३	२६	२०	१३	६	०	५३	४६	४०	३३	२६	२०	१३	

बुध-उच्चबल सारणी (परमोच्च ५।१५)

अंश	०	१	२	३	४	५	६	७	८	९	१०	११	१२	१३	१४	१५	१६	१७	१८	१९	२०	२१	२२	२३	२४	२५	२६	२७	२८	२९	अंश
मे. ०	१ ४०	१ ४६	१ ५३	२ ०	२ ६	२ १३	२ २०	२ २६	२ ३३	२ ४०	२ ४६	२ ५३	३ ०	३ ६	३ १३	३ २०	३ २६	३ ३३	३ ४०	३ ४६	३ ५३	४ ०	४ ६	४ १३	४ २०	४ २६	४ ३३	४ ४०	४ ४६	४ ५३	मे. ०
वृ. १	५ ०	५ ६	५ १३	५ २०	५ २६	५ ३३	५ ४०	५ ४६	५ ५३	६ ०	६ ६	६ १३	६ २०	६ २६	६ ३३	६ ४०	६ ४६	६ ५३	७ ०	७ ६	७ १३	७ २०	७ २६	७ ३३	७ ४०	७ ४६	७ ५३	८ ०	८ ६	८ १३	वृ. १
मि. २	८ २०	८ २६	८ ३३	८ ४०	८ ४६	८ ५३	९ ०	९ ६	९ १३	९ २०	९ २६	९ ३३	९ ४०	९ ४६	९ ५३	१० ०	१० ६	१० १३	१० २०	१० २६	१० ३३	१० ४०	१० ४६	१० ५३	११ ०	११ ६	११ १३	११ २०	११ २६	११ ३३	मि. २
क. ३	११ ४०	११ ४६	११ ५३	१२ ०	१२ ६	१२ १३	१२ २०	१२ २६	१२ ३३	१२ ४०	१२ ४६	१२ ५३	१३ ०	१३ ६	१३ १३	१३ २०	१३ २६	१३ ३३	१३ ४०	१३ ४६	१३ ५३	१४ ०	१४ ६	१४ १३	१४ २०	१४ २६	१४ ३३	१४ ४०	१४ ४६	१४ ५३	क. ३
सिं. ४	१५ ०	१५ ६	१५ १३	१५ २०	१५ २६	१५ ३३	१५ ४०	१५ ४६	१५ ५३	१६ ०	१६ ६	१६ १३	१६ २०	१६ २६	१६ ३३	१६ ४०	१६ ४६	१६ ५३	१७ ०	१७ ६	१७ १३	१७ २०	१७ २६	१७ ३३	१७ ४०	१७ ४६	१७ ५३	१८ ०	१८ ६	१८ १३	सिं. ४
क. ५	१८ २०	१८ २६	१८ ३३	१८ ४०	१८ ४६	१८ ५३	१९ ०	१९ ६	१९ १३	१९ २०	१९ २६	१९ ३३	१९ ४०	१९ ४६	१९ ५३	२० ०	१९ ५३	१९ ४६	१९ ४०	१९ ३३	१९ २६	१९ २०	१९ १३	१९ ६	१९ ०	१८ ५३	१८ ४६	१८ ४०	१८ ३३	१८ २६	क. ५
तु. ६	१८ २०	१८ १३	१८ ६	१८ ०	१७ ५३	१७ ४६	१७ ४०	१७ ३३	१७ २६	१७ २०	१७ १३	१७ ६	१७ ०	१६ ५३	१६ ४६	१६ ४०	१६ ३३	१६ २६	१६ २०	१६ १३	१६ ६	१६ ०	१५ ५३	१५ ४६	१५ ४०	१५ ३३	१५ २६	१५ २०	१५ १३	१५ ६	तु. ६
वृ. ७	१५ ०	१४ ५३	१४ ४६	१४ ४०	१४ ३३	१४ २६	१४ २०	१४ १३	१४ ६	१४ ०	१३ ५३	१३ ४६	१३ ४०	१३ ३३	१३ २६	१३ २०	१३ १३	१३ ६	१३ ०	१२ ५३	१२ ४६	१२ ४०	१२ ३३	१२ २६	१२ २०	१२ १३	१२ ६	१२ ०	११ ५३	११ ४६	वृ. ७
ध. ८	११ ४०	११ ३३	११ २६	११ २०	११ १३	११ ६	११ ०	१० ५३	१० ४६	१० ४०	१० ३३	१० २६	१० २०	१० १३	१० ६	१० ०	९ ५३	९ ४६	९ ४०	९ ३३	९ २६	९ २०	९ १३	९ ६	९ ०	८ ५३	८ ४६	८ ४०	८ ३३	८ २६	ध. ८
म. ९	८ २०	८ १३	८ ६	८ ०	७ ५३	७ ४६	७ ४०	७ ३३	७ २६	७ २०	७ १३	७ ६	७ ०	६ ५३	६ ४६	६ ४०	६ ३३	६ २६	६ २०	६ १३	६ ६	६ ०	५ ५३	५ ४६	५ ४०	५ ३३	५ २६	५ २०	५ १३	५ ६	म. ९
कुं.१०	५ ०	४ ५३	४ ४६	४ ४०	४ ३३	४ २६	४ २०	४ १३	४ ६	४ ०	३ ५३	३ ४६	३ ४०	३ ३३	३ २६	३ २०	३ १३	३ ६	३ ०	२ ५३	२ ४६	२ ४०	२ ३३	२ २६	२ २०	२ १३	२ ६	२ ०	१ ५३	१ ४६	कुं.१०
मी.११	१ ४०	१ ३३	१ २६	१ २०	१ १३	१ ६	१ ०	० ५३	० ४६	० ४०	० ३३	० २६	० २०	० १३	० ६	० ०	० ६	० १३	० २०	० २६	० ३३	० ४०	० ४६	० ५३	१ ०	१ ६	१ १३	१ २०	१ २६	१ ३३	मी.११

गुरु-उच्चबल सारणी (परमोच्च ३।५)

अंश	०	१	२	३	४	५	६	७	८	९	१०	११	१२	१३	१४	१५	१६	१७	१८	१९	२०	२१	२२	२३	२४	२५	२६	२७	२८	२९	अंश
मे.०	९	९	९	९	९	१०	१०	१०	१०	१०	१०	१०	१०	१०	११	११	११	११	११	११	११	११	११	१२	१२	१२	१२	१२	१२	१२	मे.०
	२६	३३	४०	४६	५३	०	६	१३	२०	२६	३३	४०	४६	५३	०	६	१३	२०	२६	३३	४०	४६	५३	०	६	१३	२०	२६	३३	४०	
वृ.१	१२	१२	१३	१३	१३	१३	१३	१३	१३	१३	१३	१४	१४	१४	१४	१४	१४	१४	१४	१४	१५	१५	१५	१५	१५	१५	१५	१५	१५	१६	वृ.१
	४६	५३	०	६	१३	२०	२६	३३	४०	४६	५३	०	६	१३	२०	२६	३३	४०	४६	५३	०	६	१३	२०	२६	३३	४०	४६	५३	०	
मि.२	१६	१६	१६	१६	१६	१६	१६	१६	१७	१७	१७	१७	१७	१७	१७	१७	१७	१८	१८	१८	१८	१८	१८	१८	१८	१८	१९	१९	१९	१९	मि.२
	६	१३	२०	२६	३३	४०	४६	५३	०	६	१३	२०	२६	३३	४०	४६	५३	०	६	१३	२०	२६	३३	४०	४६	५३	०	६	१३	२०	
क.३	१९	१९	१९	१९	१९	२०	१९	१९	१९	१९	१९	१९	१९	१९	१९	१८	१८	१८	१८	१८	१८	१८	१८	१८	१७	१७	१७	१७	१७	१७	क.३
	२६	३३	४०	४६	५३	०	५३	४६	४०	३३	२६	२०	१३	६	०	५३	४६	४०	३३	२६	२०	१३	६	०	५३	४६	४०	३३	२६	२०	
सिं.४	१७	१७	१७	१६	१६	१६	१६	१६	१६	१६	१६	१६	१५	१५	१५	१५	१५	१५	१५	१५	१५	१४	१४	१४	१४	१४	१४	१४	१४	१४	सिं.४
	१३	६	०	५३	४६	४०	३३	२६	२०	१३	६	०	५३	४६	४०	३३	२६	२०	१३	६	०	५३	४६	४०	३३	२६	२०	१३	६	०	
क.५	१३	१३	१३	१३	१३	१३	१३	१३	१३	१२	१२	१२	१२	१२	१२	१२	१२	१२	११	११	११	११	११	११	११	११	११	१०	१०	१०	क.५
	५३	४६	४०	३३	२६	२०	१३	६	०	५३	४६	४०	३३	२६	२०	१३	६	०	५३	४६	४०	३३	२६	२०	१३	६	०	५३	४६	४०	
तु.६	१०	१०	१०	१०	१०	१०	९	९	९	९	९	९	९	९	९	८	८	८	८	८	८	८	८	८	७	७	७	७	७	७	तु.६
	३३	२६	२०	१३	६	०	५३	४६	४०	३३	२६	२०	१३	६	०	५३	४६	४०	३३	२६	२०	१३	६	०	५३	४६	४०	३३	२६	२०	
वृ.७	७	७	७	६	६	६	६	६	६	६	६	६	५	५	५	५	५	५	५	५	५	४	४	४	४	४	४	४	४	४	वृ.७
	१३	६	०	५३	४६	४०	३३	२६	२०	१३	६	०	५३	४६	४०	३३	२६	२०	१३	६	०	५३	४६	४०	३३	२६	२०	१३	६	०	
ध.८	३	३	३	३	३	३	३	३	३	२	२	२	२	२	२	२	२	२	१	१	१	१	१	१	१	१	१	०	०	०	ध.८
	५३	४६	४०	३३	२६	२०	१३	६	०	५३	४६	४०	३३	२६	२०	१३	६	०	५३	४६	४०	३३	२६	२०	१३	६	०	५३	४६	४०	
म.९	०	०	०	०	०	०	०	०	०	०	०	०	०	०	१	१	१	१	१	१	१	१	१	२	२	२	२	२	२	२	म.९
	३३	२६	२०	१३	६	०	६	१३	२०	२६	३३	४०	४६	५३	०	६	१३	२०	२६	३३	४०	४६	५३	०	६	१३	२०	२६	३३	४०	
कुं.१०	२	२	३	३	३	३	३	३	३	३	३	४	४	४	४	४	४	४	४	४	५	५	५	५	५	५	५	५	५	६	कुं.१०
	४६	५३	०	६	१३	२०	२६	३३	४०	४६	५३	०	६	१३	२०	२६	३३	४०	४६	५३	०	६	१३	२०	२६	३३	४०	४६	५३	०	
मी.११	६	६	६	६	६	६	६	६	७	७	७	७	७	७	७	७	७	८	८	८	८	८	८	८	८	८	९	९	९	९	मी.११
	६	१३	२०	२६	३३	४०	४६	५३	०	६	१३	२०	२६	३३	४०	४६	५३	०	६	१३	२०	२६	३३	४०	४६	५३	०	६	१३	२०	

शुक्र-उच्चबल सारणी (परमोच्च ११।२७)

अंश	०	१	२	३	४	५	६	७	८	९	१०	११	१२	१३	१४	१५	१६	१७	१८	१९	२०	२१	२२	२३	२४	२५	२६	२७	२८	२९	अंश
मे.०	१९ ४०	१९ ३३	१९ २६	१९ २०	१९ १३	१९ ६	१९ ०	१८ ५३	१८ ४६	१८ ४०	१८ ३३	१८ २६	१८ २०	१८ १३	१८ ६	१८ ०	१७ ५३	१७ ४६	१७ ४०	१७ ३३	१७ २६	१७ २०	१७ १३	१७ ६	१७ ०	१६ ५३	१६ ४६	१६ ४०	१६ ३३	१६ २६	मे.०
वृ.१	१६ २०	१६ १३	१६ ६	१६ ०	१५ ५३	१५ ४६	१५ ४०	१५ ३३	१५ २६	१५ २०	१५ १३	१५ ६	१५ ०	१४ ५३	१४ ४६	१४ ४०	१४ ३३	१४ २६	१४ २०	१४ १३	१४ ६	१४ ०	१३ ५३	१३ ४६	१३ ४०	१३ ३३	१३ २६	१३ २०	१३ १३	१३ ६	वृ.१
मि.२	१३ ०	१२ ५३	१२ ४६	१२ ४०	१२ ३३	१२ २६	१२ २०	१२ १३	१२ ६	१२ ०	११ ५३	११ ४६	११ ४०	११ ३३	११ २६	११ २०	११ १३	११ ६	११ ०	१० ५३	१० ४६	१० ४०	१० ३३	१० २६	१० २०	१० १३	१० ६	१० ०	९ ५३	९ ४६	मि.२
क.३	९ ४०	९ ३३	९ २६	९ २०	९ १३	९ ६	९ ०	८ ५३	८ ४६	८ ४०	८ ३३	८ २६	८ २०	८ १३	८ ६	८ ०	७ ५३	७ ४६	७ ४०	७ ३३	७ २६	७ २०	७ १३	७ ६	७ ०	६ ५३	६ ४६	६ ४०	६ ३३	६ २६	क.३
सिं.४	६ २०	६ १३	६ ६	६ ०	५ ५३	५ ४६	५ ४०	५ ३३	५ २६	५ २०	५ १३	५ ६	५ ०	४ ५३	४ ४६	४ ४०	४ ३३	४ २६	४ २०	४ १३	४ ६	४ ०	३ ५३	३ ४६	३ ४०	३ ३३	३ २६	३ २०	३ १३	३ ६	सिं.४
क.५	३ ०	२ ५३	२ ४६	२ ४०	२ ३३	२ २६	२ २०	२ १३	२ ६	२ ०	१ ५३	१ ४६	१ ४०	१ ३३	१ २६	१ २०	१ १३	१ ६	१ ०	० ५३	० ४६	० ४०	० ३३	० २६	० २०	० १३	० ६	० ०	० ६	० १३	क.५
तु.६	० २०	० २६	० ३३	० ४०	० ४६	० ५३	१ ०	१ ६	१ १३	१ २०	१ २६	१ ३३	१ ४०	१ ४६	१ ५३	२ ०	२ ६	२ १३	२ २०	२ २६	२ ३३	२ ४०	२ ४६	२ ५३	३ ०	३ ६	३ १३	३ २०	३ २६	३ ३३	तु.६
वृ.७	३ ४०	३ ४६	३ ५३	४ ०	४ ६	४ १३	४ २०	४ २६	४ ३३	४ ४०	४ ४६	४ ५३	५ ०	५ ६	५ १३	५ २०	५ २६	५ ३३	५ ४०	५ ४६	५ ५३	६ ०	६ ६	६ १३	६ २०	६ २६	६ ३३	६ ४०	६ ४६	६ ५३	वृ.७
ध.८	७ ०	७ ६	७ १३	७ २०	७ २६	७ ३३	७ ४०	७ ४६	७ ५३	८ ०	८ ६	८ १३	८ २०	८ २६	८ ३३	८ ४०	८ ४६	८ ५३	९ ०	९ ६	९ १३	९ २०	९ २६	९ ३३	९ ४०	९ ४६	९ ५३	१० ०	१० ६	१० १३	ध.८
म.९	१० २०	१० २६	१० ३३	१० ४०	१० ४६	१० ५३	११ ०	११ ६	११ १३	११ २०	११ २६	११ ३३	११ ४०	११ ४६	११ ५३	१२ ०	१२ ६	१२ १३	१२ २०	१२ २६	१२ ३३	१२ ४०	१२ ४६	१२ ५३	१३ ०	१३ ६	१३ १३	१३ २०	१३ २६	१३ ३३	म.९
कुं.१०	१३ ४०	१३ ४६	१३ ५३	१४ ०	१४ ६	१४ १३	१४ २०	१४ २६	१४ ३३	१४ ४०	१४ ४६	१४ ५३	१५ ०	१५ ६	१५ १३	१५ २०	१५ २६	१५ ३३	१५ ४०	१५ ४६	१५ ५३	१६ ०	१६ ६	१६ १३	१६ २०	१६ २६	१६ ३३	१६ ४०	१६ ४६	१६ ५३	कुं.१०
मी.११	१७ ०	१७ ६	१७ १३	१७ २०	१७ २६	१७ ३३	१७ ४०	१७ ४६	१७ ५३	१८ ०	१८ ६	१८ १३	१८ २०	१८ २६	१८ ३३	१८ ४०	१८ ४६	१८ ५३	१९ ०	१९ ६	१९ १३	१९ २०	१९ २६	१९ ३३	१९ ४०	१९ ४६	१९ ५३	२० ०	१९ ५३	१९ ४६	मी.११

शनि-उच्चबल सारणी (परमोच्च ६।२२)

अंश	०	१	२	३	४	५	६	७	८	९	१०	११	१२	१३	१४	१५	१६	१७	१८	१९	२०	२१	२२	२३	२४	२५	२६	२७	२८	२९	अंश
मे.०	२ १३	२ ६	२ ०	१ ५३	१ ४६	१ ४०	१ ३३	१ २६	१ २०	१ १३	१ ६	१ ०	० ५३	० ४६	० ४०	० ३३	० २६	० २०	० १३	० ६	० ०	० ६	० १३	० २०	० २६	० ३३	० ४०	० ४६	० ५३	१ ०	मे.०
वृ.१	१ ६	१ १३	१ २०	१ २६	१ ३३	१ ४०	१ ४६	१ ५३	२ ०	२ ६	२ १३	२ २०	२ २६	२ ३३	२ ४०	२ ४६	२ ५३	३ ०	३ ६	३ १३	३ २०	३ २६	३ ३३	३ ४०	३ ४६	३ ५३	४ ०	४ ६	४ १३	४ २०	वृ.१
मि.२	४ २६	४ ३३	४ ४०	४ ४६	४ ५३	५ ०	५ ६	५ १३	५ २०	५ २६	५ ३३	५ ४०	५ ४६	५ ५३	६ ०	६ ६	६ १३	६ २०	६ २६	६ ३३	६ ४०	६ ४६	६ ५३	७ ०	७ ६	७ १३	७ २०	७ २६	७ ३३	७ ४०	मि.२
क.३	७ ४६	७ ५३	८ ०	८ ६	८ १३	८ २०	८ २६	८ ३३	८ ४०	८ ४६	८ ५३	९ ०	९ ६	९ १३	९ २०	९ २६	९ ३३	९ ४०	९ ४६	९ ५३	१० ०	१० ६	१० १३	१० २०	१० २६	१० ३३	१० ४०	१० ४६	१० ५३	११ ०	क.३
सिं.४	११ ६	११ १३	११ २०	११ २६	११ ३३	११ ४०	११ ४६	११ ५३	१२ ०	१२ ६	१२ १३	१२ २०	१२ २६	१२ ३३	१२ ४०	१२ ४६	१२ ५३	१३ ०	१३ ६	१३ १३	१३ २०	१३ २६	१३ ३३	१३ ४०	१३ ४६	१३ ५३	१४ ०	१४ ६	१४ १३	१४ २०	सिं.४
क.५	१४ २६	१४ ३३	१४ ४०	१४ ४६	१४ ५३	१५ ०	१५ ६	१५ १३	१५ २०	१५ २६	१५ ३३	१५ ४०	१५ ४६	१५ ५३	१६ ०	१६ ६	१६ १३	१६ २०	१६ २६	१६ ३३	१६ ४०	१६ ४६	१६ ५३	१७ ०	१७ ६	१७ १३	१७ २०	१७ २६	१७ ३३	१७ ४०	कं.५
तु.६	१७ ४६	१७ ५३	१८ ०	१८ ६	१८ १३	१८ २०	१८ २६	१८ ३३	१८ ४०	१८ ४६	१८ ५३	१९ ०	१९ ६	१९ १३	१९ २०	१९ २६	१९ ३३	१९ ४०	१९ ४६	१९ ५३	२० ०	१९ ५३	१९ ४६	१९ ४०	१९ ३३	१९ २६	१९ २०	१९ १३	१९ ६	१९ ०	तु.६
वृ.७	१८ ५३	१८ ४६	१८ ४०	१८ ३३	१८ २६	१८ २०	१८ १३	१८ ६	१८ ०	१७ ५३	१७ ४६	१७ ४०	१७ ३३	१७ २६	१७ २०	१७ १३	१७ ६	१७ ०	१६ ५३	१६ ४६	१६ ४०	१६ ३३	१६ २६	१६ २०	१६ १३	१६ ६	१६ ०	१५ ५३	१५ ४६	१५ ४०	वृ.७
ध.८	१५ ३३	१५ २६	१५ २०	१५ १३	१५ ६	१५ ०	१४ ५३	१४ ४६	१४ ४०	१४ ३३	१४ २६	१४ २०	१४ १३	१४ ६	१४ ०	१३ ५३	१३ ४६	१३ ४०	१३ ३३	१३ २६	१३ २०	१३ १३	१३ ६	१३ ०	१२ ५३	१२ ४६	१२ ४०	१२ ३३	१२ २६	१२ २०	ध.८
म.९	१२ १३	१२ ६	१२ ०	११ ५३	११ ४६	११ ४०	११ ३३	११ २६	११ २०	११ १३	११ ६	११ ०	१० ५३	१० ४६	१० ४०	१० ३३	१० २६	१० २०	१० १३	१० ६	१० ०	९ ५३	९ ४६	९ ४०	९ ३३	९ २६	९ २०	९ १३	९ ६	९ ०	म.९
कुं.१०	८ ५३	८ ४६	८ ४०	८ ३३	८ २६	८ २०	८ १३	८ ६	८ ०	७ ५३	७ ४६	७ ४०	७ ३३	७ २६	७ २०	७ १३	७ ६	७ ०	६ ५३	६ ४६	६ ४०	६ ३३	६ २६	६ २०	६ १३	६ ६	६ ०	५ ५३	५ ४६	५ ४०	कुं.१०
मी.११	५ ३३	५ २६	५ २०	५ १३	५ ६	५ ०	४ ५३	४ ४६	४ ४०	४ ३३	४ २६	४ २०	४ १३	४ ६	४ ०	३ ५३	३ ४६	३ ४०	३ ३३	३ २६	३ २०	३ १३	३ ६	३ ०	२ ५३	२ ४६	२ ४०	२ ३३	२ २६	२ २०	मी. ११

द्रेष्काण—द्वितीय अध्याय में बतायी गयी विधि से द्रेष्काण लाकर तब विचार करना चाहिए। यहाँ सूर्य भौम के द्रेष्काण में है अतः उसका २।३० बल हुआ। चन्द्रमा शनि के द्रेष्काण में है अतः २।३० बल हुआ। मंगल गुरु के द्रेष्काण में है अतः समगृही द्रेष्काण होने के कारण ५।० बल हुआ। बुध मंगल के द्रेष्काण में है अतः उसका २।३० बल हुआ। इसी प्रकार गुरु का द्रेष्काण बल ५।०, शुक्र का १०।० और शनि का ७।३० है।

नवमांश बल—द्वितीय अध्याय में बतायी विधि से सूर्य अपने ही नवमांश में है अतः उसका नवमांश बल ५।० हुआ। चन्द्रमा शनि के नवमांश में है और शनि चन्द्रमा का शत्रु है, अतः शत्रुगृही नवमांश होने से इसका नवमांशबल १।१५ हुआ। मंगल गुरु के नवमांश में है और गुरु मंगल का सम है अतः इसका बल २।३० हुआ। इसी प्रकार बुध का नवमांश बल २।३०, गुरु का २।३०, शुक्र का १।१५ और शनि का १।१५ हुआ।

उदाहरण कुण्डली का पंचवर्गीबल चक्र निम्न प्रकार हुआ :

ग्रह	सूर्य	चन्द्र	भौम	बुध	गुरु	शुक्र	शनि
गृहबल	७ ३०	७ ३०	३० ०	७ ३०	७ ३०	७ ३०	७ ३०
उच्च बल	२ ५०	१ ५४	१२ १३	१४ ५७	८ २	१ १८	९ ७
हद्दाबल	३ ४५	३ ४५	३ ४५	३ ४५	३ ४५	३ ४५	३ ४५
द्रेष्काणबल	२ ३०	२ ३०	५ ०	२ ३०	५ ०	१० ०	७ ३०
नवमांशबल	५ ०	१ १५	२ ३०	२ ३०	२ ३०	१ १५	१ १५
योगबल	२१ ३५	१६ ५४	५३ २८	३१ १२	२६ ४७	२३ ४८	२९ ७
विश्वाबल या विंशोपक बल	५ २३ ४५	४ १३ ३०	१३ २२ ०	७ ४८ ०	६ ४१ ४५	५ ५७ ०	७ १६ ४५

बलीग्रह का निर्णय—जिस ग्रह का विंशोपक बल ११ से २० अंश तक हो वह पूर्णबली, जिसका ६ से १० अंश तक हो वह मध्यबली, जिसका १ से ५ अंश तक हो वह अल्पबली और जिसका विंशोपक बल शून्य हो वह निर्बल कहलाता है। कहीं-कहीं ५ अंश के कम विंशोपकवाले ग्रह को ही निर्बल माना है। स्वयं का अनुभव भी यही है कि ५ अंश से कम विंशोपकवाला ग्रह निर्बल होता है।

पंचाधिकारी—जन्मलग्नेश, वर्षलग्नेश, मुन्थाधिप, त्रिराशिपति और दिन में वर्षप्रवेश हो तो सूर्यराशिपति तथा रात्रि में वर्षप्रवेश हो तो चन्द्रराशिपति—ये पाँच ग्रह वर्षपत्रिका में विशेषाधिकारी माने जाते हैं।

उदाहरण कुण्डली के पंचाधिकारी निम्न प्रकार हैं :

जन्मलग्नेश	वर्षलग्नेश	मुन्थेश	त्रिराशीश	चन्द्रराशीश
भौम	शुक्र	भौम	भौम	शुक्र
१३	५	१३	७	५
२२	५७	२२	१६	५७
०	०	०	५	०
पूर्णबली	अल्पबली	पूर्णबली	मध्यबली	अल्पबली

त्रिराशिपति विचार—नीचे चक्र में से दिन में वर्षप्रवेश हो तो वर्ष लग्न की राशि के अनुसार दिवा त्रिराशिपति और रात्रि में वर्षप्रवेश हो तो रात्रि का त्रिराशिपति ग्रहण करना चाहिए।

त्रिराशिपति चक्र

राशि	मेष	वृष	मिथुन	कर्क	सिंह	कन्या	तुला	वृश्चिक	धनु	मकर	कुंभ	मीन
दिवा त्रिराशिपति	सूर्य	शुक्र	शनि	शुक्र	गुरु	चंद्र	बुध	मंगल	शनि	मंगल	गुरु	चंद्र
रात्रि त्रिराशिपति	गुरु	चंद्र	बुध	मंगल	सूर्य	शुक्र	शनि	शुक्र	शनि	मंगल	गुरु	चंद्र

ताजिक शास्त्रानुसार ग्रहों की दृष्टि—ताजिक में ग्रहों की दृष्टि प्रत्यक्षस्नेहा, गुप्तस्नेहा, गुप्तवैरा और प्रत्यक्ष वैरा—चार तरह की होती है। वर्षकुण्डली में ग्रह जहाँ रहता है उससे नौवें और पाँचवें स्थान में स्थित ग्रह को प्रत्यक्षस्नेहा ४५ कलावाली दृष्टि से देखता है। यह दृष्टि सम्पूर्ण कार्यों में सिद्धि देनेवाली, मेलापक संज्ञावाली बतायी गयी है।

कोई ग्रह अपने स्थान से तीसरे और ग्यारहवें स्थान में स्थित ग्रह को गुप्तस्नेहा दृष्टि से देखता है। तीसरे भाव की दृष्टि ४० कलावाली और ११वें भाव की दृष्टि १० कलावाली होती है। यह दृष्टि कार्यसिद्धि करनेवाली और स्नेहवर्द्धिनी बतायी गयी है।

चौथे और दसवें भाव में गुप्तवैरा एवं १५ कलावाली दृष्टि होती है। पहले और सातवें भाव में प्रत्यक्षवैरा एवं ६० कलावाली दृष्टि होती है। ये दोनों ही दृष्टियाँ क्षुत-संज्ञक—कार्य नाश करनेवाली बतायी गयी हैं।

बलवती दृष्टि—वाम भागस्थ छठे से बारहवें भाग तक रहनेवाले ग्रह की, दक्षिण भागस्थ—लग्न से छठे भाग तक स्थित ग्रह की बलवती दृष्टि होती है। दक्षिण भागस्थ ग्रह की दृष्टि वाम भागस्थ ग्रह के ऊपर निर्बल होती है।

विशेष दृष्टि—द्रष्टा ग्रह के दीप्तांश के मध्य में ही दृश्य ग्रह आगे व पीछे स्थित हो तो विशेष दृष्टि का फल होता है और दीप्तांशों से अधिक दृश्य ग्रह आगे-पीछे स्थित हो तो मध्यम दृष्टि का फल होता है। दृश्य, द्रष्टा का अन्तर द्वादशांक (बारह भाग) से अधिक न हो तो दृष्टियों का फल ठीक घटता है, अन्यथा नहीं घटता।

दीप्तांश—सूर्य के १५ अंश, चन्द्र के १२ अंश, मंगल के ८ अंश, बुध के ७ अंश, गुरु के ९ अंश, शुक्र के ७ अंश और शनि के ९ अंश दीप्तांश होते हैं।

उदाहरण—वर्षकुण्डली में सूर्य, मंगल और बुध की राशि के ऊपर प्रत्यक्षस्नेही दृष्टि है। सूर्य वर्षकालीन स्पष्टग्रह में वृश्चिक राशि के पाँच अंश का आया है और शनि कर्क राशि के बारह अंश का आया है। अंशों के मान में सूर्य से शनि ७ अंश आगे है। सूर्य के दीप्तांश १५ हैं, अतः शनि सूर्य के दीप्तांश के भीतर हुआ अतएव सूर्य की दृष्टि का पूर्ण फल समझना चाहिए।

मंगल का स्पष्टमान ७।१७ और शनि का ३।१२ है। दोनों के अंशों में ५ का अन्तर है। मंगल के दीप्तांश ८ हैं, अतएव दृश्य ग्रह दीप्तांश के भीतर होने से पूर्ण फलवाली दृष्टि मानी जायेगी। इसी प्रकार अन्य ग्रहों की दृष्टि भी समझ लेनी चाहिए।

वर्षेश का निर्णय—वर्ष के पंच अधिकारियों में जो ग्रह बलवान् होकर लग्न को देखता हो वही वर्षेश होता है। यदि पंचाधिकारियों में कई ग्रहों का बल समान हो तो जो लग्न को देखता है, वही ग्रह वर्षेश होता है।

पंचाधिकारियों की लग्न पर समान दृष्टि हो और बल भी बराबर हो अथवा पाँचों निर्बली हों तो मुन्थेश ही वर्षेश होता है। यदि पाँचों की ही दृष्टि लग्न पर न हो तो उनमें जो अधिक बली होता है वही वर्षेश होता है।

कई आचार्यों का मत है कि पंचाधिकारियों की दृष्टि एवं बल समान हो तो समयाधिपति, दिन में वर्षप्रवेश हो तो सूर्यराशीश और रात में वर्षप्रवेश हो तो चन्द्रराशीश वर्षेश होता है।

चन्द्रवर्षेश का निर्णय—ताजिक शास्त्र के आचार्यों ने चन्द्रमा को वर्षेश होना नहीं माना है। उनका अभिमत है कि कोमल प्रकृति जलीय चन्द्र अनुशासन का कार्य नहीं कर सकता है। दूसरी बात यह भी है कि चन्द्रमा मन का स्वामी है और शासन मन से नहीं होता है, उसके लिए शारीरिक बल की भी आवश्यकता होती है। इसीलिए इन शास्त्रों के वेत्ताओं ने चन्द्रमा को वर्षेश स्वीकार नहीं किया है।

यदि पूर्वोक्त नियमों के अनुसार चन्द्रमा वर्षेश आता हो तो वह जिस ग्रह के साथ इत्थशाल योग करता है, वही ग्रह वर्षेश होता है, यदि चन्द्र किसी ग्रह के साथ इत्थशाल नहीं करता हो तो वर्षकुण्डली का चन्द्र राशीश ही वर्षेश होता है।

उदाहरण—पूर्वोक्त उदाहरण वर्षकुण्डली के पंचाधिकारियों में सबसे बली मंगल आया है, मंगल की लग्न पर दृष्टि भी है अतएव मंगल ही वर्षेश होगा।

हर्षबल साधन—ग्रहों के हर्षस्थान निम्न चार प्रकार के होते हैं :

१. वर्ष लग्न से सूर्य ९वें, चन्द्र ३रे, मंगल ६ठे, बुध लग्न में, गुरु ११वें, शुक्र ५वें और शनि १२वें स्थान में हों तो ये ग्रह हर्षित होते हैं।

२. स्वगृह और स्वोच्च में ग्रह हर्षित होते हैं।

३. वर्ष लग्न से १।२।३।७।८।९वें भावों में[1] स्त्रीग्रह और ४।५।६।१०।११।१२वें भावों में पुरुषग्रह हर्षित होते हैं।

४. पुरुषग्रह—रवि, मंगल, गुरु दिन में और स्त्रीग्रह तथा नपुंसक ग्रह—शुक्र, चन्द्र, बुध, शनि रात में वर्षप्रवेश होने पर हर्षित होते हैं।

जहाँ हर्षबल प्राप्त हो वहाँ ५ विश्वात्मक बल होता है।

उदाहरण—प्रस्तुत वर्षकुण्डली में प्रथम प्रकार का हर्षबल किसी ग्रह का नहीं है। द्वितीय प्रकार का हर्षबल स्वगृही होने से शुक्र और मंगल का है। तृतीय प्रकार का हर्षबल शुक्र, चन्द्र, बुध का है और चतुर्थ प्रकार का रात में वर्षप्रवेश होने के कारण चन्द्र, बुध, शुक्र और शनि इन चारों ग्रहों का है।

हर्षबल चक्र

ग्रह	सूर्य	चन्द्र	भौम	बुध	गुरु	शुक्र	शनि
प्रथम	०	०	०	०	०	०	०
द्वितीय	०	०	५	०	०	५	०
तृतीय	०	५	०	५	०	५	०
चतुर्थ	०	५	०	५	०	५	५
ऐक्य	०	१०	५	१०	०	१५	५

जिस ग्रह का हर्षबल ५ विश्वा हो वह अल्पबली, १० विश्वा हो वह मध्यबली, १५ विश्वा हो वह पूर्णबली और शून्य विश्वा हो वह निर्बल माना जाता है। हर्षित ग्रह अपनी दशा में अच्छा फल देता है।

षोडश योगों का फलसहित लक्षण

ताजिक शास्त्र में लग्न के स्वामी को लग्नेश और शेष भावों के स्वामियों को कार्येश कहा गया है। इन दोनों के योग से षोडश योग बनते हैं।

१. इक्कवाल—केन्द्र व पणफर में सभी ग्रह हों तो इक्कवाल योग होता है, इस योग में होने से जातक की उन्नति होती है, उसे यश, धन व सन्तान की प्राप्ति होती है।

२. इन्दुवार—आपोक्लिम में सभी ग्रह हों तो इन्दुवार योग होता है। इसके होने से सामान्य सुख की प्राप्ति होती है।

३. इत्थशाल—इस योग के पूर्ण इत्थशाल, इत्थशाल, और भविष्यत् इत्थशाल—ये तीन भेद हैं।

(क) लग्नेश और कार्येश में मन्दगति ग्रह से शीघ्रगति ग्रह १ विकला से ३० विकला तक न्यून हो तो पूर्ण इत्थशाल योग होता है।

(ख) लग्नेश तथा कार्येश दोनों में जो ग्रह मन्दगति हों वह शीघ्रगति ग्रह से अधिक अंश पर हो तथा दोनों की परस्पर दृष्टि हो तो इत्थशाल योग होता है और दोनों में दीप्तांश तुल्य अन्तर हो तो मुन्थशिल योग होता है।

१. यहाँ स्त्रीग्रहों में शुक्र, बुध, शनि और चन्द्र इन चारों को ग्रहण किया है।

(ग) मन्दगति[1] ग्रह जिस राशि में हो उससे पिछली राशि में शीघ्रगति ग्रह उस मन्दगति ग्रह से दीप्तांश तुल्य अन्तर पर हो। जैसे चन्द्रमा ३।२८ और बुध ४।१० है। यहाँ पर चन्द्रमा शीघ्रगति ग्रह है, जो कि मन्दगति ग्रह बुध से एक राशि पीछे है। चन्द्रमा से मन्दगति ग्रह बुध चन्द्रमा के दीप्तांश तुल्य आगे है अतः यह भविष्यत् इत्थशाल योग हुआ।

लग्नेश से जिन-जिन भावों के स्वामियों का इत्थशाल योग हो उन-उन भाव-सम्बन्धी लाभ होता है। लग्नेश, कार्येश परस्पर मित्र हों तो सुखपूर्वक अन्यथा कठिनाई से लाभ होता है। इस योग में लग्नेश तथा कार्येश की दृष्टि लग्न तथा कार्यभाव पर होना नितान्त आवश्यक है।

४. ईशराफ—मन्दगति ग्रह से शीघ्रगति ग्रह अधिक से अधिक एक अंश आगे हो तो ईशराफ योग होता है। यह योग शुभग्रह से हो तो शान्ति, सुख अन्यथा क्लेश होता है।

५. नक्त—लग्नेश तथा कार्येश में जो शीघ्रगति ग्रह हो वह थोड़े अंश पर और मन्दगति ग्रह अधिक अंश पर हो या दोनों की परस्पर दृष्टि न हो तथा अन्य कोई शीघ्रगति दोनों के मध्य में किसी अंश पर स्थित होकर अन्योन्यदृष्टि हो तो नक्त योग होता है।

६. यमय—लग्नेश, कार्येश में जो शीघ्रगति ग्रह हो वह थोड़े अंश पर और मन्दगति ग्रह अधिक अंश पर हो तथा दोनों की आपस में दृष्टि न हो और मध्यवर्ती कोई मन्दगति ग्रह दीप्तांश तुल्यांश तुल्य अन्तर से देखता हो तो यमय योग होता है।

नक्त और यमय योग जिस वर्षकुण्डली में पड़ते हैं उस वर्षकुण्डलीवाला व्यक्ति, अन्य लोगों की सहायता से अपने कार्य को सफल करता है।

७. मणऊ—लग्नेश और कार्येश में जो शीघ्रगति ग्रह हो उससे हीनाधिक अंश पर शनि या मंगल स्थित हों तथा उस शीघ्रगति ग्रह को शत्रु दृष्टि से देखते हों तो मणऊ योग होता है। इस योग के होने से व्यक्ति को हानि, अपमान आदि सहने पड़ते हैं।

८. कम्बूल—लग्नेश और कार्येश का इत्थशाल या मुत्थशिल हो तथा इनमें से एक से या दोनों से चन्द्रमा इत्थशाल अथवा मुत्थशिल योग करे तो कम्बूल योग होता है। इस कम्बूल योग के उत्तम, मध्यम, अधम आदि कई भेद हैं।

उत्तमोत्तम कम्बूल—चन्द्रमा उच्च का या स्वगृह का हो और लग्नेश और कार्येश भी इसी प्रकार स्थिति में हों अथवा दोनों में से एक स्वगृही, उच्च का हो; जिससे कि चन्द्रमा इत्थशाल करता हो तो उत्तमोत्तम कम्बूल योग होता है।

मध्यमोत्तम कम्बूल योग—चन्द्रमा स्वहद्दा, स्वद्रेष्काण अथवा स्वनवांश में हो और लग्नेश, कार्येश उच्च के या स्वगृही हों तो यह मध्यमोत्तम कम्बूल योग कार्यसाधक होता है। इस योग के होने से वर्षपर्यन्त व्यक्ति के समस्त कार्य बिना विघ्न-बाधाओं के अच्छी तरह होते हैं।

उत्तम कम्बूल—चन्द्र अधिकार-रहित हो और लग्नेश, कार्येश स्वगृही या उच्च के हों तो उत्तम कम्बूल योग होता है। इस योग के होने से दूसरे की प्रेरणा या दूसरे की सहायता से कार्य सिद्ध होते हैं।

---

१. चन्द्र, बुध, शुक्र, सूर्य, भौम, गुरु और शनि उत्तरोत्तर मन्दगति हैं।

अधमोत्तम कम्बूल—चन्द्र नीच या शत्रुराशि का और लग्नेश, कार्येश उच्च के या स्वगृही हों तो अधमोत्तम कम्बूल योग होता है। इस योग के होने से असन्तोष से कार्य सिद्धि होती है।

अधमाधम कम्बूल—चन्द्रमा, लग्नेश और कार्येश नीच या शत्रु के क्षेत्र में हों और इत्थशाल या मुत्थशिल योग करते हों तो अधमाधम कम्बूल योग होता है। इसके होने से महाकष्ट और विपत्ति होती है।

लग्नेश और कार्येश के अधिकार परिवर्तन से कम्बूल योग के और भी कई भेद होते हैं। इन सब योगों का फल प्रायः अनिष्टकारक है।

९. गैरिकम्बूल—लग्नेश और कार्येश का इत्थशाल योग हो और शून्य मार्ग गत चन्द्रमा राशि के अन्तिम २९वें अंश में स्थित हो—आगे की राशि में जानेवाला हो और उससे अग्रिम राशि में स्वगृही या उच्च का लग्नेश अथवा कार्येश स्थित हो जिससे चन्द्रमा मुत्थशिल योग करे तो गैरिकम्बूल योग होता है। इस योग के होने से अन्य की सहायता से कार्य सफल होता है।

१०. खल्लासर—लग्नेश, कार्येश का इत्थशाल योग होता हो व चन्द्रमा शून्य मार्ग में स्थित हो तो खल्लासर योग होता है। इस योग के होने से कम्बूल योग नष्ट हो जाता है।

११. रद्द—जो ग्रह अस्त, नीच, शत्रुगृही, वक्री, हीनक्रान्ति, बलहीन होकर इत्थशाल योग करता हो तथा यह कार्येश रूप में केन्द्र में स्थित हो अथवा वक्री होकर आपोक्लिम में से केन्द्र में जाता हो तो रद्द योग होता है। यह कार्यनाशक है।

१२. दुष्फालिकुथ—मन्दगति ग्रह स्वोच्च, स्वगृह आदि के अधिकार में हो और अधिकार-रहित शीघ्रगति से इत्थशाल योग करे तो दुष्फालिकुथ योग होता है।

१३. दुत्थोत्थदिवीर—लग्नेश, कार्येश दोनों रद्दयोग में हों और दोनों में से एक किसी दूसरे स्वगृहादि अधिकारी ग्रह से मुत्थशिल योग करे तो दुत्थोत्थदिवीर योग होता है।

१४. तम्बीर—लग्नेश से कार्येश का इत्थशाल योग न हो और इनमें से कोई एक बलवान् मार्गी ग्रह राशि के अन्तिम अंश में हो और इसके दीप्तांशवर्ती अग्रिम राशि में कोई स्वगृही या उच्च राशि में स्थित हो तो तम्बीर नाम का योग होता है।

१५. कुत्थयोग—लग्न में स्थित ग्रह बलवान् होता है, इनमें से २।३।४।५।७।९।१०।११वें स्थान में स्थित ग्रह उत्तरोत्तर हीनबल होते हैं। इसी प्रकार स्वक्षेत्र, स्वोच्च, स्वहद्दा, स्वद्रेष्काण, स्वनववांश में स्थित, हर्षित आदि अधिकारसम्पन्न ग्रह उत्तरोत्तर बली होते हैं। इन ग्रहों के सम्बन्ध को कुत्थयोग[1] कहते हैं।

१६. दुरफ्फ—३।८।१२वें भाव में स्थित ग्रह; वक्री होनेवाला, वक्री, शत्रुगृही, नीच, पापग्रह से युत, कान्तिहीन, अस्त, बलहीन ग्रह; इसी प्रकार के अन्य निर्बल ग्रह से मुत्थशिल योग करता हो तो दुरफ्फ योग होता है। इस योग का फल अनिष्टकारक होता है।

---

१. जो ग्रह स्वक्षेत्र, स्वोच्च आदि शुभ या अशुभ कोई भी अधिकार में न हो और न किसी ग्रह की दृष्टि हो तो वह शून्य मार्गगत कहलाता है।

सहम साधन—ताजिक शास्त्र में पुण्यादि[1] ५० सहमों का साधन किया गया है। यहाँ कुछ आवश्यक सहमों का गणित लिखा जाता है।

सहम संस्कार—जिसमें घटाया जाये उसे शुद्धाश्रय और जो घटाया जाये उसे शोध्य कहते हैं। यदि इन दोनों के मध्य में लग्न न हो तो एक राशि जोड़ देना चाहिए और मध्य में लग्न हो तो एक राशि नहीं जोड़ना चाहिए।

उदाहरण—चन्द्रमा कन्या राशि का, सूर्य मकर राशि का और लग्न मेष राशि का है। यहाँ कन्या और मकर के बीच में लग्न की राशि नहीं है, अतः एक जोड़ा जायेगा।

पुण्यसहम का साधन—दिन में वर्षप्रवेश हो तो चन्द्रमा में से सूर्य को घटाये और रात में वर्षप्रवेश हो तो सूर्य से चन्द्रमा को घटाकर शेष में लग्न जोड़कर पूर्वोक्त सहम संस्कार करने पर पुण्यसहम होता है।

उदाहरण—प्रस्तुत वर्षकुण्डली का वर्षप्रवेश रात को हुआ है अतएव,

७। ५।४१।४१	सूर्य में से	०।१८।२८।५०	शेष में
६।१६।१२।५१	चन्द्रमा को घटाया	६।२३।५१।३८	लग्न को जोड़ा
०।१८।२८।५०	शेष	७।१२।२०।२८	पुण्यसहम हुआ

यहाँ लग्न शोध्य और शुद्धाश्रय के बीच में है क्योंकि चन्द्रमा तुला का और सूर्य वृश्चिक का है तथा लग्न तुला का है जो दोनों के मध्य में पड़ता है, अतएव एक राशि जोड़ने की आवश्यकता नहीं है।

गुरु और विद्या सहम—दिन में वर्षप्रवेश हो तो सूर्य में से चन्द्रमा को घटाये और रात में वर्षप्रवेश हो तो चन्द्रमा में से सूर्य को घटाकर लग्न जोड़ देने से विद्या और गुरु सहम होते हैं। सहम संस्कार यहाँ पर भी अवश्य करना चाहिए।

उदाहरण—

६।१६।१२।५१
७। ५।४१।४१ { चन्द्रमा में सूर्य को घटाया जा रहा है, क्योंकि वर्षप्रवेश रात में हुआ है।
११।१०।३१।१० शेष में
६।२३।५१।३८ लग्न को जोड़ा
६। ४।२२।४८ गुरु और विद्या सहम

यहाँ पर सैक (एक-सहित) नहीं किया गया, क्योंकि लग्न चन्द्रमा और सूर्य के बीच में है।

यश सहम—रात में वर्षप्रवेश हो तो पुण्य सहम में से गुरु सहम को घटाये और दिन में वर्षप्रवेश हो तो गुरु सहम में से पुण्य सहम को घटाकर शेष में लग्न जोड़ना चाहिए तथा पूर्वोक्त सहम संस्कार भी करना चाहिए।

मित्र सहम—दिन में वर्षप्रवेश हो तो गुरु सहम में से पुण्य सहम को घटाये, रात में वर्षप्रवेश हो तो पुण्य सहम में से गुरु सहम को घटाकर शेष में शुक्र को जोड़ संस्कार करने से मित्र सहम होता है।

---

१. देखें, ताजिक नीलकण्ठी, पृ. १२५।

आशा सहम—दिन में वर्षप्रवेश हो तो शनि में से शुक्र को घटाये और रात में वर्षप्रवेश हो तो शुक्र में से शनि को घटाकर शेष में लग्न को जोड़ सैकता (एकसहित) करने से आशा सहम होता है।

राज सहम (पिता सहम)—दिन में वर्षप्रवेश हो तो शनि में से सूर्य को घटाये और रात में वर्षप्रवेश हो तो सूर्य में से शनि को घटाकर लग्न को जोड़ पूर्ववत् सैकता करने से राज सहम होता है। इसका दूसरा नाम पिता सहम भी है।

माता सहम—दिन में वर्षप्रवेश हो तो चन्द्र में से शुक्र को घटाये और रात में वर्षप्रवेश हो तो शुक्र में से चन्द्र को घटाकर शेष में लग्न को जोड़ सैकता करने से माता सहम होता है।

कर्म सहम—दिन में वर्षप्रवेश हो तो भौम में से बुध को घटाये और रात में वर्षप्रवेश हो तो बुध में से मंगल को घटाकर शेष में लग्न को जोड़ पूर्ववत् सैकता करने से कर्म सहम होता है।

प्रसूति सहम—रात में वर्षप्रवेश हो तो बुध में से बृहस्पति को घटाये और दिन में वर्षप्रवेश हो तो गुरु में से बुध को घटाकर शेष में लग्न को जोड़ पूर्ववत् सैकता करने से प्रसूति सहम होता है।

शत्रु सहम—दिन में वर्षप्रवेश हो तो भौम में से शनि को घटाये और रात में वर्षप्रवेश हो तो शनि में से भौम को घटाकर शेष में लग्न को जोड़ पूर्ववत् सैकता करने से शत्रु सहम होता है।

बन्धन सहम—दिन में वर्षप्रवेश हो तो पुण्य सहम में से शनि को घटाये और रात में वर्षप्रवेश हो तो शनि में से पुण्य सहम को घटाकर अवशेष में लग्न को जोड़कर पूर्ववत् सैकता करने से बन्धन सहम होता है।

भ्रातृ सहम[१]—गुरु में से शनि को घटाकर शेष में लग्न को जोड़कर सैकता करने से भ्रातृ सहम होता है।

पुत्र सहम—गुरु में से चन्द्र को घटाकर अवशेष में लग्न को जोड़कर पूर्ववत् सैकता करने से पुत्र सहम होता है।

विवाह सहम—शुक्र में से शनि को घटाकर शेष में लग्न को जोड़कर पूर्ववत् सैकता करने से विवाह सहम होता है।

व्यापार सहम—मंगल में से बुध को घटाकर शेष में लग्न को जोड़कर पूर्ववत् सैकता करने से व्यापार सहम होता है।

रोग सहम—लग्न में से चन्द्र को घटाकर शेष में लग्न को जोड़कर पूर्वोक्त सैकता करने से रोग सहम होता है। रोग सहम में सर्वदा एक जोड़ा जाता है।

मृत्यु सहम—अष्टम भाव में से चन्द्र को घटाकर शेष में शनि को जोड़कर सैकता करने से मृत्यु सहम होता है।

---

१. यहाँ से दिन-रात के वर्षप्रवेश के सहम साधन में भेद नहीं है।

यात्रा सहम—नवम भाव में से नवमेश को घटाकर शेष में लग्न को जोड़कर सैकता करने से यात्रा सहम होता है।

धन सहम—धन भाव में से लग्नेश को घटाकर अवशेष में लग्न को जोड़कर सैकता कर देने पर अर्थ सहम होता है।

विशेष—इस प्रकार सहमों का साधन कर वर्षकुण्डली में जिस स्थान में जिस सहम की राशि हो उस राशि में उस सहम को रख देना चाहिए। इस प्रकार सहम कुण्डली बन जायेगी।

विंशोत्तरी मुद्दादशा—अश्विनी से जन्म नक्षत्र तक गिनने से जो संख्या हो उसमें गतवर्षों को जोड़ देना चाहिए। योगफल में से २ घटाकर अवशेष में ९ का भाग देने से १ आदि शेष में क्रमशः सूर्य, चन्द्र, भौम, राहु, गुरु, शनि, बुध, केतु, और शुक्र की दशा होती है।

विंशोत्तरी दशा के वर्षों को ३ से गुणा करने से विंशोत्तरी मुद्दादशा के दिन होते हैं।

उदाहरण—सूर्य ६ × ३ = १८ दिन, चन्द्रमा १० × ३ = ३० दिन अर्थात् १ मास, भौम ७ × ३ = २१ दिन, राहु १८ × ३ = ५४ दिन अर्थात् १ मास २४ दिन, गुरु १६ × ३ = ४८ दिन अर्थात् १ मास १८ दिन, शनि १९ × ३ = ५७ दिन अर्थात् १ मास २७ दिन, बुध १७ × ३ = ५१ दिन अर्थात् १ मास २१ दिन, केतु ७ × ३ = २१ दिन और शुक्र २० × ३ = ६० दिन अर्थात् २ मास की मुद्दादशा है।

विंशोत्तरी मुद्दादशा के मास एवं दिन

ग्रह	सूर्य	चन्द्र	भौम	राहु	गुरु	शनि	बुध	केतु	शुक्र
मास	०	१	०	१	१	१	१	०	२
दिन	१८	०	२१	२४	१८	२७	२१	२१	०

वर्षपत्र में विंशोत्तरी मुद्दादशा लिखने का उदाहरण—

जन्म नक्षत्र विशाखा है, अश्विनी से गणना करने पर १६ संख्या हुई, १६ + ३४ = ५० − २ = ४८ ÷ ९ = ५ लग्न ३ शेष, भौम दशा में वर्ष प्रवेश हुआ अतएव प्रारम्भ में भौमदशा रखकर चक्र बना दिया जायेगा।

विंशोत्तरी मुद्दादशा चक्र

भौम	राहु	गुरु	शनि	बुध	केतु	शुक्र	सूर्य	चन्द्र	ग्रह
०	१	१	१	१	०	२	०	१	मास
२१	२४	१८	२७	२१	२१	०	१८	०	दिन
२००३	२००३	२००३	२००३	२००४	२००४	२००४	२००४	२००४	२००४
७	७	९	११	१	२	३	५	६	७
५	२६	२०	८	५	२६	१७	१७	५	५

मुद्दा अन्तर्दशा–मुद्दा अन्तर्दशा निकालने का यह नियम है कि जिस ग्रह की दशा में अन्तर निकालना हो उस ग्रह की दशा को निम्नलिखित ध्रुवांकों से गुणा कर देना चाहिए। गुणा करने पर जो गुणनफल आए उसमें ६० से भाग देने पर अन्तर्दशा के दिनादि होते हैं।

ध्रुवांक–सूर्य = ४, चन्द्र = ८, भौम = ५, बुध = ७, गुरु = १०, शुक्र = ६, शनि = ९, राहु = ५, केतु = ६

उदाहरण– सूर्य की अन्तर्दशा निकालनी है, अतः सूर्य मुद्दा की दिन संख्या १८ को उसके ध्रुवांक ४ से गुणा किया। गुणनफल में ६० का भाग दिया तो :

१८ × ४ = ७२; ७२ ÷ ६० = १ दिन, शेष १२ इसमें ६० से गुणा किया और ६० का भाग दिया–१२ × ६० = ७२० घटियां, ७२० ÷ ६० = १२ घटी। सूर्य की मुद्दादशा में सूर्यान्तर्दशा १ दिन, १२ घटी हुई। सुविधा के लिए यहाँ समस्त ग्रहों की अन्तर्दशा लिखी जाती है।

मुद्दादशान्तर्गत सूर्यान्तर्दशाचक्र

ग्रहदशा	सूर्य	चन्द्र	भौम	राहु	गुरु	शनि	बुध	केतु	शुक्र
दिन	१	२	१	१	३	२	२	१	१
घटी	१२	२४	३०	३०	०	४२	६	४८	४८

मुद्दादशान्तर्गत चन्द्रान्तर्दशाचक्र

ग्रहदशा	चन्द्र	भौम	राहु	गुरु	शनि	बुध	केतु	शुक्र	सूर्य
दिन	४	२	२	५	४	३	३	३	२
घटी	०	३०	३०	०	३०	३०	०	०	०

मुद्दादशान्तर्गत भौमान्तर्दशाचक्र

ग्रहदशा	भौम	राहु	गुरु	शनि	बुध	केतु	शुक्र	सूर्य	चन्द्र
दिन	१	१	३	३	२	२	२	१	२
घटी	४५	४५	३०	९	२७	६	६	२४	४८

मुद्दादशान्तर्गत राह्वन्तर्दशाचक्र

ग्रहदशा	राहु	गुरु	शनि	बुध	केतु	शुक	सूर्य	चन्द्र	भौम
दिन	४	९	८	६	५	५	३	७	४
घटी	३०	०	६	१८	२४	२४	३६	१२	३०

मुद्दादशान्तर्गत गुर्वन्तर्दशाचक्र

ग्रहदशा	गुरु	शनि	बुध	केतु	शुक्र	सूर्य	चन्द्र	भौम	राहु
दिन	८	७	५	४	४	३	६	४	४
घटी	०	१२	३६	४८	४८	१२	२४	०	०

मुद्दादशान्तर्गत शन्यन्तर्दशाचक्र

ग्रहदशा	शनि	बुध	केतु	शुक्र	सूर्य	चंद्र	भौम	राहु	गुरु
दिन	८	६	५	५	३	७	४	४	९
घटी	३३	३९	४२	४२	४८	३६	४५	४५	३०

मुद्दादशान्तर्गत बुधान्तर्दशाचक्र

ग्रहदशा	बुध	केतु	शुक्र	सूर्य	चंद्र	भौम	राहु	गुरु	शनि
दिन	५	५	५	३	६	४	४	८	७
घटी	४७	६	६	२४	४८	१५	१५	३०	३९

मुद्दादशान्तर्गत केत्वन्तर्दशाचक्र

ग्रहदशा	केतु	शुक्र	सूर्य	चंद्र	भौम	राहु	गुरु	शनि	बुध
दिन	२	२	१	२	१	१	३	३	२
घटी	६	६	२४	४८	४५	४५	३०	९	२७

मुद्दादशान्तर्गत शुक्रान्तर्दशाचक्र

ग्रहदशा	शुक्र	सूर्य	चंद्र	भौम	राहु	गुरु	शनि	बुध	केतु
दिन	६	४	८	५	५	१०	९	७	६
घटी	०	०	०	०	०	०	०	०	०

योगिनी मुद्दादशा—अश्विनी से जन्मनक्षत्र तक गिनने से जितनी संख्या हो उसमें ३ और गताब्द संख्या जोड़ने से जो योगफल आये उसमें ८ का भाग देने से १ आदि शेष में क्रमशः मंगला, पिंगला, धान्या, भ्रामरी, भद्रा, उल्का, सिद्धा और संकटा की दशा होती है।

योगिनी दशा के वर्षों को १० से गुणा करने पर मुद्दा योगिनी दशा की दिनादि संख्या होती है। मंगला १ × १० = १० दिन, पिंगला २ × १० = २० दिन, धान्या ३ × १० = ३० दिन—एक मास, भ्रामरी, ४ × १० = ४० दिन—१ मास १० दिन, भद्रा ५ × १० = ५० दिन-१—मास २० दिन, उल्का ६ × १० = ६० दिन—२ मास सिद्धा ७ × १० = ७० दिन—२ मास १० दिन और संकटा ८ × १० = ८० दिन—२ मास २० दिन की होती है।

योगिनी मुद्दादशा चक्र (दिनादि संख्या)

ग्रह	मंगला	पिंगला	धान्या	भ्रामरी	भद्रा	उल्का	सिद्धा	संकटा
मास	०	०	१	१	१	२	२	२
दिन	१०	२०	०	१०	२०	०	१०	२०

उदाहरण—जन्मनक्षत्र विशाखा है, अश्विनी से गिनने पर १६ संख्या हुई। १६ + ३ = १९ + ३४ गताब्द = ५३ ÷ ८ = ६ लब्ध ५ शेष। भद्रा की दशा में वर्षप्रवेश हुआ माना जायेगा।

योगिनी मुद्दादशा चक्र

भद्रा	उल्का	सिद्धा	संकटा	मंगला	पिंगला	धान्या	भ्रामरीं	दशा
१	२	२	२	०	०	१	१	मास
२०	०	१०	२०	१०	२०	०	१०	दिन
२००३	२००३	२००३	२००४	२००४	२००४	२००४	२००४	२००४
७	८	१०	१	३	४	४	५	७
५	२५	२५	५	२५	५	२५	२५	५

मासप्रवेश साधन—वर्षप्रवेश का ही सूर्य प्रथम मास का सूर्य है। इसमें एक राशि जोड़ने से द्वितीय मास का सूर्य होता है। द्वितीय मास के सूर्य में एक राशि जोड़ने से तृतीय मास का सूर्य होता है। इसी स्पष्ट सूर्य के समय मास का प्रवेश होता है। मासप्रवेश का समय साधन करने के लिए मासप्रवेश के समय के स्पष्ट सूर्य के तुल्य अथवा कुछ न्यूनाधिक स्पष्ट सूर्य पंचांग में देखकर उस पंचांगस्थ स्पष्ट सूर्य और मासप्रवेश के स्पष्ट सूर्य का अन्तर करके जो अंशादि शेष रहें उनकी विकला बना लेनी चाहिए। इन विकलाओं में सूर्य की गति की विकलाएँ बनाकर भाग देने से लब्ध दिन; शेष को ६० से गुणा कर इसी भाजक का भाग देने से लब्ध घटिकाएँ और शेष को ६० से गुणा कर उक्त भाजक का भाग देने पर लब्ध पल आयेंगे। यदि मासप्रवेश का सूर्य पंचांग के सूर्य में से घट गया हो तो आये हुए दिनादि को पंचांग के दिनादि में से घटा देना; अन्यथा जोड़ देना चाहिए।

उदाहरण—प्रस्तुत वर्षकुण्डली के प्रथम मास का स्पष्ट सूर्य ७।५।४१।४१ है, इसमें एक राशि जोड़ी :

७।५।४१।४१ + १ = ८।५।४१।४१ द्वितीय मासप्रवेश का स्पष्ट सूर्य।

सं. २००३ के विश्व पंचांग में ८।५।०।५७ स्पष्ट सूर्य पौष कृष्ण १२ शुक्रवार का ४४।१८ मिश्रमान का दिया है।

८।५।४१।४१ मासप्रवेश के सूर्य में से
८।५। ०।५७ पंचांगस्थ सूर्य को घटाया
०।४०।४४ इसकी विकलाएँ बनायीं

४० × ६० = २४०० + ४४ = २४४४; सूर्य की गति ६१।२३ है, इसकी विकलाएँ बनायीं
= ६१ × ६० = ३६६० + २३ = ३६८३

२४४४ ÷ ३६८३ = ० लब्धि; २४४४ शेष; २४४४ × ६० = १४६६४० ÷ ३६८३ = ३९ लब्धि; ३००३ शेष; ३००३ × ६० = १८०१८० ÷ ३६८३ = ४८ अतः ०।३९।४८ दिनादि आया। यहाँ मासप्रवेश के सूर्य में से ही पंचांग के सूर्य को घटाया है, अतएव पंचांग के दिनादि में जोड़ा ६।४४।१८ + ०।३९।४८ = ७।२४।६

अर्थात् शनिवार को २४ घटी ६ पल इष्टकाल पर द्वितीय मासप्रवेश होगा। इस इष्टकाल के लग्न, ग्रहस्पष्ट, भावस्पष्ट आदि पूर्ववत् बना लेने चाहिए तथा मासप्रवेश की कुण्डली भी तैयार कर लेनी चाहिए। इस प्रकार द्वादश महीनों की मास-कुण्डलियाँ तैयार कर लेनी चाहिए।

मासप्रवेश और दिनप्रवेश निकालने की अन्य विधि—जन्मकालीन सूर्य जितनी राशि संख्यावाला हो, उसको ग्यारह स्थानों में रखना चाहिए और इसमें क्रमशः एक-एक राशि जोड़ने से मासप्रवेश का इष्टकाल आता है। तात्पर्य यह है कि जन्मकालीन स्पष्ट सूर्य और राशि आदि मिलने पर ही वर्षप्रवेश होता है। जितने समय में सूर्य जन्मकाल के सूर्य के बराबर अंश, कला तथा विकला पर होता है, वही वर्ष का इष्ट समय होता है। यदि एक राशि में अधिक सूर्य उसी स्पष्ट के बराबर मिले तो वह मासप्रवेश का इष्ट होता है। एक-एक राशि बढ़ाते जाने से बारह महीनों का इष्ट होता है और कला-विकला में समानता रहती है। उक्त स्पष्ट सूर्य में एक-एक अंश बढ़ाते जाने से दिनप्रवेश का इष्ट और दिनप्रवेश दोनों निकल आते हैं।

पंचांग से मासप्रवेश की घटी लाने की रीति—एक राशि जोड़ने से मासप्रवेश का सूर्य होता है। इसी के समीपवर्ती पंचांग में स्थित अवधि प्रस्तार तथा मासप्रवेश के सूर्य का अन्तर करे। पुनः इस अन्तर की कला बना ले। उस अवधिस्थ सूर्य की गति से भाग देने पर वार, घटी और पल निकल आयेंगे। इनको अवधिस्थ वार, घटी, पल में जोड़ दे या घटा दे। अवधिस्थ सूर्य से यदि मासप्रवेश का सूर्य अधिक हो तो उसे अवधिस्थ वार में जोड़ दे और यदि मासप्रवेश के सूर्य से अवधिस्थ सूर्य अधिक हो तो उसे घटा दे। इसी वार-घटी-पलात्मक समय में मासप्रवेश होता है। दिनप्रवेश निकालने की विधि भी यही है।

उदाहरण—स्पष्ट सूर्य ९।७।३०।६ है। इसकी राशि में एक जोड़ दिया तो दूसरे मास के प्रवेश का सूर्य १०।७।३०।६ हुआ। इसके समीपवर्ती फाल्गुन कृष्ण ९ नवमी शुक्रवार की अवधि में स्थित सूर्य १०।१०।१।३८ है। इन दोनों का अन्तर किया :

१०।१०। १।३८
१०। ७।३०। ६
―――――――
० ।२।३१।३२ हुआ। अब २ अंश को ६० से गुणा कर कलाएं बनायीं और इसमें ३१ कलाओं को जोड़ा। पश्चात् विकलात्मक मान बनाया :

२ × ६० = १२० + ३१ = १५१ कलाएँ

१५१ × ६० = ९०६०; ९०६० + ३२ = ९०९२ यह भाज्य है।

अवधिस्थ सूर्य की गति ६० विगति ३१ है। इसका विकलात्मक मान = ६० × ६० = ३६०० + ३१ = ३६३१ यह भाजक है।

९०९२ ÷ ३६३१ = २, १८३० शेष १८३० × ६० = १०९८०० ÷ ३६३१ = ३०; ८७० शेष, ८७० × ६० = ५२२०० ÷ ३६३१ = १४ लब्धि। २।३०।१४ लब्धि अर्थात् २ दिन ३० घटी १४ पल हुआ।

अब यह सोचना है कि मासप्रवेश के सूर्य से अवधिस्थ सूर्य अधिक है, अतः २।३०।१४ को ऋणचालक जानकर इन वारादि को अवधिस्थ वारादि ६।०।० में घटाया तो ३।२९।४६ वार, घटी पल हुए। अतएव फाल्गुन कृष्ण पंचमी भौमवार २९ घटी ४६ पल पर द्वितीय मासप्रवेश होगा। इस प्रकार प्रत्येक महीने का मासप्रवेश तैयार किया जा सकता है।

सारणी पर मासप्रवेश का ज्ञान–जिस राशि के जितने अंश पर वर्षप्रवेश का इष्ट वार-घटी-पलात्मक मान हो उसमें **'मास प्रवेश सारणी'** पर से उसी राशि अंश के कोष्ठक में जो वार, घटी, पल हैं, उनको जोड़ देने से आगे के मासप्रवेश का 'इष्टकाल' होता है।

उदाहरण–कन्या राशि के ५वें अंश पर घटी-पलात्मक ७।३।५ मान है। सारणी में कन्या राशि के ५वें अंशके समक्ष कोष्ठक में २।२०।२० फल है। इसे पहलेवाले इष्टकाल में जोड़ा ७।३।५ + २।२०।२० = ९।२३।२५ यही अगले महीने का इष्टकाल है। इस इष्टकाल पर से लग्न, तन्वादिभाव एवं ग्रहयोग आदि का आनयन कर लेना चाहिए।

आगे सुविधा की दृष्टि से **'मासप्रवेश सारणी'** दी जा रही है। इस पर से मासप्रवेश का इष्टकाल निकाल लेना चाहिए।

वर्षेश का फल

पूर्ण बलवान् वर्षेश हो तो सुख, धनप्राप्ति, यशलाभ और निर्बल वर्षेश हो तो नाना प्रकार के कष्ट, धनहानि, शारीरिक रोग होते हैं। वर्षेश ६।८।१२वें स्थानों में स्थित हो तो अनिष्ट फल होता है और इन स्थानों से भिन्न स्थानों में स्थित हो तो शुभ फल होता है।

सूर्य–पूर्णबली सूर्य वर्षेश हो तो प्रतिष्ठा-लाभ, धन, पुत्र, यश का लाभ, कुटुम्बियों को सुख, स्वास्थ्यलाभ, शासन से लाभ, मकान-सुख और सुखशान्ति होती है। किन्तु यह फल तभी घटता है जब सूर्य जन्मकाल में भी बलवान् हो; जो ग्रह जन्मसमय में निर्बल होता है। उसका फल मध्यम मिलता है। मध्यमबली सूर्य वर्षेश हो तो अल्पसुख, कलह, स्थानच्युति, भय, अल्प धनलाभ, सन्तान-लाभ और रोगभय होता है। अल्पबली सूर्य वर्षेश हो तो विदेशगमन, धननाश, शोक, शत्रुभय, आलस, अपयश और कलह आदि फल होते हैं।

चन्द्रमा–पूर्णबली चन्द्रमा वर्षेश हो तो धन, स्त्री, पुत्र, गृह-विलासिता की सामग्री, नाना प्रकार के वैभव और उच्चपद आदि फलों की प्राप्ति होती है। मध्यबली

मासप्रवेश सारणी

अंश	०	१	२	३	४	५	६	७	८	९	१०	११	१२	१३	१४	१५	१६	१७	१८	१९	२०	२१	२२	२३	२४	२५	२६	२७	२८	२९
राशि	२	२	२	३	३	३	३	३	३	३	३	३	३	३	३	३	३	३	३	३	३	३	३	३	३	३	३	३	३	३
०	५६	५८	५९	०	१	२	३	४	५	७	८	८	९	१०	११	१२	१३	१४	१५	१६	१७	१८	१९	२०	२०	२१	२२	२३	२४	२५
मेष	५३	२८	४१	५४	३१	३१	२७	२५	५५	७	१९	५४	४८	४२	३६	५०	५५	०	४०	१८	३६	१७	१६	१३	५७	४३	३१	१९	१९	९
१	३	३	३	३	३	३	३	३	३	३	३	३	३	३	३	३	३	३	३	३	३	३	३	३	३	३	३	३	३	३
वृष	२६	२६	२७	२७	२८	२९	३०	३०	३१	३१	३२	३२	३३	३३	३४	३४	३५	३५	३५	३६	३६	३६	३७	३७	३७	३७	३८	३८	३८	३८
	३	१४	७	५०	३१	१७	३	४९	३	३५	७	३५	१२	२०	१६	४३	९	३५	५४	२०	४६	४९	१४	३१	४८	५३	५	१७	२७	३०
२	३	३	३	३	३	३	३	३	३	३	३	३	३	३	३	३	३	३	३	३	३	३	३	३	३	३	३	३	३	३
मिथुन	३८	३८	३८	३८	३८	३८	३८	३८	३७	३७	३७	३७	३७	३६	३६	३६	३५	३५	३४	३४	३४	३३	३२	३२	३१	३१	३०	३०	२९	२८
	२८	१८	१९	२०	२६	२५	२२	७	५५	४३	३१	२३	६	४८	१८	१८	३०	१२	५२	२६	०	२३	४६	९	३२	३१	३१	३१	२५	३९
३	३	३	३	३	३	३	३	३	३	३	३	३	३	३	३	३	३	३	३	३	३	३	३	३	३	३	३	३	३	३
कर्क	२७	२७	२६	२५	२५	२४	२३	२२	२१	२१	२०	१९	१८	१७	१६	१५	१४	१३	१२	११	१०	९	८	८	७	६	२	२	२	१
	५८	१५	३२	५६	१३	२५	२५	४०	५२	१४	१६	१७	२०	३३	२२	४१	५३	५	५५	५५	५५	५१	५७	३	९	१	४९	३३	२१	३३
४	३	२	२	२	२	२	२	२	२	२	२	२	२	२	२	२	२	२	२	२	२	२	२	२	२	२	२	२	२	२
सिंह	०	५९	५४	५७	५६	५४	५३	५२	५१	५०	४९	४८	४७	४६	४४	४३	४२	४०	३९	३८	३७	३६	३५	३४	३२	३१	३०	२९	२८	२७
	२५	२८	४१	१०	५७	५२	५४	३९	३४	१९	१५	९	३	५७	३८	१७	५६	५७	५७	५३	४८	४५	३४	१	४१	३५	३२	३१	२२	७
५	२	२	२	२	२	२	२	२	२	२	२	२	२	२	२	२	२	२	२	२	२	२	२	२	१	१	१	१	१	१
कन्या	२५	२४	२३	२२	२१	२०	१८	१७	१६	१५	१४	१३	१२	१०	९	८	७	६	५	४	२	१	०	०	५८	५७	५६	५५	५४	५३
	५८	२७	३६	२४	२२	२०	५०	३३	२२	२१	२०	१९	१८	५९	४०	३४	३०	२६	२२	१८	५७	४६	५५	०	५	१०	१५	४०	३१	३४

अंश	०	१	२	३	४	५	६	७	८	९	१०	११	१२	१३	१४	१५	१६	१७	१८	१९	२०	२१	२२	२३	२४	२५	२६	२७	२८	२९
६	१	१	१	१	१	१	१	१	१	१	१	१	१	१	१	१	१	१	१	१	१	१	१	१	१	१	१	१	१	१
तुला	५२	५१	५१	५०	४९	४९	४८	४७	४६	४५	४४	४३	४२	४१	४०	३९	३९	३८	३७	३६	३५	३४	३४	३३	३२	३१	३०	३०	२९	२९
	३३	५६	१	७	५६	२	२	११	२९	२९	३८	५०	२१	१८	३६	४२	२	२०	५२	६	३०	३६	१	३६	३८	३१	३९	२७	४६	११
७	१	१	१	१	१	१	१	१	१	१	१	१	१	१	१	१	१	१	१	१	१	१	१	१	१	१	१	१	१	१
वृश्चिक	२८	२७	२६	२६	२६	२५	२५	२४	२४	२३	२३	२२	२२	२१	२१	२०	२०	२०	१९	१९	१९	१९	१९	१८	१८	१८	१८	१८	१८	१८
	२५	१७	२४	१८	१०	४१	१२	४३	१४	४५	५	२८	५	४१	२७	५३	१६	५	४१	२८	१५	११	७	५१	४७	४३	४२	३९	३५	३०
८	१	१	१	१	१	१	१	१	१	१	१	१	१	१	१	१	१	१	१	१	१	१	१	१	१	१	१	१	१	१
धनु	१८	१८	१८	१८	१८	१८	१८	१९	१९	१९	१९	१९	२०	२०	२०	२०	२१	२१	२१	२१	२१	२२	२२	२३	२४	२४	२५	२५	२५	२६
	१९	२५	३६	४१	५१	५४	५७	३	१३	३३	४६	४९	२	१५	१८	४७	१५	३६	५१	५५	५९	७	५७	१३	८	३४	२	२९	५६	२३
९	१	१	१	१	१	१	१	१	१	१	१	१	१	१	१	१	१	१	१	१	१	१	१	१	१	१	१	१	१	१
मकर	२६	२७	२८	२८	२८	२९	२९	२९	३०	३१	३२	३३	३४	३४	३५	३६	३६	३७	३८	३९	४०	४१	४३	४३	४४	४५	४६	४७	४८	४९
	५६	३६	३	३०	५३	४८	५१	५५	५५	५८	२४	७	४४	५८	५७	३१	५६	५०	३८	८	२	४७	६	५१	४१	४१	३१	११	१७	२३
१०	१	१	१	१	१	१	१	१	१	१	२	२	२	२	२	२	२	२	२	२	२	२	२	२	२	२	२	२	२	२
कुम्भ	५०	५१	५२	५३	५४	५५	५६	५७	५८	५९	०	१	२	३	४	५	६	७	८	१०	११	१२	१३	१४	१५	१६	१७	१९	२०	२१
	२५	१८	१२	६	०	०	०	११	१५	१४	१३	१२	२०	४१	२२	३३	३५	३१	३९	२	२६	१२	१४	१६	१८	३०	३७	२२	२४	२९
११	२	२	२	२	२	२	२	२	२	२	२	२	२	२	२	२	२	२	२	२	२	२	२	२	२	२	२	२	२	२
मीन	२२	२३	२४	२५	२७	२८	२९	३०	३१	३२	३३	३५	३६	३७	३८	४०	४१	४२	४३	४४	४५	४७	४८	४९	५१	५२	५३	५३	५४	५५
	३४	२२	३४	४९	३०	३०	४१	४५	४८	५३	५७	३८	४४	५१	५८	५०	१२	१९	५१	५७	५६	५	१४	२३	१७	५०	२३	५८	३४	५४

चन्द्रमा वर्षेश हो तो साधारण मुख, कुटुम्बियों से कलह, सम्मानप्राप्ति, स्थान-त्याग, धनागम और साधारण रोग आदि फल होते हैं। पापग्रह के साथ चन्द्रमा हो तो कफजन्य रोग, कास, ज्वर आदि से पीड़ा होती है। नष्ट या हीनबली चन्द्रमा वर्षेश हो तो शीतज्वर, कफज्वर, खाँसी, मृत्युतुल्य कष्ट और नाना प्रकार की व्याधियाँ होती हैं।

मंगल—पूर्णबली और वर्षेश हो तो कीर्ति, जयलाभ, नायकत्व, धनलाभ, पुत्रलाभ, सम्मानप्राप्ति और नाना प्रकार के वैभव प्राप्त होते हैं। मध्यबली भौम वर्षेश हो तो रुधिरविकार, घाव, फोड़ा-फुन्सियों के कष्ट से पीड़ा, सम्मान, नायकत्व, अल्प धनलाभ और साधारण सुख प्राप्त होते हैं। हीनबली भौम वर्षेश हो तो शत्रुओं से भय, अपवाद, अग्निभय, शस्त्रघात, विदेशगमन और दुराचरण आदि फल मिलते हैं।

बुध—बलवान् बुध वर्षेश हो तो प्रत्युत्पन्नमतित्व, विद्यालाभ, कलाओं में निपुणता, गणित-लेखन-वैद्यविद्या से विशेष सम्मान और शासनाधिकार प्राप्त होते हैं। मध्यबली बुध वर्षेश हो तो व्यापार से लाभ, मित्रों से प्रेम, यश और विद्या में सफलता आदि फल प्राप्त होते हैं। हीनबली बुध वर्षेश हो तो धर्मनाश, उन्मत्तता, धनहानि, पुत्रमृत्यु, दुराचरण और तिरस्कार आदि फल प्राप्त होते हैं।

गुरु—पूर्णबली गुरु वर्षेश हो तो शत्रुनाश, सन्तान-धन-कीर्ति का लाभ, लोक में विश्वास, उत्तम बुद्धि, निधिलाभ और राजमान्यता आदि फल होते हैं। मध्यबली वर्षेश हो तो उपर्युक्त फल मध्यम रूप में मिलता है। हीनबली वर्षेश हो तो धन, धर्म और सौख्य हानि, लोकनिन्दा, कलह और रोग आदि फल होते हैं।

शुक्र—पूर्णबली शुक्र वर्षेश हो तो मिष्ठान्न लाभ, विलास की वस्तुओं की प्राप्ति, प्रतापवृद्धि, विजयलाभ, प्रसन्नता, सुखलाभ, सम्मानप्राप्ति और व्यापार से प्रचुर लाभ होता है। मध्यबली शुक्र वर्षेश हो तो गुप्तरोग धनहानि, व्यापार से अल्पलाभ, साधारण सुख और यशलाभ आदि फल प्राप्त होते हैं। हीनबली शुक्र वर्षेश हो तो कलह, धननाश, आजीविकारहित और नाना कष्ट आदि फल होते हैं।

शनि—पूर्णबली शनि वर्षेश हो तो नवीन भूमि, नवीन घर तथा खेत-लाभ, बगीचा, तालाब, कुआँ आदि का निर्माण, स्वास्थ्यलाभ, उच्चपद प्राप्ति फल मिलते हैं। मध्यबली शनि वर्षेश हो तो कामुकता, वासना का प्राबल्य, धनहानि और अल्पसुख प्राप्त होते हैं। अलपबली शनि वर्षेश हो तो धननाश, विपत्ति, शत्रुभय और कुटुम्बियों से कलह आदि फल प्राप्त होते हैं।

मुन्थाफल—मुन्था लग्न में हो तो आरोग्य, सुख, शान्ति; द्वितीय में हो तो धनप्राप्ति, व्यापार से लाभ, अकस्मात् धनलाभ; तृतीय स्थान में हो तो बल, गौरव, पराक्रम की प्राप्ति, यशलाभ, सम्मान; चतुर्थ स्थान में हो तो दुख, कलह, अशान्ति; पंचम स्थान में हो तो आरोग्य, धनलाभ, कुटुम्बियों से प्रेम; छठे स्थान में हो तो रोग, अग्निभय, शत्रुचिन्ता; सप्तम स्थान में हो तो स्त्री को रोग, सन्तान को कष्ट, स्वयं को आधिव्याधि; अष्टम स्थान में हो तो मृत्यु या मृत्युतुल्य कष्ट; नौवें भाव में हो तो धर्म, धन का लाभ, भाग्य की वृद्धि; दसवें

भाव में हो तो मानवृद्धि, शासन में अधिकार, राजमान्यता; ग्यारहवें में हो तो हानि, व्यापार में क्षति एवं व्यय भाव में हो तो रोग, हानि और कष्ट आदि फल प्राप्त होते हैं।

वर्ष-अरिष्ट योग—१. वर्षलग्नेश, अष्टमेश और मुन्थेश ४।८।१२वें स्थान में हों या जन्मलग्नेश अथवा चन्द्रमा अनेक पापग्रहों से युक्त, दृष्ट ८वें स्थान में हो और शनि वर्षलग्न में हो तो वर्ष अरिष्टकारक होता है।

२. जन्मलग्नेश, त्रिराशीश, मुन्थेश अस्त हों तथा वर्षलग्नेश और वर्षेश नीच राशि में हों तो वर्ष-अरिष्ट योग होता है।

३. बलवान् अष्टमेश केन्द्र में या वर्षलग्नेश ८वें में अथवा अष्टमेश लग्न में हों और इनपर पापग्रहों की दृष्टि हो तो वर्ष कष्टकारक होता है।

४. शुक्र नीच राशि में या गुरु अन्य ग्रहों के वर्ग में हो अथवा बुध, शुक्र अस्त हों और चन्द्रमा नीच राशि में हो तो अरिष्ट योग होता है।

५. लग्नेश मेष या वृश्चिक राशिगत अष्टम स्थान में मंगल से दृष्ट हो, साथ ही साथ शुक्र, बुध अस्त हों तो अरिष्ट योग होता है।

६. धनेश, भाग्येश नीच राशि में तथा वर्षेश निर्बल हो, पापग्रहों से दृष्ट हो तो अरिष्ट-योग होता है।

७. चन्द्र और सूर्य की युति ९।८।१२वें स्थान में हो या दोनों में १२ अंश से अधिक अन्तर न हो तो अरिष्ट योग होता है।

८. वर्षलग्नेश चन्द्र के साथ अष्टम स्थान में हो और अष्टमेश वर्षलग्न में हो तो अरिष्ट योग होता है।

९. लग्नेश, नवमेश वक्री होकर ९वें या ७वें स्थान में स्थित हों और शनि अथवा चन्द्रमा ८वें भाव में हो तो अरिष्ट योग होता हैं।

१०. वर्षलग्नेश शनि पापग्रहों से युत या दृष्ट ३।४।७वें स्थान में हो तो सन्निपात रोग होता है।

११. चन्द्र और मंगल की युति ८वें स्थान में हो तो नाना प्रकार के रोग होते हैं।

१२. कर्क राशि का शनि वर्षलग्न से ७ या ८वें भाव में हो तथा जन्मकुण्डली में भी इन्हीं भावों में हो तो रोग होते हैं।

अरिष्टभंग योग—१. अरिष्टभंग योग वर्षलग्नेश पंचवर्गी में सबसे अधिक वलवान् होकर १।४।५।७।९।१०वें भाव में हो तो अरिष्टनाशक योग होता है।

२. सप्तमेश गुरु से युत या दृष्ट होकर लग्न में हो अथवा त्रिराशीश बलवान् होकर केन्द्र या त्रिकोण में स्थित हो तो अरिष्टनिवारक योग होता है।

३. उच्चराशि का शनि बलवान् होकर वर्षेश हो तथा वह ३।११वें भाव में स्थित हो तो अरिष्टनाशक योग होता है।

४. बलवान् सुखेश सुखस्थान में शुभग्रहों से युत या दृष्ट हो अथवा शुभग्रह

१।४।५।७।९।१०वें भावों में व पापग्रह ३।६।११वें भावों में हों तो अनिष्टनाशक योग होता है।

धनप्राप्ति का विचार—जन्मकुण्डली में गुरु जिस भाव का स्वामी हो, यदि वर्षकुण्डली में वह उसी भाव में बैठा हो और वर्षलग्नेश के साथ मुत्थशिल योग करता हो तो वर्ष-भर व्यक्ति को अर्थलाभ होता है।

वर्षकाल में गुरु धनस्थान में हो और उसको शुभग्रह देखते हों अथवा शुभ ग्रहों से युक्त हो तो धनलाभ और सम्मान देनेवाला योग होता है।

धनभाव और धनसहम स्थान में बुध, गुरु और शुक्र हों अथवा इन दोनों पर इनकी दृष्टि हो तो प्रचुर धनलाभ होता है।

धनेश और वर्षलग्नेश इन दोनों का मित्रदृष्टि से मुत्थशिल योग हो तो व्यक्ति को बिना प्रयास के धन मिलता है। यदि इन दोनों का मुसरिफ योग हो तो धननाश होता है।

धनभाव का विचार करने के लिए साधारण नियम यह हैं कि धनेश बलवान् होकर बली ग्रहों से युत या दृष्ट केन्द्र, त्रिकोण या लाभस्थान में हो और लग्नेश मैत्री तथा इत्थशाल आदि शुभ सम्बन्ध करता हो तो धनलाभ होता है। इसी प्रकार अन्य भावों का विचार करना चाहिए।

स्वास्थ्य विचार—बलवान् वर्षेश, लग्नेश मुन्थेश, तथा मुन्था शुभग्रहों से युक्त, दृष्ट, केन्द्र या त्रिकोण में हों तो शरीर स्वस्थ और सुखी एवं उक्त ग्रह नीच, बलहीन, अस्तंगत, शत्रुक्षेत्र में—६।८।१२वें स्थान में पापग्रहों से युत, दृष्ट हों तो महाकष्ट, रोग, पीड़ा एवं शुभ और पापग्रह दोनों से युत या दृष्ट हों तो मिश्रित फल होता है।

मासप्रवेश कुण्डली और ग्रहस्पष्टों से प्रत्येक मास का फलाफल ग्रहों के बल तथा स्थित स्थानानुसार निकाल लेना चाहिए।

सहम फल

सहम राशि का स्वामी अपने उच्च, अपने घर, अपने हद्दा, अपने नवमांश में स्थित हो और लग्न को देखता हो तो बली कहा जाता है और सहम राशि का स्वामी उच्च का, स्वराशि का होकर भी लग्न को नहीं देखता हो तो निर्बल कहा जाता है। जन्मसमय सूर्य जिस राशि में बैठा हो उसका स्वामी तथा चन्द्रमा जिस राशि में बैठा हो उसका स्वामी; इन दोनों ग्रहों के बलाबल का विचार भी कर लेना आवश्यक है।

सहम का फल अपनी राशि के स्वामी की दशा में प्राप्त होता है।

पुण्य सहम—बली पुण्य सहम शुभग्रह या अपने राशीश से युत या दृष्ट हो तो धर्म और धन की वृद्धि होती है। यदि निर्बल पुण्य सहम पापग्रहों से युत या दृष्ट हो तो संचित धन का नाश और अधर्म की वृद्धि होती है। पुण्य सहम वर्ष कुण्डली में ३।८।१२वें भाव में हो तो धर्म, धन और यश का नाश करता है और शुभग्रहों से दृष्ट या युत हो तो नाना प्रकार की विभूतियों की वृद्धि होती है। जिस वर्ष में पुण्य सहम शुभ फल देनेवाला होता है; उस वर्ष व्यक्ति को सभी प्रकार के सुख होते हैं। उसकी उन्नति सर्वतोमुखी होती है।

कार्यसिद्धि सहम का फल—शुभग्रहों से युक्त या दृष्ट हो तो व्यक्ति की जय होती है एवं सम्मान व अर्थलाभ होता है।

विवाह सहम का फल—वर्षकाल में विवाह सहम अपने स्वामी से युत या दृष्ट हो तथा अन्य शुभग्रहों से युत अथवा दृष्ट हो या शुभग्रहों से मुत्थशिल करता हो तो उस वर्षपत्रवाले का विवाह होता है या उसे उस वर्ष स्त्रीसुख की प्राप्ति होती है। विवाह सहम पापग्रहों से युत या अष्टमेश से युत अथवा दृष्ट हो तो विवाह सुख नहीं होता।

यशसहम का फल—वर्षकुण्डली में यशसहम की राशि का स्वामी ८वें स्थान में पापग्रहों से युत या दृष्ट हो तो यश का नाश होता है।

रोग सहम का फल—जिस वर्षकुण्डली में रोग सहम का स्वामी पापग्रह हो या पापग्रहों से युत हो तो व्यक्ति को रोग होता है। यदि रोग सहम का स्वामी अष्टमेश से मुत्थशिल करे तो उस प्राणी का मरण होता है।

इस प्रकार समस्त सहमों का फल शुभग्रह से युत या दृष्ट आदि बलाबलों के अनुसार स्वबुद्धि से जान लेना चाहिए। ६।८।१२वें भाव में सभी सहमों के स्वामियों का रहना हानिकारक होता है। जिस सहम का स्वामी उक्त स्थानों में होता है, उस सहम-सम्बन्धी कार्य उस वर्षपत्रवाले व्यक्ति के बिगड़ जाते हैं।

वर्ष का विशेष फल—जन्मलग्नेश और वर्षलग्नेश के सम्बन्ध से वर्ष का फल अवगत करना चाहिए। ये दोनों शुभग्रह हों, केन्द्र और त्रिकोण में स्थित हों तथा मित्र और शुभग्रहों से दृष्ट हों तो वर्ष अच्छा रहता है। दोनों के पापग्रह होने पर तथा ६।८।१२वें भाव में स्थित होने पर वर्ष अनिष्टकर होता है। पदोन्नति के लिए वर्षलग्नेश या मासलग्नेश का उच्चराशि या मूल त्रिकोण में स्थित रहना आवश्यक है।

मासफल अवगत करने के लिए मासकुण्डली निकालनी चाहिए।

मासाधिपति का निर्णय और मासफल—मासाधिपति का निर्णय करने के लिए अधिकारियों का इस क्रम से विचार करें—(१) मासलग्नपति, (२) मुन्थहाधिपति (प्रतिमास में २$\frac{१}{२}$ अंश मुन्था बढ़ता है, इस क्रम से मुन्थहा राशि का स्वामी), (३) जन्मलग्न का स्वामी, (४) त्रिराशिपति, (५) दिन में मासप्रवेश हो तो सूर्यराशिपति और रात्रि में मासप्रवेश हो तो चन्द्रराशिपति, (६) वर्षलग्न का स्वामी। इन छह अधिकारियों में जो बलवान् होकर मासकुण्डली की लग्न को देखता हो, वही मासाधिपति होता है। इस मास स्वामी के शुभाशुभ के अनुसार फल का विचार किया जाता है।

मासलग्न का नवांशेश यदि मासलग्नेश तथा नवांश स्वामी के साथ मित्रभाव से स्थित हो, दृष्ट हो और उन दोनों स्वामियों को चन्द्रमा मित्रदृष्टि से देखता हो तो उस मास में नाना प्रकार का सुख मिलता है, शरीर स्वस्थ रहता है, आमदनी उत्तम होती है, प्रभुता बढ़ती है तथा अन्य व्यक्ति उसके अनुयायी बनते हैं।

यदि लग्नांशेश और लग्नेशांशेश दोनों परस्पर में शत्रुभाव से देखते हों और चन्द्रमा भी उन दोनों को शत्रुदृष्टि से देखता हो तो मनोदुख देते हुए रोग उत्पत्ति का योग बनता

है। यदि पूर्वोक्त स्वामियों के बीच में कोई एक नीच राशि को प्राप्त हो अथवा अस्त हो तो महीने का पूर्वार्ध अंश कष्टकारक और उत्तरार्ध सौख्यप्रद होता है। यदि उक्त दोनों मासकुण्डली लग्नांशेश और मासकुण्डली लग्नेशांशेश नीच राशि में स्थित हों अथवा अस्तंगत हों अथवा एक नीच राशि में और दूसरा अस्तंगत हो तो उस महीने में मृत्यु योग कहना चाहिए। इस योग का फल तभी ठीक घटता है जब जन्मकाल और वर्षकाल में अरिष्ट योग होता है और दशा मारकेश ग्रह की चलती है। अन्यथा केवल बीमारी ही समझनी चाहिए।

मासलग्न में जिस भाव के नवांश का स्वामी अपने स्वामी के नवांश स्वामी द्वारा मित्रदृष्टि से देखा जाता हो अथवा युक्त हो और वहीं चन्द्रमा भी यदि भावनवांश-स्वामी और भावेश-नवांशस्वामी को मित्रदृष्टि से देखता हो तो उस भाव से उत्पन्न सुख उसी महीने में प्राप्त होता है। नीच और अस्त आदि के होने पर-भावेश, भाव-नवांशेश नीच या अस्तंगत हों तो फल अशुभ प्राप्त होता है। दोनों के नीच या अस्त होने पर अधिक अशुभ और एक के नीच या अस्त होने पर अल्प अशुभ होता है।

वर्षलग्नेश, मासलग्नेश, वर्षेश और मासलग्न-नवांशेश ये चारों जिस किसी भाव अथवा भावेश तथा नवांशेश के द्वारा मित्रदृष्टि से देखे जाते हों अथवा युक्त हों तो उस भाव का सौख्य प्राप्त होता है।

बारहवें, छठे तथा आठवें भावों के नवांशस्वामी निर्बल हों तो शुभ फल प्राप्त होता है; शेष भावों के नवांशस्वामी बलिष्ठ होने पर शुभ फल देते हैं।

वर्षलग्नेश, मासेश, वर्षेश और मुन्थहेश—ये चारों पापग्रहों से युक्त होकर यदि छठे या आठवें स्थान में हों और इन चारों को पापग्रह शत्रुदृष्टि से देखते हों तो उस महीने में नाना प्रकार के कष्ट होते हैं। परिवार के सदस्य भी बीमार पड़ते हैं तथा स्वयं को भी रोग होता है। व्यापार या नौकरी में उक्त योग के होने से क्षति होती है। पुलिस और राजनीतिक कर्मचारियों को अपने अफसरों द्वारा डाँट-डपट सहन करनी पड़ती है। लाल और सफेद वस्तुओं के व्यापारियों को विशेष रूप से हानि होती है। मानसिक संकट अधिक रहता है। मुकदमा आदि में विशेष रूप से परेशान होना पड़ता है।

वर्षलग्नेश, मासेश और वर्षेश यदि ये तीनों बलवान् होकर १।४।७।१०वें भाव तथा त्रिकोण—५।९वें भाव में स्थित हों तो व्यक्ति को उस महीने में सभी प्रकार का सुख प्राप्त होता है। मासलग्नेश एकादश भाव या १।४।७।१०वें भाव में स्थित हों तो भी जातक को सभी प्रकार की सुख-सामग्रियाँ प्राप्त होती हैं। मासेश और मासलग्नेश के दशम या नवम भाव में रहने से विशेष आर्थिक लाभ होता है। राजसम्मान, प्रतिष्ठा और मानसिक शान्ति प्राप्त होती है।

जिस मास में आठवें भाव में पापग्रहों से दृष्ट या युक्त होकर चन्द्रमा स्थित हो उस महीने में शत्रुओं के द्वारा विशेष कष्ट प्राप्त होता है। स्वास्थ्य भी बिगड़ता है और नाना प्रकार के अन्य कष्ट भी सहन करने पड़ते हैं।

जिस महीने की मासकुण्डली में प्रवासावस्था में चन्द्रमा हो उसमें प्रवास[1], नष्टावस्था में हो तो द्रव्यनाश, मृतावस्था में हो तो मृत्यु या मृत्युतुल्य कष्ट, जयावस्था में हो तो विजय, हास्यावस्था में हो तो विलास, रति अवस्था में हो तो पर्याप्त सुख, क्रीडितावस्था में हो तो सौख्य, प्रसुप्तावस्था में हो तो कलह, भुक्ति अवस्था में हो तो शारीरिक कष्ट, ज्वरावस्था में हो तो भय, कम्पितावस्था में हो तो ज्वर, कास एवं सुस्थितावस्था में हो तो सुख प्राप्त होता है।

मास का फल अवगत करने के लिए मासलग्नेश, चन्द्रमा, मासलग्न और मासलग्ननवांश के बलाबल का विचार करना चाहिए। जिस महीने में मासलग्नेश केन्द्र, त्रिकोण में स्थित हो और शुभग्रह की दृष्टि हो, उस महीने में सुख प्राप्त होता है। मानसिक शक्ति मिलती है। इसी प्रकार जिस महीने में चन्द्रमा उच्च का हो अथवा अपनी राशि में लग्न या दशम में स्थित हो उस महीने में धनधान्य की प्राप्ति होती है। अभीष्ट सिद्धि के लिए इस प्रकार का चन्द्रमा अत्यन्त उपयोगी होता है। यदि दशमेश चर राशि में स्थित हो तो उस महीने में सरकारी सेवा करनेवालों का स्थानान्तरण होता है। दशमेश शुभग्रहों से दृष्ट या युत हो तो पदोन्नतिपूर्वक स्थान परिवर्तन होता है और अशुभ या नीच राशि स्थित ग्रहों से युत या दृष्ट हो तो अपमानपूर्वक स्थान परिवर्तन होता है।

■

---

१. विहाय राशिं चन्द्रस्य भागा द्विघ्नाः शरोद्धृताः। लब्धं गता अवस्थाः स्युर्भोग्यायाः फलमादिशेत्।

—ताजिक नीलकण्ठी, बनारस १९३९ ई. अ. ८. श्लो. २९

चन्द्रमा की राशि को छोड़कर अंशादि को दो से गुणा कर पाँच का भाग देने पर लब्धगत अवस्था और वर्तमान भोगावस्था होती है। चन्द्रमा की १. प्रवासा, २. नष्टा, ३. मृता. ४, जया, ५. हास्या, ६. रति, ७. क्रीडिता, ८. प्रसुप्ता, ९. भुक्ति, १०. ज्वरा, ११. कम्पिता, १२. सुस्थिता—ये बारह अवस्थाएँ मानी गयी हैं। इन अवस्थाओं के अनुसार दैनिक और मासिक फल जाना जा सकता है।

पंचम अध्याय

मेलापक

यह पहले ही लिखा जा चुका है कि ज्योतिष शास्त्र-सूचक है। विवाह के पूर्व वर-कन्या की जन्मपत्रियों को मिलाने का आशय केवल परम्परा का निर्वाह नहीं है, किन्तु भावी दम्पती के स्वभाव, गुण, प्रेम और आचार-व्यवहार के सम्बन्ध में ज्ञात करना है। जबतक समान आचार-व्यवहारवाले वर-कन्या नहीं होते तब तक दाम्पत्यजीवन सुखमय नहीं हो सकता है। जन्मपत्रियों की मेलनपद्धति वर-कन्या के स्वभाव, रूप और गुणों को अभिव्यक्त करती है। भारतीय संस्कृति में प्रेमपूर्वक विवाह कल्याणकारी नहीं माना गया है किन्तु दो अपरिचित व्यक्तियों का जीवन-भर के लिए गठबन्धन कर दिया जाता है। यदि ऐसी परिस्थिति में उन दोनों के स्वभाव के बारे में सूचक ज्योतिष द्वारा कुछ जान लिया जाये तो अत्यन्त उपकार उन व्यक्तियों का हो सकता है। अतएव इस वैज्ञानिक मेलन-पद्धति की उपेक्षा करना नितान्त अनुचित है। ज्योतिष नक्षत्र, योग, ग्रह राशि आदि के तत्त्वों के आधार पर व्यक्ति के स्वभाव, गुण का निश्चय करता है। वह बतलाता है कि अमुक नक्षत्र, ग्रह और राशि के प्रभाव से उत्पन्न पुरुष का अमुक नक्षत्र, ग्रह व राशि के प्रभाव से उत्पन्न नारी के साथ सम्बन्ध करना अनुकूल है। या प्रभाव-शामक सामंजस्य के होने से दोनों के स्वभाव-गुण में समानता है। अतएव मेलन-पद्धति द्वारा वर-कन्या की जन्मपत्रियों का विचार करना चाहिए। यहाँ सर्वप्रथम ग्रह मिलाने की विधि लिखी जाती है।

ज्योतिष शास्त्र में स्त्रीनाशक और पतिनाशक योग बताये गये हैं, जिनमें अधिकांश का उल्लेख तृतीय अध्याय में किया जा चुका है।

जन्मकुण्डली में १।४।७।८।१२वें भाव में पापग्रहों का होना पति या पत्नीनाशक कहा गया है। इन स्थानों में पुरुष की कुण्डली में मंगल होने से समंगल और स्त्री की कुण्डली में मंगल होने से मंगली संज्ञक योग होते हैं। समंगल पुरुष का मंगली स्त्री के साथ सम्बन्ध करना ठीक कहा जाता है, इसी प्रकार मंगली स्त्री का समंगल पुरुष के साथ सम्बन्ध होना अच्छा होता है। ज्योतिष में उपर्युक्त स्थानों में स्थित मंगल सबसे अधिक दोषकारक, उससे कम शनि और शनि से कम अन्य पापग्रह बताये गये हैं। इस योग को चन्द्रमा, शुक्र और सप्तमेश से भी देख लेना चाहिए। स्त्री की कुण्डली में सप्तम और अष्टम स्थान में शनि और मंगल इन दोनों का रहना बुरा माना है। सप्तमेश में अष्टमेश का एक साथ रहना पति या पत्नी की कुण्डली में अनिष्टकारक होता है। यदि यही योग दोनों की कुण्डली में हो तो अच्छा होता है।

ज्योतिष शास्त्र में एक मत यह है कि वर की कुण्डली में लग्न और शुक्र एवं कन्या

की कुण्डली में लग्न व चन्द्रमा से १।४।७।८।१२वें स्थान के पापग्रहों का विचार करते हैं। वर व कन्या के अनिष्टकारी पापग्रहों की संख्या समान या कन्या से वर के ग्रहों की संख्या अधिक होनी चाहिए। कन्या का ७वाँ और ८वाँ स्थान विशेष रूप से देखना चाहिए।

वर की कुण्डली में लग्न से ६ठे स्थान में मंगल, ७वें में राहु और ८वें में शनि हो तो भार्याहन्ता योग होता है, इसी प्रकार कन्या की कुण्डली में यही योग पतिहन्ता होता है।

सौभाग्य विचार—सप्तम में शुभग्रह हों तथा सप्तमेश शुभग्रहों से युत या दृष्ट हो तो सौभाग्य अच्छा होता है। अष्टम स्थान में शनि या मंगल का होना सौभाग्य को बिगाड़ता है। अष्टमेश स्वयं पापी हो या पापी ग्रहों से युत या दृष्ट हो तो सौभाग्य को खराब करता है। सौभाग्य का विचार वर व कन्या दोनों की कुण्डली में कर लेना चाहिए। यदि कन्या का सौभाग्य वर के सौभाग्य से यथार्थ न मिलता हो तो सम्बन्ध नहीं करना चाहिए।

कुण्डली मिलाने के अन्य नियम—१. वर के सप्तम स्थान का स्वामी जिस राशि में हो, वही राशि कन्या की हो तो दाम्पत्य-जीवन सुखमय होता है।

२. यदि कन्या की राशि वर के सप्तमेश का उच्च स्थान हो तो दाम्पत्य-जीवन में प्रेम बढ़ता है। सन्तान की प्राप्ति और सुख होता है।

३. वर के सप्तमेश का नीच स्थान यदि कन्या की राशि हो तो भी वैवाहिक जीवन सुखी रहता है।

४. वर का शुक्र जिस राशि में हो, वही राशि यदि कन्या की हो तो विवाह कल्याणकारी होता है।

५. वर की सप्तमांश राशि यदि कन्या की राशि हो तो दाम्पत्य-जीवन सुखकारक होता है। सन्तान, ऐश्वर्य की बढ़ती होती है।

६. वर का लग्नेश जिस राशि में हो, वही राशि कन्या की हो या वर के चन्द्रलग्न से सप्तम स्थान में जो राशि हो वही राशि यदि कन्या की हो तो दाम्पत्य-जीवन प्रेम और सुखपूर्वक व्यतीत होता है।

७. वर की राशि से सप्तम स्थान पर जिन-जिन ग्रहों की दृष्टि हो, वे ग्रह जिन-जिन राशियों में बैठे हों, उन राशियों में से कोई भी राशि कन्या की जन्मराशि हो तो दम्पती में अपूर्व प्रेम रहता है।

८. जिन कन्याओं की जन्मराशि वृष, सिंह, कन्या या वृश्चिक होती है, उनको सन्तान कम उत्पन्न होती है।

९. यदि पुरुष की जन्मकुण्डली की षष्ठ और अष्टम स्थान की राशि कन्या की जन्मराशि हो तो दम्पती में परस्पर कलह होता है।

१०. वर-कन्या के जन्मलग्न और जन्मराशि के तत्त्वों[1] का विचार करना चाहिए। यदि दोनों की राशियों के एक ही तत्त्व हों तो मित्रता होती है। अभिप्राय यह है कि कन्या की जन्मराशि या जन्मलग्न जलतत्त्ववाली हो और वर की जन्मराशि या जन्मलग्न जल या पृथ्वीतत्त्ववाली हो तो मित्रता और प्रेम समझना चाहिए। तत्त्वों की मित्रता निम्न प्रकार है :

---

१. ग्रह और राशियों के तत्त्व तृतीय अध्याय में लिखे गये हैं।

पृथ्वीतत्त्व की मित्रता जलतत्त्व के साथ, अग्नितत्त्व की मित्रता वायुतत्त्व के साथ तथा पृथ्वीतत्त्व की मित्रता अग्नितत्त्व के साथ होती है। जलतत्त्व की अग्नितत्त्व के साथ और जलतत्त्व की वायुतत्त्व के साथ शत्रुता होती है। तत्त्व के इस विचार को जन्मलग्न और जन्मराशि के साथ अवश्य देख लेना चाहिए।

११. वर-कन्या के लग्नेश और राशीशों के तत्त्वों की मित्रता भी देख लेनी चाहिए। यदि दोनों के लग्नेश एक ही तत्त्व या मित्रतत्त्व के हों अथवा दोनों राशीश भी लग्नेश के समान एक ही तत्त्व या मित्रतत्त्व के हों तो दाम्पत्य-जीवन दोनों का सुख-शान्तिपूर्वक व्यतीत होता है। अन्यथा कलह, झगड़ा और अशान्ति रहती है।

१२. वर और कन्या की कुण्डली में सन्तान भाव का विचार अवश्य करना चाहिए। सन्तान योग तृतीय अध्याय में बताये गये हैं।

ज्योतिष में लग्न को शरीर और चन्द्रमा को मन माना गया है। प्रेम मन से होता है, शरीर से नहीं। इसीलिए आचार्यों ने जन्मराशि से मेलापक विधि का ज्ञान करना बताया है। गुण-मिलान द्वारा वर और कन्या की प्रजनन शक्ति, स्वास्थ्य, विद्या एवं आर्थिक परिस्थिति का ज्ञान करना चाहिए। इस गुण मिलान-पद्धति में निम्न बातें होती हैं—१. वर्ण, २. वश्य, ३. तारा, ४. योनि, ५. ग्रहमैत्री, ६. गणमैत्री, ७. भकूट और ८. नाड़ी। इनमें एक-एक अधिक गुण माने गये हैं। अर्थात् वर्ण का १, वश्य का २, तारा का ३, योनि का ४, ग्रहमैत्री का ५, गणमैत्री का ६, भकूट का ७ और नाड़ी का ८ गुण होता है। इस प्रकार कुल ३६ गुण होते हैं। इसमें कम से कम १८ गुण मिलने पर विवाह किया जा सकता है, परन्तु नाड़ी और भकूट के गुण अवश्य होने चाहिए। इनके गुण बिना १८ गुणों में विवाह मंगलकारी नहीं माना जाता है।

वर्ण जानने की विधि—मीन, वृश्चिक और कर्क राशियाँ ब्राह्मण वर्ण हैं। मेष, सिंह और धनु क्षत्रिय वर्ण हैं। कन्या, वृष और मकर वैश्य वर्ण हैं। मिथुन, तुला और कुम्भ शूद्र वर्ण हैं। इस वर्ण-विचार में श्रेष्ठ वर्ण की कन्या त्याज्य होती है।

वर्ण ज्ञात करने का चक्र

वर्ण	ब्राह्मण	क्षत्रिय	वैश्य	शूद्र
राशि	१२।८।४	१।५।९	६।२।१०	३।७।११

वर्ण गुण-बोधक चक्र

	वर का वर्ण	ब्राह्मण	क्षत्रिय	वैश्य	शूद्र
कन्या का वर्ण	ब्राह्मण	१	०	०	०
	क्षत्रिय	१	१	०	०
	वैश्य	१	१	१	०
	शूद्र	१	१	१	१

पहले वर और कन्या की राशि मालूम करके वर्ण का ज्ञान करना चाहिए। पश्चात् उक्त चक्र के अनुसार वर्ण का गुण ज्ञात करना चाहिए।

उदाहरण—इन्दुमती और चन्द्रवंश का वर्ण गुण ज्ञात करना हो तो इन्दुमती की वृष राशि हुई तथा वैश्य वर्ण हुआ और चन्द्रवंश की मीन राशि तथा ब्राह्मण वर्ण हुआ। मिलान किया तो एक गुण आया।

वश्य विचार—आधी मकर, मेष, सिंह, वृष और आधी धनु ये राशियाँ चतुष्पद संज्ञक हैं। वृश्चिक की सर्प संज्ञक है। तुला, मिथुन, कन्या और धनु का पहला भाग ये राशियाँ द्विपद संज्ञक हैं। कर्क राशि कीट संज्ञक है। मकर का उत्तरार्द्ध भाग, कुम्भ और मीन ये राशियाँ जलचर संज्ञक हैं।

वश्य गुण-बोधक चक्र

	वर का वश्य	चतुष्पद	सर्प	द्विपद	कीट	जलचर
कन्या का वश्य	चतुष्पद	२	१	१/२	१	२
	सर्प	१	२	०	१	१
	द्विपद	०	०	२	०	१
	कीट	१	१	०	२	१
	जलचर	१	१	१	१	२

उदाहरण—पूर्वोक्त इन्दुमती की वृष राशि होने से चतुष्पद वश्य हुआ व चन्द्रवंश की मीन राशि होने से जलचर वश्य हुआ। अतः कोष्ठक में मिलाने से दो गुण आये।

तारा विचार—कन्या[1] के नक्षत्र से वर के नक्षत्र तक गिने और वर के नक्षत्र से कन्या के नक्षत्र तक गिने, गिनने से जो आये उसमें अलग-अलग ९ का भाग देने पर जो शेष बचे उसको ही तारा जानना चाहिए।

तारा गुण-बोधक चक्र

	वर की तारा	१	२	३	४	५	६	७	८	९
कन्या की तारा	१	३	३	१॥	३	१॥	३	१॥	३	३
	२	३	३	१॥	३	१॥	३	१॥	३	३
	३	१॥	१॥	०	१॥	०	१॥	०	१॥	१॥
	४	३	३	१॥	३	१॥	३	१॥	३	३
	५	१॥	१॥	०	१॥	०	१॥	०	१॥	१॥
	६	३	३	१॥	३	१॥	३	१॥	३	३
	७	१॥	१॥	०	१॥	०	१॥	०	१॥	१॥
	८	३	३	१॥	३	१॥	३	१॥	३	३
	९	३	३	१॥	३	१॥	३	१॥	३	३

उदाहरण—इन्दुमती का कृत्तिका नक्षत्र है और चन्द्रवंश का रेवती नक्षत्र। कृत्तिका से रेवती तक गिनने से २५ संख्या आयी और रेवती से कृत्तिका तक गिनने से ४ संख्या आयी। इन दोनों में ९ का भाग दिया तो पहले स्थान में ७ संख्या शेष बची। अतः ७वीं तारा कन्या की हुई और दूसरी जगह ९ का भाग देने से चार शेष बचा। अतः वर की ४थी तारा हुई।

१. वर और कन्या का जन्म नक्षत्र, नक्षत्रों के चरणों के अक्षरों से मालूम करना चाहिए।

इन दोनों को उपर्युक्त कोष्ठक में मिलाने से १॥ गुण तारा का प्राप्त हुआ। इसी प्रकार सब जगह तारा मिला लेना चाहिए।

योनि ज्ञान विधि—अश्विनी, शतभिषा की अश्व योनि; स्वाति, हस्त की महिष योनि; पूर्वाभाद्रपद, धनिष्ठा की सिंह योनि; भरणी, रेवती की गज योनि; कृत्तिका, पुष्य की मेष (मेढ़ा) योनि; श्रवण, पूर्वाषाढ़ा की वानर योनि; उत्तराषाढ़ा, अभिजित् की नकुल योनि; रोहिणी, मृगशिरा की सर्प योनि; ज्येष्ठा, अनुराधा की मृग योनि; मूल, आर्द्रा की श्वान योनि; पुनर्वसु, आश्लेषा की बिलाव योनि; पूर्वाफाल्गुनी, मघा की मूषक योनि; विशाखा, चित्रा की व्याघ्र योनि और उत्तराफाल्गुनी तथा उत्तराभाद्रपद की गौ योनि होती है।

योनि गुण-बोधक चक्र

	योनि वर	अश्व	गज	मेष	सर्प	श्वान	बिलाव	मूषक	गौ	महिष	व्याघ्र	मृग	वानर	नकुल	सिंह
योनि कन्या	अश्व	४	२	३	२	२	३	३	३	०	१	३	२	२	१
	गज	२	४	३	२	२	३	३	३	३	१	३	२	२	०
	मेष	३	३	४	२	२	३	३	३	०	१	३	०	२	१
	सर्प	२	२	२	४	२	१	१	२	२	२	२	१	०	२
	श्वान	२	२	२	२	४	१	२	२	२	२	०	२	२	२
	बिलाव	३	३	३	१	१	४	०	३	३	२	३	२	२	२
	मूषक	३	३	३	१	२	०	४	३	३	२	३	२	१	१
	गौ	३	३	३	२	२	३	३	४	३	०	३	२	२	१
	महिष	०	३	३	२	२	३	३	३	४	१	१	२	२	१
	व्याघ्र	१	१	१	२	२	२	२	१	१	४	१	२	२	१
	मृग	३	३	३	२	०	३	२	३	३	१	४	२	२	३
	वानर	२	२	०	१	२	२	२	२	२	२	२	४	२	२
	नकुल	२	२	२	०	२	२	१	२	२	२	२	२	४	२
	सिंह	१	०	१	२	२	२	२	१	१	२	१	२	२	४

उदाहरण—इन्दुमती का कृत्तिका नक्षत्र होने से सर्प योनि हुई और चन्द्रवंश का रेवती नक्षत्र होने से गज योनि हुई। मिलाने से दो गुण प्राप्त हुए। इसी प्रकार अन्य जगह भी मिला लेना चाहिए।

योनि वैर-ज्ञान विधि—गौ और व्याघ्र का, महिष और अश्व का, श्वान और मृग का, सिंह और गज का, वानर और मेष का, मूषक और बिलाव का, नकुल (नेवला) और सर्प का वैर होता है।

ग्रह-मैत्री—सूर्य के मंगल, बृहस्पति और चन्द्रमा मित्र; बुध सम, शुक्र और शनैश्चर शत्रु हैं। चन्द्रमा के बुध और सूर्य मित्र, मंगल, बृहस्पति, शुक्र और शनि सम और शत्रु कोई नहीं है। मंगल के चन्द्रमा, बृहस्पति और सूर्य मित्र; बुध शत्रु, शुक्र और शनैश्चर सम हैं। बुध के शुक्र और सूर्य मित्र; चन्द्रमा शत्रु, बृहस्पति, शनैश्चर और मंगल सम हैं। बृहस्पति के सूर्य, मंगल और चन्द्रमा मित्र; बुध और शुक्र शत्रु तथा शनैश्चर सम हैं। शुक्र के बुध

व शनैश्चर मित्र; चन्द्रमा व सूर्य शत्रु तथा मंगल व बृहस्पति सम हैं। शनैश्चर के शुक्र व बुध मित्र; सूर्य, चन्द्रमा व मंगल शत्रु तथा बृहस्पति सम हैं।

ग्रह-मैत्री गुण-बोधक चक्र

वर का राशि-स्वामी		सूर्य	चन्द्र	मंगल	बुध	गुरु	शुक्र	शनि	ग्रह
कन्या का राशि-स्वामी	सूर्य	५	५	५	४	५	०	०	गुण विवरण
	चन्द्र	५	५	४	१	४	॥	॥	
	मंगल	५	४	५	॥	५	३	॥	
	बुध	४	१	॥	५	॥	५	४	
	गुरु	५	४	५	॥	५	॥	३	
	शुक्र	०	॥	३	५	॥	५	५	
	शनि	०	॥	॥	४	३	५	५	

उदाहरण—इन्दुमती की वृष राशि होने से, राशि-स्वामी शुक्र हुआ व चन्द्रवंश की मीन राशि होने से राशि-स्वामी गुरु हुआ। अतः उपर्युक्त कोष्ठक में वर व कन्या के राशि स्वामियों को मिलाने से $\frac{१}{२}$ गुण आया। इसी प्रकार सर्वत्र ग्रहमैत्री गुण को मिलाना चाहिए।

गण जानने की विधि—मघा, आश्लेषा, धनिष्ठा, ज्येष्ठा, मूल, शतभिषा, कृत्तिका, चित्रा और विशाखा—ये नक्षत्र राक्षसगण; तीनों पूर्वा, तीनों उत्तरा, रोहिणी, भरणी, और आर्द्रा—ये नक्षत्र मनुष्यगण और अनुराधा, पुनर्वसु मृगशिरा, श्रवण, रेवती, स्वाती, हस्त, अश्विनी और पुष्य—ये नक्षत्र देवतागण संज्ञक हैं।

गणज्ञान-बोधक चक्र

राक्षस	मघा	आश्लेषा	धनिष्ठा	ज्येष्ठा	मूल	शतभिषा	कृत्तिका	चित्रा	विशाखा
मनुष्य	पूर्वा भाद्रपद	पूर्वा षाढा	पूर्वा फाल्गुनी	उत्तरा भाद्रपद	उत्तरा षाढा	उत्तरा फाल्गुनी	रोहिणी	भरणी	आर्द्रा
देवता	अनु राधा	पुनर्वसु	मृग-शिरा	श्रवण	रेवती	स्वाती	हस्त	अश्विनी	पुष्य

गण गुण-बोधक चक्र

	गण वर	देवता	मनुष्य	राक्षस
गण कन्या	देवता	६	५	१
	मनुष्य	६	६	०
	राक्षस	०	०	६

उदारहण—इन्दुमती का कृत्तिका नक्षत्र होने से राक्षस गण हुआ और चन्द्रवंश का रेवती नक्षत्र होने से देवगण हुआ। उपर्युक्त कोष्ठक में वर और कन्या के गण को मिलाने से शून्य गण आया। इसी प्रकार अन्यत्र भी गण मिलाना चाहिए।

भकूट जानने की विधि और उसका फल—कन्या की जन्मराशि से वर की जन्मराशि तक गिनना चाहिए तथा इसी प्रकार वर की जन्मराशि से कन्या की जन्मराशि तक भी गिनना

चाहिए। यदि गिनने से दोनों की राशि छठी और आठवीं हो तो दोनों की मृत्यु, नवमी और पाँचवीं हो तो सन्तान की हानि तथा दूसरी और बारहवीं हो तो निर्धन होते हैं। इससे भिन्न राशियों में दोनों सुखी रहते हैं।

भकूट गुण-बोधक चक्र

	वर की राशि	मेष	वृष	मिथुन	कर्क	सिंह	कन्या	तुला	वृश्चिक	धनु	मकर	कुम्भ	मीन
कन्या की राशि	मेष	७	०	७	७	०	०	७	०	०	७	७	०
	वृष	०	७	०	७	७	०	०	७	०	०	७	७
	मिथुन	७	०	७	०	७	७	०	०	७	०	०	७
	कर्क	७	७	०	७	०	७	७	०	०	७	०	०
	सिंह	०	०	७	०	७	०	७	७	०	०	७	०
	कन्या	०	०	७	७	०	७	०	७	७	०	०	७
	तुला	७	०	०	७	७	०	७	०	७	७	०	०
	वृश्चिक	०	७	०	०	७	७	०	७	०	७	७	०
	धनु	०	०	७	०	०	७	७	०	७	०	७	७
	मकर	७	०	०	७	०	०	७	७	०	७	०	७
	कुम्भ	७	७	०	०	७	०	०	७	७	०	७	०
	मीन	०	७	७	०	०	७	०	०	७	७	०	७

उदाहरण—इन्दुमती की वृष राशि और चन्द्रवंश की मीन राशि है। इनको कोष्ठक में मिलाया तो ७ गुण भकूट का हुआ। इसी प्रकार अन्यत्र भी भकूट मिलाना चाहिए।

नाड़ी जानने की विधि—ज्येष्ठा, मूल, आर्द्रा, पुनर्वसु, शतभिषा, पूर्वाभाद्रपद, उत्तराफाल्गुनी, हस्त अश्विनी नक्षत्रों की आदि नाड़ी; मृगशिरा चित्रा, अनुराधा, भरणी, धनिष्ठा, पूर्वाषाढ़ा, पुष्य, पूर्वाफाल्गुनी, उत्तराभाद्रपद नक्षत्रों की मध्य नाड़ी व स्वाति, विशाखा, कृत्तिका, रोहिणी, आश्लेषा, मघा, उत्तराषाढ़ा, श्रवण, रेवती नक्षत्रों की अन्त्य नाड़ी होती है।

नाड़ी ज्ञान-बोधक चक्र

आदि नाड़ी	अश्विनी	आर्द्रा	पुनर्वसु	उत्तरा फाल्गुनी	हस्त	ज्येष्ठा	मूल	शत भिषा	पूर्वा भाद्रपद
मध्य नाड़ी	भरणी	मृगशिरा	पुष्य	पूर्वा फाल्गुनी	चित्रा	अनुराधा	पूर्वा षाढा	धनिष्ठा	उत्तरा भाद्रपद
अन्त्य नाड़ी	कृत्तिका	रोहिणी	आश्लेषा	मघा	स्वाति	विशाखा	उत्तरा षाढ़ा	श्रवण	रेवती

नाड़ी गुण-बोधक चक्र

	नाड़ी वर	आदि	मध्य	अन्त्य
नाड़ी कन्या	आदि	०	८	८
	मध्य	८	०	८
	अन्त्य	८	८	०

उदाहरण—इन्दुमती का कृत्तिका नक्षत्र और चन्द्रवंश का रेवती नक्षत्र होने से दोनों की अन्त्य नाड़ी हुई। कोष्ठक में नाड़ी मिलायी तो शून्य गुण प्राप्त हुआ। इसी प्रकार अन्यत्र भी मिलान करें।

नाड़ी का फल—यदि आदि और अन्त्य नाड़ी के नक्षत्र वर और कन्या दोनों के हों तो विवाह अशुभ होता है। मध्य नाड़ी के नक्षत्र होने पर दोनों की मृत्यु होती है।

वर्ण-गण-योनि आदि बोधक शतपद चक्र

नक्षत्राणि	अ.	भ.	कृ.	रो.	मृ.	आ.	पुन.	पुष्य	आश्ले.	म.	पू. फा.	उ.फा.	ह.	चि.
अक्षर	चू.चे. चो.ला.	ली.लू. ले.लो	आ.इ. उ.ए.	ओ.वा. वी.वू.	वे.वो. का.की.	कू.घ. ङ.छ.	के.को. हा.ही.	हू.हे. हो.डा.	डी.डू. डे.डो.	मा.मी. मू.मे.	मो.टा. टी.टू.	टे.टो. पा.पी	पू.ष. ण.ठ.	पे.पो. रा.री
राशि	मे.	मे.	मे.१ वृ.३	वृ.	वृ.२ मि.२	मि.	मि.३ क.१	क.	क.	सिं.	सिं.	सिं.१ क.३	क.	क.२ तु.२
वर्ण	क्ष.	क्ष.	क्ष.१ वै.३	वै.	वै.२ शू.२	शू.	शू.३ ब्रा.१	ब्रा.	ब्रा.	क्ष.	क्ष.	क्ष.१ वै.३	वै.	वै.२ शू.२
वश्य	च.	च.	च.	च.	च.२ न.२	न.	न.३ ज.१	ज.	ज.	व.	व.	व.१ न.३	न.	न.
योनी	अश्व	गज	मेष	सर्प	सर्प	श्वान	बिलाव	मेष	बिलाव	मूषक	मूषक	गौ	महिष	व्याघ्र
राशीश	मं.	मं.	मं.१ शु.३	शु.	शु.२ बु.२	बु.	बु.३ च.१	चं.	चं.	सू.	सू.	सू.१ बु.३	बु.	बु.२ शु.२
गण	दे.	म.	रा.	म.	दे.	म.	दे.	दे.	रा.	रा.	म.	म.	दे.	रा.
नाड़ी	आ.	म.	अं.	अं.	म.	आ.	आ.	म.	अं.	अं.	म.	आ.	आ.	म.

नक्षत्राणि	स्वा.	वि.	अनु.	ज्ये.	मू.	पू.षा.	उ.षा.	श्र.	ध.	श.	पू.भा.	उ.भा.	रे.
अक्षर	रु.रे. रो.ता.	ती.तू. ते.तो.	ना.नी. नू.ने.	नो.या. यि.यू.	ये.यो. भा.भी.	भू.धा. फा.ढा.	भे.भो. जा.जी.	खी.खू. खे.खो.	गा.गी. गू.गे.	गो.सा. सी.सू.	से.सो. दा.दी.	दू.थ. झ.ञ.	दे.दो. चा.ची.
राशि	तु.	तु.३ वृ.१	वृ.	वृ.	ध.	ध.	ध.१ म.३	म.	म.२ कुं.२	कुं.	कुं.३ मी.१	मी.	मी.
वर्ण	शू.	शू.३ ब्रा.१	ब्रा.	ब्रा.	क्ष.	क्ष.	क्ष.१ वै.३	वै.	वै.२ शू.२	शू.	शू.३ ब्रा.१	ब्रा.	ब्रा.
वश्य	न.	न.३ की.१	की.	की.	न.	॥न. ३॥च.	च.	१॥च. २॥ज.	ज.२ न.२	न	न.३ ज.१	ज.	ज.
योनि	महिष	व्याघ्र	मृग	मृग	श्वान	वानर	नकुल	वानर	सिंह	अश्व	सिंह	गौ	गज
राशीश	शु.	शु.३ मं.१	मं.	मं.	गु.	गु.	गु.१ श.३	श.	श.	श.	श.३ गु.१	वृ.	वृ.
गण	दे.	रा.	दे.	रा.	रा.	म.	म.	दे.	रा.	रा.	म.	म.	दे.
नाड़ी	अं.	अं.	म.	आ.	आ.	म.	अं.	अं.	म.	आ.	आ.	म.	अं.

कुमारी इन्दुमती व कुमार चन्द्रवंश के गुण निम्न प्रकार हुए :

वर	गुण	कन्या	वर	गुण	कन्या
ब्राह्मण वर्ण	१	वैश्य वर्ण	राशीश गुरु	॥	राशीश शुक्र
जलचर वश्य	२	चतुष्पद वश्य	देवगण	०	राक्षसगण
चतुर्थी तारा	१॥	सातवीं तारा	मीनराशि (भकूट)	७	वृषराशि (भकूट)
गजयोनि	२	सर्पयोनि	अन्त्य नाड़ी	०	अन्त्य नाड़ी
	योग ६॥			योग ७॥	

इस प्रकार कुल १४ गुण प्राप्त हुए। किन्तु कम से कम १८ गुण होना परमावश्यक था। अतः गुणों की दृष्टि से कुण्डली नहीं मिली।

मुहूर्त विचार

प्राचीन काल से ही प्रत्येक मांगलिक कार्य के लिए शुभ समय का विचार किया जाता रहा है। क्योंकि समय का प्रभाव जड़ और चेतन सभी प्रकार के पदार्थों पर पड़ता है, इसीलिए हमारे आचार्यों ने गर्भाधानादि अन्यान्य संस्कार व प्रतिष्ठा, गृहारम्भ, गृहप्रवेश, यात्रा आदि सभी मांगलिक कार्यों के लिए मुहूर्त का आश्रय लेना आवश्यक बतलाया है। अतएव नीचे प्रमुख आवश्यक मुहूर्त दिये जाते हैं :

सूतिका स्नान मुहूर्त—रेवती, उत्तराफाल्गुनी, उत्तराषाढ़ा, उत्तराभाद्रपद, रोहिणी, मृगशिर, हस्त, स्वाति, अश्विनी और अनुराधा नक्षत्रों में; रवि, मंगल और बृहस्पति वारों में प्रसूता स्त्री को स्नान कराना शुभ है। आर्द्रा, पुनर्वसु, पुष्य, श्रवण, मघा, भरणी, विशाखा, कृत्तिका, मूल और चित्रा नक्षत्रों में, बुध और शनि वारों में एवं अष्टमी, षष्ठी, द्वादशी, चतुर्थी, नवमी और चतुर्दशी तिथियों में प्रसूता स्त्री को स्नान कराना वर्जित है।

विशेष—प्रत्येक शुभ कार्य में व्यतीपात योग, भद्रा, वैधृति नामक योग, क्षयतिथि, वृद्धितिथि, क्षयमास, अधिकमास, कुलिक, अर्द्धयाम, महापात, विष्कम्भ और वज्र के आदि की तीन-तीन घटियाँ, परिघ योग का पूर्वार्द्ध, शूलयोग की पाँच घटियाँ, गण्ड और अतिगण्ड की छह-छह घटियाँ एवं व्याघात योग की नौ घटियाँ त्याज्य हैं।

स्तन-पान मुहूर्त—अश्विनी, रोहिणी, पुष्य, पुनर्वसु, उत्तराफाल्गुनी, हस्त, चित्रा, अनुराधा, मूल, उत्तराषाढ़ा, श्रवण, धनिष्ठा, शतभिषा, उत्तराभाद्रपद और रेवती नक्षत्रों; सोम, बुध, गुरु व शुक्र वारों में तथा शुभ लग्नों में स्तनपान कराना चाहिए।

जातकर्म और नामकर्म मुहूर्त—यदि किसी कारणवश जन्म-काल में जातकर्म नहीं किया गया हो तो अष्टमी, चतुर्दशी, अमावस्या, पौर्णमासी, सूर्यसंक्रान्ति तथा चतुर्थी और नवमी छोड़ अन्य तिथियों में; सोम, बुध, गुरु और शुक्र वारों में; जन्मकाल से ग्यारहवें या बारहवें दिन में; मृगशिरा, रेवती, चित्रा, अनुराधा, उत्तराफाल्गुनी, उत्तराषाढ़ा, उत्तराभाद्रपद, रोहिणी, श्रवण, धनिष्ठा और शतभिषा नक्षत्रों में जातकर्म और नामकर्म करना शुभ है। जैन मान्यता से अनुसार नामकर्म जन्मदिन से ४५ दिन तक किया जा सकता है।

दोलारोहण मुहूर्त—रेवती, मृगशिर, चित्रा, अनुराधा, हस्त, अश्विनी, पुष्य, अभिजित् उत्तराफाल्गुनी, उत्तराषाढ़ा, उत्तराभाद्रपद और रोहिणी नक्षत्रों में तथा सोम, बुध, गुरु और शुक्र वारों में पहले-पहल बालक को पालने में झुलाना शुभ है।

भूम्युपवेशन मुहूर्त—रोहिणी, मृगशिर, ज्येष्ठा, अनुराधा, हस्त, अश्विनी, पुष्य, उत्तराफाल्गुनी, उत्तराषाढ़ा व उत्तराभाद्रपद नक्षत्रों में; चतुर्थी, नवमी व चतुर्दशी को छोड़ शेष तिथियों में और सोम, बुध, गुरु व शुक्र वारों में बालक को भूमि पर बैठाना शुभ है।

बालक को बाहर निकालने का मुहूर्त—अश्विनी, मृगशिर, पुनर्वसु, पुष्य, हस्त, अनुराधा, श्रवण, धनिष्ठा और रेवती नक्षत्रों में; द्वितीया, पंचमी सप्तमी, दशमी, एकादशी और त्रयोदशी तिथियों में एवं सोम, बुध, शुक्र और रवि वारों में बालक को पहले-पहल घर से बाहर निकालना शुभ है।

अन्नप्राशन मुहूर्त—चतुर्थी, नवमी, चतुर्दशी, प्रतिपदा, षष्ठी, एकादशी, अष्टमी, अमावस्या और द्वादशी तिथि को छोड़ अन्य तिथियों में; जन्मराशि अथवा जन्मलग्न से आठवीं राशि, आठवाँ नवांश, मीन, मेष और वृश्चिक को छोड़ अन्य लग्नों में; तीनों उत्तरा, रोहिणी, मृगशिर, रेवती, चित्रा, अनुराधा, हस्त, अश्विनी, पुष्य, अभिजित्, स्वाति, पुनर्वसु, श्रवण, धनिष्ठा और शतभिषा नक्षत्रों में; छठे मास से लेकर सम मास में अर्थात् छठे, आठवें, दसवें इत्यादि मासों में बालकों का और पाँचवें मास से लेकर विषम मासों में अर्थात् पाँचवें, सातवें, नवें इत्यादि मासों में कन्याओं का अन्नप्राशन शुभ होता है। परन्तु अन्नप्राशन शुक्लपक्ष में दोपहर के पूर्व करना चाहिए।

अन्नप्राशन के लिए लग्न शुद्धि—लग्न से पहले, तीसरे, चौथे, पाँचवें, सातवें और नौवें स्थान में शुभग्रह हों; दसवें स्थान में कोई ग्रह न हो; तृतीय षष्ठ और एकादश स्थान में पापग्रह हों और लग्न, छठे तथा आठवें स्थान को छोड़ अन्य स्थानों में चन्द्रमा स्थित हो ऐसे लग्न में अन्नप्राशन शुभ होता है।

अन्नप्राशन मुहूर्त चक्र

नक्षत्र	रोहिणी, उत्तराभाद्रपद, उत्तराषाढ़ा, उत्तराफाल्गुनी, रेवती, चित्रा, अनुराधा, हस्त, पुष्य, अश्विनी, अभिजित्, पुनर्वसु स्वाति, श्रवण धनिष्ठा, शतभिषा, मृगशिर
वार	सोम, बुध, बृहस्पति, शुक्र
तिथि	२।३।५।७।१०।१३।१५
लग्न	२।३।४।५।६।७।८।९।१०।११
लग्नशुद्धि	शुभग्रह १।३।४।५।७।९ में; पापग्रह ३।६।११ स्थानों में शुभ हैं

कर्णवेध मुहूर्त—चैत्र, पौष, आषाढ़ शुक्ल एकादशी से कार्तिक शुक्ल एकादशी तक, जन्ममास, रिक्तातिथि (४।९।१४), सम वर्ष और जन्मतारा को छोड़कर जन्म से छठे, सातवें,

आठवें महीने में अथवा बारहवें या सोलहवें दिन, सोमवार, बुध, गुरु, शुक्र में और श्रवण, धनिष्ठा, पुनर्वसु, मृगशिर, रेवती, चित्रा, अनुराधा, हस्त, अश्विनी, पुष्य और अभिजित् नक्षत्रों में बालक का कर्णवेध शुभ होता है।

कर्णवेध मुहूर्त चक्र

नक्षत्र	श्रवण, धनिष्ठा, पुनर्वसु, मृगशिर, रेवती, चित्रा, अनुराधा, हस्त, अश्विनी, पुष्य, अभिजित्
वार	सोम, बुध, गुरु, शुक्र
तिथि	१।२।३।५।६।७।१०।११।१२।१३।१५
लग्न	२।३।४।६।७।६।१२
लग्नशुद्धि	शुभग्रह १।३।४।५।७।९।१०।११ स्थानों में, पापग्रह ३।६।११ स्थानों में शुभ होते हैं। अष्टम में कोई ग्रह न हो। यदि गुरु लग्न में हो तो विशेष उत्तम होता है।

चूड़ाकर्म (मुण्डन) मुहूर्त—जन्म से तीसरे, पाँचवें, सातवें इत्यादि विषम वर्षों में; अष्टमी, द्वादशी, चतुर्थी, नवमी, चतुर्दशी, प्रतिपदा, षष्ठी, अमावस्या, पूर्णमासी और सूर्य-संक्रान्ति को छोड़ अन्य तिथियों में; चैत्र महीने को छोड़ उत्तरायण में; सोम, बुध, शुक्र और बृहस्पति वारों में; शुभग्रहों के लग्न अथवा नवांश में; जिसका मुण्डन कराना हो उसके जन्मलग्न अथवा जन्मराशि से आठवीं राशि को छोड़कर अन्य लग्न व राशि में, लग्न से आठवें स्थान में शुक्र को छोड़ अन्य ग्रहों के न रहते; ज्येष्ठा, मृगशिर, रेवती, चित्रा, स्वाति, पुनर्वसु, श्रवण, धनिष्ठा, शतभिषा, हस्त, अश्विनी और पुष्य नक्षत्र में; लग्न से तृतीय एकादश और षष्ठ स्थान में पापग्रहों के रहते मुण्डन कराना शुभ है।

मुण्डन मुहूर्त चक्र

नक्षत्र	ज्येष्ठा, मृगशिर, रेवती, चित्रा, हस्त, अश्विनी, पुष्य, अभिजित्, स्वाति, पुनर्वसु श्रवण, धनिष्ठा, शतभिषा।
वार	सोम, बुध, बृहस्पति, शुक्र
तिथि	२।३।५।७।१०।११।१३
लग्न	२।३।४।६।९।१२
लग्नशुद्धि	शुभग्रह १।२।४।५।७।९।१० स्थानों में शुभ होते हैं। पापग्रह ३।६।११ में शुभ हैं। अष्टम में कोई ग्रह न हो।

अक्षरारम्भ मुहूर्त—जन्म से पाँचवें वर्ष में; एकादशी, द्वादशी, दशमी, द्वितीया, षष्ठी,

पंचमी और तृतीया तिथि में; उत्तरायण में; हस्त, अश्विनी, पुष्य, श्रवण, स्वाति, रेवती, पुनर्वसु, आर्दा, चित्रा और अनुराधा नक्षत्र में; मेष, मकर, तुला और कर्क को छोड़ अन्य लग्न में बालक को अक्षरारम्भ कराना शुभ है।

अक्षरारम्भ मुहूर्त चक्र

नक्षत्र	हस्त, अश्विनी, पुष्य, श्रवण, स्वाति, रेवती, पुनर्वसु, चित्रा, अनुराधा
वार	सोम, बुध, शुक्र, शनि
तिथि	२।३।५।६।१०।११।१२
लग्न	२।३।६।१२ लग्नों में परन्तु अष्टम में कोई ग्रह न हो।

विद्यारम्भ मुहूर्त—मृगशिर, आर्द्रा, पुनर्वसु, हस्त, चित्रा, स्वाति, श्रवण, धनिष्ठा, शतभिषा, अश्विनी, मूल, तीनों पूर्वा (पूर्वाभाद्रपद, पूर्वाषाढ़ा पूर्वाफाल्गुनी), पुष्य, आश्लेषा नक्षत्रों में; रवि, गुरु, शुक्र इन वारों में; षष्ठी, पंचमी, तृतीया, एकादशी, द्वादशी, दशमी, द्वितीया इन तिथियों में और लग्न से नौवें, पाँचवें, पहले, चौथे, सातवें, दसवें स्थान में शुभग्रहों के रहने पर विद्यारम्भ करना शुभ है। किसी-किसी आचार्य के मत से तीनों उत्तरा, रेवती और अनुराधा में भी विद्यारम्भ करना शुभ कहा गया है।

वाग्दान मुहूर्त—उत्तराषाढ़ा, स्वाति, श्रवण, तीनों पूर्वा, अनुराधा, धनिष्ठा, कृत्तिका, रोहिणी, रेवती, मूल, मृगशिरा, मघा, हस्त, उत्तराफाल्गुनी और उत्तराभाद्रपद नक्षत्रों में वाग्दान करना शुभ है।

विवाह मुहूर्त—मूल, अनुराधा, मृगशिर, रेवती, हस्त, उत्तराफाल्गुनी, उत्तराषाढ़ा, उत्तराभाद्रपद, स्वाति, मघा, रोहिणी इन नक्षत्रों में और ज्येष्ठ, माघ, फाल्गुन, वैशाख, मार्गशीर्ष, आषाढ़ इन महीनों में विवाह करना शुभ है। विवाह में कन्या के लिए गुरुबल, वर के लिए सूर्यबल और दोनों के लिए चन्द्रबल का विचार करना चाहिए।

प्रत्येक पंचांग में विवाह के मुहूर्त लिखे रहते हैं। इनमें शुभ-सूचक खड़ी रेखाएँ और अशुभ-सूचक टेढ़ी रेखाएँ होती हैं। ज्योतिष में दस दोष बताये गये हैं, जिस विवाह के मुहूर्त में जितने दोष नहीं होते हैं, उतनी ही खड़ी रेखाएँ होती हैं और दोषसूचक टेढ़ी रेखाएँ मानी जाती हैं। सर्वश्रेष्ठ मुहूर्त दस रेखाओं का होता है, मध्यम सात-आठ रेखाओं का और जघन्य पाँच रेखाओं का होता है। इससे कम रेखाओं के मुहूर्त को निन्द्य कहते हैं।

विवाह के गुरुबल विचार—बृहस्पति कन्या की राशि से नवम, पंचम, एकादश, द्वितीय और सप्तम राशि में शुभ; दशम, तृतीय, षष्ठ और प्रथम राशि में दान देने से शुभ और चतुर्थ, अष्टम, द्वादश राशि में अशुभ होता है।

विवाह में सूर्यबल विचार—सूर्य वर की राशि से तृतीय, पष्ठ, दशम, एकादश राशि में शुभ; प्रथम, द्वितीय पंचम, सप्तम, नवम राशि में दान देने से शुभ और चतुर्थ अष्टम, द्वादश राशि में अशुभ होता है।

विवाह में चन्द्रबल विचार—चन्द्रमा वर और कन्या की राशि में तीसरा, छठा, सातवाँ दसवाँ, ग्यारहवाँ शुभ; पहला, दूसरा, पाँचवाँ, नौवाँ दान देने से शुभ और चौथा, आठवाँ, बारहवाँ अशुभ होता है।

विवाह में अन्धादि लग्न व उनका फल—दिन में तुला और वृश्चिक; राशि में तुला और मकर बधिर हैं तथा दिन में सिंह, मेष, वृष और रात्रि में कन्या, मिथुन, कर्क अन्ध संज्ञक हैं। दिन में कुम्भ और रात्रि में मीन लग्न पंगु होते हैं। किसी-किसी आचार्य के मत से धनु, तुला, वृश्चिक ये अपराह्न में बधिर हैं; मिथुन, कर्क, कन्या ये लग्न रात्रि में अन्धे हैं; सिंह, मेष, वृष ये लग्न दिन में अंधे हैं और मकर, कुम्भ, मीन ये लग्न प्रातःकाल तथा सायंकाल में कुबड़े होते हैं। यदि विवाह बधिर लग्न में हो तो वर-कन्या दरिद्र; दिवान्ध लग्न में हो तो कन्या विधवा; रात्रान्ध लग्न में हो तो सन्तति मरण; पंगु में हो तो धन-नाश होता है।

विवाह के शुभ लग्न—तुला, मिथुन, कन्या, वृष व धनु लग्न शुभ हैं, अन्य मध्यम हैं।

लग्न शुद्धि—लग्न से बारहवें शनि, दसवें मंगल, तीसरे शुक्र, लग्न में चन्द्रमा और क्रूर ग्रह अच्छे नहीं होते। लग्नेश, शुक्र, चन्द्रमा छठे और आठवें में शुभ नहीं होते। लग्नेश और सौम्य ग्रह आठवें में अच्छे नहीं होते हैं और सातवें में कोई भी ग्रह शुभ नहीं होता है।

ग्रहों का बल—प्रथम, चौथे, पाँचवें, नौवें और दसवें स्थान में स्थित बृहस्पति सब दोषों को नष्ट करता है। सूर्य ग्यारहवें स्थान में स्थित तथा चन्द्रमा वर्गोत्तम लग्न में स्थित नवांश दोषों को नष्ट करता है। बुध लग्न, चौथे, पाँचवें, नौवें और दसवें स्थान में हो तो सौ दोषों को दूर करता है। यदि शुक्र इन्हीं स्थानों में हो तो दो सौ दोषों को दूर करता है। यदि इन्हीं स्थानों में बृहस्पति स्थित हो तो एक लाख दोषों को दूर करता है। लग्न का स्वामी अथवा नवांश का स्वामी यदि लग्न, चौथे, दसवें, ग्यारहवें स्थान में स्थित हो तो अनेक दोषों को शीघ्र ही भस्म कर देता है।

वधूप्रवेश मुहूर्त—विवाह के दिन से १६ दिन के भीतर नव, सात, पाँच दिन में वधूप्रवेश शुभ है। यदि किसी कारण से १६ दिन के भीतर वधूप्रवेश न हो तो विषम मास, विषम दिन और विषम वर्ष में वधूप्रवेश करना चाहिए।

तीनों उत्तरा (उत्तराभाद्रपद, उत्तराफाल्गुनी, उत्तराषाढ़ा), रोहिणी, अश्विनी, पुष्य, हस्त, चित्रा, अनुराधा, रेवती, मृगशिर, श्रवण, धनिष्ठा, मूल, मघा और स्वाति नक्षत्र में; रिक्ता (४।९।१४) को छोड़ शुभ तिथियों में और रवि, मंगल, बुध छोड़ शेष वारों में वधूप्रवेश करना शुभ है।

द्विरागमन मुहूर्त—विषम (१।३।५।७) वर्षों में; कुम्भ, वृश्चिक, मेष राशियों के सूर्य में; गुरु, शुक्र, चन्द्र इन वारों में; मिथुन, मीन, कन्या, तुला, वृष इन लग्नों में और अश्विनी पुष्य, हस्त, उत्तराषाढ़ा, उत्तराफाल्गुनी, उत्तराभाद्रपद, रोहिणी, श्रवण, धनिष्ठा, शतभिषा, पुनर्वसु, स्वाति, मूल, मृगशिरा, रेवती, चित्रा अनुराधा इन नक्षत्रों में द्विरागमन शुभ है। द्विरागमन में सम्मुख शुक्र त्याज्य है। रेवती नक्षत्र के आदि से मृगशिरा के अन्त तक चन्द्रमा

के रहने के शुक्र अन्ध माना जाता है। इन दिनों में द्विरागमन होने से दोष नहीं होता। शुक्र का दक्षिण भाग में रहना भी अशुभ है।

द्विरागमन मुहूर्त चक्र

समय	१।३।५।७।९ विवाह के बाद इन वर्षों में कुम्भ, वृश्चिक, मेष के सूर्य में
नक्षत्र	अश्विनी, पुष्य, हस्त, उत्तराषाढ़ा, उत्तराभाद्रपद, उत्तराफाल्गुनी, रोहिणी, श्रवण, धनिष्ठा, शतभिषा, पुनर्वसु, स्वाति, मूल, मृगशिरा रेवती, चित्रा, अनुराधा
वार और तिथि	बुध, बृहस्पति, शुक्र, सोम, १।२।३।५।७।१०।११।१२।१३।१५ तिथियों में
लग्न और उनकी शुद्धि	२।३।६।७।१२ लग्नों में; लग्न से १।२।३।५।७।१०।११ स्थानों में शुभग्रह और ३।६।११ में पापग्रह शुभ होते हैं।

यात्रा मुहूर्त—अश्विनी, पुनर्वसु, अनुराधा, मृगशिरा, पुष्य, रेवती, हस्त, श्रवण और धनिष्ठा ये नक्षत्र यात्रा के लिए उत्तम; रोहिणी, उत्तराफाल्गुनी, उत्तराषाढ़ा, उत्तराभाद्रपद, पूर्वाफाल्गुनी, पूर्वाषाढ़ा, पूर्वाभाद्रपद, ज्येष्ठा, मूल और शतभिषा ये नक्षत्र मध्यम एवं भरणी, कृत्तिका, आर्द्रा, आश्लेषा, मघा, चित्रा, स्वाति और विशाखा ये नक्षत्र निन्द्य हैं। तिथियों में द्वितीया, तृतीया, पंचमी, सप्तमी, दशमी, एकादशी और त्रयोदशी शुभ बतायी गयी हैं। यात्रा के लिए वारशूल, नक्षत्रशूल, दिक्शूल, चन्द्रवास, और राशि से चन्द्रमा का विचार करना आवश्यक है। कहा भी गया है :

"दिशाशूल ले आओ वामें राहु योगिनी पीठ
सम्मुख लेवे चन्द्रमा, लावे लक्ष्मी लूट"

यात्रा मुहूर्त चक्र

नक्षत्र	अश्विनी, पुनर्वसु, अनुराधा, मृगशिरा, पुष्य, रेवती, हस्त, श्रवण, धनिष्ठा उत्तम हैं। रोहिणी, उत्तराषाढ़ा, उत्तराभाद्रपद, उत्तराफाल्गुनी, पूर्वाषाढ़ा, पूर्वाभाद्रपद, पूर्वाफाल्गुनी, ज्येष्ठा, मूल, शतभिषा मध्यम हैं। भरणी, कृत्तिका, आर्द्रा, आश्लेषा, मघा, चित्रा, स्वाति, विशाखा निन्द्य हैं।
तिथि	२।३।५।७।१०।११।१३

वारशूल और नक्षत्रशूल—ज्येष्ठा नक्षत्र, सोमवार तथा शनिवार को पूर्व; पूर्वाभाद्रपद और गुरुवार को दक्षिण; शुक्रवार और रोहिणी नक्षत्र को पश्चिम और मंगल तथा बुधवार को उत्तराफाल्गुनी नक्षत्र में उत्तर दिशा को नहीं जाना चाहिए। यात्रा में चन्द्रमा का विचार अवश्य करना चाहिए। दिशाओं में चन्द्रमा का वास निम्न प्रकार से जाना जाता है।

चन्द्रवास विचार—मेष, सिंह और धनु राशि का चन्द्रमा पूर्व दिशा में; वृष, कन्या और मकर राशि का चन्द्रमा दक्षिण दिशा में; तुला, मिथुन व कुम्भ राशि का चन्द्रमा पश्चिम दिशा में; कर्क, वृश्चिक और मीन राशि का चन्द्रमा उत्तर दिशा में वास करता है।

चन्द्रफल—सम्मुख चन्द्रमा धनलाभ करनेवाला, दक्षिण चन्द्रमा सुख-सम्पत्ति देनेवाला, पृष्ठ चन्द्रमा शोक-सन्ताप देनेवाला और वाम चन्द्रमा धननाश करनेवाला होता है।

चन्द्रवासचक्र

पूर्व	पश्चिम	दक्षिण	उत्तर
मेष	मिथुन	वृष	कर्क
सिंह	तुला	कन्या	वृश्चिक
धनु	कुम्भ	मकर	मीन

समयशूलचक्र

पूर्व	प्रातःकाल
पश्चिम	सायंकाल
दक्षिण	मध्याह्नकाल
उत्तर	अर्धरात्रि

दिक्शूलचक्र

पूर्व	चन्द्र, शनि
दक्षिण	गुरु
पश्चिम	सूर्य, शुक्र
उत्तर	मंगल, बुध

योगिनीचक्र

दिशा	पूर्व	आग्नेय	दक्षिण	नैर्ऋत्य	पश्चिम	वायव्य	उत्तर	ईशान
तिथि	९।१	३।११	१३।५	१२।४	१४।६	१५।७	१०।२	३०।८

गृहारम्भमुहूर्त—मृगशिर, पुष्य, अनुराधा, धनिष्ठा, शतभिषा, चित्रा, हस्त, स्वाति, रोहिणी, रेवती, उत्तराफाल्गुनी, उत्तराषाढ़ा, उत्तराभाद्रपद नक्षत्रों में; चन्द्र, बुध, गुरु, शुक्र, शनि वारों में और द्वितीया, तृतीया, पंचमी, सप्तमी, दशमी, एकादशी, त्रयोदशी, पूर्णिमा तिथियों में गृहारम्भ श्रेष्ठ होता है।

गृहारम्भ मुहूर्त चक्र

नक्षत्र	मृगशिरा, पुष्य, अनुराधा, उत्तराफाल्गुनी; उत्तराभाद्रपद, उत्तराषाढ़ा, धनिष्ठा, शतभिषा, चित्रा, हस्त, स्वाति, रोहिणी, रेवती
वार	चन्द्र, बुध, बृहस्पति, शुक्र, शनि
तिथि	२।३।५।७।१०।११।१३।१५
मास	वैशाख, श्रावण, माघ, पौष, फाल्गुन
लग्न	२।३।५।६।८।९।११।१२
लग्नशुद्धि	शुभग्रह लग्न से १।४।७।१०।५।९ स्थानों में एवं पापग्रह ३।६।११ स्थानों में शुभ होते हैं। ८।१२ स्थान में कोई ग्रह नहीं होना चाहिए।

नींव खोदने के लिए दिशा का विचार—देवालय, जलाशय और घर बनाते समय नींव खोदने के लिए दिशा का विचार करना आवश्यक होता है। देवालय की नींव खुदवाने

के समय मीन, मेष और वृष का सूर्य हो तो राहु का मुख ईशानकोण में; मिथुन, कर्क और सिंह में सूर्य हो तो राहु का मुख वायव्यकोण में; कन्या, तुला और वृश्चिक में सूर्य हो तो नैर्ऋत्यकोण में एवं धनु, मकर और कुम्भ में सूर्य हो तो आग्नेयकोण में राहु का मुख रहता है। गृह बनवाना हो तो सिंह, कन्या और तुला के सूर्य में राहु का मुख ईशान-कोण में; वृश्चिक, धनु और मकर के सूर्य में राहु का मुख वायव्यकोण में; कुम्भ, मीन और मेष राशि के सूर्य में राहु का मुख नैर्ऋत्यकोण में एवं वृष, मिथुन और कर्क राशि के सूर्य में राहु का का मुख आग्नेयकोण में रहता है। जलाशय-कुआँ, तालाब खुदवाने के समय मकर, कुम्भ और मीन राशि के सूर्य में राहु का मुख ईशानकोण में; मेष, वृष और मिथुन के सूर्य में राहु का मुख वायव्यकोण में; कर्क, सिंह और कन्या के सूर्य में राहु का मुख नैर्ऋत्यकोण में एवं तुला, वृश्चिक और धनु के सूर्य में राहु का मुख आग्नेयकोण में रहता है। नींव या जलाशय आदि खोदते समय मुख भाग को छोड़कर पृष्ठ भाग से खोदना शुभ होता है।

राहुचक्र[1]

राहु	ईशान (पूर्व-उत्तर)	वायव्य (उत्तर-पश्चिम)	नैर्ऋत्य (दक्षिण-पश्चिम)	आग्नेय (पूर्व-दक्षिण)	शुभ
देवालया-रम्भ	मीन, मेष, वृष	मिथुन, कर्क, सिंह	कन्या, तुला, वृश्चिक	धनु, मकर, कुम्भ	सूर्य स्थिति
गृहारम्भ	सिंह, कन्या तुला	वृश्चिक, धनु मकर	कुम्भ, मीन मेष	वृष, मिथुन, कर्क	सूर्य स्थिति
जलाशया--रम्भ	मकर, कुम्भ, मीन	मेष, वृष, मिथुन	कर्क, सिंह, कन्या	तुला, वृश्चिक, धनु	सूर्य स्थिति
राहु	आग्नेय (पूर्व और दक्षिण का मध्य)	ईशान (पूर्व और उत्तर का मध्य)	वायव्य (उत्तर और पश्चिम का मध्य)	नैर्ऋत्य (दक्षिण और पश्चिम का मध्य)	पृष्ठ

गृहारम्भ में वृषवास्तु चक्र—गृह निर्माण करते समय शुभाशुभत्व अवगत करने के लिए बैल के आकार का चक्र बनाना चाहिए। सूर्य के नक्षत्र से तीन नक्षत्र उस चक्र के सिर में स्थापित करे। यदि उन तीन नक्षत्रों में घर का आरम्भ किया जाये तो घर में आग लगती है। उनसे आगे के चार नक्षत्र उस चक्र के अगले पैरों पर स्थापित करे। इन नक्षत्रों में घर का आरम्भ होने पर घर में शून्यता रहती है। उनसे आगे के चार नक्षत्र पिछले पैरों

१. देवालये गेहविधौ जलाशये राहोर्मुखं शम्भुदिशो विलोमतः।
मीनार्कसिंहार्कमृगार्कस्त्रिभे खाते मुखात्पृष्ठविदिक् शुभा भवेत्।
—मुहूर्तचिन्तामणि, बनारस, सन् १९३९ ई., वास्तुप्रकरण, श्लोक १

पर स्थापित करे। इन नक्षत्रों में गृहारम्भ होने से घर बहुत दिनों तक स्थिर रहता है। उनसे आगे के तीन नक्षत्र पीठ पर स्थापित करे। इन नक्षत्रों में गृहारम्भ करने से लक्ष्मी की प्राप्ति होती है। इससे आगे के चार नक्षत्र दक्षिण कुक्षि में स्थापित करे। इन नक्षत्रों में गृहारम्भ करने से लाभ होता है। अनन्तर तीन नक्षत्र पुच्छ में स्थापित करे। इन नक्षत्रों में गृहारम्भ करने से स्वामी का नाश होता है। पश्चात् चार नक्षत्र वाम कुक्षि में स्थापित करे। इन नक्षत्रों में गृह बनाने से दरिद्रता रहती है। आगे के तीन नक्षत्र मुख में स्थापित करे। इन नक्षत्रों में घर बनवाने से सर्वदा रोग, पीड़ा और भय व्याप्त रहता है।

वृषवास्तु चक्र

सिर	अग्रपाद	पृष्ठपाद	पृष्ठ	दक्षिण कुक्षि	पुच्छ	वाम कुक्षि	मुख	वृषभ के अंग
३	४	४	३	४	३	४	३	नक्षत्र
दाह	शून्य	स्थि-रता	लक्ष्मी	लाभ	स्वामी नाश	दारिद्र्य	सर्वदा पीड़ा	फल

गृहारम्भ विचार—घर बनाने का आरम्भ करने के लिए सूर्य के नक्षत्र से सात नक्षत्र अशुभ, आगे के ग्यारह नक्षत्र शुभ और इससे आगे के दस नक्षत्र अशुभ माने गये हैं। इस गणना में अभिजित् भी सम्मिलित है।

गृहारम्भ चक्र

७	११	१०	सूर्य नक्षत्र से
अशुभ	शुभ	अशुभ	फल

घर के लिए दरवाजे का विचार—कुम्भ राशि के सूर्य के रहते फाल्गुन महीने में; कर्क और सिंह राशि के सूर्य के रहते श्रावण महीने तथा मकर राशि में सूर्य के रहते पौष महीने में घर बनवायें तो उस घर का दरवाजा पूर्व या पश्चिम दिशा में शुभ होता है। मेष व वृष राशि में सूर्य के रहते वैशाख महीने में तथा तुला व वृश्चिक राशि में सूर्य रहते अगहन महीने में घर बनवायें तो उसका दरवाजा उत्तर या दक्षिण दिशा में शुभ होता है।

पूर्णमासी से लेकर कृष्णाष्टमी पर्यन्त पूर्व दिशा में, कृष्णपक्ष की नवमी से लेकर चतुर्दशी पर्यन्त उत्तर दिशा में, अमावस्या से लेकर शुक्लाष्टमी पर्यन्त पश्चिम दिशा में और शुक्लपक्ष की नवमी से शुक्लपक्ष की चतुर्दशी पर्यन्त दक्षिण दिशा में बनाया हुआ घर का द्वार शुभ नहीं होता। द्वितीया, तृतीया, पंचमी, षष्ठी, सप्तमी, दशमी, एकादशी और द्वादशी में बनाया हुआ द्वार शुभ होता है। दरवाजे का निर्माण शुक्लपक्ष में करने से शुभफल और कृष्णपक्ष में करने से अनिष्टफल होता है। कृष्णपक्ष में द्वार का निर्माण करने से चोरी होने की आशंका सर्वदा बनी रहती है।

जिस नक्षत्र में सूर्य स्थित हो उससे चार नक्षत्र सिर-उत्तमांग में स्थापित करे। इन नक्षत्रों में घर का दरवाजा लगाया जाये तो लक्ष्मी की प्राप्ति होती है। इसके पश्चात् आगे

के आठ नक्षत्र चारों कोनों में स्थापित करना चाहिए। इन नक्षत्रों में दरवाजा लगाने से घर उजाड़ हो जाता है। इसके पश्चात् आगे के आठ नक्षत्र शाखा-बाजुओं में स्थापित करना चाहिए। इन नक्षत्रों में घर का दरवाजा लगाने से सुख, सम्पत्ति और वैभव की प्राप्ति होती है। इसके आगे के तीन नक्षत्र देहली में और उससे आगे के चार नक्षत्र मध्य में स्थापित करने चाहिए। देहली वाले नक्षत्रों में दरवाजा लगाने से स्वामी का मरण और मध्यवाले नक्षत्रों में दरवाजा लगाने से सुख-सम्पत्ति की प्राप्ति होती है।

द्वारचक्र

सिर	कोण	बाजू	देहली	मध्य
४	८	८	३	४
लक्ष्मी	उजाड़	सौख्य	स्वामिमरण	सुख-सम्पत्ति

गृहारम्भ में निषिद्धकाल—गृहारम्भकाल में यदि सूर्य निर्बल, अस्त या नीच स्थान में हो तो घर के स्वामी का मरण; यदि चन्द्रमा अस्त या नीच स्थान में हो अथवा निर्बल हो तो उसकी स्त्री का मरण होता है। यदि बृहस्पति निर्बल, अस्त या नीच स्थान में हो तो सुख का नाश; यदि शुक्र निर्बल, अस्त या नीच स्थान में हो तो धन का नाश होता है। गृहारम्भकाल में चन्द्रमा का नक्षत्र या वास्तु का नक्षत्र घर के आगे पड़ता हो तो उस घर में स्वामी की स्थिति नहीं होती और पीछे पड़ता हो तो उस घर में चोरी होती है। जिस नक्षत्र में चन्द्रमा स्थित हो, वह चन्द्र नक्षत्र कहलाता है।

गृह की आयु—जिस गृह के निर्माण के समय बृहस्पति लग्न में, सूर्य छठे स्थान में, बुध सातवें स्थान में, शुक्र चतुर्थ स्थान में और शनि तीसरे स्थान में स्थित हो उस घर की आयु सौ वर्ष की होती है। जिस घर के आरम्भ में शुक्र लग्न में, सूर्य तीसरे स्थान में, मंगल छठे स्थान में और बृहस्पति पाँचवें स्थान में स्थित हो तो उसकी आयु दो सौ वर्ष होती है। जिसके आरम्भकाल में शुक्र लग्न में, बुध दशम में, सूर्य एकादश में और बृहस्पति केन्द्र में हो उस घर की आयु एक सौ पच्चीस वर्ष होती है। उच्चराशि का गुरु केन्द्र में स्थित हो और अन्य ग्रह पूर्ववत् स्थित हों तो तीन सौ वर्ष की आयु होती है। गुरु, शुक्र, चन्द्रमा और बुध उच्चराशि के होकर चतुर्थभाव में शुभग्रहों से दृष्ट हों तो घर की आयु दो सौ वर्ष से अधिक होती है। शुक्र मूलत्रिकोण या उच्चराशि का होकर चतुर्थ भाव में अवस्थित हो तो गृहस्वामी सुखी और सन्तुष्ट रहता है तथा घर सौ वर्षों से अधिक काल तक सुदृढ़ बना रहता है। जिस घर के आरम्भ में बृहस्पति चतुर्थ स्थान में, चन्द्रमा दसवें स्थान में और मंगल-शनि एकादश स्थान में स्थित हों तो उस घर की आयु अस्सी वर्ष की होती है।

जिस गृह के आरम्भ में कोई भी ग्रह शत्रु के नवांश में स्थित होकर लग्न, सप्तम या दशम में स्थित हो तो वह घर एक-दो वर्षों में ही दूसरे के हाथ में बेच दिया जाता है।

पिण्डसाधन तथा आय-वार-आयु आदि विचार—गृहपति के हाथ प्रमाण घर की लम्बाई और चौड़ाई को गुणा कर गृहपिण्ड निकाल लेना चाहिए। इस पिण्ड को नौ स्थानों

में स्थापित कर क्रमशः १, २, ६, ८, ३, ८, ८, ४ और ८ से गुणा कर गुणनफल में ८, ७, ९, १२, ८, २७, १५, २७ और १२० का भाग देने पर शेष क्रमशः आय, वार, अंश, द्रव्य, ऋण, नक्षत्र, तिथि, योग और आयु होते हैं। यदि बहुत ऋण और अल्प द्रव्य हो तो गृह अशुभ होता है। गृह की आयु भी उक्त क्रमानुसार जानी जा सकती है।

सुविधा के लिए **'दैर्घ्य विस्तार आय आदि बोधक चक्र'** पृष्ठ ४१७ के सामने दिया जाता है।

चक्र का विवरण—इस चक्र द्वारा आय, वार, अंश, धन (द्रव्य), ऋण, नक्षत्र, तिथि, योग और आयु निकालने का उद्देश्य यह है कि विषम आयवाला गृह शुभ और सम आयवाला दुख देनेवाला होता है। सूर्य और मंगल के वार, राशि अंशवाले घर में अग्नि का भय रहता है। अतः ये त्याज्य और अन्य ग्रहों के वार, राशि और अंश ग्रहण करने योग्य हैं। इसी प्रकार अधिक धन और न्यून ऋणवाला घर शुभ तथा न्यून धन (द्रव्य) और अधिक ऋणवाला घर अशुभ होता है। नक्षत्र जानने का प्रयोजन यह है कि मकान के नक्षत्र से गृहारम्भ के दिन नक्षत्र तक तथा स्वामी के नक्षत्र तक जिनकी जितनी संख्या हो, उसमें नौ का भाग देने से यदि १।३।५।७ शेष रहें तो मकान अशुभ और यदि २।४।६।८।० शेष रहे तो मकान शुभ होता है। तिथि का प्रयोजन शुभाशुभत्व की जानकारी प्राप्त करना है। यदि चतुर्थी, नवमी, चतुर्दशी और अमावस्या इनमें से कोई तिथि आती हो तो गृह अशुभ होता है। शेष तिथियों के आने पर घर को शुभ समझा जाता है। योग के सम्बन्ध में भी यह ध्यान रखना चाहिए कि अतिगण्ड, शूल, विष्कम्भ, गण्ड, व्याघात, वज्र, व्यतीपात और वैधृति नितान्त अशुभ हैं। शेष योग प्रायः शुभ हैं। आयु का तात्पर्य स्पष्ट है कि अधिक दिन रहनेवाला मकान शुभ और कम दिन रहनेवाला अशुभ होता है।

स्वामी के नक्षत्र से विचार करने का अभिप्राय यह है कि स्वामी तथा घर का यदि एक ही नक्षत्र हो तो मृत्यु होती है, परन्तु यदि राशि एक न हो तो यह दोष नहीं आता है। यहाँ नाड़ी वेध को दोषकारक नहीं माना गया है।

इस संदर्भ में राशि ज्ञात करने की विधि यह है कि अश्विनी, भरणी और कृत्तिका नक्षत्र की मेष राशि; मघा, पूर्वाफाल्गुनी और उत्तराफाल्गुनी की सिंह राशि तथा मूल, पूर्वाषाढ़ा और उत्तराषाढ़ा की धनु राशि होती है और शेष नक्षत्रों में उचित क्रम से नौ राशियों की अवस्था अवगत कर लेनी चाहिए।

आय, वार, नक्षत्र, तिथि और योग में क्रमशः ध्वज, धूम, सिंह, श्वान, गाय, गर्दभ, हस्ति और काक; रवि, सोम, भौम, बुध, गुरु, शुक्र और शनि; अश्विनी, भरणी, कृत्तिका, रोहिणी, मृगशिरा, आर्द्रा, पुनर्वसु, पुष्य, आश्लेषा, मघा, पूर्वाफाल्गुनी, उत्तराफाल्गुनी, हस्त, चित्रा, स्वाती, विशाखा, अनुराधा, ज्येष्ठा, मूल, पूर्वाषाढ़ा, उत्तराषाढ़ा, श्रवण, धनिष्ठा, शतभिषा, पूर्वाभाद्रपदा, उत्तराभाद्रपदा और रेवती; प्रतिपदा, द्वितीया, तृतीया, चतुर्थी, पंचमी, षष्ठी, सप्तमी, अष्टमी, नवमी, दशमी, एकादशी, द्वादशी, त्रयोदशी, चतुर्दशी और

पूर्णिमा-अमावस्या एवं विष्कम्भ, प्रीति, आयुष्मान्, सौभाग्य, शोभन, अतिगण्ड, सुकर्मा, धृति, शूल, गण्ड, वृद्धि, ध्रुव, व्याघात, हर्षण, वज्र, सिद्धि, व्यतीपात, वरीयान्, परिध, शिव, सिद्धि, साध्य, शुभ, शुक्ल, ब्रह्म, ऐन्द्र और वैधृति अवगत करना चाहिए। पिण्ड द्वारा घर का शुभाशुभत्व पूर्णतया जाना जा सकता है।

गृह-निर्माण के लिए सप्तसकार योग—शनिवार, स्वाती नक्षत्र, सिंहलग्न, शुक्लपक्ष, सप्तमी तिथि, शुभयोग और श्रावण मास में गृहनिर्माण करने से हाथी, घोड़ा, धन-सम्पत्ति की प्राप्ति के साथ पुत्र-पौत्र आदि की वृद्धि होती है। उक्त योग सप्तसकार योग कहलाता है। इसमें गृह-निर्माण करने का उत्तम फल बताया गया है। गृह-निर्माण प्रायः शुक्लपक्ष में श्रेष्ठ होता है, कृष्णपक्ष में गृह-निर्माण करने से चोरी का भय रहता है। श्रावण, वैशाख और अगहन के महीने गृह-निर्माण के लिए उत्तम माने गये हैं।

शल्य-शोधन—गृहनिर्माण की भूमि को शुद्ध कर लेना आवश्यक है। अतः सर्वप्रथम उस भूमि—गृहनिर्माणवाली भूमि से शल्य—हड्डी को निकालकर बाहर कर देना चाहिए। शल्य अवगत करने की विधि ज्योतिष शास्त्र में कई प्रकार से बतलायी गयी है। गृहनिर्माण करनेवाला व्यक्ति जब सामने आये और प्रश्न करे तो उसके प्रश्नाक्षरों की संख्या को दूना कर लेना चाहिए। मात्राओं को चार से गुना कर पूर्वोक्त गुणनफल में जोड़ देना चाहिए। इस योगफल में नौ का भाग देने से विषम-१।३।५।७ शेष रहे तो शल्य—हड्डी भूमि में रहती है और सम—२।४।६।८ शेष रहे तो भूमि निःशल्य-अस्थि-रहित होती है। प्रश्नाक्षरों के लिए पुष्प, देव, नदी एवं फल का नाम पूछना चाहिए।

शल्य का अस्तित्व रहने पर यदि प्रश्नाक्षरों में पहला अक्षर **व** हो तो शल्य पूर्व भाग में होता है। पूर्व भाग में भी नौवाँ भाग समझना चाहिए। इस भूमि में डेढ़ हाथ खोदने से मनुष्य की अस्थि प्राप्त होती है। **कवर्ग** के अन्तर रहने से अग्निकोण में दो हाथ नीचे गधे की अस्थि निकलती है। **चवर्ग** के अक्षर रहने पर दक्षिण में कमर-भर भूमि खोदने पर मनुष्य का शल्य रहता है। **तवर्ग** के प्रश्नाक्षर होने से नैर्ऋत्य कोण में कुत्ते का शल्य डेढ़ हाथ नीचे निकलता है। **स्वर** वर्ण प्रश्नाक्षर होने पर पश्चिम भाग में डेढ़ हाथ नीचे बच्चे की अस्थि निकलती है। **ह** प्रश्नाक्षर रहने पर वायव्य कोण में चार हाथ नीचे खोदने पर केश, कपाल, अस्थि, रोम आदि पदार्थ मिलते हैं। **श** प्रश्नाक्षर होने से उत्तर में एक हाथ नीचे खोदने से ब्राह्मण का शल्य उपलब्ध होता है। **पवर्ग** के प्रश्नाक्षर होने से ईशान कोण में डेढ़ हाथ नीचे खोदने पर गाय की अस्थियाँ मिलती हैं। **य** प्रश्नाक्षर होने पर मध्य भाग में छाती-भर जमीन खोदने पर भस्म, लोहा, कपास आदि पदार्थ मिलते हैं। मतान्तर से **ह य प** वर्ण प्रश्नाक्षर होने से मध्य भाग में शल्य उपलब्ध होता है।

शल्योद्धार के सम्बन्ध में विशेष जानकारी अहिबलचक्र के द्वारा प्राप्त करनी चाहिए। भूमि की श्रेष्ठता अवगत करने के लिए सन्ध्या समय एक हाथ लम्बा, चौड़ा और गहरा गड्ढा खोदकर जल से भर देना चाहिए। प्रातःकाल उस गड्ढे में जल शेष रह जाय तो शुभ,

निर्जल चौकोर भूमि दिखाई पड़े तो मध्यम और निर्जल फटा हुआ गड्ढा मिले तो जमीन को अशुभ समझना चाहिए। इस विधि को देश-काल के अनुसार ही प्रयोग में लाना श्रेयस्कर होता है।

नूतन गृहप्रवेश मुहूर्त—उत्तराभाद्रपद, उत्तराफाल्गुनी, उत्तराषाढ़ा रोहिणी, मृगशिरा, चित्रा, अनुराधा, रेवती नक्षत्रों में; चन्द्र, बुध, गुरु, शुक्र, शनि वारों में और द्वितीया, तृतीया, पंचमी, षष्ठी, सप्तमी, दशमी, एकादशी, द्वादशी, त्रयोदशी तिथियों में गृहप्रवेश करना शुभ है।

नूतन गृहप्रवेश मुहूर्त चक्र

नक्षत्र	उत्तराभाद्रपद, उत्तराफाल्गुनी, उत्तराषाढ़ा, रोहिणी, मृगशिरा, चित्रा, अनुराधा, रेवती
वार	चन्द्र, बुध, गुरु, शुक्र, शनि
तिथि	२।३।५।६।७।१०।११।१२।१३
लग्न	२।५।८।११ उत्तम हैं। ३।६।९।१२ मध्यम हैं।
लग्नशुद्धि	लग्न से १।२।३।५।७।९।१०।११ स्थानों में शुभग्रह शुभ होते हैं। ३।६।११ स्थानों में पापग्रह शुभ होते हैं। ४।८ स्थानों में कोई ग्रह नहीं होना चाहिए।

जीर्ण गृहप्रवेश मुहूर्त—शतभिषा, पुष्य, स्वाति, धनिष्ठा, चित्रा, अनुराधा, मृगशिर, रेवती, उत्तराफाल्गुनी, उत्तराषाढ़ा, उत्तराभाद्रपद, रोहिणी, नक्षत्रों में; चन्द्र, बुध, गुरु, शुक्र, शनि वारों में और द्वितीया, तृतीया, पंचमी, षष्ठी, सप्तमी, दशमी, एकादशी, द्वादशी, त्रयोदशी तिथियों में जीर्ण गृहप्रवेश करना शुभ है।

जीर्ण गृहप्रवेश मुहूर्त चक्र

नक्षत्र	शतभिषा, पुष्य, स्वाति, धनिष्ठा, चित्रा, अनुराधा, मृगशिर, रेवती, उत्तराभाद्रपद, उत्तराषाढ़ा, उत्तराफाल्गुनी, रोहिणी
वार	चन्द्र, बुध, बृहस्पति, शुक्र, शनि
तिथि	२।३।५।६।७।१०।११।१२।१३
मास	कार्तिक, मार्गशीर्ष, श्रावण, माघ, फाल्गुन, वैशाख, ज्येष्ठ

शान्तिक और पौष्टिक कार्य का मुहूर्त—अश्विनी, पुष्य, हस्त, उत्तराफाल्गुनी, उत्तराषाढ़ा, उत्तराभाद्रपद, रोहिणी, रेवती, श्रवण, धनिष्ठा, शतभिषा, पुनर्वसु, स्वाति, अनुराधा, मघा नक्षत्रों में; रिक्ता (४।९।१४), अष्टमी, पूर्णमासी, अमावस्या तिथियों को

छोड़कर अन्य तिथियों में और रवि, मंगल, शनि वारों को छोड़ शेष वारों में शान्तिक और पौष्टिक कार्य करना शुभ है।

शान्तिक और पौष्टिक कार्य के मुहूर्त का चक्र

नक्षत्र	अश्विनी, पुष्य, हस्त, उत्तराषाढ़ा, उत्तराफाल्गुनी, उत्तरा-भाद्रपद, रोहिणी, रेवती, श्रवण, धनिष्ठा, शतभिषा, पुनर्वसु, स्वाति, अनुराधा, मघा।
वार	चन्द्र, बुध, गुरु, शुक्र
तिथि	२।३।५।७।१०।११।१२।१३

कुआँ खुदवाने का मुहूर्त—हस्त, अनुराधा, रेवती, उत्तराफाल्गुनी, उत्तराषाढ़ा, उत्तराभाद्रपद, धनिष्ठा, शतभिषा, मघा, रोहिणी, पुष्य, मृगशिर, पूर्वाषाढ़ा नक्षत्रों में; बुध, गुरु, शुक्र, वारों में और रिक्ता (४।९।१४) छोड़ सभी तिथियों में शुभ होता है।

कुआँ खुदवाने के मुहूर्त का चक्र

नक्षत्र	हस्त, अनुराधा, रेवती, उत्तराफाल्गुनी, उत्तराषाढ़ा, उत्तरा-भाद्रपद, धनिष्ठा, शतभिषा, मघा, रोहिणी, पुष्य, मृगशिर पूर्वाषाढ़ा
वार	बुध, गुरु, शुक्र
तिथि	२।३।५।७।१०।११।१२।१३।१५

दुकान करने का मुहूर्त–रोहिणी, उत्तराफाल्गुनी, उत्तराषाढ़ा, उत्तराभाद्रपद, हस्त, पुष्य, चित्रा, रेवती, अनुराधा, मृगशिर, अश्विनी, नक्षत्रों में तथा शुक्र, बुध, गुरु, सोम वारों में व रिक्ता (४।९।१४), अमावस्या को छोड़ शेष तिथियों में दुकान करना शुभ है।

दुकान करने के मुहूर्त का चक्र

नक्षत्र	रोहिणी, उत्तराषाढ़ा, उत्तराभाद्रपद, उत्तराफाल्गुनी, हस्त, पुष्य, चित्रा, रेवती, अनुराधा, मृगशिर, अश्विनी
वार	शुक्र, गुरु, बुध, सोम
तिथि	२।३।५।७।१०।११।१२।१३

बड़े-बड़े व्यापार करने का मुहूर्त—हस्त, पुष्य, उत्तराफाल्गुनी, उत्तराभाद्रपद, उत्तराषाढ़ा, चित्रा नक्षत्रों में; शुक्र, बुध, गुरु वारों में और द्वितीया, तृतीया, पंचमी, सप्तमी, एकादशी, त्रयोदशी तिथियों में बड़े-बड़े व्यापार-सम्बन्धी कारोबार करना शुभ है।

बड़े-बड़े व्यापार करने के मुहूर्त का चक्र

नक्षत्र	हस्त, पुष्य, उत्तराफाल्गुनी, उत्तराभाद्रपद, उत्तराषाढ़ा, चित्रा
वार	बुध, गुरु, शुक्र
तिथि	२।३।५।७।११।१३

राजा से मिलने का मुहूर्त—श्रवण, घनिष्ठा, उत्तराषाढ़ा, उत्तराभाद्रपद, उत्तराफाल्गुनी, मृगशिर, पुष्य, अनुराधा, रोहिणी, रेवती, अश्विनी, चित्रा, स्वाति नक्षत्रों में और रवि, सोम, बुध, गुरु, शुक्र वारों में राजा से मिलना शुभ है।

बगीचा लगाने का मुहूर्त—शतभिषा, विशाखा, मूल, रेवती, चित्रा, अनुराधा, मृगशिर, उत्तराफाल्गुनी, उत्तराषाढ़ा, उत्तराभाद्रपद, रोहिणी, हस्त, अश्विनी, पुष्य नक्षत्रों में तथा शुक्र, सोम, बुध, गुरु वारों में बगीचा लगाना शुभ है।

रोगमुक्त होने पर स्नान करने का मुहूर्त—उत्तराफाल्गुनी, उत्तराषाढ़ा, उत्तराभाद्रपद, रोहिणी, आश्लेषा, पुनर्वसु, स्वाति, मघा, रेवती नक्षत्रों को छोड़ शेष नक्षत्रों में; रवि, मंगल, गुरु वारों में और रिक्तादि तिथियों में रोगी को स्नान कराना शुभ है।

नौकरी करने का मुहूर्त—हस्त, चित्रा, अनुराधा, रेवती, अश्विनी, मृगशिर, पुष्य नक्षत्रों में; बुध, गुरु, शुक्र, रवि वारों में और शुभ तिथियों में नौकरी शुभ है।

मुकदमा दायर करने का मुहूर्त—ज्येष्ठा, आर्द्रा, भरणी, पूर्वाषाढा, पूर्वाभाद्रपद, पूर्वाफाल्गुनी, मूल, आश्लेषा, मघा नक्षत्रों में; तृतीया, अष्टमी, त्रयोदशी, पंचमी, दशमी, पूर्णमासी तिथियों में और रवि, बुध, गुरु, शुक्र वारों में मुकदमा दायर करना शुभ है।

मुकदमा दायर करने के मुहूर्त का चक्र

नक्षत्र	ज्येष्ठा, आर्द्रा, भरणी, पूर्वाषाढ़ा, पूर्वाभाद्रपद, पूर्वाफाल्गुनी, मूल, आश्लेषा, मघा
वार	रवि, बुध, गुरु, शुक्र
तिथि	३।५।८।१०।१३।१५
लग्न	३।६।७।८।११
लग्नशुद्धि	सूर्य, बुध, गुरु, शुक्र, चन्द्र, ये ग्रह १।४।७।१० स्थानों में और पापग्रह ३।६।११ स्थानों में शुभ होते हैं, परन्तु अष्टम में कोई ग्रह नहीं होना चाहिए।

औषध बनाने का मुहूर्त—हस्त, अश्विनी, पुष्य, श्रवण, धनिष्ठा, शतभिषा, मूल, पुनर्वसु, स्वाति, मृगशिरा, चित्रा, रेवती, अनुराधा—इन नक्षत्रों में और रवि, सोम, बुध, गुरु, शुक्र—इन वारों में औषध निर्माण करना शुभ है।

मन्दिर-निर्माण का मुहूर्त—पुष्य, उत्तराफाल्गुनी, उत्तराभाद्रपद, उत्तराषाढ़ा, मृगशिर, श्रवण, अश्विनी, चित्रा, पुनर्वसु, विशाखा, आर्द्रा, हस्त, धनिष्ठा और रोहिणी नक्षत्रों में; सोम, बुध, गुरु, शुक्र और रवि वारों में एवं द्वितीया, तृतीया, पंचमी, सप्तमी, एकादशी, द्वादशी और त्रयोदशी तिथियों में मन्दिर-निर्माण करना शुभ है।

मन्दिर-निर्माण के मुहूर्त का चक्र

मास	माघ, फाल्गुन, वैशाख, ज्येष्ठ, मार्गशीर्ष, पौष (मतान्तर से)
नक्षत्र	पुष्य, उत्तराफाल्गुनी, उत्तराषाढ़ा, उत्तराभाद्रपद, मृगशिर, श्रवण, अश्विनी, चित्रा, पुनर्वसु, विशाखा, आर्द्रा, हस्त, धनिष्ठा, रोहिणी,
वार	सोम, बुध, गुरु, शुक्र, रवि
तिथि	२।३।५।७।११।१२।१३

प्रतिमा-निर्माण का मुहूर्त—पुष्य, रोहिणी, श्रवण, चित्रा, धनिष्ठा, आर्द्रा, अश्विनी, उत्तराफाल्गुनी, उत्तराषाढ़ा, उत्तराभाद्रपद, हस्त, मृगशिर, रेवती और अनुराधा—इन नक्षत्रों में; सोम, गुरु और शुक्र—इन वारों में एवं द्वितीया, तृतीया, पंचमी, सप्तमी, एकादशी और त्रयोदशी—इन तिथियों में प्रतिमा-निर्माण करना शुभ है।

प्रतिष्ठा मुहूर्त—अश्विनी, रोहिणी, मृगशिर, पुनर्वसु, पुष्य, हस्त, श्रवण, धनिष्ठा, उत्तराफाल्गुनी, उत्तराषाढ़ा, उत्तराभाद्रपद और रेवती—इन नक्षत्रों में; सोम, बुध, गुरु और शुक्र—इन वारों में एवं शुक्लपक्ष की प्रतिपदा, द्वितीया, पंचमी, दशमी, त्रयोदशी और पूर्णिमा तथा कृष्णपक्ष की प्रतिपदा, द्वितीया और पंचमी इन तिथियों में प्रतिष्ठा करना शुभ है। प्रतिष्ठा के लिए स्थिर संज्ञक राशियाँ लग्न के लिए शुभ बतायी गयी हैं।

प्रतिष्ठा मुहूर्त का चक्र

समय	उत्तरायण में; बृहस्पति, शुक्र और मंगल के बलवान् होने पर
तिथि	शुक्लपक्ष की १।२।५।१०।१३।१५ और कृष्णपक्ष की १।२।५ मतान्तर से शुक्लपक्ष की ७।११
नक्षत्र	पुष्य, उत्तराफाल्गुनी, उत्तराषाढ़ा, उत्तराभाद्रपद, हस्त, रेवती, रोहिणी, अश्विनी, मृगशिर, श्रवण, धनिष्ठा, पुनर्वसु। मतान्तर से चित्रा, स्वाति, भरणी, मूल (आवश्यक होने पर)
वार	सोम, बुध, गुरु, शुक्र
लग्नशुद्धि	२।३।५।६।८।९।११।१२ लग्नराशियाँ—शुभग्रह १।४।७।५।९।१० में शुभ हैं और पापग्रह ३।६।११ में शुभ हैं। अष्टम में कोई भी ग्रह शुभ नहीं होता है।

मन्त्र सिद्ध करने का मुहूर्त—उत्तराफाल्गुनी, हस्त, अश्विनी, श्रवण, विशाखा, मृगशिर नक्षत्रों में; रवि, सोम, बुध, गुरु, शुक्र वारों में द्वितीया, तृतीया, पंचमी, सप्तमी, दशमी, एकादशी, त्रयोदशी, पूर्णिमा तिथियों में यन्त्र-मन्त्र सिद्ध करना शुभ होता है।

सर्वारम्भ मुहूर्त—लग्न से बारहवाँ और आठवाँ स्थान शुद्ध हो और कोई ग्रह नहीं हो तथा जन्मलग्न व जन्मराशि से तीसरा, छठा, दसवाँ, ग्यारहवाँ लग्न हो और शुभग्रहों की दृष्टि हो तथा शुभग्रह युक्त हों; चन्द्रमा जन्मलग्न व जन्मराशि से तीसरे, छठे, दसवें, ग्यारहवें स्थान में हो तो सभी कार्य प्रारम्भ करना शुभ होता है।

मण्डप बनाने का मुहूर्त—सोम, बुध, गुरु और शुक्र वारों में २।५।७।११।१२।१३ तिथियों में एवं मृगशिर, पुनर्वसु, पुष्य, अनुराधा, श्रवण, उत्तराफाल्गुनी उत्तराषाढा और उत्तराभाद्रपद नक्षत्रों में मण्डप बनाना शुभ है।

होमाहुति का मुहूर्त—सूर्य जिस नक्षत्र में स्थित हो उसमें तीन-तीन नक्षत्रों का एक-एक त्रिक होता है, ऐसे सत्ताईस नक्षत्रों के नौ त्रिक होते हैं। इनमें पहला सूर्य का, दूसरा बुध का, तीसरा शुक्र का, चौथा शनैश्चर का, पाँचवाँ चन्द्रमा का, छठा मंगल का, सातवाँ बृहस्पति का, आठवाँ राहु का और नौवाँ केतु का त्रिक होता है। होम के दिन का नक्षत्र जिसके त्रिक में पड़े उसी ग्रह के अनुसार फल समझना चाहिए। रवि, मंगल, शनि, राहु और केतु ग्रहों के त्रिक में हवन करना वर्जित है।

अग्निवास और उसका फल—शुक्लपक्ष की प्रतिपदा से लेकर अभीष्ट तिथि तक गिनने से जितनी संख्या हो उसमें एक और जोड़े; फिर रविवार से लेकर इष्टवार तक गिनने से जितनी संख्या हो, उसको भी उसी में जोड़े। जोड़ने से जो राशि आए उसमें ४ का भाग दे। यदि तीन अथवा शून्य शेष रहे तो अग्नि का वास पृथ्वी में होता है, यह होम करने के लिए उत्तम होता है। एक शेष में अग्नि का वास आकाश में होता है, इसका फल प्राणों को नाश करनेवाला बताया गया है। और दो शेष में अग्नि का वास पाताल में होता है, इसका फल अर्थनाशक कहा गया है।

प्रश्नविचार

जिस समय किसी भी कार्य के लाभालाभ, शुभाशुभ जानने की इच्छा हो उस समय का इष्टकाल बनाकर प्रश्नकुण्डली ग्रहस्पष्ट, भावस्पष्ट, नवमांश कुण्डली और चलित कुण्डली बनाकर विचार करना चाहिए। प्रश्नलग्न में चरराशि, बलवान् लग्नेश, कार्येश शुभग्रहों से युत या दृष्ट हों तथा वे १।४।५।७।९।१० स्थानों में हों तो प्रश्नकर्ता जिस कार्य के सम्बन्ध में पूछ रहा है, वह जल्दी पूरा होगा। यदि स्थिर लग्न हो, लग्नेश और कार्येश बलवान् हों तो विलम्ब से कार्य होता है। द्विस्वभाव राशि लग्न में हो तथा १।४।५।७।९।१०वें भाव में बलवान् पापग्रह हों; लग्नेश, कार्येश हीनबल, नीच, अस्तंगत या शत्रुक्षेत्री हों तो कार्य सफल नहीं होता। धन-प्राप्ति के प्रश्न में लग्न-लग्नेश, धनधनेश और चन्द्रमा से; यश-प्राप्ति के लिए लग्न, तृतीय, दशम और इसके स्वामी तथा चन्द्रमा से; सुख, शान्ति, गृह, भूमि आदि

की प्राप्ति के लिए लग्न, चतुर्थ, दशम स्थान, इनके स्वामी और चन्द्रमा से; परीक्षा में यश-प्राप्ति के लिए लग्न, पंचम, नवम, दशम स्थान, इनके स्वामी और चन्द्रमा से; विवाह के लिए लग्न, द्वितीय, सप्तम स्थान, इन स्थानों के स्वामी और चन्द्रमा से; नौकरी, व्यवसाय और मुकदमा में विजय प्राप्त करने के लिए लग्न-लग्नेश, दशम-दशमेश, एकादश-एकादशेश और चन्द्रमा से; बड़े व्यापार के लिए लग्न लग्नेश, द्वितीय-द्वितीयेश, सप्तम-सप्तमेश, दशम-दशमेश, एकादश-एकादशेश और चन्द्रमा से; लाभ के लिए लग्न-लग्नेश, एकादश-एकादशेश और चन्द्रमा से एवं सन्तान-प्राप्ति के लिए लग्न-लग्नेश, द्वितीय-द्वितीयेश, पंचम-पंचमेश और गुरु से विचार करना चाहिए।

रोगी के स्वस्थ, अस्वस्थ होने का विचार—प्रश्नलग्न में पापग्रह की राशि हो, लग्न पापग्रह से युत या दृष्ट हो या अष्टम स्थान में चन्द्रमा अथवा पापग्रह हों तो रोगी का मरण होता है।

प्रश्नलग्न कुण्डली में पापग्रह आठवें या बारहवें स्थान में हो या चन्द्रमा ५।६।७।८वें स्थान में हो तो शीघ्र ही रोगी की मृत्यु होती है। चन्द्रमा लग्न में, सूर्य सप्तम में, मंगल मेष राशिस्थ वृश्चिक के नवमांश में; चन्द्रमा से युक्त हो तो रोगी का शीघ्र मरण होता है। प्रश्नलग्न से सातवें स्थान में पापग्रह हो तो रोगी को महाकष्ट और शुभग्रह हों तो रोगी स्वस्थ होता है। सप्तम स्थान में शुभ-अशुभ दोनों प्रकार के ग्रह हों तो मिश्रित फल होता है।

लग्नेश निर्बल हो, अष्टमेश बली हो और चन्द्रमा छठे या आठवें भाव में हो अथवा अष्टम में शनि मंगल से दृष्ट हो तो रोगी की मृत्यु होती है। आठवें में सूर्य हो तो रक्तपित्त, बुध हो तो सन्निपात, राहु से युक्त सूर्य आठवें में हो तो कुष्ठ, राहु से युक्त शनि आठवें में हो तो वायुविकार एवं चन्द्रमा और शुक्र आठवें में हो तो सन्निपात होता है।

लग्नेश बलवान् और अष्टमेश निर्बल हो तो रोगी का रोग जल्दी अच्छा हो जाता है।

नक्षत्रानुसार रोगी के रोग की अवधि का ज्ञान—स्वामि, ज्येष्ठा, पूर्वाषाढ़ा, पूर्वाभाद्रपद, पूर्वाफाल्गुनी, आर्द्रा और आश्लेषा में जिस व्यक्ति को रोग हो उसकी मृत्यु होती है। रेवती और अनुराधा में रोग हो तो रोग अधिक दिन तक जाता है; भरणी, श्रवण, शतभिषा और चित्रा में रोग हो तो ११ दिन तक रोग, विशाखा, हस्त और धनिष्ठा में हो तो १५ दिन तक रोग; मूल, कृत्तिका और अश्विनी में हो तो ९ दिन तक; मघा में हो तो ७ दिन तक रोग; मृगशिरा और उत्तराषाढ़ा में हो तो एक महीना रोग रहता है। भरणी, आश्लेषा, मूल, कृत्तिका, विशाखा, आर्द्रा और मघा नक्षत्र में किसी को सर्प काटे तो उसकी मृत्यु होती है।

शीघ्र मृत्यु योग—आर्द्रा, आश्लेषा, ज्येष्ठा, शतभिषा, भरणी, पूर्वाषाढ़ा, पूर्वाभाद्रपद, पूर्वाफाल्गुनी, विशाखा, धनिष्ठा और कृत्तिका नक्षत्र; रवि, मंगल और शनि ये वार एवं चतुर्थी, नवमी, चतुर्दशी, एकादशी और षष्ठी—इन तिथियों के योग में रोगग्रस्त होने वाले व्यक्ति की मृत्यु होती है।

चोरज्ञान—प्रश्नलग्न स्थिर राशि हो या स्थिर राशि के नवमांश में प्रश्नलग्न हो अथवा अपने वर्गोत्तम नवमांश की प्रश्नलग्न राशि हो तो बन्धु, स्वजातीय, उच्चजातीय व्यक्ति या दास को चोर समझना चाहिए।

प्रश्नलग्न प्रथम द्रेष्काण में हो तो चोरी गयी चीज घर के द्वार के पास; द्वितीय द्रेष्काण में हो तो घर के मध्य में और तृतीय द्रेष्काण में हो तो घर के पीछे के भाग में होती है।

लग्न में पूर्ण चन्द्र हो और उसके ऊपर गुरु की दृष्टि हो तथा शीर्षोदय राशि ३।५।६।७।८।११ लग्न में हों तथा लग्न में बलवान् और शुभग्रह स्थित हों और लग्नेश, सप्तमेश, दशमेश, लाभेश, बलवान् चन्द्रमा परस्पर मित्र हों या इत्थशाल आदि शुभ योग करते हों तो चोरी गयी वस्तु की पुनः प्राप्ति हो जाती है।

बली या पूर्ण चन्द्र लग्न में, शुभग्रह शीर्षोदय या एकादश में हों तथा शुभग्रह से युत या दृष्ट हों तो नष्टधन—चोरी गया धन मिल जाता है। पूर्ण चन्द्र लग्न में हो, गुरु या शुक्र की उस पर दृष्टि अथवा शुभग्रह ११वें भाव में हों तो भी चोरी गया धन मिल जाता है।

प्रश्नकाल में जो ग्रह केन्द्र में हो उसकी दिशा में चोरी की वस्तु को कहना चाहिए। यदि केन्द्र में दो या बहुत से ग्रह हों तो उनमें से जो बली हो, उस ग्रह की दिशा में नष्टधन कहना चाहिए। यदि केन्द्र में ग्रह नहीं हो तो लग्न राशि की दिशा में चोरी गयी वस्तु बतलानी चाहिए। सप्तम स्थान में शुभग्रह हो या लग्नेश सप्तम स्थान में बैठा हो अथवा क्षीण चन्द्रमा सप्तम भवन में हो तो चोरी गयी या भूली हुई वस्तु मिलती नहीं है। सप्तमेश व चन्द्रमा सूर्य के साथ स्थित हों तो चोरी गयी वस्तु मिलती नहीं। ३।५।७।११वें स्थान में शुभग्रह हों तो प्रश्नकर्ता का धन मिल जाता है।

लग्न पर सूर्य, चन्द्रमा की दृष्टि हो तो आत्मीय चोर होता है; लग्नेश और सप्तमेश लग्न में हो तो कुटुम्ब का व्यक्ति चोर होता है। सप्तमेश २।१२वें स्थान में हो तो नौकर चोर होता है। मेष प्रश्न लग्न हो तो ब्राह्मण चोर, वृष हो तो क्षत्रिय चोर, मिथुन लग्न हो तो वैश्य चोर, कर्क लग्न हो तो शूद्र चोर, सिंह लग्न हो तो अन्त्यज चोर, कन्या लग्न हो तो स्त्री चोर, तुला लग्न हो तो पुत्र, भाई या मित्र चोर, वृश्चिक हो तो नौकर, धनु हो तो स्त्री या भाई चोर, मकर हो तो वैश्य, कुम्भ हो तो मनुष्येतर प्राणी चूहा आदि और मीन हो तो ऐसे ही भूली हुई समझना चाहिए।

चर प्रश्न लग्न हो तो दो अक्षर के नामवाला चोर, स्थिर हो तो चार अक्षर के नामवाला चोर और द्विस्वभाव लग्न हो तो तीन अक्षर के नामवाला चोर होता है।

ज्योतिष में एक सिद्धान्त यह भी बताया गया है कि प्रश्नलग्न चर हो तो चोर के नाम का पहला अक्षर संयुक्त होता है, जैसे द्वारिका, ब्रजरत्न आदि। स्थिर लग्न हो तो कृदन्त—पदसंज्ञक वर्ण चोर के नाम का प्रथम अक्षर होता है, जैसे मंगलसेन, भवानी शंकर इत्यादि। द्विस्वभाव लग्न हो तो स्वरवर्ण चोर के नाम का प्रथम अक्षर होता है, जैसे ईश्वरीप्रसाद, उजागरसिंह, उग्रसेन इत्यादि। चोर का विशेष स्वरूप लग्न के द्रेष्काण[1] के अनुसार जानना चाहिए।

---

१. देखें, बृहज्जातक का द्रेष्काणाध्याय।

प्रश्नलग्नानुसार चोर और चोरी की वस्तु का विचार—मेषलग्न में वस्तु चोरी गयी हो अथवा प्रश्नकाल में लग्न हो तो चोरी की वस्तु पूर्व दिशा में समझनी चाहिए। चोर ब्राह्मण जाति का व्यक्ति होता है और उसका नाम स अक्षर से आरम्भ होता है। नाम में दो या तीन ही अक्षर होते हैं।

वृषलग्न में वस्तु चोरी गयी हो अथवा प्रश्नकाल में मेष लग्न हो तो चोरी की वस्तु पूर्व दिशा में समझनी चाहिए। चोरी करनेवाला व्यक्ति क्षत्रिय जाति का होता है और उसके नाम में आदि अक्षर **म** रहता है तथा नाम चार अक्षरों का रहता है।

मिथुन लग्न में चोरी गयी वस्तु अथवा प्रश्नकाल में मिथुन लग्न के होने से चोरी की वस्तु आग्नेयकोण में रहती है। चोरी करनेवाला व्यक्ति वैश्य वर्ण का होता है और उसका नाम ककार से आरम्भ होता है। नाम में तीन वर्ण होते हैं।

कर्क लग्न में वस्तु के चोरी जाने पर अथवा प्रश्नकाल में कर्क लग्न के होने पर चोरी की वस्तु दक्षिण दिशा में मिलती है और चोरी करनेवाला शूद्र या अन्त्यज होता है इसका नाम तकार से आरम्भ होता है और नाम में तीन वर्ण होते हैं।

प्रश्नकाल या चोरी के समय में सिंह लग्न के होने पर चोरी की वस्तु नैर्ऋत्य कोण में पायी जाती है। चोरी करनेवाला सेवक (नौकर) होता है और यह अन्त्यज या अन्य किसी निम्नश्रेणी की जाति का रहता है। चोर का नाम नकार से आरम्भ होता है तथा नाम तीन या चार वर्णों का रहता है।

प्रश्नकाल या चोरी के समय में कन्या लग्न हो तो चोरी गयी वस्तु पश्चिम दिशा में समझनी चाहिए। चोरी करनेवाला कोई पुरुष नहीं होता, बल्कि चोरी करनेवाली कोई नारी होती है। इसका नाम मकार से आरम्भ होता है और नाम में कई वर्ण पाये जाते हैं। कन्या लग्न में बुध और चन्द्रमा का नवांश हो तो ब्राह्मणी चोर होती है और मंगल का नवांश होने पर क्षत्रियाणी चोर होती है। शुक्र का नवांश होने पर वैश्य जाति की स्त्री चोर और शनि-रवि का नवांश होने पर शूद्रा या अन्य अन्त्यज जाति की स्त्री चोरी करती है।

तुला लग्न होने पर चोरी गयी वस्तु पश्चिम दिशा में समझनी चाहिए। चोरी करनेवाला पुत्र, मित्र, भाई या अन्य कोई सम्बन्धी ही होता है। इसका नाम भी मकार से आरम्भ रहता है और नाम में तीन वर्ण होते हैं। तुला लग्न में गुरु, चन्द्र और बुध का नवांश हो तो चोरी करनेवाला परिवार का ही व्यक्ति होता है। मंगल और रवि के नवांश में दूर का सम्बन्धी चोरी करता है तथा शनि के नवांश में आया हुआ अतिथि या अन्य परिचित व्यक्ति—जिससे केवल जान-पहचान का ही सम्बन्ध होता है, चोरी करता है।

तुला लग्न में चोरी गयी हुई वस्तु बड़ी कठिनाई से प्राप्त होती है।

वृश्चिक लग्न होने पर चोरी गयी हुई वस्तु पश्चिम दिशा में समझनी चाहिए। इस प्रश्नलग्न के होने पर चोरी की वस्तु घर से सौ-डेढ़ सौ गज की दूरी पर ही रहती है। चोर घर का नौकर ही होता है और इसका नाम सकार से आरम्भ रहता है। नाम चार अक्षरों का होता है। इस लग्न का नवांश यदि गुरु या शुक्र का हो तो चोरी की वस्तु मिल जाती

है तथा चोरी करनेवाला किसी उत्तम वर्ण का होता है। बुध के नवांश के होने पर चोरी करनेवाला कोई पड़ोसी भी हो सकता है तथा यह पड़ोसी गौरवर्ण का होता है और इसका कद ५ फीट ६ इंच का रहता है। देखने में भव्य और बातूनी होता है।

प्रश्नकाल में धनु लग्न हो या धनु का नवांश हो तो चोरी गयी वस्तु वायु कोण में रहती है। चोरी करनेवाली नारी होती है तथा इसका नाम सकार से आरम्भ होता है और नाम में कुल चार वर्ण पाये जाते हैं। मंगल का नवांश रहने पर चोरी करनेवाली युवती होती है और बुध के नवांश में चोरी किसी कन्या के द्वारा की जाती है। शुक्र के नवांश में चोरी करनेवाले की आयु ७-८ वर्ष की होती है तथा यह चोरी किसी ब्राह्मण या अन्त्यज के बालक द्वारा ही की जाती है। धनु लग्न के होने पर गुरु त्रिकोण या केन्द्र में स्थित हो तो चोरी की गयी वस्तु उपलब्ध नहीं होती। यह चोरी किसी आत्मीय द्वारा ही की गयी होती है। शनि का नवांश प्रश्नकाल में रहने से चोरी पुरुष और नारी दोनों के द्वारा मिलकर की जाती है। पुरुष का नाम 'ह' या 'र' अक्षर से आरम्भ होता है और नारी का 'स' से। धनु लग्न में साधारणतः चोरी गयी वस्तु मिलती नहीं। यदि प्रश्नकाल में धनु लग्न के अन्तिम छह अंश शेष रह गये हों तो प्रयास करने से चोरी में गयी वस्तु मिल जाती है।

प्रश्नकाल में मकर लग्न हो तो चोरी की वस्तु उत्तर दिशा में समझनी चाहिए। चोरी करनेवाला वैश्य जाति का व्यक्ति होता है। नाम का आदि अक्षर 'स' और चार वर्णों का नाम होता है। मकर लग्न में शनि का ही नवांश हो तो चोरी की वस्तु उपलब्ध नहीं होती है। गुरु के नवांश के रहने से किसी धर्मस्थान, मन्दिर, कूप या अन्य किसी तीर्थस्थान में वस्तु को समझना चाहिए।

प्रश्नकाल में कुम्भ लग्न के होने पर चोरी गयी वस्तु उत्तर या उत्तर-पश्चिम के कोने में रहती है। इस प्रश्न लग्न के अनुसार चोरी करनेवाला कोई व्यक्ति नहीं होता; बल्कि मूषकों (चूहों) के द्वारा ही वस्तु इधर-उधर कर दी जाती है। इसकी प्राप्ति एक महीने के भीतर हो सकती है। प्रश्नकाल में बुध का नवांश हो तो चक्की या चारपाई के पीछे वस्तु की स्थिति समझनी चाहिए। शुक्र और चन्द्रमा के नवांश में चोरी की वस्तु की स्थिति शयनकक्ष में या शयनकक्ष के बगलवाले कमरे में समझनी चाहिए।

मीन लग्न में वस्तु की चोरी हुई हो अथवा प्रश्नकाल में मीन लग्न हो तो ईशानकोण में वस्तु की स्थिति रहती है। चोरी करनेवाला शूद्र या अन्त्यज होता है और चुराकर वस्तु को जमीन के नीचे रख देता है। इसका नाम 'व' अक्षर से आरम्भ होना चाहिए और नाम में तीन अक्षर रहते हैं। मीन लग्न में तृतीय नवांश के होने पर चोर स्त्री भी होती है। यह घर का कार्य करनेवाली नौकरानी या अन्य कोई परिचित महिला ही रहती है।

वर्गानुसार चोर और चोरी की वस्तु का विचार—प्रश्नकाल में फल, पुष्प, देव, नदी, तीर्थ एवं पर्वत का नामोच्चारण कराके प्रश्नाक्षर ग्रहण करने चाहिए। प्रातःकाल में आये तो पुष्प का नाम; मध्याह्न में फल का नाम; अपराह्न में दिन के तीसरे पहर में देवता का नाम

और सायंकाल में नदी या पहाड़ का नाम पूछकर प्रश्नाक्षर ग्रहण करने चाहिए। अ वर्ग के वर्ण प्रश्नाक्षर हों अथवा प्रश्नाक्षरों में अ वर्ग के वर्णों की प्रधानता हो तो ब्राह्मण चोर होता है। चोर पुरुष न होकर कोई नारी होती है और चोरी गयी वस्तु मिल जाती है। प्रश्नाक्षर में क वर्ग के वर्ण प्रधान हों तो क्षत्रिय जाति का व्यक्ति चोर होता है। इस प्रकार से प्रश्नाक्षरों के होने पर पुरुष चोरी करते हैं और चोरी की वस्तु बहुत दूर पहुँच जाती है। प्रयास करने पर इस प्रकार के प्रश्नाक्षरों की वस्तु प्राप्त होती है। चोर व्यक्तियों का कद मध्यम दर्जे का होता है और एक व्यक्ति के दाहिने अंग में किसी अस्त्र की चोट का चिह्न रहता है अथवा वह पैर का लँगड़ा होता है। च वर्ग के प्रश्नाक्षर होने पर चोर वैश्य वर्ण का व्यक्ति होता है। चोरी करनेवाला अत्यन्त कापुरुष, सन्तानहीन, व्यसनी एवं दुराचारी होता है। ट वर्ग के वर्ण प्रश्नाक्षर होने से शूद्र जाति का व्यक्ति चोर होता है और चोरी करनेवाला नपुंसक होता है। इस प्रकार के प्रश्नाक्षरों से यह सूचना भी मिलती है कि चोर का सम्बन्ध पुराना है और विश्वास होता चला आ रहा है। उसके गाल या मस्तक पर मस्सा अथवा तिल का दाग भी है।

त वर्ग के प्रश्नाक्षरों के होने से चोरी करनेवाला अन्त्यज होता है। चोरी के समय उसकी सहायता दो-तीन व्यक्ति करते हैं या चोरी करने में उनकी भी सहमति रहती है। यह चोरी अत्यन्त विश्वसनीय व्यक्तियों से मिलकर की जाती है। चोरी गये पदार्थ घर से आधा मील की दूरी पर रहते हैं तथा रुपये खर्च करने पर वे पदार्थ मिल भी जाते हैं।

प वर्ग के वर्ण प्रश्नाक्षर हों तो घर की दासी या नौकरानी चोर होती है। चोरी का सामान भी मिल जाता है। चोरी करनेवाली निम्न श्रेणी की होती है तथा उसकी आयु ४५-५० वर्ष की होती है। चोरी में इसे किसी से सहायता प्राप्त नहीं होती है, पर इसकी जानकारी घर के किसी-न-किसी व्यक्ति को अवश्य रहती है।

य वर्ग के वर्ण प्रश्नाक्षर होने पर चोर शूद्र वर्ण का व्यक्ति होता है। बहुत सम्भव है कि वह घर का कोई नौकर ही हो अथवा उस घर से उसका सम्बन्ध रहता है। इन प्रश्नाक्षरों से यह भी ज्ञात होता है कि चोर किसी नौकरानी से भी मिला है और चोरी में उसने भी सहायता प्रदान की है।

श वर्ग के वर्ण प्रश्नाक्षर हों तो चोरी करनेवाला वैश्य जाति का व्यक्ति होता है। इस व्यक्ति के सिर पर बाल कम होते हैं व इसके बाल झड़ जाते हैं तथा खोपड़ी दिखलाई पड़ती है। इसका कद मध्यम होता है और अवस्था ३५ या ४० वर्ष के बीच की होती है। चोर अपने व्यवसाय में अत्यन्त प्रवीण होता है तथा चोरी करने का उसका अभ्यास रहता है। उसके दाहिने कन्धे पर लहसुन या किसी शस्त्र का चिह्न अंकित रहता है।

नक्षत्रानुसार चोरी गयी वस्तु-प्राप्ति का विचार–रोहिणी, पुनर्वसु, उत्तराफाल्गुनी, विशाखा, पूर्वाषाढ़ा, धनिष्ठा और रेवती ये नक्षत्र अन्धलोचन संज्ञक हैं। इनमें खोयी या चोरी गयी वस्तु पूर्व दिशा में होती है और शीघ्र मिल जाती है। मृगशिर, आश्लेषा, हस्त, अनुराधा, उत्तराषाढ़ा शतभिषा और अश्विनी इन नक्षत्रों की मन्दलोचन संज्ञा है। इनमें खोयी या चोरी

गयी वस्तु पश्चिम दिशा में होती है और अधिक प्रयत्न करने पर मिलती है। आर्द्रा, मघा, चित्रा, ज्येष्ठा, अभिजित, पूर्वाभाद्रपद और भरणी इन नक्षत्रों की काणलोचन या मध्यलोचन संज्ञा है। इनमें खोयी या चोरी गयी वस्तु दक्षिण दिशा में होती है और इस वस्तु की प्राप्ति नहीं होती है, किन्तु बहुत दिनों के बाद समाचार उसके सम्बन्ध में सुनने को मिलते हैं। पुनर्वसु, पूर्वाफाल्गुनी, स्वाति, मूल, श्रवण, उत्तराभाद्रपद और कृत्तिका सुलोचन संज्ञक हैं। इन नक्षत्रों में खोयी या चोरी गयी वस्तु उत्तर दिशा में रहती है और कभी भी प्राप्त नहीं होती तथा न उसके समाचार ही मिलते हैं।

मघा से उत्तराफाल्गुनी पर्यन्त नक्षत्रों में खोयी हुई वस्तु पास ही में मिल जाती है, उसके लिए विशेष झंझट नहीं करना पड़ता। हस्त से धनिष्ठा पर्यन्त नक्षत्रों में खोयी हुई वस्तु अन्य व्यक्ति के हाथ में दिखलाई पड़ती है। शतभिषा से भरणी पर्यन्त नक्षत्रों में खोयी हुई वस्तु अपने घर में ही दिखलाई पड़ती है। कृत्तिका से आश्लेषा पर्यन्त नक्षत्रों में खोयी हुई वस्तु देखने में नहीं आती, कहीं दूर चली जाती है।

प्रवासी प्रश्न विचार—प्रश्नकुण्डली में शुक्र और गुरु २।३ स्थानों में हों तो प्रवासी विलम्ब से; यदि ये ग्रह १।४ स्थान में हों तो जल्दी ही घर वापस आता है। ६।७वें स्थान में कोई ग्रह हो, केन्द्र में गुरु हो और त्रिकोण में बुध अथवा शुक्र हो तो जल्दी ही प्रवासी लौटता है। लग्न में चर राशि हो या चन्द्रमा चर अथवा द्विस्वभाव राशि में चर नवमांश का होकर स्थित हो तो प्रवासी लौट आता है। यदि स्थिर लग्न हों तो वह वापस नहीं आता। लग्नेश २।३।८।९वें स्थान में हो तो प्रवासी लौटकर रास्ते में ठहरा हुआ होता है। २।३।५।६।७वें स्थान में वक्रीग्रह हों, केन्द्र में गुरु या बुध हो और त्रिकोण में शुक्र हो तो प्रवासी जल्दी वापस आता है।

प्रश्नकर्ता के प्रश्नाक्षरों की संख्या को ६ से गुणा कर जो गुणनफल हो, उसमें एक जोड़ने से जो आये उसमें ७ का भाग दे। एक शेष रहे तो प्रवासी आधे मार्ग में, दो शेष रहे तो घर के समीप, तीन शेष रहे तो घर पर, चार शेष रहे तो लाभयुक्त, पाँच शेष रहे तो रोगी, छह शेष रहे तो पीड़ित और शून्य शेष रहे तो आने को तत्पर होता है।

सन्तान सम्बन्धी प्रश्न—सन्तान की प्राप्ति होगी या नहीं, इस प्रश्न का उत्तर देने के लिए, जिस तिथि को पृच्छक आया हो उस तिथि-संख्या को चार से गुणा कर एक जोड़ देना। इस योगफल में दिन संख्या और योग संख्या—रविवार, सोमवार आदि; विष्कम्भ, प्रीति आदि योग संख्या—उस दिन जो वार और योग हो उसकी संख्या जोड़ देना। इस योगफल में दो से भाग देना, तब जो लब्धि हो उसको तीन से गुणा कर चार से भाग देना। यदि भाग करते समय एक शेष रहे तो विलम्ब से सन्तान की सम्भावना, दो शेष रहने पर सन्तान का अभाव और शून्य शेष रहने पर सन्तान की शीघ्र प्राप्ति होती है।

दिन संख्या—(रविवार आदि के क्रम से) तीन से गुणा कर उसमें तिथि-संख्या जोड़ देना और योगफल में दो का भाग देने से एक शेष रहने पर सन्तान की प्राप्ति सम्भव है और शून्य शेष रहने पर सन्तान-प्राप्ति का अभाव समझना चाहिए।

प्रश्नलग्न के अनुसार सन्तान सम्बन्धी प्रश्नों में लग्नेश और पंचमेश तथा लग्न और पंचम के सम्बन्ध का विचार करना चाहिए। लग्नेश और पंचमेश परस्पर में एक-दूसरे को देखते हों तो सन्तान-लाभ और परस्पर में दृष्टि न हो तो सन्तान का अभाव समझना चाहिए। इस प्रसंग में यह ज्ञातव्य है कि लग्न और पंचम पर लग्नेश और पंचमेश की दृष्टि का होना तथा शुभग्रहों के साथ इत्थशाल योग का रहना सन्तान-प्राप्ति के लिए आवश्यक है। दृष्टि न होने पर सन्तानाभाव समझना चाहिए। प्रश्नलग्न, जन्मलग्न और चन्द्रमा से पंचम स्थान में सिंह, वृष, वृश्चिक और कन्या राशियाँ स्थित हों तो प्रश्नकर्ता को विलम्ब से सन्तान-लाभ होता है। यदि पंचम भाव में पापग्रह हों अथवा पापदृष्ट ग्रह हों तो भी विलम्ब से सन्तान-प्राप्ति होती है। यदि प्रश्न के समय अष्टम भाव में सूर्य और शनि सिंह, मकर या कुम्भ राशि में स्थित हों तो सन्तान का अभाव समझना चाहिए। चन्द्र और बुध अष्टम स्थान में स्थित हों तो विलम्ब से एक सन्तान की प्राप्ति होती है। चन्द्रमा बलवान् होने से कन्या सन्तान होती है। यदि अष्टम में केवल बुध स्थित हो तो सन्तान का अभाव रहता है। शुक्र और गुरु अष्टम स्थान में स्थित हों तो सन्तान उत्पन्न होने के अनन्तर उसकी मृत्यु हो जाती है। मंगल अष्टम में हो तो गर्भपात हो जाता है। प्रश्नलग्न में अष्टमेश अष्टम भाव में स्थित हों तो पृच्छक को सन्तान-लाभ नहीं होता। शुक्र और सूर्य अष्टम स्थान में स्थित हों तथा पापग्रह द्वितीय, द्वादश और अष्टम स्थान में हों तो सन्तान-लाभ नहीं होता तथा पृच्छक को कष्ट भी होता है। यदि द्वादश भाव का स्वामी केन्द्र में हो और उसे शुभग्रह देखते हों तो एक दीर्घजीवी बालक उत्पन्न होता है। पंचमेश अथवा लग्नेश मेष, मिथुन, सिंह, तुला, धनु और कुम्भ राशियों में स्थित हों तो एक पुत्र की प्राप्ति होती है। यदि उक्त ग्रह वृष, कर्क, कन्या, वृश्चिक, मकर और मीन राशियों में स्थित हों तो कन्या की प्राप्ति होती है। लग्न से विषम स्थान में शनि स्थित हो तो पुत्रलाभ और वही सम स्थान में स्थित हो तो कन्या की प्राप्ति होती है। पंचम भाव का स्वामी लग्नेश या चन्द्रमा से इत्थशाल करता हो और शुभग्रहों से युक्त या दृष्ट हो तो पृच्छक को सन्तान-लाभ होता है।

लाभालाभ प्रश्न—प्रश्नकालीन कुण्डली बनाने के अनन्तर विचार करना—यदि लग्नेश और अष्टमेश दोनों आठवें स्थान में हों तथा ये दोनों एक ही द्रेष्काण में स्थित हों तो पृच्छक को अवश्य लाभ होगा। प्रश्नकाल में लग्न में सौम्य ग्रहों का वर्ग हो तो ग्रहभाव की अपेक्षा शुभ फल समझना चाहिए। लग्न में चन्द्रमा और लाभभाव में गुरु या शुक्र हो तथा लाभभाव के ऊपर शुभग्रहों की दृष्टि हो तो पृच्छक को विशेष रूप से लाभ होता है। लग्नेश और लाभेश एक साथ हों तो भी लाभ होता है। लग्नेश और लाभेश का इत्थशाल योग होने पर भी लाभ होता है। यदि लग्नेश चन्द्रमा से दृष्ट होकर लाभ स्थान में स्थिति हो तो दूसरों की सहायता से लाभ होता है। दशमेश और चन्द्रमा का इत्थशाल होने पर भी लाभ की प्राप्ति होती है। कर्माधिपति का लग्नेश के साथ रहना, उसके साथ इत्थशाल होना एवं कर्माधिपति और लाभेश का योग होना भी लाभ का सूचक है। लाभेश और अष्टमेश का योग और इत्थशाल होने पर लाभ नहीं होता। जिस-जिस स्थान पर चन्द्रमा की दृष्टि हो

उस-उस स्थान से पुण्य की वृद्धि तथा कर्म की सिद्धि होती है। अष्टम भाव पर चन्द्रमा की दृष्टि रहने से लाभ नहीं होता तथा धर्म-कर्म का भी ह्रास होता है। लग्नेश षष्ठ या अष्टम में हों तो लाभ नहीं होता तथा नाना प्रकार के कष्ट भी सहन करने पड़ते हैं। लग्नेश द्वादश भाव में स्थित हो तो व्यय अधिक होता है और लाभ कुछ नहीं। पृच्छक की प्रश्नकुण्डली में लग्न में बुध स्थित हो और चन्द्रमा की दृष्टि हो अथवा पापग्रहों की बुध पर दृष्टि हो तो शीघ्र ही लाभ होता है।

प्रश्नलग्न में जो राशि हो उसकी कला बनाकर उस पिण्ड को छाया के अंगुलों से गुणा करे और सात से भाग दे तो जो शेष बचे उसे एक स्थान में रखे। यदि शुभग्रह का **उदयांक** हो तो प्रश्नकर्ता के कार्य की सिद्धि कहना और अन्य ग्रह का उदयांक हो तो कार्य सिद्धि का अभाव समझना चाहिए।

वाद-विवाद या मुकदमे का प्रश्न—विवाद के प्रश्न में यदि लग्न में पापग्रह हो तो प्रश्नकर्ता निश्चयतः उस मुकदमा में विजयी होगा। सप्तम भाव में नीच ग्रह के रहने से मुकदमे में विजय लाभ नहीं होता। लग्न और सप्तम में क्रूर ग्रहों के रहने से मुकदमा वर्षों चलता है और कई वर्ष के पश्चात् वादी की विजय होती है। लग्नेश, पंचमेश और शुभग्रह केन्द्र में हों तो सन्धि हो जाती है। लग्नेश, सप्तमेश और षष्ठेश छठे स्थान में हों तो परस्पर कलह कुछ अधिक दिनों तक चलती है; पर अन्त में विजयलाभ होता है। मुकदमे के प्रश्न में लग्न, पंचम और षष्ठ तथा इन स्थानों के स्वामियों से विचार करना चाहिए। लग्न के निर्बल होने से विजय की सम्भावना नहीं रहती। लग्नेश और पंचमेश भी हीनबल हों या इनके ऊपर क्रूर ग्रह की दृष्टि हो तो नाना प्रकार के कष्ट सहन करने पड़ते हैं तथा मुकदमे में पराजय होती है। चन्द्रमा लग्न या पंचम को देखता हो तथा उसका लग्नेश या पंचमेश के साथ इत्थशाल योग हो तो भी विजयलाभ होता है।

पृच्छक से किसी फूल का नाम पूछकर उसकी स्वर संख्या को व्यंजन संख्या से गुणा कर दें; गुणनफल में पृच्छक के नाम के अक्षरों की संख्या जोड़कर योगफल में ९ का भाग दें। एक शेष में शीघ्र कार्यसिद्धि, ०।२।५ में विलम्ब से कार्यसिद्धि और ४।६।८ शेष में कार्यनाश तथा अवशिष्ट शेष में कार्य मन्दगति से होता है।

पृच्छक के नाम के अक्षरों को दो से गुणा कर गुणनफल में ७ जोड़ दें। इस योग फल में तीन का भाग देने पर सम शेष में कार्यनाश और विषम शेष में कार्यसिद्धि समझें।

पृच्छक से एक से लेकर नौ तक की अंक सख्या मं स कोई भी अंक पूछना चाहिए। बतायी गयी अंक संख्या को उसके नाम की अक्षर संख्या से गुणा कर देना चाहिए। इस गुणनफल में तिथि-संख्या और प्रहर-संख्या को जोड़ देना चाहिए। तिथि की गणना शुक्लपक्ष की प्रतिपदा से होती है, अतः शुक्लपक्ष की प्रतिपदा की संख्या १, द्वितीया २, इसी प्रकार अमावस्या की ३० मानी जाती है। वार संख्या रविवार की १, सोमवार २, मंगल ३ इसी प्रकार उत्तरोत्तर बढ़ती हुई शनि की ७ संख्या मानी गयी है। उपर्युक्त योग संख्या में ८ का भाग

देने पर ०।१।७ शेष में कार्यसिद्धि, मतान्तर से १।७ में विलम्ब से सिद्धि, २।४।६ में सिद्धि और ३।५ शेष में विलम्ब से सिद्धि होती है।

पृच्छक यदि ऊपर देखता हुआ प्रश्न करे तो कार्यसिद्धि और जमीन को देखता हुआ प्रश्न करे तो विलम्ब से कार्यसिद्धि होती है। जमीन देखते समय उसकी दृष्टि किसी गड्ढे या नीचे स्थान की ओर हो तो कार्यसिद्धि नहीं होती। अपने शरीर को खुजलाते हुए प्रश्न करे तो विलम्ब से कार्यसिद्धि; जमीन खरोंचता हुआ प्रश्न करे तो कार्य असिद्धि एवं इधर-उधर देखता हुआ प्रश्न करे तो विलम्ब से कार्यसिद्धि होती है।

मेष, मिथुन, कन्या और मीन लग्न में प्रश्न किया गया हो तो कार्यसिद्धि; तुला, कर्क, सिंह और वृष लग्न में प्रश्न किया गया हो तो विलम्ब से सिद्धि एवं वृश्चिक, धनु, मकर और कुम्भ में प्रश्न किया गया हो तो प्रायः कार्य की सिद्धि नहीं होती। मतान्तर से धनु और कुम्भ लग्न में प्रश्न किये जाने पर कार्यसिद्धि मानी गयी है। मकर लग्न में प्रश्न करने पर कार्यसिद्धि नहीं होती। यदि लग्नेश चतुर्थ, पंचम और दशम भाव में से किसी भी स्थान में स्थित हो तो कार्य की सिद्धि होती है। चन्द्रमा या चतुर्थेश या दशमेश में से कोई भी हो तो कार्य सफल होता है। दशम भाव में उच्च का मंगल या सूर्य हो तो अवश्य ही कार्यसिद्धि होती है। दशमेश का चन्द्रमा अथवा लग्नेश के साथ इत्थशाल योग हो और चन्द्रमा की उसके ऊपर दृष्टि हो तो कार्य सिद्ध होता है। लग्न स्थान में मंगल हो उस पर गुरु की दृष्टि हो तो कार्य सिद्ध होता है। शनि का नवांश लग्न में हो तथा लग्न में राहु अथवा केतु में से कोई एक ग्रह स्थित हो तो कार्य सफल नहीं होता। दशम या दशमेश पापग्रहों से युक्त या दृष्ट हो तो कार्य का नाश, पंचमेश व चतुर्थेश दशम भाव में हों तो बड़ी सफलता के साथ कार्य सिद्ध होता है। चतुर्थेश या दशमेश का वक्री होना कार्यसिद्धि में बाधक है।

भोजन सम्बन्धी प्रश्न—आज मैंने कितनी बार भोजन किया है और कैसा भोजन किया है, इस प्रश्न के उत्तर को समझने के लिए लग्न स्वभाव का विचार करना चाहिए। यदि प्रश्नलग्न स्थिर हो तो एक बार भोजन, द्विस्वभाव हो तो दो बार भोजन और चर लग्न हो तो कई बार भोजन किया है, यह समझना चाहिए। यदि चन्द्रमा लग्न में हो तो नमकीन, मंगल हो तो कड़ुवा तथा खट्टा, गुरु हो तो मीठा, सूर्य हो तो तिक्त, शुक्र हो तो स्निग्ध और बुध लग्न में हो तो समस्त रसों का भोजन किया है। शनि लग्न में हो तो कषायला भोजन किया है, यह कहना चाहिए। भोजन के सम्बन्ध में चन्द्रमा, गुरु, मंगल से भी विचार करना चाहिए। ज्योतिष में सूर्य का कटु रस, चन्द्रमा का नमकीन, मंगल का तिक्त, बुध का मिश्रित, गुरु का मधुर, शुक्र का खट्टा और शनि का कषायला रस कहा है। जो ग्रह लग्न में हो अथवा लग्न को देखता हो, उसी के अनुसार भोजन का रस समझना चाहिए। चन्द्रमा जिस ग्रह के साथ इत्थशाल योग कर रहा हो, उस ग्रह का रस भोजन में प्रधान रूप से रहता है। लग्न में राहु या शनि सूर्य से दृष्ट हो तो भोजन अच्छा नहीं मिलता या अभाव रहता है।

विवाह प्रश्न—प्रश्नलग्न से विवाह के सम्बन्ध में विचार करते समय सप्तमेश का लग्नेश अथवा चन्द्रमा के साथ इत्थशाल योग हो तो शीघ्र ही विवाह होता है। यदि लग्नेश अथवा चन्द्रमा सप्तम भाव में हो तो भी शीघ्र विवाह होता है। सप्तमेश का जिस ग्रह के साथ इत्थशाल योग हो और वह ग्रह निर्बल, पापयुक्त या पापदृष्ट हो तो विवाह नहीं होता अथवा बहुत बड़ी परेशानी के बाद विवाह होता है। सप्तम भाव में पापग्रह हों अथवा अष्टमेश हो तो विवाह होने के पश्चात् पति-पत्नी में से किसी एक की मृत्यु होती है तथा विवाह अत्यन्त अशुभ माना जाता है। सप्तम स्थान पर अथवा सप्तमेश पर शुभग्रह की दृष्टि हो तो विवाह तीन महीने के मध्य में हो जाता है। लग्नेश, सप्तमेश तथा चन्द्रमा इन तीनों ग्रहों के स्वभाव, गुण, स्थान, दृष्टि आदि के द्वारा विवाह प्रश्न का उत्तर देना चाहिए।

कार्यसिद्धि-असिद्धि प्रश्न—पृच्छक का मुख जिस दिशा में हो उस दिशा की अंक संख्या (पूर्व १, पश्चिम २, उत्तर ३, दक्षिण ४); प्रहर संख्या (जिस प्रहर में प्रश्न किया गया है, उसकी संख्या-तीन-तीन घण्टे का एक प्रहर होता है। प्रातःकाल सूर्योदय से तीन घण्टे तक प्रथम प्रहर, आगे तीन-तीन घण्टे पर एक-एक प्रहर की गणना कर लेनी चाहिए); वार संख्या (रविवार १, सोमवार २, मंगलवार ३, बुधवार ४, बृहस्पतिवार ५, शुक्रवार ६, शनिवार ७) और नक्षत्र संख्या (अश्विनी १, भरणी २, कृत्तिका ३, रोहिणी ४ इत्यादि गणना) को जोड़कर योगफल में आठ का भाग देना चाहिए। एक अथवा पाँच शेष रहे तो शीघ्र कार्यसिद्धि; छह अथवा चार शेष में तीन दिन में कार्यसिद्धि; दो तीन अथवा सात शेष में विलम्ब से कार्यसिद्धि एवं शून्य शेष में कार्य की सिद्धि नहीं होती।

पृच्छक से एक से लेकर एक सौ आठ अंक के बीच की एक अंक संख्या पूछनी चाहिए। इस अंक संख्या में १२ का भाग देने पर १।७।९ शेष बचे तो विलम्ब से कार्यसिद्धि; ८।४।५।१० शेष में कार्यनाश एवं २।६।०।११ शेष में कार्यसिद्धि होती है।

गर्भस्थ सन्तान पुत्र है या पुत्री का विचार—१. प्रश्नकुण्डली में लग्न में सूर्य, गुरु या मंगल हो अथवा ये ग्रह ३।५।७।९वें स्थान में हों तो पुत्र और अन्य कोई ग्रह इन स्थानों में हो तो कन्या होती है।

२. प्रश्नलग्न विषम राशि या विषम नवमांश में हो और लग्न में सूर्य, गुरु तथा चन्द्रमा बलवान् होकर स्थित हों तो पुत्र का जन्म होता है। समराशि या समराशि के नवमांश में ये ग्रह स्थित हों तो कन्या का जन्म होता है। गुरु और सूर्य विषम राशि में हों तो पुत्र; चन्द्रमा, शुक्र और मंगल समराशि में हों तो कन्या का जन्म होता है।

३. शनि लग्न के सिवा अन्य विषम राशि में स्थित हो तो पुत्र एवं द्विस्वभाव लग्न पर बुध की दृष्टि हो तो यमल सन्तान उत्पन्न होती है।

४. लग्न में पुरुष राशि हो और बलवान् पुरुष ग्रह की उसपर दृष्टि हो तो पुत्र; समराशि हो और स्त्री ग्रह की दृष्टि हो तो कन्या का जन्म होता है।

५. पंचमेश और लग्नेश समराशि में हों तो कन्या; विषमराशि में हों तो पुत्र उत्पन्न होता है। लग्नेश, पंचमेश एक साथ बैठे हों अथवा एक-दूसरे को देखते हों अथवा परस्पर एक-दूसरे के स्थान में हों तो पुत्रयोग होता है।

६. पुरुषग्रह—सूर्य, मंगल, गुरु बलवान् हों तो पुत्रजन्म और स्त्रीग्रह—चन्द्र, शुक्र बलवान् हों तो कन्या का जन्म होता है। प्रश्नकुण्डली में ३।५।९।११वें स्थान में सूर्य, मंगल और गुरु हों तो पुत्र का जन्म अथवा ५।९वें भाव में बलवान् गुरु बैठा हो तो पुत्र का जन्म होता है।

७. पृच्छक जिस दिन पूछ रहा है, शुक्लपक्ष की प्रतिपदा से लेकर उस दिन तक की तिथिसंख्या, प्रहरसंख्या, वारसंख्या, नक्षत्रसंख्या को जोड़कर, योगफल में से एक घटाकर सात का भाग देने से विषम अंक शेष रहे तो पुत्र और सम अंक शेष रहे तो कन्या होती है।

८. गर्भिणी के नाम के अक्षरों में वर्तमान तिथिसंख्या तथा पन्द्रह जोड़कर ९ का भाग देने से विषम अंक शेष रहे तो पुत्र और सम अंक शेष रहे तो कन्या होती है।

९. तिथि, वार, नक्षत्र-संख्या में गर्भिणी के नाम के अक्षरों को जोड़कर सात का भाग देने से एकादि शेष में रविवार, सोमवार आदि होते हैं। इस प्रक्रिया से रवि, भौम और गुरुवार निकले तो पुत्र; शुक्र, चन्द्र और बुधवार निकले तो कन्या एवं शनिवार निकले तो क्षीण सन्तति समझना चाहिए।

१०. गर्भिणी के नाम के अक्षरों में २० का अंक, वर्तमान तिथिसंख्या और ४ का अंक जोड़कर ९ का भाग देने से सम अंक शेष रहे तो कन्या और विषम अंक शेष रहे तो पुत्र उत्पन्न होता है।

११. यदि प्रश्नकर्ता प्रश्न करते समय अपने दाहिने अंग का स्पर्श करते हुए प्रश्न करे तो पुत्र और बायें अंग का स्पर्श करते हुए प्रश्न करे तो कन्या का जन्म होता है।

मूक प्रश्न विचार—यदि प्रश्नलग्न मेष हो तो प्रश्नकर्ता के मन में मनुष्यों की चिन्ता, वृष हो तो चौपायों या मोटर की चिन्ता, मिथुन हो तो गर्भ की चिन्ता, कर्क हो तो व्यवसाय की चिन्ता, सिंह हो तो जीव की चिन्ता, कन्या हो तो स्त्री की चिन्ता, तुला हो तो धन की चिन्ता, वृश्चिक हो तो रोगी की चिन्ता, मकर हो तो शत्रु की चिन्ता, कुम्भ हो तो स्थान की चिन्ता और मीन हो तो दैव सम्बन्धी चिन्ता समझनी चाहिए।

१. लग्नेश या लाभेश से जिस स्थान में चन्द्रमा बैठा हो उसी भाव की चिन्ता पृच्छक के मन में होती है।

२. बलवान् चन्द्रमा से जिस स्थान में लग्नेश बैठा हो उस भाव का प्रश्न जानना चाहिए।

३. जिस स्थान में चन्द्रमा बैठा हो उस स्थान का प्रश्न या उच्च और सबसे अधिक बलवान् ग्रह जिस भाव में बैठा हो उस भाव का प्रश्न जानना चाहिए।

४. लाभेश से जो ग्रह बलवान् (निसर्ग, काल, चेष्टा, दृष्टि, दिशा आदि बल से युक्त)

हो उससे चन्द्रमा जिस भाव में हो उस भाव-सम्बन्धी प्रश्न प्रश्नकर्ता के मन में जानना चाहिए।

५. यदि लग्न में बलवान् ग्रह हो तो अपने विषय में, तीसरे स्थान में बलवान् ग्रह हो तो भाई के विषय में, पंचम स्थान में हो तो सन्तान के विषय में, चतुर्थ स्थान में हो तो माता और मौसी के विषय में, छठे स्थान में हो तो शत्रु के विषय में, सप्तम स्थान में हो तो स्त्री के विषय में, नवम स्थान में हो तो धर्म या भाग्य के विषय में, दशम में हो तो राजा के विषय में प्रश्न समझना चाहिए।

६. सूर्य अपने घर का हो तो राजा, राज्य के सम्बन्ध में अपनी या पिता की चिन्ता; चन्द्रमा स्वगृही हो तो जल, खेत, गड़ा धन और माता की चिन्ता; मंगल स्वगृही हो तो शत्रुभय, राजभय, भूमि, जमींदारी की चिन्ता; बुध स्वगृही हो तो खेत, आयुध, चाचा और स्वामी की चिन्ता; गुरु स्वगृही हो तो धर्म, मित्र, विद्या, गुरु और शासन के सम्बन्ध में चिन्ता; शुक्र स्वगृही हो तो अच्छी बातों की चिन्ता और शनि हो तो घर और भूमि की चिन्ता पृच्छक के मन में होती है।

७. चन्द्रमा लग्न में हो तो मार्ग या शत्रु की चिन्ता; धन में हो तो क्षेत्र, धन, भोज्य पदार्थों की चिन्ता; तीसरे स्थान में हो तो प्रवास की चिन्ता; चतुर्थ स्थान में हो तो घर और माता के विषय में चिन्ता; पंचम में हो तो सन्तान की चिन्ता; षष्ठ में हो तो रोगचिन्ता; सप्तम में हो तो स्त्री की चिन्ता; अष्टम स्थान में हो तो मृत्यु की चिन्ता; नवम में हो तो यात्रा की; दशम में हो तो खेत, कार्यसिद्धि की; एकादश में हो तो वस्त्र-लाभ की; और बारहवें में हो तो चोरी गयी वस्तु के लाभ की चिन्ता पृच्छक के मन में होती है।

८. मंगल बलवान् हो तो अपने विषय में; गुरु बलवान् हो तो स्त्री के विषय में; चन्द्रमा बलवान् हो तो माता के विषय में; शुक्र बलवान् हो तो वंश के विषय में; शनि बलवान् हो तो शत्रु के विषय में और सूर्य बलवान् हो तो पिता के विषय में प्रश्न पृच्छक के मन में होता है।

मुष्टिका प्रश्न विचार—प्रश्नसमय मेष लग्न हो तो मुट्ठी की वस्तु का लाल रंग; वृष लग्न हो तो पीला; मिथुन हो तो नीला; कर्क हो तो गुलाबी; सिंह हो तो धूमिल; कन्या हो तो नीला; तुला हो तो पीला; वृश्चिक हो तो लाल; धनु हो तो पीला; मकर तथा कुम्भ में कृष्ण वर्ण और मीन में पीला वर्ण होता है। वस्तु का विशेष स्वरूप लग्नेश के स्वरूप, गुण और आकृति से कहना चाहिए।

केरल मतानुसार प्रश्न विचार—प्रातःकाल बालक के मुख से किसी पुष्प का नाम, मध्याह्न में बालक के मुख से फल का नाम, दिन के तीसरे पहर में बालक के मुख से देव का नाम और सायंकाल में नदी या तालाब का नाम ग्रहण करना चाहिए। बालक के अभाव में प्रश्नकर्ता के मुख से ही पुष्पादि का नाम ग्रहण करना चाहिए। जो पृच्छक का प्रश्न-वाक्य हो उसके स्वर और व्यंजनों का विश्लेषण कर निम्न प्रकार से पिण्ड बना लेना चाहिए।

अ = १२, आ = २१, इ = ११, ई = १८, उ = १५, ऊ = २२, ए = १८, ऐ = ३२, ओ = २५, औ = १९, अं = २५, क = १३, ख = १२, ग = २१, घ = ३०, ङ = १०, च = १५, छ = २१, ज = २३, झ = २६, ञ = २६, ट = १७, ठ = १३, ड = २२, ढ = ३५, ण = ४५, त = १४, थ = १८, द = १७, ध = १३, न = ३५, प = २८, फ = १८, ब = २६, भ = २७, म = ८६, य = १६, र = १३, ल = १३, व = ३५, श = २६, ष = ३५, स = ३५, ह = १२।

मात्रा-वर्ण ध्रुवांक चक्र

अ	१२	क	१३	ठ	१३	ब	२६
आ	२१	ख	१२	ड	२२	भ	२७
इ	११	ग	२१	ढ	३५	म	८६
ई	१८	घ	३०	ण	४५	य	१६
उ	१५	ङ	१०	त	१४	र	१३
ऊ	२२	च	१५	थ	१८	ल	१३
ए	१८	छ	२१	द	१७	व	३५
ऐ	३२	ज	२३	ध	१३	श	२६
ओ	२५	झ	२६	न	३५	ष	३५
औ	१९	ञ	२६	प	२८	स	३५
अं	२५	ट	१७	फ	१८	ह	१२

लाभालाभ के प्रश्न में पिण्ड-संख्या में ४२ क्षेपक का अंक जोड़ देना चाहिए और जो योगफल आये उसमें तीन का भाग देने पर १ शेष बचे तो पूर्ण लाभ, २ शेष बचे तो अल्प लाभ और शून्य शेष बचे तो हानि कहना चाहिए।

उदाहरण–गोपाल प्रातःकाल लाभालाभ का प्रश्न पूछने के लिए आया, इसलिए उससे किसी फूल का नाम पूछा, उसने चमेली का नाम लिया। 'चमेली' प्रश्नवाक्य में च + अ + म् + ए + ल् + ई ये स्वर और व्यंजन हैं। मात्रा और वर्ण ध्रुवांक पर से पिंड बनाया–च = १५, अ =१२, म् =८६, ए = १८, ल् = १३, ई = १८, १५ + १२ + ८६ + १८ + १३ + १८ = १६२ पिण्डांक, इसमें क्षेपांक जोड़ा १६२ + ४२ = २०४ ÷ ३ = ६८ लब्ध, शेष ०। यहाँ शून्य शेष रहा है, अतएव हानि फल समझना चाहिए।

जय-पराजय–पिण्डांक में ३४ जोड़कर तीन का भाग देने से १ शेष रहे तो जय, २ शेष में सन्धि और शून्य में पराजय कहनी चाहिए।

सुख-दुख–पिण्डांक में ३८ जोड़कर २ का भाग देने से एक शेष में सुख और शून्य में दुख समझना चाहिए।

गमनागमन–यात्रा के प्रश्न में पिण्डांक में ३३ जोड़कर ३ का भाग देने से १ शेष रहे तो तत्काल यात्रा, दो शेष में यात्रा का अभाव और शून्य शेष में पीड़ा और कष्ट समझना चाहिए।

जीवन-मरण—किसी रोगी या अन्य किसी व्यक्ति के सम्बन्ध में कोई पूछे कि अमुक जीवित रहेगा या मरेगा अथवा जीवित है या मर गया है? तो इस प्रकार प्रश्न में पिण्डांक में ४० जोड़कर ३ का भाग देने से एक शेष रहने से जीवित, दो रहने से कष्टसाध्य और शून्य शेष रहने से मृत समझना चाहिए।

वर्षा-प्रश्न—वर्षा होगी या नहीं? इस प्रकार के प्रश्न में पिण्डांक में ३२ जोड़कर ३ का भाग देने से एक शेष में वर्षा, दो में अल्पवृष्टि और शून्य शेष में वर्षा का अभाव ज्ञात करना चाहिए।

गर्भ का प्रश्न—गर्भ है या नहीं? इस प्रकार के प्रश्न में पिण्डांक में २६ जोड़कर ३ का भाग देने से एक शेष रहे तो गर्भ, दो शेष में सन्देह और शून्य शेष में गर्भ का अभाव समझना चाहिए।

उदाहरण—देवदत्त अपने मुकदमा के सम्बन्ध में पूछने आया कि मैं उसमें विजय प्राप्त करूँगा या नहीं? उसके मुख से फल का नाम उच्चारण कराया तो उसने नीबू का नाम लिया। इस प्रश्न-शब्द का पिण्डांक बनाने के लिए स्वर-व्यंजनों का विश्लेषण किया तो—

न् + ई + ब् + ऊ = ३५ + १८ + २६ + २२ = १०१ पिण्डांक। जय-पराजय का प्रश्न होने के कारण पिण्डांक में ३४ जोड़ा तो—१०१ + ३४ = १३५ ÷ ३ = ४५ लब्ध, शेष शून्य रहा। अतएव यहाँ मुकदमे में पराजय समझना चाहिए। इसी प्रकार उपर्युक्त सभी प्रकार के प्रश्नों के उदाहरण समझ लेना चाहिए।

प्रकारान्तर से पुत्र-कन्या प्रश्न—यदि कोई प्रश्न करे कि कन्या होगी या पुत्र? तो प्रश्न समय के तिथि, वार, नक्षत्र और योग को जोड़कर उसमें नाम की अक्षर संख्या को भी जोड़कर ७ से भाग देना चाहिए। भाग देने से सम अंक—२।४।६ शेष रहे तो कन्या और विषम अंक—१।३।५।७ शेष रहे तो पुत्र का जन्म कहना चाहिए।

प्रश्नपिण्डांक में ३ का भाग देने से १ शेष में पुत्र का जन्म, २ में कन्या का जन्म और ० में गर्भ का अभाव समझना चाहिए।

उदाहरण—प्रश्नकर्ता का प्रश्न-शब्द यमुना नदी है इसका विश्लेषण किया तो—य् + अ +म् + उ + न् + आ हुआ। १६ + १२ + ८६ + १५ + ३५ + २१ = १८५ पिण्डांक, १८५ ÷ ३ = ६१ लब्ध, २ शेष, यहाँ दो शेष रहा है, अतः कन्या का जन्म समझना चाहिए।

कार्यसिद्धि की समय-मर्यादा—कोई पूछे हमारा कार्य कब तक होगा? ऐसे प्रश्न में उस समय की तिथिसंख्या, वारसंख्या और नक्षत्रसंख्या का योग कर, योगफल को ३ से गुणा कर ६ और जोड़ दें। इस योगफल में ९ का भाग देने से १ शेष में पक्ष, २ में मास, ३ शेष में ऋतु, ४ में अयन अर्थात् ६ मास, ५ शेष में दिन, ६ शेष में रात, ७ शेष रहे तो प्रहर, ८ शेष में घटी और ९ शेष रहे तो एक मिनट में कार्य होने की अवधि समझना चाहिए।

उदाहरण—हरि पूछने आया कि मेरा कार्य कितने समय में होगा? जिस दिन हरि आया उस दिन[1] सप्तमी तिथि, गुरुवार और मघा नक्षत्र था। इन तीनों की संख्या का योग ७ + ५ + १० = २२, २२ × ३ = ६६ + ६ = ७२, ७२ ÷ ९ = ८ लब्ध, ०, शेष अर्थात्

---

१. तिथि गणना प्रतिपदा से, नक्षत्र गणना अश्विनी से और वार गणना रविवार से ली जाती है।

१ मिनट में तत्काल ही पृच्छक का कार्य सिद्ध होगा।

विवाह प्रश्न—पृच्छक पूछे कि मेरा या अन्य किसी का विवाह होगा अथवा नहीं? यदि होगा तो कम परिश्रम से होगा या अधिक से? इस प्रकार के प्रश्न की पिण्डांक-संख्या में ८ से भाग देने पर १ शेष रहे तो अनायास ही विवाह, २ शेष रहे तो कष्ट से विवाह, ३ रहे तो विवाह का अभाव, ४ शेष में जिस कन्या के साथ विवाह होनेवाला है उसकी मृत्यु, ५ में किसी कुटुम्बी की मृत्यु, ६ शेष में विवाह के समय राजभय, ७ शेष रहे तो दम्पती का मरण अथवा ससुर का मरण और ८ शेष रहे तो सन्तान की मृत्यु समझनी चाहिए।

उदाहरण—पृच्छक का प्रश्न-शब्द यमुना है जिसकी पिण्डांक संख्या १८५ है, इसमें ८ से भाग दिया :

१८५ ÷ ८ = २३ लब्ध, १ शेष। यहाँ १ शेष रहा है अतः आसानी से—बिना कष्ट के विवाह होगा, ऐसा फल कहना चाहिए।

चमत्कार प्रश्न

१. जन्मपत्री मृतक की है, या जीवित की—इस प्रश्न में जन्मलग्न, अष्टम स्थान की राशि और प्रश्नलग्न इन तीनों की संख्या को जोड़कर जन्मकुण्डली के अष्टमेश की राशिसंख्या से गुणा कर लग्नेश की राशि संख्या से भाग देने पर विषम अंक—१।३।५।७।९।११ शेष रहें तो जीवित की और सम अंक—२।४।६।८।१०।१२ शेष रहें तो मृतक की पत्रिका होती है।

उदाहरण—प्रश्नलग्न तुला, जन्मलग्न मीन, अष्टमेश की राशि ९, लग्नेश की राशि ५ है।

७ + १२ + ७ = २६ × ९ = २३४ ÷ ५ = ४६ लब्ध, ४ शेष। अतएव मृतक की जन्मपत्रिका कहनी चाहिए।

२. जन्मलग्न, प्रश्नलग्न और जन्मकुण्डली के अष्टमेश की राशि; इन तीनों को जोड़ने से जो योगफल आये उसमें अष्टमेश की राशि से गुणा करना चाहिए और गुणनफल में प्रश्न-समय में सूर्य जिस नक्षत्र पर हो उसकी संख्या से भाग देना चाहिए। सम शेष में मृतक की जन्मपत्री और विषम शेष में जीवित की जन्मपत्री होती है।

उदाहरण—जन्मलग्न १२ + प्रश्नलग्न ७ + अष्टमेश राशि ९ = १२ + ७ + ९ = २८ को अष्टमेश की राशि ९ से गुणा किया = २५२, प्रश्नसमय में सूर्य ५ राशि का है अतः ५ से भाग दिया तो २५२ ÷ ५ = ५० लब्ध, २ शेष। सम शेष रहने से मृतक की जन्मपत्री समझनी चाहिए।

पुरुष-स्त्री की जन्मपत्री का विचार—राहु और सूर्य जिस राशि पर हों उस राशि की अंकसंख्या तथा लग्नांक संख्या को जोड़कर ३ का भाग देने से शून्य और १ शेष में स्त्री की और २ शेष में पुरुष की जन्मपत्री होती है।

उदाहरण—राहु कन्या राशि, सूर्य कर्क राशि में और लग्न धनु राशि है। ६ + ४ + ९ = १९ ÷ ३ = ६ लब्ध, १ शेष। स्त्री की जन्मपत्री है।

जन्मलग्न को छोड़ अन्यत्र विषम स्थान में शनि स्थित हो और पुरुषग्रह बलवान् हो तो पुरुष की कुण्डली; इससे विपरीत हो तो स्त्री की कुण्डली समझनी चाहिए।

दम्पति की मृत्यु का ज्ञान—स्त्री-पुरुष में किसकी मृत्यु पहले होगी, इसका विचार करने के लिए नामाक्षर संख्या को तिगुना करना और मात्रा संख्या का चौगुना कर, दोनों संख्याओं को जोड़कर ३ का भाग देने पर १ या ० शेष रहे तो पुरुष की पहले मृत्यु और २ शेष रहे तो स्त्री की पहले मृत्यु होती है।

पुरुष-स्त्री की जन्मराशि-संख्या को जोड़कर ३ का भाग देने से ० और १ शेष रहे तो पहले पुरुष की मृत्यु एवं २ शेष रहे तो पहले स्त्री की मृत्यु होती है। इस प्रकार प्रश्नों का फल निकाल लेना चाहिए।

उपसंहार

इस प्रकार भारतीय ज्योतिष के व्यावहारिक सिद्धान्त वैदिक काल से आज तक उत्तरोत्तर विकसित होते चले आ रहे हैं। ऋग्वेद, कृष्ण यजुर्वेद, अथर्ववेद, शतपथ ब्राह्मण, मुण्डकोपनिषद्, छान्दोग्योपनिषद्, तैत्तिरीय ब्राह्मण, मैत्राणी संहिता, काठक संहिता, अनुयोगद्वार सूत्र एवं समवायांग आदि में प्राचीन काल में ही ज्योतिष की महत्त्वपूर्ण चर्चाएँ लिखी गयी हैं। मेरा विश्वास है कि भारतीय वाङ्मय का ऐसा एक भी ग्रन्थ नहीं है, जिसमें ज्योतिष का उपयोग न किया गया हो। यह विज्ञान निरन्तर विकसित होता हुआ अपनी प्रभारश्मियों को दर्शनादि शास्त्रों पर विकीर्ण करता रहा है।

मैंने अथाह ज्योतिष-सागर में से कतिपय रत्नों को निकालकर राष्ट्रभाषा के प्रेमी पाठकों के समक्ष रखने का प्रयत्न किया है। यद्यपि इन रत्नों के साथ फेन भी मिलेगा; जिससे इनकी चमक मटमैली प्रतीत होगी, तो भी व्यावहारिक जीवनोपयोगी ज्ञान को ये अवश्य आलोकित करेंगे, इसमें सन्देह नहीं।

ज्योतिष के सैद्धान्तिक गणित को मैंने इसमें नहीं छुआ है। अवसर मिलने पर एक स्वतन्त्र पुस्तक ग्रहण, ग्रहों की गतियाँ एवं उनके बीज संस्कार आदि पर लिखूँगा। हिन्दी भाषा के प्रेमी पाठक इस आनन्दवर्द्धक विषय का आस्वादन करें, यही मेरी आकांक्षा है।

ॐ शान्तिः! ॐ शान्तिः!! ॐ शान्ति!!!

■

प्रयुक्त ग्रन्थों की अनुक्रमणिका

अकलंक संहिता—अकलंकदेवकृत, हस्तलिखित, जैन-सिद्धान्त-भवन, आरा
अथर्व ज्योतिष—सुधाकर सोमाकर भाष्य सहित, मास्टर खेलाड़ीलाल एण्ड सन्स काशी
अथर्ववेद—सायण भाष्य
अथर्ववेद संहिता—हिन्दी भाष्य
अद्भुततरंगिणी—नवलकिशोर प्रेस, लखनऊ
अद्भुतसागर—बल्लालसेन विरचित, प्रभाकरी यन्त्रालय, काशी
अद्वैतसिद्धि—गवर्नमेण्ट संस्कृत लाइब्रेरी, मैसूर
अनन्तफलदर्पण—हस्तलिखित
अर्घकाण्ड—दुर्गदेव, हस्तलिखित
अर्घप्रकाश—निर्णयसागर, प्रेस बम्बई
अर्हच्चूडामणिसार—भद्रबाहु स्वामी, महावीर ग्रन्थमाला, धुलियान
अलबरूनीज इण्डिया—अँगरेजी
आचाराङ्ग सूत्र—आगमोदय समिति
आयज्ञानतिलक संस्कृत टीका—भट्टवोसरि, जैन-सिद्धान्त-भवन, आरा
आयसद्भाव प्रकरण—मल्लिसेण, जैन-सिद्धान्त-भवन, आरा
आरम्भसिद्धि—हेमहंसगणि टीकासहित, लब्धिसूरीश्वर जैन ग्रन्थमाला, छाणी
आर्यभटीय—ब्रजभूषण दास एण्ड सन्स, बनारस
आर्य सिद्धान्त—ब्रजभूषण दास एण्ड सन्स, बनारस
इण्डिया ह्वाट कैन इट टीच अस—अँगरेज़ी
उत्तरकालामृत—अँगरेज़ी अनुवाद, बेंगलोर
ऋग्वेद—सायणभाष्य सहित, पूना
ऋग्वेदादि—भाष्य भूमिका
ऋग्वेदिक इण्डिया
ऋग्वेद अँगरेज़ी अनुवाद—मैक्समूलर
ऋग्वेद ज्योतिष—सोम-सुधाकर भाष्य
एवरी डे एस्ट्रोलाजी—बी.ए. ऐयर, तारापोरेवाला सन्स एण्ड को., बम्बई
एस्ट्रॉनॉमी इन ए नट्शेल—गैरट पी. सर्विस रचित, तारापोरेवाला सन्स एण्ड को., बम्बई
एस्ट्रॉनॉमी—टौमस हीथ, तारापोरेवाला सन्स एण्ड को., बम्बई
एस्ट्रॉनॉमी—टेट्स विरचित, तारापोरेवाला सन्स एण्ड को., बम्बई

एन्साइक्लोपीडिया ऑफ ब्रिटैनिका–
ऐतरेय ब्राह्मण–सायण भाष्य, सं. काशीनाथ
एन्सेण्ट ऐण्ड मिडिएबुल इण्डिया
करणकुतूहल–बनारस
करणप्रकाश–चौखम्बा संस्कृत सीरीज, काशी
काठक-संहिता
कालजातक–हस्तलिखित
केरलप्रश्नरत्न–वेंकटेश्वर स्टीम प्रेस, बम्बई
केरलप्रश्नसंग्रह–वेंकटेश्वर स्टीम प्रेस, बम्बई
केवलज्ञानप्रश्नचूड़ामणि–भारतीय ज्ञानपीठ, काशी
केवलज्ञानहोरा–चन्द्रसेन मुनि, जैन-सिद्धान्त-भवन, आरा
खण्डकखाद्य–ब्रह्मगुप्त, कलकत्ता विश्वविद्यालय
खेटकौतुक–सुखसागर, ज्ञान प्रचारक सभा, लोहावट (मारवाड़)
गणकतरंगिणी–सुधाकर द्विवेदी, गवर्नमेण्ट संस्कृत कॉलेज, काशी
गणितसारसंग्रह–महावीराचार्य
गर्गमनोरमा–वेंकटेश्वर प्रेस, बम्बई
गर्गमनोरमा–सीताराम झा की टीका, बनारस
गौरीजातक–हस्तलिखित
ग्रहलाघव–सुधामंजरी टीका, बनारस
ग्रहलाघव–सुधाकर टीका
चन्द्रार्क ज्योतिष–नवलकिशोर प्रेस, लखनऊ
चन्द्रोन्मीलन प्रश्न–हस्तलिखित, जैन-सिद्धान्त-भवन, आरा
चन्द्रोन्मीलन प्रश्न–वृहत्ज्योतिषार्णव के अन्तर्गत
चमत्कार चिन्तामणि–भाव प्रबोधिनी टीका, चौखम्बा संस्कृत सीरीज, काशी
छान्दोग्योपनिषद्–निर्णय सागर प्रेस, बम्बई
छान्दोग्य ब्राह्मण–हिन्दी भाष्य
जातकतत्त्व–महादेवशर्मा, रतलाम
जातकपद्धति–केशवीय, वामनाचार्य संशोधन सहित, काशी
जातकपारिजात–परिमल टीका, चौखम्बा, काशी
जातकाभरण–ढुण्ढिराज, बम्बई भूषण प्रेस, मथुरा
जातकक्रोडपत्र–शशिकान्त झा, मुजफ़्फ़रपुर
ज्योतिर्गणितकौमुदी–रजनीकान्त, बम्बई
ज्योतिषतत्त्वविवेक निबन्ध–बम्बई
ज्योतिर्विवेकरत्नाकर–कर्मवीर प्रेस, जबलपुर
ज्योतिषसार–हस्तलिखित, नया मन्दिर, दिल्ली

ज्योतिषसारसंग्रह—(प्राकृत) भगवानदास टीका, नरसिंह प्रेस, हरिसन रोड, कलकत्ता
ज्योतिषश्यामसंग्रह—वेंकटेश्वर प्रेस, बम्बई
ज्योतिषसिद्धान्तसार संग्रह, नवलकिशोर प्रेस, लखनऊ
ज्योतिषसागर—नवलकिशोर प्रेस, लखनऊ
ज्योतिषसिद्धान्तसार—नवलकिशोर प्रेस, लखनऊ
ज्ञानप्रदीपिका—जैन-सिद्धान्त-भवन, आरा
ठाणाङ्ग—हस्तलिखित, आरा
तत्त्वार्थसूत्र—पन्नालाल बाकलीवाल टीका
ताजिक नीलकण्ठी—शक्तिधर टीका
त्रिलोक-प्रज्ञप्ति—जीवराज ग्रन्थमाला, शोलापुर
त्रिलोकसार—माधवचन्द्र त्रैवेद्य संस्कृत टीका, बम्बई
दशाफलदर्पण—महादेव पाठक, भुवनेश्वरी प्रेस, रतलाम
दैवज्ञ-कामधेनु—ब्रजभूषणदास एण्ड सन्स, काशी
दैवज्ञ-कल्पद्रुम—धौलपुर
दैवज्ञ-वल्लभ—चौखम्बा संस्कृत सीरीज़, काशी
नरपतिजयचर्या—निर्णयसागर प्रेस, बम्बई
नारचन्द्र ज्योतिष—हस्तलिखित, जैन-सिद्धान्त-भवन, आरा
नारचन्द्र ज्योतिष प्रकाश—रतीलाल-प्राणभुवनदास, चूड़ीवाला, हीरापुर, सूरत
निमित्तशास्त्र—ऋषिपुत्र, शोलापुर
पञ्चाङ्गतत्त्व—निर्णयसागर प्रेस, बम्बई
पञ्चसिद्धान्तिका—डॉ. थीवो तथा सुधाकर टीका
पञ्चाङ्गफल—ताड़पत्रीय, जैन-सिद्धान्त-भवन, आरा
पाशाकेवली—हस्तलिखित, जैन सिद्धान्त-भवन, आरा
प्रश्नकुतूहल—वेंकटेश्वर प्रेस, बम्बई
प्रश्नोपनिषद्—हस्तलिखित,जैन-सिद्धान्त-भवन, आरा
प्रश्नकौमुदी, वेंकटेश्वर प्रेस, बम्बई
प्रश्नचिन्तामणि—वेंकटेश्वर प्रेस, बम्बई
प्रश्ननारदीय—बम्बई भूषण प्रेस, मथुरा
प्रश्नवैष्णव—वेंकटेश्वर प्रेस, बम्बई
प्रश्नसिद्धान्त—वेंकटेश्वर प्रेस, बम्बई
प्रश्नसिन्धु—मनोरंजन प्रेस, बम्बई
बृहद्ज्योतिषार्णव—बम्बई
बृहज्जातक—मास्टर खेलाड़ीलाल एण्ड सन्स, काशी
बृहत्पाराशरी—मास्टर खेलाड़ीलाल एण्ड सन्स, काशी
बृहत्संहिता—वी.जे. लॉजरस कम्पनी, काशी

ब्रह्मसिद्धान्त–ब्रजभूषणदास एण्ड सन्स, काशी
भविष्यज्ञान ज्योतिष–तिलकविजय रचित, कटरा खुशालराय, देहली
भावप्रकरण–विमलगणि विरचित, सुखसागर ज्ञानप्रचारक सभा, लोहावट (मारवाड़)
भावकुतूहल–ब्रजवल्लभ हरिप्रसाद, कालबादेवी रोड, रामबाड़ी, बम्बई
भावनिर्णय–नवलकिशोर प्रेस, लखनऊ
भुवनदीपक–पद्मप्रभसूरिदेव, वेंकटेश्वर प्रेस, बम्बई
मण्डलप्रकरण–मुनि चतुरविजय कृत, आत्मानन्द जैन सभा, भावनगर
महाभारत–आदिपर्व और वनपर्व, हिन्दी टीका
मानसागरी पद्धति–निर्णयसागर प्रेस, बम्बई
मानसागरी पद्धति–चौखम्बा संस्कृत सीरीज, काशी
मुहूर्त्तचिन्तामणि–पीयूषधारा टीका
मुहूर्त्तचिन्तामणि–मिताक्षरा टीका
मुहूर्तमार्तण्ड–चौखम्बा संस्कृत सीरीज, काशी
मुहूर्त्तदर्पण–आरा
मुण्डकोपनिषद्–निर्णयसागर प्रेस, बम्बई
मुहूर्त्तसंग्रह–नवलकिशोर प्रेस, लखनऊ
मुहूर्त्तसिन्धु–नवलकिशोर प्रेस, लखनऊ
मुहूर्त्तगणपति–चौखम्बा संस्कृति सीरीज, काशी
यजुर्वेद संहिता–वाजसनेय-माध्यन्दिन-संहिता, संस्कृत भाष्य
यन्त्रराज–महेन्द्रगुरु रचित, निर्णयसागर, प्रेस, बम्बई
रिष्टसमुच्चय–दुर्गदेव रचित, गोधा ग्रन्थमाला, इन्दौर
लघुजातक–मास्टर खेलाड़ीलाल एण्ड सन्स, काशी
वर्षप्रबोध–मेधविजयगणि कृत, भावनगर
विद्यामाधवीय–गवर्नमेण्ट संस्कृत लाइब्रेरी, मैसूर
विवाहवृन्दावन–मास्टर खेलाड़ीलाल एण्ड सन्स, काशी
वैजन्ती गणित–राधायन्त्रालय, बीजापुर
शतपथ ब्राह्मण–सत्यव्रत सामश्रमी, सायण भाष्य सहित
समरसार–वेंकटेश्वर प्रेस, बम्बई
समवायांग–जैन-सिद्धान्त-भवन, आरा, हस्तलिखित भण्डार
सर्वानन्दकरण–लोकसंग्रह, मुद्रणालय, पूना
सामवेद–सायण भाष्य, दुर्गादास, लाहिड़ी
सारावली–कल्याणवर्मा विरचित, निर्णयसागर प्रेस, बम्बई
सुगम ज्योतिष–देवीदत्त जोशीकृत, मास्टर खेलाड़ीलाल एण्ड सन्स, काशी
सूर्यसिद्धान्त–सुधाकर भाष्य सहित